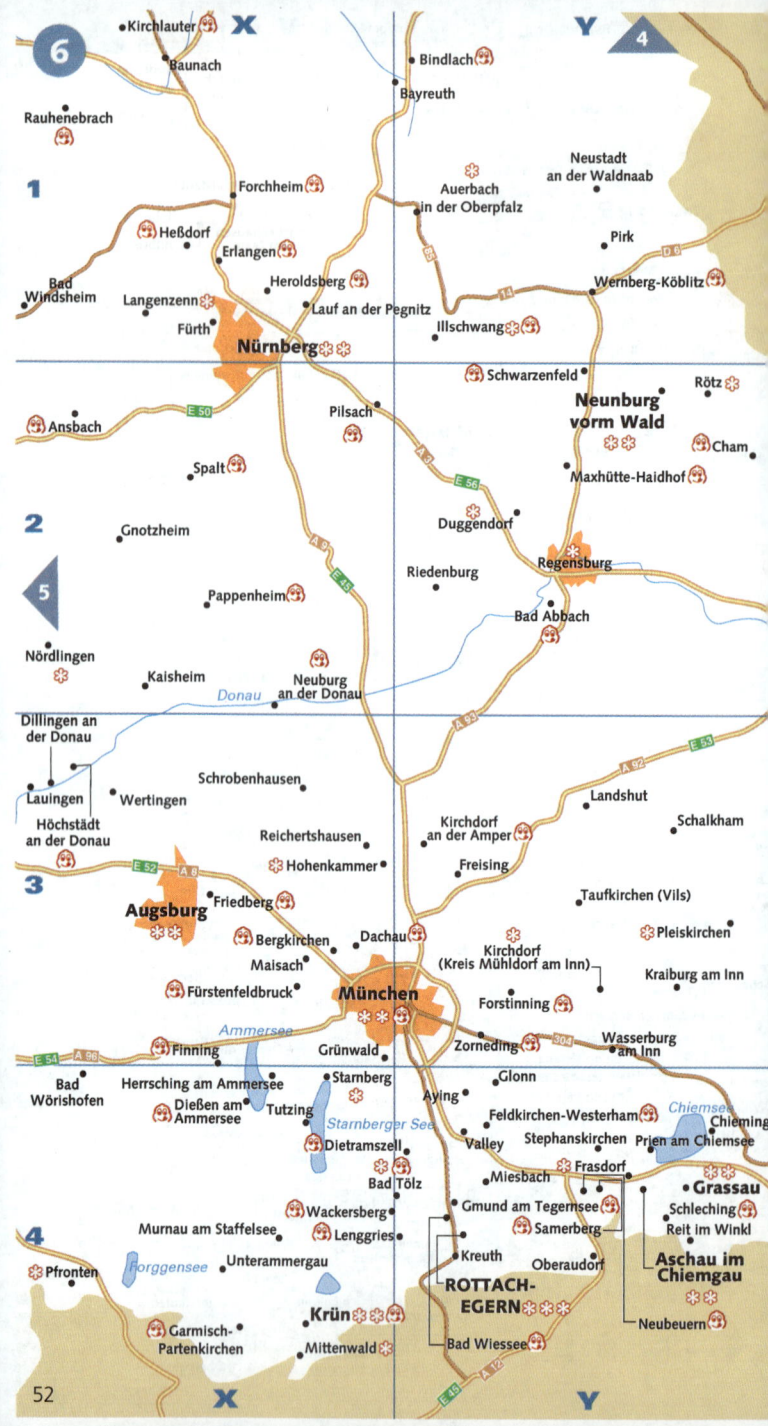

GUIDE MICHELIN

RESTAURANTS

DEUTSCHLAND
SELEKTION
2022

DEUTSCH

INHALTSVERZEICHNIS

Einleitung

Liebe Leser 5

Der Guide MICHELIN 8
- Die Grundsätze
- Die Selektion
- Die Symbole

Die Top-Adressen 2022 14
- Die neuen Sterne ✿
- Die neuen Bib Gourmand 🍽

Karte der... 18
- Sterne ✿
- Bib Gourmand 🍽

Legende der Stadtpläne — 24

Regionalatlas — 40

Die Selektion des Guide MICHELIN — 56

- 🟠 Berlin 76
- 🟢 Hamburg 186
- 🔵 München 286

Auszeichnungen 2022 — 438

Sterne-Restaurants 440
Bib Gourmand 448

DEUTSCH

DEUTSCH

LIEBE LESER,

Wir freuen uns, Ihnen die neue Ausgabe des Guide MICHELIN Deutschland vorstellen zu dürfen.

• *Ein weiteres Corona-Jahr liegt hinter uns. Ein weiteres Jahr, in dem sich die Gastronomie in Deutschland und vielen weiteren Ländern mit enormen pandemiebedingten Entbehrungen konfrontiert sah. Doch mit der Aufhebung des zweiten Lockdowns im Mai 2021 war endlich etwas Licht am Ende des Tunnels sichtbar. Voller Zuversicht und Kreativität starteten die Gastronomen in Deutschland nun durch. Doch einige Restaurants in Deutschland wurden im Juli von einem weiteren Schicksalsschlag getroffen: Insbesondere im Ahrtal hat die Flutkatastrophe viele Menschenleben gekostet und schwere Schäden verursacht. Die Betroffenheit über das Leid ist groß. Dennoch gibt es auch positive Meldungen. Zahlreiche Betriebe haben den Krisen erfolgreich getrotzt und auch viele Neuzugänge hat die Restaurantlandschaft in Deutschland zu verzeichnen.*

• *Lange standen die Gäste in den Startlöchern, um die Wiedereröffnung „ihrer" Restaurants nicht zu verpassen – und den Michelin Inspektoren ging es da nicht anders! Stets mit den erschwerten Bedingungen vor Augen, haben sie sich voller Tatendrang wieder aufgemacht, die besten Restaurants des Landes ausfindig zu machen. Unabhängig, anonym und sorgfältig wie eh und je haben sie recherchiert und getestet – das Ergebnis ist eine interessante Selektion, die einmal mehr die Vielfalt und die Qualität der deutschen Gastronomie deutlich macht, unabhängig von der Preiskategorie und dem Stil der Küche.*

• *Übrigens: Die Auswahl des Guide MICHELIN finden Sie nun auch im Internet unter guide.michelin.com. Dort und in der dazugehörigen App des Guide MICHELIN können Sie das ganze Jahr über interessante Neueröffnungen entdecken sowie die Hotelselektion des Guide MICHELIN zusammen mit Tablet Hotels.*

• *Viel Spaß beim Lesen und guten Appetit!*

*Gwendal Poullennec,
internationaler Direktor der Guides MICHELIN,
sowie alle Teams des Guide MICHELIN*

DEUTSCH

Der Guide MICHELIN – Verpflichtung in guten wie in schlechten Zeiten

- Allen coronabedingten Widrigkeiten zum Trotz haben die Michelin Inspektoren auch für dieses Jahr eine unabhängige und sorgfältig recherchierte Auswahl an Restaurants zusammengestellt, die zum einen die Vielfältigkeit und das hohe Niveau der deutschen Gastronomie widerspiegelt, zum anderen das Engagement, den Ideenreichtum und den Mut der Gastronomen zum Ausdruck bringt. Sie haben die große Herausforderung angenommen, ihre Betriebe durch die Krise zu führen. Diesen bemerkenswerten Einsatz zu unterstützen, ist das Ziel des Guide MICHELIN – Verpflichtung in guten wie in schlechten Zeiten.

- Groß ist die Motivation der Inspektoren, an die Tische zurückzukehren. Mit ihrer gewissenhaften und fachkundigen Bewertung haben sie eine spannende Selektion erstellt, die Stammgästen und Restaurant-Neulingen gleichermaßen Lust aufs Essengehen macht.

- Dem Tatendrang der Gastromomen und der Treue der Gäste ist es zu verdanken, dass auch in diesem Jahr alle gespannt sein dürfen auf schöne Orte der Begegnung, der Lebensfreude und nicht zuletzt des kulinarischen Genusses. Der Guide MICHELIN sagt danke.

Daniel Wetzel/Restaurant OX (Darmstadt)

Nachhaltigkeit – wichtiger denn je

- Seit Einführung der Auszeichnung MICHELIN Grüner Stern in der Selektion 2020 hat die Zahl der Restaurants mit Grünem Stern stetig zugenommen. So verzeichnet der Guide MICHELIN Deutschland auch in seiner neuen Ausgabe wieder einen erfreulichen Zuwachs an Betrieben, die sich für nachhaltige Gastronomie engagieren.

- Die Michelin Inspektoren haben bei ihrer sorgfältigen Recherche zahlreiche Restaurants ausfindig gemacht, die sich mit unterschiedlichsten Maßnahmen und Initiativen für Umweltschutz und Ressourcenschonung einsetzen, in der Küche wie auch in der gesamten Betriebsführung. Es handelt sich dabei um Maßnahmen wie die Verwendung regionaler und saisonaler Produkte, die Berücksichtigung biologisch-ökologischer Aspekte, Vermeidung langer Transportwege, artgerechte Tierhaltung, Energieeinsparung und Müllvermeidung sowie die Sensibilisierung der Mitarbeiter hinsichtlich nachhaltiger Arbeitsweise – um nur einige Beispiele zu nennen. Immer mehr Gastronomen setzen lobenswerte Maßnahmen wie diese in ihren Restaurants um, was auch bei den Gästen regen Zuspruch findet.

- Ein klares Zeichen für das zunehmende Bewusstsein der Menschen für einen respektvollen Umgang mit Umwelt und Ressourcen. Mit seinem Grünen Stern weist der Guide MICHELIN auch in der Selektion 2022 deutlich auf Restaurants hin, die sich mit ihrer zukunftsweisenden Philosophie für eine nachhaltigere Gastronomie stark machen.

DEUTSCH

DIE GRUNDSÄTZE
DES GUIDE MICHELIN

Erfahrung im Dienste der Qualität

Ob in Japan, in den Vereinigten Staaten, in China oder in Europa, die Inspektoren des Guide MICHELIN respektieren weltweit exakt dieselben Kriterien, um die Qualität eines Restaurants zu überprüfen. Dass der Guide MICHELIN heute weltweit bekannt und geachtet ist, verdankt er der Beständigkeit seiner Kriterien und der Achtung gegenüber seinen Lesern. Diese Grundsätze möchten wir hier bekräftigen:

Der anonyme Besuch

Die oberste Regel. Die Inspektoren testen anonym und regelmäßig die Restaurants, um das Leistungsniveau in seiner Gesamtheit zu beurteilen. Sie bezahlen alle in Anspruch genommenen Leistungen und geben sich nur zu erkennen, um ergänzende Auskünfte zu erhalten. Die Zuschriften unserer Leser stellen darüber hinaus wertvolle Erfahrungsberichte für uns dar und wir benutzen diese Hinweise, um unsere Besuche vorzubereiten.

Die Unabhängigkeit

Um einen objektiven Standpunkt zu bewahren, der einzig und allein dem Interesse des Lesers dient, wird die Auswahl der Häuser in kompletter Unabhängigkeit erstellt. Die Empfehlung im Guide MICHELIN ist daher kostenlos. Die Entscheidungen werden vom Chefredakteur und seinen Inspektoren gemeinsam gefällt. Für die höchste Auszeichnung wird zusätzlich auf europäischer Ebene entschieden.

Die Auswahl der Besten

Der Guide MICHELIN ist weit davon entfernt, ein reines Adressbuch darzustellen, er konzentriert sich vielmehr auf eine Selektion der besten Restaurants in allen Komfort- und Preiskategorien. Eine einzigartige Auswahl, die auf ein und derselben Methode aller Inspektoren weltweit basiert.

Die jährliche Aktualisierung

Alle praktischen Hinweise, alle Klassifizierungen und Auszeichnungen werden jährlich aktualisiert, um die genauestmögliche Information zu bieten.

Die Einheitlichkeit der Auswahl

Die Kriterien für die Klassifizierung im Guide MICHELIN sind weltweit identisch. Jede Kultur hat ihren eigenen Küchenstil, aber gute Qualität muss der einheitliche Grundsatz bleiben.

Denn unser einziges Ziel ist es, Ihnen bei Ihren Reisen behilflich zu sein. Mobilität im Zeichen von Vergnügen und Sicherheit ist die Mission von Michelin.

DIE SELEKTION
DES GUIDE MICHELIN

Von Tokio bis San Francisco, von Paris bis Kopenhagen, die Mission des Guide MICHELIN ist immer die gleiche, nämlich die besten Restaurants der Welt zu finden.

Küchenvielfalt und Know-how, moderne Kreativität oder große Tradition - unabhängig von Ort und Stil haben die Inspektoren des Guide MICHELIN nur ein Ziel: Geschmack und Qualität.

Nicht zu vergessen die Emotionen. Denn ein Essen in einem unserer ausgewählten Restaurants ist in erster Linie ein Moment des Vergnügens: Es ist die Kunst der besten Küchenchefs, einen vergänglichen Genuss in eine unvergessliche Erinnerung zu verwandeln.

Daher wurde den bemerkenswertesten Restaurants der Selektion eine Auszeichnung verliehen: Das sind zum einen die Sterne – ein, zwei oder drei Sterne für Restaurants, die Sie an die Spitze der gastronomischen Welt führen – zum anderen der Bib Gourmand für unser bestes Preis-Leistungs-Verhältnis.

Darüber hinaus leuchtet ein weiterer Stern - nicht rot, sondern grün – über zahlreichen Restaurants, die sich für eine umweltgerechte und ressourcenschonende Gastronomie engagieren.

Eine breite Palette an kulinarischen Erfahrungen, die es zu erleben gilt – das bietet die Selektion des Guide MICHELIN!

Auszeichnungen: die Qualität der Küche

✿ **Die MICHELIN Sterne**

Die bemerkenswertesten Küchen sind die mit MICHELIN Stern – einem ✿, zwei ✿✿ oder drei ✿✿✿. Von traditionell bis innovativ, von schlicht bis aufwändig – ganz unabhängig vom Stil erwarten wir immer das Gleiche: beste Produktqualität, Know-how des Küchenchefs, Originalität der Gerichte sowie Beständigkeit auf Dauer und über die gesamte Speisekarte hinweg.

✿✿✿ Eine einzigartige Küche – eine Reise wert!

Die Handschrift eines großartigen Küchenchefs! Erstklassige Produkte, Reinheit und Kraft der Aromen, Balance der Kompositionen: Hier wird die Küche zur Kunst erhoben. Perfekt zubereitete Gerichte, die nicht selten zu Klassikern werden – eine Reise wert!

✿✿ Eine Spitzenküche – einen Umweg wert!

Beste Produkte werden von einem talentierten Küchenchef und seinem Team mit Know-how und Inspiration in subtilen, markanten und mitunter neuartigen Speisen trefflich in Szene gesetzt – einen Umweg wert!

✿ Eine Küche voller Finesse – einen Stopp wert!

Produkte von ausgesuchter Qualität, unverkennbare Finesse auf dem Teller, ausgeprägte Aromen, Beständigkeit in der Zubereitung – einen Stopp wert!

😊 **Bib Gourmand**

Unser bestes Preis-Leistungs-Verhältnis.

Ein Maximum an Schlemmerei: gute Produkte, die schön zur Geltung gebracht werden, eine moderate Rechnung, eine Küche mit exzellentem Preis-Leistungs-Verhältnis.

✿ **Der Grüne Stern**

Gastronomie und Nachhaltigkeit

Achten Sie in unserer Restaurantselektion auf das Symbol MICHELIN Grüner Stern: Es kennzeichnet Betriebe, die sich besonders für nachhaltige Gastronomie einsetzen.

Informationen über das besondere Engagement des Küchenchefs finden Sie unter den betreffenden Restaurants.

DEUTSCH

DIE SYMBOLE
DES GUIDE MICHELIN

N   Neu empfohlenes Haus im Guide

Einrichtungen & Service

- Besonders interessante Weinkarte
- Schöne Aussicht
- Park oder Garten
- Für Körperbehinderte leicht zugängliche Räume
- Klimaanlage
- Terrasse mit Speiseservice
- Privat-Salons
- Parkplatz
- Garage
- Kreditkarten nicht akzeptiert
- U   Nächstgelegene U-Bahnstation (in Berlin)

Schlüsselwörter

Schlüsselwörter lassen auf den ersten Blick den Küchenstil und das Ambiente eines Hauses erkennen.

REGIONAL · DESIGN

Tablet® Hotels

DIE HOTELEXPERTEN DES GUIDE MICHELIN

Der Guide MICHELIN ist der Benchmark in der Gastronomie. Mit Tablet wird der gleiche Standard für Hotels gesetzt.

Tablet und Michelin haben sich zusammengeschlossen, um eine aufregend neue Auswahl handverlesener Hotels zu präsentieren. Ein Pionier in der Online-Kuration, und seit 2018 Teil der MICHELIN Gruppe, ist Tablet Ihre Quelle für die Buchung der weltbesten und außergewöhnlichsten Hotels - Orte, an denen Sie eine unvergessliche Erfahrung machen werden, und nicht nur ein Zimmer für eine Nacht bekommen.

Tablet hält Tausende von Hotels in über 100 Ländern bereit - und ein Team von Experten, das Sie bei jedem Schritt Ihrer Reise unterstützt.

Buchen Sie Ihren nächsten Hotelaufenthalt bei **TabletHotels.com.**

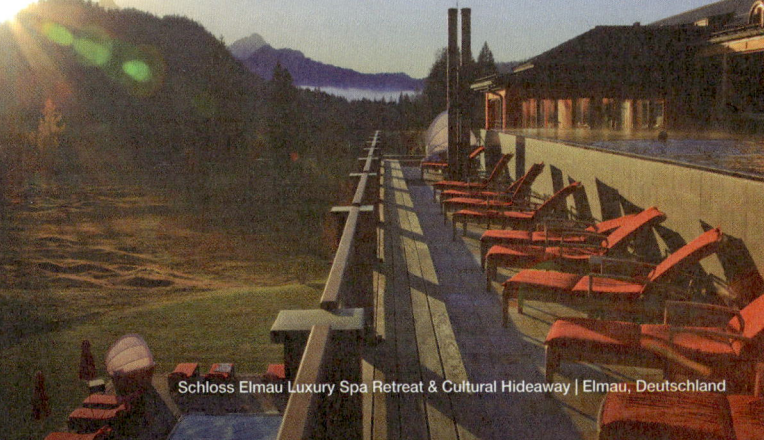

Schloss Elmau Luxury Spa Retreat & Cultural Hideaway | Elmau, Deutschland

2022...
DIE TOP-ADRESSEN
DIE NEUEN STERNE...

✿✿✿
Piesport	schanz. Restaurant

✿✿
Grassau	ES:SENZ
Hamburg	100/200 Kitchen
München	Atelier
München	Tantris
München	Tohru in der Schreiberei
Nürberg	etz
Saarlouis	LOUIS restaurant
Stuttgart	Speisemeisterei

✿
Augsburg	Alte Liebe
Baden-Baden	Maltes hidden kitchen

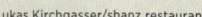
ukas Kirchgasser/shanz.restaurant

Franziska Krause/Speiseberg

Berlin	Bricole
Darmstadt	OX
Deidesheim	Schwarzer Hahn
Dortmund	The Stage
Duggendorf	Hummels Gourmetstube
Duisburg	Mod by Sven Nöthel
Düsseldorf	PHOENIX
Erkelenz	Troyka
Flensburg	Das Grace
Frankfurt am Main	MAIN TOWER Restaurant & Lounge
Frankfurt am Main	Masa Japanese Cuisine
Frasdorf	Michael's Leitenberg
Halle	Speiseberg
Hamburg	Jellyfish
Hamburg	Zeik
Hannover	Handwerk
Hannover	Votum
Karlsruhe	TAWA YAMA FINE
Kerpen	Schloss Loersfeld

Sascha Perrome/Shiraz

Koblenz	**Gotthardt's**
München	**Mountain Hub Gourmet**
München	**Tantris DNA**
München	**Werneckhof Sigi Schelling**
Nürnberg	**Veles**
Osnabrück	**Friedrich**
Schluchsee	**Mühle**
Stuttgart	**Ritzi Gourmet**
Werder (Havel)	**Alte Überfahrt**
Wuppertal	**Shiraz**

Und finden Sie alle Sterne-Restaurants 2022 am Ende des Guide MICHELIN, Seite 438.

DEUTSCH

... DIE NEUEN
BIB GOURMAND

Berlin	**Brasserie Colette Tim Raue**
Berlin	**Long March Canteen**
Freiburg	**Kuro Mori**
Friedberg	**Gasthaus Goldener Stern**
Hamburg	**Oechsle**
Hamburg	**Salt & Silver - Levante**
Hannover	**Schorse in Leineschloss**
Konstanz	**Brasserie Colette Tim Raue**
Leipzig	**Michaelis**
Malente	**Melkhus**
München	**Asam-Schlössel**
München	**Brasserie Colette Tim Raue**
Pirna	**Felsenbirne**
Quedlinburg	**Weinstube**
Saarbrücken	**Jouilard**
Schleching	**Rai'tner Wirt**
Schwerin	**Weinbistro**
Thumby	**Schliehuss 54**

Götz Wrage/Oechsle

Die Sterne 2022

Dreis	✶✶✶	Ort mit mindestens einem 3-Sterne-Restaurant
Berlin	✶✶	Ort mit mindestens einem 2-Sterne-Restaurant
Bonn	✶	Ort mit mindestens einem 1-Stern-Restaurant

Baden-Württemberg

Bib Gourmand 2022

● Orte mit mindestens einem Bib-Gourmand-Haus.

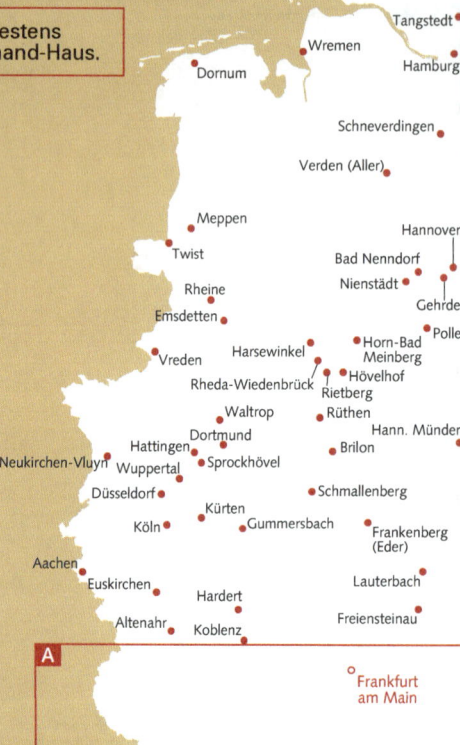

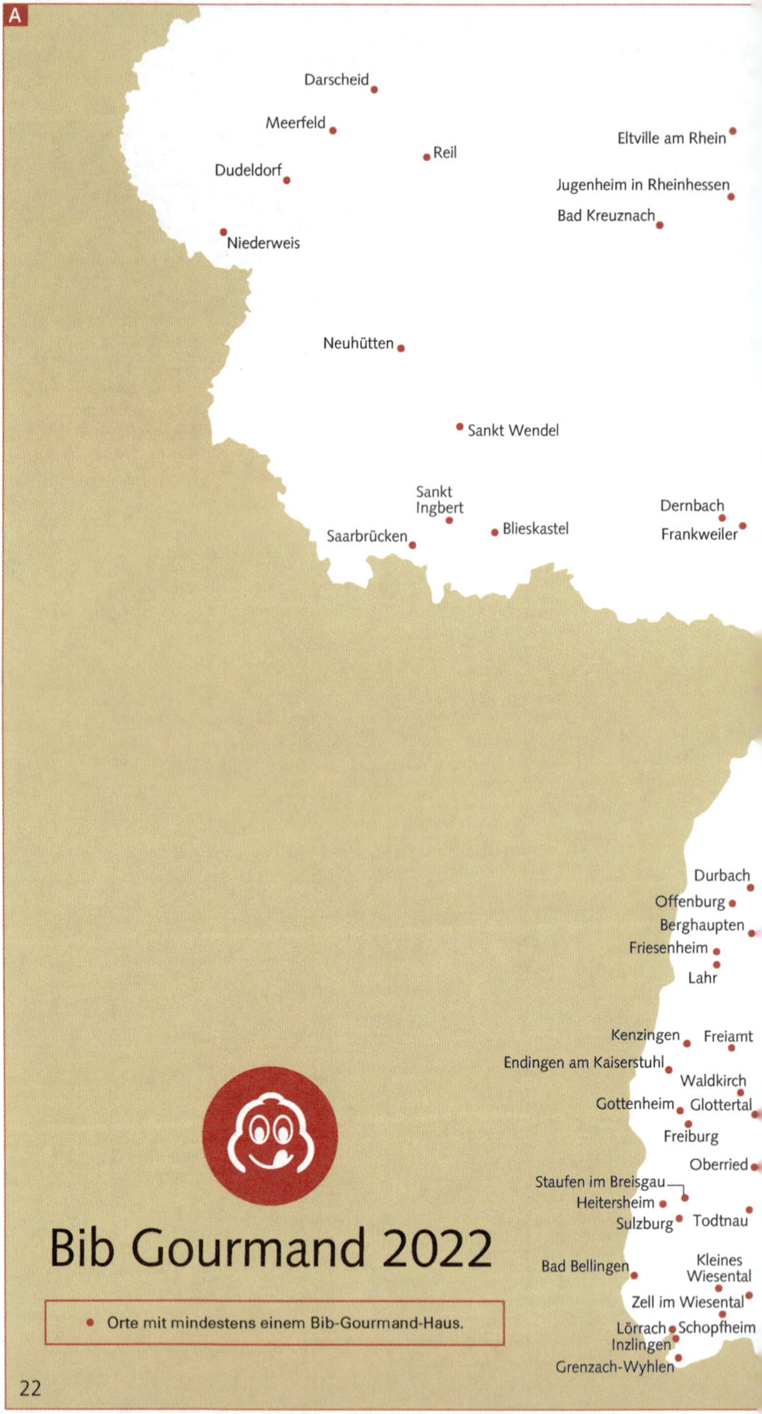

Bib Gourmand 2022

- Orte mit mindestens einem Bib-Gourmand-Haus.

DEUTSCH

LEGENDE DER STADTPLÄNE

Sehenswürdigkeiten

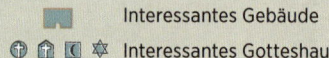
• Restaurants

Interessantes Gebäude
Interessantes Gotteshaus

Straßen

Autobahn • Schnellstraße
Numerierte Ausfahrten
Hauptverkehrsstraße
Gesperrte Straße oder Straße mit Verkehrsbeschränkungen
Fußgängerzone oder Einbahnstraße
Parkplatz
Tunnel
Bahnhof und Bahnlinie
Standseilbahn
Luftseilbahn

Sonstige Zeichen

Informationsstelle
Gotteshaus
Turm • Ruine • Windmühle
Garten, Park, Wäldchen • Friedhof
Stadion • Golfplatz • Pferderennbahn
Freibad oder Hallenbad
Aussicht • Rundblick
Denkmal • Brunnen
Jachthafen
Leuchtturm
Flughafen
U-Bahnstation
Autobusbahnhof
Straßenbahn
Schiffsverbindungen: Autofähre • Personenfähre
Hauptpostamt (postlagernde Sendungen)
Rathaus • Universität, Hochschule

ENGLISH

CONTENTS

Introduction

Dear reader 28
  The MICHELIN Guide – commitment in good times and bad
  Sustainability on the ascent

The MICHELIN Guide 32
  • Commitments
  • Selection
  • Symbols

The 2022 Awards Winners 14
  • The new Stars ✤
  • The new Bib Gourmand 🐵

Maps
  • Starred restaurants ✤
  • Bib Gourmand 🐵 18

Town plan key 38

Regional Maps 40

The MICHELIN Guide's Selection 56

● Berlin 76
● Hamburg 186
● Munich 286

Thematic index 438

Starred establishments 440
Bib Gourmand 448

ENGLISH

ENGLISH

ENGLISH

DEAR READERS

We are delighted to present the new edition of the MICHELIN Guide Germany.

- *Another year of the coronavirus crisis lies behind us, another year in which the food service industry in Germany and many other countries was hamstrung due to the pandemic. But with the lifting of the second lockdown in May 2021 there was finally some light at the end of the tunnel. Filled with confidence and creativity, restaurateurs in Germany flew out of the starting blocks. However, in July some restaurants in Germany, particularly in the Ahr valley, were dealt another blow, with floods costing many lives and causing severe material damage. The suffering has led to great dismay. Fortunately, it's not all bad news. Numerous businesses have successfully overcome the crises and the restaurant landscape in Germany has also welcomed many newcomers.*

- *For months diners waited in the wings, anxious to be there for the reopening of "their" restaurants – and the Michelin inspectors were no different! Always bearing in mind the difficult circumstances, they set out again with a keen appetite to find the best restaurants in the country. Independently, anonymously and as meticulously as ever, they researched and tested, and the result is an interesting selection that once again highlights the diversity and quality of Germany's gastronomy, regardless of price bracket or style of cuisine.*

- *You can now also find the MICHELIN Guide selection online at guide.michelin.com. Both there and in the accompanying MICHELIN Guide app, you can keep abreast of interesting new openings throughout the year, as well as the MICHELIN Guide hotel selection in collaboration with Tablet hotels.*

- *Enjoy reading and guten Appetit!*

Gwendal Poullennec,
International director of MICHELIN Guides,
and all the MICHELIN Guide teams

ENGLISH

The MICHELIN Guide – through thick and thin

- Despite all the odds stacked against them by the coronavirus pandemic, the Michelin inspectors have once again curated an independent and carefully researched selection of restaurants for this year. This list both reflects the diversity and high level of Germany's food service industry and speaks to the commitment, inventiveness and tenacity of its restaurateurs. They have taken up the huge challenge of leading their businesses through the crisis. The aim of the MICHELIN Guide is to support this remarkable dedication – our commitment is to be there through thick and thin.

- The inspectors were champing at the bit to once again sit at a restaurant table. With their scrupulous and expert assessment, they have put together an exciting selection that will inspire everyone to eat out, regulars and newcomers alike.

- Thanks to the drive demonstrated by restaurateurs and the loyalty of their patrons, this year too everyone can look forward to wonderful shared moments, joie de vivre and – last but not least – culinary delectation. The MICHELIN Guide says thank you.

Further information concerning food and restaurants as well as the MICHELIN Guide can be found at:
https://guide.michelin.com/de/de

Sustainability – more important than ever

• Since the introduction of the MICHELIN Green Star award in the 2020 selection, the number of restaurants with a Green Star has been steadily on the rise. In its new edition, the MICHELIN Guide Germany once again heralds an encouraging increase in the number of establishments committed to sustainable gastronomy.

• Thanks to their thorough research, the MICHELIN Guide inspectors have identified numerous restaurants that are implementing an array of measures and initiatives, both in the kitchen and in the overall management of the business, with a view to protecting the environment and conserving resources. These practices include using regional and seasonal produce, being mindful of organic and ecological aspects, reducing food miles, species-appropriate animal husbandry, saving energy and avoiding waste, as well as educating employees on sustainable working methods – to give just a few examples. More and more restaurateurs are putting in place commendable systems like these, a move that is also appreciated by their patrons.

• This is a clear sign of people's growing awareness of the need to respect the environment and the planet's resources. With its Green Star, the MICHELIN Guide also clearly marks out restaurants in the 2022 selection that are making a strong case for a more sustainable food industry with their forward-thinking philosophy.

THE MICHELIN GUIDE'S COMMITMENTS

Whether they are in Japan, the USA, China or Europe, our inspectors apply the same criteria to judge the quality of each and every restaurant that they visit. The Michelin Guide commands a worldwide reputation thanks to the commitments we make to our readers – and we reiterate these below:

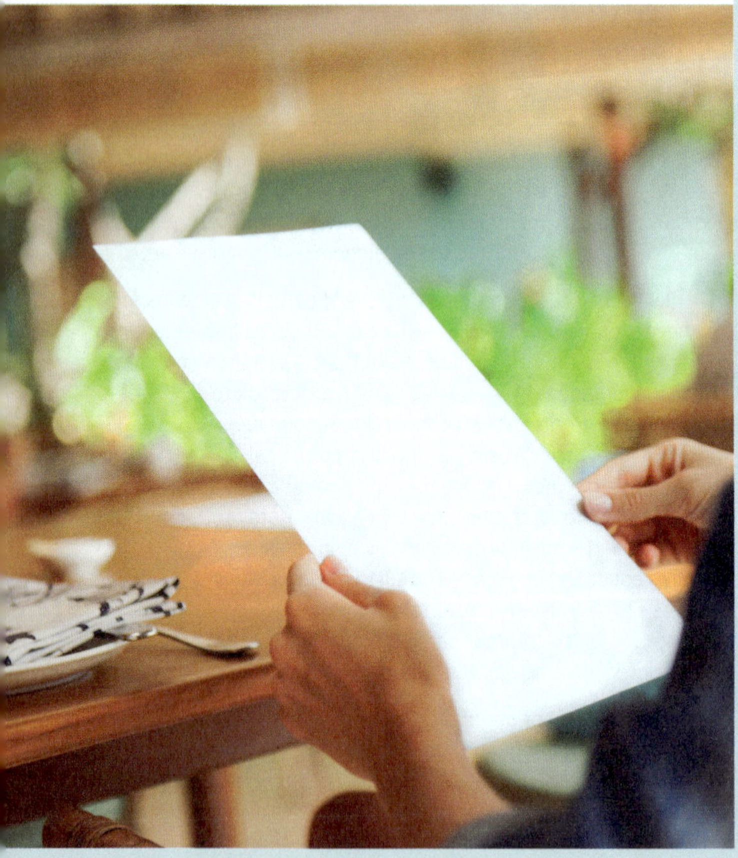

ShotShare/Getty Images Plus

ENGLISH

Experienced in quality!

Anonymous inspections

Our inspectors visit restaurants regularly and anonymously in order to fully assess the level of service offered to any customer – and they always pay their own bills. Comments from our readers also provide us with valuable feedback and information, and these too are taken into consideration when making our recommendations.

Independence

To remain totally objective for our readers, the selection is made with complete independence. Entry into the guide is free. All decisions are discussed with the Editor and our highest awards are considered at a European level.

Selection and choice

The guide offers a selection of the best restaurants in every category of comfort and price. This is only possible because all the inspectors rigorously apply the same methods.

Annual updates

All the practical information, classifications and awards are revised and updated every year to give the most reliable information possible.

Consistency

The criteria for the classifications are the same in every country covered by the MICHELIN Guide.

The sole intention of Michelin is to make your travels safe and enjoyable.

ENGLISH

THE MICHELIN GUIDE'S
SELECTION

From Tokyo to San Francisco, from Paris to Copenhagen, the MICHELIN Guide's mission is always the same: to discover the best restaurants in the world.

Diversity and expertise, modern creativity or long-standing tradition – regardless of restaurant location and style of cuisine, the MICHELIN Guide inspectors have just one goal: to zoom in on taste and quality.

But let's not forget emotions – after all, a meal in one of our selected restaurants is first and foremost a moment to be savoured. The best chefs make an art of transforming a fleeting pleasure into an unforgettable memory.

On that basis, awards have gone to the most remarkable restaurants in the selection: first, MICHELIN stars – one, two or three stars for restaurants that take you to the summits of fine dining; second, the Bib Gourmand as a marker of the best value.

In addition, another star – this one not red, but green – designates numerous restaurants that are committed to environmentally friendly and resource-saving practices.

A broad range of culinary experiences that are up for grabs – that's what the MICHELIN Guide selection showcases!

The distinctions: the quality of the cuisine

❀ The Stars

Our famous one ❀, two ❀❀ and three ❀❀❀ stars identify establishments serving the highest quality cuisine – taking into account the quality of ingredients, the mastery of techniques and flavours, the levels of creativity and, of course, consistency.

❀❀❀ Exceptional cuisine, worth a special journey!

Our highest award is given for the superlative cooking of chefs at the peak of their profession. The ingredients are exemplary, the cooking is elevated to an art form and their dishes are often destined to become classics.

❀❀ Excellent cooking, worth a detour!

The personality and talent of the chef and their team is evident in the expertly crafted dishes, which are refined, inspired and sometimes original.

❀ High quality cooking, worth a stop!

Using top quality ingredients, dishes with distinct flavours are carefully prepared to a consistently high standard.

Bib Gourmand

Good quality, good value cooking.

'Bibs' are awarded for simple yet skilful cooking.

The MICHELIN Green Star

Gastronomy and sustainability

Look out for the MICHELIN Green Star in our restaurants selection: the green star highlights role-model establishments actively committed to sustainable gastronomy. A quote outlines the vision of these trail-blazing establishments.

ENGLISH

THE MICHELIN GUIDE'S
SYMBOLS

- **N** New establishment in the guide

Facilities & services

- 🍇 Particularly interesting wine list
- ≤ Great view
- Garden or park
- ♿ Wheelchair access
- AC Air conditioning
- Outside dining available
- Private dining room
- Valet parking
- 🅿 Car park
- Garage
- Credit cards not accepted

Key words

Each entry now comes with two keywords, making it quick and easy to identify the type of establishment and/or the food that it serves.

REGIONAL · DESIGN

Tablet® Hotels

THE HOTEL EXPERTS AT THE MICHELIN GUIDE

The MICHELIN Guide is a benchmark in gastronomy. With Tablet, it's setting the same standard for hotels.

Tablet and Michelin have combined to launch an exciting new selection of hand-picked hotels. A pioneer in online curation, and part of the MICHELIN Group since 2018, Tablet is your source for booking the world's most unique and extraordinary hotels — places where you'll find a memorable experience, not just a room for the night.

Tablet features thousands of hotels in over 100 countries — and a team of experts ready to assist with every step of your journey.

Book your next hotel stay at TabletHotels.com.

Schloss Elmau Luxury Spa Retreat & Cultural Hideaway | Elmau, Germany

ENGLISH

TOWN PLAN KEY

• Restaurants

Sights

Place of interest
Interesting place of worship

Road

Motorway, dual carriageway
Junction: complete, limited
Main traffic artery
Unsuitable for traffic; street subject to restrictions
Pedestrian street
Car park
Tunnel
Station and railway
Funicular
Cable car, cable way

Various signs

Tourist Information Centre
Place of worship
Tower or mast • Ruins • Windmill
Garden, park, wood • Cemetery
Stadium • Golf course • Racecourse
Outdoor or indoor swimming pool
View • Panorama
Monument • Fountain
Pleasure boat harbour
Lighthouse
Airport
Underground station
Coach station
Tramway
Ferry services:
passengers and cars, passengers only
Main post office with poste restante
Town Hall • University, College

Regionalatlas

Regional maps

Ort mit mindestens...
- einem Restaurant
- ✪ einem Sterne-Restaurant
- 🅐 einem Bib-Gourmand-Restaurant

Place with at least...
- one restaurant
- ✪ one starred establishment
- 🅐 one restaurant "Bib Gourmand"

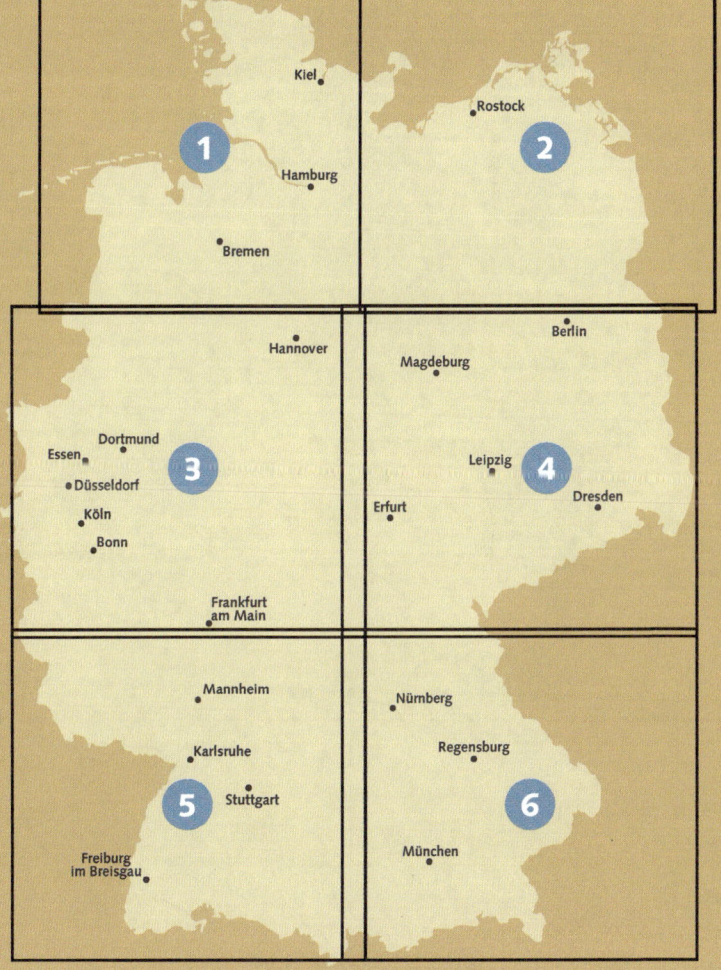

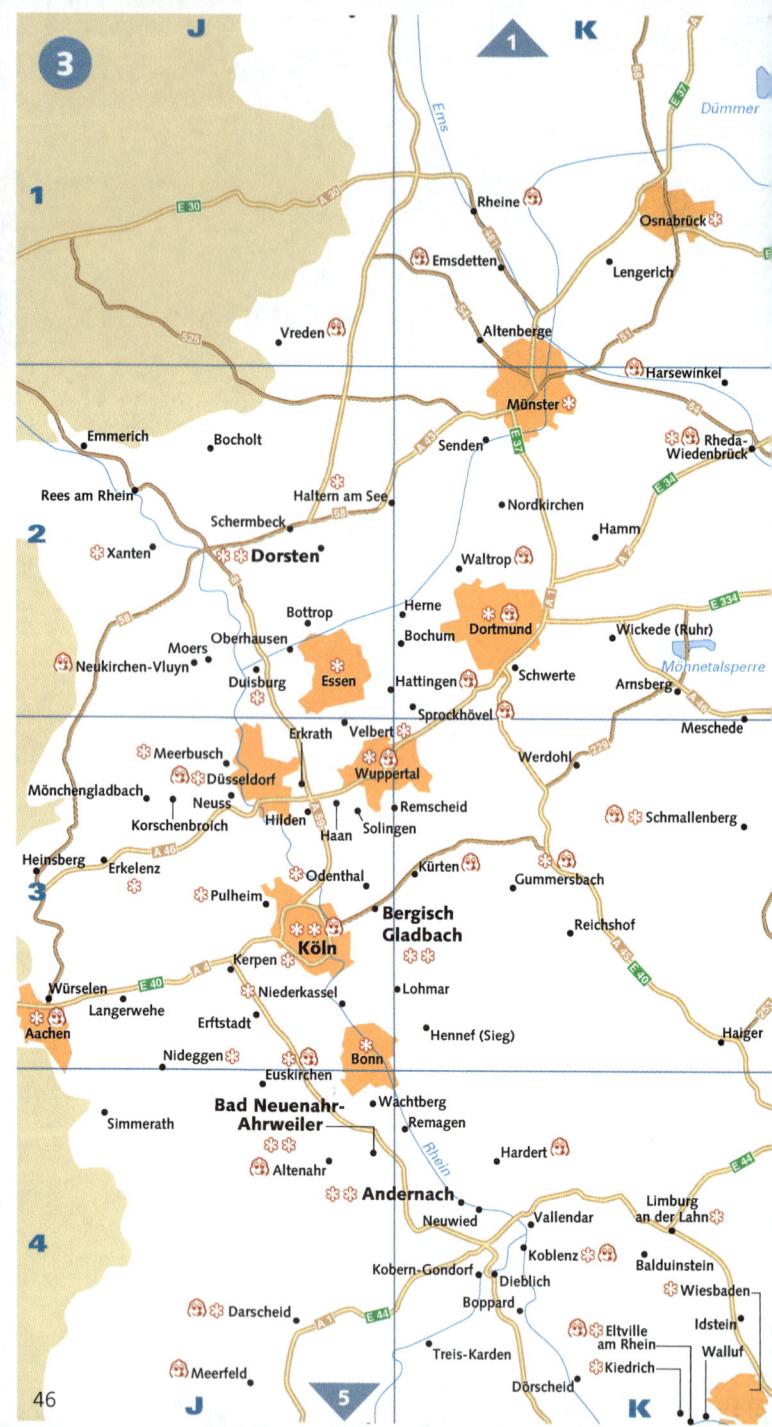

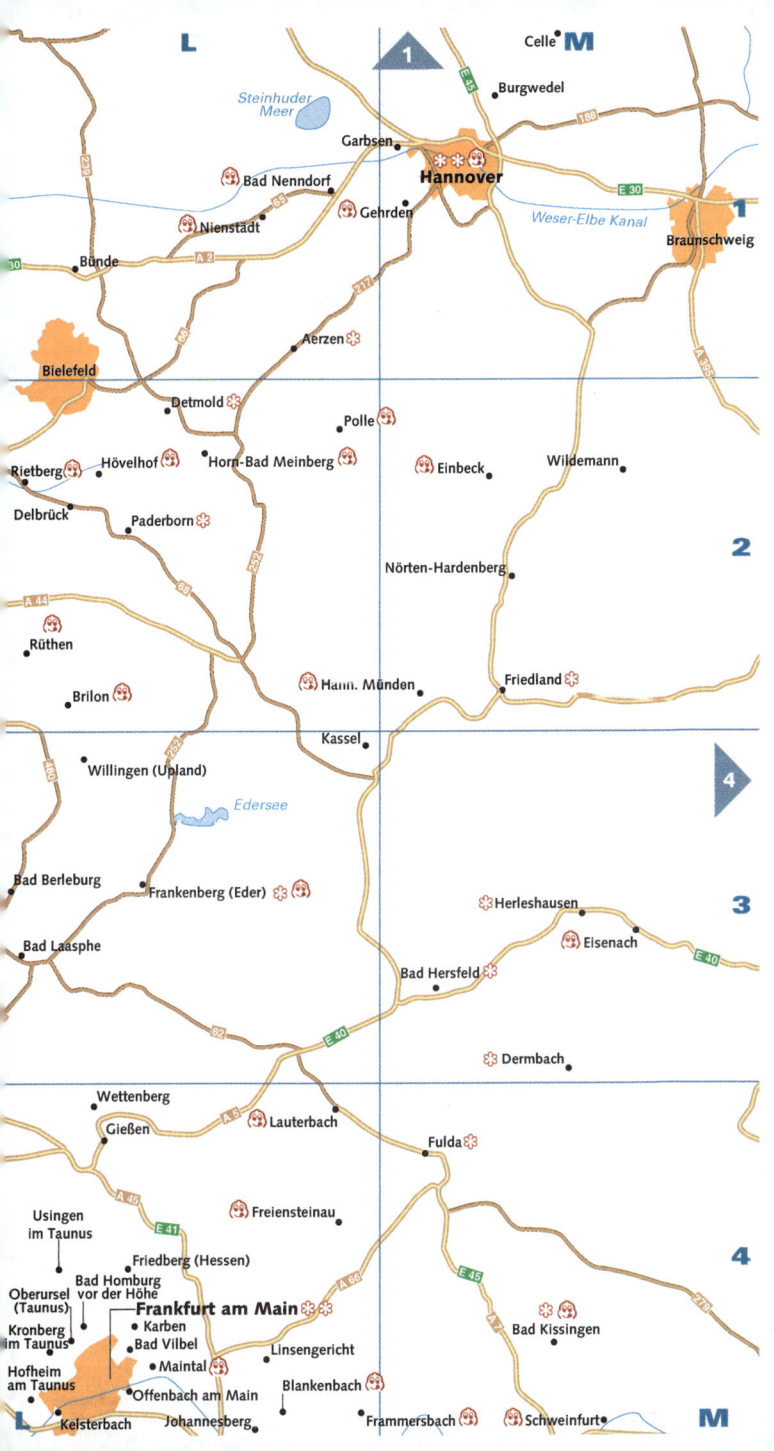

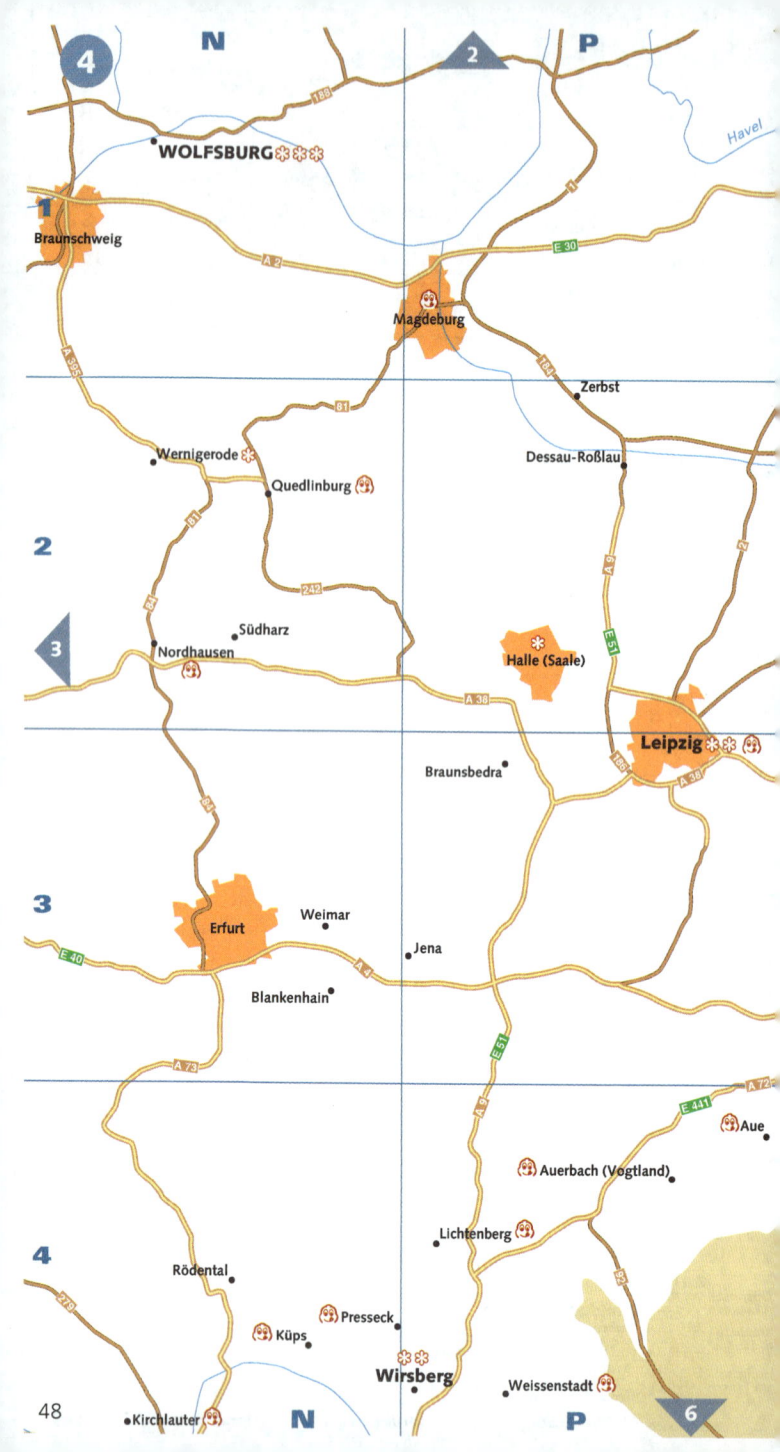

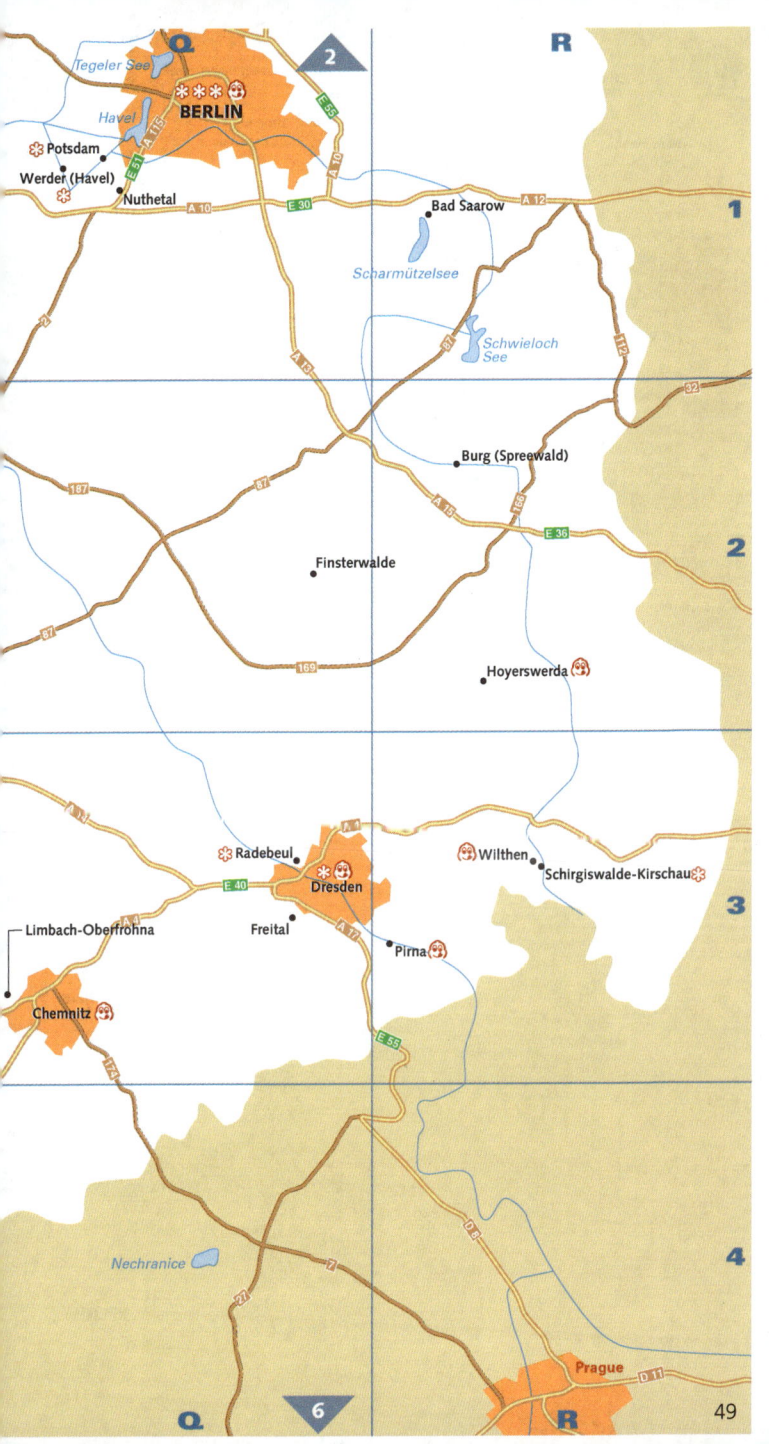

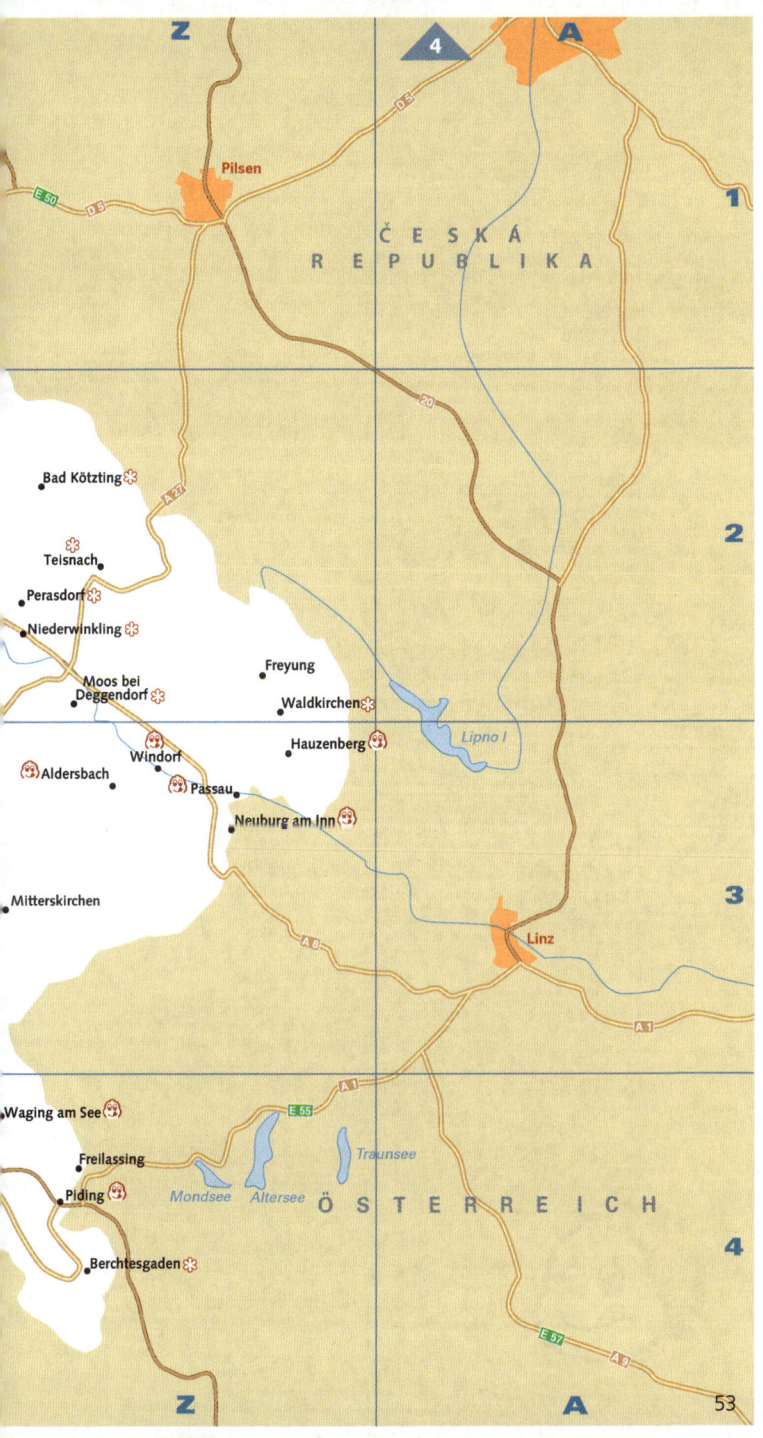

Map 1 (top-left)

- Kirchheim an der Weinstraße
- Laumersheim
- Neuleiningen
- Großkarlbach
- Weisenheim am Berg
- Freinsheim
- Enkenbach-Alsenborn
- Kallstadt
- Bad Dürkheim
- Wachenheim an der Weinstraße
- Deidesheim
- Ruppertsberg
- Neustadt an der Weinstraße
- Sankt Martin
- Maikammer
- Dernbach
- Frankweiler
- Ilbesheim bei Landau in der Pfalz
- Herxheim

Map 2 (top-right)

- Endingen am Kaiserstuhl
- Schönwald im Schwarzwald
- Vogtsburg im Kaiserstuhl
- Denzlingen
- Simonswald
- Vörstetten
- Waldkirch
- Glottertal
- Gottenheim
- Gundelfingen
- Sankt Peter
- Sankt Märgen
- Freiburg im Breisgau
- Kirchzarten
- Bad Krozingen
- Horben
- Oberried
- Hinterzarten
- Staufen im Breisgau
- Heitersheim
- Münstertal
- Wieden
- Müllheim
- Sulzburg
- Todtnau
- Schluchsee
- Badenweiler
- Tunau
- Häusern
- Kleines Wiesental
- Zell im Wiesental
- Kandern
- Schopfheim
- Lörrach
- Wehr

Map 3 (bottom)

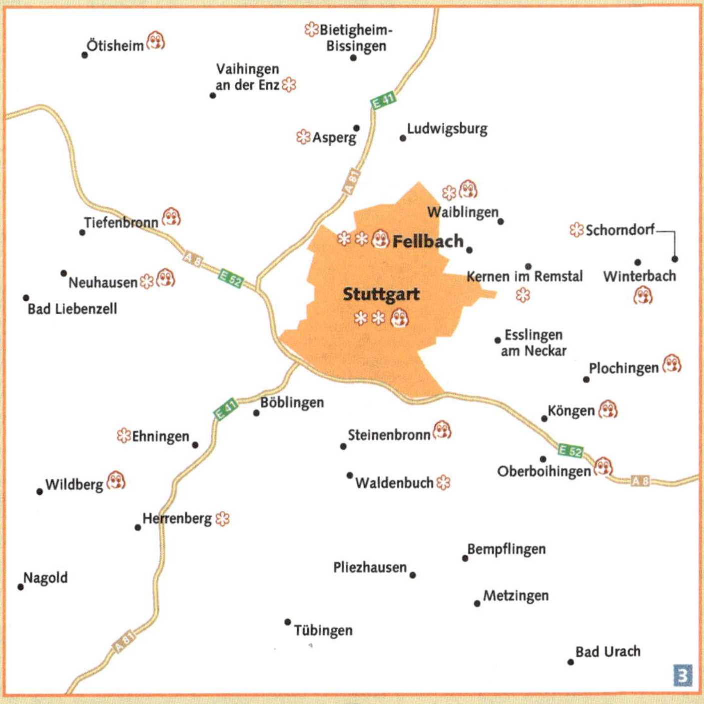

- Ötisheim
- Bietigheim-Bissingen
- Vaihingen an der Enz
- Asperg
- Ludwigsburg
- Tiefenbronn
- Waiblingen
- Schorndorf
- Fellbach
- Neuhausen
- Kernen im Remstal
- Winterbach
- Bad Liebenzell
- Stuttgart
- Esslingen am Neckar
- Plochingen
- Böblingen
- Köngen
- Ehningen
- Steinenbronn
- Oberboihingen
- Wildberg
- Waldenbuch
- Herrenberg
- Bempflingen
- Pliezhausen
- Metzingen
- Nagold
- Tübingen
- Bad Urach

Die Selektion des Guide MICHELIN

The MICHELIN Guide's Selection

Städte von A bis Z

- 🔴 Berlin 76
- 🟢 Hamburg 186
- 🔵 München 286

Towns from A to Z

- 🔴 Berlin 76
- 🟢 Hamburg 186
- 🔵 Munich 286

AACHEN
Nordrhein-Westfalen – Regionalatlas **3**–J3

✿ LA BÉCASSE
Chef: Christof Lang
FRANZÖSISCH-KLASSISCH • BISTRO Auch wenn die Lage des Restaurants am Zentrumsrand recht unscheinbar ist, die Küche ist es keineswegs! Bereits seit 1981 empfängt Sie Patron Christof Lang in dem gepflegten Eckhaus. Er und sein Team um Küchenchef Andreas Schaffrath sorgen für reduzierte, geradlinig-klassische Küche, die hier und da auch mit modernen Elementen gespickt ist. Speisen wie "Hummer, Porc Belly vom Iberico & dicke Bohnen mit Pinienkernvinaigrette" sind unkompliziert, haben aber dennoch Finesse, vom Geschmack ganz zu schweigen! Top Produktqualität ist selbstverständlich. Und dazu vielleicht einen der schönen französischen Weine? Sie bilden den Schwerpunkt der ansprechenden Weinauswahl. Der Service ist sehr aufmerksam, freundlich und charmant, alles läuft angenehm reibungslos. Mittags gibt es nur als kleine Lunchmenü.
AC – Menü 39 € (Mittags), 88/118 € - Karte 74/100 €
Hanbrucher Straße 1 ✉ 52064 - ✆ 0241 74444 – www.labecasse.de – Geschlossen: Montag und Sonntag

✿ SANKT BENEDIKT
Chef: Maximilian Kreus
KREATIV • FAMILIÄR Seit 1982 hat das Aachener „St. Benedikt" seinen festen Platz in der nordrhein-westfälischen Sternegastronomie. Nach der Flutkatastrophe konnte Familie Kreus mit enormer Kraftanstrengung ihr Restaurant Anfang Dezember 2021 wiedereröffnen. Sehr zur Freude der Gäste, die in dem denkmalgeschützten Haus im historischen Ortskern von Kornelimünster nun wieder in den Genuss der klassisch geprägten Küche von Maximilian Kreus kommen. Basis für seine Gerichte sind immer exzellente Produkte, die er gefühlvoll und mit einer gewissen eigenen Idee zubereitet. Wer mittags zum Essen kommt, wählt von der Bistrokarte. Der Service ist überaus freundlich, versiert die Weinberatung - man empfiehlt ausschließlich Weine deutscher Winzer.
⛱ – Menü 95/155 € - Karte 48/68 €
Benediktusplatz 12 ✉ 52076 - ✆ 02408 2888 – www.stbenedikt.de – Geschlossen: Montag-Mittwoch, Sonntag, mittags: Donnerstag-Samstag

😊 BISTRO
KLASSISCHE KÜCHE • GEMÜTLICH Kein Wunder, dass das nette Bistro in dem schmucken historischen Haus immer gut besucht ist, denn hier wird grundehrlich und mit richtig viel Geschmack gekocht! Professionell und mit sympathischer Natürlichkeit leitet die Chefin den Service. Schön auch die kleine Terrasse mit Blick auf Kirche und Marktplatz.
⛱ – Menü 28/45 € - Karte 33/54 €
Benediktusplatz 12 ✉ 52076 - ✆ 02408 2888 – www.stbenedikt.de – Geschlossen: Montag und Sonntag, abends: Dienstag-Samstag

ESTOR
MODERNE KÜCHE • TRENDY Zentral und doch etwas abseits des Geschehens liegt das angenehm legere Restaurant. Es gibt moderne Gerichte wie "gebratenes Wilddoradenfilet, Blumenkohl-Kalamansisauce, Salicorne, Topinambur, Zucchini", und zwar in einem frei wählbaren Menü oder à la carte.
⛱ – Menü 48/85 € - Karte 48/53 €
Gerlachstraße 20 ✉ 52062 - ✆ 0241 47583261 – www.restaurant-estor.de – Geschlossen: Montag, Dienstag, Sonntag

LA BRASSERIE Ⓝ
FRANZÖSISCH-KLASSISCH • BRASSERIE Stilvoll und elegant ist die Brasserie im "Parkhotel Quellenhof", Flaggschiff der Aachener Hotellerie. Geboten wird ambitionierte französische und mediterrane Küche - auf der Karte liest man z. B.

AACHEN

"Urtomaten mit Burrata aus Apulien" oder "Geschmortes Bäckchen vom Kalb mit Zitronencreme". Sehr schöner Terrassenbereich.

🐾 ♿ 🅼 🍴 ⇔ 🅿 ⬆ – Karte 49/76 €

Monheimsallee 52 ✉ 52062 – ✆ 0241 91320 – www.parkhotel-quellenhof.de/la-brasserie

MUNDART 🆕

MODERNE KÜCHE · CHIC Auf dem geschichtsträchtigen Lousberg liegt der Drehturm Belvedere, in dessen oberstem Stock Sie das "mundArt" von David Rehschuh finden. Ein Restaurant mit Chic und herrlichem Blick. Vor allem aber isst man hier gut, und zwar sehr moderne und kreative Gerichte wie z. B. "O'Toro vom Thunfisch, Pickles, Melone, Dashi".

≤ 🅼 🅿 ⬆ – Menü 35 € (Mittags), 79/97 €

Belvedereallee 5 ✉ 52062 – ✆ 0241 16020669 – www.mundart.restaurant – Geschlossen: Montag und Sonntag, mittags: Samstag

PLAISIR BY HAMID HEIDARZADEH 🆕

MODERN · CHIC Hier stechen sofort der schöne Terrazzo-Boden, das klare reduzierte Design in Schwarz und Weiß sowie die hohen Decken mit tollem Stuck ins Auge. Chef Hamid Heidarzadeh kocht einen interessanten Mix aus klassischer Basis und modernen Elementen und bindet leichte asiatische und mediterrane Einflüsse mit ein. Serviert wird ein Menü mit vier bis sieben Gängen.

Menü 65/105 €

Schlossstraße 16 ✉ 52066 – ✆ 0241 89464514 – www.plaisiraachen.de – Geschlossen: Montag, Dienstag, Sonntag, mittags: Mittwoch-Samstag

AALEN

Baden-Württemberg – Regionalatlas **5**-V2

LÄUTERHÄUSLE

TRADITIONELLE KÜCHE · LÄNDLICH Die engagierten Gastgeber haben hier eine richtig nette Adresse samt hübscher Terrasse! Auf der Karte Schwäbisches wie Zwiebelrostbraten oder hausgemachte Maultaschen, aber auch Vegetarisches. Sonntags kocht man durchgehend von 12 - 20 Uhr! Und zum Übernachten gibt es wohnliche Zimmer.

🍴 ⇔ 🅿 – Menü 29/65 € – Karte 26/49 €

Waldhäuser Straße 109 ✉ 73432 – ✆ 07361 98890 – www.laeuterhaeusle.de – Geschlossen: Montag-Mittwoch

WILDER MANN

REGIONAL · LÄNDLICH In dem langjährigen Familienbetrieb (inzwischen in 4. Generation) darf man sich auf frische regionale Küche mit modernen Einflüssen freuen - wie wär's z. B. mit "Rindertafelspitz, Meerrettichsauce, Röstkartoffeln, Preiselbeeren"? Im Sommer speist man gerne im herrlichen Garten! Zum Übernachten gibt es wertig eingerichtete Zimmer in schönem geradlinigem Design.

🍴 🅿 – Menü 21 € (Mittags), 41/52 € - Karte 25/49 €

Karlstraße 4 ✉ 73433 – ✆ 07361 71366 – www.wildermann-aalen.de – Geschlossen: Montag und Dienstag

ABBACH, BAD

Bayern – Regionalatlas **6**-Y2

😊 SCHWÖGLER

MODERN · ZEITGEMÄSSES AMBIENTE Mit Engagement wird das geradlinig gehaltene Restaurant geführt, das merkt man auch an der schmackhaften Küche - und die nennt sich "von basic bis spacig". Da macht "Schwögler's Zwiebelrostbraten vom Angus-Rind" ebenso Appetit wie "Beef Tatar Asia Style".

ABBACH, BAD

☆ 🅿 – Menü 38/69 € - Karte 30/57 €
Stinkelbrunnstraße 18 ✉ 93077 – ☏ 09405 962300 – www.schwoegler.de – Geschlossen: Montag und Dienstag, mittags: Mittwoch-Samstag, abends: Sonntag

ACHERN
Baden-Württemberg – Regionalatlas **5**-T3

😊 CHEZ GEORGES
REGIONAL • KLASSISCHES AMBIENTE Sie möchten bei freundlichem Service und gepflegter Atmosphäre richtig gut essen? Hier wählen Sie aus einem sehr umfangreichen Angebot mit regionalen Klassikern und saisonalen Gerichten aus Baden und dem Elsass. Gerne sitzt man auf der schönen begrünten Terrasse. In der Weinstube "Kächele" hat man es etwas legerer. Übernachten können Sie im Hotel "Schwarzwälder Hof".

♿ 🅰 ☆ ⇔ 🅿 🚗 – Menü 28/47 € - Karte 29/60 €
Kirchstraße 38 ✉ 77855 – ☏ 07841 69680 – www.hotel-sha.de – Geschlossen: Montag und Sonntag, mittags: Dienstag-Samstag

ADELSHOFEN
Bayern – Regionalatlas **5**-V1

😊 ZUM FALKEN
REGIONAL • GEMÜTLICH Seit vielen Jahren betreibt Lars Zwick den gemütlich-rustikalen Gasthof im reizenden Taubertal. Gekocht wird regional und saisonal, donnerstags und freitags gibt's frische hausgemachte Würste. Man hat auch eigene Obstbrände und eine Imkerei. Alte Scheune für Feierlichkeiten, Weinproben im Gewölbekeller. Übernachten können Sie in hübschen Zimmern mit ländlichem Charme.

☆ ⇔ 🅿 – Menü 30 € - Karte 19/41 €
Tauberzell 41 ✉ 91587 – ☏ 09865 941940 – www.landhaus-zum-falken.de – Geschlossen: Montag und Dienstag

AERZEN
Niedersachsen – Regionalatlas **3**-L1

✲✲ GOURMET RESTAURANT IM SCHLOSSHOTEL MÜNCHHAUSEN
FRANZÖSISCH-KLASSISCH • ELEGANT Speisen bei echtem Schloss-Feeling! Könnte es einen stilvolleren Rahmen geben als das wunderbare historische Gemäuer des "Schlosshotels Münchhausen", einem herrschaftlichen Anwesen von 1570? Nehmen Sie zuerst einen Aperitif im imposanten Rittersaal - der Kaminlobby - oder in der "Schwöbbar" am Burggraben mit Parkblick ein, bevor Sie im eleganten Restaurant mit seinen Stuckdecken, Parkettboden und Gemälden an fein eingedeckten Tischen Platz nehmen. Hier genießen Sie dann französisch-klassische Küche mit mediterranen und modernen Einflüssen, bei der Achim Schwekendiek ausgesuchte Produkte handwerklich präzise, aromareich und harmonisch verbindet. Dazu werden Sie freundlich und kompetent umsorgt. Engagiert empfiehlt man die passenden Weine von der sehr gut sortierten Karte.

🏵 ⇔ 🅿 🚗 🍽 – Menü 130/190 €
Schwöbber 9 ✉ 31855 – ☏ 05154 70600 – www.schlosshotel-muenchhausen.com – Geschlossen: Montag und Sonntag, mittags: Dienstag-Samstag

1570 - PETIT GOURMET
MODERNE KÜCHE • ELEGANT Mit der Jahreszahl 1570 nimmt der Restaurantname Bezug auf die Grundsteinlegung des Schlosses - wunderschön der historische Rahmen! Eine kleine Besonderheit ist der Einheitspreis der Gerichte (17,50 €) - am besten wählt man vier pro Person, die Reihenfolge bestimmen Sie selbst. Gekocht wird modern-kreativ wie im Gourmetrestaurant des Hauses.

AERZEN

◁ 👜 🅿 – Karte 53/70 €
Schwöbber 9 ✉ 31855 – ☏ 05154 70600 – www.schlosshotel-muenchhausen.com – Geschlossen: Montag und Sonntag, mittags: Dienstag-Samstag

SCHLOSSKELLER

MARKTKÜCHE • REGIONALES AMBIENTE Richtig gemütlich ist der liebevoll dekorierte Gewölbekeller, traumhaft die Terrasse am Schlossweiher! Man kocht regional und saisonal, vom klassischen Wiener Schnitzel bis zu "gebratenem Zanderfilet, Rahmsauerkraut, Schnittlauch-Kartoffeln, Rieslingsauce".

👜 🍴 🅿 🚗 ⚙ – Menü 48/65 € - Karte 42/73 €

Schwöbber 9 ✉ 31855 – ☏ 05154 70600 – www.schlosshotel-muenchhausen.com

AHLBECK – Mecklenburg-Vorpommern • Siehe Usedom (Insel)

ALDERSBACH
Bayern – Regionalatlas **6**–Z3

😊 DAS ASAM

MARKTKÜCHE • FREUNDLICH In der 1. Etage des einstigen Klostergebäudes speisen Sie in den "Modlersälen" unter einer schönen hohen Decke mit tollem Stuck und Malereien - geschmackvoll der Mix aus historischem Rahmen und geradlinigem Interieur. Geboten wird modern-regionale Küche mit internationalen Einflüssen. Übernachten können Sie in gepflegten, schlicht-charmanten Gästezimmern.

🍴 🅿 – Menü 33/52 € - Karte 35/56 €

Freiherr-Von-Aretin-Platz 2 ✉ 94501 – ☏ 08543 6247624 – www.das-asam.de – Geschlossen: Dienstag und Mittwoch, mittags: Montag, Donnerstag-Samstag

ALPIRSBACH
Baden-Württemberg – Regionalatlas **5**–U3

RÖSSLE

REGIONAL • LÄNDLICH In dem Familienbetrieb (bereits in 4. Generation) wird regional-saisonal und mit internationalen Einflüssen gekocht, so z. B. "Hirschgulasch, Preiselbeersauce, Spätzle" oder "Kabeljau, Thai-Gemüse, Soja, Jasminreis". Und wie wär's mit einem Gästezimmer in frisch-modernem Schwarzwaldstil?

♿ 🍴 ⇔ 🅿 🚗 ⚙ – Menü 27/49 € - Karte 27/49 €

Aischbachstraße 5 ✉ 72275 – ☏ 07444 956040 – www.roessle-alpirsbach.de – Geschlossen: Mittwoch und Donnerstag

ALTENAHR
Rheinland-Pfalz – Regionalatlas **3**–J4

😊 GASTHAUS ASSENMACHER

INTERNATIONAL • LÄNDLICH Bei Christian und Christa Storch spürt man das Engagement. Behaglich das Ambiente in Restaurant und Gaststube, herzlich und aufmerksam der Service, richtig gut die Küche. Man kocht geradlinig und fein, ohne Chichi, dafür mit viel Geschmack und Ausdruck. Man kann hier übrigens auch schön gepflegt übernachten. Hinweis: nach Flutkatastrophe Wiedereröffnung im Mai.

🍴 – Menü 37/98 € - Karte 30/70 €

Brückenstraße 12 ✉ 53505 – ☏ 02643 1848 – www.gasthaus-assenmacher.de – Geschlossen: Montag und Dienstag

ALTENAHR

ALTENBERGE
Nordrhein-Westfalen – Regionalatlas **3**-K1

PENZ AM DOM
REGIONAL • **FREUNDLICH** In dem hübschen alten Bürgerhaus vis-à-vis dem Dom mischt sich Historisches mit Modernem. Ein schöner stimmiger Rahmen für die frische, schmackhafte und preislich faire Küche. Tipp: Kommen Sie mal montagabends zum "After Work Dinner", da gibt es ein 3-Gänge-Menü für rund 20 €. Mittags unter der Woche nur Business Lunch. Tolle Terrasse!

– Menü 12 € (Mittags), 22/59 € - Karte 42/57 €
Kirchstraße 13 ⌧ 48341 – ℰ 02505 9399530 – www.penz-am-dom.de – Geschlossen: Mittwoch und Sonntag, mittags: Samstag

AMORBACH
Bayern – Regionalatlas **5**-U1

ABT- UND SCHÄFERSTUBE
FRANZÖSISCH-KLASSISCH • **RUSTIKAL** Im kleinen Gourmetrestaurant des herrlich gelegenen Hotels "Der Schafhof" geht es strikt klassisch zu, das gilt für das Ambiente ebenso wie für die Küche. In liebevoll dekorierten Räumlichkeiten bietet man aus sehr guten Produkten zubereitete Gerichte und eine ausgezeichnete Weinauswahl! Sehr schön ist im Sommer auch die Terrasse mit Blick ins Tal!

– Menü 63/70 € - Karte 38/75 €
Schafhof 1 ⌧ 63916 – ℰ 09373 97330 – www.schafhof-amorbach.de – Geschlossen mittags: Montag-Freitag

AMTSTETTEN
Baden-Württemberg – Regionalatlas **5**-V3

STUBERSHEIMER HOF
KLASSISCHE KÜCHE • **GEMÜTLICH** In dem liebevoll sanierten ehemaligen Bauernhof darf man sich auf geschmackvoll-ländliche Atmosphäre freuen. In der sehr netten Stube mit schönem Holzboden wird man freundlich umsorgt, während die Juniorchefin z. B. "geschmorte Ochsenbäckchen mit Blattspinat und getrüffelter Kartoffelmousseline" zubereitet. Charmant der Innenhof. Hübsche Gästezimmer hat man ebenfalls.

– Karte 31/59 €
Bräunisheimer Straße 1 ⌧ 73340 – ℰ 07331 4429970 – www.stubersheimer-hof. de – Geschlossen: Montag und Dienstag, mittags: Mittwoch-Samstag

AMTZELL
Baden-Württemberg – Regionalatlas **5**-V4

❀ SCHATTBUCH
KREATIV • **TRENDY** Fest in der Allgäuer Gastro-Szene etabliert ist das trendig-elegante "Schattbuch". Hier bildet der ehemalige Souschef Sebastian Cihlars gemeinsam mit Nico Lanz (Sohn des bekannten Kochs Anton Lanz) die Doppelspitze am Herd. Bei ihren modernen Gerichten verlieren sie nie die Region aus den Augen und setzen stets auf sehr gute Produkte. Finesse und ein Hauch Bodenständigkeit gehen Hand in Hand. Da kommt die „Neuinterpretation" von Oma's Suppentopf ebenso gut an wie Wangemer Rehrücken oder der geangelte Wolfsbarsch. Während im selben Gebäude, quasi nebenan, Roboter entstehen, geht es hier doch angenehm natürlich und freundlich zu - leger und gleichermaßen fachkundig das Serviceteam um Christian Marz. Im Sommer sitzt man auf der Terrasse richtig schön.

AMTZELL

🆎 🍽 ⇔ 🅿 – Menü 85/105 € · Karte 63/115 €
*Schattbucher Straße 10 ⌧ 88279 – ☏ 07520 953788 – www.schattbuch.de –
Geschlossen: Montag und Sonntag, mittags: Samstag*

ANDERNACH
Rheinland-Pfalz – Regionalatlas **3**–K4

❁❁ PURS

MODERNE KÜCHE · DESIGN In einer unscheinbaren Nebenstraße von Andernach versteckt sich dieses kleine Juwel, entstanden aus der "Alten Kanzlei" von 1677. Das geschmackvoll-moderne Design von Axel Vervoordt, das schon im Hotel für einen schicken Look sorgt, setzt sich im Restaurant fort. Hingucker sind Kunstwerke an der Wand sowie die - dank verglaster Front - gut einsehbare Küche. Christian Eckhardt zeigt hier seine herausragende Technik, wenn er z. B. Kaisergranat mit Chimichurri, Papaya und Avocado absolut ausdrucksstark und aromareich kombiniert. Zu erwähnen sei auch der überaus versierte Sommelier, der mit ausgezeichneten glasweisen Empfehlungen glänzt. Fragen Sie ihn auch mal nach seinem "Black Book" - hier notiert er sich von Hand seltene Tropfen! Nach dem Essen führt man Sie gerne durch die Küche an die Bar.

🌿 🆎 ⇔ – Menü 195/245 €
Steinweg 30 ⌧ 56626 – ☏ 02632 9586750 – www.purs.com – Geschlossen: Montag, Dienstag, Sonntag, mittags: Mittwoch-Samstag

❁ YOSO

ASIATISCH · MINIMALISTISCH "Yoso" - dieser etwas exotisch klingende Name ist koreanisch und steht für die Elemente Feuer, Wasser, Luft und Erde, und die werden in einem interessanten modernen Konzept umgesetzt. Verantwortlich dafür ist Sarah Henke. Sie kocht angenehm leicht, authentisch und gerne auch mal schön "hot" (als gebürtige Südkoreanerin liegt ihr das gewissermaßen im Blut!), bringt neben asiatischen Aromen aber auch regionale Elemente ein. Am Abend und samstagmittags gibt es das Elemente-Menü mit ausdrucksstarken Gerichten wie z. B. "Jakobsmuschel, Erbse, Krustentier" sowie das Vegi-Menü. Sonst bietet man mittags ausschließlich Sushi. Ein tolles Restaurant, das mit seinem urbanen Touch auch in eine Großstadt passen würde.

⇔ – Menü 98/112 €
Schafbachstraße 14 ⌧ 56626 – ☏ 02632 4998643 – www.yoso-restaurant.de – Geschlossen: Dienstag-Samstag

RISTORANTE AI PERO

MODERNE KÜCHE · CHIC Das chic designte und zugleich angenehm ungezwungene "Ristorante" ist das Gourmetrestaurant des Hotels "Am Ochsentor". Man bietet ambitionierte moderne Küche, die internationale Einflüsse mischt. Für das Menü kommen sehr gute Produkte zum Einsatz. Und dazu ein Wein aus Italien? Umsorgt wird man aufmerksam, freundlich und geschult.

♿ 🆎 🍽 🅿 – Menü 119/149 €
Schafbachstraße 20 ⌧ 56626 – ☏ 02632 9894060 – www.aipero.de – Geschlossen: Dienstag-Donnerstag

ANSBACH
Bayern – Regionalatlas **6**–X2

😀 LA CORONA

MARKTKÜCHE · MEDITERRANES AMBIENTE Mit Herzblut führt Familie Gerg ihr gemütliches Restaurant samt Vinothek, das etwas versteckt im Kronenhof (einst Stadtpalais der Grafen von Seckendorff a. d. 17. Jh.) liegt. Die Küche orientiert sich an Themenwochen wie z. B. "Regenbogenküche vom Kap" oder "Mallorca" - schmackhaft und aus guten Produkten. Dazu eine Auswahl von rund 1400 Weinen und ca. 140 Digestifs.

ANSBACH

🕸 🍴 🥂 – Menü 32/45 € - Karte 29/44 €
Johann-Sebastian-Bach-Platz 20 ✉ 91522 – ✆ 0981 9090130 – www.lacorona.de – Geschlossen: Montag-Mittwoch, Sonntag, mittags: Donnerstag-Samstag

ARNSBERG
Nordrhein-Westfalen – Regionalatlas **3**–K2

MENGE

MARKTKÜCHE · FREUNDLICH Christoph Menge kocht geschmackvoll und ambitioniert, von gefragten Klassikern wie dem "Sauren Schnitzel" bis zu gehobeneren Gerichten wie "Wolfsbarsch mit Petersilienwurzel und Rote Beete". Je nach Saison gibt's auch Galloway-Rind, Wild und Lamm - natürlich aus der Region. In dem traditionsreichen Familienbetrieb kann man auch gepflegt übernachten.

🍴 ⇔ 🅿 – Menü 48/85 € - Karte 42/80 €
Ruhrstraße 60 ✉ 59821 – ✆ 02931 52520 – www.hotel-menge.de – Geschlossen: Montag und Sonntag, mittags: Dienstag-Samstag

ASCHAFFENBURG
Bayern – Regionalatlas **5**–U1

😊 OECHSLE

TRADITIONELLE KÜCHE · FREUNDLICH Hier wird mit regionalem und saisonalem Bezug gekocht - gut und preislich fair. Auf der Karte z. B. "Wiener Schnitzel mit fränkischem Kartoffelsalat". Tipp: Kommen Sie auch mal zum Gänseessen! Und das Ambiente? Ein Mix aus modern und rustikal - hübsch der Kachelofen von 1840. Gepflegt übernachten kann man ebenfalls.

⇔ 🅿 – Menü 42/58 € - Karte 33/66 €
Karlstraße 16 ✉ 63739 – ✆ 06021 23132 – www.zumgoldenenochsen.de – Geschlossen: Montag und Sonntag, mittags: Dienstag-Samstag

ASCHAU IM CHIEMGAU
Bayern – Regionalatlas **6**–Y4

✲✲ RESTAURANT HEINZ WINKLER

FRANZÖSISCH-KLASSISCH · ELEGANT Heinz Winkler - dieser Name ist untrennbar mit kulinarischer Klassik auf Spitzenniveau verbunden. 1991 nahm hier im herrlichen Chiemgau alles seinen Anfang, als der gebürtige Südtiroler seine „Residenz" eröffnete. In der Küche hat der Patron ein engagiertes Team, das seine Leidenschaft für klassische Küche teilt, aber auch offen ist für moderne Akzente. Wie präzise man arbeitet und wie toll man ausgesuchte Produkte zur Geltung bringt, beweisen z. B. "Jakobsmuscheln mit Sauerrahm und Kaviar" oder "Gebratene Ente in zwei Gängen". Das Angebot umfasst Menüs und Gerichte à la carte und lässt auch nicht die bewährten Klassiker vermissen, die die Gäste ebenso schätzen wie das venezianisch-elegante Ambiente. Souverän und freundlich der Service - sehr gut die Weinkarte, kompetent die Beratung.

🕸 🍴 ⇔ 🅿 – Menü 105 € (Mittags), 135/205 € - Karte 90/210 €
Kirchplatz 1 ✉ 83229 – ✆ 08052 17990 – www.residenz-heinz-winkler.de – Geschlossen mittags: Montag-Freitag

ASPERG
Baden-Württemberg – Regionalatlas **7**–B2

✲ SCHWABENSTUBE

FRANZÖSISCH-KLASSISCH · ELEGANT Hinter all dem Engagement, der Herzlichkeit und der Beständigkeit, die im Hause Ottenbacher eine Selbstverständlichkeit sind, steht eine lange Familientradition, genau genommen vier Generationen! Man pflegt das Bewährte und bleibt dennoch nicht stehen - so trifft in dem schmucken Fachwerkhaus mit den grünen Fensterläden historischer Charme auf modern-elegante Elemente. Die Küche von Max Speyer (ehemals Souschef hier im Haus) ist klassisch ausgelegt, bezieht aber auch die Region mit ein. Auf den Teller kommen durchdachte, ausdrucksstarke und stimmige Speisen mit saisonalen Einflüssen. Wer zum Essen gerne einen feinen Tropfen genießt, darf sich auf eine sehr gut sortierte Weinkarte und eine ebensolche Beratung freuen.

ஃ 🅰🄲 🄿 ⊟ – Menü 62/115 € - Karte 65/92 €

Stuttgarter Straße 2 ✉ 71679 – ☎ 07141 26600 – www.adler-asperg.de –
Geschlossen: Montag, Dienstag, Sonntag, mittags: Mittwoch-Samstag

AGUILA

SPANISCH • GEMÜTLICH Wer kulinarisch sowohl Spanien als auch Schwaben mag, ist hier genau richtig. In angenehm ungezwungener Atmosphäre darf man sich auf Tapas wie "Patatas Bravas", aber auch auf regionale Klassiker wie z. B. "Zwiebelrostbraten mit Spätzle" freuen. Und haben Sie vielleicht Lust auf einen Cocktail?

🄰🄲 🄿 ⊟ – Karte 30/50 €

Stuttgarter Straße 2 ✉ 71679 – ☎ 07141 26600 – www.adler-asperg.de –
Geschlossen: Montag, Dienstag, Samstag, mittags: Mittwoch-Freitag, Sonntag

AUE

Sachsen – Regionalatlas **4**-P4

😊 TAUSENDGÜLDENSTUBE

REGIONAL • LÄNDLICH Das Hotel "Blauer Engel" beherbergt neben schönen Gästezimmern auch dieses Restaurant. 340 Jahre Tradition, da spürt man historischen Charme! Kachelofen und Holzvertäfelung schaffen Gemütlichkeit, man wird persönlich umsorgt und gut essen kann man ebenfalls - à la carte oder in Menüform. Beliebt: die Terrasse der hauseigenen Brauerei "Lotters Wirtschaft".

🄿 – Menü 40 € - Karte 30/54 €

Altmarkt 1 ✉ 08280 – ☎ 03771 5920 – www.hotel-blauerengel.de –
Geschlossen: Montag, Dienstag, Sonntag, mittags: Mittwoch-Samstag

AUENWALD

Baden-Württemberg – Regionalatlas **5**-U2

😊 LANDGASTHOF WALDHORN

MARKTKÜCHE • GASTHOF Gemütlich sitzt man hier in schönem Ambiente mit charmant-traditioneller Note, im Sommer lockt die herrliche Gartenterrasse. Dazu kommen regional und saisonal geprägte Speisen. Auch nach dem Betreiber- und Küchenchef-Wechsel wird schmackhaft und frisch gekocht, geradlinig und ohne viel Schnickschnack. Die Gerichte können Sie à la carte oder als Menü wählen.

🏠 ⇔ 🄿 – Menü 39/46 € - Karte 37/65 €

Hohnweilerstraße 10 ✉ 71549 – ☎ 07191 312312 – www.waldhorn-auenwald.de –
Geschlossen: Dienstag und Mittwoch, mittags: Samstag

AUERBACH (VOGTLAND)

Sachsen – Regionalatlas **4**-P4

😊 RENOIR

KLASSISCHE KÜCHE • ELEGANT Hier setzt man auf Klassik - das gilt für die Küche ebenso wie für die gediegene, aber dennoch unkomplizierte Atmosphäre. Zu den schmackhaften Gerichten aus guten Produkten können Sie der Weinempfehlung vertrauen - der Chef ist auch ausgebildeter Sommelier! Tipp: Besichtigen Sie die kleine Galerie im Haus.

AUERBACH (VOGTLAND)

🅿 – Menü 39/59 € – Karte 34/63 €
Schönheider Straße 235 ✉ 08209 – 📞 03744 215119 – www.restaurant-renoir. de – Geschlossen: Montag und Dienstag, mittags: Mittwoch-Samstag, abends: Sonntag

AUERBACH IN DER OBERPFALZ
Bayern – Regionalatlas **6**–Y1

SOULFOOD
Chef: Michael Laus
KREATIV • TRENDY "SoulFood" - das bedeutet "Nahrung für die Seele", und genau die bieten Christine Heß und Michael Laus. Nach ihrer gemeinsamen Zeit in der Frankfurter "Villa Merton" haben sich die beiden direkt neben dem Rathaus von Auerbach den Traum vom eigenen Restaurant erfüllt. Und womit tun sie hier der Seele ihrer Gäste etwas Gutes? Zum einen mit ihrer sympathischen und herzlichen Art, die für eine angenehm Atmosphäre sorgt, zum anderen mit ausgezeichneter kreativer Küche aus sehr guten saisonalen Produkten, die es auch noch zu einem fairen Preis gibt. Sie können "DasEine" oder "DasAndere" Menü wählen. Asiatische Einflüsse finden sich ebenso wie mediterrane und auch den Bezug zur Region verliert man nicht aus den Augen. Eine schöne moderne Adresse, die einfach Spaß macht!

🍽 – Menü 74/79 € – Karte 58/67 €
Unterer Markt 35 ✉ 91275 – 📞 09643 2052225 – www.restaurant-soulfood. com – Geschlossen: Montag und Dienstag, mittags: Mittwoch

AUGSBURG
Bayern – Regionalatlas **6**–X3

AUGUST
Chef: Christian Grünwald
KREATIV • KLASSISCHES AMBIENTE Seit der Eröffnung des Restaurants ist die denkmalgeschützte Haag-Villa von 1877 ein Ort der Kunst! Da ist zum einen die spezielle Atmosphäre in diesem ganz besonderen Gebäude, zum anderen die äußerst personalisierte und von eigenen Gedanken geprägte Küche, die man in dieser Form wohl kein zweites Mal findet. Die Küche von Christian Grünwald ist von der Natur inspiriert, von Regionen, vom Meer, vom Garten... Die Produkte sind herausragend, die Gerichte fein ausbalanciert. Serviert werden sie auf beleuchteten "Schaufenster"-Tischen, unter deren Glasplatte Deko und Essbares präsentiert wird. All das erlebt man in stilvollen Räumen mit hohen Decken, Parkettboden und Kunst. Dazu ein angenehm ruhiger und eingespielter Service - Christian Grünwald ist auch selbst "am Gast" und erklärt die Kreationen.

♿ 🍽 🅿 – Menü 179/210 €
Johannes-Haag-Straße 14 ✉ 86153 – 📞 0821 35279 – www.restaurantaugust. de – Geschlossen: Montag-Mittwoch, Sonntag, mittags: Donnerstag-Samstag

ALTE LIEBE 🆕
Chef: Benjamin Mitschele
MODERNE KÜCHE • CHIC Inhaber und Küchenchef Benjamin Mitschele ist in Augsburg schon lange als Gastronom bekannt. Nach Deli- und Café-Konzept hat man sich hier nun "Fine Dining" auf die Fahnen geschrieben. Geboten wird ein Menü, das Sie auf Wunsch auch als pescetarische oder vegetarische Variante wählen können. Dabei achtet man sehr auf Produktqualität und Saisonalität, auch viele Produkte aus der eigenen kleinen Gärtnerei kommen zum Einsatz. Die Gerichte sind auf den Punkt gebracht und überzeugen durch Ausdruck, Balance und Präzision. Ambitioniert die Weinberatung dazu. Dass man sich hier in einem ehemaligen Fahrradgeschäft befindet, merkt man nicht. Die Atmosphäre ist angenehm unkompliziert, das Interieur chic-leger. Im Sommer hat man vor den großen Fenstern des Eckhauses eine nette Terrasse.

AUGSBURG

🛏 – Menü 95/110 €
Alpenstraße 21 ⌧ 86159 - ℰ 0821 65057850 - www.alte-liebe-augsburg.de -
Geschlossen: Montag-Mittwoch, Sonntag, mittags: Donnerstag-Samstag

✿ SARTORY

KLASSISCHE KÜCHE • ELEGANT Geradliniger Stil und schicke Grautöne, stilvolle Kronleuchter an der Decke und alte Portraits an den Wänden... Das intime kleine Gourmetrestaurant des geschichtsträchtigen Hauses, dem heutigen Hotel „Maximilian's", verbindet gelungen Eleganz mit Moderne. Unter der Leitung von Simon Lang (zuvor u. a. bei Alfons Schuhbeck, Holger Bodendorf oder auch Ali Güngörmüs) wird hier klassische Küche modern umgesetzt. Dabei legt man Wert auf saisonalen Bezug und sehr gute Produkte. Das angebotene Menü gibt es am Abend jeweils zu zwei Servicezeiten. Draußen sitzt man ebenfalls angenehm auf der urbanen Terrasse - Blick auf das historische Schaezlerpalais inklusive! Benannt ist das Restaurant übrigens nach Johann Georg Sartory, dem berühmten Augsburger Küchenchef a. d. 19. Jh.

& 🅰🅲 🛏 🚗 – Menü 159/189 €
Maximilianstraße 40 ⌧ 86150 - ℰ 0821 50360 - www.sartory-augsburg.de -
Geschlossen: Montag-Mittwoch, Sonntag, mittags: Donnerstag-Samstag

MAXIMILIAN°S

INTERNATIONAL • BISTRO Ein trendig-urbanes Restaurant, in dessen Showküche neben Klassikern auch moderne Gerichte entstehen. "Kalbsleber Berliner Art" ist ebenso beliebt wie z. B. "gebratener Wolfsbarsch in Tomaten-Limettensud". Zusätzlich wechselndes Lunchangebot. Sonntags Brunch. Terrassen gibt es zwei: im Innenhof mit Blick auf das historische Schaezlerpalais oder zur Maximilianstraße.

& 🛏 🚗 🎵 – Menü 52 € - Karte 58/77 €
Maximilianstraße 40 ⌧ 86150 - ℰ 0821 50360 - www.maximilians-augsburg.
de - Geschlossen: Sonntag

NOSE & BELLY 🆕

INNOVATIV • MINIMALISTISCH Ein Besuch in diesem kleinen Restaurant im Zentrum von Augsburg lohnt sich! Das liegt vor allem an der durchdachten Küche, für die Hendrik Ketter und sein Team vorzugsweise regionale Produkte verwenden - und die gibt es auch noch zu einem richtig guten Preis-Leistungs-Verhältnis. Dazu ein versierter, sympathischer Service und angenehm puristisch-modernes Ambiente.

& 🛏 – Menü 78/120 € - Karte 56/62 €
Heilig-Kreuz-Straße 10 ⌧ 86152 - ℰ 0821 50895791 - www.noseandbelly.de -
Geschlossen: Montag-Mittwoch, Sonntag, mittags: Donnerstag-Samstag

AYING

Bayern – Regionalatlas **6**-Y4

BRAUEREIGASTHOF AYING

MARKTKÜCHE • GEMÜTLICH Schön hat man hier regionalen Charme mit stimmiger wertiger Einrichtung kombiniert. Gekocht wird ebenfalls mit Anspruch: regional-saisonale Gerichte aus sehr guten Produkten, so z. B. "Seeforelle aus dem Lechtal in Nussbutter confiert, Schnittlauchsauce, Kartoffel-Meerrettichpüree, Staudensellerie & Malzbrot".

🐾 🛏 ⇔ 🅿 – Menü 56/76 € - Karte 41/76 €
Zornedinger Straße 2 ⌧ 85653 - ℰ 08095 90650 - www.brauereigasthof-
aying.de

AYL
Rheinland-Pfalz – Regionalatlas **5**-S1

WEINRESTAURANT AYLER KUPP
MARKTKÜCHE • FREUNDLICH Während man sich frische saisonale Gerichte wie "Variation vom Lamm mit Paprikagemüse" schmecken lässt, schaut man auf die Weinberge und den schönen Garten. Dazu vielleicht ein Riesling vom Weingut nebenan? Das Mittagsmenü ist etwas günstiger. Der Hotelbereich bietet gepflegte, freundliche Gästezimmer.

🕸 🍴 🅿 – Menü 52/74 € - Karte 47/71 €

Trierer Straße 49a ✉ 54441 – ✆ 06581 988380 – www.saarwein-hotel.de – Geschlossen: Dienstag und Mittwoch

BADEN-BADEN
Baden-Württemberg – Regionalatlas **5**-T2

✿ LE JARDIN DE FRANCE
Chef: Stéphan Bernhard

FRANZÖSISCH-KLASSISCH • ELEGANT Seit 1998 sind Sophie und Stéphan Bernhard mit Engagement in der Stadt im Einsatz, da ist in dem hübschen Restaurant im sehenswerten Innenhof des "Goldenen Kreuzes" a. d. 19. schon so mancher zum Stammgast geworden! Und das liegt nicht zuletzt an der klassisch-französischen Küche, die dem Patron, einem gebürtigen Franzosen, gewissermaßen im Blut liegt. Die Gerichte sind produktorientiert, klar im Aufbau und schön harmonisch. Der Service samt Chefin ist herzlich und versiert, auch in Sachen Wein wird man trefflich beraten - man hat eine richtig gute Auswahl. Hinweis: Ab Mitte März ist das Restaurant ein paar Meter weiter im "Stahlbad" mitten im Herzen von Baden-Baden zu finden.

🕸 🅰🅲 🍴 – Menü 45 € (Mittags), 85/115 € - Karte 70/110 €

Lichtentaler Straße 13 ✉ 76530 – ✆ 07221 3007860 – www.lejardindefrance.de – Geschlossen: Montag und Sonntag

✿ MALTES HIDDEN KITCHEN
Chef: Malte Kuhn

MODERNE KÜCHE • GEMÜTLICH Mitten in der hübschen Fußgängerzone der gepflegten Kurstadt finden Sie dieses interessante Doppelkonzept aus Kaffeehaus und Restaurant: Tagsüber werden hier Kaffee und Kuchen serviert, am Abend bietet das Team um Patron und Namensgeber Malte Kuhn moderne Speisen - zubereitet in der hinter einer verschiebbaren Wand versteckten Küche, der "hidden kitchen". Gekonnt reduziert man sich auf das Wesentliche, das Produkt steht immer im Mittelpunkt des Menüs. Dazu wird man überaus freundlich und geschult umsorgt. Auch die Köche servieren mit und der Chef ist ebenfalls präsent. Ein sympathisches und gemütliches kleines Restaurant mit eigenem Charme - da macht es wirklich Spaß, Gast zu sein!

🅰🅲 🍴 – Menü 79/109 € - Karte 72/105 €

Gernsbacher Straße 24 ✉ 76530 – ✆ 07221 7025020 – www.malteshiddenkitchen.com – Geschlossen: Montag, Dienstag, Sonntag, mittags: Mittwoch-Samstag

GOLDENES LOCH IM SCHLOSS NEUWEIER
MARKTKÜCHE • KLASSISCHES AMBIENTE Einen besonderen Rahmen bietet das jahrhundertealte Schloss des angesehenen Weinguts. Das Restaurant - inzwischen mit neuem Namen und neuem Betreiber - setzt auf gehobene und zugleich bodenständige Küche, die gerne mit regionalen Produkten arbeitet - Appetit machen z. B. "geschmorte Kalbsbäckchen, Wurzelgemüse, Pilze". Dazu schöne eigene Weine.

🍴 ✿ 🅿 – Menü 49 € (Mittags), 54/87 € - Karte 35/73 €

Mauerbergstraße 21 ✉ 76534 – ✆ 07223 800870 – www.schloss-neuweier.de – Geschlossen: Montag, Dienstag, Sonntag, mittags: Mittwoch-Samstag

BADEN-BADEN

HEILIGENSTEIN

KLASSISCHE KÜCHE • FREUNDLICH Hier sitzt man in geschmackvoll-modernem Ambiente bei klassisch-saisonaler Küche. Gute, frische Produkte werden angenehm unkompliziert und mit Geschmack zubereitet. Dazu gibt es eine schöne Weinkarte mit über 400 Positionen. Hübsch die Terrasse. Zum Übernachten hat das ruhig gelegene Haus attraktive wohnliche Zimmer.

ॐ ≼ 斎 ⇔ 🅿 ⊡ – Menü 35/52 € - Karte 35/59 €

Heiligensteinstraße 19a ✉ 76534 – ☎ 07223 96140 – hotel-heiligenstein.de – Geschlossen: Donnerstag

KLOSTERSCHÄNKE

ITALIENISCH • GEMÜTLICH Ein sympathisches kleines Restaurant, in dem man regional und italienisch kocht. Appetit machen z. B. "Cordon bleu mit Schwarzwälder Schinken und Bergkäse" oder "Piccata milanese". Terrasse mit wunderbarem Blick auf die Rheinebene!

≼ 斎 🅿 – Karte 43/65 €

Klosterschänke 1 ✉ 76530 – ☎ 07221 25854 – www.restaurant-klosterschaenke.de – Geschlossen: Montag, mittags: Dienstag-Samstag

MORIKI

ASIATISCH • TRENDY Nur einen kurzen Fußweg vom Kurpark entfernt bekommt man hier im Restaurant des Hotels "Roomers" panasiatische Gerichte und eine schöne Sushi-Auswahl. Auf der Karte z. B. "Ebi Udon - Riesengarnelen, Udon-Nudeln, Pak Choi, Butter-Soja-Sake-Sauce, Bonito-Flocken". Betreut wird man von einem jungen motivierten Serviceteam.

& 🎦 斎 ⇔ ⇌ – Menü 85/99 € - Karte 34/62 €

Lange Straße 100 ✉ 76530 – ☎ 07221 90193901 – www.roomers-badenbaden.com – Geschlossen mittags: Montag-Freitag

NIGRUM ⓝ

INTERNATIONAL • DESIGN Ein tolles Kreuzgewölbe, edle dunkle Töne, Designer-Elemente und Kunst - so stylish zeigen sich die ehemaligen Stallungen etwas oberhalb der Stadt. Geboten wird ein modern-internationales Menü, dessen vier bis acht Gänge Sie selbst zusammenstellen können. Schicke Bar für Apero oder Digestif. Tipp: Von der Fußgängerzone über die "Burgstaffeln"-Treppe erreichbar.

🅿 – Menü 99/139 €

Schloßstraße 20 ✉ 76530 – ☎ 07221 3979008 – www.restaurant-nigrum.com – Geschlossen: Montag, Dienstag, Sonntag, mittags: Mittwoch-Samstag

WEINSTUBE BALDREIT

TRADITIONELLE KÜCHE • RUSTIKAL Sie liegt schon etwas versteckt, diese nette Weinstube, doch das Suchen lohnt sich - vor allem im Sommer, denn da ist der Innenhof das Herzstück! Man kocht traditionell, vom Rindstatar über Flammkuchen bis zum geschmorten Schweinebäckchen.

斎 ⇔ – Karte 23/50 €

Küferstraße 3 ✉ 76530 – ☎ 07221 23136 – Geschlossen: Montag und Sonntag, mittags: Dienstag-Samstag

WINTERGARTEN

MODERN • ELEGANT In dem geschmackvollen Wintergarten des ehrwürdigen "Brenners Park-Hotel & Spa" speist man mit herrlichem Blick in den Kurpark - toll die Terrasse! Geboten wird innovative Küche. Die A-la-carte-Auswahl samt "Brenner Klassikern" wird abends durch die Menüs "Innovation", "Tradition" und "Flora" ergänzt, mittags bietet man Mo.-Fr. ein preiswertes Lunch-Menü.

≼ 🎦 斎 ⇔ ⇌ – Menü 39 € (Mittags), 65/145 € - Karte 61/98 €

Schillerstraße 4 ✉ 76530 – ☎ 07221 900890 – www.oetkercollection.com/de/hotels/brenners-park-hotel-spa/restaurants-bars/restaurant-wintergarten

BADENWEILER
Baden-Württemberg – Regionalatlas **7**–B1

SCHWARZMATT
KLASSISCHE KÜCHE • GEMÜTLICH Hier darf man sich auf klassische Küche mit saisonalem Bezug freuen. Dazu stimmiges Ambiente mit hübschen Stoffen, Farben und Accessoires, nicht zu vergessen der herrliche Garten. Ein Muss am Nachmittag: Kuchen nach altem Rezept von Hermine Bareiss! Im gleichnamigen Ferienhotel stehen Zimmer im eleganten Landhausstil bereit.

AC 🍴 P 🚗 – Menü 34 € (Mittags), 45/64 € - Karte 39/72 €
Schwarzmattstraße 6a ✉ 79410 – ✆ 07632 82010 – www.schwarzmatt.de

BAIERSBRONN
Baden-Württemberg – Regionalatlas **5**–U3

✿✿✿ RESTAURANT BAREISS
FRANZÖSISCH-KLASSISCH • LUXUS Claus-Peter Lumpp ist wahrlich ein Meister seines Fachs! Seit März 1992 ist der gebürtige Schwabe Küchenchef im Bareiss'schen Gourmetrestaurant und gehört gewissermaßen zum Inventar des Hauses. Er hat hier bereits seine Ausbildung absolviert und kehrte nach Stationen u. a. bei Eckart Witzigmann und Alain Ducasse zurück ins Murgtal. Er bleibt seiner Linie treu: klassische Küche, die aber mit eigener Idee daherkommt. Die Produkte vom Feinsten. Seine Gerichte sind auf das Wesentliche reduziert: der volle Geschmack! Dazu stilvolles Ambiente und exzellenter Service unter der Leitung von Thomas Brandt, einem Maître alter Schule. Für ausgezeichnete Weinberatung sorgt Sommelier Teoman Mezda. Ebenfalls klasse: Confiserie und Pralinen vom Wagen!

🍷 ♿ AC P – Menü 150 € (Mittags), 210/265 € - Karte 232/335 €
Hermine-Bareiss-Weg 1 ✉ 72270 – ✆ 07442 470 – www.bareiss.com – Geschlossen: Montag und Dienstag

✿✿✿ SCHWARZWALDSTUBE
FRANZÖSISCH-KLASSISCH • ELEGANT Die Übergangszeit als "temporaire" ist bald vorbei, die "Schwarzwaldstube" der "Traube Tonbach" zieht Anfang April 2022 zurück in das nach dem Brand 2020 neu erbaute Stammhaus. Das engagierte Team um Torsten Michel ist Ihnen auch am neuen/alten Platz gewiss. Freuen darf man sich jetzt schon auf ihre klassische Küche, die auf besten Produkten und exaktem Handwerk basiert. Und dann sind da noch Maître David Breuer und Chef-Sommelier Stéphane Gass, die gewohnt souverän und angenehm locker den Service leiten! Wie in alten Zeiten werden auch "Köhlerstube" und "Bauernstube" wieder im Stammhaus zu finden sein.

🍷 ≤ AC P 🚗 – Menü 215/265 €
Tonbachstraße 237 ✉ 72270 – ✆ 07442 4920 – www.traube-tonbach.de/restaurants-bar/schwarzwaldstube – Geschlossen: Montag und Dienstag, mittags: Mittwoch-Freitag

✿ KÖHLERSTUBE
MODERNE KÜCHE • ENTSPANNT Ebenso wie für die "Schwarzwaldstube" endet auch für die "Köhlerstube" der "Traube Tonbach" die Zeit als "temporaire". Anfang April 2022 geht es zurück ins neu aufgebaute Stammhaus. Man darf gespannt sein auf die Atmosphäre in den neuen Räumlichkeiten. Freuen darf man sich nach wie vor auf den geschulten und aufmerksamen Service sowie auf niveauvolle Speisen. Florian Stolte und sein Team bieten eine moderne deutsche Küche mit kräftigen asiatischen Einflüssen. Dazu eine tolle, fair kalkulierte Weinkarte. Übrigens: Es gibt auch ein Wiedersehen mit der "Bauernstube".

🍷 ♿ AC P – Menü 125/160 €
Tonbachstraße 237 ✉ 72270 – ✆ 07442 4920 – www.traube-tonbach.de/restaurants-bar/koehlerstube – Geschlossen: Mittwoch und Donnerstag, mittags: Montag, Dienstag, Freitag-Sonntag

BAIERSBRONN

✿ SCHLOSSBERG

Chef: Jörg und Nico Sackmann
KREATIV • ELEGANT Seit Jahrzehnten ist das "Schlossberg" eine kulinarische Institution im idyllischen Murgtal, jetzt hat es einen neuen Look bekommen: moderne Formen, helles Holz und ruhige Grau- und Beigetöne, dazu dezente Kunst an den Wänden. Als eingespieltes Vater-Sohn-Team bieten Jörg und Nico Sackmann international geprägte Kreationen, die meist einen modernen Touch haben und mal reduziert, mal komplex daherkommen. Dabei finden natürlich nur beste Produkte Verwendung. Die einzelnen Gänge der beiden Menüs - eines davon vegetarisch - kann man auch austauschen. Umsorgt wird man von einem geschulten, hilfsbereiten und präsenten Serviceteam. Sie möchten länger bleiben? Dafür sind die schönen Gästezimmer und der schicke Spa-Bereich des Hotels "Sackmann" bestens geeignet.

– Menü 128/172 € - Karte 103/124 €
Murgtalstraße 602 ⌧ 72270 – ✆ 07447 2890 – www.hotel-sackmann.de –
Geschlossen: Montag und Dienstag, mittags: Mittwoch-Sonntag

☺ DORFSTUBEN

REGIONAL • GEMÜTLICH "Uhren-Stube" und "Förster-Jakob-Stube", so heißen die urigen, mit Liebe zum Detail originalgetreu eingerichteten Bauernstuben a. d. 19. Jh. Ausgesprochen herzlicher Service im Dirndl umsorgt Sie mit richtig guter saisonal-regionaler Küche samt Wild aus eigener Jagd und Forellen aus eigener Zucht. Beliebt die "Dorfstuben"-Klassiker. Tipp: Beachten Sie das Tagesmenü.

– Karte 40/59 €
Hermine-Bareiss-Weg 1 ⌧ 72270 – ✆ 07442 470 – www.bareiss.com

ENGELWIRTS-STUBE

MARKTKÜCHE • GEMÜTLICH Ein hübsches ländlich-gediegenes Restaurant mit schöner Terrasse zum Garten. Geboten wird regional-saisonale Küche mit internationalem Einfluss, vom "Schwarzwälder Vesper" über "geschmorte Milchkalbsbäckchen in Spätburgundersauce" bis zum "gegrillten Lachs mit Safransauce". Stilvolle Gästezimmer hat das komfortable Ferien- und Wellnesshotel "Engel Obertal" ebenfalls.

– Menü 36 € (Mittags), 45/75 € - Karte 34/60 €
Rechtmurgstraße 28 ⌧ 72270 – ✆ 07449 850 – www.engel-obertal.de

FORELLENHOF

REGIONAL • REGIONALES AMBIENTE Die Bareiss'sche Gastromomie-Vielfalt kennt keine Grenzen: Aus dem historischen Forellenhof in idyllischer Lage hat man ein charmantes Lokal für jedermann gemacht, geöffnet von 11.30 - 17.30 Uhr. Der Schwerpunkt liegt auf Süßwasserfischen, und die stammen aus eigener Zucht. Daneben gibt es auch Vesper. Tipp: Fischverkauf im "Forellenlädle" (9 - 12 Uhr).

– Karte 26/44 €
Schliffkopfstraße 64 ⌧ 72270 – ✆ 07442 470 – www.forellenhof-buhlbach.
com – Geschlossen abends: Montag-Sonntag

KAMINSTUBE

FRANZÖSISCH-KLASSISCH • FREUNDLICH Schön sitzt man in der stilvoll-eleganten Stube mit dem namengebenden Kamin. Geboten wird klassisch-traditionelle Küche mit internationalen Einflüssen - auch kleine Portionen sind möglich. Beliebt ist im Sommer die Terrasse mit Blick ins Ellbachtal.

– Karte 53/78 €
Hermine-Bareiss-Weg 1 ⌧ 72270 – ✆ 07442 470 – www.bareiss.com –
Geschlossen mittags: Montag-Freitag

BAIERSBRONN

MEIEREI IM WALDKNECHTSHOF
REGIONAL • RUSTIKAL Gebälk, Natursteinwände und dekorative Accessoires machen den ehemaligen Gutshof des Klosters richtig gemütlich! Auf der Karte z. B. "gebratenes Schwarzwälder Störfilet, Spargelrisotto, Wildkräuter-Mojo-Espuma, pochiertes Ei", in der "Hofscheuer" gibt's u. a. Flammkuchen und Vesper. Zum Übernachten: charmante Zimmer mit freiliegenden Holzbalken, auch Maisonetten.
& 斎 ⇔ P – Menü 37/110 € - Karte 45/93 €
Baiersbronner Straße 4 ✉ 72270 - ℰ 07442 8484400 - www.waldknechtshof. de – Geschlossen: Dienstag und Mittwoch

BALDUINSTEIN
Rheinland-Pfalz – Regionalatlas **3**-K4

RESTAURANT ZUM BÄREN
REGIONAL • LANDHAUS In dem idyllisch gelegenen Traditionshaus hat man sich der kulinarischen Klassik verschrieben. Gekocht wird geschmacksintensiv und ohne Chichi. Gemütlich das Restaurant im schönen Landhausstil, in der Weinstube geht es etwas rustikaler zu. Wunderbar die Terrasse unter Lindenbäumen! Dazu herzlicher Service. Auch übernachten lässt es sich im "Bären" hervorragend.
⅋ 斎 ⇔ P – Karte 47/103 €
Bahnhofstraße 24 ✉ 65558 - ℰ 06432 800780 - www.landhotel-zum-baeren. de – Geschlossen: Montag und Dienstag

BALINGEN
Baden-Württemberg – Regionalatlas **5**-U3

COSITA
SPANISCH • DESIGN In dem schönen modern designten Restaurant des schicken gleichnamigen kleinen Hotels ("Cosita" ist übrigens der Spitzname der Tochter) darf man sich auf spanische Küche freuen. Auf Vorbestellung gibt es z. B. "Paella à la manera de mama Gonzalez". Der Patron empfiehlt dazu gerne die passenden Weine: über 200 Positionen aus Spanien. Tipp: die gereiften Jahrgänge!
⅋ 斎 ⇔ P – Menü 59 € - Karte 22/59 €
Gratweg 2 ✉ 72336 - ℰ 07433 902170 - www.cosita-balingen.de – Geschlossen: Montag und Sonntag, mittags: Dienstag-Donnerstag

BAUNACH
Bayern – Regionalatlas **6**-X1

ROCUS
INTERNATIONAL • FAMILIÄR In dem hübschen ehemaligen Bahnhof von 1904 wird ambitioniert gekocht, z. B. "Kalbsentrecôte, Morchelsauce, Petersilienwurzel". Terrasse im Innenhof oder zur Bahnlinie. Tipp: Buchen Sie einen Tisch im Weinkeller, umgeben von vielen spanischen Rotweinen!
⅋ 斎 P – Menü 67/93 € - Karte 50/82 €
Bahnhofstraße 16 ✉ 96148 - ℰ 09544 20640 - www.restaurant-rocus.de – Geschlossen: Montag und Dienstag, mittags: Mittwoch-Samstag

BAYREUTH
Bayern – Regionalatlas **6**-Y1

GOLDENER ANKER
KLASSISCHE KÜCHE • TRADITIONELLES AMBIENTE Schön fügt sich das stilvolle Restaurant in den historischen Rahmen des seit Generationen von Familie Graf geführten Traditionshauses ein. Geboten wird gute klassische Küche, die

SPITZENKÜCHE
MIT SPITZENZUTATEN

www.metro.de · Nur für Gewerbetreibende
METRO Deutschland GmbH · Metro-Str. 8 · 40235 Düsseldorf

METRO

bewusst ohne große Schnörkel zubereitet wird. Dazu herzlicher und aufmerksamer Service. Übernachten können Sie in wohnlich-eleganten Zimmern.

😋 – Menü 45/85 € - Karte 38/59 €

Opernstraße 6 ✉ 95444 – ✆ 0921 7877740 – www.anker-bayreuth.de – Geschlossen: Montag und Dienstag, mittags: Mittwoch-Sonntag

BELLINGEN, BAD
Baden-Württemberg – Regionalatlas **5**–T4

LANDGASTHOF SCHWANEN
REGIONAL • GASTHOF Ein Landgasthof im besten Sinne! Familie Fräulin ist hier mit Engagement für Sie da, das ganze Haus ist sehr gepflegt, von der Gastronomie bis zu den wohnlichen Gästezimmern. Gekocht wird schmackhaft, unkompliziert und mit regionalem Einfluss, das Ambiente dazu ist traditionell-ländlich oder moderner.

& 🌡 ⇔ 🅿 – Menü 20 € (Mittags), 25/35 € - Karte 30/60 €

Rheinstraße 50 ✉ 79415 – ✆ 07635 811811 – www.schwanen-bad-bellingen.de – Geschlossen: Dienstag, mittags: Montag und Mittwoch

BERGHOFSTÜBLE
MARKTKÜCHE • FREUNDLICH Sehr schön liegt das Haus etwas außerhalb des Ortes, toll die Aussicht auf die Hügellandschaft ringsum - da sitzt man gerne auf der herrlichen Terrasse! Drinnen gibt es im vorderen Bereich die gemütliche Gaststube, hinten den eleganteren Wintergarten. Hier wie dort serviert man einen Mix aus gutbürgerlich und klassisch. Beliebt ist u. a. das Cordon bleu!

≤ 🌡 🅿 – Menü 36/85 € - Karte 39/77 €

Markus-Ruf-Straße ✉ 79415 – ✆ 07635 1293 – www.berghofstueble-bad-bellingen.de – Geschlossen: Montag und Dienstag

BEMPFLINGEN
Baden-Württemberg – Regionalatlas **7**–B2

KRONE
FRANZÖSISCH-KLASSISCH • RUSTIKAL In dem langjährigen Familienbetrieb spürt man das Engagement der Gastgeber. In Sachen Produktqualität geht man keine Kompromisse ein und was auf den Teller kommt, schmeckt richtig gut! Kein Wunder, dass das Restaurant weithin bekannt und beliebt ist - reservieren Sie also lieber. Tipp: das sehr günstige Mittagsmenü.

🌡 ⇔ 🅿 🍽 – Menü 25 € (Mittags), 60 € - Karte 40/83 €

Brunnenweg 40 ✉ 72658 – ✆ 07123 31083 – www.kronebempflingen.de – Geschlossen: Montag und Sonntag, mittags: Dienstag und Mittwoch

BERCHTESGADEN
Bayern – Regionalatlas **6**–Z4

PUR
KLASSISCHE KÜCHE • DESIGN Hier lockt schon die malerische Lage auf dem Obersalzberg samt tollem Bergpanorama! Doch das Gourmetrestaurant des luxuriösen "Kempinski Hotel Berchtesgaden" hat noch weit mehr zu bieten. Da ist zum einen das schicke Interieur: Mit hochwertigen Materialien, klaren Formen, eleganten Grau- und Brauntönen sowie einem markanten Lüster hat man ein überaus attraktives modern-reduziertes und dennoch warmes Design geschaffen. Zum anderen überzeugt die Küche von Ulrich Heimann. Überaus präzise und stimmig setzt er Klassik modern um. In seinem saisonalen Menü stellt er gekonnt das Produkt in den Mittelpunkt. Dazu genießt man sehr freundlichen und geschulten Service - gute Weinberatung inklusive. An schönen Sommertagen sitzt man natürlich gerne auf der herrlichen Terrasse!

BERCHTESGADEN

🍴 ♿ 🏡 🅿 🚗 – Menü 105/185 €

Hintereck 1 ✉ 83471 – ☏ 08652 97550 – www.kempinski.com/berchtesgaden – Geschlossen: Montag, Dienstag, Sonntag, mittags: Mittwoch-Samstag

BERCHTESGADENER ESSZIMMER

Chef: Maximilian Kühbeck

REGIONAL · GEMÜTLICH Jede Menge Charme und Atmosphäre stecken in dem historischen Gasthaus, das von Maximilian und Roxana Kühbeck mit Herzblut und Sinn für Nachhaltigkeit geführt wird. Mit ausgewählten Produkten aus der direkten Umgebung wird geschmackvoll und ambitioniert gekocht. Bei den Stammgästen sind die "kitchen tables" beliebt: zwei Hochtische mit Blick in die offene Küche!

🌱 ***Engagement des Küchenchefs:*** *Regionalität steht in meiner Küche neben der Qualität der Speisen an erster Stelle, Fleisch kommt vom Metzger mit eigener Zucht, die anderen Produkte aus maximal 20 km Entfernung, Kräuter oft aus dem eigenen Garten! Unsere Gäste sollen glücklich, aber auch mit gutem Gefühl nach Hause gehen!*

⇔ – Menü 65/105 € - Karte 56/74 €

Nonntal 7 ✉ 83471 – ☏ 08652 6554301 – www.esszimmer-berchtesgaden.com – Geschlossen: Montag und Sonntag, mittags: Dienstag-Samstag

LOCKSTEIN 1

Chef: Gabi Kurz, Christl Kurz

VEGETARISCH · GEMÜTLICH Das ist schon eine besondere Adresse: Durch die schöne Küche gelangt man in das 500 Jahre alte Bauernhaus, das von einem eingespielten Mutter-Tochter-Team geleitet wird. Hier kocht man mit Liebe und Können, und zwar ein vegetarisches Menü mit frischen Gerichten aus regionalen Produkten. Tipp: Auch die beiden hübschen Ferienwohnungen sind gefragt.

🌱 ***Engagement der Küchenchefinnen:*** *Seit Jahrzehnten stehe ich, und inzwischen auch meine Tochter Gabi, für Nachhaltigkeit und vegetarische Gaumenfreuden in unserem 500 Jahre alten Haus! Dafür verwenden wir Produkte aus dem eigenen Garten, wie Wildkräuter, Aprikosen und Quitten, Küchenabfälle werden im eigenen Gemüsegarten kompostiert!*

🏡 🛏 – Menü 50 €

Locksteinstraße 1 ✉ 83471 – ☏ 08652 9800 – www.biohotel-kurz.de – Geschlossen mittags: Montag-Sonntag

BERGHAUPTEN

Baden-Württemberg – Regionalatlas **5**-T3

  HIRSCH

REGIONAL · LÄNDLICH Der "Hirsch" ist ein äußerst gepflegter und gut geführter Familienbetrieb, in dem man sehr gut übernachten, aber vor allem auch sehr gut essen kann. Das Repertoire der Küche reicht vom "panierten Schweineschnitzel" bis zum "Seezungenfilet mit Garnele und Rieslingsauce". Ein wirklich freundlicher und charmanter Service rundet das Bild des idealen Landgasthofs ab!

♿ 🏡 ⇔ 🅿 🚗 🛏 – Menü 44/55 € - Karte 25/57 €

Dorfstraße 9 ✉ 77791 – ☏ 07803 93970 – www.hirsch-berghaupten.de – Geschlossen: Montag, mittags: Dienstag-Freitag, abends: Sonntag

BERGISCH GLADBACH

Nordrhein-Westfalen – Regionalatlas **3**-J3

🌟🌟 **VENDÔME**

KREATIV · LUXUS Seit dem Jahr 2000 hat Joachim Wissler die Leitung des eleganten Gourmetrestaurants im luxuriösen "Althoff Grandhotel Schloss Bensberg" inne. In seiner klassisch-französisch basierten Küche setzt der gebürtige Schwabe auf kreativ kombinierte Aromen, die er als geschmacklich feine und technisch anspruchsvolle Gerichte auf den Teller bringt. Die Produkte, die er dafür verwendet,

BERGISCH GLADBACH

sind durchweg Spitzenklasse. Geboten wird ein Menü mit fünf oder acht Gängen. Auf vorherige Anfrage bereitet man Ihnen auch gerne ein vegetarisches Menü zu. Top der Service: Die gut besetzte Brigade ist kompetent, stets präsent und dennoch angenehm zurückhaltend. Sehr schön auch die Weinkarte - nicht zuletzt für Liebhaber deutscher Rieslinge eine Freude.

🏇 ♿ 🅰️ ⇔ 🚗 – Menü 240/285 €

Kadettenstraße ✉ 51429 – ☏ 02204 421940 – www.schlossbensberg.com – Geschlossen: Montag-Mittwoch, mittags: Donnerstag-Sonntag

DRÖPPELMINNA

MARKTKÜCHE • GEMÜTLICH Gemütlich-rustikal ist die Atmosphäre in dem hübschen Fachwerkhaus, charmant die Deko aus antiken Stücken und allerlei Zierrat samt der namengebenden dreifüßigen Kaffeekannen aus Zinn. Aus der offenen Küche kommt ein wechselndes klassisch geprägtes Menü. Dazu schöne Weine, darunter eine gute Auswahl aus dem Elsass - der Patron ist Sommelier. Lauschige Terrasse.

🏇 ☂ 🅿️ 🚭 – Menü 55/69 €

Herrenstrunden 3 ✉ 51465 – ☏ 02202 32528 – www.restaurant-droeppelminna. de – Geschlossen: Montag und Dienstag, mittags: Mittwoch-Samstag

BERGKIRCHEN

Bayern – Regionalatlas **6**–X3

😊 GASTHAUS WEISSENBECK

TRADITIONELLE KÜCHE • GEMÜTLICH Lauter zufriedene Gesichter! Kein Wunder, denn Mutter und Tochter Weißenbeck kochen richtig gut und preislich fair - dafür verwenden sie regionale und saisonale Produkte. Richtig gemütlich sitzt man in dem netten Wirtshaus auch noch, und im Sommer lockt draußen die schöne Gartenterrasse.

☂ ⇔ 🅿️ – Menü 48/52 € - Karte 32/57 €

Ludwig-Thoma-Straße 56 ✉ 85232 – ☏ 08131 72546 – www.weissenbeck.de – Geschlossen: Montag und Dienstag, mittags: Mittwoch-Freitag

BERLEBURG, BAD

Nordrhein-Westfalen – Regionalatlas **3**–L3

ALTE SCHULE

KLASSISCHE KÜCHE • ZEITGEMÄSSES AMBIENTE Gemütlich sitzt man in dem ehemaligen Schulgebäude in schönem modernem Ambiente und lässt sich freundlich und aufmerksam umsorgen. Serviert werden saisonale Gerichte aus regionalen Produkten wie z. B. "Wittgensteiner Hirschgulasch, Serviettenknödel, Apfelkompott".

Menü 28/38 € - Karte 30/49 €

Goetheplatz 1 ✉ 57319 – ☏ 02751 9204780 – www.hotel-alteschule.de – Geschlossen: Mittwoch und Donnerstag, mittags: Montag, Dienstag, Freitag, Samstag

BERLIN

Berlin – Regionalatlas **22**-B2

Die Berliner Gastro-Szene macht einfach Spaß! Im **Cordo** genießt man in legerem Rahmen ein ambitioniertes Menü. Das **CODA Dessert Dining** begeistert mit außergewöhnlichen Gerichten basierend auf Techniken der Patisserie. Wer das 3-fach besternte **Rutz** schon kennt, findet im **Rutz - Zollhaus** mit toller Terrasse am Landwehrkanal eine sympathisch-unkomplizierte Alternative derselben Betreiber. Oder darf es authentisch thailändisch sein? Dann auf ins kleine **Larb Koi**. Wenn Sie gerne mal vegan speisen, lassen Sie sich nicht das lebendige **FREA** entgehen. Mit seinem modern-asiatischen Küchen-Mix kommt das **893 Ryotei** gut an. Das stylische Restaurant **SKYKITCHEN** in Lichtenberg lockt mit Sterneküche und fantastischem Blick über die Stadt - auch von der trendigen Bar. Tipp für einen Snack: die legendäre Currywurst von Konnopke's Imbiss - vielleicht bei einer Stadtrundfahrt in einem der Doppeldecker-Busse?

exeneize/Getty Images Plus

UNSERE BESTEN RESTAURANTS

STERNE-RESTAURANTS

❀❀❀

Eine einzigartige Küche – eine Reise wert!

Rutz	84

❀❀

Eine Spitzenküche - einen Umweg wert!

CODA Dessert Dining	97
FACIL	84
Horváth	94
Lorenz Adlon Esszimmer	84
Tim Raue	94

❀

Eine Küche voller Finesse - seinen Stopp wert!

Bandol sur mer	84
Bieberbau	101
Bricole **N**	102
Cookies Cream	98
Cordo ❀	86
einsunternull	86
ernst	100
faelt	99
Frühsammers Restaurant	93
GOLVET	86
Hugos	87
Irma la Douce	87
Kin Dee	87
Nobelhart & Schmutzig ❀	94
prism	87
Richard	95
SKYKITCHEN	97
tulus lotrek	95

CSP_jacquespalut/Fotosearch LBRF/age fotostock

BIB GOURMAND

Barra 97	Long March Canteen 96
Brasserie Colette Tim Raue 100	Lucky Leek 98
Chicha 95	Nußbaumerin 88
Gärtnerei 88	TISK ✿ 98
Grundschlag 93	

RESTAURANTS AM SONNTAG GEÖFFNET

BLEND 88
borchardt 89
Brasserie Colette Tim Raue ☺ 100
Buchholz Gutshof Britz 97
Jungbluth 100
Larb Koi N 93
Madame Ngo - Une Brasserie Hanoi 91
Pastis Wilmersdorf 101

UNSERE RESTAURANTAUSWAHL

ALLE RESTAURANTS VON A BIS Z

893 Ryotei 88

A
Am Steinplatz **N** 88
AV-Restaurant **N** 99

B
Bandol sur mer ✿ 84
Barra 🍴 97
Bieberbau ✿ 101
BLEND 88
Bob & Thoms **N** 100
Bocca di Bacco 89
Borchardt 89
Brasserie Colette Tim Raue 🍴 100
Brasserie Lamazère 89
Bricole **N** ✿ 98
BRIKZ **N** 89
Buchholz Gutshof Britz 93

C
Chicha 🍴 95
Christopher's 89
CODA Dessert Dining ✿✿ 97
Cookies Cream ✿ 85
Cordo ✿ 🌿 86
Crackers 89
Cumberland **N** 94

D
Dae Mon 90
Diekmann **N** 90

E
einsunternull ✿ 86
ernst ✿ 100

F
FACIL ✿✿ 84
faelt ✿ 99
FREA **N** 🌿 90
Frühsammers Restaurant ✿ 93
Funky Fisch 90

G
Gärtnerei 🍴 88
GOLVET ✿ 86
GRACE 90
Grundschlag 🍴 93

H
Hallmann und Klee **N** 98
Horváth ✿✿ 🌿 94
Hugos ✿ 87

I
INDIA CLUB 91
Irma la Douce ✿ 87

S. Probst/Y.Schon/Picture Press Illustration/Photononstop

TommL/E+/Getty Images

J-K

Jungbluth	100
Kin Dee ❀	87
KINK Bar & Restaurant N	99
Kitchen Library N	91
Kochu Karu	99
Kurpfalz Weinstuben	91

L

Larb Koi N	93
Lode & Stijn ❁	96
Long March Canteen ⓥ	96
Lorenz Adlon Esszimmer ❀❀	84
Lucky Leek ⓥ	98

M

Madame Ngo - Une Brasserie Hanoi	91
Mine	91

N

Nobelhart & Schmutzig ❀ ❁	94
Nußbaumerin ⓥ	88

O

Oh Panama	92
Orania.Berlin	96
Otto N	99

P

Pastis Wilmersdorf	101
POTS	92
prism ❀	87

R

Remi N	92
Restaurant 1687	92
Richard ❀	95
Rutz ❀❀❀ ❁	84
Rutz - Zollhaus N	96

S

Sagrantino 136 N	92
SKYKITCHEN ❀	97

T

Tante Fichte N	96
The NOname	92
Tim Raue ❀❀	94
TISK ⓥ ❁	98
tulus lotrek ❀	95

V

VOLT	97

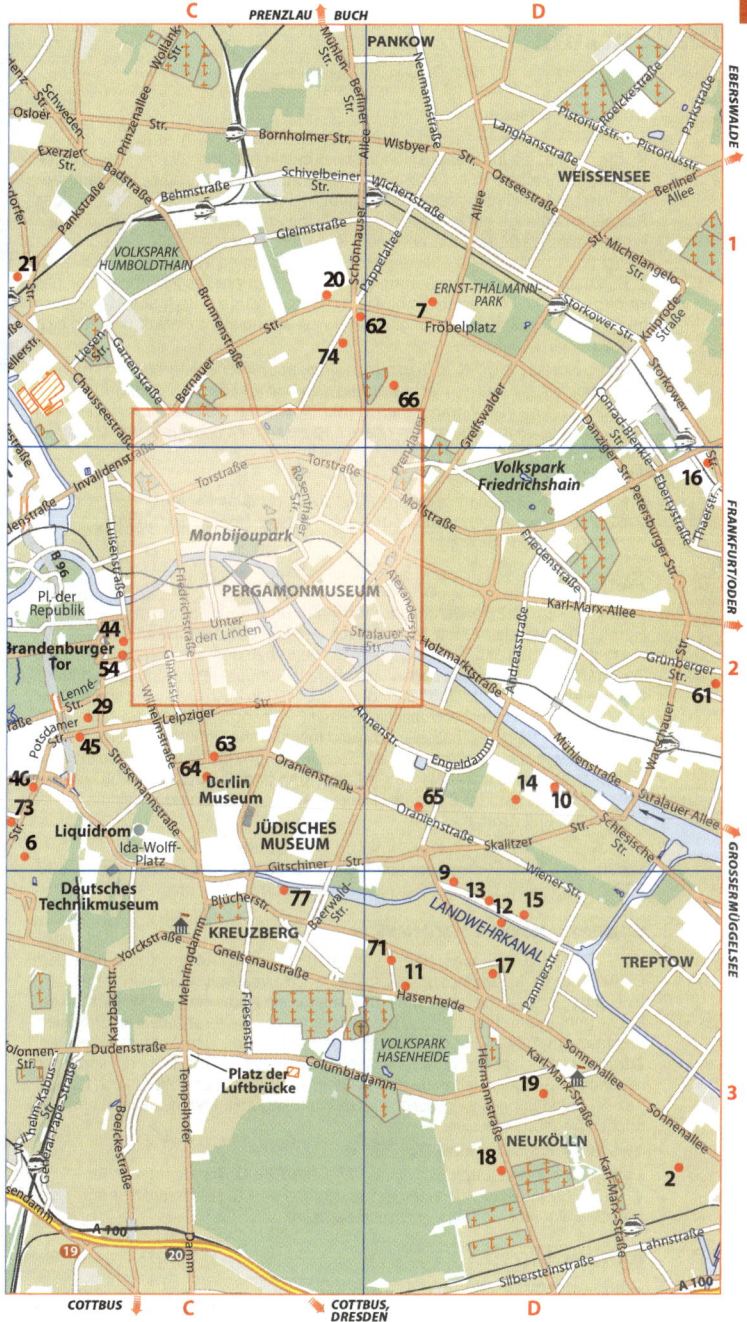

Im Zentrum

❀❀❀ RUTZ

Chef: Marco Müller

MODERNE KÜCHE • DESIGN Alles hier ist modern, vom Ambiente bis zur Küche. Es gibt ein Inspirationsmenü, das es in sich hat, und zwar beste regionale Produkte. Für Marco Müller sind ausgesuchte Zutaten das A und O, man legt großen Wert auf Nachhaltigkeit und Herkunft, manches wird sogar speziell für das Restaurant erzeugt. Auch vermeintlich einfache Produkte werden ausgesprochen kreativ, durchdacht und mit enormem Aufwand zu absolut außergewöhnlichen Gerichten, in denen eine Fülle an Details steckt. Ein echtes Umami-Erlebnis ist z. B. "Laubporling, Ochsen-Garum, Brombeere". Ein zweites Mal findet man das so nirgends! Sie können sechs oder acht Gänge wählen. Tipp: die interessante alkoholfreie Getränkebegleitung. Der Service ist angenehm locker und zugleich professionell und diskret.

Engagement des Küchenchefs: In meiner Küche verarbeite ich nur das beste Produkt. Mir sind die Nachhaltigkeit, die visuelle wie auch die geschmackliche Authentizität meiner Waren genauso wichtig wie die Frische und die Herkunft! Daher arbeite ich mit kleinen Erzeugern eng zusammen und suche den ständigen Austausch!

🅿 🅰🅲 🍽 – Menü 198/245 €

Stadtplan: E1-43 – Chausseestraße 8 ✉ 10115 – **U** Oranienburger Tor – ✆ 030 24628760 – www.rutz-restaurant.de – Geschlossen: Montag und Sonntag, mittags: Dienstag-Samstag

❀❀ FACIL

KREATIV • CHIC Eine wahre Oase mitten in Berlin! Hier oben im 5. Stock des Hotels „The Mandala" sitzt man einfach herrlich auf der kleinen Terrasse mit Kastanienbäumen und Springbrunnen! Sie gehört zu dem schicken, luftig-lichten Dachgarten-Restaurant, in dem man sich dank Rundumverglasung auch drinnen fast wie im Freien fühlt. "Top" ist neben der Location auch die Küche von Michael Kempf (Küchendirektor) und Joachim Gerner (Küchenchef). Sie hat eine klassische Basis und integriert gekonnt asiatische und mediterrane Einflüsse. Neben kreativen Gerichten wie "Felsenoktopus, Miso, Salzzitrone und Bohnenkraut" seien auch die tollen Desserts erwähnt. Sie sind eher traditionell, aber keinesfalls minder interessant - da steckt z. B. "Johannisbeere, Arabica-Kaffee und Haselnuss" voller Geschmack und Aroma!

🅿 ♿ 🅰🅲 🍽 ⇔ 🚗 📶 – Menü 62 € (Mittags), 138/218 €

Stadtplan: C2-45 – Potsdamer Straße 3 ✉ 10785 – **U** Potsdamer Platz – ✆ 030 590051234 – www.facil.de – Geschlossen: Samstag und Sonntag

❀❀ LORENZ ADLON ESSZIMMER

KREATIV • LUXUS Was könnte man im noblen "Adlon Kempinski" am Brandenburger Tor anderes erwarten als ebenso niveauvolle Kulinarik? Dafür sorgt eine engagierte Küchencrew, die mit Geschick und Know-how am Werk ist. In der Küche geht es ums Produkt, und das ist über jeden Zweifel erhaben. Mit Präzision, technischem Aufwand und viel Kreativität werden die tollen Aromen exzellenter Zutaten kombiniert. Das gebotene Menü ist in der Länge variabel - die spannend klingenden Gänge verleiten dazu, das Menü komplett zu bestellen. Auch für ausgezeichneten Service ist gesorgt, klasse Weinempfehlungen aus einem umfangreichen Angebot inklusive.

🅿 ♿ 🅰🅲 ⇔ 🚗 📶 – Menü 135/250 €

Stadtplan: C2-44 – Unter den Linden 77 ✉ 10117 – **U** Brandenburger Tor – ✆ 030 22611960 – www.lorenzadlon-esszimmer.de – Geschlossen: Montag, Dienstag, Sonntag, mittags: Mittwoch-Samstag

❀ BANDOL SUR MER

Chef: Andreas Saul

FRANZÖSISCH-MODERN • NACHBARSCHAFTLICH Sie würden in diesem ungezwungen-legeren Restaurant mit "shabby Chic" keine Sterneküche erwarten?

Zugegeben, der kleine Raum kommt schon etwas „rough" daher: Die Einrichtung ist dunkel gehalten und sehr schlicht, die blanken Tische stehen recht eng, an den schwarzen Wänden sind die Gerichte angeschrieben. In der offenen Küche zeigt Andreas Saul (zuvor Souschef in der "Rutz Weinbar") bemerkenswerte Leidenschaft, Präzision und Originalität. Er kocht mit Bezug zur Region und bindet vergessene Kräuter und Gemüse mit ein. Haben Sie schon mal Bärlauch-Kimchi oder Brennnesselpüree probiert? Die Gerichte sind äußerst durchdacht, harmonisch bis ins Detail und stecken voller einzigartiger Aromen. Das ist richtig hohes Niveau gepaart mit sympathischer Bodenständigkeit.

⌘ – Menü 85/139 €

Stadtplan: E1-50 – Torstraße 167 ✉ 10115 – **U** Rosenthaler Platz – ✆ 030 67302051 – www.bandolsurmer.de – Geschlossen abends: Montag, Donnerstag-Sonntag

COOKIES CREAM

VEGETARISCH • **HIP** Speziell ist schon der Weg hierher: Über Hotel-Hinterhöfe erreicht man eine unscheinbare Tür, an der man klingeln muss. Über alte Treppen gelangt man in den 1. Stock, und hier in ein lebendiges Restaurant im "Industrial Style". Früher war diese trendige Location ein angesagter Nachtclub, heute gibt es zu elektronischer Musik rein vegetarische Sterneküche. Stephan Hentschel heißt der Chef am Herd. Ausgesprochen durchdacht, klar strukturiert und exakt zubereitet sind seine Gerichte. Geboten wird ein Menü mit fünf bis sieben Gängen. Der Service ist cool und lässig, aber ebenso professionell und sehr gut organisiert. Ein jugendliches und gleichermaßen hervorragendes Konzept, das ankommt - das gemischte Publikum vom Hipster über den Banker bis zur Familie spricht für sich!

AC – Menü 79/149 €

*Stadtplan: E2-51 – Behrenstraße 55 ⊠ 10115 – **U** Französische Straße – ☏ 030 680730448 – www.cookiescream.com – Geschlossen: Montag und Sonntag, mittags: Dienstag-Samstag*

CORDO

Chef: Yannick Stockhausen

KREATIV • CHIC Durch und durch hochwertig und unprätentiös! Da wäre zum einen das Ambiente: trendig und zugleich gemütlich, schönes Gedeck auf blanken Naturholztischen, originelle Details setzen dekorative Akzente. Passend dazu der Service: charmant und locker, auch Küchenchef Yannic Stockhausen dreht seine Runde durchs Restaurant. Seine Küche fügt sich bestens ins moderne Bild: ein kreatives Menü (auch als vegetarische Variante), das kontrastreich in Aromen und Texturen und gleichzeitig absolut harmonisch ist. Dabei legt er Wert auf umwelt- und ressourcenschonend erzeugte Produkte aus der Umgebung. Auf der umfangreichen Weinkarte findet sich eine interessante Auswahl an Natur- und Bio-Weinen, die auch als Menübegleitung angeboten werden.

Engagement des Küchenchefs: Unsere Produkte beziehen wir fast nur aus Nord- und Ostdeutschland, Gemüse kommt vom Bauern. Wir sind bekannt für unsere große Auswahl an biologisch-dynamisch hergestellten Weinen. Soweit möglich verzichten wir auf Plastik und industriell gefertigte Produkte und nutzen Fahrräder und Öffis statt PKW.

P – Menü 135/150 €

*Stadtplan: E1-49 – Große Hamburger Straße 32 ⊠ 10115 – **U** Hackescher Markt – ☏ 030 27581215 – www.cordo.berlin – Geschlossen: Montag und Sonntag, mittags: Dienstag-Samstag*

EINSUNTERNULL

KREATIV • DESIGN Mit Silvio Pfeufer steht hier ein junger Küchenchef am Herd, der - passend zum weltoffenen Berlin - unterschiedliche Küchenstile auf modern-kreative Weise umsetzt. Sein bemerkenswertes Talent zeigt sich im Aufwand und in der komplexen Technik, mit der er eine fantastische Harmonie und Raffinesse auf den Teller bringt. Auch die vegetarische Menü-Variante lässt nichts an Aromenintensität vermissen. Top Produktqualität ist für ihn eine Selbstverständlichkeit. Silvio Pfeufer ist übrigens wie auch Inhaber und Gastgeber Ivo Ebert gebürtiger Berliner - da haben sich die zwei Richtigen zusammengetan, um Berlin kulinarisch widerzuspiegeln! Zum Menü erwarten Sie ausgezeichneter Service und schöne Weine. Oder darf es vielleicht eine alkoholfreie Begleitung sein?

& – Menü 139 €

*Stadtplan: E1-47 – Hannoversche Straße 1 ⊠ 10115 – **U** Oranienburger Tor – ☏ 030 27577810 – restaurant-einsunternull.de – Geschlossen: Dienstag-Donnerstag, mittags: Montag, Freitag-Sonntag*

GOLVET

KREATIV • DESIGN Wer hier in der 8. Etage aus dem Lift steigt, wird erst einmal beeindruckt sein von der 1a-Aussicht über den Potsdamer Platz! Doch das ist nicht alles, was den Blick auf sich zieht: Das großzügige Restaurant samt offener Küche und 13 m langer Bar (hier die vermutlich größte Aquavit-Auswahl Deutschlands!) kommt ausgesprochen stylish daher. Und dann sind da noch der Service und das Essen - beides top. Das Team um Küchenchef Jonas Zörner (zuvor im besternten Berliner "FACIL" und zuletzt Souschef hier im Haus) kocht modern-kreativ und setzt auf Produktqualität und eigene Ideen. Dazu gibt es eine interessante Weinkarte mit kleinen ökologischen Betrieben. Oder darf es als Getränkebegleitung vielleicht mal ein hausgemachter Kombucha sein?

AC – Menü 99/129 € – Karte 110/120 €

*Stadtplan: C2-46 – Potsdamer Straße 58 ⊠ 10785 – **U** Kurfürstenstraße – ☏ 030 89064222 – www.golvet.de – Geschlossen: Montag, Dienstag, Sonntag, mittags: Mittwoch-Samstag*

HUGOS

MODERNE KÜCHE • CHIC Die klasse Aussicht genießen und dabei hervorragend speisen? Im 14. Stock des Hotels "InterContinental" erwartet Sie in chic designtem Ambiente eine modern inspirierte klassische Küche - ursprünglich übrigens unter dem Namen "Zum Hugenotten", später als "Hugenotte" und nun als "Hugos". Eberhard Lange steht hier bereits seit 1998 mit am Herd, seit 2015 als Küchenchef. Er setzt auf ausgesuchte Produkte, wie z. B. beim saftigen Zander mit Perigord-Trüffel und Lardo di Colonnata. Harmonisch die feinen Kontraste und verschiedenen Texturen. Auf Vorbestellung bekommen Sie auch ein vegetarisches Menü. Der Service charmant-leger und kompetent. Versiert auch die Weinberatung - man hat eine sehr gut sortierte Karte.

– Menü 155/180 €

*Stadtplan: B2-24 - Budapester Straße 2 ✉ 10787 - **U** Wittenbergplatz - ✆ 030 26021263 - www.hugos-restaurant.de - Geschlossen: Montag, Dienstag, Sonntag, mittags: Mittwoch-Samstag*

IRMA LA DOUCE

FRANZÖSISCH-MODERN • KLASSISCHES AMBIENTE Im November 2019 hat die Gastro-Szene um den Potsdamer Platz interessanten Zuwachs bekommen, und zwar in Gestalt eines klassisch-zeitgemäßen Restaurants mit moderner französischer Küche. Für hohes kulinarisches Niveau sorgt Küchenchef Michael Schulz. Mitgebracht ins "Irma" hat er Sterne-Erfahrungen aus den Berliner Restaurants "Govet", "Rutz" und "VAU". Seine Gerichte basieren auf ausgezeichneten Produkten, sind aromareich, aber keinesfalls überladen, ganz im Fokus steht der Geschmack. In ungezwungener und zugleich anspruchsvoller Atmosphäre wird man geschult umsorgt, auch mit schönen Weinen aus Frankreich. Benannt ist das Restaurant übrigens nach dem US-amerikanischen Film "Irma la Douce", der auf dem gleichnamigen Musical basiert.

– Karte 51/89 €

*Stadtplan: B2-3 - Potsdamer Straße 102 ✉ 10785 - **U** Kurfürstenstrasse - ✆ 030 23000555 - www.irmaladouce.de - Geschlossen: Montag und Sonntag, mittags: Dienstag-Samstag*

KIN DEE

Chef: Dalad Kambhu

THAILÄNDISCH • DESIGN Diese urbane, jungendlich-legere Adresse wird ihrem Namen ("Kin Dee" bedeutet "gut essen") voll und ganz gerecht. Was Sie in dem äußerlich recht unscheinbaren Haus abseits der Touristenpfade erwartet, ist schon einzigartig. Die gebürtige Thailänderin Dalad Kambhu bietet hier eine ausgesprochen authentische Thai-Küche. Ausgesuchte Produkte aus Brandenburg verbindet sie mit gelungenen Kontrasten aus typischen asiatischen Aromen. Intensiv der Geschmack, angenehm pikant, aber nicht zu scharf. Geboten wird ein Menü, bestehend aus einigen kleinen Einstimmungen vorab, gefolgt von einem Hauptgang zur Wahl und einem abschließenden kleinen Dessert. Auf der Weinkarte findet man auch eine Auswahl an Natur- und Orange-Weinen. Tipp: die kleine Cocktailkarte mit eigenen Drinks.

– Menü 65 €

*Stadtplan: C2-73 - Lützowstraße 81 ✉ 10785 - **U** Kurfürstenstraße - ✆ 030 2155294 - www.kindeeberlin.com - Geschlossen: Montag und Sonntag, mittags: Dienstag-Samstag*

PRISM

Chef: Gal Ben Moshe

ISRAELISCH • MINIMALISTISCH Das Restaurant im Kiez Charlottenburg-Wilmersdorf hält neben minimalistisch-schickem Ambiente auch eine spannende Küche bereit. In seinen levantinisch inspirierten Gerichten kombiniert Patron Gal Ben Moshe seine israelische Heimat mit modernem europäischem Stil. So entstehen interessante kontrastreiche Speisen aus hervorragenden Produkten. Überzeugend sind hier sowohl die tolle geschmackliche Vielfalt als auch eine ganz persönliche Note, die man sonst nirgends bekommt. Harmonisch begleitet wird das Ganze von den trefflichen Weinempfehlungen der ausgesprochen freundlichen Gastgeberin und ausgezeichneten Sommelière Jacqueline Lorenz. Unter den 230 Positionen finden sich u. a. auch schöne Weine aus Israel, Syrien, dem Libanon... Alle Weine gibt es auch glasweise.

ஃ – Menü 89/165 €

Stadtplan: A2-25 – *Fritschestraße 48* ✉ *10627* – **U** *Wilmersdorfer Straße –* ☏ *030 54710861 – www.prismberlin.de – Geschlossen: Montag und Sonntag, mittags: Dienstag-Samstag*

GÄRTNEREI

MODERNE KÜCHE • **CHIC** Das schicke Restaurant liegt quasi direkt auf einer Restaurantmeile in Berlin-Mitte. Gekocht wird modern, geschmackvoll und frisch. Auf der Karte findet sich auch viel Vegetarisches. Dazu überwiegend österreichische Weine - der Patron ist Steirer! Geradlinig das Ambiente - passend zum Namen dienen Pflanzen und florale Bild-Motive als Deko.

Menü 35 € - Karte 34/52 €

Stadtplan: E1-52 – *Torstraße 179* ✉ *10115* – **U** *Rosenthaler Platz –* ☏ *030 24631450 – www.gaertnerei-berlin.com – Geschlossen mittags: Montag-Sonntag*

NUSSBAUMERIN

ÖSTERREICHISCH • **GEMÜTLICH** Ein Stück Österreich mitten in Berlin gibt es in dem gemütlichen "Edel-Beisl" von Johanna Nußbaumer, und zwar in Form von Backhendl, Wiener Schnitzel oder Tafelspitz, nicht zu vergessen leckere Mehlspeisen wie Kaiserschmarrn oder Marillenknödel. Auch die guten Weine stammen aus der Heimat der Chefin. Man betreibt in Berlin übrigens auch noch einen Heurigen.

Karte 32/56 €

Stadtplan: A2-26 – *Leibnizstraße 55* ✉ *10629* – **U** *Adenauerplatz –* ☏ *030 50178033 – www.nussbaumerin.de – Geschlossen: Samstag und Sonntag, mittags: Montag-Freitag*

893 RYOTEI

JAPANISCH-ZEITGEMÄSS • **TRENDY** Nicht ganz einfach zu finden: Hinter der verspiegelten, mit Graffiti besprühten Fassade vermutet man kein Restaurant! Das Interieur: trendig, in Schwarz gehalten, kleine Tische. Mittelpunkt ist die offene Küche. Hier bietet The Duc Ngu eine breit ausgelegte japanische Küche, gespickt mit anderen asiatischen, aber auch südamerikanischen und europäischen Einflüssen.

& AC – Menü 79/119 € - Karte 50/120 €

Stadtplan: A2-31 – *Kantstraße 135* ✉ *10623* – **U** *Wilmersdorfer Straße –* ☏ *030 91703132 – www.893-ryotei.de – Geschlossen: Montag und Sonntag, mittags: Dienstag-Samstag*

AM STEINPLATZ

MODERNE KÜCHE • **CHIC** Ein schickes Restaurant mit offener Küche und angeschlossener Bar im gleichnamigen schönen Boutique-Hotel im Herzen Charlottenburgs. Im Sommer sitzt es sich angenehm im Innenhof. Abends bietet man moderne Sharing-Gerichte, die Sie à la carte oder als Menü wählen können. Mittags gibt es eine kleines Lunchmenü. Tipp: die Sektkarte!

🌿 – Menü 24 € (Mittags), 49 € - Karte 34/45 €

Stadtplan: B2-75 – *Am Steinplatz 4* ✉ *10623* – **U** *Zoologischer Garten –* ☏ *030 305544440 – www.restaurantsteinplatz.com – Geschlossen: Sonntag, mittags: Samstag, abends: Montag*

BLEND

INTERNATIONAL • **CHIC** "Blend" steht für die Vermischung der verschiedenen Kulturen und Küchen, die es in Berlin gibt. So bietet die moderne internationale Karte z. B. "Asian Carbonara". Dazu erwartet Sie im Restaurant des schicken Hotels "Pullmann Berlin Schweizerhof" stylisches Design und trendige Bistro-Atmosphäre. Mittags: günstiges Lunch-Menü und einige Klassiker.

&. 🕍 🍽 – Menü 21 € (Mittags), 30/45 € - Karte 39/57 €
Stadtplan: B2-32 - *Budapester Straße 25* ✉ *10787* - **U** *Wittenbergplatz* -
☏ *030 26692696 - www.restaurant-blend.com*

BOCCA DI BACCO

ITALIENISCH • ELEGANT Außen die schmucke historische Fassade, drinnen ein schönes modern-elegantes Restaurant mit Bar und Lounge. In der durch Fenster einsehbaren Küche kocht man italienisch. Die Pasta ist natürlich hausgemacht. Darf es dazu vielleicht einer der tollen toskanischen Weine sein?

🍴 🕍 ⇔ – Menü 24 € (Mittags), 54/76 € - Karte 38/69 €
Stadtplan: E2-53 - *Friedrichstraße 167* ✉ *10117* - **U** *Französische Straße* -
☏ *030 20672828 - www.boccadibacco.de - Geschlossen: Sonntag*

BORCHARDT

KLASSISCHE KÜCHE • BRASSERIE Eine Institution am Gendarmenmarkt - nicht selten trifft man hier auf Prominente und Politiker. Man sitzt gemütlich und isst Internationales sowie Klassiker, gerne auch im Innenhof. Tipp: "Wiener Schnitzel mit Kartoffel- und Gurkensalat".

🍴 – Karte 30/80 €
Stadtplan: E2-57 - *Französische Straße 47* ✉ *10117* - **U** *Französische Straße* -
☏ *030 81886262 - www.borchardt-restaurant.de*

BRASSERIE LAMAZÈRE

FRANZÖSISCH • BRASSERIE Hier im Herzen von Charlottenburg fühlt man sich fast wie in Frankreich, dafür sorgt nicht zuletzt die wirklich charmante unkomplizierte und lebhafte Bistro-Atmosphäre. Von der Tafel wählt man wechselnde Gerichte, die sich an der Saison orientieren. Gut und fair kalkuliert die Weinkarte - die Passion des Patrons!

Menü 48/66 € - Karte 28/38 €
Stadtplan: A2-30 - *Stuttgarter Platz 18* ✉ *10627* - **U** *Wilmersdorfer Straße* - ☏ *030 31800712 - www.lamazere.de - Geschlossen: Montag, mittags: Dienstag-Sonntag*

BRIKZ 🆕

MARKTKÜCHE • INTIM Wo früher ein Jazz-Café war, gibt es heute ein täglich wechselndes modern-kreatives Menü, inspiriert vom morgendlichen Marktbesuch. Tipp: die alkoholfreie Getränkebegleitung mit Kombucha, Kefir, Sirup, Tee etc. Das Ambiente ist geprägt durch markante freigelegte Ziegelsteinwände und dekorative Kunst. Der Service freundlich und gut organisiert. Buchung über Ticketsystem.

🍴 – Menü 80 €
Stadtplan: B2-70 - *Grolmanstraße 53* ✉ *10623* -**U** *Ernst-Reuter-Platz* -
☏ *030 31803780 - restaurantbrikz.com - Geschlossen: Montag und Sonntag, mittags: Dienstag-Samstag*

CHRISTOPHER'S

MARKTKÜCHE • BISTRO Ein trendig-urbanes Restaurant, in dem man sich auf ambitionierte saisonorientierte Küche freuen darf, z. B. in Form von "Kalbsfilet, Parmesankruste, Blattspinat". Das frische, junge Konzept und die persönliche Atmosphäre kommen gut an. Groß geschrieben wird auch das Thema Wein - und coole Drinks gibt's ebenfalls!

🍴 – Menü 64/75 € - Karte 43/62 €
Stadtplan: A2-34 - *Mommsenstraße 63* ✉ *10629* - **U** *Adenauerplatz* -
☏ *030 24356282 - www.christophers.online - Geschlossen: Sonntag, mittags: Montag-Samstag*

CRACKERS

INTERNATIONAL • HIP Eine Etage unter dem "Cookies Cream" geht es ebenso trendig zu. Nach dem Klingeln gelangt man durch die Küche in ein großes lebhaftes

Restaurant mit hoher Decke und schummrigem Licht. Auf der Karte ambitionierte Fleisch- und Fischgerichte.

AC – Menü 118/138 € - Karte 36/110 €
Stadtplan: E2-58 – *Friedrichstraße 158* ✉ *10117* – **U** *Französische Straße* – ☏ *030 680730488 – www.crackersberlin.com – Geschlossen: Montag und Sonntag, mittags: Dienstag-Samstag*

DAE MON

FUSION • TRENDY Eine interessante Adresse ist dieses schicke und recht stylische Restaurant. Man nennt seinen Küchenstil "open minded cuisine": europäische Küche mit japanischen und koreanischen Einflüssen, geschmackvoll und aromatisch abgestimmt. Probieren Sie z. B. "Oktopus, Daikon, Wakame, Rhabarber" oder "Rinderfilet, Bete, Rübe".

🍴 – Menü 92/98 € - Karte 21/38 €
Stadtplan: E1-59 – *Monbijouplatz 11* ✉ *10178* – **U** *Weinmeisterstraße* – ☏ *030 26304811 – dae-mon.com – Geschlossen: Montag und Sonntag, mittags: Dienstag-Samstag*

DIEKMANN ⓝ

FRANZÖSISCH • BISTRO Lust auf sympathische Bistro-Atmosphäre? Im vorderen Bereich mit seinen dekorativen Weinregalen sitzt man leger an Hochtischen um eine freistehende Austernbar, hinten nimmt man in charmant-puristischem Ambiente an kleinen Tischen Platz. Abends gibt es ambitionierte französische und deutsche Gerichte, mittags den günstigen Business Lunch. Zu beiden Zeiten gesonderte Austernkarte.

Menü 24 € (Mittags), 58/72 € - Karte 26/33 €
Stadtplan: B2-28 – *Meinekestraße 7* ✉ *10719* – **U** *Kurfürstendamm* – ☏ *030 8833321 – www.diekmann-restaurant.de – Geschlossen: Montag und Sonntag*

FREA ⓝ

Chef: David Johannes Suchy

VEGAN • HIP Hier sollten Sie reservieren, denn man ist bei Einheimischen und Berlin-Besuchern gleichermaßen beliebt! "Full Taste. Zero Waste" - auf Basis dieses Nachhaltigkeitsgedankens kocht man ambitioniert, modern-kreativ und rein vegan. In dem trendigen Eckrestaurant mit teils einsehbarer Küche geht es angenehm lebendig zu - besonders nah am Geschehen sitzt man an der Theke.

🌱 *Engagement des Küchenchefs:* Mein FREA steht für ein pflanzenbasiertes "Zero Waste"-Restaurant, wir arbeiten ökologisch, saisonal, regional, bieten eine tierfreie, nachhaltige Küche, in der alles handgefertigt wird, daher entstehen kaum Abfälle und diese werden im Haus kompostiert und der Kompost geht zurück an die Produzenten.

🍴 – Menü 43/63 €
Stadtplan: E1-1 – *Torstraße 180* ✉ *10115* – **U** *Rosenthaler Platz* – ☏ *030 98396198 – www.frea.de – Geschlossen: Montag und Sonntag, mittags: Dienstag-Samstag*

FUNKY FISCH

WESTLICH / ASIATISCH • HIP Lust auf Fisch? Unkompliziert und asiatisch inspiriert? Dann auf ins trendig-lebendige "Funky Fisch" von The Duc Ngo. Mittelpunkt ist die große Fischtheke. Hier suchen sich sich Fisch und Meeresfrüchte aus, die dann in der offenen Küche zubereitet werden. Man bietet einen breiten asiatischen Mix von chinesisch bis vietnamesisch, dazu Einflüsse aus der ganzen Welt.

🍴 – Karte 15/35 €
Stadtplan: B2-35 – *Kantstraße 135* ✉ *10625* – **U** *Kantstraße* – ☏ *0163 9382215 – funky-fisch.de – Geschlossen: Montag und Sonntag*

GRACE

INTERNATIONAL • CHIC "The place to be" in Berlin! Ein wirklich tolles stilvolles Restaurant voller Glamour - Hollywood-Stars geben sich hier die Klinke in die

Hand. Serviert werden Gerichte mit asiatisch-kalifornischen und europäischen Aromen. Ein Muss: nach dem Essen auf einen Cocktail in die Rooftop-Bar-Lounge!
& AC 🌿 – Menü 105 € - Karte 53/113 €
Stadtplan: B2-27 – *Kurfürstendamm 25* ✉ *10719* – **U** *Kurfürstendamm* – ✆ *030 88437750* – *www.grace-berlin.com* – *Geschlossen: Montag, Dienstag, Sonntag, mittags: Mittwoch-Samstag*

INDIA CLUB

INDISCH • ELEGANT Absolut authentische indische Küche gibt es auch in Berlin! Sie nennt sich "rustic cuisine" und stammt aus dem Norden Indiens - das sind z. B. leckere Curries oder original Tandoori-Gerichte. Attraktiv auch das edle Interieur mit dunklem Holz und typisch indischen Farben und Mustern.
AC 🌿 🚗 – Karte 41/72 €
Stadtplan: C2-54 – *Behrenstraße 72* ✉ *10178* – **U** *Brandenburger Tor* – ✆ *030 20628610* – *www.india-club-berlin.com* – *Geschlossen: Mittwoch, mittags: Montag, Dienstag, Donnerstag-Sonntag*

KITCHEN LIBRARY ⓝ

FRANZÖSISCH-MODERN • FREUNDLICH Ein klasse Team! Daniela und Udo Knörlein sind hier nur zu zweit am Werk - sie kümmert sich herzlich um die Gäste, er kreiert das internationale "Kleine Dinger"-Menü, das man mit vier oder fünf Gängen wählt. Möglich ist auch eine 8-Gänge-Variante zum Teilen. Dazu ein Ambiente mit Bibliothek-Charakter: rustikaler Charme und über 600 Sammlerstücke zum Thema Kochen.
🌿 – Menü 49/56 €
Stadtplan: B2-39 – *Bleibtreustraße 55* ✉ *10623* – **U** *Uhlandstraße* – ✆ *030 3125449* – *www.kitchen-library.de* – *Geschlossen: Montag, Dienstag, Sonntag, mittags: Mittwoch-Samstag*

KURPFALZ WEINSTUBEN

REGIONAL • RUSTIKAL Eine typische Pfälzer Weinstube mitten in Berlin? Am Adenauerplatz beim Ku'damm liegt etwas versteckt in einem Hinterhof diese traditionelle Adresse. In gemütlich-rustikalen Stuben gibt es bürgerliche Küche samt regionalen Klassikern, dazu 50 offene Weine und 800 auf der Weinkarte. Mittags kleine Tageskarte.
🕸 & 🌿 ⇔ – Menü 36/45 € - Karte 27/39 €
Stadtplan: A2-36 – *Wilmersdorfer Straße 93* ✉ *10629* – **U** *Adenauerplatz* – ✆ *030 8836664* – *www.kurpfalz-weinstuben.de* – *Geschlossen: Montag, mittags: Dienstag-Sonntag*

MADAME NGO - UNE BRASSERIE HANOI

SÜDOSTASIATISCH • BRASSERIE Das Warten auf einen der begehrten Tisch lohnt sich! Das charmant-ungezwungene Lokal ist sehr beliebt für seine einfache, aber gute vietnamesische Küche, die auch noch preiswert ist. Verlockend der Duft aus den brodelnden Töpfen in der offenen Küche - da ist eine große Schüssel authentische "Pho" praktisch ein Muss!
Menü 15/25 € - Karte 12/30 €
Stadtplan: B2-37 – *Kantstraße 30* ✉ *10623* – **U** *Uhlandstraße* – ✆ *030 60274585* – *madame-ngo.de*

MINE

ITALIENISCH • BRASSERIE In St. Petersburg und in Moskau hat sie bereits Restaurants, nun bietet die Betreiberfamilie hier ganz in der Nähe des Ku'damms diese chic-legere Adresse. Die Küchenphilosophie ist italienisch, trotzdem zeigen sich Einflüsse der russischen Heimat - probieren Sie z. B. "Ravioli del Plin mit Rindfleisch". Dazu eine schöne Weinauswahl samt erstklassiger offener Weine.
AC 🌿 – Karte 44 €
Stadtplan: B2-38 – *Meinekestraße 10* ✉ *10719* – **U** *Kurfürstendamm* – ✆ *030 88926363* – *www.minerestaurant.de* – *Geschlossen mittags: Montag-Sonntag*

IM ZENTRUM

OH PANAMA

MARKTKÜCHE • TRENDY Durch einen Hof gelangt man in das trendig-lebendige Restaurant auf zwei Etagen. Hier erwarten Sie sympathisch-lockerer Service und moderne deutsche Küche. Auf der Karte z. B. "Schweinsbraten, Roter Grünkohl, Saure Pfifferlinge". Schöne Innenhofterrasse, dazu die "Tiger Bar". Vis-à-vis: Varieté-Theater "Wintergarten".

– Menü 49/55 € - Karte 49 €

Stadtplan: C2-6 – Potsdamer Straße 91 ✉ 10785 – **U** Kurfürstenstraße – ✆ 030 983208435 – www.oh-panama.com – Geschlossen: Montag und Sonntag, mittags: Dienstag-Samstag

POTS

DEUTSCH • CHIC Locker und stylish-chic! Hingucker im Restaurant des "Ritz-Carlton" sind die markante Deko und die große offene Küche. Hier werden deutsche Gerichte modern interpretiert, so z. B. "Klopse, Bayerische Garnele, Rieslingsauce" - auch zum Teilen geeignet. Oder lieber das Überraschungsmenü? Preiswert das Mittagsmenü. Patron ist übrigens kein Geringerer als Dieter Müller.

– Menü 22 € (Mittags), 59 € - Karte 22/52 €

Stadtplan: C2-29 – Potsdamer Platz 3 ✉ 10785 – **U** Potsdamer Platz – ✆ 030 337775402 – www.potsrestaurant.com – Geschlossen: Sonntag, mittags: Samstag, abends: Montag

REMI

MODERNE KÜCHE • HIP Mit diesem trendig-urbanen Restaurant im Suhrkamp-Verlagshaus haben die Betreiber des "Lode & Stijn" ein weiteres Restaurant in Berlin. Raumprägende Elemente sind das puristische Design, die bodentiefen Fensterflächen sowie die offene mittige Küche. Gekocht wird modern-international und mit saisonal-regionalem Bezug. Mittags etwas günstigeres Angebot.

– Menü 32 € (Mittags), 55/58 € - Karte 35/53 €

Stadtplan: F1-60 – Torstraße 48 ✉ 10119 – **U** Rosa-Luxemburg-Platz – ✆ 030 27593090 – www.remi-berlin.de – Geschlossen: Montag, Dienstag, Sonntag

RESTAURANT 1687

MEDITERRAN • DESIGN In einer kleinen Seitenstraße zu "Unter den Linden" ist dieses geschmackvoll-stylische Restaurant samt netter Terrasse zu finden. Gekocht wird überwiegend mediterran mit internationalen Einflüssen. Mittags ist die Karte reduziert. Frühstücken können Sie hier übrigens auch.

– Menü 37/50 € - Karte 42/52 €

Stadtplan: E2-56 – Mittelstraße 30 ✉ 10117 – **U** Friedrichstraße – ✆ 030 20630611 – www.1687.berlin – Geschlossen: Samstag und Sonntag

SAGRANTINO 136

FUSION • VINTAGE Hier steht die Fusion von Peru und Italien im Fokus. Geprägt von seinen peruanischen Wurzeln und inspiriert von kreativen Ideen verbindet Küchenchef Matias Diaz in seinem Menü Produkte aus beiden Ländern. Alternativ: traditionell-italienische Gerichte à la carte. Trendig der Vintage-Bistro-Look des Lokals samt offener Küche, einige Tische auch draußen auf dem Gehsteig.

– Menü 49/79 € - Karte 52/63 €

Stadtplan: E1-72 – Linienstraße 136 ✉ 10115 – **U** Oranienburger Tor – ✆ 030 27909683 – www.sagrantino136.com – Geschlossen: Montag und Sonntag

THE NONAME

MODERNE KÜCHE • DESIGN Eine ganz spezielle Adresse! Gelungen verbindet sich in diesem Restaurant in den Heckmann-Höfen der stilvolle historische Rahmen samt toller hoher Stuckdecken mit schickem geradlinig-modernem Design. Auch die Küche ist modern. Hier stehen hochwertige Produkte im Mittelpunkt, die man gerne aus der Region bezieht. Das angebotene Menü gibt es auch vegetarisch.

🅰🅺 🍴 ⌚ – Menü 45 € (Mittags), 89/110 €
Stadtplan: E1-55 - *Oranienburger Straße 32* ✉ *10117* - **U** *Oranienburger Straße* - ✆ *030 279099027* - *www.the-noname.de* - *Geschlossen: Montag und Sonntag, mittags: Dienstag-Donnerstag, Samstag*

Außerhalb des Zentrums

In Berlin-Britz

BUCHHOLZ GUTSHOF BRITZ

REGIONAL • FREUNDLICH Ein richtig schönes Anwesen ist der ruhig gelegene Gutshof des Schlosses Britz. Hier erwarten Sie regional-saisonale Küche und ein ansprechendes geradliniges Ambiente. Dazu wird man freundlich und aufmerksam umsorgt. Tipp: Speisen Sie im Sommer im hübschen Garten!
🍴 – Menü 27/69 € - Karte 27/51 €
außerhalb Stadtplan - *Alt-Britz 81* ✉ *12359* - **U** *Parchimer Allee* - ✆ *030 60034607* - *www.matthias-buchholz.de* - *Geschlossen: Dienstag und Mittwoch, mittags: Donnerstag*

In Berlin-Friedrichshain

LARB KOI 🆕

THAILÄNDISCH • MINIMALISTISCH "Thai Homecooking - freshly prepared" heißt es auf der kleinen Speisekarte mit sechs bis sieben Gerichten. Authentisch und hausgemacht sind beispielsweise die würzig-pikante "Chiang Mai Sausage" oder das aromatische "Southern Chili Curry". Eine nette unkomplizierte Adresse mit schlichtem Ambiente. Typisch für Berlin die kleinen Garnituren auf dem Gehsteig.
🍴 – Karte 14/30 €
Stadtplan: D2-61 - *Krossener Straße 15* ✉ *10245* - **U** *Samariterstraße* - ✆ *030 74078235* - *larb-koi.business.site* - *Geschlossen: Montag*

In Berlin-Grunewald

✣ FRÜHSAMMERS RESTAURANT

KLASSISCHE KÜCHE • FREUNDLICH Das passt zum wohlhabenden Berliner Stadtteil Grunewald mit dem gleichnamigen Forst und den schmucken historischen Gebäuden: eine attraktive Villa auf dem Gelände des Tennisclubs. Was die hübsche rote Fassade schon von außen an Niveau vermuten lässt, bewahrheitet sich im Inneren: Da wäre zum einen die klassisch-elegante Einrichtung, zum anderen die klassische Küche, in die aber auch moderne Elemente einfließen. Die Produktqualität steht außer Frage. Inhaberin und Küchenchefin Sonja Frühsammer bietet hier das Menü "Sonja kocht", das am Tisch mit dem Gast besprochen und abgestimmt wird - dabei geht man auch gerne auf Wünsche ein. Im Service mit von der Partie ist übrigens Ehemann Peter als souveräner und charmanter Gastgeber.
🌸 🍴 – Menü 135 €
Stadtplan: A3-40 - *Flinsberger Platz 8* ✉ *14193* - ✆ *030 89738628* - *www.fruehsammers.de* - *Geschlossen: Montag, Dienstag, Sonntag, mittags: Mittwoch-Samstag*

😊 GRUNDSCHLAG

MARKTKÜCHE • GEMÜTLICH Dies ist die Bistro-Variante der Frühsammer'schen Gastronomie in sehr gepflegter Umgebung auf dem Anwesen des Grunewald-Tennisclubs: In sympathisch-gemütlicher Atmosphäre mit elegantem Touch serviert man Ihnen eine international beeinflusste Küche sowie beliebte Klassiker.
🍴 – Menü 36 € - Karte 26/46 €
Stadtplan: A3-41 - *Flinsberger Platz 8* ✉ *14193* - ✆ *030 89738628* - *www.fruehsammers.de* - *Geschlossen: Montag, Dienstag, Sonntag, mittags: Samstag*

AUSSERHALB DES ZENTRUMS

In Berlin-Halensee

CUMBERLAND N

FRANZÖSISCH-MODERN • CHIC Mit dem altehrwürdigen denkmalgeschützten Cumberland-Haus haben Küchenchef Dennis Melzer und sein Team eine stilvolle Location für ihr kulinarisches Konzept: vorne die Weinbar, im hinteren Bereich, durch Flügeltüren abgetrennt, das Restaurant. Das schicke Interieur vereint zurückhaltende Moderne und historisches Flair. Gekocht wird ambitioniert, modern und auf klassischer Basis.

Menü 98/140 € - Karte 75/96 €

Stadtplan B2-8 – *Kurfürstendamm 194* ✉ *10707* – **U** *Uhlandstraße* – ✆ *030 27696308* – *www.cumberland-restaurant.de* – *Geschlossen: Montag und Sonntag, mittags: Dienstag-Samstag*

In Berlin-Kreuzberg

✿✿ HORVÁTH

Chef: Sebastian Frank

KREATIV • MINIMALISTISCH Seit 100 Jahren ist hier Gastronomie zuhause. Bekannt geworden durch das 1973 gegründete "Exil", legendäre Künstlerkneipe von Oswald Wiener, hat diese Adresse auch heute noch ein besonderes Flair. Die beiden Gastgeber, der aus Österreich stammende Sebastian Frank und seine Lebensgefährtin Jeannine Kessler, machen nun mit neuem Innendesign samt markantem Gemälde von Jim Avignon auf die künstlerische Historie dieses Ortes aufmerksam und sind zugleich am Puls der Zeit. In der Küche zeigt Sebastian Frank seine ganz eigene Handschrift, und die ist fast schon unspektakulär und vielleicht gerade deshalb so bemerkenswert: Klar und reduziert setzt er hochwertige Zutaten in Szene und stellt auch gerne Gemüse in den Fokus. Dazu freundlicher, kompetenter Service samt interessanter Weinempfehlungen.

✿ *Engagement des Küchenchefs:* Wir reflektieren unsere Arbeit, wollen noch verantwortungsvoller, sozial gerechter und ressourcenschonender agieren. Wir wollen zum Umdenken anregen, als Mitbegründer des Vereins „Die Gemeinschaft" stehen für die Etablierung einer neuen kulinarischen Wertschätzung entlang der Wertschöpfungskette.

🐾 ♿ 🍽 – Menü 145/185 €

Stadtplan: D3-9 – *Paul-Lincke-Ufer 44a* ✉ *10999* – **U** *Kottbusser Tor* – ✆ *030 61289992* – *www.restaurant-horvath.de* – *Geschlossen: Montag und Sonntag, mittags: Dienstag-Samstag*

✿✿ TIM RAUE

ASIATISCH • TRENDY Europäische Küche, asiatisch inspiriert – diesen modernen und erfrischenden Twist schafft Tim Raue auf einzigartige Weise. Der gebürtige Berliner hat einen ganz eigenen, in Deutschland sicher einmaligen Stil. Für seine kraftvollen Kompositionen (übrigens auch als veganes Menü erhältlich) hat er ein eingespieltes Team an seiner Seite. In geradlinig-schickem Ambiente erlebt man unbestritten eine Küche, die man zur Kunst erhoben hat. Eine Location, die ihren Reiz im Anderssein hat. Dabei steht das hohe Niveau der Küche in keinerlei Widerspruch zur lebendig-urbanen Atmosphäre. Auch dank Gastgeberin Marie-Anne Wild und ihrem charmanten Serviceteam fühlt man sich hier wohl. Weinliebhaber dürfen sich über eine schöne Auswahl an offenen Weinen freuen.

🐾 ♿ 🅰🅒 – Menü 88 € (Mittags), 208/248 €

Stadtplan: C2-63 – *Rudi-Dutschke-Straße 26* ✉ *10969* – **U** *Kochstraße* – ✆ *030 25937930* – *www.tim-raue.com* – *Geschlossen: Montag und Sonntag, mittags: Dienstag-Donnerstag*

✿ NOBELHART & SCHMUTZIG

Chef: Micha Schäfer

KREATIV • HIP In dem unscheinbaren Haus in der Friedrichstraße verfolgt man eine ganz eigene Philosophie. Für Patron und Sommelier Billy Wagner (zuvor im Berliner "Rutz" tätig) und Küchenchef Micha Schäfer (zuvor in der "Villa Merton" in

AUSSERHALB DES ZENTRUMS

Frankfurt) haben Wertschätzung und Herkunft der Produkte größte Bedeutung. So verwendet man beste saisonale Zutaten, natürlich aus der Region. Butter stellt man sogar selbst her. Gekocht wird durchdacht und reduziert, jeder Bestandteil eines Gerichts hat seine Geschichte. Und die wird Ihnen von den Köchen selbst erklärt, entweder am Tisch oder an der Theke direkt an der offenen Küche - die Plätze hier sind übrigens besonders gefragt! Es gibt ein Menü mit 10 Gängen, dazu überaus interessante Weine, Biere und Destillate.

Engagement des Küchenchefs: Unsere Küche ist abhängig von der Landwirtschaft, den Vorgaben der Natur und von den Lieferanten. Das ermöglicht uns, den Gästen das Berliner Umland auf dem Teller zu präsentieren. Wir sind allerdings auch als Gastronomen gefordert, uns mit den Produzenten und Kollegen ständig weiterzuentwickeln!

– Menü 120/145 €

Stadtplan: C2-64 – *Friedrichstraße 218* – *10969* – **U** *Kochstraße* – ℘ *030 25940610* – *www.nobelhartundschmutzig.com* – *Geschlossen: Montag und Sonntag, mittags: Dienstag-Samstag*

RICHARD

FRANZÖSISCH-MODERN • TRENDY Im einstigen "Köpenicker Hof" von 1900 hat Hans Richard (ursprünglich Maler) im Jahr 2012 dieses schicke Restaurant eröffnet. Die Gäste sitzen hier unter einer kunstvoll gearbeiteten hohen Decke, allerlei Accessoires, Designerlampen und schöne Bilder (sie stammen übrigens vom Patron selbst) setzen dekorative Akzente. In der Küche kann Patron Hans Richard, der zwar gelegentlich auch mit am Herd steht, sich aber vornehmlich im Restaurant um die Gäste kümmert, auf das eingespielte Team um Küchenchef Francesco Contiero vertrauen. Es gibt ein französisch-modern inspiriertes Menü, in dem geschmacklich intensive und fein abgestimmte Gänge exaktes Handwerk beweisen.

Menü 86/98 €

Stadtplan: D2-10 – *Köpenicker Straße 174* – *10997* – **U** *Schlesisches Tor* – ℘ *030 49207242* – *www.restaurant-richard.de* – *Geschlossen: Montag, Dienstag, Sonntag, mittags: Mittwoch-Samstag*

TULUS LOTREK

Chef: Maximilian Strohe

MODERNE KÜCHE • HIP Warum das Restaurant von Maximilian Strohe und Partnerin Ilona Scholl so gefragt ist? Zum einen hat man in dem hübschen Altbau in Kreuzberg mit hohen stuckverzierten Decken, Holzboden, Kunst und originellen Tapeten ein schönes Interieur geschaffen, zum anderen sorgt der lockere und dabei sehr kompetente Service unter der Leitung der Chefin für eine sympathisch-ungezwungene Atmosphäre. In erster Linie lockt aber natürlich die Küche. Der Patron und sein Team kreieren ausgesprochen interessante Kombinationen aus exzellenten Produkten. Das Geheimnis ihrer Küche: kraftvolle Saucen und Fonds, die die verschiedenen Aromen wunderbar verbinden und den Gerichten das gewisse Etwas verleihen! Da möchte man am liebsten noch einen weiteren Gang bestellen!

– Menü 139/175 €

Stadtplan: D3-11 – *Fichtestraße 24* – *10967* – **U** *Südstern* – ℘ *030 41956687* – *www.tuluslotrek.de* – *Geschlossen: Dienstag und Mittwoch, mittags: Montag, Donnerstag-Sonntag*

CHICHA

PERUANISCH • VINTAGE Belebt, laut, rustikal, hier und da ein bisschen "shabby"... Bewusst hat man eine lockere, authentisch südamerikanische Atmosphäre geschaffen, die wunderbar zur sehr schmackhaften modern-peruanischen Küche passt. Gekocht wird ambitioniert und mit guten, frischen Produkten.

– Menü 31/60 €

Stadtplan: D3-12 – *Friedelstraße 34* – *12047* – **U** *Schönleinstraße* – ℘ *030 62731010* – *www.chicha-berlin.de* – *Geschlossen: Montag und Dienstag, mittags: Mittwoch-Sonntag*

AUSSERHALB DES ZENTRUMS

LONG MARCH CANTEEN

CHINESISCH • HIP Eine coole, lebendige Adresse. Aus der einsehbaren Küche kommen chinesisch-kantonesische Gerichte in Form von verschiedenen Dim Sum und Dumplings. Sie können à la carte speisen oder zwischen mehreren Menüs wählen, die zum Teilen gedacht sind. Dazu eine große Auswahl an Wein, Spirituosen, Cocktails und Longdrinks.

& 🏠 – Menü 40/60 € - Karte 37/49 €

Stadtplan: D2-14 – Wrangelstraße 20 ✉ 10969 – **U** Schlesisches Tor – ✆ 0178 8849599 – www.longmarchcanteen.com – Geschlossen mittags: Montag-Sonntag

LODE & STIJN

Chef: Lode van Zuylen

MODERNE KÜCHE • NACHBARSCHAFTLICH Eine sympathische und ebenso spezielle Adresse. Das Restaurant ist mit viel Holz geradlinig, klar und wertig eingerichtet, gekocht wird modern. Es gibt ein festes Menü, die Speisen sind ausgesprochen reduziert, fast schon puristisch und haben einen leicht skandinavischen Akzent. Saisonale Zutaten von ausgesuchten Produzenten stehen hier absolut im Vordergrund.

Engagement des Küchenchefs: In meiner Küche geht es recht streng zu, also bezogen auf die Regionalität und Qualität meiner Produkte! Sie kommen ausschließlich von Kleinerzeugern, welche mit ihrer Arbeit unser Fundament bilden! Wir verarbeiten überwiegend das ganze Tier und Nordsee-Fisch. Massentierhaltung lehne ich strikt ab!

Menü 80 €

Stadtplan: D3-13 – Lausitzer Straße 25 ✉ 10999 – **U** Görlitzer Bahnhof – ✆ 030 65214507 – www.lode-stijn.de – Geschlossen: Montag, Dienstag, Sonntag, mittags: Mittwoch-Samstag

ORANIA.BERLIN

MODERNE KÜCHE • CHIC Stylish, warm und relaxt kommt das Restaurant des schönen gleichnamigen Hotels daher, Lobby und Bar (interessant die Cocktail-Karte) sind direkt angeschlossen. Blickfang ist die große offene Küche - hier wird modern-kreativ gekocht. Der Service aufmerksam und versiert. Tipp: 4-Gänge-Enten-Menü "Xberg Duck" (ab 2 Pers.).

& 🅰🅲 ✿ – Menü 56 € - Karte 58/68 €

Stadtplan: D2-65 – Oranienplatz 17 ✉ 10999 – **U** Moritzplatz – ✆ 030 69539680 – www.orania.berlin – Geschlossen mittags: Montag-Sonntag

RUTZ - ZOLLHAUS 🆕

MODERNE KÜCHE • ENTSPANNT Die Lage direkt am Landwehrkanal ist schon etwas Besonderes - toll im Sommer die überdachte Terrasse. Drinnen ist das ehemalige Zollhaus geschmackvoll eingerichtet, locker die Atmosphäre. Geboten wird modern interpretierte deutsche Küche. Interessant: hochwertige "Wurstwaren" vorab oder nebenher. Die Weinbar des Gourmetrestaurants "Rutz" finden Sie nun übrigens hier im Haus.

🏠 ✿ – Karte 50/97 €

Stadtplan: C3-77 – Carl-Herz-Ufer 30 ✉ 10961 – **U** Prinzenstraße – ✆ 030 233276670 – www.rutz-zollhaus.de – Geschlossen: Montag, mittags: Dienstag-Sonntag

TANTE FICHTE 🆕

MODERNE KÜCHE • FREUNDLICH Über die kleine nachbarschaftliche Terrasse gelangt man ein paar Stufen hinunter in ein herrlich unkompliziertes Restaurant - gelungen der Mix aus modern, rustikal und elegant. Es gibt ein Menü aus meist regionalen Produkten, auch vegetarisch. Interessant die nach Winzern sortierte Weinkarte. Im Service die ambitionierten Gastgeber. Wein und Snacks gibt es schon nachmittags.

AUSSERHALB DES ZENTRUMS

🕸 🏡 ⇔ – Menü 78/128 €
Stadtplan: D3-71 – *Fichtestraße 31* ✉ *10967* – **U** *Südstern* – ✆ *030 69001522 – tantefichte.berlin – Geschlossen: Montag und Sonntag, mittags: Dienstag-Samstag*

VOLT

MODERNE KÜCHE · DESIGN Zum interessanten Industrie-Chic in dem ehemaligen Umspannwerk am Landwehrkanal kommt eine moderne Küche, die es z. B. in Form von "Stör, Zwiebel, Spitzkohl" oder als "Schaufel, Schwarzwurzel, Haselnuss" gibt. Ein vegetarisches Menü wird ebenfalls angeboten.

& 🏡 ⇔ – Menü 69/89 € · Karte 17/40 €
Stadtplan: D3-15 – *Paul-Lincke-Ufer 21* ✉ *10999* – **U** *Schönleinstraße* – ✆ *030 338402320 – www.restaurant-volt.de – Geschlossen: Montag und Sonntag, mittags: Dienstag-Samstag*

In Berlin-Lichtenberg

✪ SKYKITCHEN

MODERNE KÜCHE · TRENDY Die Fahrt nach Lichtenberg lohnt sich: Hier oben im 12. Stock des "Vienna House Andel's" hat man bei chic-urbaner Atmosphäre einen fantastischen Blick über Berlin, zudem überzeugt die Küche von Alexander Koppe. Der waschechte Berliner (zuletzt Souschef im "Lorenz Adlon Esszimmer") verbindet in den modernen Menüs "Voyage Culinaire" und "Vegetarian" mediterrane, asiatische und auch regionale Akzente. Dazu eine Weinkarte mit einer Besonderheit: Neben Deutschland und Österreich spezialisiert man sich nur auf Slowenien, die Slowakei, Polen und Bulgarien. Übrigens: Nicht nur das Restaurant mit seinem stylischen Vintage-Look ist erlebenswert, noch ein bisschen höher lockt das "Loft14" zum Degestif!

⇐ & 🅼 🏡 ⍾ – Menü 125 €
Stadtplan: D2-16 – *Landsberger Allee 106* ✉ *10369* – **U** *Landsberger Allee* – ✆ *030 4530532620 – www.skykitchen.berlin – Geschlossen: Montag und Sonntag, mittags: Dienstag-Samstag*

In Berlin-Neukölln

CODA DESSERT DINING

Chef: René Frank
KREATIV · INTIM Lassen Sie sich vom unscheinbaren Äußeren dieser Neuköllner Adresse nicht täuschen, denn hier ist in ganz spezielles Gastro-Konzept zu Hause. Trendig-puristisch und etwas schummrig ist es hier. Man sitzt am Bar-Tresen mit Blick in die Küche oder an den Tischen drum herum. Die Küche hat ihren eigenen Stil und der ist sicher einzigartig: Das Team um René Frank setzt auf Techniken aus der Patisserie, mit denen man innovative Gerichte zubereitet. Die Süße steht dabei keinesfalls im Vordergrund. Voller Umami steckt z. B. "Mandelmilch, Datteltomate, Kombu", eine geradezu geniale Komposition ist "Raclette Waffel, Kimchi, Joghurt". Spannend die durchdachten Mini-Cocktails zu jedem Gang des Menüs. Und das gibt es um 18.30 mit sieben Gängen, um 22 Uhr mit vier Gängen. Locker und professionell der Service.
Menü 98/165 €
Stadtplan: D3-17 – *Friedelstraße 47* ✉ *12047* – **U** *Hermannplatz* – ✆ *030 91496396 – www.coda-berlin.com – Geschlossen: Montag, Dienstag, Sonntag, mittags: Mittwoch-Samstag*

✪ BARRA

KREATIV · MINIMALISTISCH Ein durch und durch unkompliziertes trendiges Konzept, angefangen beim minimalistisch-urbanen Look über die lockere, sympathisch-nachbarschaftliche Atmosphäre bis hin zur angenehm reduzierten modernen Küche in Form von kleinen "Sharing"-Gerichten. Hier kommen hochwertige, möglichst regionale Produkte zum Einsatz.

AUSSERHALB DES ZENTRUMS

Karte 37/60 €

Stadtplan: D3-18 – Okerstraße 2 ✉ 12049 – **U** Leinestraße – ✆ 030 81860757 – www.barraberlin.com – Geschlossen: Dienstag-Donnerstag, mittags: Montag, Freitag-Sonntag

☺ TISK

Chef: Ahmed Ohmer Ahmed

DEUTSCH • FREUNDLICH Das "TISK" (altdeutsch für "Tisch") nennt sich selbst "Speisekneipe", und das trifft es ganz gut. In einer ruhigeren Seitenstraße in Neukölln findet sich dieses junge urbane Konzept, das deutsche Küche modernisiert und geschmacklich aufgepeppt präsentiert. Ein Großteil des verarbeiteten Gemüses stammt übrigens von der eigenen Farm in der Nähe von Brandenburg.

🍀 *Engagement des Küchenchefs:* Unsere eigene Tisk-Farm in Brandenburg lässt uns ein „Farm to table"-Konzept leben, welches perfekt in unsere Speisekneipe passt! Handgeerntete Gemüse und Kräuter veredeln unsere Gerichte bzw. werden auch als Fassbrausen und Limonaden angesetzt. „Zero Waste" gehört in unserer Küche zur Normalität!

⛱ – Menü 35/60 € - Karte 32/43 €

Stadtplan: D3-19 – Neckarstraße 12 ✉ 12053 – **U** Rathaus Neukölln – ✆ 030 398200000 – www.tisk-speisekneipe.de – Geschlossen: Montag und Sonntag, mittags: Dienstag-Samstag

HALLMANN UND KLEE ⓝ

FRANZÖSISCH-KREATIV • ENTSPANNT "Ehrlich gute Küche", so das Motto der beiden kreativen, angenehm schnörkellosen Menüs aus überwiegend regionalen Produkten - eines davon vegetarisch. Markante gekalkte Ziegelsteinwände, schöner Dielenboden und moderne Design-Elemente schaffen dazu eine charmanturbane Atmosphäre. Richtig nett auch die Terrasse auf dem Gehsteig am lebhaften kleinen Böhmischen Platz.

⛱ – Menü 56/75 €

Stadtplan: D3-2 – Böhmische Straße 13 ✉ 12055 – **U** Neukölln – ✆ 030 23938186 – www.hallmann-klee.de – Geschlossen: Montag und Sonntag, mittags: Dienstag-Samstag

In Berlin-Prenzlauer Berg

⁂ BRICOLE ⓝ

FRANZÖSISCH-MODERN • NACHBARSCHAFTLICH Richtig schön nachbarschaftlich, geradezu vertraut geht es hier zu - da fühlt man sich gleich willkommen! Das liegt zum einen an der sympathischen Bistro-Atmosphäre, zum anderen am herzlichen und professionellen Patron und Sommelier Fabian Fischer, der dem Service eine angenehm persönliche Note gibt und mit Leidenschaft den passenden Wein empfiehlt. Verantwortlicher in der Küche ist Steven Zeidler. Kreativ verbindet er in seinem Menü Regionales mit internationalen Akzenten. Da kommen z. B. "Bauch und Rücken vom Lamm mit Hirse, Aubergine und BBQ-Aromen" perfekt balanciert daher, "Kohlrabi, Gazpacho, Fenchel und Dill" leicht und frisch, aber dennoch voller Finesse. Es gibt auch eine komplett vegetarische Variante. Vor dem Restaurant hat man übrigens auch ein paar kleine Tische auf dem Gehsteig.

🍃 ⛱ – Menü 69/79 €

Stadtplan: D1-7 – Senefelderstraße 30 ✉ 10437 – **U** Husemannstraße – ✆ 030 84432362 – www.bricole.de – Geschlossen: Samstag und Sonntag, mittags: Montag-Freitag

☺ LUCKY LEEK

VEGAN • NACHBARSCHAFTLICH Vegan, frisch, saisonal und mit persönlicher Note - so wird in dem charmanten Restaurant gekocht. Die schmackhaften Gerichte gibt es als Menü mit drei bis fünf Gängen, auf Wunsch mit Weinbegleitung. Neben der guten Küche kommt auch die sympathisch-unkomplizierte Atmosphäre an. Hinweis: Barzahlung nur bis 100 €.

🍴 – Menü 39/63 €
Stadtplan: D1-66 – *Kollwitzstraße 54* ✉ *10405* – **U** *Senefelderplatz* – ✆ *030 66408710* – *www.lucky-leek.com* – *Geschlossen: Montag und Dienstag, mittags: Mittwoch-Sonntag*

AV-RESTAURANT ⓝ

KREATIV • BÜRGERLICH "AV" steht für Antonio Vinciguerra. Der junge Küchenchef lässt in dem minimalistisch gehaltenen Restaurant viele kulinarische Erfahrungen seiner zahlreichen Reisen erkennen. So finden sich in seinem Menü (klassisch oder vegan) z. B. nordische Einflüsse wie fermentierte Produkte, aber auch exotische Elemente. Großen Wert legt man auf lokale Erzeugnisse.
🍴 – Menü 75/80 €
Stadtplan: C1-62 – *Schönhauser Allee 44* ✉ *10435* – **U** *Eberswalder Straße* – ✆ *030 27018851* – *de.avrestaurantberlin.com* – *Geschlossen: Montag, Dienstag, Sonntag, mittags: Mittwoch-Samstag*

KINK BAR & RESTAURANT ⓝ

KREATIV • HIP Auf dem Pfefferberg - einst Brauereigelände, heute Kulturstätte - finden Sie dieses trendig-urbane Restaurant. Gekocht wird modern-kreativ mit gewissem Twist und eigener Note. Und dazu vielleicht eine der interessanten Getränke-Kreationen der angeschlossenen Bar? Der angenehm lockere Service sorgt für eine unkomplizierte und persönliche Atmosphäre. Schön die Terrasse!
Menü 35/60 € - Karte 36/52 €
Stadtplan: F1-48 – *Schönhauser Allee 176* ✉ *10119* – **U** *Prenzlauer Allee* – ✆ *030 41207344* – *www.kink-berlin.de* – *Geschlossen: Sonntag, mittags: Montag-Samstag*

KOCHU KARU

KOREANISCH • MINIMALISTISCH So ungewöhnlich der Mix aus spanischer und koreanischer Küche auch sein mag, die Kombination von Aromen ist gelungen. Es gibt ein Menü mit vier bis sieben Gängen, bestehend aus "kleinen Gerichten" (hier wählen Sie die Anzahl selbst) sowie einem "nicht so kleinen Gericht" und etwas "Süßem". Käse-Gang optional. Ein wirklich charmantes puristisches kleines Restaurant.
🍴 – Menü 59/89 €
Stadtplan: C1-20 – *Eberswalder Straße 35* ✉ *10178* – **U** *Eberswalder Straße* – ✆ *030 80938191* – *www.kochukaru.de* – *Geschlossen: Montag und Sonntag, mittags: Dienstag-Samstag*

OTTO ⓝ

SAISONAL • BÜRGERLICH Sympathisch-lebendig geht es in diesem kleinen Restaurant mit offener Küche zu. Mittags gibt es ein Tagesgericht nebst vegetarischer Variante, abends eine etwas größere Auswahl an Speisen, die sich auch zum Teilen anbieten. Gekocht wird modern-reduziert und mit nordischem Einschlag, basierend auf Produkten aus der Umgebung. Vor dem Haus eine kleine Terrasse - dank Pavillon sogar im Winter.
🍴 – Karte 21/24 €
Stadtplan: C1-74 – *Oderberger Straße 56* ✉ *10435* – **U** *Eberswalder Straße* – ✆ *030 58705176* – *virtual-archive.org/otto* – *Geschlossen mittags: Montag, Samstag, Sonntag, abends: Dienstag und Mittwoch*

In Berlin-Schöneberg

 FAELT

Chef: Björn Swanson
REGIONAL • FREUNDLICH Locker, professionell und durchdacht geht es in dem denkmalgeschützten Altbau von 1903 zu, und das gilt für Atmosphäre, Service und Küche gleichermaßen. Ein sympathisch-lebhaftes kleines Restaurant, die Küche befindet sich quasi im Raum. Da kann man den Köchen bei der Arbeit zusehen - sie servieren und erklären ihre Speisen selbst. Man bietet ein modernes Menü,

das monatlich wechselt. Schön unkompliziert: Sie können Weine probieren und vergleichen. Alle Positionen gibt es auch glasweise. Der Name des Restaurants ist übrigens das schwedische Wort für "Feld" und nimmt Bezug auf die nordischen Wurzeln von Küchenchef Björn Swanson und seinen produktorientierten Kochstil.

⌘ – Menü 89 €

Stadtplan: B3-42 – *Vorbergstraße 10A* ✉ *10823* – **U** *Eisenacher Straße* – ✆ *030 78959001* – *www.faelt.de* – *Geschlossen: Sonntag, mittags: Montag-Samstag*

BRASSERIE COLETTE TIM RAUE

FRANZÖSISCH • BRASSERIE Tim Raue – wohlbekannt in der Gastroszene – hat hier eine moderne, sympathisch-unkomplizierte Brasserie geschaffen, die man eher in Paris vermuten würde. Die ansprechende Speisekarte mit Klassikern wird ergänzt durch ein Monatsmenü. Tipp: preiswerter Lunch. Stöbern Sie ruhig auch ein bisschen in den Raue'schen Kochbüchern.

& – Menü 37/59 € - Karte 39/69 €

Stadtplan: B2-33 – *Passauer Straße 5* ✉ *10789* – **U** *Wittenbergplatz* – ✆ *030 21992174* – *www.brasseriecolette.de*

BOB & THOMS ⓝ

FRANZÖSISCH-MODERN • MINIMALISTISCH Bob & Thoms, das sind Thomas Körber ("Bob"), der sich mit authentischer Berliner Art charmant um die Gäste kümmert, und Felix Thoms am Herd. In dem sympathischen Zwei-Mann-Betrieb erwarten Sie ein modernes Menü und recht puristisches Ambiente. Pro Abend werden hier nur wenige Gäste empfangen, also reservieren Sie rechtzeitig!

⌂ – Menü 70/85 €

Stadtplan: B3-76 – *Welserstraße 10* ✉ *10777* – **U** *Viktoria-Luise-Platz* – ✆ *030 20929492* – *www.bobthoms.berlin* – *Geschlossen: Montag und Sonntag, mittags: Dienstag-Samstag*

In Berlin-Steglitz

JUNGBLUTH

MODERNE KÜCHE • NACHBARSCHAFTLICH Freundlich-leger und ungezwungen ist hier die Atmosphäre, schmackhaft und frisch das saisonal ausgerichtete Speisenangebot. Wie wär's z. B. mit "Adlerfisch, Perlgraupenrisotto, Zucchini, Radicchio Trevisano"?

⌂ ✿ – Menü 42/78 € - Karte 43/53 €

außerhalb Stadtplan – *Lepsiusstraße 63* ✉ *12163* – **U** *Steglitzer Rathaus* – ✆ *030 79789605* – *www.jungbluth-restaurant.de* – *Geschlossen: Montag, mittags: Dienstag-Freitag*

In Berlin-Wedding

ERNST

Chef: Dylan Watson-Brawn, Spencer Christenson

KREATIV • MINIMALISTISCH Äußerlich ist diese Adresse eher unscheinbar, drinnen geht es dafür aber stylish und kreativ zu! An der langen Holztheke gibt es nur acht Plätze, und die sind gefragt, denn hier sitzt man direkt gegenüber der großen offenen Küche, hat stets Kontakt zum Team und erlebt mit, wie die Köche ein Menü mit zahlreichen tollen kleinen Gerichten zubereiten. Das Inhaber- und Küchenchef-Duo Dylan Watson-Brawn und Spencer Christenson beeindruckt mit einem klaren, puren und oftmals subtilen Stil, der sich stark an der japanischen Küche orientiert. Auf dem Teller wird das Produkt zelebriert - da darf man den reinen Geschmack erstklassiger Zutaten erwarten. Spaß macht auch die Weinbegleitung. Hinweis: Reservierung über Online-Tickets. Man bietet zwei Services pro Abend.

⌘ 🅰🅲 – Menü 225 €

Stadtplan: C1-21 – *Gerichtstraße 54* ✉ *13347* – **U** *Wedding* – *www.ernstberlin.de* – *Geschlossen: Montag, Dienstag, Sonntag, mittags: Mittwoch-Samstag*

In Berlin-Wilmersdorf

BIEBERBAU
Chef: Stephan Garkisch
MODERNE KÜCHE • **GEMÜTLICH** Einzigartig das Ambiente, absolut sehenswert das Stuckateurhandwerk von Richard Bieber! In dem wunderbar restaurierten denkmalgeschützten Gastraum von 1894 wird man unter der Leitung der sympathischen Gastgeberin und Sommelière Anne Garkisch aufmerksam umsorgt, während Patron Stephan Garkisch am Molteni-Herd moderne Gerichte zubereitet. Wirklich gelungen, wie er Kräuter und Gewürze in Szene setzt - vieles kommt aus dem eigenen Garten. Ein Faible, das aus der Zeit im "Strahlenberger Hof" in Schriesheim stammt. So bekommt z. B. Fläminger Wildschwein mit Panisse, Mangold, Möhre und Curry durch Koriandersaat und Korianderkresse eine ganz unerwartete Note. Nicht zu vergessen das hausgebackene Brot vorneweg - mal mit Anis, mal mit Körnern und Fenchel... wirklich lecker! Und die Preise sind fair!
🍴 – Menü 64/84 €
Stadtplan: B3-4 – *Durlacher Straße 15* ✉ *10715* – **U** *Bundesplatz* – ✆ *030 8532390 - www.bieberbau-berlin.de – Geschlossen: Samstag und Sonntag, mittags: Montag-Freitag*

PASTIS WILMERSDORF
FRANZÖSISCH-KLASSISCH • **BRASSERIE** Diese authentische "Brasserie française" erfreut sich nicht zufällig großer Beliebtheit, denn hier werden frische, gute Produkte geschmackvoll zubereitet. Probieren sollte man z. B. "Seeteufel mit Muscheln, grünem Spargel und Artischocken". Dazu kommen die quirlig-lebendige Atmosphäre und der freundliche Service unter der Leitung der charmanten Patronne.
🍴 – Menü 19 € (Mittags), 37/47 € - Karte 35/65 €
Stadtplan: A3-22 – *Rüdesheimer Straße 9* ✉ *14197* – **U** *Rüdesheimer Platz* – ✆ *030 81055769 - www.restaurant-pastis.de – Geschlossen: Montag*

BERNKASTEL-KUES

Rheinland-Pfalz – Regionalatlas **5**–S1

RATSKELLER

ITALIENISCH • CHIC Schön fügt sich das Rathaus von Bernkastel in das Marktplatzbild mit den hübschen Fachwerkhäusern. Hinter der schmucken erhaltenen Fassade von 1608 hat man eine sehr gelungene Melange aus historischer Architektur und stylischen Designelementen geschaffen. Geboten wird eine ambitionierte modern-mediterrane Küche.

Menü 65/120 € - Karte 65/120 €

Markt 30 ✉ 54470 – ✆ 06531 9731000 – www.bernkastel-ratskeller.de – Geschlossen: Montag

BESIGHEIM

Baden-Württemberg – Regionalatlas **5**–U2

MARKTWIRTSCHAFT BESIGHEIM ⓝ

SAISONAL • ZEITGEMÄSSES AMBIENTE In dem sympathisch-legeren Restaurant wird regional-saisonal gekocht. Mittags ergänzt eine zusätzliche kleine Karte das Angebot. Gegenüber hat man noch die Brasserie & Vinothek "Marktkeller". Man bietet auch regelmäßig Themenabende an. Tipp: Machen Sie einen Bummel durch das romantische kleine Fachwerk-Städtchen!

舒 – Karte 23/69 €

Marktplatz 2 ✉ 74354 – ✆ 07143 9099091 – www.marktwirtschaft-besigheim.de – Geschlossen: Dienstag und Mittwoch

BIBERACH IM KINZIGTAL

Baden-Württemberg – Regionalatlas **5**–T3

LANDGASTHAUS ZUM KREUZ

TRADITIONELLE KÜCHE • LÄNDLICH Der attraktive Mix aus regional und modern ist hier allgegenwärtig - vom gemütlichen Restaurant über die Küche bis zum wohnlichen Gästehaus "Speicher" nebenan. Auf den Tisch kommen Klassiker und Saisonales - interessant sind z. B. die "Mini-Versucherle". Schön auch die großzügige Terrasse.

舒 ⇔ 🅿 – Menü 35/68 € - Karte 25/57 €

Untertal 7 ✉ 77781 – ✆ 07835 426420 – www.kreuz-prinzbach.de – Geschlossen: Mittwoch, mittags: Montag, Dienstag, Donnerstag

BIELEFELD

Nordrhein-Westfalen – Regionalatlas **3**–L1

BÜSCHER'S RESTAURANT

REGIONAL • GASTHOF Hier legt man Wert auf hochwertige, nachhaltig erzeugte Lebensmittel, und die finden sich in saisonal-internationalen Gerichten wie "gegrilltem Felchenfilet, Süßkartoffel, Ananas, Yuzu" oder auch in Klassikern wie "Wiener Schnitzel". Schön die Terrasse zum Garten. Gepflegt übernachten kann man ebenfalls.

舒 ⇔ 🅿 – Menü 35/55 € - Karte 25/48 €

Carl-Severing-Straße 136 ✉ 33649 – ✆ 0521 946140 – www.hotel-buescher.de – Geschlossen: Montag und Sonntag, mittags: Dienstag-Samstag

GUI

MEDITERRAN • FREUNDLICH Reservieren Sie hier lieber, denn das lebhafte Bistro mitten in Bielefeld hat viele Stammgäste. Neben der ansprechenden Karte kommen auch die Tagesempfehlungen am Mittag gut an. Und lassen Sie sich nicht den tollen Espresso entgehen! Übrigens: "GUI" steht in der internationalen Plansprache Esperanto für "Genießen".

BIELEFELD

🅰 🍴 – Menü 60/75 € - Karte 20/45 €
Gehrenberg 8 ✉ 33602 - ☏ 0521 5222119 – www.gui-restaurant.de –
Geschlossen: Montag und Sonntag

HÖPTNERS ABENDMAHL

INTERNATIONAL • FREUNDLICH Das Restaurant hat schon Charme: Mit Liebe zum Detail hat man rustikale Elemente mit modernen Einrichtungsdetails und netter Deko kombiniert - schön der offene Kamin. Gekocht wird mit Bezug zur Saison. Alternativ können Sie nebenan im urig-legeren "Erbsenkrug" speisen. Angeschlossene Weinhandlung und hübsche Terrasse.
🍴 – Menü 75/98 €
Johannisstraße 11a ✉ 33602 - ☏ 0521 86105 – www.abendmahl-restaurant.de –
Geschlossen: Montag und Sonntag, mittags: Dienstag-Samstag

KLÖTZER'S

INTERNATIONAL • ZEITGEMÄSSES AMBIENTE Einladend ist hier nicht nur das chic-moderne Ambiente, interessant auch die Küche mit mediterranen und asiatischen Einflüssen. Aus guten Produkten entstehen z. B. "Karree vom irischen Salzwiesenlamm, Honig-Rosmarinsauce, Ratatouille, Kartoffelgratin". Auch im Feinkostladen nebenan lockt allerlei Leckeres!
🅰 🍴 ❖ – Menü 45/79 € - Karte 32/61 €
Ritterstraße 33 ✉ 33602 - ☏ 0521 9677520 – www.kloetzer-delikatessen.de –
Geschlossen: Sonntag

TOMATISSIMO

ITALIENISCH • FREUNDLICH Etwas außerhalb des Zentrums findet man diese beliebte Adresse. Gemütlich sitzt man in freundlich-modernem Ambiente bei mediterraner Küche. Gefragt ist auch Dry Aged Beef vom Holzkohlegrill - aus dem eigenen Reifeschrank. Tipp: Kleinere Gruppen können sich auf Vorreservierung an "Bernhards Küchentisch" bekochen lassen.
🍴 ❖ 🅿 – Menü 65/98 € - Karte 37/75 €
Am Tie 15 ✉ 33619 - ☏ 0521 163333 – www.tomatissimo.de – Geschlossen:
Montag und Dienstag, mittags: Mittwoch-Samstag

BIETIGHEIM-BISSINGEN

Baden-Württemberg – Regionalatlas **7**–B2

✿ MAERZ - DAS RESTAURANT

Chef: Benjamin Maerz
FRANZÖSISCH-KREATIV • GEMÜTLICH So stimmig kann ein Mix aus regional und modern sein! Und diese Mischung bieten die Brüder Benjamin und Christian Maerz im Gourmetrestaurant ihres Hotels "Rose" gleich in zweifacher Hinsicht. Da ist zum einen das Interieur, das mit seiner schönen warmen Holztäfelung und klaren Formen gemütlich und zugleich trendig-chic daherkommt. Auch in der Küche findet sich sowohl der Bezug zur Region als auch der moderne Aspekt. Unter dem Motto "Hommage an Schwaben" bietet man z. B. "Blaue Garnele aus Bayern, Kohlrabi, Granny Smith". Dafür verwendet man erstklassige Produkte, die man vorzugsweise aus der Umgebung bezieht. Diese kreativen "Erlebnisse" - so nennt man die einzelnen Gänge des Menüs - sind angenehm klar aufgebaut und verbinden geschickt tolle Aromen.
🍴 ❖ 🍷 – Menü 119/129 €
Kronenbergstraße 14 ✉ 74321 - ☏ 07142 42004 – www.maerzundmaerz.de –
Geschlossen: Montag, Dienstag, Sonntag, mittags: Mittwoch-Samstag

BILSEN

Schleswig-Holstein – Regionalatlas **1**–C3

JAGDHAUS WALDFRIEDEN

INTERNATIONAL • ELEGANT Gemütliches Kaminzimmer, luftiger Wintergarten oder die schöne Terrasse mit schattenspendenden Bäumen? Auf der Karte liest

BILSEN

man z. B. "Kalbsschulter, sous vide gegart (57°/36h) mit Bärlauchsauce". Tipp: das preislich faire Mittagsmenü. Sie möchten übernachten? Man hat hübsche, sehr wohnliche und individuelle Zimmer.

🛏 🍴 ⇔ 🅿 – Menü 25 € (Mittags), 42/64 € - Karte 26/42 €
Kieler Straße 1 ✉ 25485 - ☎ 04106 61020 - www.waldfrieden.com -
Geschlossen: Montag und Dienstag

BINDLACH
Bayern – Regionalatlas **6**-Y1

🍀 LANDHAUS GRÄFENTHAL
SAISONAL • GASTHOF In dem langjährigen Familienbetrieb, inzwischen unter der Leitung von Sohn Peter Lauterbach, bietet man eine zeitgemäß umgesetzte regionale und mediterrane Küche. Drinnen sorgen helles Holz, Kachelofen und nette Deko für Gemütlichkeit, draußen hat man eine schöne Gartenterrasse. Freundlich der Service.

🍴 ⇔ 🅿 – Karte 40/60 €
Obergräfenthal 7 ✉ 95463 - ☎ 09208 289 - www.landhaus-graefenthal.de -
Geschlossen: Dienstag, mittags: Montag, Mittwoch-Freitag

BINGEN AM RHEIN
Rheinland-Pfalz – Regionalatlas **5**-T1

DAS BOOTSHAUS
MODERN • VINTAGE Das Restaurant des Lifestyle-Hotels "Papa Rhein" verbindet geschmackvollen maritimen Vintage-Look mit guter, frischer Küche, z. B. als "Kabeljau in der Kartoffelkruste mit Balsamico-Gemüselinsen und Pistou". Toll der Blick auf den Rhein und die umliegenden Weinberge - da lockt im Sommer die herrliche Terrasse!

⇐ 🍴 🅿 – Menü 49 € - Karte 40/62 €
Hafenstraße 47a ✉ 55411 - ☎ 06721 35010 - www.paparheinhotel.de -
Geschlossen: Montag und Dienstag

BINZ – Mecklenburg-Vorpommern • Siehe Rügen (Insel)

BIRKENAU
Hessen – Regionalatlas **5**-U1

STUBEN
Chef: Kenneth Rentschler
MARKTKÜCHE • GEMÜTLICH Im kleinen Hotel "Lammershof" befindet sich das täglich geöffnete Restaurant mit seinen gemütlichen Stuben. In rustikaler Atmosphäre mit gewissem Chic lässt man sich z. B. den "Bison-Burger" schmecken, dazu leckere Desserts wie Topfenknödel. Herrlich die Terrasse. Im Biergarten "Bisonwirtschaft" geht es schlichter zu.

🌱 ***Engagement des Küchenchefs:*** *Ich kann aus dem Vollen schöpfen, was die herrlichen Produkte der eigenen Bisons, Galloway-Rinder und des eigenen Rotwilds angeht. Dazu wird Nachhaltigkeit hier vielfältig gelebt. Eigene Holzschnitzelanlage und Nassmüllanlage zur Biogasproduktion, viele der Möbel sind aus eigenem Altholz gefertigt.*

♿ 🍴 ⇔ 🅿 – Karte 39/96 €
Absteinacher Straße 2 ✉ 69488 - ☎ 06201 845030 - www.lammershof.de -
Geschlossen mittags: Montag-Freitag

WILD X BERG
KREATIV • ELEGANT In dem wertig-schicken kleinen Gourmetstübchen in der 1. Etage des Hotels "Lammershof" erwartet Sie eine ambitionierte und technisch

BIRKENAU

äußerst exakte moderne Küche in Form eines Menüs mit vier bis sieben Gängen -
auch als Vegi-Variante. Ausgesucht die Produkte, darunter Fleisch der selbst
gezüchteten Bisons. Übernachten können Sie in geschmackvollen Zimmern.
斎 ⇔ 🅿 – Menü 79/129 €
*Absteinacher Straße 2 ✉ 69488 – ✆ 06201 845030 – www.lammershof.de –
Geschlossen: Montag, Dienstag, Sonntag, mittags: Mittwoch-Samstag*

BLANKENBACH
Bayern – Regionalatlas **3**-L4

🥬 BRENNHAUS BEHL
REGIONAL • LÄNDLICH Das Engagement, mit dem Familie Behl ihr Haus
betreibt, zeigt sich nicht zuletzt in der guten Küche, für die man gerne regionale
Produkte verwendet, so z. B. Blankenbacher Bachsaibling oder Ziegenkäse vom
Berghof Schöllkrippen. Schön der schattige Innenhof! Tipp: Brennabende in der
eigenen Destille. Zum Übernachten: freundliche, wohnliche Zimmer.
斎 ⇔ 🅿 – Menü 39/79 € - Karte 40/58 €
*Krombacher Straße 2 ✉ 63825 – ✆ 06024 4766 – www.behl.de – Geschlossen
mittags: Montag-Samstag, abends: Sonntag*

BLANKENHAIN
Thüringen – Regionalatlas **4**-N3

MASTERS
FRANZÖSISCH-MODERN • CHIC Bis zu 12 Gäste finden in dem kleinen
Restaurant Platz. Freundlich und chic das Ambiente - durch bodentiefe Fenster
schaut man auf die Golfplätze. Gekocht wird frankophil-mediterran, modern-
kreativ interpretiert und angenehm reduziert. Schön die Weinauswahl, besonders
Saale-Unstrut und Franken.
ൿ ⇐ 🛏 ᴋ 🅿 – Menü 72/154 €
*Weimarer Straße 32 ✉ 99444 – ✆ 036459 61640 – www.golfresort-
weimarerland.de – Geschlossen: Mittwoch, mittags: Montag, Dienstag,
Donnerstag-Sonntag*

BLIESKASTEL
Saarland – Regionalatlas **5**-T2

✡ HÄMMERLE'S RESTAURANT - BARRIQUE
FRANZÖSISCH-MODERN • ELEGANT Ein sympathischer langjähriger
Familienbetrieb, der seiner Linie treu bleibt, nämlich der klassischen Küche von
Cliff Hämmerle. Eine Selbstverständlichkeit ist für ihn dabei die ausgezeichnete
Qualität der Produkte - das gilt für die vegetarische Menü-Variante natürlich
ebenso. Gut abgestimmt die Weinempfehlungen dazu. Dafür sorgt Gastgeberin
und Sommelière Stéphanie Hämmerle, die gemeinsam mit Tochter Emely herz-
lich und aufmerksam den Service leitet. Geschmackvoll das klare modern-elegante Interieur samt schönem gläsernem Weinschrank. Tipp: Im Zweitrestaurant
"Landgenuss" kann man auch am Mittag speisen. Übernachten ist ebenfalls möglich: Man hat eine schicke, wohnlich-moderne Suite.
🅿 – Menü 88/108 €
*Bliestalstraße 110a ✉ 66440 – ✆ 06842 52142 – www.haemmerles-restaurant.
de – Geschlossen: Montag, Samstag, mittags: Dienstag-Freitag*

🥬 LANDGENUSS
REGIONAL • LÄNDLICH Hier sollten Sie rechtzeitig buchen, denn das Restaurant
der Hämmerles ist gefragt! In dem sympathischen Familienbetrieb darf man sich
auf freundliches Landhaus-Flair und richtig gute regionale Küche freuen, die teilweise mediterrane Einflüsse hat. Schön sitzt man auch auf der Terrasse.

BLIESKASTEL

🍴 🅿 – Menü 39/56 € - Karte 35/65 € abends
*Bliestalstraße 110a ✉ 66440 – ✆ 06842 52142 – www.haemmerles-restaurant.
de – Geschlossen: Samstag und Sonntag, abends: Montag-Freitag*

BOCHOLT
Nordrhein-Westfalen – Regionalatlas **3**–J2

MUSSUMER KRUG
MARKTKÜCHE • NACHBARSCHAFTLICH Sympathisch-leger ist es in dem alten Backsteinhaus - Modernes und Rustikales hat man charmant kombiniert. Gekocht wird von trendig bis traditionell, man legt Wert auf hochwertige Produkte, gerne aus der Region. Darf es vielleicht Nordsee-Steinbeißer oder Feersisch Rind sein? Freundlicher Service.

🍴 ✿ 🅿 – Menü 36/45 € - Karte 27/32 €
*Mussumer Kirchweg 143 ✉ 46395 – ✆ 02871 13678 – www.mussumerkrug.de –
Geschlossen: Montag, Dienstag, Sonntag, mittags: Mittwoch-Samstag*

BOCHUM
Nordrhein-Westfalen – Regionalatlas **3**–K2

LIVINGROOM
INTERNATIONAL • HIP Ob "Dry Aged Ribeye", "Wiener Schnitzel" oder "kalt geräuchertes Filet vom Label Rouge Lachs", in dem lebendig-modernen großen Restaurant mit Bar und Bistro wird frisch und schmackhaft gekocht. Tipp: Mittagstisch zu fairem Preis. Als zweites Konzept hat man noch das kleine "FIVE": zwei Menüs in stylischem Ambiente.

🍴 – Menü 15 € (Mittags), 35/59 € - Karte 30/65 €
*Luisenstraße 9 ✉ 44787 – ✆ 0234 9535685 – www.livingroom-bochum.de –
Geschlossen: Sonntag*

BODMAN-LUDWIGSHAFEN
Baden-Württemberg – Regionalatlas **5**–U4

❀ S'ÄPFLE
MODERNE KÜCHE • GEMÜTLICH Nicht nur Hotelgäste zieht es die stilvoll-charmante "Villa Linde" am Bodensee, und das hat einen guten Grund: das Gourmetrestaurant mit seiner überaus modernen Küche. Für die ist Kevin Leitner verantwortlich. Sein volles Engagement zeigt sich bei der Wahl ausgesuchter Produkte ebenso wie bei seinem handwerklichen Können und seinem Gespür für gelungene Kombinationen, die zudem auch noch sehr schön präsentiert werden. Dass man sich hier wohlfühlt, liegt auch am Restaurant selbst: ein luftig-lichter Raum mit wohnlicher Einrichtung und unkomplizierter Atmosphäre. Und dann ist da noch das Serviceteam - herzlich, aufmerksam und geschult. Lassen Sie sich im Sommer nicht die Terrasse entgehen!

≼ 🅰🅲 🍴 ✿ 🚗 ⓘ – Menü 109/169 € - Karte 77/110 €
*Kaiserpfalzstraße 50 ✉ 78351 – ✆ 07773 959930 – www.seehotelvillalinde.de –
Geschlossen: Montag und Sonntag, mittags: Dienstag-Samstag*

BÖBLINGEN
Baden-Württemberg – Regionalatlas **7**–B2

ZUM REUSSENSTEIN
TRADITIONELLE KÜCHE • GEMÜTLICH Hier geht es schwäbisch zu: Die Karte ist nicht nur regional ausgerichtet, sondern auch im Dialekt geschrieben - Tipp: die "Mauldaschasubb"! Die Glaswand zur Küche gewährt interessante Einblicke, dazu wirklich freundlicher Service. Im Gewölbe: Wein-"Schatzkämmerle" und Kochschule. Der langjährige Familienbetrieb bietet auch wohnliche Zimmer in ländlich-modernem Stil.

BÖBLINGEN

& 🅼 ⇔ 🅿 🍽 🖵 – Menü 45 € - Karte 28/54 €
Kalkofenstraße 20 ✉ 71032 - ☏ 07031 66000 - www.reussenstein.com –
Geschlossen: Montag und Sonntag

BONN
Nordrhein-Westfalen - Regionalatlas **3**-J3

❀ **HALBEDEL'S GASTHAUS**

FRANZÖSISCH-MODERN • ELEGANT Ein nobles Viertel in Bad Godesberg, eine Gründerzeitvilla mit stilvoller gelb-weißer Fassade, wertig-elegantes Interieur samt Deckenstuck, Parkettboden und modernen Akzenten - die perfekte Kulisse für die Küche von Rainer-Maria Halbedel. Gewissermaßen eine Legende der deutschen Gastro-Szene, begann er 1966 mit dem Kochen, 1984 bekam er in seinem damaligen Restaurant „Korkeiche" einen MICHELIN Stern, und den hält er seither. Er ist ein Koch, der nicht stehenbleibt. In seine klassisch-französische Küche bindet er moderne Elemente ein, schafft ausgewogene Kombinationen und zugleich interessante Kontraste. Für seine Menüs (eines ist vegetarisch) verwendet er beste Produkte, vieles stammt aus dem eigenen großen Gemüsegarten. Gerne kommt der Patron selbst an den Tisch und erklärt seine Gerichte.

❀ 🍽 ⇔ – Menü 85/150 €
Rheinallee 47 ✉ 53173 - ☏ 0228 354253 - www.halbedels-gasthaus.de –
Geschlossen: Montag, mittags: Dienstag-Sonntag

❀ **YUNICO**

JAPANISCH • ELEGANT "Einzigartig" - so die Bedeutung des Namens, der sich aus dem japanischen Wort "Yu" und dem italienischen Wort "unico" zusammensetzt. Damit nimmt man Bezug auf das hohe Niveau des Restaurants. Untergebracht in der obersten Etage des Lifestyle-Hotels "Kameha Grand", bietet es dank der raumhohen Fensterfront einen tollen Blick auf den Rhein - der ist von der Terrasse natürlich besonders schön. Dazu kommen wertig-schickes Design in Rot, Schwarz und Weiß sowie ein versiertes, gut eingespieltes Serviceteam. Küchenchef Christian Sturm-Willms kocht japanisch, und zwar auf modern-kreative Art einschließlich westeuropäischer Einflüsse. Da lässt man sich gerne mit dem Omakase-Menü überraschen. Alternativ gibt es das Ösentikku-Menü. Oder lieber Filet & Roastbeef vom Kobe-Rind?

⇐ & 🅼 🍽 – Menü 99/159 € - Karte 79/170 €
Am Bonner Bogen 1 ✉ 53227 - ☏ 0228 43345500 - www.kamehabonn.de –
Geschlossen: Montag, Dienstag, Sonntag, mittags: Mittwoch-Samstag

KONRAD'S 🅽

MODERN • CHIC Besonderheit dieses Restaurants in der 17. Etage des Hotels "Marriott" ist der tolle Blick über Bonn, den die raumhohe Fensterfront freigibt. Aus der offenen Küche kommen modern inspirierte Gerichte mit mediterranen Einflüssen. Tipp: Apero oder Digestif in der Bar direkt nebenan. Parken kann man in der Tiefgarage im Haus, der Lift führt direkt ins Restaurant.

& 🅼 ⇔ 🅿 🖵 – Menü 69/99 € - Karte 52/79 €
Platz der Vereinten Nationen 4 ✉ 53113 - ☏ 0228 28050684 - www.konrads-
bonn.de – Geschlossen: Montag und Sonntag, mittags: Dienstag-Samstag

OLIVETO

ITALIENISCH • ELEGANT In dem geschmackvoll-eleganten Restaurant im UG des "Ameron Hotel Königshof" sitzt man besonders schön an einem der Fenstertische oder auf der Rheinterrasse. Gut die italienische Küche, aufmerksam der Service. Gerne kommt man auch zum Business Lunch. Die wohnlich-zeitgemäßen Gästezimmer bieten teilweise Rheinblick.

⇐ & 🅼 🍽 ⇔ 🍽 🖵 – Menü 25 € (Mittags), 39/76 € - Karte 35/76 €
Adenauerallee 9 ✉ 53111 - ☏ 0228 2601541 - www.hotel-koenigshof-bonn.de

BONN

REDÜTTCHEN

MODERNE KÜCHE • GEMÜTLICH In dem ehemaligen Gärtnerhäuschen des Ball- und Konzerthauses "La Redoute" a. d. 18. Jh. erwartet Sie nicht nur eine charmante Atmosphäre, man kocht hier auch ambitioniert. Zu modernen Gerichten wie z. B. "Taube vom Holzkohlegrill, Bete, Zwetschge, Hirse" gibt es gute Weinempfehlungen.

⚜ 🐦 🅰🅲 🍽 ⇔ 🅿 – Menü 59/97 € - Karte 70/101 €
Kurfürstenallee 1 ✉ 53117 - ✆ 0228 68898840 – www.reduettchen.de –
Geschlossen: Montag und Sonntag, mittags: Dienstag-Samstag

STRANDHAUS

MARKTKÜCHE • FREUNDLICH Ein "Strandhaus" mitten in Bonn? Für maritimes Flair sorgt die charmante Einrichtung, und auch die angenehm-ungezwungene Atmosphäre passt ins sympathische Bild. Nicht zu vergessen die lauschige geschützte Terrasse. Gekocht wird auf klassischer Basis, mit saisonalem Bezug und modernen Akzenten.

🍽 – Menü 52/73 € - Karte 50/68 €
Georgstraße 28 ✉ 53111 - ✆ 0228 3694949 – www.strandhaus-bonn.de –
Geschlossen: Montag und Sonntag, mittags: Dienstag-Samstag

BONNDORF IM SCHWARZWALD

Baden-Württemberg – Regionalatlas **5**–T4

SOMMERAU

Chef: Wolfram Hegar

REGIONAL • REGIONALES AMBIENTE Was bei Familie Hegar aus der Küche kommt, ist regional-saisonal ausgerichtet und basiert auf sehr guten Produkten, zu denen z. B. heimisches Wild zählt. Gourmet-Tipp: das 5-Gänge-Feinschmeckermenü. Sie möchten hier umgeben von Wald und Wiesen übernachten? Im gleichnamigen Hotel hat man mit viel Holz gemütlich-modern eingerichtete Zimmer.

☘ *Engagement des Küchenchefs:* Wir verfolgen hier schon lange eine nachhaltige Philosophie! Wir stehen für herrliche Produkte aus eigener Jagd, Fisch aus dem nahen Forellenteich, Kräuter aus dem Garten. Tiere verwenden wir komplett. Alles, was bei uns nicht wächst, beziehen wir von Erzeugern, die den nachhaltigen Ansatz leben.

🍽 🅿 ⬚ – Menü 38/95 € - Karte 32/71 €
Sommerau 1 ✉ 79848 - ✆ 07703 670 – www.sommerau.de – Geschlossen: Montag und Dienstag

BOPPARD

Rheinland-Pfalz – Regionalatlas **3**–K4

LE CHOPIN

FRANZÖSISCH-KLASSISCH • ELEGANT Stilvolles Ambiente, geschulter Service und dazu die regionale oder das Degustationsmenü - hier z. B. "Breyer Rehrücken & Topinambur". Oder bevorzugen Sie einen Klassiker wie "Chateaubriand mit Sauce Béarnaise"? Das an der Rheinpromenade gelegene "Bellevue Rheinhotel" von 1887 bietet auch schöne Zimmer.

≤ 🅰🅲 🍽 ⬚ – Menü 64/84 €
Rheinallee 41 ✉ 56154 - ✆ 06742 1020 – www.lechopin-boppard.de –
Geschlossen: Montag-Donnerstag, mittags: Freitag-Sonntag

BOTTROP

Nordrhein-Westfalen – Regionalatlas **3**–J2

BAHNHOF NORD

INTERNATIONAL • TRENDY Warum das Restaurant in dem schön sanierten historischen Bahnhofsgebäude so gefragt ist? Stimmig der moderne Landhausstil, herzlich der Service, mediterran-international die Küche - es gibt z. B. "Kabeljau mit Kartoffel-Parmesanstampf".

🏡 ⟷ 🅿 – Menü 30/69 € · Karte 31/67 €
Am Vorthbach 10 ⊠ 46240 – ☏ 02041 988944 – www.bahnhofnord.de –
Geschlossen: Montag und Dienstag, mittags: Mittwoch-Sonntag

BRACKENHEIM
Baden-Württemberg – Regionalatlas **5**–U2

ADLER

TRADITIONELLE KÜCHE · LÄNDLICH Hier trifft schwäbische Tradition auf Weltoffenheit, Regionales auf Internationales. Aus sehr guten Produkten entstehen frische und saisonale Gerichte, die modern präsentiert werden. Gemütlich sitzt man in der historischen Gaststube oder im charmanten Innenhof und lässt sich vom herzlichen Service umsorgen. Zum Übernachten hat man schicke Gästezimmer.
🏡 🅿 – Menü 36/54 € · Karte 39/56 €
Hindenburgstraße 4 ⊠ 74336 – ☏ 07135 98110 – www.adlerbotenheim.de –
Geschlossen mittags: Dienstag

BRAUNSBEDRA
Sachsen-Anhalt – Regionalatlas **4**–P3

WARIAS AM MARKT

MARKTKÜCHE · FREUNDLICH Hier erwartet Sie regional und saisonal beeinflusste Küche aus guten Produkten - gerne wählt man die Tagesempfehlungen. Freundlich die Atmosphäre im Restaurant, draußen sitzt man schön auf der Terrasse. Praktisch: Zum Übernachten hat man sehr gepflegte, helle Gästezimmer.
🏡 ⟷ 🅿 – Menü 15 € (Mittags), 29/49 € · Karte 24/51 €
Markt 14 ⊠ 06242 – ☏ 034633 9090 – www.hotel-geiseltal.de

BRAUNSCHWEIG
Niedersachsen – Regionalatlas **3**–M1

DAS ALTE HAUS

MODERNE KÜCHE · ZEITGEMÄSSES AMBIENTE In dem schönen gemütlich-modernen Restaurant wird ambitioniert, kreativ und mit internationalen Einflüssen gekocht. Die Gerichte auf der Karte können Sie als Menü mit vier bis sieben Gängen wählen. Dazu eine interessante Auswahl an deutschen Weinen. Hübsche Terrasse.
🅰🅲 🏡 – Menü 83/119 €
Alte Knochenhauerstraße 11 ⊠ 38100 – ☏ 0531 6180100 – www.altehaus.de –
Geschlossen: Montag und Sonntag, mittags: Dienstag-Samstag

ÜBERLAND

MODERN · CHIC Ein echter Hotspot ist das Restaurant in der 18. Etage des "BraWoParks" nahe dem Hauptbahnhof. Trendig-chic das Ambiente, klasse die Aussicht, modern die Küche. Probieren Sie z. B. schöne Cuts von ausgezeichnetem hausgereiftem Rindfleisch, aber auch Rinderschmorbraten oder gegrillten Steinbutt. Das Konzept stammt übrigens von TV-Koch und Gastro-Vollprofi Tim Mälzer.
🅰🅲 🏡 ⟷ 🅿 🈁 – Menü 55/65 € · Karte 31/71 €
Willy-Brandt-Platz 18 ⊠ 38102 – ☏ 0531 18053410 – www.ueberland-bs.de –
Geschlossen: Montag und Sonntag, mittags: Dienstag-Samstag

ZUCKER

MARKTKÜCHE · BRASSERIE Die hübsche moderne Brasserie (attraktiv das freiliegende Mauerwerk) befindet sich in einer ehemaligen Zuckerfabrik - der Name lässt es bereits vermuten. Geboten werden aromatische saisonal inspirierte Gerichte à la carte, ergänzt durch ein Menü. Der Service: angenehm unkompliziert, sehr freundlich und gut organisiert.

BRAUNSCHWEIG

🏡 ⇔ 🅱 – Menü 45 € (Mittags), 56/74 € - Karte 46/73 €
Frankfurter Straße 2 ⊠ 38122 – ✆ 0531 281980 – www.zucker-restaurant.de –
Geschlossen: Sonntag

BREMEN
Bremen – Regionalatlas **1**–C4

AL PAPPAGALLO

ITALIENISCH • FAMILIÄR In dem eleganten Restaurant mit tollem lichtem Wintergarten und wunderbarem Garten kann man sich wohlfühlen. Aus der Küche kommen klassisch italienische Gerichte, zubereitet aus sehr guten Produkten - besonderes Highlight ist die Pasta! Freundlich der Service.

🏡 – Menü 18 € (Mittags), 52/72 € - Karte 40/82 €
Außer der Schleifmühle 73 ⊠ 28203 – ✆ 0421 327963 – www.alpappagallo.de –
Geschlossen: Sonntag, mittags: Samstag

DAS KLEINE LOKAL

KLASSISCHE KÜCHE • NACHBARSCHAFTLICH Ein wirklich nettes, gemütlich-modernes kleines Restaurant in einer lebhaften Wohngegend. Sowohl in der Küche als auch im Service ist man mit Engagement bei der Sache. Es gibt zwei Menüs mit aromareichen Gerichten wie z. B. "Kaninchenmaultaschen mit Erbsen, Mais und Karotte". Schöne Auswahl an halben Flaschen Wein.

🕸 🏡 – Menü 62/88 € - Karte 64/72 €
Besselstraße 40 ⊠ 28203 – ✆ 0421 7949084 – www.das_kleine_lokal.de –
Geschlossen: Montag und Sonntag, mittags: Dienstag-Samstag

WELS

REGIONAL • GEMÜTLICH Sie mögen Fisch und Wild? Neben diesen Spezialitäten bietet man aber auch regionale Klassiker wie "Bremer Knipp", Labskaus oder Oldenburger Ente. Blickfang ist das Süßwasseraquarium - natürlich mit lebenden Welsen! Das Restaurant befindet sich im Hotel "Munte am Stadtwald" - hier hat man es gepflegt und wohnlich.

🏡 🅿 🚗 🅱 – Karte 33/64 €
Parkallee 299 ⊠ 28213 – ✆ 0421 2202666 – www.hotel-munte.de/essen-und-trinken/restaurant-wels – Geschlossen: Montag-Donnerstag, Sonntag, mittags: Freitag und Samstag

BREMERHAVEN
Bremen – Regionalatlas **1**–B3

MULBERRY ST - FINE DINING BY PHILLIP PROBST

MODERN • DESIGN Im Hotel "The Liberty" befindet sich dieses geschmackvoll-moderne Fine-Dining-Restaurant - dekorativ die vielen Bildmotive aus der namengebenden Straße in Downtown Manhattan. An vier Abenden in der Woche bietet man ein sehr interessantes kreatives Menü mit Gerichten wie "Brust und Keule von der Etouffée-Taube, Sellerie, Blaubeere, Haselnuss".

🅰🅲 🚗 🅱 – Menü 69/109 €
Columbusstraße 67 ⊠ 27568 – ✆ 0471 902240 – www.liberty-bremerhaven.com/mulberry-de – Geschlossen: Montag, Dienstag, Sonntag, mittags: Mittwoch-Samstag

PIER 6

INTERNATIONAL • CHIC In dem stylischen Restaurant in den Havenwelten wird modern-international gekocht, dazu umsichtiger Service samt trefflicher Weinberatung. Schön die Aussicht auf den Neuen Hafen durch die raumhohen Fenster - und natürlich von der Terrasse.

BREMERHAVEN

㍿ ❦ 🍽 – Menü 25 € (Mittags), 38/54 € - Karte 38/60 €
*Barkhausenstraße 6 – 27568 – ℰ 0471 48364080 – www.restaurant-pier6.de –
Geschlossen: Sonntag*

BRETTEN
Baden-Württemberg – Regionalatlas **5**–U2

MAXIME DE GUY GRAESSEL
KLASSISCHE KÜCHE • ELEGANT Ein wertig-schickes Restaurant mit intimer Atmosphäre - Hingucker ist das Deckengemälde. Auf der Karte elsässisch-badische Klassiker. Schön sitzt man auch im charmanten Innenhof "Gärtle". Tipp: Das "Café Hesselbacher" im Eingangsbereich bietet ganztägig eigene Kuchen, Torten und Pâtisserie im Thekenverkauf.
🍽 – Menü 60/70 € - Karte 33/60 €
*Melanchthonstraße 35 – 75015 – ℰ 07252 7138 – www.guy-graessel.de –
Geschlossen: Montag-Mittwoch, abends: Samstag*

BRETZFELD
Baden-Württemberg – Regionalatlas **5**–U2

LANDHAUS RÖSSLE
INTERNATIONAL • TRENDY Haben Sie Lust auf Schmackhaftes aus der Region? Oder lieber ein saisonales Menü? Dazu gibt es gute Weine und charmanter Service durch die Chefin. Das Ambiente ist modern-elegant, beliebt im Winter die Plätze am Kamin ein paar Stufen tiefer. Für Übernachtungsgäste hat man hübsche Zimmer.
🍽 ⇔ 🅿 📶 – Menü 58/73 € - Karte 40/64 €
*Mainhardter Straße 26 – 74626 – ℰ 07945 911111 – www.roessle-brettach.de –
Geschlossen: Montag und Dienstag, mittags: Donnerstag-Samstag*

BRILON
Nordrhein-Westfalen – Regionalatlas **3**–L2

😊 ALMER SCHLOSSMÜHLE
SAISONAL • LÄNDLICH Eine richtig nette Adresse mit rustikalem Charme ist die sorgsam restaurierte ehemalige Mühle beim kleinen Almer Schloss. Hier wird schmackhaft gekocht, und zwar regional-saisonale Gerichte sowie Klassiker aus der österreichischen Heimat des Chefs. Bei gutem Wetter sitzt man auch schön auf der Terrasse. Übernachten kann man ebenfalls.
🍽 ⇔ 🅿 – Menü 37/45 € - Karte 30/80 €
*Schlossstraße 13 – 59929 – ℰ 02964 9451430 – www.almer-schlossmuehle.
de – Geschlossen: Montag und Dienstag, mittags: Mittwoch-Freitag*

BÜHLERTAL
Baden-Württemberg – Regionalatlas **5**–T3

😊 BERGFRIEDEL
Chef: Andreas Schäuble
REGIONAL • FAMILIÄR Seit Jahren ein engagiert geführter Familienbetrieb! Man wird herzlich umsorgt und genießt neben richtig guter, frischer Küche auch die Aussicht über das Bühlertal. Das Speiseangebot reicht von badisch-regional über vegetarisch/vegan bis zum Feinschmecker-Menü. Dazu eine umfangreiche Weinkarte. Schön übernachten kann man ebenfalls.
🍀 *Engagement des Küchenchefs:* Im Nordschwarzwald fest verwurzelt, biete ich meinen Gästen eine Naturparkküche mit Fleisch vom Metzger im Ort, Wild aus der Umgebung, regionalem Süßwasserfisch, Gemüse, Pilzen, Kräutern und Obst aus dem Bühlertal, frischer und saisonaler geht es nicht und mein Haus ist als Klimahotel zertifiziert!

BÜHLERTAL

    🛏 ← 🍴 ⇔ 🅿 – Menü 45/99 € - Karte 32/78 €
    Haabergstraße 23 ✉ 77830 - ☏ 07223 72270 - www.bergfriedel.de –
    Geschlossen: Montag und Dienstag

REBSTOCK

REGIONAL • GASTHOF Seit über 100 Jahren sorgt Familie Hörth mit vollem Engagement für das Wohl ihrer Gäste. Im bürgerlich-gemütlichen Restaurant und auf der netten Terrasse fühlt man sich wohl, nicht zuletzt dank des aufmerksamen Service. Gekocht wird regional, international und klassisch, und immer schmackhaft! Gut übernachten kann man ebenfalls - besonders ruhig die Zimmer zum Garten.

🍴 ⇔ 🅿 🛏 – Menü 25/43 € - Karte 30/53 €
Hauptstraße 110 ✉ 77830 - ☏ 07223 99740 - www.rebstock-buehlertal.de –
Geschlossen: Montag und Donnerstag

BÜNDE

Nordrhein-Westfalen – Regionalatlas 3-L1

ZUM ADLER

MODERN • HIP Mit dem Namen von einst trägt das moderne Restaurant der Tradition des ursprünglichen Gasthauses "Zum Adler" a. d. 19.Jh. Rechnung. Heute ist es hier schön licht und geradlinig-chic. Im Fokus steht hochwertiges Fleisch wie z. B. "dry aged Ribeye vom Angus Rind vom biozertifizierten Gut Klepelshagen". Fisch oder Veganes gibt es aber auch.

🍴 – Menü 17 € (Mittags), 33/72 € - Karte 40/76 €
Moltkestrasse 1 ✉ 32257 - ☏ 05223 4926453 - www.adler-restaurant.de

BÜRGSTADT

Bayern – Regionalatlas 5-U1

WEINHAUS STERN

REGIONAL • FAMILIÄR Zu Recht eine gefragte Adresse: gemütlich-rustikales Ambiente, ein hübscher Innenhof, freundlicher Service und nicht zuletzt gute saisonale Küche. Patron Klaus Markert setzt hier auf ehrliches Handwerk und Geschmack, dazu schöne Weine aus der Region. Tipp: eigene Edelbrände. Man bietet auch charmante Gästezimmer, und zum Frühstück gibt's hausgemachte Fruchtaufstriche.

🍴 ⇔ 🅿 – Menü 29/75 € - Karte 31/56 €
Hauptstraße 23 ✉ 63927 - ☏ 09371 40350 - www.hotel-weinhaus-stern.de –
Geschlossen: Dienstag und Mittwoch, mittags: Montag, Donnerstag-Sonntag

BURG - Schleswig-Holstein • Siehe Fehmarn (Insel)

BURG (SPREEWALD)

Brandenburg – Regionalatlas 4-R2

SPEISENKAMMER

MODERNE KÜCHE • FREUNDLICH Das kleine Restaurant ist schön leger und gemütlich, draußen sitzt man idyllisch im Grünen. Gekocht wird modern, produktbezogen und schmackhaft - wie wär's mit "rosa Rücken vom Brandenburger Reh, wildes Gemüse, Pfifferlinge, Quitte"? Oder lieber das vegetarische Menü? Weine empfiehlt man mündlich. Übernachten können Sie im "Ferienhof Spreewaldromantik" gleich nebenan.

🍴 🅿 – Menü 72/82 €
Waldschlößchenstraße 48 ✉ 03096 - ☏ 035603 750087 - www.speisenkammer-burg.de – Geschlossen: Montag und Sonntag, mittags: Dienstag-Samstag

BURGRIEDEN

Baden-Württemberg – Regionalatlas **5**–V3

EBBINGHAUS

INTERNATIONAL · ELEGANT Ein freundliches und modernes Ambiente erwartet Sie in dem Restaurant gegenüber dem Rathaus. Was hier aus frischen, guten Produkten entsteht, nennt sich z. B. "Keule vom Osterberger Lamm mit Kräuterkruste und Rosmarinjus".

& 🛱 🅿 🖃 – Menü 74/90 € - Karte 42/63 €

Bahnhofplatz 2 ✉ 88483 – ☏ 07392 6041 – www.restaurant-ebbinghaus.de – Geschlossen: Montag-Mittwoch, mittags: Donnerstag-Samstag, abends: Sonntag

BURGWEDEL

Niedersachsen – Regionalatlas **3**–M1

GASTHAUS LEGE

KLASSISCHE KÜCHE · LÄNDLICH Neben behaglichem Ambiente (schön die dekorativen Bilder) darf man sich hier auf herzliche Gastgeber freuen und nicht zuletzt auf gute saisonal-klassische Küche, z. B. als "Rotbarschfilet mit Meerrettichmayonnaise und Petersilienwurzel".

🛱 ⇔ 🅿 – Menü 49/92 €

Engenserstraße 2 ✉ 30938 – ☏ 05139 8233 – www.gasthaus-lege.de – Geschlossen: Montag und Dienstag, mittags: Mittwoch-Samstag

CELLE

Niedersachsen – Regionalatlas **1**–D4

DAS ESSZIMMER

MODERNE KÜCHE · ZEITGEMÄSSES AMBIENTE Ein schmuckes kleines Haus am Zentrumsrand beherbergt dieses hübsche geradlinig-moderne Restaurant. Modern ist auch die Küche, eines der Menüs ist vegetarisch. Als Getränkebegleitung gibt es neben Wein auch eine alkoholfreie Alternative. Der Service ist angenehm entspannt, freundlich und professionell.

🛱 – Menü 42/53 € - Karte 46/58 €

Hostmannstraße 37 ✉ 29221 – ☏ 05141 9777536 – www.dasesszimmer-celle. de – Geschlossen: Montag und Dienstag, mittags: Mittwoch-Samstag

DER ALLERKRUG

REGIONAL · LÄNDLICH Bei den freundlichen Gastgebern Sven Hütten und Petra Tiecke-Hütten dürfen Sie sich auf sorgfältig und gekonnt zubereitete Gerichte freuen. Ländliche Küche findet sich hier ebenso wie internationale Einflüsse. Schön sitzt man auf der nach hinten gelegenen Terrasse.

🛱 ⇔ 🅿 – Menü 38/60 € - Karte 35/65 €

Alte Dorfstraße 14 ✉ 29227 – ☏ 05141 84894 – www.allerkrug.de – Geschlossen: Montag und Dienstag, mittags: Mittwoch-Freitag

KÖLLNER'S LANDHAUS

TRADITIONELLE KÜCHE · LÄNDLICH Ein Anwesen wie aus dem Bilderbuch ist dieses charmante Fachwerkhaus von 1589 mit einem 11000 qm großen Garten drum herum - da könnte das Landhaus-Interieur nicht besser passen! Dazu serviert man gute regional-internationale Küche. Schön Übernachten kann man ebenfalls, und zwar in wohnlich-modernen Gästezimmern.

🛏 🛱 ⇔ 🅿 – Menü 36/75 € - Karte 34/59 €

Im Dorfe 1 ✉ 29223 – ☏ 05141 951950 – www.koellners-landhaus.de – Geschlossen: Montag und Dienstag, mittags: Mittwoch-Freitag, abends: Sonntag

CELLE

SCHAPERS
MARKTKÜCHE • FAMILIÄR In dem Familienbetrieb (4. Generation) wird mit regional-saisonalem Bezug gekocht, so z. B. "gebratenes Zanderfilet auf jungem Rahmkohlrabi". Dazu freundliches Ambiente mit moderner Note, schön die Terrasse. Sie möchten über Nacht bleiben? Es stehen wohnlich-funktionale Zimmer bereit, verteilt auf zwei Häuser.
🏠 🅿 – Menü 41/55 € - Karte 39/56 €
Heese 6 ✉ 29225 – ☏ 05141 94880 – www.hotel-schaper.de – Geschlossen: Montag und Sonntag, mittags: Dienstag-Samstag

TAVERNA & TRATTORIA PALIO
ITALIENISCH • MEDITERRANES AMBIENTE Richtig nett sitzt man hier in legerer Trattoria-Atmosphäre, aus der offenen Küche kommen frische italienische Speisen - probieren Sie unbedingt eines der Pasta-Gerichte! Interessant auch die saisonalen Menüs. Sehr schöne Terrasse unter alter Kastanie.
🐶 🅰🅲 🏠 🅿 🚗 – Menü 54/65 € - Karte 37/65 €
Hannoversche Straße 55 ✉ 29221 – ☏ 05141 2010 – www.fuerstenhof-celle.com – Geschlossen: Montag und Dienstag, mittags: Mittwoch und Donnerstag

CHAM
Bayern – Regionalatlas **6**–Y2

GASTHAUS ÖDENTURM
REGIONAL • LÄNDLICH Ein Bilderbuch-Gasthof: schön die Lage am Waldrand, sympathisch-familiär die Atmosphäre, reizvoll die Terrasse, und gekocht wird richtig gut, von regional bis mediterran, von "rosa gebratenem Frischlingsrücken mit Haselnusskruste" bis "grillte Calamaretti, Rucola, Balsamico, Kirschtomaten". Zum Übernachten hat man gemütlich-moderne Zimmer.
🍷 🏠 ♿ 🅿 – Menü 28/52 € - Karte 24/55 €
Am Ödenturm 11 ✉ 93413 – ☏ 09971 89270 – www.oedenturm.de – Geschlossen: Montag, mittags: Dienstag und Donnerstag, abends: Sonntag

CHEMNITZ
Sachsen – Regionalatlas **4**–Q3

VILLA ESCHE
INTERNATIONAL • TRENDY Die ehemalige Remise der 1903 erbauten Villa Esche (hier das Henry-van-de-Velde-Museum) ist ein wirklich schöner Rahmen für das geschmackvolle helle Restaurant mit seinem geschulten, aufmerksamen Service und seiner guten Küche samt Klassikern und Internationalem. Mittags und abends unterscheidet sich die Karte etwas. Angenehm die Terrasse zum Park.
🍴 🏠 ♿ 🅿 – Menü 66/75 € - Karte 32/61 €
Parkstraße 58 ✉ 09120 – ☏ 0371 2361363 – www.restaurant-villaesche.de – Geschlossen: Montag und Sonntag, abends: Dienstag-Donnerstag

ALEXXANDERS 🆕
INTERNATIONAL • TRENDY Attraktiv das stylische Ambiente in diesem Restaurant in einem Wohnviertel, ebenso die Terrasse im Hof mit hübsch bepflanztem kleinem Garten. Sie wählen von einer internationalen Karte mit mediterran-saisonalen Einflüssen - oder lieber eine Tagesempfehlung? Und vorab einen Apero an der Bar? Im gleichnamigen Hotel erwarten Sie Zimmer in modernem Look.
🏠 🅿 🅱 🚗 🎴 – Menü 69 € - Karte 35/62 €
Ludwig-Kirsch-Straße 9 ✉ 09130 – ☏ 0371 4311111 – www.alexxanders.de – Geschlossen: Montag, Dienstag, Sonntag, mittags: Samstag

CHIEMING
Bayern – Regionalatlas **6**–Y4

ZUM GOLDENEN PFLUG
REGIONAL • LÄNDLICH In einem der ältesten Gasthäuser der Region schreibt man Tradition groß, ohne stehen zu bleiben. In unterschiedlichen charmanten Stuben gibt es z. B. "Rindertafelspitz aus dem Kupferpfandl, Röstkartoffeln, Apfelmeerrettich, Schnittlauchsauce, Rahmspinat" oder auch "Millirahmstrudel, Vanilleschaum, Brombeereis".

– Karte 38/65 €

Kirchberg 3 ✉ 83339 - ☏ 08667 79172 – www.gut-ising.de

CUXHAVEN
Niedersachsen – Regionalatlas **1**–B2

❀ STERNECK
KREATIV • KLASSISCHES AMBIENTE Atemberaubend der Blick auf die Nordsee, den Weltschifffahrtsweg und das Weltnaturerbe Wattenmeer - so sieht im "Badhotel Sternhagen" die Kulisse für hochstehende Kulinarik aus. Zuständig dafür ist Küchenchef Marc Rennhack. Zu seinen Stationen zählten u. a. einige Restaurants von Juan Amador, zuletzt stand er im "Heritage by Juan Amador" in Bukarest am Herd. Er kocht modern, ohne dabei die klassische Basis aus den Augen zu verlieren. Geschickt gibt er den Gerichten eine kreative Note und schafft interessante Geschmackskombinationen. Sein Menü können Sie mit drei bis sieben Gängen wählen. Auf den elegant eingedeckten Tisch kommt da beispielsweise "Steinbutt, Secreto, Tomate, Erbse, Mairübchen".

– Menü 85/195 €

Cuxhavener Straße 86 ✉ 27476 - ☏ 04721 4340 – www.badhotel-sternhagen.de – Geschlossen: Montag-Mittwoch, mittags: Donnerstag-Samstag

DACHAU
Bayern – Regionalatlas **6**–X3

SCHWARZBERGHOF
MARKTKÜCHE • GASTHOF Hier isst man richtig gut, entsprechend gefragt ist das charmante holzgetäfelte Restaurant - reservieren Sie also lieber! Auf der Karte liest man z. B. "Zanderfilet mit Rieslingcremesauce". Schön sitzt man im Sommer auf der Gartenterrasse.

– Menü 27/78 € - Karte 27/69 €

Augsburger Straße 105 ✉ 85221 - ☏ 08131 338060 – www.schwarzberghof.eu – Geschlossen: Montag und Dienstag

DARMSTADT
Hessen – Regionalatlas **5**–U1

❀ OX ⓝ
Chef: David Rink
MODERNE KÜCHE • MINIMALISTISCH Die Brüder Rink haben in der Darmstädter Innenstadt ein angenehm ungezwungenes Fine-Dining-Restaurant etabliert und sind hier mit viel Engagement im Einsatz. Während David Rink für die Küche verantwortlich ist, leitet Normen Rink den Service. Aber auch sein kochender Bruder ist am Gast - er lässt es sich nicht nehmen, die Gerichte selber an den Tisch zu bringen und zu erklären. Hier darf man jede Menge Aufwand, sehr gutes Handwerk und ausgezeichnete Produkte erwarten. Und die gibt es in Form zweier Menüs: "Pure Taste" oder "Vegetarisch / Pescetarisch". Das Ambiente ist trendig-puristisch, sehr nett sitzt man im Sommer auf der Innenhofterrasse.

– Menü 110/190 €

Mauerstraße 6 ✉ 64283 - ☏ 06154 9615333 – www.ox-restaurant.de – Geschlossen: Montag, Dienstag, Sonntag, mittags: Mittwoch-Samstag

DARMSTADT

TRATTORIA ROMAGNOLA DANIELA

ITALIENISCH • TRATTORIA Seit über 30 Jahre steht die sympathische Chefin am Herd. Probieren Sie die hausgemachte Pasta oder den Klassiker "Kalbsrücken Daniela Art"! Haben Sie die charmante Terrasse mit der freigelegten historischen Mauer gesehen?

🌿 – Menü 46/65 € - Karte 44/109 €

Heinrichstraße 39 ✉ 64283 – ☏ 06151 20159 – www.trattoria-romagnola.de – Geschlossen: Montag, Dienstag, Sonntag, mittags: Samstag

DARSCHEID
Rheinland-Pfalz – Regionalatlas **3**–J4

✿ KUCHER'S GOURMET

KLASSISCHE KÜCHE • ELEGANT Seit über 30 Jahren betreibt Familie Kucher dieses Haus mit Leidenschaft und Engagement, immer wieder wird investiert und verbessert. Inzwischen bringen Sohn Florian Kucher und Tochter Stefanie Becker frischen Wind ins Gourmetrestaurant. In geschmackvoller und eleganter Atmosphäre werden Sie mit zwei verschiedenen Menüs verwöhnt: zum einen "Florian's Klassik Menü", zum anderen das "Modern Art Menü". Feine Kontraste und intensive Aromen kennzeichnen die Küche des jungen Chefs. Die Weinauswahl gehört sicher zu den Top-Karten in Deutschland - mit über 1300 Positionen geradezu ein Eldorado für Weinliebhaber! Sie möchten übernachten? Zur Wahl stehen Zimmer im Stammhaus und im Neubau.

❀ 🌿 🅿 🛗 – Menü 85/119 € - Karte 73/89 €

Karl-Kaufmann-Straße 2 ✉ 54552 – ☏ 06592 629 – www.kucherslandhotel.de – Geschlossen: Montag, Dienstag, Sonntag, mittags: Mittwoch-Samstag

🅑 KUCHER'S WEINWIRTSCHAFT

REGIONAL • FAMILIÄR Charmant die unterschiedlichen antiken Tische und Stühle, die hübsche Deko und die fast familiäre Atmosphäre. Seit jeher gibt es hier "Saure Nierle mit Bratkartoffeln" - ein Klassiker, der treue Anhänger hat! Für die regional-saisonale Küche wird generell nur Fleisch aus der Eifel verarbeitet.

❀ 🌿 🅿 🍴 – Karte 39/59 €

Karl-Kaufmann-Straße 2 ✉ 54552 – ☏ 06592 629 – www.kucherslandhotel.de – Geschlossen: Montag, mittags: Dienstag-Freitag

DEGGENHAUSERTAL
Baden-Württemberg – Regionalatlas **5**–U4

MOHREN

Chef: Jürgen Waizenegger

REGIONAL • GEMÜTLICH Hier kocht man regional, und zwar ausschließlich mit biozertifizierten Zutaten - Obst, Gemüse, Fleisch etc. für das nachhaltige Konzept stammen aus dem eigenen Bio-Betrieb. Chef Jürgen Waizenegger, Landwirt und Koch, bietet z. B. Rinderschmorbraten, hausgemachte Maultaschen oder Cordon bleu. Schön die Panorama-Terrasse. Übernachten können Sie in hübschen, wohnlichen Zimmern.

🍀 ***Engagement des Küchenchefs:*** *Seit 1988 steht bei uns nicht nur „BIO" drauf, es steckt auch drin! Gemüse, Obst und Black-Angus-Rinder kommen von unserem Bioland-Gutshof, Bachforellen und Saibling aus der Bio-Zucht, Naturland-Geflügel aus der Region, Wild aus heimischen Wäldern. Nutzholz und Brennmaterial aus dem eigenen Wald.*

🚗 ♿ 🌿 ↺ 🅿 🛗 – Menü 28/45 € - Karte 31/68 €

Kirchgasse 1 ✉ 88693 – ☏ 07555 9300 – www.mohren.bio

DEIDESHEIM
Rheinland-Pfalz – Regionalatlas **7**–B1

✿ L.A. JORDAN

KREATIV • DESIGN Hotel, Restaurants, Eventlocation - all das vereint das ehemalige Bassermann-Jordan-Weingut an der Deutschen Weinstraße. Küchenchef

DEIDESHEIM

im Gourmetrestaurant des schön restaurierten historischen Anwesens ist Daniel Schimkowitsch. Sein Handwerk ist absolut präzise, die Produktqualität großartig. Seine interessanten Kreationen zeigen mal japanisch-asiatische, mal französisch-mediterrane Einflüsse. Der Service ist engagiert und professionell, aber keineswegs steif, kompetente Weinberatung inklusive. Als Begleitung zum Menü empfiehlt man gerne Weine aus der Pfalz, aber auch Internationales. Und das Ambiente? Chic-modern. Es gibt einen eleganten und einen trendigen Bereich. Letzterer mit Blick in die Küche, Dekowand mit Weingut-Logos sowie großen Fenstertüren zum Hof, wo man im Sommer wunderbar sitzt.

– Menü 175/205 €

Ketschauerhofstraße 1 ✉ 67146 – ✆ 06326 70000 – www.ketschauer-hof.com – Geschlossen: Montag und Sonntag, mittags: Dienstag-Samstag

SCHWARZER HAHN

FRANZÖSISCH-MODERN · ELEGANT Das Engagement der Familie Hahn ist hier im "Deidesheimer Hof" allgegenwärtig, da macht man auch gastronomisch keine Ausnahme. In dem schönen historischen Gebäude erwartet Sie ein gelungener Kontrast aus sehenswertem altem Kreuzgewölbe, moderner Tischkultur und farbenfrohem Ambiente. Serviert werden internationale Gerichte, die von den ausgesuchten Produkten leben. Sie sind zu zweit? Dann probieren Sie doch mal "Kotelett vom Steinbutt" oder "Rinderfilet Wellington". Auch der Klassiker "Saumagen" darf nicht fehlen. Verantwortlich für die tolle Küche sind Stefan Neugebauer und Felix Jarzina. Tipp: die Weine aus der Region im Offenausschank, die Ihnen der versierte und sympathische Service gerne hier erklärt.

– Menü 115/164 € - Karte 87/123 €

Am Marktplatz 1 ✉ 67146 – ✆ 06326 96870 – www.deidesheimerhof.de – Geschlossen: Montag, Dienstag, Sonntag, mittags: Mittwoch-Samstag

ST. URBAN

REGIONAL · RUSTIKAL In den behaglichen Restaurantstuben spürt man den traditionellen Charme eines Pfälzer Gasthofs. Serviert wird gute regional-saisonale Küche, vom Vesper bis zum Menü. Auf der Karte z. B. "Ravioli vom Hasenpfeffer mit Rosenkohl, glasierten Kastanien und Wacholderschaum" oder "gebratener Bachsaibling mit Vanille-Wirsing".

– Menü 35 € (Mittags), 56/89 € - Karte 38/73 €

Am Marktplatz 1 ✉ 67146 – ✆ 06326 96870 – www.deidesheimerhof.de

FUMI

JAPANISCH · FREUNDLICH Im Weingut Josef Biffar hat sich ein kleines japanisches Restaurant etabliert. Die authentische Küche kommt gut an. Gerne wählen die Gäste das saisonal wechselnde "Japan-Menü", das einen schönen Einblick gibt. Dazu bietet man auch die passende Weinbegleitung.

– Menü 75/87 € - Karte 75/87 €

Im Kathrinenbild 1 ✉ 67146 – ✆ 06326 7001210 – www.josef-biffar.de – Geschlossen: Montag und Dienstag, mittags: Mittwoch-Freitag

LEOPOLD

INTERNATIONAL · MINIMALISTISCH Der aufwändig sanierte ehemalige Pferdestall des Weinguts von Winning (übrigens ein Teil des Bassermann-Jordan-Imperiums) ist ein schön modernes und überaus beliebtes Restaurant, in dem man gut isst. Auf der Karte finden sich internationale und Pfälzer Gerichte - mögen Sie z. B. "hausgemachte Rinderroulade, Rahmkohlrabi, Kartoffelstampes"? Ideal auch für Hochzeiten.

– Karte 32/85 €

Weinstraße 10 ✉ 67146 – ✆ 06326 9668888 – www.von-winning.de

RESTAURANT 1718

INTERNATIONAL · TRENDY Im "White Room" und im "Black Room" treffen stilvolle Altbau-Elemente auf hochwertige Designereinrichtung. Im Sommer speist man schön im ruhigen Innenhof umgeben von viel Grün. Zur französisch-internationalen Küche gibt es eine tolle Auswahl an Weinen aus der Pfalz und Österreich.

DEIDESHEIM

🍴 😊 ♿ AK 🌿 🅿 – Menü 52/72 €
Ketschauerhofstraße 1 ✉ 67146 – ✆ 06326 70000 – www.restaurant1718.de –
Geschlossen: Montag und Dienstag, mittags: Mittwoch und Donnerstag

RIVA

INTERNATIONAL • HIP Geradliniges Interieur in hellen Naturtönen, dazu angenehm legerer Service und international-mediterrane Küche. Neben Steaks, Pizza und Pasta liest man auf der Karte z. B. "Paillard vom Kalb, Spargelragout, junge Kartoffeln, Bärlauch".
😊 ♿ AK 🌿 🅿 – Karte 25/101 €
Weinstraße 12 ✉ 67146 – ✆ 06326 700054 – www.kaisergarten-deidesheim.com

DELBRÜCK
Nordrhein-Westfalen – Regionalatlas **3**–L2

ESSPERIMENT

MODERNE KÜCHE • HIP Hier wird eine ambitionierte weltoffene Küche geboten, die Einflüsse aus unterschiedlichen Ländern vereint. Geradlinig-modern das Ambiente, freundlich der Service. Im Sommer sitzt man schön auf der Terrasse. Sonntagmittags gibt es eine Bistrokarte.
🌿 ✿ – Menü 33 € (Mittags), 48/105 € - Karte 34/45 €
Schöninger Straße 74 ✉ 33129 – ✆ 05250 9956377 – www.restaurant-
essperiment.de – Geschlossen: Montag-Mittwoch, mittags: Donnerstag-Samstag

KANTINERS

TRADITIONELLE KÜCHE • LÄNDLICH Geschmackvoll hat man das Restaurant "Kantiners" in dem traditionsreichen Familienbetrieb (4. Generation) gestaltet. Geboten wird eine saisonal und regional geprägte Küche. Dazu gibt es eine hübsche Terrasse vor und hinter dem Haus. Nett ist auch die gemütliche Barstube. Im Hotel "Waldkrug" kann man schön übernachten.
♿ 🌿 ✿ 🅿 ⊕ – Karte 32/54 €
Graf-Sporck-Straße 34 ✉ 33129 – ✆ 05250 98880 – www.waldkrug.de –
Geschlossen mittags: Montag-Samstag

DENZLINGEN
Baden-Württemberg – Regionalatlas **7**–B1

REBSTOCK-STUBE

KLASSISCHE KÜCHE • GEMÜTLICH Bei Familie Frey wird klassisch gekocht, und das kommt an! "Filetspitzen mit Steinpilzen" oder "Hechtklößchen mit Hummersoße" sind schöne Beispiele für die frisch zubereiteten, schmackhaften Gerichte. Dazu wird man freundlich und geschult umsorgt.
🌿 🅿 – Menü 44/110 € - Karte 52/96 €
Hauptstraße 74 ✉ 79211 – ✆ 07666 900990 – www.rebstock-stube.de –
Geschlossen: Montag und Sonntag, mittags: Dienstag-Samstag

DERMBACH
Thüringen – Regionalatlas **3**–M3

BJÖRNSOX

KREATIV • RUSTIKAL Björn Leist bietet hier ein 1-Menü-Konzept, das die Verbundenheit mit seiner Rhöner Heimat zum Ausdruck bringt. Aus erstklassigen, meist regionalen Produkten entsteht ein kreatives Überraschungsmenü ohne Schnickschnack. Stolz ist man auf die eigene Weideochsen-Zucht - das spiegelt sich auch im Menü wider. Das hochwertige Fleisch und andere ausgezeichnete Zutaten finden sich in einem einzelnen Gericht durchaus mal in mehreren Varianten - für diesen Genuss nimmt man sich gerne etwas Zeit! Serviert wird in einer historischen kleinen Stube, die mit Holztäfelung und Fachwerk, umlaufender Sitzbank und kleinen Nischen so richtig gemütlich ist. Daneben bietet der

"SaxenHof" freundliche und moderne Gästezimmer. Als Restaurant-Alternative gibt es das "Wohnzimmer".
&. P ⊕ – Menü 129 €
Bahnhofstraße 2 ⊠ 36466 – ☏ 036964 869230 – www.rhoener-botschaft.de –
Geschlossen: Montag, Dienstag, Sonntag, mittags: Mittwoch-Samstag

DERNBACH (KREIS SÜDLICHE WEINSTRASSE)
Rheinland-Pfalz – Regionalatlas 7–B1

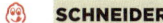 SCHNEIDER

REGIONAL • RUSTIKAL 1884 als Gaststube eröffnet und seit jeher in Familienhand. Am Herd sind Junior Stefan Püngeler und Mutter Petra ein eingespieltes Team und setzen auf gute saisonale Produkte. Schwerpunkt der schönen Weinkarte ist die Region. Tipp zum Übernachten: das kleine Hotel "Sonnenhof" im Nachbarort. Für Wanderer hat man am Waldrand noch das "Dernbacher Haus".
&. 🍴 ⇔ P – Menü 75 € - Karte 35/73 €
Hauptstraße 88 ⊠ 76857 – ☏ 06345 8348 – www.schneider-dernbachtal.de –
Geschlossen: Montag und Dienstag, mittags: Mittwoch und Donnerstag

DESSAU-ROSSLAU
Sachsen-Anhalt – Regionalatlas 4–P2

ALTE SCHÄFEREI

INTERNATIONAL • LANDHAUS Viele Jahre war das ehemalige Freigut von 1743 für feine Küche bekannt und auch heute isst man in dem schön restaurierten Fachwerkhaus richtig gut. Die schmackhaften saisonalen Gerichte gibt es à la carte oder als Menü. Tipp für Sommertage: die weinberankte Gartenterasse!
🍴 ⇔ – Menü 43/46 € - Karte 39/62 €
Kirchstraße 1 ⊠ 06846 – ☏ 0340 21727809 – www.pächterhaus-dessau.de –
Geschlossen: Montag, mittags: Dienstag-Freitag, abends: Sonntag

DETMOLD
Nordrhein-Westfalen – Regionalatlas 3–L2

⁂ JAN´S RESTAURANT

Chef: Jan Diekjobst
SAISONAL • BRASSERIE Nach Stationen u. a. in "Victor's FINE DINING by Christian Bau" in Perl-Nennig und "The Table Kevin Fehling" in Hamburg hat sich Jan Diekjobst als Betreiber und Küchenchef des "Detmolder Hofs" in seiner Heimatstadt selbständig gemacht. In dem a. d. 16. Jh. stammenden Haus mitten in der Stadt erwartet Sie eine stilvolle und lebhafte Atmosphäre. Wenn Sie nahe der Küche sitzen, sind Ihnen interessante Eindrücke von der Zubereitung Ihrer Speisen gewiss - und die kommen ambitioniert, durchdacht und mit einer frechen Leichtigkeit daher. Jan Diekjobst versteht sich auf eine moderne, kreative und zugängliche Küche. Der "Detmolder Hof" ist übrigens nicht nur ein Restaurant, sondern auch ein Hotel, und das bietet richtig geschmackvolle Gästezimmer.
Menü 69/99 € - Karte 50/58 €
Lange Straße 19 ⊠ 32756 – ☏ 05231 980990 – www.jandiekjobst.de –
Geschlossen: Montag und Sonntag, mittags: Dienstag-Samstag

DETTIGHOFEN
Baden-Württemberg – Regionalatlas 5–U4

HOFGUT ALBFÜHREN

KLASSISCHE KÜCHE • LANDHAUS Schon die Lage des Hofguts mitten im Grünen ist wunderbar - ringsum Pferdekoppeln, Wald und Felder. Dazu isst man auch noch gut: In geschmackvollem Ambiente serviert man klassische Küche mit

DETTIGHOFEN

internationalen Einflüssen, gerne verwendet man regionale Produkte. Sie möchten übernachten? Man hat hübsche und wohnliche Gästezimmer.

&#128点; 余 ⇔ 🅿 – Menü 37 € (Mittags), 58/84 € - Karte 45/81 €

Albführen 5 ⊠ 79802 - ℰ 07742 92960 – www.albfuehren.de – Geschlossen: Montag und Dienstag

DIEBLICH

Rheinland-Pfalz – Regionalatlas **3**–K4

LANDHAUS HALFERSCHENKE ⓝ

KLASSISCHE KÜCHE · LANDHAUS Familie Schmah hat aus dem schönen Bruchsteinhaus von 1832 ein Schmuckstück gemacht. In geschmackvollem Landhausambiente serviert Ihnen ein aufmerksames Team ambitionierte klassische Küche, z. B. als "Filet vom Black Angus Rind, Bohnen-Cassoulet, Kartoffelpüree, Burgunderjus". Im Sommer lockt eine hübsche Terrasse. Zum Übernachten stehen vier gepflegte Zimmer bereit.

余 ⇔ – Menü 49/69 € - Karte 42/79 €

Hauptstraße 63 ⊠ 56332 - ℰ 02607 7499154 – halferschenke-dieblich.de – Geschlossen: Dienstag und Mittwoch, mittags: Montag, Donnerstag-Samstag

DIERHAGEN

Mecklenburg-Vorpommern – Regionalatlas **2**–F2

✻ OSTSEELOUNGE

MODERNE KÜCHE · ELEGANT Wo soll man da anfangen zu schwärmen? Bei der herrlichen Lage hinter den Dünen am Meer nebst fantastischer Aussicht? Beim überaus engagierten und professionellen Service samt erstklassiger Weinberatung? Bei der freundlichen und entspannten Atmosphäre? Highlights gibt es hier in der 4. Etage im Gourmetrestaurant des luxuriösen "Strandhotel Fischland" so einige, dennoch steht die kreative Küche von Pierre Nippkow und seinem Team im Fokus. Geschickt bringt der gebürtige Mecklenburger seinen eigenen Stil mit ein, wenn er aus hervorragenden, vorzugsweise regionalen Produkten feine, schön ausbalancierte Gerichte zubereitet. Tipp: Versäumen Sie es nicht, auf der wunderbaren Terrasse einen Aperitif einzunehmen!

← 余 🅿 – Menü 124/148 €

Ernst-Moritz-Arndt-Straße 6 ⊠ 18347 - ℰ 038226 520 – www.strandhotel-fischland.de – Geschlossen: Montag und Sonntag, mittags: Dienstag-Samstag

DIESSEN AM AMMERSEE

Bayern – Regionalatlas **6**–X4

☺ SEEHAUS

INTERNATIONAL · GEMÜTLICH Hier speist man wirklich schön, nur einen Steinwurf vom Seeufer entfernt. Serviert wird moderne internationale Küche, z. B. als "gebratener Lachs, Rettich und Radieschen, Rhabarber-Reisrolle". Und am Nachmittag leckeren Kuchen? Im Sommer lockt die hübsche Terrasse.

← 余 🅿 – Menü 40/65 € - Karte 32/59 €

Seeweg-Süd 12 ⊠ 86911 - ℰ 08807 7300 – www.seehaus.de – Geschlossen: Montag-Mittwoch

DIETRAMSZELL

Bayern – Regionalatlas **6**–Y4

☺ MOARWIRT

Chef: Sebastian Miller

MARKTKÜCHE · GEMÜTLICH Richtig gut kocht man hier im "Bio-Landhotel Moarwirt", dafür verwendet man meist Bio-Produkte - man ist Mitglied bei Naturland und Slow Food. Sehr hübsch die modern-alpenländischen Stuben,

DIETRAMSZELL

im Sommer ist die Terrasse der Renner. Nett übernachten kann man ebenfalls.
Hinweis: veränderte Ruhetage außerhalb der Saison.

🌿 **Engagement des Küchenchefs:** „Regionalität", "Saisonalität" und "Bio" sind
für mich keine werbewirksamen Begrifflichkeiten, sondern meine ganz natürliche
Lebensphilosophie. Unsere Rinder und Schweine werden beim nahen Bio-Bauern
aufgezogen, Hühner und die Bienen für unseren Honig haben wir praktisch vor der
Tür.

🍽 ⇔ 🅿 🚭 – Menü 40/54 € - Karte 37/57 €
Sonnenlängstraße 26 ✉ 83623 – ☏ 08027 1008 – www.moarwirt.de –
Geschlossen: Montag und Dienstag, mittags: Mittwoch und Donnerstag

DILLINGEN AN DER DONAU
Bayern – Regionalatlas **5**-V3

STORCHENNEST
KLASSISCHE KÜCHE · RUSTIKAL In dem familiär geführten Gasthof sitzt man
in gemütlich-ländlichem Ambiente und lässt sich klassisch-regional geprägte
Küche mit internationalen Einflüssen schmecken, vom "Steinbutt mit Safran-
Champagnersauce" bis zum "geschmorten Rehpfeffer mit Pilzen". Schön die
Terrasse unter schattenspendenden Kastanien.

🍽 ⇔ 🅿 – Menü 25 € (Mittags), 32/50 € - Karte 44/63 €
Demleitnerstraße 6 ✉ 89407 – ☏ 09071 4569 – www.storchen-nest.de –
Geschlossen: Montag und Dienstag

DINKELSBÜHL
Bayern – Regionalatlas **5**-V2

😊 ALTDEUTSCHES RESTAURANT
REGIONAL · RUSTIKAL Seine Karte teilt Florian Kellerbauer in "Unsere Heimat"
und "Unsere Leidenschaft", hier wie dort legt man Wert auf die Qualität der
Produkte. Dazu wird man freundlich-charmant umsorgt. Dank der Lage im historischen Zentrum sitzt man auf der Terrasse mitten im Geschehen. Zum Übernachten
bietet das Hotel "Deutsches Haus", ein Patrizierhaus von 1440, wohnliche Zimmer.

🍽 ⇔ 🍴 – Menü 31/54 € - Karte 26/63 €
Weinmarkt 3 ✉ 91550 – ☏ 09851 6058 – www.deutsches-haus-dkb.de

DOBERAN, BAD
Mecklenburg-Vorpommern – Regionalatlas **2**-F2

🌿 FRIEDRICH FRANZ
MODERNE KÜCHE · LUXUS So richtig luxuriös und elegant ist das
Gourmetrestaurant im Seitenflügel des exklusiven "Grand Hotel Heiligendamm"
in herrlicher Ostseelage - auch "Weiße Stadt am Meer" genannt. Dass man hier
auch kulinarischen Luxus erwarten darf, ist der Verdienst von Ronny Siewert. Der
aus Nienburg (Saale) stammende Küchenchef und sein Team verwenden ausschließlich exklusive Produkte und bereiten daraus feinfühlige und detailliert aus-
gearbeitete Gerichte zu. Auch das Serviceteam unter der Leitung des gebürtigen
Berliners Norman Rex weiß zu überzeugen: Die Gäste werden aufmerksam und
stilvoll umsorgt und auch in Sachen Wein sehr kompetent betreut! Tipp: Versuchen
Sie einen Tisch am Fenster mit Blick aufs Meer zu bekommen!

🐎 ♿ 🆎 ⇔ 🅿 🍴 – Menü 159/249 € - Karte 130/205 €
Prof.-Dr.-Vogel-Straße 6 ✉ 18209 – ☏ 038203 7400 – www.grandhotel-
heiligendamm.de – Geschlossen: Montag, Dienstag, Sonntag, mittags:
Mittwoch-Samstag

DÖRSCHEID

Rheinland-Pfalz – Regionalatlas **3**–K4

FETZ

TRADITIONELLE KÜCHE • TRENDY Hier hat sich nicht nur der Name geändert, man hat auch ein wertiges, geschmackvolles, geradlinig-modernes Interieur geschaffen. Dazu die herrliche Aussicht. Zu regional-saisonalen Gerichten wie z. B. "Frikassee vom Eifeler Prachthahn" gibt es Weine und Brände vom eigenen Weingut samt Destillerie. Schön wohnen kann man ebenfalls, von ländlich-gemütlich bis topmodern.

– Menü 29/55 € - Karte 32/54 €
Oberstraße 19 ⊠ 56348 – ℰ 06774 267 – www.fetz-hotel.de – Geschlossen mittags: Dienstag

DONAUESCHINGEN

Baden-Württemberg – Regionalatlas **5**–U4

❀❀ ÖSCH NOIR

MODERNE KÜCHE • CHIC Das "Ösch Noir" sticht deutlich aus der hiesigen Restaurantlandschaft heraus. Zum einen durch sein wertig-stylisches Interieur (für diese ländliche Gegend eher ungewöhnlich), vor allem aber durch die Küche von Manuel Ulrich. Der junge Donaueschinger hat im "Öschberghof" seine Ausbildung gemacht und ist nach seinen Wanderjahren mit Stationen in Lech am Arlberg und Baiersbronn hierher zurückgekehrt, als die Betreiber des Hauses dieses schicke Gourmetrestaurant eröffneten. Absolut gekonnt bringt Manuel Ulrich genau das richtige Maß an Moderne in die klassisch basierte Küche, alles ist ausgewogen und zugleich kraftvoll. Geschmackliche Tiefe und Aroma pur bieten die Menüs "Noir" und "Vert" (vegetarisch). Für klasse Service sorgen Restaurantleiterin Marina Hentsch und Sommelier Michael Häni.

– Menü 135/185 € - Karte 125/135 €
Golfplatz 1 ⊠ 78166 – ℰ 0771 846100 – www.oeschberghof.com – Geschlossen: Montag und Dienstag, mittags: Mittwoch-Sonntag

⊛ BAADER'S SCHÜTZEN

MARKTKÜCHE • BÜRGERLICH Im Herzen der Stadt dürfen sich die Gäste von Emma und Clemens Baader auf frische und unkomplizierte feine Wirtshausküche freuen, die sich am Markt orientiert und stark regional geprägt ist. Lust auf "Filetgulasch & Kalbsnierle in Pommery-Senfsauce" oder "Atlantik-Seezunge in Weißweinsauce"?

– Menü 17 €(Mittags) - Karte 25/55 €
Josefstraße 2 ⊠ 78166 – ℰ 0771 89795820 – www.schuetzen-donaueschingen. de – Geschlossen: Dienstag und Mittwoch

⊛ DIE BURG

MARKTKÜCHE • DESIGN Mitten in dem kleinen Ort haben die Brüder Grom ihr Restaurant. Einladend das schicke Design, schmackhaft die Küche mit regional-saisonalem Bezug - als Menü (auch vegetarisch) oder als Klassiker à la carte. Mittags reduziertes Angebot samt günstigem Lunchmenü. In der "Weinba(a)r am Abend Barfood und Burger. Zum Übernachten hat man im Hotel modern-funktionelle Zimmer.

– Menü 50/125 € - Karte 39/75 €
Burgring 6 ⊠ 78166 – ℰ 0771 17510050 – www.burg-aasen.de – Geschlossen: Montag und Dienstag, mittags: Mittwoch-Samstag

DORNUM

Niedersachsen – Regionalatlas **1**–A3

FÄHRHAUS

REGIONAL • RUSTIKAL Das gemütlich-rustikale Restaurant im Hotel "Fährhaus" am Deich ist beliebt, man sitzt nett hier und isst gut, und zwar traditionell-regionale Küche mit internationalem Einfluss. Dazu gehört natürlich viel fangfrischer Fisch! Schön ist auch der Terrassenbereich.

☆ ✧ 🅿 – Karte 38/70 €

Dorfstraße 42 ⊠ 26553 – ✆ 04933 303 – www.faehrhaus-nessmersiel.de –
Geschlossen abends: Montag, Mittwoch-Sonntag

DORSTEN

Nordrhein-Westfalen – Regionalatlas **3**–J2

ROSIN

KREATIV • CHIC Wer kennt ihn nicht? TV-Koch Frank Rosin. Bereits 1991 hat der gebürtige Dorstener das schicke Restaurant eröffnet und bildet hier mit seinem Küchenchef und längjährigem Weggefährten Oliver Engelke ein eingespieltes Team. Gekocht wird klassisch, aber auch mit kreativen Einflüssen. Absolut erwähnenswert ist auch der Service: Angenehm entspannt und ebenso professionell begleitet Sie das Team um Maître Jochen Bauer und Sommelière Susanne Spies durch den Abend - Letztere empfiehlt auch gerne die eigenen Weine der "Rosin & Spies"-Edition. Tipp: Im Online-Shop gibt es vegetarische und vegane "Green Rosin"-Produkte wie Burger-Patties, Cracker, Dips etc.

🕸 🅰🅒 🅿 – Menü 99/159 €

Hervester Straße 18 ⊠ 46286 – ✆ 02369 4322 – www.frankrosin.de –
Geschlossen: Montag und Sonntag, mittags: Dienstag-Samstag

GOLDENER ANKER

Chef: Björn Freitag

KLASSISCHE KÜCHE • ELEGANT Als sympathischer TV-Koch ist er wohl jedem bekannt: Björn Freitag. 1997 hat er im Alter von 23 Jahren die alteingesessene Gaststätte übernommen, frischen Wind in die Küche gebracht und 2002 einen MICHELIN Stern erkocht, was ihm und seiner Küchenbrigade seither Jahr für Jahr aufs Neue gelingt. Und schön ist es hier auch noch: wertig und chic-elegant ist das Ambiente, und das passt wunderbar zu den modern inspirierten klassischen Speisen. Hier werden die tollen Aromen ausgezeichneter Produkte ausgesprochen stimmig kombiniert. Charmant und geschult begleiten Sommelière Marion Nagel und ihr Serviceteam Sie durch den Abend. Übrigens: Man hat auch eine Kochschule direkt im Haus.

☆ ✧ 🅿 – Menü 105/155 €

Lippetor 4 ⊠ 46282 – ✆ 02362 22553 – www.bjoern-freitag.de – Geschlossen:
Montag und Sonntag, mittags: Dienstag-Samstag

HENSCHEL

FRANZÖSISCH-KLASSISCH • ELEGANT Mit Herzblut betreiben die Henschels ihr gemütlich-elegantes Restaurant. Seit 1963 steht Leonore Henschel bereits am Herd und bleibt ihrer klassischen Küche treu. Am Abend bietet man ein kleineres und ein größeres Menü. Im Service Sohn Marco Henschel - trefflich seine Empfehlungen aus der guten Weinauswahl.

🅰🅒 🅿 – Karte 69/89 €

Borkener Straße 47 ⊠ 46284 – ✆ 02362 62670 – www.restaurant-henschel.
net – Geschlossen: Montag, Dienstag, Sonntag, mittags: Mittwoch-Samstag

DORSTEN

DORTMUND
Nordrhein-Westfalen – Regionalatlas **3**–K2

✸ DER SCHNEIDER

MODERNE KÜCHE • TRENDY Modern und unkompliziert, wie man es gerne hat! Und das gilt sowohl für die Küche als auch fürs Ambiente. So sitzt man im Restaurant des Businesshotels "ambiente" im Ortsteil Wambel in angenehm trendig-legerer Atmosphäre, wobei man im Sommer auch durchaus die geschützte, nach hinten hinaus gelegene Terrasse vorzieht. Namensgeber Phillip Schneider "schneidert" für Sie sein "tailored food": moderne, feine, schön ausbalancierte und kontrastreiche Gerichte, die Ihnen in Form zweier Menüs präsentiert werden. Eines ist komplett vegetarisch, das andere überzeugt mit ausgesuchten Fisch- und Fleischprodukten. Beide zeigen ganz klar, der Patron steht für erstklassige Küche, die jung und gesund daherkommt. Dazu werden Sie zuvorkommend und kompetent betreut und auch die Weinempfehlungen sind stimmig.

🍽 🅿 – Menü 74/120 €

Am Gottesacker 70 ✉ 44143 – ✆ 0231 4773770 – www.derschneider-restaurant.com – Geschlossen: Montag und Sonntag, mittags: Dienstag-Samstag

✸ GRAMMONS RESTAURANT

MODERN • CHIC Dirk Grammon ist kein Unbekannter in der Region. Vor Jahren war er bereits in der "Villa Suplie" in Werne sehr ambitioniert, inzwischen hat er sich hier in Dortmund-Brackel selbstständig gemacht. Inmitten eines gepflegten Wohnviertels hat er dieses schöne moderne und lichtdurchflutete Restaurant nebst hübscher Terrasse und zugehöriger Weinbar, in der man auch gerne kleine Gerichte essen kann. Im Restaurant serviert man ein Degustationsmenü. Die Küche hat eine ganz klassische Basis, ist finessenreich und trumpft mit vollmundigen Aromen. Die Weinkarte ist gut bestückt und fair kalkuliert. Kurzum: eine Adresse, die Freude macht!

🍽 – Menü 65 € (Mittags), 110/119 €

Wieckesweg 29 ✉ 44309 – ✆ 0231 93144465 – www.grammons.de – Geschlossen: Montag, Dienstag, Sonntag, mittags: Mittwoch, Freitag, Samstag

✸ IUMA

FUSION • CHIC Das kleine Restaurant mit der intimen Atmosphäre ist - wie auch das "VIDA" im selben Gebäude - ein Projekt des Sternekochs Michael Dyllong aus dem Dortmunder "Palmgarden". Was aus der einsehbaren offenen Küche kommt, ist nicht nur klar und intensiv, ausdrucksstark und kontrastreich, es ist durchaus auch eine kleine Reise um die Welt, nämlich eine Fusion aus Europäischem und Japanischem. Mediterrane und klassische Akzente mischen sich mit den prägnanten Aromen aus dem Land der aufgehenden Sonne. Küchenchef Pierre Beckerling verarbeitet beste Produkte, kocht fokussiert und wunderbar in die Tiefe. Sehr freundlich, unkompliziert und ebenso kompetent der Service, interessante Weinempfehlungen inklusive.

🅰🅲 🍽 – Menü 75/125 €

Hagener Straße 231 ✉ 44229 – ✆ 0231 95009942 – www.iuma-dortmund.com – Geschlossen: Montag, Dienstag, Sonntag, mittags: Mittwoch-Samstag

✸ THE STAGE 🆕

Chef: Michael Dyllong

MODERN • CHIC Michael Dyllong, in der Dortmunder Gastro-Szene unter anderem als ehemaliger Küchenchef des "Palmgarden" in der Spielbank Hohensyburg bekannt, hat seit September 2021 im Stadtteil Hombruch seine neue Wirkungsstätte. Die tolle Location dafür ist die 7. Etage des Dula-Centers. Hier bieten er und sein Team ein sehr aufwändig zubereitetes Menü, das richtig Freude macht! Alternativ gibt es ein vegetarisches Menü. Umsorgt wird man überaus professionell, was nicht zuletzt Restaurant-Manager und Sommelier Ciro De Luca zu verdanken ist, langjähriger Weggefährte von Michael Dyllong. Dazu kommen chic-modernes Ambiente und eine klasse Aussicht - auf der einen Seite

DORTMUND

das Westfalen-Stadion, auf der anderen ein schöner Blick auf die Umgebung. Von einigen Plätzen kann man auch in die kleine offene Küche schauen.

🕸 ⇐ 🆎 🍴 🛗 – Menü 89/125 €

Karlsbader Straße 1A ✉ 44225 – ☏ 0231 7100111 – www.thestage-dortmund.com – Geschlossen: Montag und Sonntag, mittags: Dienstag-Samstag

DER LENNHOF

MEDITERRAN • FREUNDLICH Richtig gemütlich ist es in dem historischen Fachwerkhaus mit altem Gebälk. Gekocht wird frisch und schmackhaft, saisonal und mediterran inspiriert. Hübsch: Wintergarten und Terrasse. Im gleichnamigen Hotel lässt es sich in geradlinig gehaltenen Zimmern schön übernachten.

🆎 🍴 ⇔ 🅿 – Menü 45/75 € - Karte 31/61 €

Menglinghauser Straße 20 ✉ 44227 – ☏ 0231 758190 – www.der-lennhof.de

LA CUISINE MARIO KALWEIT

FRANZÖSISCH-KLASSISCH • ELEGANT In dem schönen lichten hohen Raum im ehemaligen Tennisclubhaus bietet man modern-klassische Küche. Dabei setzt man auf ausgesuchte Produkte: Rinder und Schweine regionaler Züchter, Bio-Gemüse aus der Umgebung... Ein besonderes Faible hat der Chef für Tomaten: Unzählige alte Sorten hat er bereits selbst gezüchtet! Reizvoll die Terrasse hinterm Haus.

🍴 🅿 – Menü 68/74 € - Karte 55/84 €

Lübkestraße 21 ✉ 44141 – ☏ 0231 5316198 – www.mariokalweit.de – Geschlossen: Montag und Sonntag, mittags: Dienstag-Samstag

VIDA

KREATIV • DESIGN Das kommt an: hochwertig-stylisches Ambiente, kreative internationale Küche und freundlicher Service, und dazu noch ein gutes Preis-Leistungs-Verhältnis. Geradezu ein Signature-Dish: "Rote Garnele geröstet mit Koriander, Pak Choi, rotem Curry und Praline von roter Garnele". Etwas legerer sitzt man an den Hochtischen oder an der Bar bei ambitioniertem "Bar Food".

♿ 🆎 🍴 🅿 – Menü 64/73 € - Karte 48/88 €

Hagener Straße 231 ✉ 44229 – ☏ 0231 95009940 – www.vida-dortmund.com – Geschlossen: Montag und Sonntag, mittags: Dienstag-Samstag

DREIS

Rheinland-Pfalz – Regionalatlas **5**–S1

🌼🌼🌼 WALDHOTEL SONNORA

Chef: Clemens Rambichler

FRANZÖSISCH-KLASSISCH • LUXUS Mit Magdalena Brandstätter und Clemens Rambichler hat diese Legende der deutschen Gastronomie ein beispielhaftes Gastgeberpaar. Clemens Rambichler ist einer der besten Köche des Landes, französische Haute Cuisine mit einer fein dosierten kreativen Moderne ist seine Welt. Zu wundervollen Gerichten wie "Seezunge „Petit Bateau" auf Spinatsprossen mit pochierten Gillardeau-Austern und Kaviar-Beurre-Blanc" gesellen sich auch Klassiker wie "Kleine Torte vom Rinderfilet-Tatar mit Imperial-Gold-Kaviar" - das Signature Dish des "Sonnora" schlechthin! Toll die Weine zum Menü. Stets präsent und überaus engagiert das Serviceteam um Chefin Magdalena Brandstätter und Ulrike Thieltges. Das Ambiente stilvoll-elegant und mit zurückhaltend modernem Touch. Ebenso niveauvoll die wohnlich-individuellen Gästezimmer.

🕸 🅿 – Menü 225 € (Mittags), 238 € - Karte 191/249 €

Auf'm Eichelfeld 1 ✉ 54518 – ☏ 06578 98220 – www.hotel-sonnora.de – Geschlossen: Montag-Mittwoch, mittags: Donnerstag

Sachsen
Regionalatlas **4-Q3**

DRESDEN

Schon beim Schlendern durch die wunderschöne Altstadt von „Elbflorenz" freut man sich auf ausgezeichnete Gastronomie: Die gibt es auf der anderen Seite der Elbe in From zweier 1-Stern-Restaurants, dem **Elements** und dem **Genuss-Atelier**. Ein kulinarisches Erlebnis der anderen Art ist der Besuch der Neustädter Markthalle. Nicht weit von Semperoper, Zwinger und Residenzschloss, fast neben der Frauenkirche kann man im **Hotel Suitess** nicht nur stilvoll wohnen: Gin-Liebhaber zieht es in die Bar "Gin House". Entlang der Elbe geht's zur etwas außerhalb des Zentrums gelegenen **ElbUferei** mit ihrem mediterranen Konzept. Interessant auch das Restaurant **Heiderand** in Dresden-Bühlau - schlesisch-deutsche Küche auf moderne Art heißt es hier. Gut und preislich fair essen kann man auch im **DELI** und im **Daniel.** Ebenso lohnenswert ist auch die Fahrt zum Schloss Pillnitz direkt an der Elbe.

ELEMENTS

Chef: Stephan Mießner

MODERNE KÜCHE • FREUNDLICH Industrie-Architektur, Loft-Flair, trendig-elegantes Design - das ist richtig chic! Im Juni 2010 haben Stephan Mießner und seine Frau Martina im geschichtsträchtigen "Zeitenströmung"-Gebäudeensemble ihr "Elements" eröffnet - er leitet die Küche, sie kümmert sich sympathisch und versiert um die Gäste. Und die sitzen in einem großzügigen Raum mit bodentiefen Rundbogenfenstern und schönem Dielenboden unter einer hohen offenen Decke auf bequemen braunen Ledersesseln im Vintage-Stil. Serviert werden moderne Gerichte, die sich an der Saison orientieren und klassische sowie mediterran-internationale Einflüsse zeigen. Schön die Terrasse am Platz "Times Square". Wer schon mittags essen möchte, für den hat man das legere "DELI". Praktisch: Die Straßenbahn hält vor dem Haus.

- Menü 65/85 € - Karte 52/73 €

außerhalb Stadtplan - *Königsbrücker Straße 96* - 01099 - 0351 2721696 - *www.restaurant-elements.de* - Geschlossen: Montag-Mittwoch, Sonntag, mittags: Donnerstag-Samstag

GENUSS-ATELIER

Chef: Marcus Blonkowski

MODERNE KÜCHE • INTIM 14 Stufen geht es hinab in das freundlich-gemütliche Kellerrestaurant, in dem Sandsteinmauern und Ziegelgewölbe eine besondere Atmosphäre schaffen. In der schmucken alten Villa in der

DRESDEN

Neustadt beweisen die Geschwister Marcus und Nicole Blonkowski, wie wunderbar ungezwungene Atmosphäre und Sterneküche zusammenpassen - die genießt man auch gerne auf der hübschen Terrasse. Marcus Blonkowski (er war u. a. bei Silvio Nickol im Gourmerestaurant des "Palais Coburg" in Wien oder auch bei Christian Bau im "Schloss Berg" in Perl-Nennig tätig) überzeugt mit einer interessanten modern-kreativen Küche aus sehr guten Produkten - überaus erfreulich das Preis-Leistungs-Verhältnis! Auf der Weinkarte nur ostdeutsche Winzer, darunter auch bewusst weniger bekannte. Praktisch: Bus-/Bahn-Haltestelle am Haus.

🍽 – Menü 54/94 € · Karte 49/65 €
Stadtplan: D1-2 – *Bautzner Straße 149* ✉ *01099* – 📞 *0351 25028337* – *www.genuss-atelier.net* – *Geschlossen: Montag und Sonntag, mittags: Dienstag-Freitag*

DANIEL

KLASSISCHE KÜCHE · FAMILIÄR In dem angenehm hellen, geradlinig gehaltenen Restaurant darf man sich auf eine gehoben-saisonale Küche freuen. Neben der regulären Karte hält man auch wechselnde Tagesangebote für Sie bereit. Gerne sitzt man im Sommer auch auf der hübschen Terrasse.

🅰🍽 – Menü 39/49 € · Karte 40/57 €
Stadtplan: D2-5 – *Gluckstraße 3* ✉ *01309* – 📞 *0351 81197575* – *www.restaurant-daniel.de* – *Geschlossen: Montag und Sonntag, mittags: Dienstag-Samstag*

DELI

INTERNATIONAL · TRENDY Sie sitzen in unkomplizierter, lockerer Atmosphäre und genießen eine interessante internationale und saisonale Küche aus guten Produkten. Für den Hunger zwischendurch gibt es mittags und abends eine kleine Zusatzkarte, hier z. B. die "Deli-Box". Nett die Terrasse am Niagaraplatz mit Wasserfall. Strandkörbe zum Chillen.

♿🍽🅿 – Karte 32/48 €
außerhalb Stadtplan – *Königsbrücker Straße 96* ✉ *01099* – 📞 *0351 2721696* – *www.restaurant-elements.de* – *Geschlossen: Montag und Sonntag, mittags: Samstag*

HEIDERAND

DEUTSCH · FAMILIÄR Nahe der namengebenden Dresdner Heide leitet Martin Walther in 4. Generation den elterlichen Betrieb, Mutter und Vater sind nach wie vor mit von der Partie. In dem stattlichen Haus von 1905 erwartet Sie eine modern interpretierte deutsch-schlesische Küche mit interessanten, dezent eingebundenen internationalen Einflüssen. Tipp: Straßenbahnlinie 11 hält vor der Tür.

🍽 ✥ 🅿 – Menü 39/85 € · Karte 26/43 €
außerhalb Stadtplan – *Ullersdorfer Platz 4* ✉ *01324* – 📞 *0351 2683166* – *www.heiderand.restaurant* – *Geschlossen: Montag und Dienstag, mittags: Mittwoch-Freitag*

CAROUSSEL NOUVELLE ⓝ

FRANZÖSISCH-KLASSISCH · ELEGANT Im schönen Hotel "Bülow Palais" im Dresdner Barockviertel hat man Bistro und Wintergarten zum "Carousel Nouvelle" vereint, stilvoll das Interieur von Stardesigner Carlo Rampazzi. Mittags und abends gibt es die Klassikerkarte, am Abend zusätzlich zwei Gourmetmenüs (eines davon vegetarisch) - auch A-la-carte-Wahl möglich. Palais Bar und Cigar Lounge für Apero oder Digestif.

♿🅰🍽✥🚗🍷 – Menü 94/110 € · Karte 47/68 €
Stadtplan: B1-1 – *Königstraße 14* ✉ *01097* – 📞 *0351 8003140* – *www.buelow-palais.de/restaurants-bar*

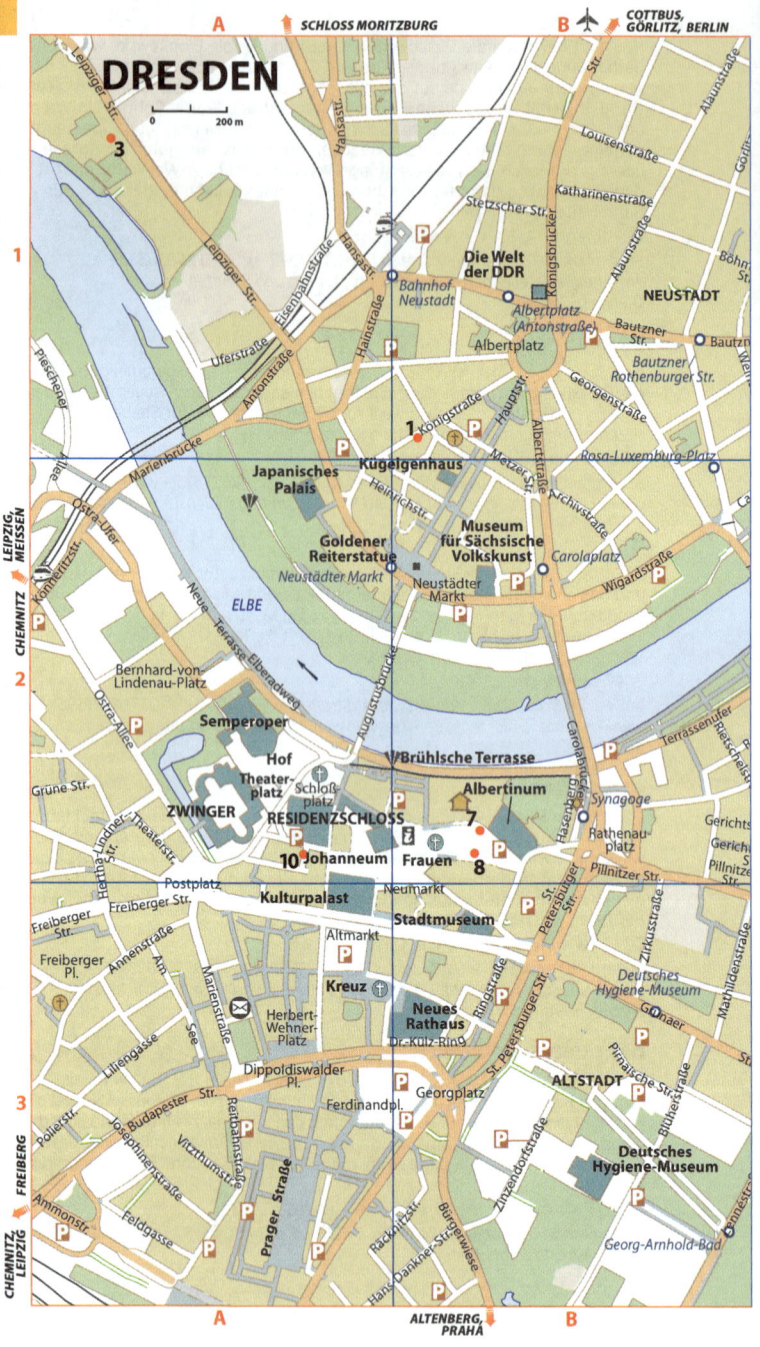

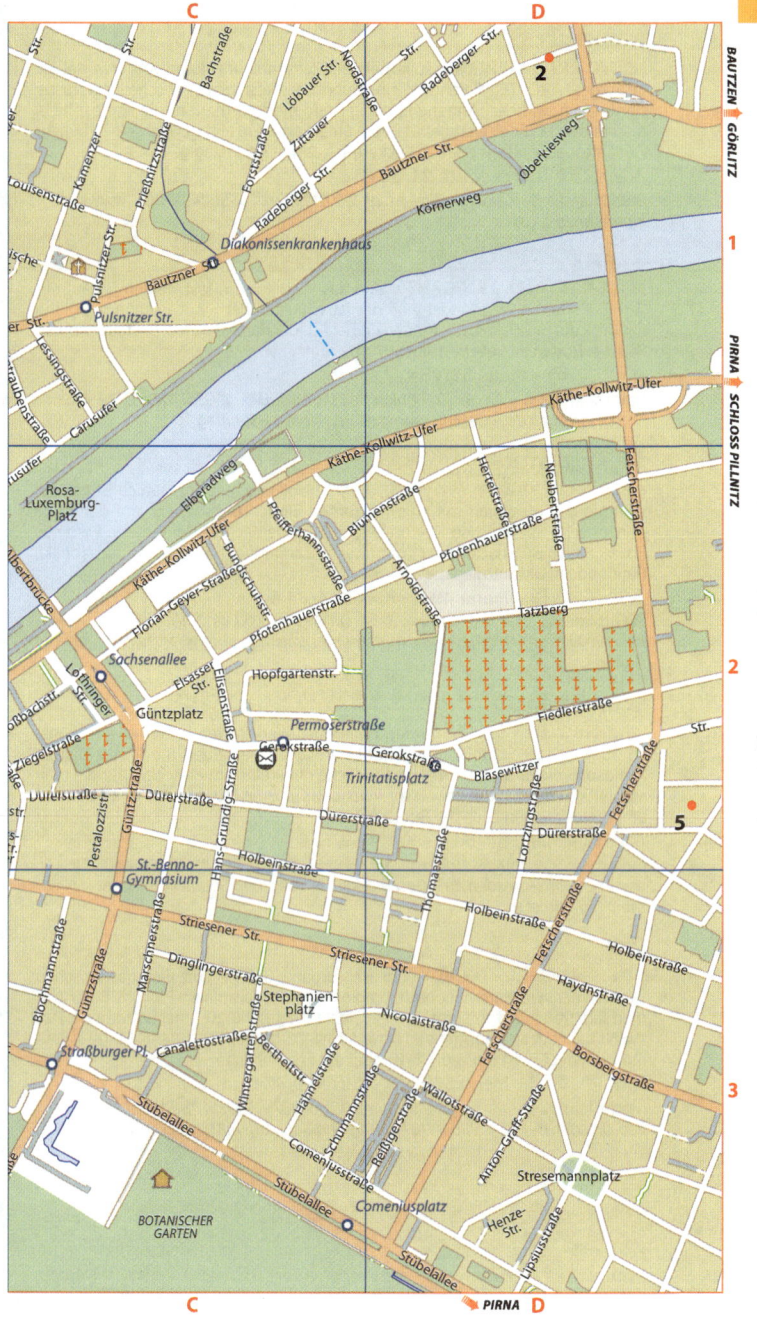

DRESDEN

ELBUFEREI ⓝ

MEDITERRAN • HIP Etwas außerhalb des Zentrums, am Elbradweg, erwartet Sie im EG des "ARCOTEL HafenCity" ein freundliches Restaurant mit schöner Terrasse, Bar und Showküche. Angenehm locker und modern-maritim die Atmosphäre, mediterran das Speiseangebot nebst Steakkarte. Am Mittag wechselnde Lunch-Gerichte, nachmittags Snacks. Leckere Tapas gibt's ganztägig.

& 🅰🅲 🍴 🚗 🛗 🏠 – Karte 24/33 €

Stadtplan A1-3 - *Leipziger Straße 29* ✉ *01097* - ☎ *0351 44891110* - *www.elbuferei.de*

MORITZ

INTERNATIONAL • ELEGANT Wenn das Wetter es zulässt, sollten Sie auf der Terrasse speisen, denn es ist eine der lauschigsten der Stadt - schön ruhig und mit Blick auf die Kuppel der Frauenkirche! Auf der Karte macht z. B. "Taubenbrust, Kirsche, Portwein, Sellerie, Rauch" Appetit.

🅰🅲 🍴 ⇄ 🛗 – Menü 55/75 €

Stadtplan: B2-8 - *An der Frauenkirche 13* ✉ *01067* - ☎ *0351 417270* - *www.moritz-dresden.de – Geschlossen mittags: Montag-Sonntag*

PALAIS BISTRO

FRANZÖSISCH-KLASSISCH • BISTRO Stilvoll und leger-gemütlich ist es hier, stimmig das Bistroflair mit chic-modernen Einrichtungsdetails. Auf der Karte französische Speisen und Regionales, z. B. "angemachtes Rindertatar, Pommes Frites, Sauce Béarnaise" oder "gebratenes Zanderfilet mit Rotwein, Ratatouille, Bandnudeln, Oliventapenade".

& 🅰🅲 🍴 🚗 🛗 – Menü 49 € - Karte 44/84 €

Stadtplan: A2-10 - *Taschenberg 3* ✉ *01067* - ☎ *0351 4912710* - *www.kempinski.com – Geschlossen: Montag und Dienstag, mittags: Mittwoch und Donnerstag*

SCHMIDT'S

MARKTKÜCHE • BISTRO In den Hellerauer Werkstätten für Handwerkskunst (1909 von Karl Schmidt gegründet) erwartet Sie neben moderner Bistro-Atmosphäre eine saisonal-regionale Küche mit kreativem Einschlag, für die man sorgfältig ausgewählte Produkte verwendet. Tipp: das Menü "Schmidt's Karte rauf und runter". Schön auch die Terrasse.

& 🍴 🅿 – Menü 44/54 € - Karte 39/51 €

außerhalb Stadtplan - *Moritzburger Weg 67* ✉ *01109* - ☎ *0351 8044883* - *www.schmidts-dresden.de – Geschlossen: Montag und Sonntag, mittags: Dienstag-Samstag*

VEN

INTERNATIONAL • TRENDY Puristisch-urbaner Chic mit Loft-Flair, das hat schon was! Gekocht wird international mit regionalem und saisonalem Einfluss. Dazu wird man sehr freundlich umsorgt. Draußen lockt die geschützte Innenhofterrasse. Das "VEN" befindet sich übrigens im Hotel "INNSiDE by Meliã" - in der 6. Etage schaut man von der "Twist Bar" auf die Kuppel der Frauenkirche.

& 🅰🅲 🍴 🚗 🛗 – Menü 37/65 € - Karte 39/47 €

Stadtplan: B2-7 - *Rampische Straße 9* ✉ *01067* - ☎ *0351 795151021* - *www.ven-dresden.de – Geschlossen: Montag und Sonntag, mittags: Dienstag-Samstag*

DRESDEN

DUDELDORF
Rheinland-Pfalz – Regionalatlas **5**–S1

😊 TORSCHÄNKE
REGIONAL • FREUNDLICH Ein Restaurant, wie es wohl jeder gerne im Ort hätte! Man kocht mit mediterran-französischem Einfluss, die Produkte sind von ausgesuchter Qualität, die Gerichte haben Geschmack und Aroma. Neben der Küche samt fair kalkulierten Menüs kommt auch die charmante Atmosphäre auf zwei Etagen gut an, ebenso die Terrasse am historischen Obertor des Dorfes.

🌳 🅿 – Menü 33/50 € - Karte 36/54 €

Philippsheimer Straße 1 ✉ 54647 – ✆ 06565 2024 – www.torschaenke-dudeldorf.de – Geschlossen: Montag und Sonntag, mittags: Dienstag-Samstag

DÜRKHEIM, BAD
Rheinland-Pfalz – Regionalatlas **7**–B1

WEINSTUBE BACH-MAYER
REGIONAL • WEINBAR In der gut geführten historischen Weinstube (schön das Portal a. d. 18. Jh.) darf man sich auf gemütliche Atmosphäre und Gerichte mit saisonalem und regionalem Bezug freuen. Appetit macht z. B. geschmorte Ochsenschulter - oder wie wär's im Winter mit Gans?

🌳 🍽 – Menü 29/49 € - Karte 41/46 €

Gerberstraße 13 ✉ 67098 – ✆ 06322 92120 – www.bach-mayer.de – Geschlossen: Dienstag und Mittwoch, mittags: Montag, Donnerstag, Freitag

Nordrhein-Westfalen –
Regionalatlas **3**–J35

DÜSSELDORF

Kulinarisch überaus interessant ist die Landeshauptstadt Nordrhein-Westfalens nicht zuletzt wegen seiner zahlreichen mit MICHELIN Stern ausgezeichneten Restaurants. Mit dem **Nagaya** und dem **Yoshi by Nagaya** hat Düsseldorf übrigens gleich zwei Restaurants mit japanischer Sterneküche. Nicht selten trifft Sterne-Niveau auf legere Atmosphäre, so z. B. im **DR.KOSCH,** im **Setzkasten** oder auch im herrlich französischen **Le Flair**. Einen Besuch wert sind auch das **Weinhaus Tante Anna** mit seinem historischen Charme und der tollen Weinauswahl oder das **Rubens** als alpenländischer Hotspot mit traditionellen Gerichten aus Österreich. Sie bleiben über Nacht? Schöne Hotelempfehlungen sind z. B. das **Grandhotel Breidenbacher Hof** oder das stylische **25hours Hotel Das Tour**.

1876 DANIEL DAL-BEN

Chef: Daniel Dal-Ben

KREATIV · FREUNDLICH Moderne und Klassik gehen bei Daniel Dal-Ben Hand in Hand. Der gebürtige Düsseldorfer mit italienischen Wurzeln hat im November 2002 das kleine Restaurant im Zooviertel (direkt am Zoopark und ganz in der Nähe des Eisstadions) eröffnet und beweist seither als Patron und Küchenchef volles Engagement. Sehr gelungen verbindet er beim Kochen die klassische Basis mit der richtigen Portion Kreativität. Dabei kombiniert er ausgesuchte Produkte zu stimmig ausbalancierten, vollmundigen und finessenreichen Gerichten. Geboten wird ein Menü, bei dem die Gäste die Anzahl der Gänge selbst wählen. Neben dem tollen Essen genießt man auch die angenehm entspannte Atmosphäre. Umsorgt wird man aufmerksam und geschult.

AC 🍴 – Menü 130/198 €

Stadtplan: D1-6 – *Grunerstraße 42a* ✉ *40239* – ✆ *0211 1717361* – *www.1876.restaurant* – *Geschlossen: Montag und Sonntag, mittags: Dienstag-Samstag*

AGATA'S

MODERNE KÜCHE · TRENDY Sie mögen es modern-kreativ? Dann dürfte Sie der interessante Mix aus europäischer und asiatischer Küche ansprechen. Alles, was hier auf den Teller kommt, basiert auf hervorragenden Produkten und sprüht geradezu vor Finesse und eigenen Ideen. Dass man hier auch noch richtig nett sitzt, liegt an der schicken und zugleich warmen Atmosphäre. Modernes Design, erdige Töne, florale Deko..., das komplette Interieur ist geschmackvoll und überaus wertig! Und für kompetenten Service samt ebensolcher Weinberatung ist

DÜSSELDORF

ebenfalls gesorgt, denn Patronne Agata Reul - übrigens gebürtige Polin - hat hier ein charmantes und versiertes Team um sich.

🌿 - Menü 109/139 €

Stadtplan: C3-3 - *Kirchfeldstraße 59* ✉ *40217* - ✆ *0211 20030616* - *www.agatas.de* - *Geschlossen: Montag, Dienstag, Sonntag, mittags: Mittwoch-Samstag*

BERENS AM KAI

MODERNE KÜCHE • TRENDY Bereits seit 1998 ist das "Berens am Kai" hier im Medienhafen ansässig und zählt damit schon zu einem der Klassiker unter den Düsseldorfer Sternerestaurants. Nach einem "Facelift" kommt das Restaurant wohnlich und zugleich chic-modern daher, alles ist hochwertig und geschmackvoll - ein Ort der legeren Spitzengastronomie. Herzstück ist natürlich die Küche. Hier finden sich moderne sowie klassische Einflüsse, ausgesucht die Produktqualität. Dazu genießt man dank raumhoher Fensterfront den Hafenblick - im Sommer ist die Terrasse ein schönes Fleckchen!

🌿 - Menü 79/107 € - Karte 69/104 €

Stadtplan: B3-4 - *Kaistraße 16* ✉ *40213* - ✆ *0211 3006750* - *www.berensamkai.de* - *Geschlossen: Dienstag und Sonntag, mittags: Samstag*

DR.KOSCH

Chef: Volker DRKOSCH

MODERNE KÜCHE • HIP Das Konzept kommt richtig gut an: Eine sehr schöne moderne Gastro-Bar mit sympathisch-ungezwungener Atmosphäre, gepaart mit nicht alltäglicher Küche und fairen Preisen. All das bietet Volker Drkosch. Der aus dem mittelfränkischen Lauf a. d. Pegnitz stammende Sternekoch hat schon viel von der Spitzengastronomie gesehen, so war er z. B. Küchenchef in den bestenrten Restaurants "Portalis" in Berlin, "Brick Fine Dining" im Hotel "Main Plaza" in Frankfurt und "Victorian" in Düsseldorf. Aus hervorragenden Produkten kreiert er spannende, geschmacksintensive und überaus interessant kombinierte Gerichte. Ein echtes Signature Dish: "Unsere Umami-Bolognese vom roten Höhenvieh, gereifter Parmesan, Wasabisalat, Anischampignons". Tipp: Von der Theke haben Sie direkten Blick zu den Köchen.

🌿 ⇔ 🌿 - Menü 82/110 €

Stadtplan: C1-10 - *Roßstraße 39* ✉ *40476* - ✆ *0176 80487779* - *www.dr-kosch.de* - *Geschlossen: Montag-Mittwoch, mittags: Donnerstag-Sonntag*

IM SCHIFFCHEN

Chef: Jean-Claude Bourgueil

MEDITERRAN • ELEGANT Wenn von Sterneküche in einem wunderschönen barocken Backsteinhaus am Kaiserswerther Markt die Rede ist, kann es sich hier nur um das "Schiffchen" von Jean-Claude Bourgueil handeln. Seit 1977 am Herd, kann man getrost vom Altmeister der Düsseldorfer Hochgastronomie sprechen. Bourgueil und sein bewährtes Team setzen auf kreative französische Küche. Gambas, Hummer, Taube..., die Produkte sind von ausgesuchter Qualität und werden zu Gerichten mit reichlich Aroma und feiner Würze verarbeitet. Dazu erwartet Sie aufmerksamer und geschulter Service samt guter Weinempfehlung - sehr schön die Auswahl!

❀ - Menü 129/160 € - Karte 65/122 €

außerhalb Stadtplan - *Kaiserswerther Markt 9* ✉ *40489* - ✆ *0211 401050* - *www.im-schiffchen.com* - *Geschlossen: Montag und Sonntag, mittags: Dienstag-Samstag*

LE FLAIR

Chef: Dany Cerf

FRANZÖSISCH • FREUNDLICH Da hat jemand ein Faible für die klassisch-französische Küche! Gemeint ist Dany Cerf. Der Patron und Küchenchef des recht puristisch und mit elegantem Touch designten Restaurants stammt aus der französischsprachigen Schweiz und hat zuvor in renommierten Adressen wie dem

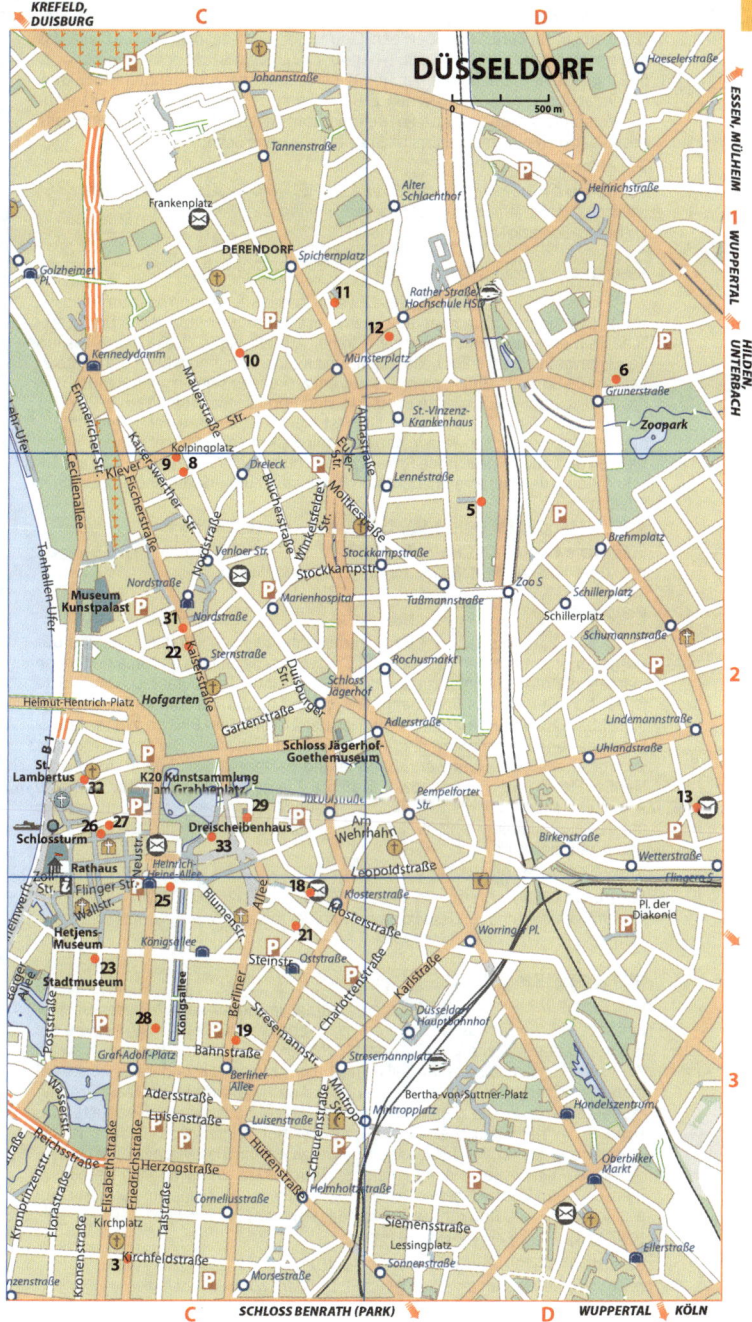

DÜSSELDORF

"Baur au Lac" in Zürich oder bei Jean-Claude Bourgueil gekocht. Im "Le Flair", das er gemeinsam mit Partnerin Nicole Bänder führt, beeindruckt er in einem 4- oder 6-Gänge-Menü mit angenehmer Geradlinigkeit und hervorragenden Produkten. Durchdacht und gelungen werden z. B. Perlhuhn "Miéral", Comté und Thymian-Jus kombiniert. Dabei entstehen schöne Kontraste und gleichzeitig eine tolle geschmackliche Harmonie. Das ist Sterneküche ohne Schnörkel!

– Menü 95/130 €

Stadtplan: D1-5 – Marc-Chagall-Straße 108 – 40477 – 0211 51455688 – www.restaurant-leflair.de – Geschlossen: Montag und Dienstag, mittags: Mittwoch-Sonntag

NAGAYA

JAPANISCH • FREUNDLICH Ohne Zweifel ist die Küche von Yoshizumi Nagaya etwas Besonderes. Durchdacht, klar und präzise fügt er japanische und westliche Elemente zusammen. Während seiner Ausbildung in Osaka lehrte Toshiro Kandagawa ihn die traditionelle japanische Küche, den innovativen Stil lernte er bei Takada Hasho in Gifu kennen. Daraus entwickelte er seine eigene Handschrift, die beides vereint. Exzellente Produkte sind Ehrensache, vom Wagyu-Rind bis Sushi und Sashimi. Ein Signature Dish ist hier z. B. "Gebratener, in Miso marinierter kanadischer schwarzer Kabeljau mit Saikyo-Miso Sauce". Neben guten Weinen darf auch eine schöne Sake-Auswahl nicht fehlen. Dazu wird man in dem sehr modern und wertig eingerichteten Restaurant aufmerksam und professionell umsorgt.

– Menü 89 € (Mittags), 159/198 € - Karte 79/138 €

Stadtplan: C2-18 – Klosterstraße 42 – 40211 – 0211 8639636 – www.nagaya.de – Geschlossen: Montag und Sonntag, mittags: Mittwoch

PHOENIX

INTERNATIONAL • DESIGN Ganz in der Nähe des Schauspielhauses und des Hofgartens samt Theatermuseum lockt Düsseldorfs bekanntes und architektonisch markantes Dreischeibenhaus mit einem interessanten Restaurant. Das Ambiente ist ein stilvoller Mix aus 60er-Jahre-Design und modernen Elementen, dazu die einsehbare Küche. Hier entstehen unter der Leitung von Philipp Wolter klassische Speisen mit modernen und internationalen Einflüssen. Die Produktqualität stimmt ebenso wie Handwerk, Finesse und Harmonie. Am Abend gibt es die Menüs "Flora" und "Fauna" sowie Gerichte à la carte, mittags bietet man eine A-la-carte-Auswahl sowie "Quicklunch". Freundlich und versiert das Serviceteam um Restaurantleiterin Tanja Wolter. Im 1. Stock hat man noch die "Bel Étage" als Veranstaltungsraum.

– Menü 68/98 € - Karte 42/80 €

Stadtplan: C2-29 – Dreischeibenhaus – 40211 – 0211 30206030 – www.phoenix-restaurant.de – Geschlossen: Sonntag, mittags: Samstag, abends: Montag

SETZKASTEN

MODERNE KÜCHE • CHIC Sternerestaurant im Supermarkt? Dieses Gastro-Konzept ist schon etwas Besonderes - zu erleben im UG des "Crown", einem der größten Lebensmittelmärkte Europas! Nicht nur die Location ist erwähnenswert: Zum schicken Ambiente samt teils einsehbarer Küche (besondere Einblicke hat man vom Chefstable) bieten Küchenchef Anton Pahl und sein Team kreativ-moderne Gerichte. Der gebürtige Kasache setzt auf ausgesuchte Produkte, was sich z. B. bei "Kammmuschel, Kaviar, Kombu, Karfiol" zeigt - schön ausgewogen die Zubereitung, klar und nicht überladen. Mittags wählen Sie zwischen dem namengebenden "Setzkasten", in dem mehrere Gerichte auf einmal auf den Tisch kommen, und dem klassisch servierten Business-Lunch. Alle Weine auf der Karte gibt es auch glasweise. Tipp für Autofahrer: das Parkhaus im "Crown".

– Menü 39 € (Mittags), 129 €

Stadtplan: C3-19 – Berliner Allee 52 – 40212 – 0211 2005716 – www.restaurant-setzkasten.de – Geschlossen: Donnerstag und Sonntag

DÜSSELDORF

YOSHI BY NAGAYA

JAPANISCH • MINIMALISTISCH Sterneküche von Yoshizumi Nagaya gibt es in Düsseldorf gleich zweimal! Unweit des Stammhauses, ebenfalls in "Japantown", findet man seit Oktober 2016 das "Yoshi". Gekocht wird hier klassisch japanisch, ganz ohne westliche Einflüsse. Das abendliche Omakase-Menü beeindruckt mit absolut produktorientierter und überaus exakter Zubereitung. Dazu bietet man eine große Auswahl an Sake. Das Ambiente ist gewissermaßen ein Spiegelbild des klaren Küchenstils: Stilvoll-puristisch hat man das Restaurant gestaltet. Tipp: Kommen Sie ruhig auch mal mittags - da gibt es ein günstigeres Menü. Übrigens: Viele der Gäste hier sind Japaner - das spricht für sich!

AC – Menü 75 € (Mittags), 128/148 €
Stadtplan: C2-21 – Kreuzstraße 17 – 40213 – 0211 86043060 – www.nagaya.de – Geschlossen: Montag und Sonntag, mittags: Donnerstag

BISTRO FATAL

FRANZÖSISCH • BISTRO Dieses angenehm unprätentiöse Bistro von Alexandre und Sarah Bourgeuil nicht zu kennen, wäre "fatal", denn hier isst man nicht nur richtig gut, sondern auch zu einem hervorragend fairen Preis! Appetit macht z. B. "Mille-feuille vom geschmorten Rind im Trüffelduft mit karamellisierten Schalotten". Nett sitzt man auch auf der Terrasse vor dem Haus.

– Menü 49 € - Karte 41/52 €
Stadtplan: D2-13 – Hermannstraße 29 – 40233 – 0211 36183023 – www.bistro-fatal.com – Geschlossen: Montag, Dienstag, Sonntag

ESSBAR

INTERNATIONAL • ENTSPANNT Nur wenige Schritte vom Hofgarten entfernt liegt das äußerlich unscheinbare Restaurant von Küchenchef Daniel Baur und Olga Jorich. Sympathische Atmosphäre, aromatische Gerichte aus guten Produkten und ein faires Preis-Leistungs-Verhältnis - das kommt an! Auch in Sachen Wein wird man nicht enttäuscht. Nett die geschützte, nach hinten gelegene Terrasse.

– Menü 42 € - Karte 33/60 €
Stadtplan: C2-22 – Kaiserstraße 27 – 40479 – 0211 91193905 – www.hm-essbar.de – Geschlossen: Montag und Sonntag, mittags: Samstag

MÜNSTERMANNS KONTOR

INTERNATIONAL • BRASSERIE Mit Eier- und Butterhandel sowie Feinkost fing alles an, heute hat man hier ein sympathisch-schlichtes Bistro mit lebendiger urbaner Atmosphäre und offener Küche. Man kocht schmackhaft, ohne Chichi und mit ausgesuchten Produkten, dabei lässt man diverse Stilrichtungen einfließen. Gute offene Weine und freundlicher Service. Hinweis: mittags keine Reservierung möglich.

Karte 19/65 €
Stadtplan: C3-23 – Hohe Straße 11 – 40213 – 0211 1300416 – www.muenstermann-kontor.de – Geschlossen: Montag und Sonntag, abends: Samstag

BRASSERIE STADTHAUS

FRANZÖSISCH-KLASSISCH • BRASSERIE Eine schöne Adresse im Herzen der Altstadt. Unter einer markanten hohen Kassettendecke oder im hübschen Innenhof serviert man Ihnen französische Küche. Appetit machen z. B. "Hummerschaumsuppe" oder "Entrecôte mit Sauce Béarnaise". Dazu Weine aus Frankreich.

AC – Karte 42/69 €
Stadtplan: C2-27 – Mühlenstraße 31 – 40213 – 0211 16092815 – www.brasserie-stadthaus.de – Geschlossen: Montag und Sonntag

DÜSSELDORF

KÖ59 MASTERMINDED BY BJÖRN FREITAG
DEUTSCH • BRASSERIE Björn Freitag, bekannt aus dem "Goldenen Anker" in Dorsten, hat direkt an der "Kö" sein neuestes gastronomisches Projekt. Die schicke Brasserie im "InterContinental" hat sich neu interpretierte deutsche Klassiker auf die Fahnen geschrieben, so z. B. "Königsberger Klopse" oder "Senfbraten von der Weideochsenlende".

AK – Menü 49 € - Karte 35/91 €

Stadtplan: C3-28 – Königsallee 59 – 40215 – ☏ 0211 82851220 – www.koe59.com

L'ARTE IN CUCINA
ITALIENISCH • GEMÜTLICH Das findet man nicht allzu oft: In dem hübschen Ristorante gegenüber der Basilika St. Margareta wird die Küche der Toskana wirklich authentisch umgesetzt, mit Liebe und Fingerspitzengefühl! Richtig lecker sind z. B. Spezialitäten aus der toskanischen Heimat des Chefs wie "Gnudi" (eine Art Gnocchi) oder "Il Coniglio" (Kaninchen).

– Menü 54 € - Karte 32/72 €

außerhalb Stadtplan – Gerricusplatz 6 – 40625 – ☏ 0211 52039590 – www.arteincucina.de – Geschlossen: Montag und Dienstag

PARLIN
MARKTKÜCHE • BRASSERIE Mitten in der Altstadt ist dieses nette, angenehm unkomplizierte und lebendige Restaurant zu finden - ein Hingucker ist die tolle Stuckdecke. Aus der Küche kommen frische, schmackhafte saisonale Gerichte sowie Klassiker - Appetit macht z. B. "Perlhuhnbrust, Orangen-Chicorée & Süßkartoffel".

– Karte 37/67 €

Stadtplan: C2-32 – Altestraat 12 – 40213 – ☏ 0211 87744595 – www.parlin-weinbar.de – Geschlossen: Montag und Dienstag, mittags: Mittwoch-Sonntag

PRINZINGER BY SAITTAVINI
ITALIENISCH • CHIC Sie mögen ehrliche italienische Küche? In schönem modernem Ambiente serviert man Klassiker wie "Vitello Tonnato" oder auch "Wolfsbarschfilet mit Kürbis-Risotto". Täglich wechselndes Mittagsangebot mit saisonalen Produkten - beliebt auch der Business Lunch.

Karte 43/57 €

Stadtplan: B2-16 – Leostraße 1A – 40545 – ☏ 0211 50670801 – www.prinzinger-saittavini.de – Geschlossen: Sonntag

ROB'S KITCHEN
MARKTKÜCHE • GEMÜTLICH Das Restaurant in einer lebhaften Gegend kommt gut an mit seiner angenehm ungezwungenen modernen Atmosphäre. Gekocht wird saisonal und mit internationalen Einflüssen - auf der Karte liest man z. B. "Pulled Pork, Belgische Fritten, Spitzkohlsalat, Trüffelmayo".

– Menü 35/85 € - Karte 33/57 €

Stadtplan: C3-7 – Lorettostraße 23 – 40219 – ☏ 0211 54357428 – www.robs-kitchen.de – Geschlossen: Sonntag, mittags: Montag-Samstag

ROCAILLE
MARKTKÜCHE • BISTRO Gemütlich hat man es hier in charmanter Bistro-Atmosphäre bei Klassikern wie Boeuf Bourguignon, Tartes oder Kleinigkeiten zum Teilen. Dazu gibt's 1800 Positionen Wein. Morgens kommt man auch gerne zum Frühstücken. Tipp: Im eigenen kleinen Laden kann man hausgemachte Macarons, Kuchen etc. für zu Hause kaufen.

DÜSSELDORF

⚜ ✦ – Menü 45/85 € - Karte 28/54 €
Stadtplan: C1-11 - *Weißenburgstraße 19* ✉ *40476* - ✆ *0211 97711737* - *www. rocaille.de* – *Geschlossen: Sonntag*

ROKU - JAPANESE DINING & WINE

JAPANISCH-ZEITGEMÄSS • HIP Dies ist das dritte Restaurant von Yoshizumi Nagaya in der Landeshauptstadt. Die Atmosphäre ist trendig-modern und entspannt, das Angebot reicht von Sushi und Sashimi über Tempura bis zu japanischen Fisch- und Fleischgerichten. Dazu eine schöne überwiegend deutsche Weinauswahl.

✦ – Menü 69/89 € - Karte 42/78 €
Stadtplan: C1-8 - *Schwerinstraße 34* ✉ *40477* - ✆ *0211 15812444* - *www.restaurant-roku.de* – *Geschlossen: Montag und Sonntag, mittags: Dienstag-Samstag*

ROSATI BY FUSCO

ITALIENISCH • CHIC Richtig chic! In dem geschmackvollen, stylischen Restaurant - im Sommer mit sehr schöner Terrasse - wird man von einem klassisch-italienischen Serviceteam betreut, und zwar mit ebenso italienischer Küche. Aus hervorragenden Produkten entstehen z. B. "Tagliolini mit Steinpilzen" oder "Branzino mit Kräutern".

♿ 🅰 ✦ 🎵 – Menü 45/68 € - Karte 37/68 €
Stadtplan: B1-14 - *Felix-Klein-Straße 1* ✉ *40474* - ✆ *0211 42993838* - *www.rossini-gruppe.de* – *Geschlossen: Sonntag, mittags: Samstag*

RUBENS

ÖSTERREICHISCH • ENTSPANNT Gewissermaßen ein "alpenländischer Hotspot" ist das hübsche Restaurant der sympathischen Gastgeber Cornelia Stolzer und Ruben Baumgart - sie Österreicherin, er Deutsch-Österreicher. Entsprechend bietet der Chef modern inspirierte, aber auch traditionelle Gerichte aus Österreich. Dazu charmanter, geschulter Service und eine schöne österreichische Weinkarte.

✦ ✧ – Menü 54/70 € - Karte 39/62 €
Stadtplan: C2-31 - *Kaiserstraße 5* ✉ *40479* - ✆ *0211 15859800* - *www.rubens-restaurant.de* – *Geschlossen: Montag, mittags: Dienstag-Samstag*

SAITTAVINI

ITALIENISCH • FREUNDLICH Ein Klassiker unter den italienischen Restaurants in Düsseldorf, immer auf der Suche nach neuen Produkten und Weinen. Besonders zu empfehlen ist das Filet vom Piemonteser Rind! Schön sitzen Sie hier zwischen Weinregalen, Theke und Antipastibuffet, über Ihnen toller Stuck.

⚜ ✦ ✧ – Karte 44/73 €
Stadtplan: B2-17 - *Luegallee 79* ✉ *40545* - ✆ *0211 57797918* - *www.saittavini.de*

SANSIBAR BY BREUNINGER

INTERNATIONAL • BRASSERIE Sylt-Feeling an der Kö? In der 1. Etage des noblen Kaufhauses können Sie sich nach Ihrer Shoppingtour in dem schicken Ableger des Insel-Originals mit Sansibar-Klassikern wie Austern, Currywurst, Steaks & Co. stärken. Oder lieber saisonal-internationale Gerichte von der Tageskarte? Speisen kann man ab 12 Uhr durchgehend.

🅰 – Menü 42 € - Karte 29/76 €
Stadtplan: C2-33 - *Königsallee 2* ✉ *40212* - ✆ *0211 566414650* - *www.sansibarbybreuninger.de* – *Geschlossen: Sonntag*

STAUDI'S

MODERN • BISTRO Früher eine Metzgerei, heute ein hübsches kleines Restaurant mit Bistro-Flair. Dekorative Relikte von einst wie historischer Fliesenboden und Glasmalerei an der Decke machen sich gut zur charmanten Einrichtung. Dazu

DÜSSELDORF

herzlicher Service und modern beeinflusste Gerichte wie z. B. "Berliner Curry-Krake mit Pommeswürfeln". Deutlich einfachere Lunchkarte.

🍴 ⇔ – Menü 69 € – Karte 28/59 €

Stadtplan: C1-12 – *Münsterstraße 115* ✉ *40476* – ☎ *0211 15875065* – *www.staudisrestaurant.de* – *Geschlossen: Montag und Sonntag, mittags: Dienstag-Samstag*

THE DUCHY

FRANZÖSISCH-KLASSISCH • BRASSERIE Aus der "Brasserie 1806" ist das stylische Restaurant "The Duchy" geworden - eine Brasserie "de luxe" mit edler Atmosphäre. Geboten wird europäische Küche mit asiatischen und italienischen Einflüssen, z. B. "Tagliarini mit frischen Steinpilzen". Und vorab etwas Leckeres von der "Raw Bar"? Dazu eine schöne Weinauswahl samt "Offenen", wie man sie nicht überall findet!

♿ 🅰🅺 ⇔ 🚗 ▫ – Karte 67/120 €

Stadtplan: C2-25 – *Königsallee 11* ✉ *40212* – ☎ *0211 160900* – *www.theduchy-restaurant.com* – *Geschlossen: Montag und Sonntag*

WEINHAUS TANTE ANNA

REGIONAL • GEMÜTLICH In dem traditionsreichen Familienbetrieb (7. Generation) speisen Sie in der beeindruckenden historischen Atmosphäre einer einstigen Kapelle a. d. 16. Jh. Es gibt gehobene regionale Speisen wie "geschmorte Lammhaxe, Bärlauch-Kartoffelstampf, Variation von der Karotte". Und dazu einen der vielen deutschen Weine?

🍷 – Menü 55/79 € – Karte 46/57 €

Stadtplan: C2-26 – *Andreasstraße 2* ✉ *40213* – ☎ *0211 131163* – *www.tanteanna.de* – *Geschlossen: Montag und Sonntag, mittags: Dienstag-Samstag*

ZWEIERLEI

KREATIV • FREUNDLICH In dem modernen kleinen Restaurant wird mit guten Produkten und kreativen Akzenten gekocht, von "Kalbsrücken, Waldpilze, Polenta, Brombeere" bis "Langoustino à la Provençale". Oder lieber vegetarisch? Dazu es eine schöne Weinkarte mit Schwerpunkt Deutschland.

Menü 54/82 €

Stadtplan: C1-9 – *Schwerinstraße 40* ✉ *40477* – ☎ *0211 9894587* – *www.zweierlei-restaurant.de* – *Geschlossen: Montag und Sonntag, mittags: Dienstag-Samstag*

DUGGENDORF

Bayern – Regionalatlas **6**–Y2

✪ **HUMMELS GOURMETSTUBE**

MARKTKÜCHE • CHIC Richtig chic ist es hier: Klare Linien, angenehme Naturmaterialien und helle, warme Töne schaffen im Gourmetrestaurant des 100 Jahre alten "Gasthauses Hummel" eine moderne und zugleich gemütliche Atmosphäre. Schon beim Betreten des Restaurants können Sie einen Blick in die Küche werfen, wo unter der Leitung von Patron Stefan Hummel ein saisonales Menü entsteht. Die ausgesuchten Produkte dafür bezieht man gerne aus der Region. Freuen darf man sich hier nicht nur auf Finesse und jede Menge Geschmack, sondern auch auf ein gutes Preis-Leistungs-Verhältnis. Das Engagement der Hummels spürt man auch am freundlichen, kompetenten Service unter der Leitung der herzlichen Chefin. Gepflegt übernachten kann man in dem schön auf dem Berg gelegenen familiären Gasthof ebenfalls.

🅿 – Menü 75/85 €

Heitzenhofener Straße 16 ✉ *93182* – ☎ *09473 324* – *www.gasthaushummel.de* – *Geschlossen: Montag, Dienstag, Sonntag, mittags: Mittwoch-Samstag*

DUGGENDORF

GASTHAUS HUMMEL - ALTER SAAL
REGIONAL • GASTHOF Zwei Restaurants unter einem Dach: Das traditionsreiche "Gasthaus Hummel" bietet zum einen die schicke "Gourmetstube", zum anderen den "Alten Saal". Hier setzt man auf den ursprünglichen Wirtshauscharakter und serviert regionale Küche - sonntagmittags gibt's auch Braten. Nett die Terrasse. Zum Übernachten hat man vier einfache Gästezimmer.

⌂ ⇔ – Karte 33/65 €

Heitzenhofenerstraße 16 ✉ 93182 - ☏ 09473 324 - www.gasthaushummel.de - Geschlossen: Montag und Dienstag, mittags: Mittwoch-Samstag

DUISBURG
Nordrhein-Westfalen – Regionalatlas **3**–J2

❀ MOD BY SVEN NÖTHEL
MODERNE KÜCHE • HIP Eine richtig schöne Location! In einem sorgsam sanierten ehemaligen Stall, umgeben von viel Grün, hat Sven Nöthel ein schickes Restaurant eröffnet. Das klare moderne Design ist ebenso ein Hingucker wie die offene Küche, die einem das Gefühl gibt, Teil des Geschehens zu sein. Auf dem Teller (übrigens getöpfertes Geschirr aus Wesel) zeigen harmonische Geschmackbilder und die richtige Dosis Kreativität das Talent des Küchenchefs. Er verarbeitet ausgesuchte Produkte, die er vorzugsweise aus der Region bezieht. Vegetarische Gerichte finden sich ebenso auf der saisonalen Karte. Umsorgt wird man sehr freundlich und herzlich - auch die Köche servieren mit und erklären die Speisen. Eine hübsche Terrasse gibt es ebenfalls.

♿ ⌂ ⇔ P – Menü 79/115 € - Karte 63/69 €

Grafschafter Straße 197 ✉ 47199 - ☏ 0176 23557864 - www.mod-dining.com - Geschlossen: Montag, mittags: Dienstag-Samstag, abends: Sonntag

KÜPPERSMÜHLE RESTAURANT
MODERNE KÜCHE • TRENDY Eine tolle Location: altes Industrieflair, Blick auf den Innenhafen, eine Terrasse am Wasser! In urbaner Atmosphäre gibt es eine moderne Küche mit klassischen und internationalen Einflüssen, die Gerichte sind frisch und sauber gekocht. Mittags ist das Angebot etwas einfacher. Tipp: Besuch im Museum Küppersmühle gleich nebenan.

♿ ⌂ ⇔ P ▣ – Menü 69/89 € - Karte 47/88 €

Philosophenweg 49 ✉ 47051 - ☏ 0203 5188880 - www.kueppersmuehle-restaurant.de - Geschlossen: Montag und Dienstag

VILLA PATRIZIA
ITALIENISCH • ELEGANT Die vielen Stammgäste schätzen das Engagement der Betreiber und ihres Teams, die in der klassisch-eleganten Villa für italienische Küche und herzlich-familiäre Atmosphäre sorgen. Auf der Karte z. B. "gegrilltes Fassona-Kalbskotelett mit Lorbeer und Thymian". Oder lieber hausgemachte Pasta? Hübsch der Pavillon. Gediegene Smoker Lounge im OG.

⌂ ⇔ P – Menü 40 € (Mittags), 68/95 € - Karte 48/78 €

Mülheimer Straße 213 ✉ 47058 - ☏ 0203 330480 - www.villa-patrizia.de - Geschlossen: Sonntag, mittags: Samstag

DURBACH
Baden-Württemberg – Regionalatlas **5**–T3

😊 [MAKI:'DAN] IM RITTER
MODERN • STUBE Das Restaurant ist eine sehr geschmackvolle und gemütliche Gaststube im historischen Teil des Hotels "Ritter". Hier erlebt man am Abend das spezielle "Mezze-Style"-Konzept. Eine klassische Menüfolge gibt es nicht, stattdessen moderne Gerichte in der Größe eines Zwischengangs - da ist Mischen und Probieren angesagt!

DURBACH

ℬ 🎄 ⇔ 🅿 – Menü 28/76 € - Karte 38/53 €
Tal 1 ✉ 77770 – ☏ 0781 93230 – www.ritter-durbach.de/makidan – Geschlossen mittags: Montag-Sonntag

REBSTOCK

REGIONAL · LÄNDLICH Man sitzt in behaglich-ländlichen Stuben, wird aufmerksam umsorgt und lässt sich regionale Gerichte wie Schneckensuppe, Hechtklöße oder Rehragout servieren. Im Sommer schaut man von der traumhaften Terrasse auf Park und Schwarzwald - ein Renner ist die große Auswahl an hausgemachten Torten und Kuchen!

🍴 ♿ 🎄 ⇔ 🅿 – Menü 45/68 € - Karte 29/49 €
Halbgütle 30 ✉ 77770 – ☏ 0781 4820 – www.rebstock-durbach.de – Geschlossen: Montag

EFRINGEN-KIRCHEN

Baden-Württemberg – Regionalatlas **5**-T4

✹ TRAUBE

Chef: Brian Warwryk
MODERNE KÜCHE · CHIC Ein wunderschönes historisches Haus in einem kleinen Weindorf. Das Betreiberpaar kommt aus der Spitzengastronomie ("Maaemo" in Oslo, "La Vie" in Osnabrück), man merkt sofort, hier sind Profis am Werk. Der Service durch die charmante Daniela Hasse ist ungezwungen, wortgewandt und höchst professionell - absoluter Wohlfühlfaktor! Respekt verdient auch Küchenchef Brian Wawryk. Der gebürtige Kanadier kocht handwerklich äußerst exakt und harmonisch. Seine moderne Küche hat einen klaren nordischen Einschlag, setzt aber ebenso auf Regionalität - konservierte Produkte aus dem Vorjahr inklusive. Tipp: Versuchen Sie im Winter den kleinen Tisch in der "Kuschelecke" am Kachelofen zu bekommen! Im Sommer lockt die begrünte Terrasse. Übrigens: Die "Traube" ist auch zum Übernachten eine tolle Adresse.

🅿 – Menü 89/120 €
Alemannenstraße 19 ✉ 79588 – ☏ 07628 9423780 – www.traube-blansingen. de – Geschlossen: Montag und Dienstag, mittags: Mittwoch-Sonntag

EGGENSTEIN-LEOPOLDSHAFEN

Baden-Württemberg – Regionalatlas **5**-U2

☺ ZUM GOLDENEN ANKER

REGIONAL · FREUNDLICH In dem Gasthof a. d. 18. Jh. wohnt man nicht nur gut (Tipp: die neueren Zimmer), er ist auch als ländlich-modernes Restaurant gefragt. Gekocht wird schmackhaft, frisch und saisonal. Die Hauptgänge gibt es auch als kleine Portion. Richtig schön sitzt man im Sommer auf der ruhigen Terrasse hinter dem Haus!

🎄 ⇔ 🅿 🎬 – Menü 37/65 € - Karte 30/65 €
Hauptstraße 16 ✉ 76344 – ☏ 0721 706029 – www.hotel-anker-eggenstein.de – Geschlossen: Samstag

DAS GARBO IM LÖWEN

MARKTKÜCHE · LÄNDLICH Ländlich-elegant das Ambiente, charmant und kompetent der Service, ambitioniert die Küche. Auf der Karte z. B. "Das Eggensteiner Landei - gebackener Ochsenschwanz, pochiertes Landei, junger Spinat, Kartoffel-Nussbutterschaum & Trüffel". Schöne Weinkarte mit rund 300 Positionen. Mittags zusätzlich Business-Lunch. Gepflegte Gästezimmer.

ℬ 🎄 ⇔ – Menü 59/109 € - Karte 44/56 €
Hauptstraße 51 ✉ 76344 – ☏ 0721 780070 – www.garbo-loewen.de – Geschlossen: Montag, Dienstag, Sonntag, mittags: Mittwoch-Samstag

EHNINGEN
Baden-Württemberg – Regionalatlas **7**–B2

❀ LANDHAUS FECKL
FRANZÖSISCH-KLASSISCH • FREUNDLICH Manuela und Franz Feckl sind wirklich beispielhafte Gastgeber. Seit 1985 leiten sie ihr Haus und man spürt ihr Engagement - nicht zuletzt in der Küche. Hier heißt es hochwertige Produkte, ausgezeichnetes Handwerk, viel Gefühl... Zu "Franz Feckl's Klassikern" gesellt sich Interessantes wie ein vegetarisches Menü, das kohlenhydratarme Menü "Innovativ" und ein beliebtes preiswertes Mittagsmenü. Weinfreunde schätzen die gute Auswahl mit der ein oder anderen Rarität. Nicht weniger ansprechend ist die Atmosphäre: Eleganter Landhausstil macht das Restaurant mit seinen schönen Sitznischen richtig wohnlich - von den Fensterplätzen kann man auf die Felder schauen. Im Service ist auch die freundliche Chefin mit von der Partie. Tipp: Übernachten Sie doch in einem der hübschen Gästezimmer.

৬ & ⇔ 🅿 🚗 – Menü 53 € (Mittags), 74/108 € - Karte 66/98 €
Keltenweg 1 ✉ 71139 - ☏ 07034 23770 – www.landhausfeckl.de – Geschlossen: Montag und Sonntag

EIBELSTADT
Bayern – Regionalatlas **5**–V1

☺ GAMBERO ROSSO DA DOMENICO
ITALIENISCH • FREUNDLICH Seit über 20 Jahren ist Domenico schon in italienischer Mission in Franken unterwegs, seit 2012 hier am kleinen Yachthafen, wo er und seine Frau Teresa sympathisch und herzlich ihre Gäste umsorgen. Die authentische Küche gibt es z. B. als „Polposition": Oktopus vom Grill mit sizilianischer Caponata. Der Chef empfiehlt den passenden Wein. Schön die Terrasse zum Main.

🌳 🅿 – Menü 48/60 € - Karte 37/57 €
Mühle 2 ✉ 97246 - ☏ 09303 9843782 – www.gambero-rosso.eu – Geschlossen: Montag und Dienstag, mittags: Mittwoch-Sonntag

EINBECK
Niedersachsen – Regionalatlas **3**–M2

☺ GENUSSWERKSTATT
INTERNATIONAL • BISTRO Nicht alltäglich ist die Kombination von Restaurant und "PS.SPEICHER". Gleich neben der Ausstellung zum Thema "Fortbewegung auf Rädern" liest man auf der "Werkstattkarte" z. B. "Rinderfiletsteak vom Grill" oder "PS.Speicher-Burger", zubereitet in der Show-"Werkstatt". Reduzierte Mittagskarte. Zum Übernachten hat man das geradlinig-modern designte Hotel.

& 🅰🅲 🌳 ⇔ – Karte 32/46 €
Tiedexer Tor 3b ✉ 37574 - ☏ 05561 3199970 – www.freigeist-einbeck.de – Geschlossen: Montag, abends: Sonntag

EISENACH
Thüringen – Regionalatlas **3**–M3

☺ WEINRESTAURANT TURMSCHÄNKE
MARKTKÜCHE • ROMANTISCH In dem Restaurant im Nicolaiturm schaffen schöne historische Details wie Gemälde und original Mobiliar von 1912 eine rustikal-elegante Atmosphäre. Geboten wird saisonal geprägte Küche - als Menü oder à la carte. Grillgerichte gibt es ebenfalls. Dazu eine rund 140 Positionen umfassende Weinkarte mit passenden Erklärungen. Tipp: Man bietet auch spezielle Weinabende an.

৬ ⇔ 🅿 – Menü 39/55 € - Karte 39/53 €
Karlsplatz 28 ✉ 99817 - ☏ 03691 213533 – www.turmschaenke-eisenach.de – Geschlossen: Sonntag, mittags: Montag-Samstag

EISENACH

LANDGRAFENSTUBE

INTERNATIONAL • RUSTIKAL Speisen in einmaligem Rahmen! Die stilvollen Räume werden ganz dem herrschaftlichen Charakter der a. d. 11. Jh. stammenden Burg gerecht. Grandios: die Aussicht vom Restaurant und der Terrasse! Dazu am Abend ambitionierte internationale Küche, mittags kleineres bürgerlich-regionales Angebot.

– Menü 35/70 € - Karte 43/64 €
Auf der Wartburg 2 ✉ 99817 - ✆ 03691 7970 – www.wartburghotel.de

ELMSHORN
Schleswig-Holstein – Regionalatlas **1**–C3

SETTE FEINBISTRO

INTERNATIONAL • BISTRO Etwas versteckt liegt das nette Bistro in der Fußgängerzone hinter einem kleinen Feinkostgeschäft - von hier kommen die mündlich empfohlenen Weine. Unter den frischen internationalen Gerichten findet sich z. B. "Thunfisch, Rucola-Couscous, Mango & Avocado". Tipp: Probieren Sie auch ein Dessert!

– Menü 32/69 € - Karte 24/47 €
Marktstraße 7 ✉ 25335 - ✆ 04121 262939 – www.sette-feinbistro.de – Geschlossen: Montag und Sonntag, abends: Samstag

ELTVILLE AM RHEIN
Hessen – Regionalatlas **3**–K4

✿ JEAN

Chef: Johannes Frankenbach
FRANZÖSISCH-KLASSISCH • FREUNDLICH Im Familienbetrieb der Frankenbachs gibt es neben dem Hotel und dem Café auch das "Jean" in der ehemaligen Weinstube. Nach Stationen in renommierten Adressen wie dem „Ikarus" in Salzburg oder dem „Restaurant Heinz Winkler" in Aschau steht Johannes Frankenbach (die 3. Generation) hier seit 2012 am Herd. Schon der Name „Jean" (französische Kurzform von Johannes) lässt die Liebe zu Frankreich erkennen, und die steckt ebenso bei der produktorientierten, mediterran beeinflussten Küche von Johannes Frankenbach wie sein Händchen für feine Aromen und Kontraste. Dazu eine schöne, fair kalkulierte Weinbegleitung. Attraktiv auch der Rahmen: halbhohe Holztäfelung, gepflegte Tischkultur, alte Fotos..., und draußen der hübsche Platanenhof. Überaus freundlich und natürlich ist der Service durch die junge Chefin!

– Menü 49/125 € - Karte 55/80 €
Wilhelmstraße 13 ✉ 65343 - ✆ 06123 9040 – www.hotel-frankenbach.de – Geschlossen: Montag-Mittwoch, mittags: Donnerstag-Samstag

GUTSAUSSCHANK IM BAIKEN

SAISONAL • WEINBAR Wirklich traumhaft die Lage inmitten von Reben, mit Blick auf die Weinberge und Eltville - das allein ist schon einen Besuch wert! Am liebsten isst man da natürlich auf der Terrasse. Gekocht wird richtig gut, unkompliziert und schmackhaft. Dazu lockerer, freundlicher Service. Tipp: Reservieren Sie unbedingt frühzeitig - man ist fast immer ausgebucht!

– Karte 34/52 €
Wiesweg 86 ✉ 65343 - ✆ 06123 900345 – www.baiken.de – Geschlossen: Montag-Mittwoch, mittags: Donnerstag und Freitag

ADLER WIRTSCHAFT

REGIONAL • RUSTIKAL Die "Adler Wirtschaft" von Franz Keller ist eine Institution in der Region. Reizend das kleine Fachwerkhaus, gemütlich und unkompliziert die Atmosphäre - hier lebt man noch Wirtshauskultur. Das Konzept: Zu einem Fixpreis

ELECTRIC
FOUND ITS VOICE

Erleben Sie elektrische Antriebskraft wie keine andere. Eine Performance, die Sie weiterbringt.
Der neue Mercedes-AMG EQS 53 4MATIC+.

Stromverbrauch kombiniert WLTP: 23,4–21,1 kWh/100 km; CO2-Emissionen kombiniert WLTP: 0 g/km; elektrische Reichweite WLTP: 529–586 km[1]

[1] Der Stromverbrauch und darauf basierende Angaben wurden auf Grundlage der VO 2017/1151/EU nach WLTP ermittelt.

ELTVILLE AM RHEIN

stellt man sich sein Menü zusammen. Gut zu wissen: Bentheimer Schweine sowie Charolais- und Limousin-Rinder kommen vom eigenen Falkenhof im Taunus.
&. 斎 ⛔ – Menü 49/93 €

Hauptstraße 31 ⊠ 65347 - ✆ 06723 7982 - www.franzkeller.de - Geschlossen: Montag und Dienstag, mittags: Mittwoch-Sonntag

KRONENSCHLÖSSCHEN

MODERN • ELEGANT Schön sitzt man hier unter einer stilvollen bemalten Decke oder auf der hübschen Terrasse mit angrenzendem Garten. Geboten wird ein Menü, aus dem Sie auch à la carte wählen können. Dazu eine der bestsortierten Weinkarten in Deutschland! Alternativ gibt es das Bistro. Übernachten kann man im gleichnamigen Hotel in wohnlichen, wertig eingerichteten Zimmern.
⚙ ⛟ 斎 ⇔ 🅿 – Menü 96/132 € - Karte 12/52 €

Rheinallee ⊠ 65347 - ✆ 06723 640 - www.kronenschloesschen.de – Geschlossen: Montag, mittags: Dienstag-Sonntag

Y WINE & KITCHEN Ⓝ

INTERNATIONAL • DESIGN Klare Formen, flippige Farben, markantes Flamingo-Design an der Wand..., das denkmalgeschützte Haus in der Altstadt von Eltville überrascht mit einem stylischen Interieur. In sympathisch-lebhafter Atmosphäre serviert man modern-internationale Küche. Das "Y" im Namen nimmt übrigens Bezug auf die eigenen Weine von Inhaber und Sommelier Ahmet Yildirim.
⚙ 🆊 – Menü 57/90 € - Karte 53/70 €

Rheingauer Straße 22 ⊠ 65343 - ✆ 06123 7096563 - y-wineandkitchen.com – Geschlossen: Montag und Sonntag, mittags: Dienstag-Samstag

ZUM KRUG

SAISONAL • FAMILIÄR Hinter der hübschen historischen Fassade sitzt man in gemütlichen Gasträumen bei regionaler und internationaler Küche mit Bezug zur Saison. Auf der Karte liest man z. B. "Sauerbraten vom Bio-Weiderind mit Kartoffelklößen und Preiselbeeren". Dazu gibt's schöne Rheingau-Weine. Gepflegt übernachten kann man ebenfalls - einige Zimmer sind besonders modern.
⚙ 斎 ⇔ 🅿 ⛔ – Menü 55/85 € - Karte 37/70 €

Hauptstraße 34 ⊠ 65347 - ✆ 06723 99680 - www.zum-krug-rheingau.de – Geschlossen: Montag, mittags: Dienstag, abends: Sonntag

ELZACH

Baden-Württemberg – Regionalatlas **5**-T3

😊 RÖSSLE

REGIONAL • FAMILIÄR In dem Familienbetrieb kommen regional-internationale Gerichte aus guten Zutaten auf den Tisch, darunter auch "Leibspeisen" wie Cordon bleu oder Schwarzwaldforelle aus der Oberprechtäler Aufzucht. Und das Ambiente? Freundlich und mit mediterraner Note - vorne leger, weiter hinten aufwändiger eingedeckt. Tipp: Gästezimmer mit schönem Mix aus warmem Holz und klaren Linien.
&. 斎 ⇔ – Menü 37/52 € - Karte 29/53 €

Hauptstraße 19 ⊠ 79215 - ✆ 07682 212 - www.roessleelzach.de – Geschlossen: Dienstag

😊 SCHÄCK'S ADLER

REGIONAL • ROMANTISCH Ein Gasthof wie aus dem Bilderbuch! Richtig gemütlich die ganz in Holz gehaltenen Stuben, ambitioniert und schmackhaft die Küche - man setzt auf Produkte aus der Region und orientiert sich an der Saison. Auf der Karte z. B. "Gebratene Kalbsleber mit glasierten Äpfeln und Bratkartoffeln". Schön auch die "Strumbel-Bar". Sehr gepflegt übernachten kann man ebenfalls.
斎 ⇔ 🅿 – Menü 42/58 € - Karte 36/68 €

Waldkircher Straße 2 ⊠ 79215 - ✆ 07682 1291 - www.schaecks-adler.de – Geschlossen: Montag und Dienstag

EMMERICH AM RHEIN
Nordrhein-Westfalen - Regionalatlas **3**-J2

ZU DEN DREI LINDEN - LINDENBLÜTE
INTERNATIONAL · ELEGANT Richtig gut isst man bei Familie Siemes, und zwar internationale Speisen mit saisonalen Einflüssen - da lässt man sich z. B. "gebackenen Kabeljau mit Garnelencurry und Blumenkohl an Bärlauchpüree" schmecken. Vor allem die Menüs sind preislich wirklich fair. Und das Ambiente? Freundlich, mit eleganter Note.

AC 🍴 ⇔ 🅿 – Menü 43/49 € - Karte 35/57 €
Reeser Straße 545 ✉ 46446 - ☏ 02822 8800 - www.zu-den-3-linden.de -
Geschlossen: Montag-Mittwoch, mittags: Donnerstag-Samstag

EMSDETTEN
Nordrhein-Westfalen - Regionalatlas **3**-K1

😊 LINDENHOF
REGIONAL · GEMÜTLICH Wie das Hotel mit seinen individuellen, wohnlichen Zimmern erfreut sich auch das Restaurant der Hankhs großer Beliebtheit. Grund ist die gute regional und mediterran beeinflusste saisonale Küche. Auch die klassische "Rinderroulade nach Großmutters Rezept" fehlt nicht auf der Karte. Charmant der Service. Schöne kleine Terrasse vor und hinter dem Haus.

♿ 🍴 ⇔ 🅿 🚗 – Menü 39/60 € - Karte 30/60 €
Alte Emsstraße 7 ✉ 48282 - ☏ 02572 9260 - www.lindenhof-emsdetten.de -
Geschlossen: Montag und Sonntag, mittags: Dienstag-Samstag

ENDINGEN AM KAISERSTUHL
Baden-Württemberg - Regionalatlas **7**-B1

✿ MERKLES RESTAURANT
MODERNE KÜCHE · GEMÜTLICH Thomas Merkle hätte keine bessere Entscheidung treffen können, als den elterlichen Betrieb zu übernehmen und gemeinsam mit seiner Frau die seit über 30 Jahren gepflegte Gastlichkeit fortzuführen. Seine Heimatverbundenheit zeigt der gebürtige Endinger gerne mit der Wahl regionaler Zutaten, bringt mit Aromen aus fernen Ländern aber auch seine Weltoffenheit in die durchdachten Gerichte ein. Klasse die Produktqualität. Versiert der Service, schön die glasweisen Weinempfehlungen. Thomas Merkle und sein Küchenteam sind übrigens auch selbst im Restaurant präsent, der Kontakt zum Gast ist Ihnen wichtig! Angenehm ist auch der Rahmen: ein historisches Pfarrhaus mit schickem geradlinig-elegantem Interieur. Tipp: Leckeres à la Merkle gibt's auch für daheim in Form von Hausgemachtem wie Saucen, Ölen, Salzen...

🍴 🅿 – Menü 85/129 €
Hauptstraße 2 ✉ 79346 - ☏ 07642 7900 - www.merkles-restaurant.de -
Geschlossen: Montag-Mittwoch, Sonntag, mittags: Donnerstag-Samstag

😊 DIE PFARRWIRTSCHAFT
REGIONAL · TRENDY Modern-rustikal kommt das zweite Restaurant im Hause Merkle daher, und auch hier kocht man anspruchsvoll. In der einsehbaren Küche entsteht ein abwechslungsreiches Angebot mit regionalem und saisonalem Bezug. Geschult der Service. Günstige Mittagskarte.

🍴 ⇔ 🅿 – Menü 39/49 € - Karte 35/63 €
Hauptstraße 2 ✉ 79346 - ☏ 07642 924311 - www.pfarrwirtschaft.de -
Geschlossen: Montag und Dienstag

😊 DUTTERS STUBE
REGIONAL · FREUNDLICH Schon die 4. Generation der Dutters leitet den charmanten Gasthof a. d. 16. Jh. Gut kommt die saisonal-regional ausgerichtete Küche an - gerne wählt man das Menü. Etwas bodenständiger ist die "Dorfwirtschaft"

ENDINGEN AM KAISERSTUHL

mit Vesper, Flammkuchen, Rumpsteak. Als Terrassen-Alternative gibt es die hübsche Sommerlaube! Übrigens: Chef Arthur Dutter ist Mitglied der "Deutschen Fußballköche".

☗ – Menü 46/65 € - Karte 30/61 €
Winterstraße 28 ✉ 79346 – ☎ 07642 1786 – www.dutters-stube.de –
Geschlossen: Montag, Dienstag, Sonntag, mittags: Mittwoch-Samstag

ENKENBACH-ALSENBORN
Rheinland-Pfalz – Regionalatlas **7**–B1

KÖLBL

INTERNATIONAL • LÄNDLICH Viele Stammgäste mögen die regionale und internationale Küche bei den Kölbls. Auch ein vegetarisches Menü wird angeboten - und der günstige Business Lunch kommt ebenfalls gut an. Serviert wird in den gemütlichen Gaststuben oder auf der Hofterrasse. Zum Übernachten hat man funktionale Gästezimmer.

☗ ⇔ – Menü 15 € (Mittags), 32/55 € - Karte 36/55 €
Hauptstraße 3 ✉ 67677 – ☎ 06303 3071 – www.hotel-restaurant-koelbl.de –
Geschlossen: Montag und Dienstag, mittags: Samstag

ERFTSTADT
Nordrhein-Westfalen – Regionalatlas **3**–J3

HAUS BOSEN

KLASSISCHE KÜCHE • BÜRGERLICH In dem gemütlichen Fachwerkhaus, seit über 120 Jahren gastronomisch genutzt, bietet man Mediterranes, Regionales und Klassisches: "Calamares Mallorquinische Art", "Jahrgangssardinen mit Landbrot", "Königsberger Klopse", "geschmorte Schwelnebäckchen"...

☗ – Menü 36/37 € - Karte 30/48 €
Herriger Straße 2 ✉ 50374 – ☎ 02235 691618 – www.hausbosen.de –
Geschlossen: Montag

ERFURT
Thüringen – Regionalatlas **4**–N3

CLARA - RESTAURANT IM KAISERSAAL

MODERNE KÜCHE • ELEGANT Hier erwartet Sie eine saisonal beeinflusste modern-kreative Küche, in der ausgesuchte Zutaten im Mittelpunkt stehen. Neben Produktqualität überzeugen auch Handwerk und Geschmack. Dekoratives Detail in dem eleganten Restaurant: ein großes Portrait von Clara Schumann, die u. a. vom ehemaligen 100-DM-Schein bekannt ist. Es gibt auch eine Kochschule.

⚛ ♿ 🅿 ☗ – Menü 95/134 €
Futterstraße 15 ✉ 99084 – ☎ 0361 5688207 – www.restaurant-clara.de –
Geschlossen: Montag-Mittwoch, Sonntag, mittags: Donnerstag-Samstag

DAS BALLENBERGER

MARKTKÜCHE • FREUNDLICH Ein freundliches, sympathisch-lockeres Restaurant mitten in der Altstadt nahe der historischen Krämerbrücke, vor dem Haus eine kleine Terrasse. Man bietet saisonal-internationale Gerichte, außerdem locken hausgebackene Kuchen, und ab 9 Uhr kann man schön frühstücken. Zum Übernachten gibt es fünf charmante Apartments.

☗ – Menü 38 € (Mittags), 40/70 € - Karte 47/56 €
Gotthardtstraße 25 ✉ 99084 – ☎ 0361 64456088 – www.das-ballenberger.de –
Geschlossen: Sonntag

ERFURT

ESTIMA BY CATALANA
MODERNE KÜCHE • FREUNDLICH In dem gemütlich-modernen Lokal in der Innenstadt reist man kulinarisch in den spanisch-französischen Mittelmeerraum - Schwerpunkt ist die modern interpretierte katalanische Küche. Dazu empfiehlt der Chef den passenden Wein aus Spanien. Ein vegetarisches Menü gibt es ebenfalls. Tipp: Parkhaus Domplatz, 5 Gehminuten entfernt.
Menü 59/99 €
Allerheiligenstraße 3 – 99084 – 0361 5506335 – www.estima-erfurt.de – Geschlossen: Montag und Sonntag, mittags: Dienstag-Samstag

IL CORTILE
ITALIENISCH • GEMÜTLICH Über einen netten kleinen Innenhof erreicht man das Restaurant. Hier ist es gemütlich und man bekommt frische mediterrane Küche - da hat man natürlich so manchen Stammgast. Auf der Karte z. B. "Wolfsbarschfilet mit Artischocken". Oder lieber leckere Pasta?
– Karte 53/69 €
Johannesstraße 150 – 99084 – 0361 5664411 – www.ilcortile.de – Geschlossen: Montag, Dienstag, Sonntag, mittags: Mittwoch-Samstag

RESTAURANT UND WEINSTUBE ZUMNORDE
MEDITERRAN • FREUNDLICH Wer nach der Stadtbesichtigung gut essen möchte, bekommt im Restaurant des Hotels "Zumnorde am Anger" z. B. Tatar, Flammkuchen, Steaks... Einiges gibt's als kleine "Tapas"-Probierportion. Bei schönem Wetter ist der Biergarten richtig charmant! Unter der Woche kleine Mittagskarte. "Tabakskolleg" für Zigarrenliebhaber. Klassisch-elegant die Gästezimmer.
– Menü 38/40 € - Karte 31/61 €
Grafengasse 2 – 99084 – 0361 5680426 – www.hotel-zumnorde.de – Geschlossen: Sonntag, mittags: Samstag

ERKELENZ
Nordrhein-Westfalen – Regionalatlas **3**–J3

TROYKA
Chef: Alexander Wulf
MODERNE KÜCHE • TRENDY Nach dem Umzug von Heinsberg in diesen nachhaltig-geradlinigen Neubau gibt das Küchenchef-Duo Alexander Wulf und Marcel Kokot in ihrem Menü sehr moderne Gerichte mit russischen Einflüssen zum Besten. Betreut wird man von einem kompetenten, angenehm lockeren und charmanten jungen Team unter der Leitung von Sommelier Ronny Schreiber - als echter Weinkenner überrascht er mit interessanten, nicht immer alltäglichen Weinempfehlungen. Im Sommer wird das puristisch-schicke Restaurant um eine schöne Terrasse ergänzt. Der russische Name "Troyka" bedeutet übrigens "Dreigespann" und nimmt Bezug auf das eingespielte Betreiber-Trio.
– Menü 135 €
Rurstraße 19 – 41812 – 02431 9455355 – www.troyka.de – Geschlossen: Montag und Dienstag, mittags: Mittwoch-Samstag

ERKRATH
Nordrhein-Westfalen – Regionalatlas **3**–J3

HOPMANNS OLIVE
MEDITERRAN • GEMÜTLICH Direkt beim historischen Lokschuppen (ideal für Feiern) liegt das gemütliche Restaurant der Hopmanns - einladend das frische Olivgrün des Raumes, ebenso der Sommergarten! Gekocht wird regional und mediterran inspiriert, so z. B. "gebratenes Kalbsrückensteak und Garnelenravioli".

ERKRATH

  🕭 🏠 ⇄ 🅿 – Menü 68 € - Karte 42/69 €
Ziegeleiweg 1 ⌧ 40699 – ✆ 02104 803632 – www.hopmannsolive.de –
Geschlossen: Dienstag und Mittwoch, mittags: Montag, Donnerstag-Samstag

ERLANGEN
Bayern – Regionalatlas 6–X1

😊 GASTHAUS POLSTER
REGIONAL • FREUNDLICH In dem traditionsreichen Haus - Familienbetrieb seit 1839 - hat man Gourmet-Restaurant und Stube zusammengelegt und bietet auf der Karte nun viele fränkisch-regionale Gerichte, aber auch klassische Speisen. An Vegetarier ist ebenfalls gedacht. Sehr nett die Terrasse mit viel Grün. Übernachtungsgäste dürfen sich auf hübsche, wohnliche Zimmer freuen.

🏠 ⇄ 🅿 🛏 – Menü 48/58 € - Karte 27/49 €
Am Deckersweiher 26 ⌧ 91056 – ✆ 09131 75540 – www.gasthaus-polster.de –
Geschlossen: Montag

ESSEN
Nordrhein-Westfalen – Regionalatlas 3–J2

✸ HANNAPPEL
MODERNE KÜCHE • ELEGANT Mit der Eckkneipe von einst hat das Restaurant von Knut und Ulrike Hannappel rein gar nicht mehr zu tun. Seit 1993 sind die beiden hier Ihre Gastgeber und sie bleiben nicht stehen. So hat das Interieur inzwischen einen neuen Look bekommen und liegt mit seinem geschmackvollen geradlinigen Design ganz im Trend. Ebenso modern die Küche. Mit top Produkten und ebensolchem Handwerk sorgt das Team um Knut Hannappel und Küchenchef Tobias Weyers für spannende innovative Gerichte, die technisch sehr anspruchsvoll, aber keineswegs überladen sind. "Casual Fine Dining" trifft es genau. Da passt auch das Serviceteam ins Bild, das Sie mit einer gewissen Lockerheit, aber stets aufmerksam und professionell umsorgt.

🅰🅒 ⇄ – Menü 75/118 € - Karte 60/78 €
Dahlhauser Straße 173 ⌧ 45279 – ✆ 0201 534506 – www.restaurant-hannappel. de – Geschlossen: Montag und Dienstag, mittags: Mittwoch-Samstag

✸ SCHOTE
Chef: Nelson Müller
MODERNE KÜCHE • CHIC Der sympathische Gastronom und TV-Koch Nelson Müller bietet in der Essener Innenstadt ein gelungenes Doppelkonzept. Der moderne Gebäudekomplex am Rüttenscheider Stern beherbergt neben dem Bistro "MÜLLERS auf der Rü" auch sein Gourmetrestaurant "Schote". In der großen offenen Küche entsteht ein Menü mit vier bis zehn Gängen, für das man ausgezeichnete Produkte handwerklich überaus akkurat zu ausdrucksstarken Gerichten zubereitet. Auf Voranmeldung gibt es auch die vegetarische Menü-Variante "No Meat No Fish". Dazu empfiehlt man gerne die passende Weinbegleitung. Das Ambiente ist modern und zugleich gemütlich, der Service sehr freundlich, aufmerksam und kompetent.

Menü 122/189 €
Rüttenscheider Straße 62 ⌧ 45130 – ✆ 0201 780107 – www.restaurant-schote. de – Geschlossen: Montag und Sonntag, mittags: Dienstag-Samstag

ANNELIESE
MODERNE KÜCHE • TRENDY Sympathisch, trendig und angenehm ungezwungen. Das gut geführte Lokal liegt in einem eher unscheinbaren Haus in einer Wohngegend und hat viele Stammgäste - kein Wunder, denn man kocht hier ambitioniert, modern-saisonal und mit ausgesuchten Zutaten.

ESSEN

Menü 54/79 €

Petzelsberg 10 ✉ 45259 – ☏ 0201 61795081 – www.restaurant-anneliese.de – Geschlossen: Montag-Mittwoch, Sonntag, mittags: Donnerstag-Samstag

HUGENPÖTTCHEN

INTERNATIONAL · GEMÜTLICH Neben seiner schönen Lage in der historischen Remise bietet das hübsche Restaurant des Hotels "Schloss Hugenpoet" internationale Küche mit Bezug zur Saison. Gerne sitzt man auch auf der Terrasse im Hof. Freundlich, aufmerksam und geschult der Service. Tipp: "BARonie" für den Aperitif.
🏨 🌿 ⇔ 🅿 – Karte 44/61 €

August-Thyssen-Straße 51 ✉ 45219 – ☏ 02054 12040 – www.hugenpoet.de

LUCENTE ⓝ

ITALIENISCH · FREUNDLICH Sie suchen in Rüttenscheid gute italienische Küche? Dann sind Sie in diesem Ristorante genau richtig. Auf der Karte finden sich Klassiker wie Vitello Tonnato oder hausgemachte Ravioli. Interessant auch das Tagesangebot auf der Tafel sowie mündliche Empfehlungen. Die Atmosphäre: jung, frisch, sympathisch - italienische Lebensfreude liegt hier förmlich in der Luft!
🌿 – Karte 43/71 €

Rüttenscheider Str. 212 ✉ 45131 – ☏ 0201 424660 – www.ristorante-lucente.de – Geschlossen: Montag und Sonntag

PARKHAUS HÜGEL

MARKTKÜCHE · FREUNDLICH Das von Familie Imhoff seit Jahren mit Engagement geführte traditionsreiche Anwesen a. d. 19. Jh. liegt direkt gegenüber dem Baldeneysee - sowohl das geradlinig-elegante Restaurant als auch die Terrasse bieten Seeblick. Es gibt saisonal-internationale Küche, aber auch "Vergessene Klassiker" wie "Milchkalbsleber Berliner Art". Wohnliche Hotelzimmer hat man ebenfalls.
≤ 🌿 ⇔ 🅿 – Menü 40/70 € - Karte 46/62 €

Freiherr-Vom-Stein-Straße 209 ✉ 45133 – ☏ 0201 471091 – www.parkhaus-huegel.de

PAUL'S BRASSERIE

FRANZÖSISCH · BRASSERIE Lust auf geschmackvoll-freundliche Brasserie-Atmosphäre? Hier nahe Philharmonie und Aalto-Musiktheater darf man sich auf saisonal-französische Gerichte aus frischen Produkten freuen. Mittags kommt der "Plat du jour" gut an. Übrigens: Name und Logo des Lokals sollen an den verstorbenen Hund des Inhabers erinnern.

Karte 42/64 €

Huyssenallee 7 ✉ 45128 – ☏ 0201 26675976 – www.pauls-brasserie.de – Geschlossen: Montag und Sonntag, mittags: Samstag

PIERBURG - ERIKA BERHEIM ⓝ

MARKTKÜCHE · TRENDY In der bereits seit 1901 gastronomisch genutzten "Pierburg" sorgt Erika Bergheim (zuletzt Küchenchefin im Essener "Laurushaus") für international und saisonal inspirierte Gerichte. Das Angebot gibt es als "Pierburg Karte" und als Menü "Selection E.B.". Freundlich umsorgt sitzt man in geschmackvoll-modernem Ambiente, die Küche ist einsehbar.
🅰🆒 🌿 🅿 – Karte 41/71 €

Schmachtenbergstraße 184 ✉ 45219 – ☏ 02054 5907 – www.pierburg-essen.com – Geschlossen: Montag und Dienstag

ROTISSERIE DU SOMMELIER

FRANZÖSISCH-KLASSISCH · BISTRO Richtig sympathisch ist das in der Fußgängerzone gelegene Bistro mit französischem Flair - beliebt die Hochtische bei der Theke. Auf der Karte liest man z. B. "Maultasche vom Sauerbraten auf Elsässer Rahmkraut", "Frikassee von Bio-Huhn" oder die Spezialität "Rührei mit

Trüffel aus dem Burgund". Die Leidenschaft des Chefs für Wein sieht man an den rund 300 Positionen.

ಈ ಈ ಈ – Menü 42/65 € - Karte 42/65 €

Wegenerstraße 3 ⊠ 45131 - ℰ 0201 9596930 – www.rotisserie-ruettenscheid. de – Geschlossen: Montag und Sonntag, mittags: Dienstag-Samstag

ESSLINGEN AM NECKAR
Baden-Württemberg – Regionalatlas **7**–B2

POSTHÖRNLE

INTERNATIONAL • FREUNDLICH In einem der ältesten Wirtshäuser der Stadt ist dieses geradlinig-leger gehaltene kleine Restaurant zu finden. Aus der Küche kommen frische saisonale Gerichte, von der "Rehfrikadelle mit schwarzem Senf" bis zum "gebratenen Zander auf Orangen-Chicorée".

ಈ – Menü 23/66 €

Pliensaustraße 56 ⊠ 73728 - ℰ 0711 50629131 – www.posthoernle.de – Geschlossen: Montag und Dienstag, mittags: Mittwoch-Samstag

ETTLINGEN
Baden-Württemberg – Regionalatlas **5**–U2

ERBPRINZ

KLASSISCHE KÜCHE • ELEGANT Der „Erbprinz" ist ohne Zweifel eine Institution im Raum Karlsruhe - nicht nur für die zahlreichen Tagungsgäste, die hier gerne logieren. Das Haus ist eine kulinarische Adresse, die Wert legt auf stilvolles Ambiente und hervorragende Küche. Für die ist Ralph Knebel verantwortlich. Der gebürtige Regensburger und sein Team kochen klassisch und mit internationalen Einflüssen. Für die aromareichen Gerichten kommen ausgesuchte Produkte zum Einsatz, die sich an der Jahreszeit orientieren. Mit von der Partie ist übrigens auch Ralph Knebels Frau Jasmina, die als Chef-Patissière für feine Desserts sorgt. Besonders hübsch ist im Sommer die blumengeschmückte Terrasse, auf der man an warmen Tagen entspannt sein Essen genießen kann.

ಈ ಈ ℙ ಈ ಈ – Menü 130/170 € - Karte 124/135 €

Rheinstraße 1 ⊠ 76275 - ℰ 07243 3220 – www.erbprinz.de – Geschlossen: Montag, Dienstag, Sonntag, mittags: Mittwoch-Samstag

HARTMAIER'S VILLA

INTERNATIONAL • ELEGANT In einer schönen Villa von 1816 befindet sich das moderne Restaurant. Das Ambiente mal elegant, mal legerer, schöne Terrassen vor und hinter dem Haus. Auf der Karte liest man z. B. "Rumpsteak mit handgeschabten Spätzle" und auch Internationales wie "Spicy Riesengarnelen mit asiatischen Nudeln". Lunch zu gutem Preis-Leistungs-Verhältnis.

ಈ ಈ ಈ ℙ – Menü 36 € (Mittags), 62/72 € - Karte 42/72 €

Pforzheimer Straße 67 ⊠ 76275 - ℰ 07243 761720 – www.hartmaiers.de – Geschlossen: Dienstag

WEINSTUBE SIBYLLA

REGIONAL • WEINBAR Eine gute Adresse für unkomplizierte Küche und Klassiker. Das Angebot reicht von Wiener Schnitzel über Rinderroulade bis zu "Gourmet-Tradition" wie "Pot au feu von Hummer". Oder ziehen Sie eines der vegetarischen Gerichte vor? Schöner alter Holzfußboden, getäfelte Wände und hübsche Deko versprühen Charme.

ಈ ಈ ℙ ಈ ಈ – Menü 37/75 € - Karte 42/67 €

Rheinstraße 1 ⊠ 76275 - ℰ 07243 3220 – www.erbprinz.de

EUSKIRCHEN

Nordrhein-Westfalen – Regionalatlas **3**-J4

BEMBERGS HÄUSCHEN

Chef: Oliver Röder

MODERNE KÜCHE • KLASSISCHES AMBIENTE Steht Ihnen der Sinn nach etwas herrschaftlichem Flair? Das vermittelt die schöne jahrhundertealte Schlossanlage der Familie von Bemberg. Der angegliederte Gutshof a. d. 18. Jh. beherbergt ein ausgesprochen hübsches modern-elegantes Restaurant, das mit geradlinigem und zugleich stilvollem Interieur dem Charakter des historischen Wirtschaftsgebäudes gut zu Gesicht steht. Patron Oliver Röder und sein Küchenchef Filip Czmok sorgen für stimmige, aromareiche und ausdrucksstarke Gerichte aus exquisiten Produkten. Dass man sich rundum wohlfühlt, liegt nicht zuletzt auch am überaus aufmerksamen, charmanten und kompetenten Service. Sie möchten diesen geschmackvollen Rahmen noch ein bisschen länger genießen? Im "Nachtquartier", ehemals Kuhstall, gibt es fünf individuelle und richtig wohnliche Zimmer!

– Menü 119/187 €

Burg Flamersheim ⌧ 53881 – ✆ 02255 945752 – www.burgflamersheim.de – Geschlossen: Montag-Mittwoch, Sonntag, mittags: Donnerstag-Samstag

EIFLERS ZEITEN

REGIONAL • RUSTIKAL Gemütlich kommt die sympathisch-rustikale Alternative zu "Bembergs Häuschen" daher. Lust auf "gebratenes Lachsfilet mit Rahmschwarzwurzeln" oder Klassiker wie "Milchkalbsleber Berliner Art"? Es gibt auch wechselnde Tagesgerichte wie z. B. Sonntagsbraten. Hingucker: die beiden Flaschenkronleuchter! Schön auch der Blick durch die Fensterfront auf den Teich.

– Menü 36 € - Karte 30/52 €

Burg Flamersheim ⌧ 53881 – ✆ 02255 945752 – www.burgflamersheim.de – Geschlossen: Montag-Mittwoch, mittags: Donnerstag

FEHMARN (INSEL)

Schleswig-Holstein – Regionalatlas **2**-G3

In Burg

MARGARETENHOF

REGIONAL • GEMÜTLICH Richtig idyllisch liegt das einstige Bauernhaus! Drinnen liebevoll dekorierte Räume, draußen eine herrliche Gartenterrasse. Dazu engagierte Gastgeber und gute Küche von regional bis asiatisch, Sushi inklusive. Ende Okt. - März freitagabends nur "Wine & Dine"-Menü auf Reservierung. Tipp: sonn- und feiertags "Afternoon Tea" (14 - 16.30 Uhr).

– Menü 39/63 € - Karte 35/58 €

Dorfstraße 7 ⌧ 23769 – ✆ 04371 87670 – www.restaurant-margaretenhof.com – Geschlossen: Montag und Dienstag, mittags: Mittwoch-Samstag

FELDBERGER SEENLANDSCHAFT

Mecklenburg-Vorpommern – Regionalatlas **2**-G3

ALTE SCHULE - KLASSENZIMMER

Chef: Daniel Schmidthaler

MODERNE KÜCHE • FREUNDLICH Da geht man doch richtig gerne zur Schule! Zu verdanken ist das Daniel Schmidthaler. Wo früher gepaukt wurde, bietet der gebürtige Oberösterreicher an einem geradezu idyllischen Ort ein sehr interessantes modernes Überraschungsmenü mit sechs bis neun Gängen. Und das spiegelt die Naturverbundenheit des Chefs wider. Ob Wild, Fisch oder Pilze, er verwendet Produkte, die aus der direkten Umgebung kommen und in der jeweiligen Jahreszeit frisch verfügbar sind. Gerne setzt er aromatische Kräuter und die Säure

FELDBERGER SEENLANDSCHAFT

von Früchten ein. Und das Ambiente? Mit Stil hat man das einstige Klassenzimmer in dem schmucken historischen Backsteinhaus gestaltet. Hübsche Details: ein alter Kachelofen, schöner Parkettboden, hohe Sprossenfenster... Übrigens: Man hat hier auch charmante, freundliche Zimmer zum Übernachten.

🍀 *Engagement des Küchenchefs:* *Wir nutzen unsere Abgeschiedenheit und profitieren direkt von Wäldern und Wiesen, wir sammeln selbst, unser Vertrauens-Fischer „Olli" bringt den frischsten Fang umliegender Seen und der Jäger den schönsten und besten Schuss aus direkter Umgebung, regionaler und saisonaler kann man kaum arbeiten!*

🍴 ✿ 🅿 – Menü 110/160 €

Zur Alten Schule 5 ✉ 17258 – ✆ 039831 22023 – www.hotelalteschule.de – Geschlossen: Montag und Dienstag, mittags: Mittwoch-Sonntag

FELDKIRCHEN-WESTERHAM
Bayern – Regionalatlas **6**–Y4

🌸 ASCHBACHER HOF

MARKTKÜCHE • LÄNDLICH Der schmucke Landgasthof von Familie Lechner bietet Ihnen nicht nur eine schöne Aussicht auf die Region sowie geschmackvolle, wohnliche Zimmer, sondern auch eine wirklich gute und frische Küche. Es gibt regional-saisonale Gerichte samt Wild oder auch Klassiker wie Zwiebelrostbraten. Toll die Terrasse.

≾ 🍴 ✿ 🅿 ⓣ – Menü 25/42 € - Karte 34/56 €

Aschbach 3 ✉ 83620 – ✆ 08063 80660 – www.aschbacher-hof.de

FELLBACH
Baden-Württemberg – Regionalatlas **7**–B2

🌸🌸 GOLDBERG

MODERNE KÜCHE • HIP Hinter der doch eher sachlichen Fassade der Schwabenlandhalle verbirgt sich ein schickes, elegantes Restaurant. Philipp Kovacs (er kochte u. a. bei Richard Stöckli im „Gourmetstübli" in Interlaken, bei Otto Koch im "Restaurant 181" in München sowie in der „Vila Joya" von Dieter Koschina im portugiesischen Albufeira) begeistert seine Gäste hier in der 1. Etage mit sehr durchdachten Kombinationen. Im Hier und Jetzt" lautet das Motto des gebürtigen Heilbronners: Das "Hier" steht für Regionalität sowie für die Wünsche der Gäste, das "Jetzt" für den saisonalen Bezug und die Moderne. Seine Menüs nennt er "Abenteuer" und "Zukunft". Charmant der Service - man empfiehlt übrigens alternativ zum Wein auch gerne eine vorzügliche alkoholfreie Saftbegleitung.

🅰🅲 🍴 ✿ 🅿 – Menü 119/179 €

Guntram-Palm-Platz 1 ✉ 70734 – ✆ 0711 57561666 – www.goldberg-restaurant. de – Geschlossen: Montag und Sonntag, mittags: Dienstag-Samstag

🌸 OETTINGER'S RESTAURANT

FRANZÖSISCH-MODERN • LÄNDLICH "Edel, aber nicht steif" lautet das Motto hier. Entsprechend angenehm sind das wohnliche Landhaus-Ambiente und die sympathisch-lockere Gästebetreuung. Michael Oettinger (er leitet den Familienbetrieb mit über 150-jähriger Tradition gemeinsam mit seinem Bruder Martin) war in renommierten Adressen wie z. B. dem "Burgrestaurant Staufeneck" in Salach oder dem "Louis C. Jakob" in Hamburg tätig, bevor er 2005 hier die Küchenleitung übernahm. Gekocht wird mit modernem Touch und absolut hochwertigen Zutaten. Zur Wahl stehen die Menüs "TeamWork", "OldSchool" und "AbInsBeet" (die Vegi-Variante). Sie möchten übernachten? Mit dem Hotel "Hirsch" bietet man auch schöne Gästezimmer.

🚗 – Menü 68/118 €

Fellbacher Straße 2 ✉ 70736 – ✆ 0711 9513452 – www.hirsch-fellbach.de – Geschlossen: Montag, Dienstag, Sonntag, mittags: Mittwoch-Freitag

FELLBACH

ALDINGERS

REGIONAL · GEMÜTLICH Geschickt verbinden Volker und Susanne Aldinger hier Tradition und Gegenwart. Gekocht wird so richtig schmackhaft, von à la carte bis zur "Innereienwoche", und auch "Nasi Goreng" liest man durchaus mal auf der Karte. Unbedingt probieren sollten Sie den schwäbischen Kartoffelsalat oder die Flädlesuppe! Tipp: Weine vom eigenen Weingut!

– Menü 45/58 € · Karte 37/55 €

Schmerstraße 6 ⌂ 70734 – ☏ 0711 582037 – www.aldingers-restaurant.de – Geschlossen: Montag und Sonntag

FEUCHTWANGEN
Bayern – Regionalatlas **5**-V2

GREIFEN-POST

MARKTKÜCHE · GASTHOF Die drei Stuben sprühen förmlich vor historischem Flair und Gemütlichkeit. Man kocht mit Bezug zur Saison und bezieht viele Produkte aus der Region. Die gute Küche gibt es à la carte oder als Menü - darf es vielleicht das Überraschungsmenü mit Weinbegleitung sein? Hotelgäste wählen zwischen schönen Renaissance-, Romantik-, Biedermeier- oder Landhauszimmern.

– Menü 29 € (Mittags), 45 € · Karte 31/49 €

Marktplatz 8 ⌂ 91555 – ☏ 09852 6800 – www.hotel-greifen.de – Geschlossen: Montag, abends: Sonntag

FINNING
Bayern – Regionalatlas **6**-X3

ZUM STAUDENWIRT

REGIONAL · GASTHOF Das gewachsene Gasthaus mit gepflegtem kleinem Hotel ist ein Familienbetrieb in 3. Generation. Unterschiedlich die Räume, von ländlich bis charmant-zeitgemäß, dazu eine schöne Terrasse. Gekocht wird regional und bürgerlich, aber auch modern-saisonal. Wer es vegetarisch mag, wird auf der Karte ebenfalls fündig.

– Menü 65/110 € · Karte 24/58 €

Staudenweg 6 ⌂ 86923 – ☏ 08806 92000 – www.staudenwirt.de – Geschlossen: Mittwoch

KAMINZIMMER

MODERNE KÜCHE · ZEITGEMÄSSES AMBIENTE Das "Kaminzimmer" ist das neue Fine-Dining-Restaurant des familiengeführten "Staudenwirts". Gekocht wird ambitioniert - verantwortlich dafür sind zwei Brüder: Küchenchef Dominik Schmid und Patissier Stefan Schmid. Dazu ein geschmackvolles Interieur aus modernen klaren Formen, ruhigen Farben und schönem Holzfußboden.

– Karte 95/110 €

Staudenweg 6 ⌂ 86923 – ☏ 08806 92000 – www.staudenwirt.de – Geschlossen: Montag-Donnerstag, mittags: Freitag und Samstag

FINSTERWALDE
Brandenburg – Regionalatlas **4**-Q2

GOLDENER HAHN

SAISONAL · FREUNDLICH Seit über 20 Jahren sind Frank und Iris Schreiber die sympathischen Gastgeber in dem traditionsreichen Haus. Man bietet klassische Küche mit regional-saisonalen Einflüssen. Besonderheit: "Die kulinarische Lesung" einmal im Monat - hier liest die Chefin eigene Geschichten und Gedichte zu den dazu abgestimmten Gerichten ihres Mannes. Gepflegt übernachten kann man auch.

FINSTERWALDE

🍴 ✿ – Menü 41/150 € - Karte 53/78 €
Bahnhofstraße 3 ✉ 03238 – ℰ 03531 2214 – www.goldenerhahn.com –
Geschlossen: Montag, Dienstag, Sonntag, mittags: Mittwoch-Samstag

FLENSBURG

Schleswig-Holstein – Regionalatlas **1**-C1

DAS GRACE 🆕

MODERNE KÜCHE • CHIC Ein ehemaliges Marinegebäude direkt am Yachthafen beherbergt heute das mondäne Hotel "The James". Hier finden Sie auch das Restaurant "Das Grace". Das Ambiente ist wertig, chic und elegant. Beeindruckend die sieben Meter hohe Decke und die in Seide gehüllten Kronleuchter - das schafft eine besondere Atmosphäre. Nicht zu vergessen der Blick auf den Yachthafen von einigen Plätzen. Sehr freundlich und aufmerksam serviert man Ihnen die modern-saisonale Küche von Quirin Brundobler. Viele Produkte kommen von der eigenen "James Farm" oder von heimischen Feldern, Wiesen und Gewässern. Alternativ gibt es noch die Restaurants "James Farmhouse" mit Frontcooking sowie das japanische "Minato". Außerdem: die Bar "The Lion" und "Tea Time & More" in "James Livingroom" am Kamin.

🅿 🚗 – Menü 105/140 €
Fördepromenade 30 ✉ 24944 – ℰ 0461 1672360 – www.dasjames.com –
Geschlossen: Montag und Dienstag, mittags: Mittwoch-Sonntag

DER STEINORT 🆕

FRANZÖSISCH-MODERN • ELEGANT Hier trumpft schon die wunderschöne Lage mit tollem Blick auf die Förde! In dem Restaurant im Hotel "Wassersleben" bietet Namensgeber Eicke Steinort in seinem Menü moderne Gerichte mit französisch-saisonalen Einflüssen. Auf Wunsch können Sie dazu eine gute glasweise Weinbegleitung wählen. Geschmackvoll das elegante Ambiente mit nordischem Touch.

⪕ 🍴 🅿 – Menü 125/159 €
Wassersleben 10 ✉ 24955 – ℰ 0461 77420 – www.hotel-wassersleben.de –
Geschlossen: Montag, Dienstag, Sonntag, mittags: Mittwoch-Samstag

FLONHEIM

Rheinland-Pfalz – Regionalatlas **5**-T1

WEINWIRTSCHAFT ESPENHOF

REGIONAL • WEINBAR Die Weinwirtschaft ist schon ein besonderes Fleckchen, das man so auch in der Toskana finden könnte - einfach zum Wohlfühlen der reizende Innenhof und die helle Weinstube mit rustikalem Touch! Serviert wird z. B. "Apfel-Blutwurststrullo mit karamellisierten Äpfeln und Stampf", dazu schöne eigene Weine!

🍴 🅿 – Menü 34/65 € - Karte 32/51 €
Poststraße 1 ✉ 55237 – ℰ 06734 962730 – www.espenhof.de – Geschlossen: Montag-Mittwoch, Sonntag, mittags: Donnerstag-Samstag

ZUM GOLDENEN ENGEL

MEDITERRAN • TRENDY Die ehemalige Poststation beherbergt ein sympathisches geradlinig-modernes Restaurant, in dem es Spaß macht, zu essen! Die frische, richtig gute Küche gibt es z. B. als "Zanderfilet, Limonenpolenta, Schwarzwurzeln, Brokkoli". Dazu die charmante Chefin im Service. Tipp: der idyllische Innenhof! Eigene Vinothek.

🍴 🍽 – Karte 32/55 €
Marktplatz 3 ✉ 55237 – ℰ 06734 913930 – www.zum-goldenen-engel.com –
Geschlossen: Mittwoch und Donnerstag, mittags: Montag und Dienstag

FÖHR (INSEL)

Schleswig-Holstein – Regionalatlas **6**-X1

In Wyk

✿ ALT WYK

Chef: René Dittrich

KLASSISCHE KÜCHE • ELEGANT Ausgezeichnet essen, und das in echter Wohlfühl-Atmosphäre? Beides ist Ihnen in dem gepflegten Backsteinhaus in der Fußgängerzone gewiss. Ein bisschen Wohnzimmer-Flair vermitteln die ausgesprochen geschmackvollen gemütlich-eleganten Stuben mit ihrem friesischen Charme. Für die niveauvolle Küche ist René Dittrich verantwortlich. Er kocht klassisch, seine Gerichte überzeugen mit handwerklichem Können und schönen Aromen. Richtig gut umsorgt wird man hier auch noch. Das liegt nicht zuletzt an der herzlichen Gastgeberin Daniela Dittrich, die das geschulte, aufmerksame und gut eingespielte Serviceteam leitet. Möchten Sie die reizvolle Lage nahe dem Meer gerne etwas länger genießen? Dann buchen Sie eine der beiden wirklich hübschen Ferienwohnungen.

⇔ – Menü 79/110 €

Große Straße 4 ⌧ 25938 – ✆ 04681 3212 – www.alt-wyk.de – Geschlossen: Montag und Sonntag, mittags: Dienstag-Donnerstag

FORCHHEIM

Bayern – Regionalatlas **6**-X1

ZÖLLNER'S WEINSTUBE

KLASSISCHE KÜCHE • LÄNDLICH Außen wie innen gleichermaßen charmant ist das auf einem herrlichen Gartengrundstück gelegene Bauernhaus a. d. 18. Jh. Unter einem markanten Kreuzgewölbe serviert man regional, aber auch mediterran inspirierte Gerichte, für die man sehr gute Produkte verwendet. Schön die Auswahl an Frankenweinen. Im Sommer ist die Terrasse eine Muss!

🌿 ⇔ 🅿 – Menü 51/75 € - Karte 34/58 €

Sigritzau 1 ⌧ 91301 – ✆ 09191 13886 – www.zoellners-weinstube.de – Geschlossen: Montag und Dienstag, mittags: Mittwoch-Sonntag

FORSTINNING

Bayern – Regionalatlas **6**-Y3

ZUM VAAS

TRADITIONELLE KÜCHE • GASTHOF Wo es lebendig, herzlich und familiär zugeht, kehrt man gerne ein! Was das engagierte Team als "Klassiker" oder "Heuer" auf den Tisch bringt, schmeckt und ist preislich fair! Wie wär's z. B. mit "Boeuf Bourguignon, Wurzelgemüse, Topfenspätzle"? Dazu eine überwiegend regionale Weinauswahl mit rund 500 Positionen. Im gleichnamigen Hotel kann man gepflegt übernachten.

🐾 ♿ 🌿 ⇔ 🅿 – Karte 34/67 €

Münchener Straße 88 ⌧ 85661 – ✆ 08121 43091 – www.zum-vaas.de – Geschlossen: Montag und Dienstag

FRAMMERSBACH

Bayern – Regionalatlas **3**-L4

SCHWARZKOPF

REGIONAL • GASTHOF Frisch und schmackhaft ist die regionale Küche bei Stefan Pumm und seiner charmanten Frau Anja. Ein beliebter Klassiker: "Chateaubriand mit Sauce Béarnaise" für zwei Personen. Gediegen der holzgetäfelte Gastraum, hübsch die Terrasse. Gepflegt übernachten können Sie hier auch - fragen Sie nach den renovierten Zimmern.

🍴 🍷 – Menü 37/57 € · Karte 31/56 €
Lohrer Straße 80 ✉ 97833 – ☏ 09355 307 – www.schwarzkopf-spessart.de –
Geschlossen: Montag-Mittwoch, mittags: Donnerstag-Samstag, abends: Sonntag

FRANKENBERG (EDER)
Hessen – Regionalatlas **3**-L3

✸ PHILIPP SOLDAN

KREATIV • TRENDY Ein echter Hingucker sind die drei liebenswert restaurierten historischen Häuser mitten in der charmanten Altstadt. Hier bietet das geschmackvolle Hotel "Sonne" seine vielfältige Gastronomie samt "Philipp Soldan". Chic, modern und angenehm leger ist das Restaurant im Souterrain des jahrhundertealten "Stadtweinhauses" - wer nicht durchs Hotel kommt, erreicht das Restaurant vom Untermarkt. In der einsehbaren Küche entstehen unter der Leitung von Erik Arnecke kreative Gerichte mit Charakter und ausgezeichneter Balance. Man zeigt jede Menge Feingefühl bei der harmonischen Zusammenstellung des Menüs. Dazu schöne Weine. Tipp für "Gourmet-Einsteiger": das 3-Gänge-Menü sonntagmittags. Übrigens: Der Name stammt vom Bildhauer Philipp Soldan, dessen geschnitzte Holzfiguren das Rathaus zieren.

♿ 🅼 ⇔ 🅿 🚗 🛗 – Menü 59 € (Mittags), 105/125 €
Marktplatz 2 ✉ 35066 – ☏ 06451 7500 – www.sonne-frankenberg.de –
Geschlossen: Montag-Mittwoch, mittags: Donnerstag-Samstag, abends: Sonntag

☺ SONNESTUBEN

REGIONAL • FREUNDLICH Sie mögen es regional-saisonal? Die Küche überzeugt mit Geschmack und gutem Handwerk - ein Klassiker ist der Zwiebelrostbraten. Serviert wird in hübschen gemütlichen Stuben mit Blick auf die historischen Fachwerkfassaden der Altstadt, ebenso schön sitzt man auf der Terrasse zum Marktplatz. Tipp: Auch ein kleiner Spaziergang durch das Städtchen lohnt sich.

♿ 🅼 🍴 ⇔ 🅿 🚗 🛗 – Karte 36/57 €
Marktplatz 2 ✉ 35066 – ☏ 06451 7500 – www.sonne-frankenberg.de

Hessen –
Regionalatlas **3**-L4

FRANKFURT AM MAIN

Sterneküche bei herrlichem Panoramablick? Das gibt es im **MAIN TOWER Restaurant & Lounge** über den Dächern von Mainhatten. Besuchen Sie unbedint auch die Aussichtsplattform! Vom Top-Niveau des **Lafleur** sollten Sie sich auch mal beim veganen Menü von Andreas Krolik überzeugen lassen. "Sehen und gesehen werden" in lebhaft-schicker Brasserie-Atmosphäre heißt es im **Mon Ami Maxi**. Sie mögen japanische Küche? Im **Masa Japanese Cuisine** ist nicht zuletzt das Sushi hervorragend. Besuchen Sie auch eines der Äppelwoi-Lokale im lebendigen Viertel Sachsenhausen. Hierhin, genauer gesagt ans Museumsufer, zieht es Kunst- und Kultur-Freunde. Über den „Eisernen Steg" können Sie die Uferseite wechseln. Angekommen in der Altstadt warten „Römer" und "Kaiserdom" als echte Wahrzeichen der Stadt. Do. und Sa. lädt zudem der Bauernmarkt an der Konstablerwache zum Bummeln ein.

 GUSTAV

Chef: Jochim Busch

KREATIV • MINIMALISTISCH Das ist Küche mit Charakter! Modern ist sie, und sie hat vor allem eins: eine eigene Handschrift. Es ist die Handschrift von Jochim Busch. Er kocht mit Mut zur Reduktion, schön das Zusammenspiel von Kontrasten und Texturen. Ein bewusster Umgang mit Ressourcen ist ihm sehr wichtig, daher sind ausgesuchte regionale Produkte der Saison das A und O. Ebenso hochwertig ist das stylische Interieur des denkmalgeschützten Stadthauses im Westend: ruhige Grautöne und klare Formen, schicke Designer-Stühle und dekorative Werke Frankfurter Künstler. Angenehm unkompliziert die Atmosphäre. Dazu trägt nicht zuletzt Gastgeberin Milica Trajkovska Scheiber bei, die engagiert ein passende Weinbegleitung empfiehlt. Tipp: Von einigen Tischen hat man einen guten Blick auf den Küchenpass!

❀ *Engagement des Küchenchefs:* *Meiner Meinung nach gibt es auch in der globalisierten Welt noch Raum für Entdeckungen, gleich vor den Toren der Stadt. Aber meine Expeditionen führen mich auch in die Rhön, den Odenwald oder die Wetterau, wichtig sind mir kurze Wege, unabdingbar Saisonalität, Frische und Ehrlichkeit der Erzeuger.*

🍴 – Menü 120/165 €

Stadtplan: B1-3 – Reuterweg 57 ✉ 60323 – ☏ 069 74745252 – www.restaurant-gustav.de – Geschlossen: Montag und Sonntag, mittags: Dienstag-Samstag

 LAFLEUR

FRANZÖSISCH-MODERN • ELEGANT Außerordentliches Engagement und stetige Weiterentwicklung, dafür steht Andreas Krolik. Entsprechend präzise

FRANKFURT AM MAIN

gearbeitet und perfekt ausbalanciert sind seine Gerichte. Modern, aber dennoch auf klassischer Basis verbindet er exzellente Produkte zu einem intensiven und absolut stimmigen Geschmacksbild. Mit toller Aromentiefe beeindruckt z. B. "Gebratenes Störfilet aus der Rhön, Störessenz, Senf-Kapernschaum, Wasabicreme auf Tomaten-Gurkenconfit und marinierte Gartengurke". Begleitet wird die "zeitgemäße Klassik" - so nennt Andreas Krolik seine Küche - vom souveränen, sehr freundlichen und erstklassig geschulten Serviceteam um Restaurantleiter Boris Häbel sowie die Sommeliers Miguel Martin und Alexandra Himmel. Der Glasanbau des „Gesellschaftshauses Palmengarten" bildet den stilvoll-modernen Rahmen.

⅋ ⅍ AC ⇆ P – Menü 195/215 €

außerhalb Stadtplan – *Palmengartenstraße 11* ✉ *60325* – ✆ *069 90029100* – *www.restaurant-lafleur.de* – *Geschlossen: Montag-Mittwoch, Sonntag, mittags: Donnerstag-Samstag*

CARMELO GRECO

ITALIENISCH • ELEGANT Folgen Sie den kleinen Hinweis-Schildern, dann finden Sie das etwas versteckt liegende Restaurant recht einfach. Bei Carmelo Greco sind alle goldrichtig, die italienische Küche und Lebensart lieben. In Sizilien geboren und im Piemont aufgewachsen, fühlt er sich auch kulinarisch mit seiner Heimat verbunden. Ein Glas Spumante als Auftakt, hausgebackenes Brot, professioneller Service mit italienischem Charme... "La dolce vita" lässt grüßen! Ausgesuchte Produkte treffen hier auf Kreativität, tadelloses Handwerk und eine gute Portion Finesse. Dazu modern-elegantes Interieur mit edlen Grau- und Goldtönen, schicken Deckenleuchten und der silbrig schimmernden Bar, die gleich im Eingangsbereich die Blicke auf sich zieht. Und draußen lockt die schöne Terrasse. Tipp: das preiswerte Mittagsmenü.

AC ⌂ – Menü 42 € (Mittags), 98/110 € - Karte 62/93 €

Stadtplan: C3-12 – *Ziegelhüttenweg 1* ✉ *60598* – ✆ *069 60608967* – *www.carmelo-greco.de* – *Geschlossen: Sonntag, mittags: Samstag*

ERNO'S BISTRO

FRANZÖSISCH-KLASSISCH • BISTRO Seit vielen Jahren eine feste kulinarische Größe in Frankfurt - und dazu noch eine wirklich charmante, denn hier fühlt man sich wie in einem Bistro in Frankreich! Zu verdanken ist die liebenswert-nachbarschaftliche Atmosphäre zum einen der Einrichtung (hübsche Holztäfelung und dekorative Accessoires wie Weinflaschen, Bilder und Lampen), zum anderen dem sympathisch-lockeren und gleichermaßen versierten Team um Patron Eric Huber. Unter der Leitung von Küchenchef Valéry Mathis wird geradlinig und aromareich gekocht - französisch mit saisonalen und modernen Einflüssen, top die Produkte. Dazu passt die sehr gut sortierte, ebenfalls französische Weinkarte, tolle Beratung inklusive. All das kommt bei einem internationalen Business-Publikum ebenso an wie bei Stammgästen aus der Gegend.

⅋ ⌂ – Menü 55 € (Mittags), 115/145 € - Karte 102/165 €

Stadtplan: B1-5 – *Liebigstraße 15* ✉ *60323* – ✆ *069 721997* – *www.ernosbistro.de* – *Geschlossen: Samstag und Sonntag*

FRANÇAIS

FRANZÖSISCH-MODERN • ELEGANT Wie könnte das Restaurant dem historischen Prachtbau des "Steigenberger Frankfurter Hofs" besser gerecht werden als mit wahrhaft stilvollem Interieur. Doch bei aller klassischen Eleganz kommt auch die Moderne nicht zu kurz, das beweist die Küche von Patrick Bittner. Er setzt auf Kreativität, Kontraste und exzellente Produkte, betreibt einen hohen Aufwand, ohne dabei verspielt zu kochen. Gutes Beispiel für seine feinen Gerichte ist "Ora King Lachs aus Neuseeland, Risina-Bohnen, Bittersalat, Artischocke à la barigoule". Sehr gut die Weinkarte dazu, ebenso die Beratung mit bewährten, mitunter auch gewagten Empfehlungen, die aber immer wunderbar mit den Speisen harmonieren! Im Sommer sollten Sie unbedingt einen Platz im Ehrenhof wählen! Tipp: fair kalkulierter Lunch.

⅋ ⅍ AC ⌂ ⌘ – Menü 69 € (Mittags), 154/205 € - Karte 108/146 €

Stadtplan: C2-14 – *Am Kaiserplatz* ✉ *60311* – ✆ *069 215118* – *www.restaurant-francais.de* – *Geschlossen: Montag und Sonntag, mittags: Samstag*

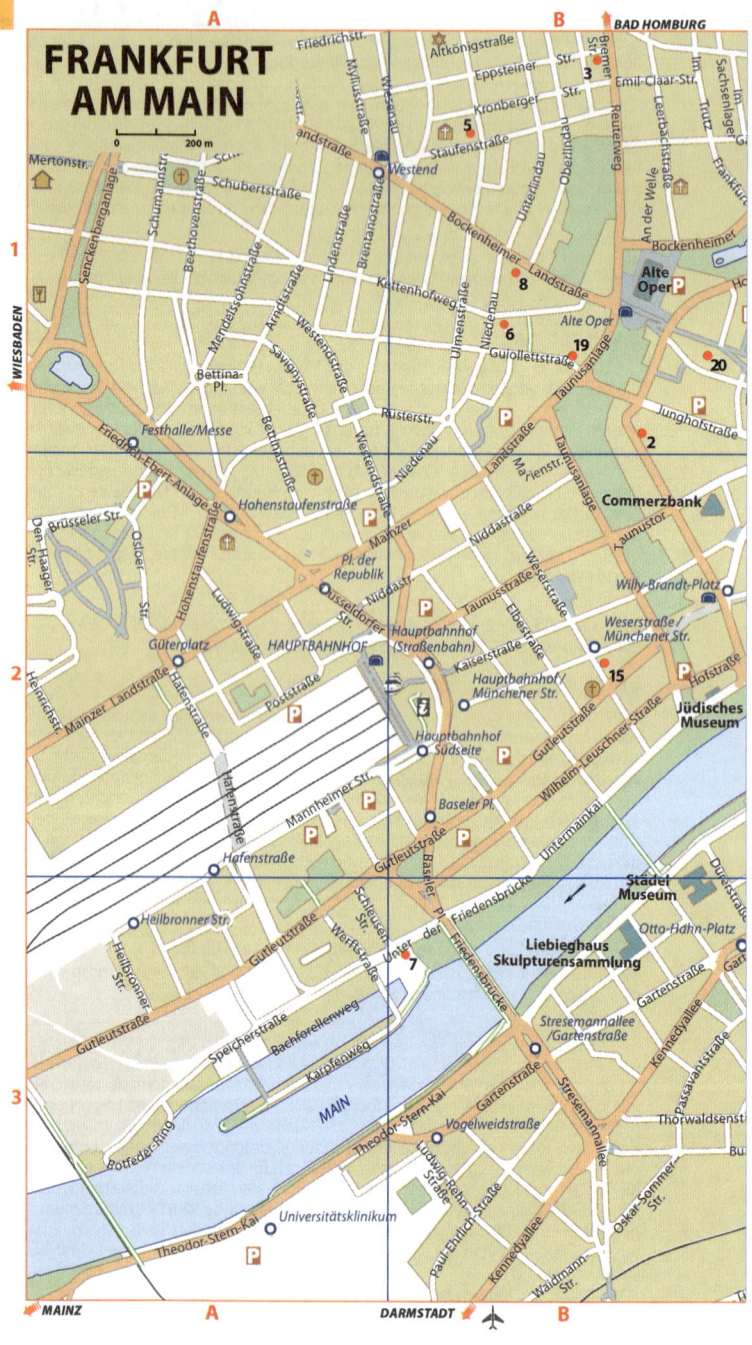

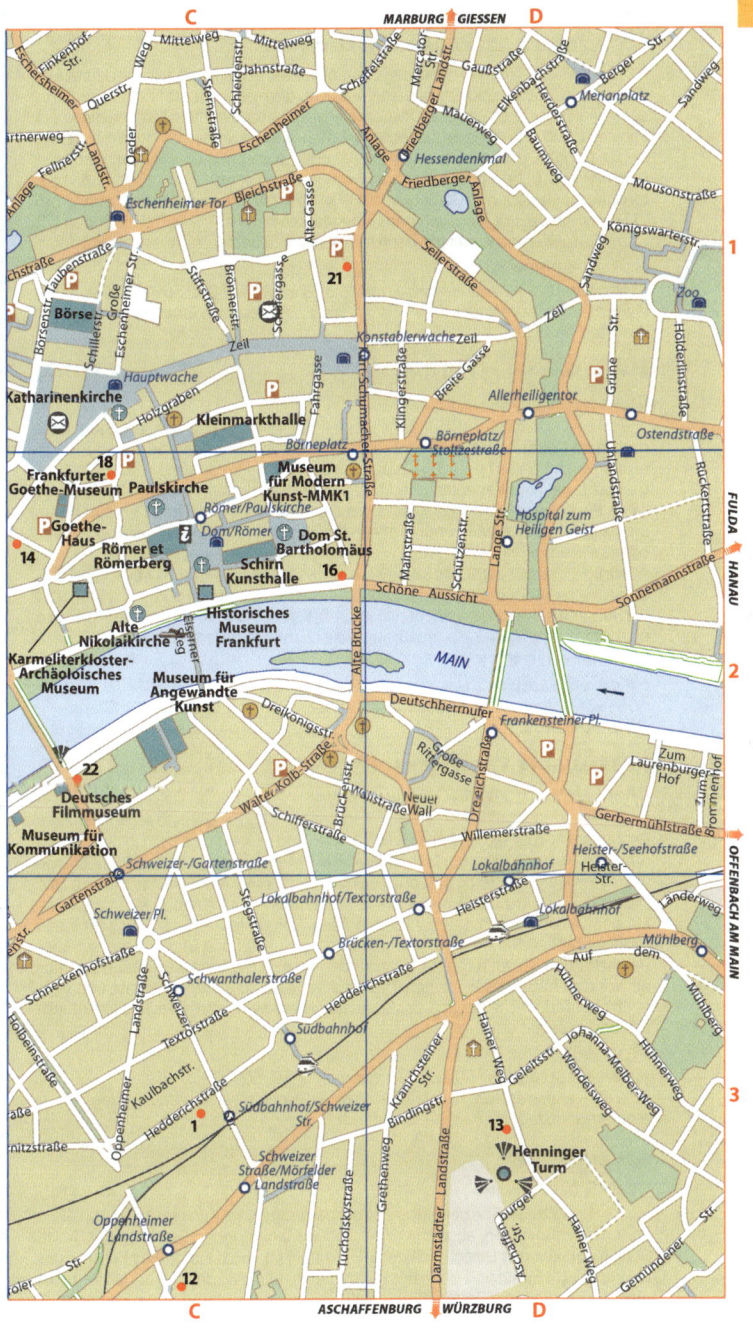

FRANKFURT AM MAIN

MAIN TOWER RESTAURANT & LOUNGE

MODERNE KÜCHE • HIP Eine tolle Location mitten in Frankfurt. Mit dem Lift fahren Sie in den 53. Stock und erleben eine Aussicht, die man nicht oft findet - geradezu spektakulär der Blick über die Dächer von "Mainhatten" von den Tischen direkt am Fenster! Die Küche überzeugt ebenso. Geboten wird ein modernes Menü mit vier bis sieben Gängen. Die Gerichte sind nicht nur optisch ansprechend, elegant verbindet man hier asiatische Einflüsse mit hochwertigen Produkten. Es gibt auch eine vegetarische Menü-Variante. Gerne genießt man davor einen Apero in der Lounge (ab 21 Uhr ist ein Besuch hier auch ohne Abendessen möglich). Das Ticket für den Lift ist mit Reservierung kostenlos, dann hat man auch Zugang zur Aussichtsplattform.

AC – Menü 98/159 €

Stadtplan: B1-2 – *Neue Mainzer Straße 52* ✉ *60311* - ✆ *069 36504777* - *www.maintower-restaurant.de* – *Geschlossen: Montag und Sonntag, mittags: Dienstag-Samstag*

MASA JAPANESE CUISINE N

Chef: Masaru Oae

JAPANISCH • MINIMALISTISCH Schnell hat es sich herumgesprochen, dass das unscheinbare Stadthaus im Frankfurter Ostend eine tolle Adresse für japanische Küche beherbergt. Hier hat sich Masaru Oae im Juni 2021 selbstständig gemacht, nachdem er zuletzt in den beiden Düsseldorfer "Nagaya"-Restaurants seine Fertigkeiten und sein Wissen um die japanische Kochkunst erweiterte. In unprätentiöser fernöstlich-puristischer Atmosphäre sitzt man an der Food-Theke oder an kleinen Tischen. Serviert werden Gerichte voller Finesse, Geschmack und Ausdruck, die sich zwischen japanischer Klassik und Moderne bewegen und teilweise auch europäische Einflüsse erkennen lassen. Sushi und Sashimi beherrscht der junge Chef natürlich ebenfalls. Tipp: Die ganze Bandbreite seines Könnens erlebt man beim Omakase-Menü, auf Wunsch mit Sake-Begleitung.

AC – Menü 120 € - Karte 68/140 €

außerhalb Stadtplan – *Hanauer Landstraße 131* ✉ *60314* - ✆ *069 60666247* - *masa-frankfurt.de* – *Geschlossen: Montag und Sonntag, mittags: Dienstag-Samstag*

RESTAURANT VILLA MERTON

Chef: André Grossfeld

KLASSISCHE KÜCHE • TRENDY Sein Können hat André Großfeld schon in seinem Restaurant "Grossfeld" in Friedberg bewiesen und er zeigt dies auch in der eleganten "Villa Merton". Stimmig kombinieren der Patron und sein Küchenchef Philippe Giar Klassik und Moderne und bringen dabei auch ihre kreative Ader zum Einsatz. Dass die Produktqualität außer Frage steht, muss wohl kaum erwähnt werden. Mit der denkmalgeschützten Villa im noblen Diplomatenviertel ist auch für einen repräsentativen Rahmen zum feinen Essen gesorgt: hohe Stuckdecke, schöner Parkettboden, stilvolle Tapete, Kamin... Daneben ist die Terrasse hinter dem Haus ein wirklich hübsches Plätzchen. Nicht zu vergessen der stets präsente und dennoch unaufdringliche Service, der Sie an hochwertig eingedeckten Tischen freundlich und geschult umsorgt.

– Menü 95/145 €

außerhalb Stadtplan – *Am Leonhardsbrunn 12* ✉ *60487* - ✆ *069 703033* - *www.restaurant-villa-merton.de* – *Geschlossen: Sonntag, mittags: Montag-Samstag*

SEVEN SWANS

Chef: Ricky Saward

VEGAN • DESIGN Speziell die Location, ganz eigen die Küchen-Philosophie! Zu finden im schmalsten, aber immerhin sieben Etagen hohen Gebäude der Stadt! Stylish und klar das Design, toll der Blick zum Main durch ein großes Fenster, das die komplette Breite und Höhe des Raumes einnimmt. Auf dem Teller rein Veganes aus Bio-Produkten. "Permakultur" heißt das Konzept, und dafür kommen ausschließlich regionale Zutaten zum Einsatz, die ökologisch und im Einklang mit der Natur erzeugt werden. Passend zu dieser Ideologie stammen viele Produkte vom eigenen Bauernhof in der Nähe! Küchenchef Ricky Saward hat ein Händchen für interessante kreative Kombinationen, die auf den ersten Blick eher ungewöhnlich erscheinen, aber fantastisch harmonieren! Den Service übernehmen die Köche selbst.

🌿 *Engagement des Küchenchefs:* *Meine Küche ist nicht vegan "geboren", sondern hat sich dahin entwickelt, vor allem durch die tollen Zutaten vom eigenen Feld! Selbst gesammelte wilde Produkte gibt es ganzjährig. Regionalität, Saisonalität, "farm to table" und "root to leaf" sind ebenso selbstverständlich wie Ressourcenschonung.*

AC – Menü 129 €

Stadtplan: C2-16 – *Mainkai 4* ✉ *60311* – ✆ *069 21996226* – *www.sevenswans.de* – *Geschlossen: Montag und Sonntag, mittags: Dienstag-Samstag*

✾ WEINSINN

MODERNE KÜCHE • CHIC Man muss klingeln, um in das Restaurant im lebendig-umtriebigen Bahnhofsviertel zu gelangen – übrigens Partnerbetrieb des "Gustav". Richtig chic ist es hier: ein großer heller hoher Raum in puristisch-urbanem Design - dekorative Kunstgegenstände setzen ansprechende Akzente. Von fast überall kann man den Köchen in der offenen Küche zusehen. Hier entstehen modern-kreative Gerichte aus exzellenten Zutaten. Verantwortlich sind Jochim Busch, Küchenchef des "Gustav", und Souschef Daniel Pletsch. Dazu wird man sehr freundlich und geschult umsorgt - zum aufmerksamen und gut organisierten Serviceteam gehört auch ein Sommelier, der auf Wunsch eine schöne glasweise Weinbegleitung zum großen oder kleinen Menü empfiehlt. Tipp: Apero oder Digestif im charmanten Schanigarten hinter dem Haus.

Menü 95/125 €

Stadtplan: B2-15 – *Weserstraße 4* ✉ *60329* – ✆ *069 56998080* – *www.weinsinn.de* – *Geschlossen: Montag und Sonntag, mittags: Dienstag-Samstag*

AUREUS

MODERNE KÜCHE • HISTORISCHES AMBIENTE Ein Bijou mitten im Westend Frankfurts, nicht weit von der Alten Oper. Früher Kindertagesstätte, beherbergt die sehenswerte Gründerzeitvilla heute neben dem "Goldkammer"-Museum auch dieses schicke Restaurant - „79 AU" nimmt Bezug auf das chemische Kürzel für Gold. Im 1. Stock serviert man moderne Küche, toll die Dachterrasse. Tagsüber leckere Pâtisserie im Café im EG.

& 🌿 ▣ – Menü 32 € (Mittags), 115/169 €

Stadtplan: B1-6 – *Kettenhofweg 27* ✉ *60325* – ✆ *069 79533979* – *www.aureus-restaurant-im-goldmuseum.de* – *Geschlossen: Montag, Dienstag, Sonntag*

BIDLABU

MARKTKÜCHE • BISTRO Das sympathische Bistro liegt etwas versteckt im Herzen der Stadt, charmant die Terrasse in der kleinen Gasse. Dass hier Fachleute am Werk sind, merkt man an der ambitionierten Marktküche, z. B. in Form von "Rind, Steinpilze, Sellerie & Blaubeere". Das Menü gibt es auch als Vegi-Variante. Fair kalkulierte Mittagskarte.

🌿 – Menü 32 € (Mittags), 65/95 € - Karte 32/41 €

Stadtplan: B1-20 – *Kleine Bockenheimer Straße 14* ✉ *60313* – ✆ *069 95648784* – *www.bidlabu.de* – *Geschlossen mittags: Montag-Donnerstag, Sonntag*

BISTRO VILLA MERTON

REGIONAL • ELEGANT Mit dem Bistro hat die Villa Merton eine schöne Alternative in Küchenstil und Preis. Man kocht regional und international mit saisonalen Einflüssen. Mittags gibt es unter der Woche auch ein Lunchmenü.

🌿 ⇔ – Menü 42/49 €

außerhalb Stadtplan – *Am Leonhardsbrunn 12* ✉ *60487* – ✆ *069 703033* – *www.restaurant-villa-merton.de* – *Geschlossen: Sonntag, mittags: Samstag*

CARTE BLANCHE

MARKTKÜCHE • NACHBARSCHAFTLICH Eine feste Speisekarte gibt es hier nicht, stattdessen bietet man ein Überraschungsmenü mit fünf oder sieben Gängen - auf Wunsch auch mit korrespondierenden Weinen. Gekocht wird modernsaisonal und möglichst mit Produkten aus der Region. Schön der Rahmen: ein schmuckes historisches Eckhaus, in dem man unter einer hohen Stuckdecke sitzt.

🍴 – Menü 74/92 € - Karte 24/39 €

außerhalb Stadtplan - Egenolffstraße 39 ✉ 60316 - ☏ 069 27245883 - www.carteblanche-ffm.de - Geschlossen: Montag und Dienstag, mittags: Mittwoch-Sonntag

FRANKFURTER BOTSCHAFT

INTERNATIONAL • HIP Eine wirklich coole Location - die Lage direkt am Westhafen macht die Terrasse zu einem echten Highlight! Aber auch drinnen sitzt man schön: Das Ambiente ist chic und dank Rundum-Verglasung schaut man von hier ebenfalls aufs Wasser. Die Küche ist international ausgerichtet. Man bietet übrigens auch Parkservice an - fragen Sie am besten bei der Reservierung danach.

🍴 – Menü 24 € (Mittags), 35/75 € - Karte 21/76 €

Stadtplan: B3-7 - Westhafenplatz 6 ✉ 60327 - ☏ 069 15342522 - www.frankfurterbotschaft.de - Geschlossen: Montag und Sonntag, mittags: Samstag

FRANZISKA

TRADITIONELLE KÜCHE • CHIC 40 Sekunden sind es mit dem Lift hinauf in den Henninger Turm. Bei grandiosem Blick auf die Frankfurter Skyline heißt es hier "Progressive German Vintage Cuisine". Der Name "Franziska" stammt übrigens von der Großtante des Mook-Group-Gründers. Cocktails in der "Barrel Bar". Terrasse eine Etage tiefer. Hinweis: nur online buchbar.

– Menü 80/120 € - Karte 29/80 €

Stadtplan: D3-13 - Hainer Weg 72 ✉ 60599 - ☏ 069 66377640 - www.mook-group.de - Geschlossen mittags: Montag-Samstag

LOHNINGER

ÖSTERREICHISCH • FREUNDLICH Sehr chic hat man hier klassisches Altbau-Flair samt schönen hohen Stuckdecken mit moderner Geradlinigkeit verbunden. In der Küche trifft "Die Heimat" auf "Die Welt". Wie wär's z. B. mit "gegrilltem Miso-Lachs, Shiitake-Pilze, Orangen-Ingwer-Marinade, Wasserkressesalat"? Oder lieber einen österreichischen Klassiker wie Wiener Schnitzel?

– Menü 55 € (Mittags), 115 € - Karte 47/126 €

Stadtplan: C2-22 - Schweizer Straße 1 ✉ 60594 - ☏ 069 247557860 - www.lohninger.de - Geschlossen: Montag und Sonntag

MEDICI

INTERNATIONAL • FREUNDLICH Schon seit 2004 stehen die Brüder Simiakos in ihrem Restaurant in einer kleinen Seitenstraße mitten im Zentrum am Herd und bieten internationale Küche mit mediterranen Einflüssen. Sie mögen es etwas einfacher? Es gibt auch Flammkuchen. Sehr beliebt: das günstige Lunch-Menü. Nett sitzt man auf der Terrasse vor dem Haus.

– Menü 25 € (Mittags), 58/62 € - Karte 21/62 €

Stadtplan: C2-18 - Weißadlergasse 2 ✉ 60311 - ☏ 069 21990794 - www.restaurantmedici.de - Geschlossen: Montag und Sonntag

MON AMIE MAXI

FRANZÖSISCH • BRASSERIE Chic, fast schon opulent kommt die Brasserie in der schönen Villa von 1925 daher - toll die lebendige Atmosphäre, klassisch der Service. Mittig die "Raw Bar", dazu die einsehbare Küche. Das französische Angebot reicht von Austern (frisch vom Meeresfrüchte-Buffet) bis "Steak à la Strindberg". Gute Weinkarte. Mittags zusätzlich günstiger "Plat du jour".

🅰🅲 🍴 ♿ 🚗 – Menü 24 € (Mittags), 90/130 € – Karte 40/140 €
Stadtplan: B1-8 – *Bockenheimer Landstraße 31* ✉ *60325* – 📞 *069 71402121* – *www.mook-group.de* – *Geschlossen mittags: Samstag*

SUSHIMOTO

JAPANISCH · MINIMALISTISCH Das Ambiente ist authentisch schlicht, wie man es von einem japanischen Restaurant erwartet. Sushi, Teppanyaki und vor allem die interessanten "Omakase" bringen Ihnen die vielen Facetten der Kulinarik Japans nahe.

♿ 🅰🅲 🚗 – Menü 18 € (Mittags), 65/120 € - Karte 25/75 €
Stadtplan: C1-21 – *Konrad-Adenauer-Straße 7* ✉ *60313* – 📞 *069 1310057* – *www.sushimoto.eu* – *Geschlossen: Montag und Sonntag*

THE SAKAI

JAPANISCH-ZEITGEMÄSS · EXOTISCHES AMBIENTE Mit Hiroshi Sakai steht hier ein echter Sushi-Meister am Herd! Das Restaurant im Souterrain ist im authentisch japanischen Stil gehalten: geradlinig und minimalistisch. Tipp: Probieren Sie das "Omakase"-Sushi-Menü. Umsorgt wird man von einem sehr freundlichen, sympathischen und gut geschulten Serviceteam. Stattlich die Sake-Auswahl.

🅰🅲 – Menü 78 €
Stadtplan: C3-1 – *Hedderichstraße 69* ✉ *60596* – 📞 *069 89990330* – *www.thesakai.com* – *Geschlossen: Montag und Sonntag, mittags: Dienstag-Samstag*

ZENZAKAN

ASIATISCH · HIP Elegant und gediegen geht es hier zu: dunkle Töne und gedimmtes Licht, fernöstliche Deko, die Atmosphäre lebhaft, aber dennoch angenehm anonym. Auf der Karte pan-asiatische Speisen wie "Crispy Nori Taco mit Tuna" oder das scharfe "General Tso´s Chicken". Daneben gibt es auch Sushi, Currys und Grillgerichte.

♿ 🅰🅲 🍴 ♿ 🚗 – Menü 70/144 € - Karte 29/90 €
Stadtplan: B1-19 – *Taunusanlage 15* ✉ *60325* – 📞 *069 97086908* – *www.mook-group.de/zenzakan* – *Geschlossen: Sonntag, mittags: Montag-Samstag*

FRANKWEILER

Rheinland-Pfalz – Regionalatlas **7**–B1

😊 WEINSTUBE BRAND

REGIONAL · GEMÜTLICH Frisch, saisonal und richtig gut isst man in hier, dazu wird man herzlich umsorgt. Alles ist angenehm unkompliziert - wie man es in einer Weinstube erwartet. Wein und Wild sowie die meisten Zutaten kommen aus der Region. Ein Klassiker ist das Rumpsteak, lecker auch der warme Schokokuchen! Tagesgerichte auf der Tafel ergänzen die Karte. Charmant die Terrasse im Hof.

🍴 🚭 – Karte 34/55 €
Weinstraße 19 ✉ *76833* – 📞 *06345 959490* – *Geschlossen: Montag und Sonntag, mittags: Dienstag*

FRASDORF

Bayern – Regionalatlas **6**–Y4

✱ MICHAEL'S LEITENBERG

Chef: Michael Schlaipfer

KREATIV · RUSTIKAL Wer würde in dem kleinen Ortsteil von Frasdorf ein solches Restaurant erwarten? Ein Besuch in dem etwas versteckt liegenden Haus lohnt sich definitiv, denn hier wird modern-kreativ, durchdacht und mit richtig viel

Geschmack gekocht. Die ausgesuchten Produkte stellt man dabei gekonnt in den Fokus. Der junge Chef hat Talent und Ambitionen - auf ein Wiener Schnitzel braucht man dennoch nicht zu verzichten. Dazu eine gute Weinauswahl. Zum Menü wird die passende Weinreise angeboten. Der Service ist freundlich und geschult, hübsch das moderne Ambiente.

余 ⇔ 🅿 – Menü 99/149 € - Karte 37/79 €

Weiherweg 3 – ✉ 83112 – ✆ 08052 2224 – www.michaels-leitenberg.de – Geschlossen: Mittwoch und Donnerstag, mittags: Montag, Dienstag, Freitag, Samstag

GOURMET RESTAURANT IM KARNER ⓝ

KREATIV · GEMÜTLICH Richtig schön verbinden sich im Gourmetrestaurant des "Landgasthofs Karner" Tradition und Moderne. Der Mix aus altem Holz und wertigen, chic-modernen Einrichtungselementen schafft eine geschmackvolle und gemütliche Atmosphäre. Hier genießt man ein stimmiges und durchdachtes saisonales Menü, für das Produkte aus der nächsten Umgebung verwendet werden.

🅿 – Menü 80/110 €

Nußbaumstraße 6 – ✉ 83112 – ✆ 08052 17970 – www.landgasthof-karner.com – Geschlossen: Montag-Mittwoch, Sonntag, mittags: Donnerstag und Freitag

FREIAMT

Baden-Württemberg – Regionalatlas **5**–T3

ZUR KRONE

REGIONAL · GASTHOF In dem gemütlichen Landhaus isst man gut und wohnt richtig nett. Seit über 200 Jahren und inzwischen in 9. Generation wird es engagiert und mit Sinn für Tradition geführt. Gekocht wird mit saisonalem Bezug - auf der Karte machen z. B. Wild- oder Spargelgerichte Appetit. Oder vielleicht das "Gizzi-Menü"?

余 ⇔ 🅿 🛏 – Menü 26/44 € - Karte 29/50 €

Mussbach 6 – ✉ 79348 – ✆ 07645 227 – www.krone-freiamt.de – Geschlossen: Mittwoch und Donnerstag, mittags: Montag, Dienstag, Freitag

Baden-Württemberg
Regionalatlas **7**–B1

FREIBURG IM BREISGAU

Die Breisgau-Metropole und über 900 Jahre alte Zähringerstadt hat nicht nur jede Menge Charme und Historie zu bieten, sondern auch eine vielfältige Gastronomie. Da sind die zahlreichen Lokale rund um den bekannten Münsterplatz mit seiner sehenswerten, in der Zeit von ca. 1200 - 1513 erbauten Bischofskirche zu nennen. Dass es die Freiburger locker-unkompliziert, aber dennoch niveauvoll mögen, bringen zum einen die vielen Studentenkneipen zum Ausdruck, zum anderen interessante Restaurants wie das modern-asiatisch inspirierte **Kuro Mori** oder das neu empfohlene Restaurant **Löwengrube** mit seinem legeren Mittagskonzept und anspruchsvoller Küche am Abend. Und lassen Sie sich nicht den Traumblick schlechthin entgehen – den gibt's auf der Terrasse des **Chez Eric**, begleitet von französischer Küche. Ausflugstipps: Kaiserstuhl, Markgräfler Land und Dreisamtal.

KURO MORI

ASIATISCHE EINFLÜSSE • CHIC "Kuro Mori" ist japanisch und bedeutet "Schwarzer Wald", entsprechend das Motto in dem stylish-coolen Restaurant des Horbener Sternekochs Steffen Disch: "Black Forest meets Asia". Aus der offenen Küche kommen interessante, nicht ganz alltägliche moderne Gerichte aus sehr guten Produkten. Mittags reduzierte Karte. Schön die Lage in der Freiburger Altstadt.

AC – Menü 32 € (Mittags), 62/82 € - Karte 35/51 €
Grünwälderstraße 2 ✉ 79098 - ☎ 0761 38848226 – www.kuro-mori.de –
Geschlossen: Montag und Sonntag

BASHO-AN

JAPANISCH • MINIMALISTISCH Ganz in der Nähe der Fußgängerzone gibt es in typisch puristischem Ambiente beliebte klassisch japanische Küche, z. B. in Form von "Seehecht mit Gemüse in Sojabrühe" oder "Tempura von Steingarnele", zudem Sushi. Kleinere Mittagskarte.
Menü 30 € (Mittags), 78/120 € - Karte 23/74 €
Merianstraße 10 ✉ 79098 - ☎ 0761 2853405 – www.bashoan.com –
Geschlossen: Montag und Sonntag

CHEZ ERIC

FRANZÖSISCH-KLASSISCH • FREUNDLICH Hoch über Freiburg thront das "Panorama Hotel" mit seinen gut ausgestatteten Zimmern und diesem eleganten Restaurant - einmalig der Blick von der tollen Terrasse! Die Küche ist klassisch-französisch, Spezialität sind Krusten- und Schalentiere, frische Austern und ganze Fische vom Grill. Oder lieber "Kalbsroulade, gefüllt mit Steinpilzen in Rosmarinrahm"?

– Menü 40/89 € - Karte 51/81 €
Wintererstraße 89 – 79104 – 0761 51030 – www.chez-eric.de

COLOMBI RESTAURANT

FRANZÖSISCH-KLASSISCH • GEMÜTLICH Ob elegante holzvertäfelte „Zirbelstube", traditionelle „Falkenstube" oder die aus einer historischen Schwarzwälder Bauernstube entstandene „Hans-Thoma-Stube", gemütlich sitzt man hier überall. Geboten wird klassische Küche aus guten Produkten. Hinweis: leicht abweichende Öffnungszeiten der einzelnen Stuben.

– Menü 79/135 € - Karte 77/102 €
Rotteckring 16 – 79098 – 0761 21060 – www.colombi.de – Geschlossen: Montag und Sonntag, mittags: Dienstag-Samstag

DREXLERS

KLASSISCHE KÜCHE • HIP Seit 2007 ist das schicke, recht edle Bistro nahe dem Colombipark gewissermaßen eine Institution in Freiburg. In lebendiger Atmosphäre bietet man eine saisonal beeinflusste Küche in Form eines 6-Gänge-Menü, das Sie auch mit vier oder fünf Gängen wählen können. Toll die Weinauswahl - der eigenen Weinhandlung sei Dank!

– Menü 69/92 € - Karte 54/76 €
Rosastraße 9 – 79098 – 0761 5957203 – www.drexlers-restaurant.de – Geschlossen: Sonntag, mittags: Montag-Samstag

EICHHALDE

ITALIENISCH • FAMILIÄR Nach gelungenem Facelift und unter neuen Betreibern gibt es in der "Eichhalde" nun frische klassisch-italienische Küche, die angenehm reduziert daherkommt. Probieren Sie z. B. "Pasta mit Rindersugo" oder "Saltimbocca vom Kalbsfilet mit Pfifferlingen". Nett sitzt man auch auf der kleinen Terrasse.

– Menü 95/150 € - Karte 65/92 €
Stadtstraße 91 – 79104 – 0761 58992920 – www.eichhalde-freiburg.de – Geschlossen: Mittwoch, mittags: Donnerstag und Samstag

GASTHAUS ZUR LINDE

MODERN • GASTHOF Mit Renee Rischmeyer hat kein Unbekannter das historische Gasthaus im Ortsteil St. Georgen übernommen - er war bereits im Freiburger "Colombi" erfolgreich und auch in der Schweiz. Das Ambiente ländlich-modern (schön die Kachelöfen), die Atmosphäre angenehm unkompliziert. Gekocht wird international und mit regionalen Einflüssen, und das zu fairen Preisen.

– Menü 37/76 € - Karte 42/64 €
Basler Landstraße 79 – 79111 – 0761 4702831 – www.zur-linde-freiburg.de – Geschlossen: Montag und Dienstag, mittags: Mittwoch-Samstag

HIRSCHEN

MARKTKÜCHE • GEMÜTLICH Möchten Sie in der gemütlichen Gaststube speisen oder lieber im eleganteren Restaurant? Kulinarisch geht es klassisch zu, da heißt es z. B. "Hummerravioli, Blattspinat, Beurre blanc". Wer es bürgerlicher mag, freut sich z. B. über "saure Kalbsleber". Tipp: zur Gänse-Saison zeitig reservieren!

– Menü 73/140 € - Karte 46/99 €
Breisgauer Straße 47 – 79110 – 0761 8977690 – www.hirschen-freiburg.de

KREUZBLUME

KLASSISCHE KÜCHE • GEMÜTLICH Attraktiv die Lage in der Altstadt, schön das moderne Ambiente, frisch und angenehm unkompliziert die Küche. Gekocht wird klassisch mit modern-saisonalen Einflüssen, à la carte oder als Menü - hier gibt es

FREIBURG IM BREISGAU

auch eine vegetarische Variante. Übernachten kann man in hübschen, wohnlichen Zimmern. Park-Tipp: Schlossberggarage um die Ecke.

🍴 – Menü 39/55 € - Karte 43/63 €

Konviktstraße 31 ✉ 79098 - ☏ 0761 31194 – www.kreuzblume-freiburg.de – Geschlossen: Montag und Dienstag, mittags: Mittwoch-Sonntag

LÖWENGRUBE 🆕

INTERNATIONAL · ZEITGEMÄSSES AMBIENTE Frischer Wind weht in der ehemaligen Weinstube im Herzen der Altstadt. Gelungen hat man in dem historischen Gebäude den traditionellen Charakter mit modernen Elementen gemischt. Geboten wird eine international inspirierte Küche aus regionalen Produkten. Sehr nett sitzt man auf der geschützten Terrasse.

🍴 – Menü 69/72 € - Karte 37/41 €

Konviktstraße 12 ✉ 79098 - ☏ 0761 76991188 – www.restaurant-loewengrube. de – Geschlossen: Sonntag

REGIONAL

REGIONAL · TRENDY Ins ehemalige "Herrehus" des "Schlosses Reinach" ist nach Renovierung und Verjüngung das "Regional" eingezogen. Der Name ist Programm: Für die schmackhaften, ausdrucksstarken Gerichte verarbeitet man fast nur badische und Schwarzwälder Produkte, überwiegend in Bioqualität. Herrlich sitzt man auf der Innenhofterrasse! Jan. - April: Do. zusätzlicher Ruhetag.

🍴 ⇔ 🅿 – Menü 49/65 € - Karte 41/67 €

St.-Erentrudis-Straße 12 ✉ 79112 - ☏ 07664 4070 – www.schlossreinach.de – Geschlossen: Dienstag-Donnerstag, mittags: Freitag

STADT FREIBURG

INTERNATIONAL · BRASSERIE Hier darf man sich in schicker Brasserie-Atmosphäre auf geschmackvolle Frischeküche freuen, und die gibt es z. B. als "Loup de mer mit geröstetem Kalbskopf und Pfifferling-Maultaschen". Bei schönem Wetter lockt die Terrasse. Übernachten kann man in attraktiven zeitgemäßen Gästezimmern.

♿ 🅰 🅿 🈂 🈁 – Menü 26 € (Mittags), 41/63 € - Karte 26/63 €

Breisacher Straße 84 ✉ 79110 - ☏ 0761 89680 – www.hotel-stadt-freiburg.de – Geschlossen: Sonntag

FREIENSTEINAU

Hessen – Regionalatlas **3**-L4

😊 LANDGASTHOF ZUR POST

REGIONAL · RUSTIKAL Seit 1870, bereits in 6. Generation, befindet sich das Haus in Familienbesitz. Geboten wird eine modern beeinflusste regional-saisonale Küche aus guten Produkten. Gemütlich-ländlich das Ambiente, im Sommer lockt die Terrasse mit schönem Blick über Nieder-Moos. Man hat auch fünf Gästezimmer und eine Ferienwohnung - der Naturpark Vogelsberg lädt zu Ausflügen ein!

🍴 ⇔ – Menü 22/36 € - Karte 19/42 €

Zum See 10 ✉ 36399 - ☏ 06644 295 – www.gasthofzurpost-nieder-moos.de – Geschlossen: Montag und Dienstag, mittags: Mittwoch und Donnerstag

FREILASSING

Bayern – Regionalatlas **6**-Z4

MOOSLEITNER

Chef: Daniel Schnugg

REGIONAL · GASTHOF Seit Jahrhunderten pflegt man hier die Wirtshaustradition. Die sehr hübschen gemütlichen Stuben mit ihrem ländlichen

FREILASSING

Charme sind ebenso einladend wie die frische regionale Küche - Lust auf "ausgelöstes Kräuterbackhendl mit Sauce Tartare"? Auch zum Übernachten eine schöne Adresse.

🍀 *Engagement des Küchenchefs: In meiner Küche werden regionale Produkte klar favorisiert, Honig von Nachbar Otto's Bienen, eigene Marmeladen, Säfte & Bier aus der Umgebung, auch Ressourcenschonung steht mit eigenem Blockheizkraftwerk, Stromtankstellen, Abwärmenutzung und kostenlosen Leihrädern im Fokus. Wald- & Moorführungen.*

🛏 🌳 ✿ 🅿 🚗 ⓘ – Karte 28/54 €

Wasserburger Straße 52 ✉ 83395 - ✆ 08654 63060 – www.moosleitner.com – Geschlossen: Sonntag, mittags: Montag-Samstag

FREINSHEIM

Rheinland-Pfalz – Regionalatlas **7**–B1

WEINREICH

REGIONAL • WEINBAR Eine Weinstube der modernen Art in einem beschaulichen Örtchen, schöner Innenhof inklusive. In der Küche setzt man auf Regionales und Saisonales. Tipp: das Gericht des Tages vom Odinstal-Rind - es kommt ganz aus der Nähe und wird von Kopf bis Fuß verarbeitet. Außerdem: selbst gebackenes Brot und eigene Erzeugnisse zum Mitnehmen. Richtig nett übernachten kann man auch.

🌳 – Menü 35/49 € - Karte 37/68 €

Hauptstraße 25 ✉ 67251 - ✆ 06353 9598640 – www.weinstube-weinreich.de – Geschlossen: Montag und Sonntag, mittags: Dienstag, Mittwoch, Freitag

ATABLE IM AMTSHAUS 🆕

MARKTKÜCHE • FREUNDLICH Schön liegt das "Amtshaus" in der sehenswerten Altstadt, umgeben von der Stadtmauer. Über den Innenhof samt idyllischer Terrasse gelangt man in das schicke Restaurant mit seinem von Säulen getragenen weißen Kreuzgewölbe. Geboten wird ambitionierte saisonal inspirierte Küche aus sehr guten Produkten. Zum Übernachten: geschmackvoll-moderne Zimmer in historischem Rahmen.

🌳 ✿ – Menü 34 € (Mittags), 58/95 € - Karte 56/82 €

Hauptstraße 29 ✉ 67098 - ✆ 06353 5019355 – www.amtshaus-freinsheim.de – Geschlossen: Montag und Sonntag, mittags: Dienstag

FREINSHEIMER HOF

INTERNATIONAL • LÄNDLICH Schön hat man es in dem Winzerhof a. d. 18. Jh. - sowohl in den einstigen Stallungen mit tollem Kreuzgewölbe als auch im herrlichen Innenhof. Aus der Küche kommen geschmackvolle Gerichte wie „gebratene Perlhuhnbrust und Wachtel, mediterranes Gemüse, Risoleekartoffeln". Zudem laden nette Gästezimmer zum Übernachten ein.

🌳 ✿ – Karte 30/63 €

Breite Straße 7 ✉ 67251 - ✆ 06353 5080410 – www.freinsheimerhof.com – Geschlossen: Mittwoch und Donnerstag, mittags: Montag, Dienstag, Freitag

FREISING

Bayern – Regionalatlas **6**–Y3

GASTHAUS LANDBRECHT

MARKTKÜCHE • RUSTIKAL So stellt man sich einen bayerisch-ländlichen Gasthof vor: In dem Familienbetrieb herrscht eine ungezwungene Atmosphäre, gekocht wird mit regionalen Produkten. Im Winter wärmt der Kachelofen, im Sommer sitzt es sich angenehm im Biergarten!

♿ 🌳 🅿 – Menü 26/49 € - Karte 25/47 €

Freisinger Straße 1 ✉ 85354 - ✆ 08167 8926 – www.gasthaus-landbrecht.de – Geschlossen: Montag und Dienstag

FREITAL
Sachsen – Regionalatlas **4**-Q3

BRASSERIE EHRLICH
MARKTKÜCHE • BRASSERIE Die Bezeichnung "Brasserie" trifft es genau. Das kleine Restaurant wird persönlich geführt, der Service ist freundlich und die Atmosphäre gemütlich. Das kommt ebenso an wie die gute saisonale Küche - da sollte man rechtzeitig reservieren. Im Sommer deckt man den überdachten Balkon ein. Tipp: sonntäglicher Mittagsschmaus nach dem Motto "Essen wie bei Oma zuhause".

🍴 ⇄ – Menü 39 € (Mittags), 49/69 € - Karte 39/49 €
Wiesenweg 1 ✉ 01705 - ✆ 0351 30934232 - www.brasserie-ehrlich.de -
Geschlossen: Montag und Dienstag, mittags: Mittwoch-Samstag, abends: Sonntag

FREUDENSTADT
Baden-Württemberg – Regionalatlas **5**-U3

WARTECK
FRANZÖSISCH-KLASSISCH • TRADITIONELLES AMBIENTE Oliver Gläßel bringt hier klassische Küche mit bürgerlichen Einflüssen auf den Tisch. Freuen darf man sich da z. B. auf "Kalbsrahmgulasch mit Pfifferlingen und Spätzle" oder "Kabeljau mit Champagnerkraut und Kartoffelmousseline". Neben dem gediegenen Restaurant gibt es auch schöne Gästezimmer - und ein gutes Frühstück.

AC ⇄ – Menü 33/55 € - Karte 34/77 €
Stuttgarter Straße 14 ✉ 72250 - ✆ 07441 91920 - www.hotelwarteck.de -
Geschlossen: Dienstag und Mittwoch

STÜBLE
REGIONAL • LÄNDLICH Das "Stüble" ist das geschmackvoll-rustikale A-la-carte-Restaurant des schicken Wellnesshotels "Lauterbad"! In der ganz in Holz gehaltenen Stube hat man es schön gemütlich, während man sich vom freundlichen Service mit frischen traditionellen, aber auch moderneren Gerichten umsorgen lässt. Eine Spezialität ist der Hängespieß.

♿ 🍴 **P** – Menü 52 € - Karte 32/59 €
Amselweg 5 ✉ 72250 - ✆ 07441 8601/0 - www.lauterbad-wellnesshotel.de -
Geschlossen mittags: Montag-Sonntag

FREYUNG
Bayern – Regionalatlas **6**-Z2

LANDGASTHAUS SCHUSTER
KLASSISCHE KÜCHE • FREUNDLICH Durch und durch charmant geht es im Landgasthaus der Familie Schuster zu! Das liegt in erster Linie an der herzlichen Chefin und der geschmackvollen Einrichtung. Und dann ist da noch die angenehm reduzierte klassische Küche des Patrons, die es z. B. als "Steinköhler mit Scallops-Schuppen in Speckrauchsoße" gibt. Schöne Weinauswahl mit guten "Offenen".

P – Menü 42/90 € - Karte 45/76 €
Ort 19 ✉ 94078 - ✆ 08551 7184 - www.landgasthaus-schuster.de -
Geschlossen: Montag-Mittwoch, abends: Sonntag

FRICKENHAUSEN AM MAIN
Bayern – Regionalatlas **5**-V1

EHRBAR-FRÄNKISCHE WEINSTUBE
REGIONAL • RUSTIKAL Das nette Fachwerkhaus ist ein Traditionsbetrieb mit Charme. Gemütlich die liebenswert-rustikalen Stuben, regional die Küche. Lust auf "Fränkische Versucherle" oder "Sauerbraten, Rotkohl, Klöße"? Im Sommer ein Muss: die reizende Hofterrasse.

FRICKENHAUSEN AM MAIN

斧 ⇔ – Karte 21/48 €
Hauptstraße 17 ✉ 97252 – ℰ 09331 651 – www.ehrbar-weinstube.de –
Geschlossen: Montag-Mittwoch, mittags: Donnerstag-Samstag

FRICKINGEN
Baden-Württemberg – Regionalatlas **5**–U4

🅐 LÖWEN
INTERNATIONAL • GEMÜTLICH Hier ist inzwischen die 4. Generation im Haus, und die sorgt für regional-internationale Küche mit Bezug zur Saison. Für das schmackhafte und abwechslungsreiche Angebot verwendet man frische, gute Produkte. Man kümmert sich sehr freundlich um die Gäste. Gemütlich das Ambiente, lauschig die Terrasse unter Kastanien.
斧 ⇔ 🅿 – Menü 33/45 € - Karte 28/48 €
Hauptstraße 41 ✉ 88699 – ℰ 07554 8631 – www.loewen-altheim.de –
Geschlossen: Montag, mittags: Dienstag-Samstag, abends: Sonntag

FRIEDBERG
Bayern – Regionalatlas **6**–X3

🅐 GASTHAUS GOLDENER STERN
Chef: Stefan Fuß
REGIONAL • GEMÜTLICH Das gestandene Gasthaus wird in 3. Generation mit Engagement von Familie Fuß geleitet. Schön die gemütlich-modernen Räume, ebenfalls modern inspiriert ist die nachhaltig ausgerichtete regional-saisonale Küche. Dazu charmanter Service im Dirndl. Interessant für verschiedene Anlässe: die schicke Vinothek im UG. Angenehm auch der Biergarten - hier etwas kleinere Karte.

🍀 ***Engagement des Küchenchefs:*** *Meine Küche steht für Qualität und die garantiert mein regionales Netzwerk von Erzeugern! Vieles an Kräutern, Gemüsen und Obst ziehen wir selbst, Fleisch kommt von befreundeten Bauern aus der Region und aus der eigenen Jagd der Familie. Dazu eigene Kompostierung und Hackschnitzelheizung.*
斧 ⇔ 🅿 🗹 – Menü 39/65 € - Karte 25/65 €
Dorfstraße 1 ✉ 86316 – ℰ 08208 407 – www.gasthaus-goldenerstern.de –
Geschlossen: Montag und Dienstag, abends: Sonntag

FRIEDBERG (HESSEN)
Hessen – Regionalatlas **3**–L4

BASTIAN'S RESTAURANT
KLASSISCHE KÜCHE • GEMÜTLICH Das Landgasthaus mit dem geschmackvollen hellen Interieur und der schönen teilweise überdachten Terrasse setzt auf kulinarische Klassik mit saisonalen Einflüssen. Sie können à la carte wählen oder ein Überraschungsmenü. Auf der Karte z. B. "Taube, Wirsing, Pastinake, Trüffel". Sehr freundlich und charmant der Service.
斧 – Menü 49/95 € - Karte 24/35 €
Erbsengasse 16 ✉ 61169 – ℰ 06031 6726551 – www.bastians-restaurant.de –
Geschlossen: Montag und Sonntag, mittags: Dienstag-Samstag

FRIEDLAND
Niedersachsen – Regionalatlas **3**–M2

GENIESSER STUBE
Chef: Daniel Raub
KLASSISCHE KÜCHE • LÄNDLICH Daniel Raub ist bereits die 3. Generation in dem engagiert geführten Familienbetrieb. Nachdem er u. a. bei Dieter Müller im "Schloss Lerbach" in Bergisch Gladbach kochte, übernahm er 2011 die Küche der "Genießer Stube" im "Landhaus Biewald". Schön sitzt man im geschmackvollen

Restaurant samt Wintergarten und lässt sich an wertig eingedeckten Tischen professionell und charmant umsorgen. In der Küche stellt Daniel Raub das Produkt in den Mittelpunkt und kocht ohne viel Schnickschnack, aber mit viel Ausdruck. Mittags gibt es das "Tassenmenü", am Abend darf man sich auf das "Feinschmeckermenü" freuen. Oder wählen Sie lieber à la carte? Ein Blick auf die Weinkarte lohnt sich ebenfalls. Das Zweitrestaurant "Zur Tränke" ist übrigens in den modernen Hotelneubau umgezogen.

ᵇ P – Menü 59 € (Mittags), 125/150 € - Karte 85/97 €

Weghausstraße 20 ⊠ 37133 - ℘ 05504 93500 - www.geniesserstube.de – Geschlossen: Montag und Sonntag

SCHILLINGSHOF

MARKTKÜCHE • ELEGANT Das elegante Restaurant in dem Fachwerkhaus von 1648 ist ein engagiert geführter Familienbetrieb. Gekocht wird klassisch und aufs Wesentliche reduziert, ausgesucht die Produkte. Der Service freundlich-charmant, gut die Weinberatung - der Chef ist übrigens Riesling-Fan. Für Übernachtungsgäste hat man schöne Zimmer.

ᐶ ⇔ P – Menü 55/140 € - Karte 57/104 €

Lappstraße 14 ⊠ 37133 - ℘ 05504 228 - www.schillingshof.de – Geschlossen: Montag und Dienstag, mittags: Mittwoch-Samstag, abends: Sonntag

FRIEDRICHSTADT

Schleswig-Holstein – Regionalatlas **1**-C2

URSPRUNG Ⓝ

MODERN • CHIC Sie finden dieses chic gestaltete Restaurant im familiengeführten Hotel "Aquarium" mitten in der schönen Innenstadt. Mit Junior Jan Boddenberg führt inzwischen die 3. Generation Regie. Als Küchenchef setzt er klassisch basierte Gerichte modern um und legt Wert auf saisonalen Bezug.

Menü 45/55 € - Karte 55/83 €

Am Mittelburgwall 4 ⊠ 25840 - ℘ 04881 93050 - hotel-aquarium.de/ursprung – Geschlossen: Montag

FRIESENHEIM

Baden-Württemberg – Regionalatlas **5**-T3

MÜHLENHOF

REGIONAL • GASTHOF Das familiengeführte Restaurant des gleichnamigen Hotels ist gefragt, denn hier isst man gut und preislich fair und der Service ist freundlich und flott. Gekocht wird regional-bürgerlich und saisonal - dafür verwendet man gerne heimische Produkte. Beliebt ist auch der günstige Lunch.

ᐶ ⇔ P 🚗 ⓘ – Menü 39/50 € - Karte 28/40 €

Oberweierer Hauptstraße 33 ⊠ 77948 - ℘ 07821 6320 - www.landhotel-muehlenhof.de – Geschlossen: Dienstag

FÜRSTENFELDBRUCK

Bayern – Regionalatlas **6**-X3

FÜRSTENFELDER

Chef: Andreas Wagner

REGIONAL • FREUNDLICH Eine schöne Location ist diese Klosteranlage. Drinnen sitzt man unter dem tollen böhmischen Kappengewölbe des ehemaligen Klosterstalls, draußen im Hof des Zisterzienserklosters. Gekocht wird mit Bioprodukten aus der Region. Mittags gibt es ein richtig gutes Lunchbuffet, am Abend ebenso schmackhafte moderne Gerichte. Auch Vegetarier/Veganer kommen auf ihre Kosten.

❀ *Engagement des Küchenchefs:* Ich möchte genau wissen, wie meine Bio-Produkte entstehen, das betrifft sowohl die Haltung, Fütterung und Schlachtung tierischer Produkte wie auch Feldfrüchte, die ich aus ökologischer Landwirtschaft verarbeite. Genauso wichtig ist mir fairer Handel und die Lebensqualität meiner Mitarbeiter!

& 🍽 ❖ 🅿 – Menü 28/54 € - Karte 36/61 €
Fürstenfeld 15 ✉ 82256 – ☏ 08141 88875410 – www.fuerstenfelder.com –
Geschlossen: Montag und Dienstag, mittags: Mittwoch-Samstag, abends: Sonntag

FÜRTH
Bayern – Regionalatlas **6**-X1

KUPFERPFANNE
KLASSISCHE KÜCHE • RUSTIKAL Seit Jahrzehnten ist das zentral gegenüber dem Rathaus gelegene Restaurant von Erwin Weidenhiller ein Klassiker der Fürther Gastronomie. In gemütlich-elegantem Ambiente serviert man klassische Küche mit saisonalen und international-mediterranen Einflüssen, gut die Produktqualität. Tipp: fair kalkuliertes Mittagsmenü.

❖ – Menü 33 € (Mittags), 74/78 € - Karte 60/85 €
Königstraße 85 ✉ 90762 – ☏ 0911 771277 – www.ew-kupferpfanne.de –
Geschlossen: Sonntag

FULDA
Hessen – Regionalatlas **3**-M4

CHRISTIAN & FRIENDS, TASTEKITCHEN
Chef: Christian Steska
MODERNE KÜCHE • INTIM Eines vorweg: Sie sollten reservieren, denn die Plätze hier sind sehr gefragt! Das verwundert nicht, denn in dem schmucken kleinen Stadthaus in schöner Altstadtlage kann man sich nur wohlfühlen. Das gilt sowohl für das hübsche Restaurant "Tastekitchen" mit seiner offenen Küche als auch für die benachbarte und inzwischen angeschlossene Weinbar "Wine & Dine" mit ihrem markanten Weinregal. Die Atmosphäre ist angenehm, fast familiär. Dazu trägt auch der herzliche Service unter der Leitung von Jens Diegelmann bei. Am Herd führt Christian Steska Regie. In seinem abendlichen Menü verbindet er auf moderne Art Regionales und Internationales.

Menü 95 €
Nonnengasse 5 ✉ 36037 – ☏ 0162 4139588 – www.christianandfriends.de –
Geschlossen: Montag, Dienstag, Sonntag, mittags: Mittwoch-Samstag

GOLDENER KARPFEN
INTERNATIONAL • FREUNDLICH In dem historischen Haus bietet man saisonal-internationale Küche mit klassisch-regionalen Wurzeln, zubereitet aus frischen, ausgesuchten Produkten. Tipp: der Klassiker "Beeftatar". Dazu internationale Weine. Das Atmosphäre ist elegant und zugleich gemütlich, im Sommer sitzt man draußen schön. Zum Übernachten: wohnliche Zimmer von stilvoll-gediegen bis chic-modern.

& 🅰🅲 🍽 ❖ 🅿 🛏 ⊡ – Menü 50 € (Mittags), 65/95 € - Karte 34/55 €
Simpliziusbrunnen 1 ✉ 36037 – ☏ 0661 86800 – www.hotel-goldener-karpfen.de

GAGGENAU
Baden-Württemberg – Regionalatlas **5**-T2

VINOPHIL ⓝ
MODERN • FREUNDLICH Der Name lässt es bereits vermuten: Hier spielt Wein eine große Rolle. So gibt es in dem Restaurant mit der angenehm ungezwungenen Atmosphäre auch eine Vinothek. Da darf man sich auf gute Weinempfehlungen freuen, und die gibt es zu leckeren modernen Gerichten mit regionalem Bezug. Interessante Cocktails bekommen Sie ebenfalls.

GAGGENAU

🛐 – Karte 40/62 €
*Max-Roth-Straße 9 ✉ 76571 – ✆ 07225 9884880 – www.vinophil-murgtal.de –
Geschlossen: Montag und Sonntag, mittags: Dienstag-Samstag*

GARBSEN
Niedersachsen – Regionalatlas **3**–M1

LANDHAUS AM SEE
KLASSISCHE KÜCHE • ELEGANT So speist man gerne: schönes Interieur im Landhausstil, tolle Terrasse, Blick in den Garten Richtung See. Gekocht wird mit saisonalem und regionalem Einfluss. Stolz ist man übrigens auch auf das eigene Kochbuch. Für Übernachtungsgäste stehen richtig hübsche individuelle Zimmer zur Verfügung.

❁ ⇐ 🍴 ♿ 🛐 **P** – Menü 55/96 € - Karte 55/110 €
Seeweg 27 ✉ 30827 – ✆ 05131 46860 – www.landhausamsee.de – Geschlossen: Sonntag

GARMISCH-PARTENKIRCHEN
Bayern – Regionalatlas **6**–X4

🧑‍🍳 JOSEPH NAUS STUB'N
REGIONAL • GEMÜTLICH Das gemütlich-ländliche Restaurant (übrigens benannt nach dem Erstbesteiger der Zugspitze) ist nicht einfach nur ein nettes Stüberl, in dem man sehr freundlich umsorgt wird, man isst hier auch wirklich gut, und das zu einem fairen Preis. Zum Übernachten bietet das Hotel "Zugspitze" gepflegte Zimmer im Landhausstil.

🛐 🍴 🛗 – Menü 37/52 € - Karte 36/57 €
*Klammstraße 19 ✉ 82467 – ✆ 08821 9010 – www.hotel-zugspitze.de –
Geschlossen mittags: Montag-Samstag*

HUSAR
KLASSISCHE KÜCHE • GEMÜTLICH In dem über 400 Jahre alten Gasthaus mit der bemalten Fassade sitzt man in charmanten Stuben und wird aufmerksam mit klassischer Küche umsorgt. Dafür verwendet man überwiegend regionale Produkte der Saison. Die Familientradition der Mergets begann übrigens bereits 1986 und wird - nach einigen Jahren Unterbrechung - seit 2004 fortgeführt.

❁ 🛐 ⇔ **P** 🍴 – Karte 48/74 €
*Fürstenstraße 25 ✉ 82467 – ✆ 08821 9677922 – www.restauranthusar.de –
Geschlossen: Montag und Sonntag, mittags: Dienstag-Samstag*

GEHRDEN
Niedersachsen – Regionalatlas **3**–M1

🧑‍🍳 BERGGASTHAUS NIEDERSACHSEN
KLASSISCHE KÜCHE • LÄNDLICH Das historische Anwesen auf dem Gehrdener Berg bietet richtig gute Küche: ein interessanter Mix aus bürgerlichen und feinen klassischen Gerichten, von "Hannoverschem Zungenragout" bis "Steinbutt mit Krustentier-Béarnaise". Tolle Terrasse! Tipp: werktags ab 15 Uhr sowie am Wochenende durchgehend warme Küche.

🛐 **P** – Menü 37/89 € - Karte 32/56 €
*Köthnerberg 4 ✉ 30989 – ✆ 05108 3101 – www.berggasthaus-niedersachsen.
de – Geschlossen: Montag-Mittwoch, mittags: Donnerstag und Freitag*

GEISENHEIM
Hessen – Regionalatlas **5**–T1

MÜLLERS AUF DER BURG
KLASSISCHE KÜCHE • CHIC Mit seiner schicken Brasserie im verglasten Pavillon auf Burg Schwarzenstein hat Nelson Müller seine Gastro-Philosophie in den Rheingau gebracht. Bei herrlichem Ausblick - wunderbar auch von der Terrasse! - gibt es frische klassisch-mediterrane Küche mit einem Hauch Bodenständigkeit, das Angebot reicht vom "Bretonischen Steinbutt" bis zur "Kalbs-Currywurst".
– Karte 36/88 €
Rosengasse 32 ✉ 65366 – ☎ 06722 99500 – www.burg-schwarzenstein.de – Geschlossen: Montag und Dienstag

GEISINGEN
Baden-Württemberg – Regionalatlas **5**–U4

ZUM HECHT
MARKTKÜCHE • GASTHOF Hinter der markant roten Fassade dürfen Sie eine der besten Küchen der Region erwarten! Die mediterran geprägten Speisen nennen sich z. B. "Ligurische Fischsuppe mit Gambas" oder "Lamm, Artischocken, Bohnen, Püree".
– Menü 52/68 € - Karte 41/70 €
Hauptstraße 41 ✉ 78187 – ☎ 07704 281 – www.zumhecht.de – Geschlossen: Montag und Dienstag, mittags: Mittwoch-Samstag

GENGENBACH
Baden-Württemberg – Regionalatlas **5**–T3

PONYHOF
REGIONAL • LÄNDLICH Ein Restaurant, das man sich in der Nachbarschaft wünscht, denn hier isst man richtig gut! In dem langjährigen Familienbetrieb hat inzwischen die nächste Generation die Leitung übernommen. Aus der Küche kommen moderne Gerichte, aber auch Klassiker wie Cordon bleu sowie "Dry Aged"-Rind vom Holzkohlegrill.
– Menü 55/85 € - Karte 37/69 €
Mattenhofweg 6 ✉ 77723 – ☎ 07803 1469 – www.ponyhof.co – Geschlossen: Montag und Dienstag, mittags: Mittwoch und Donnerstag

DIE REICHSSTADT
KLASSISCHE KÜCHE • FREUNDLICH In dem charmanten historischen Gasthaus der Familie Hummel genießt man gute saisonal beeinflusste Küche, z. B. in Form von "Seeteufel, Kimchi, Hokkaido" oder auch vegetarisch/vegan - sowie ein sehr geschmackvolles Ambiente. Im Sommer ist der Garten ein Traum!
– Menü 75/120 € - Karte 65/82 €
Engelgasse 33 ✉ 77723 – ☎ 07803 96630 – www.die-reichsstadt.de – Geschlossen: Montag und Sonntag, mittags: Dienstag-Samstag

GERMERSHEIM
Rheinland-Pfalz – Regionalatlas **5**–U2

PAN VINOTHEK N
INTERNATIONAL • GEMÜTLICH Ein attraktives Doppelkonzept setzen die engagierten Betreiber Regina und Dennis Schneider hier um: In dem hübschen Backsteinhaus von 1847, einst Essigfabrik und Brennerei, wählt man zwischen Bistro mit kleinerer Karte samt Snacks und Restaurant mit gehobenerem Angebot nebst günstigem Mittagsmenü. Super charmant die Chefin im Service! Tipp: schöner ruhiger Innenhof.

GERMERSHEIM

🍴 – Menü 30 € (Mittags), 74 € - Karte 30/75 €
Klosterstraße 2 ✉ 76726 - ☎ 07274 9192095 – www.pandievinothek.de –
Geschlossen: Montag und Sonntag

GERNSBACH
Baden-Württemberg – Regionalatlas **5**-T2

❀ WERNERS RESTAURANT
FRANZÖSISCH-KLASSISCH • ELEGANT Sie wollten sich schon immer mal in einem Schloss kulinarisch verwöhnen lassen? Dann sind Sie auf Schloss Eberstein goldrichtig. Umgeben von Weinreben, auf einer Bergkuppe hoch über dem Murgtal - einfach wunderbar die Aussicht! - leitet Familie Werner auf diesem tollen historischen Anwesen ein schönes Hotel samt Gastronomie. Letzteres hat sich mit dem eleganten Gourmetrestaurant und seiner modern umgesetzten klassischen Küche einen Namen gemacht. Patron Bernd Werner und sein Küchenchef Andreas Laux sind ein eingespieltes Team am Herd, das mit Gerichten wie "Confierter Ikarimi-Lachs & gebackener Kalbskopf, Radieschen, Brunnenkresse, Kartoffelrisotto" für Balance und Intensität auf dem Teller sorgt. Zur guten Weinauswahl gehören auch Eigenbauweine, versiert die Beratung.
🌿 ⇐ 🍴 ⇔ 🅿 – Menü 98/120 € - Karte 78/104 €
Schloss Eberstein 1 ✉ 76593 - ☎ 07224 995950 – www.schlosseberstein.com –
Geschlossen: Montag-Donnerstag, mittags: Freitag und Samstag

GIESSEN
Hessen – Regionalatlas **3**-L4

HEYLIGENSTAEDT
INTERNATIONAL • TRENDY Hohe Decken, Stahlträger, große Sprossenfenster, hier und da freigelegte Backsteinwände... Den Industrie-Charme der einstigen Fabrik hat man bewusst bewahrt, dazu chic-modernes Design, freundlicher Service und schmackhafte international-saisonale Küche. Mittags kleinere Karte. Angeschlossen: Boutiquehotel mit trendigen Zimmern und Saunabereich auf dem Dach!
♿ 🅼 🍴 ⇔ 🅿 🈁 – Menü 27 € (Mittags), 50/115 € - Karte 39/53 €
Aulweg 41 ✉ 35392 - ☎ 0641 4609050 restaurant-heyligenstaedt.de –
Geschlossen: Sonntag, mittags: Montag-Mittwoch, Samstag

RESTAURANT TANDREAS
INTERNATIONAL • FREUNDLICH Schön sitzt man hier in geradlinig-modernem Ambiente - beliebt ist der lichte Wintergarten. Geboten wird ein Saisonmenü (auf Wunsch mit Weinbegleitung) sowie eine gute internationale Auswahl, darunter z. B. Grillgerichte vom "Big Green Egg". Freundlich der Service. Weinlounge & Bar gibt es ebenfalls. Zum Übernachten hat man wohnliche Zimmer.
♿ 🅼 🍴 ⇔ 🅿 🈁 – Menü 59/69 € - Karte 48/74 €
Licher Straße 55 ✉ 35394 - ☎ 0641 94070 – www.tandreas.de – Geschlossen:
Donnerstag und Sonntag, mittags: Montag-Mittwoch, Freitag, Samstag

GLONN
Bayern – Regionalatlas **6**-Y4

WIRTSHAUS ZUM HERRMANNSDORFER SCHWEINSBRÄU
Chef: Olimpia Cario
MARKTKÜCHE • LÄNDLICH Hier setzt man auf Bio-Qualität, Bezug zur Saison und Verbundenheit mit der Region. Entsprechend dieser Philosophie kommen hochwertige Produkte des eigenen Hofguts zum Einsatz. Ein Hingucker auch das Restaurant selbst: ein großer hoher Raum mit modern-rustikalem Scheunen-Ambiente samt Balkenkonstruktion bis unters Dach.
❀ *Engagement der Küchenchefin: In meiner Küche dreht es sich um den Geschmack, daher gibt es bei uns nur Bio-Qualität aus naturnaher*

GLONN

Lebensmittelerzeugung, das ist mein Verständnis von Gastfreundschaft. Wir kennen die Lieferanten und machen uns ein Bild vor Ort, um zu wissen, was bei uns serviert wird. Gemüse ernten wir vom Feld.

&. 🎠 🅿 – Menü 49/99 €

Herrmannsdorf 7 ⊠ 85625 – ℰ 08093 909445 – www.biorestaurant-steirereck. de – Geschlossen: Montag und Dienstag

GLOTTERTAL

Baden-Württemberg – Regionalatlas **7**–B1

WIRTSHAUS ZUR SONNE

REGIONAL • FAMILIÄR Ein beliebter familiengeführter Gasthof, in dem ehrliches Handwerk seit Jahrhunderten Tradition ist. Gekocht wird regional und mit saisonalem Bezug. Drinnen sitzt man in einer wunderschönen holzgetäfelten Stube, draußen lockt die hübsche Gartenterrasse. Freitagmittags gibt es statt der normalen Karte ein kleines Menü.

&. 🎠 🅿 – Menü 19 € (Mittags), 35/49 € - Karte 32/60 €

Talstraße 103 ⊠ 79286 – ℰ 07684 242 – www.sonne-glottertal.de – Geschlossen: Mittwoch und Donnerstag, mittags: Montag und Dienstag

ZUM GOLDENEN ENGEL

REGIONAL • RUSTIKAL Absolut originalgetreu hat man das Traditionsgasthaus a. d. 16. Jh. direkt neben der Kirche nachgebaut. Dass man sich in den liebevoll dekorierten Stuben wohlfühlt, liegt nicht nur an der Atmosphäre und am kompetent-charmanten Service, sondern natürlich auch an der schmackhaften Küche mit regionalem und internationalem Einfluss. Wohnliche Gästezimmer hat man ebenfalls

🎠 ⇔ 🅿 – Menü 40/68 € - Karte 31/63 €

Friedhofweg 2 ⊠ 79286 – ℰ 07684 250 – www.goldener-engel-glottertal.de – Geschlossen: Mittwoch

GASTHAUS ADLER

REGIONAL • GASTHOF In schwarzwaldtypisch gemütlichen Stuben darf man sich auf herzlichen Service und badische Küche mit französisch-internationalen Einflüssen freuen. Im Winter sind z. B. Wild- und Gänsegerichte gefragt. Gerne sitzen die Gäste im Sommer im "Adler Gärtle". Zum Übernachten hat man wohnliche, teils auch einfache Zimmer.

🎠 🅿 – Menü 41/61 € - Karte 31/67 €

Talstraße 11 ⊠ 79286 – ℰ 07684 90870 – www.adler-glottertal.de – Geschlossen: Montag und Dienstag, mittags: Mittwoch und Donnerstag

HIRSCHEN

KLASSISCHE KÜCHE • FREUNDLICH Das Restaurant und das gleichnamige Hotel zählen zu den Klassikern hier im Tal! In ländlich-eleganten Stuben werden Sie von einem freundlichen Team umsorgt. Gekocht wird teils mit badischer, teils mit eher französischer Note. Neben heimischem Wild schmeckt z. B. auch "Wolfsbarsch, Pfifferlingsrisotto, Safransauce".

🎠 ⇔ 🅿 – Menü 17 € (Mittags), 42/64 € - Karte 21/36 €

Rathausweg 2 ⊠ 79286 – ℰ 07684 810 – www.hirschen-glottertal.de – Geschlossen: Montag

GLÜCKSBURG

Schleswig-Holstein – Regionalatlas **1**–C1

❀❀ MEIEREI DIRK LUTHER

KLASSISCHE KÜCHE • ELEGANT Sie sitzen hier elegantem Ambiente an schönen Holztischen und schauen durch bodentiefe Fenster - von einigen Plätzen hat man einen besonders guten Blick auf die Flensburger Förde. Doch neben der Aussicht begeistert vor allem die Küche von Dirk Luther. Fantastisch verbindet der gebürtige Hamburger klassische und moderne Elemente. Den ein oder anderen fast schon genialen Moment bringt er beispielsweise bei "Sautiertem Langoustino, Curryschaum, Karotte, Papayachutney" auf den Teller. Zu erwähnen sei auch die außergewöhnliche Produktqualität - nicht zuletzt bei Fisch und Krustentieren! Angenehm entspannt der Service: professionell, charmant-aufmerksam und diskret.

🍴 ⬅ ♿ Ⓜ 🅿 🛏 – Menü 198/218 €

Uferstraße 1 ✉ 24960 – ☏ 04631 6199411 – www.alter-meierhof.de –
Geschlossen: Montag und Sonntag, mittags: Dienstag-Samstag

BRASSERIE

INTERNATIONAL · LÄNDLICH Eine schöne Alternative zur Gourmetküche der "Meierei". In freundlicher Atmosphäre gibt es mittags Sandwiches und Salate, am Abend ein regional und international geprägtes Angebot. Tipp: Lassen Sie sich nicht die wirklich wunderbare Terrasse mit Blick auf die Flensburger Förde entgehen!

⬅ 🍽 ♿ 🌳 🅿 🛏 🚗 – Menü 50/66 €

Uferstraße 1 ✉ 24960 – ☏ 04631 6199410 – www.alter-meierhof.de

FELIX

REGIONAL · FREUNDLICH Hier sitzt man angenehm leger in stimmiger Atmosphäre, schaut auf die Förde und lässt sich mediterran und regional inspirierte Gerichte wie "Seezunge, Algen, Crunch, Allerlei Möhre" oder "Sauerbraten vom Reh, Rote Bete, Arme Ritter" schmecken. Schöne Terrasse!

⬅ ♿ 🌳 ⇔ 🅿 🚗 – Menü 48/84 € - Karte 34/73 €

Kirstenstraße 6 ✉ 24960 – ☏ 04631 6141500 – www.strandhotel-gluecksburg.
de

GMUND AM TEGERNSEE
Bayern – Regionalatlas **6**-Y4

😊 OSTINER STUB'N

INTERNATIONAL · GASTHOF In dem regionstypischen Gasthaus legt man Wert auf regionale Produkte. Das Speiseangebot wechselt stetig und richtet sich nach den Jahreszeiten. Man bietet auch ein Menü mit Weinbegleitung, das gut bei den Gästen ankommt. Dazu wird man aufmerksam umsorgt. Im Sommer ist die schöne Terrasse zum Garten gefragt.

🌳 ⇔ 🅿 – Menü 42/89 € - Karte 39/71 €

Schlierseer Straße 60 ✉ 83703 – ☏ 08022 7059810 – www.ostiner-stubn.de –
Geschlossen: Montag und Dienstag, mittags: Mittwoch und Donnerstag

JENNERWEIN

REGIONAL · GEMÜTLICH Eine wirklich nette Adresse mit charmant-rustikaler Gasthaus-Atmosphäre - richtig gemütlich ist es hier. Die frische und saisonal-bayerische Küche gibt es z. B. als "geschmortes Böfflamott" oder "Kälberne Fleischpflanzerl". Oder lieber Fisch nach Tageseinkauf?

🌳 ⇔ 🅿 🚭 – Karte 33/55 €

Münchner Straße 127 ✉ 83703 – ☏ 08022 706050 – www.gasthaus-jennerwein.
de – Geschlossen: Dienstag und Mittwoch, mittags: Montag und Donnerstag

GNOTZHEIM
Bayern – Regionalatlas **6**-X2

GASTHOF GENTNER

REGIONAL · GASTHOF Der familiengeführte Gasthof gibt ein stimmiges Bild ab: ein traditionsreiches Haus, Produkte aus der Region, "Slow Food"-Mitglied... und das Obst kommt von der eigenen Streuobstwiese. Sie speisen in sorgsam

GNOTZHEIM

restaurierten Stuben und übernachten in hübschen geräumigen Zimmern mit ländlichem Charme. Hinweis: Die Ruhetage ändern sich je nach Saison.

舎 ⇔ 🅿 – Menü 35/45 € - Karte 23/30 €

Spielberg 1 ⊠ 91728 - ✆ 09833 988930 - www.gasthof-gentner.de - Geschlossen: Montag-Mittwoch, mittags: Donnerstag-Samstag, abends: Sonntag

GOTTENHEIM
Baden-Württemberg – Regionalatlas **7**–B1

😊 ZUR KRONE

REGIONAL • GEMÜTLICH Seit 1854 pflegt Familie Isele hier Gastgebertum. Die Stuben in dem Traditionshaus haben nicht nur eine nette Atmosphäre, es gibt auch noch richtig gute klassisch-saisonale Küche. Der Chef hat ein Händchen für Patisserie - wie wär's z. B. mit Feingebäck, Pralinen oder Marmelade zum Mitnehmen? Gepflegt übernachten kann man ebenfalls.

舎 ⇔ 🅿 🍴 – Menü 37/65 € - Karte 32/60 €

Hauptstraße 57 ⊠ 79288 - ✆ 07665 6712 - www.krone-gottenheim.de - Geschlossen: Montag und Sonntag, mittags: Dienstag-Samstag

GRASSAU
Bayern – Regionalatlas **6**–Y4

✿✿ ES:SENZ 🆕

KREATIV • GEMÜTLICH Hier im Restaurant des Hotels "Das Achental" hat Edip Sigl (bekannt aus dem Münchner "Les Deux") seine neue Heimat gefunden. Bekannt für seine Ambitionen und sein exaktes Handwerk, lässt er auch in der "ES:SENZ"-Küche weder Präzision noch Harmonie oder Finesse vermissen. Die Gäste können aus zwei Menüs mit sechs oder acht Gängen wählen: "Chiemgau pur" oder "Chiemgau goes around the world". Wie die Namen der Menüs bereits vermuten lassen, steht die Region mit ihren schönen Produkten im Mittelpunkt, wird aber hier und da auch mal mit internationalen Einflüssen gespickt. Da passt die Einrichtung des Restaurants gut ins Bild - mit modern-alpenländischem Chic beschreibt man das attraktive Design wohl am treffendsten. Angenehm ist auch der ungezwungene Service samt stimmiger Weinberatung.

⇔ 🅿 – Menü 150/205 €

Mietenkamer Straße 65 ⊠ 83224 - ✆ 08641 401609 - www.das-achental.com - Geschlossen: Montag und Sonntag, mittags: Dienstag-Samstag

GREIFSWALD
Mecklenburg-Vorpommern – Regionalatlas **2**–G2

TISCHLEREI

REGIONAL • FREUNDLICH Eine absolut sympathische Adresse, die etwas versteckt zwischen Segelmachern und Werften liegt (Tipp: Parkplatz des "Marina Yachtzentrums"). Leger sitzt man an langen Tischen und wählt von der Tafel Leckeres wie "geschmorte Ochsenschulter auf Pilzrisotto". Mittags kommt man gerne zum günstigen Tagesessen. Im Sommer ist die Terrasse zum Hafen ein Muss!

舎 – Karte 35/55 €

Salinenstraße 22 ⊠ 17489 - ✆ 03834 884848 – Geschlossen: Montag und Sonntag

GRENZACH-WYHLEN
Baden-Württemberg – Regionalatlas **5**–T4

✿ ECKERT

Chef: Nicolai Peter Wiedmer

KREATIV • DESIGN So chic wie das gleichnamige Designhotel ist auch das Gourmetrestaurant. Ob Wintergarten oder Loungebereich, das Interieur ist

GRENZACH-WYHLEN

stilvoll-modern, reduziert und zugleich gemütlich. In der Küche zeigt der junge Patron Nicolai Peter Wiedmer, dass er sich auf klassisches Handwerk ebenso versteht wie auf kreative Elemente. Ein bisschen merkt man seinem Kochstil auch noch seine Zeit im Basler "Stucki" an - hier war er Schüler von Tanja Grandits. Gerne lässt er in seine sehr kontrastreichen und klasse ausbalancierten Gerichte asiatische Aromen einfließen. Schön die Weinkarte mit rund 350 Positionen, stimmig die empfohlenen Weinbegleitungen. Tipp: Im Sommer hat man eine hübsche Terrasse. Mi. bis Fr. gibt es mittags nur Business-Lunch, sonntags auch am Mittag das abendliche Tasting-Menü sowie à la carte.

⌘ ⌂ ⇔ P – Menü 34 € (Mittags), 78/125 € - Karte 34/63 €
Basler Straße 20 ✉ 79639 - ℰ 07624 91720 – www.eckert-grenzach.de – Geschlossen: Montag und Dienstag, mittags: Samstag

RÜHRBERGER HOF

KLASSISCHE KÜCHE • TRENDY Dass das historische Anwesen einmal landwirtschaftlich genutzt wurde, sieht man dem heutigen Restaurant mit seiner hübschen modernen Einrichtung nicht mehr an. Ein attraktiver Rahmen für die richtig gute klassisch basierte Küche. Und wer übernachten möchte, findet hier funktionelle Gästezimmer in zeitgemäßem Design.

⌂ ⇔ P – Menü 60 € - Karte 34/62 €
Inzlinger Straße 1 ✉ 79639 - ℰ 07624 91610 – www.ruehrbergerhof.com – Geschlossen mittags: Montag und Dienstag

GROSS NEMEROW
Mecklenburg-Vorpommern – Regionalatlas **2**-G3

RÄTHRO

MODERNE KÜCHE • CHIC Chic das geradlinig-moderne Design des "Räthro", durch raumhohe Fenster genießt man die Aussicht - der Restaurantname nimmt Bezug auf Küchenchef Torsten Räth. Bei seinen Gerichten orientiert er sich an der Saison und setzt auf regionale Produkte. Auf weite Transportwege verzichtet er und bezieht nicht nur Wild aus der nächsten Umgebung.

P – Menü 69/139 €
Bornmühle 35 ✉ 17094 - ℰ 039605 600 – www.bornmuehle.de – Geschlossen: Montag-Mittwoch, Sonntag, mittags: Donnerstag-Samstag

GROSSHEUBACH
Bayern – Regionalatlas **5**-U1

ZUR KRONE

MARKTKÜCHE • GASTHOF Schon seit 1969, inzwischen in 2. Generation, wird das Gasthaus mit Familie Restel geführt. Ihr Engagement merkt man nicht zuletzt an der schmackhaften saisonal beeinflussten Küche. Dazu gibt es eine gut sortierte Weinkarte mit Bezug zur Region. Schön sitzt man auch auf der begrünten Terrasse. Gepflegt übernachten kann man ebenfalls.

⌂ ⇔ P – Menü 27/90 € - Karte 27/55 €
Miltenberger Straße 1 ✉ 63920 - ℰ 09371 2663 – www.gasthauskrone.de – Geschlossen: Montag und Dienstag

GROSSKARLBACH
Rheinland-Pfalz – Regionalatlas **7**-B1

KARLBACHER

KLASSISCHE KÜCHE • GEMÜTLICH Einladend ist hier schon das 400 Jahre alte Fachwerkhaus mit seinem reizenden überdachten Innenhof und dem Mix aus gemütlicher Weinstube und Gourmetrestaurant. Ebenso gut kommen die Gerichte an - probieren Sie z. B. "Winter-Kabeljau-Rücken auf Grünkohl, schwarzer

GROSSKARLBACH

Trüffel-Velouté und sardischen Gnocchetti" oder "Topinambur und Mais mit bretonischem Hummer".

斦 ⇔ 🅿 – Menü 42 € (Mittags), 58/91 € - Karte 60/88 €
Hauptstraße 57 ⊠ 67229 – ☏ 06238 3737 – www.karlbacher.info – Geschlossen: Montag und Dienstag

GROSS-UMSTADT
Hessen – Regionalatlas **5**–U1

FARMERHAUS

AFRIKANISCH • EXOTISCHES AMBIENTE Wenn man die original afrikanischen Spezialitäten auf der Terrasse genießt und dabei auf die Weinberge schaut, hat man fast ein bisschen das Gefühl, im "Grande Roche" in Paarl (Südafrika) zu sein! Authentisch auch die Deko im Restaurant.

斦 🅿 – Menü 65/120 € - Karte 58/86 €
Am Farmerhaus 1 ⊠ 64823 – ☏ 06078 911191 – www.farmerhaus.de – Geschlossen: Montag und Sonntag, mittags: Dienstag-Samstag

GRÜNWALD
Bayern – Regionalatlas **6**-X3

ALTER WIRT

Chef: Michael Kaiser
REGIONAL • FREUNDLICH Sympathisch-leger ist es hier! In der "Wirtschaft" gibt es durchgehend warme Küche - beliebt der Mittags-Imbiss. Etwas besser eingedeckt ist das "Restaurant" mit urigem Charme. Man setzt auf Bioprodukte - auf der Karte z. B. "geschmorter Tafelspitz vom Weiderind". Zum Übernachten: mit Naturmaterialien nach ökologischen Gesichtspunkten ausgestattete Zimmer.

🍀 ***Engagement des Küchenchefs:*** *Familie Portenlänger ermöglicht mir die Verarbeitung bester Bio-Produkte vom Brot bis zum Fleisch aus der Region. Aber „Bio" und „Nachhaltigkeit" werden auch gelebt, Solarstrom, keine Einwegprodukte, regelmäß persönlicher Austausch mit den Erzeugern, selbst die Hotelzimmer sind „baubiologisch".*

斦 ⇔ 🅿 🚗 🛗 – Karte 24/54 €
Marktplatz 1 ⊠ 82031 – ☏ 089 6419340 – www.alterwirt.de

CHANG

ASIATISCH • ORIENTALISCHES AMBIENTE Von Thailand über China bis Japan reicht hier die breite Palette an asiatischen Gerichten. Neben den Sushi-Variationen sind Currys die Highlights, nicht zu vergessen die leckeren Desserts! Drinnen klares puristisches Ambiente samt Bar und einsehbarer Küche, draußen die schöne große überdachte Terrasse.

斦 – Karte 33/82 €
Marktplatz 9 ⊠ 82031 – ☏ 089 64958801 – chang-restaurant.de – Geschlossen: Dienstag

GSCHWEND
Baden-Württemberg – Regionalatlas **5**-V2

HERRENGASS

REGIONAL • CHIC In dem ehemaligen Kolonialwarenladen sitzt man in frischer moderner Atmosphäre und wird freundlich umsorgt. Auf den Tisch kommen schmackhafte Gerichte mit saisonalem und regionalem Bezug. Probieren Sie z. B. "gebratenen Kalbsrücken mit Pilzkruste, Portweinjus, Kerbelknollen, Kartoffel-Schnittlauchstrudel".

GSCHWEND

🏡 ⇔ 🅿 – Menü 38/90 € - Karte 36/65 €
*Welzheimer Straße 11 ⊠ 74417 – ℘ 07972 912520 – www.herrengass-gschwend.
de – Geschlossen: Montag-Mittwoch, mittags: Donnerstag und Freitag*

GUMMERSBACH
Nordrhein-Westfalen – Regionalatlas **3**-K3

🌼 MÜHLENHELLE
Chef: Michael Quendler
FRANZÖSISCH-MODERN • ELEGANT Was für ein tolles Anwesen! Mit dieser herrlichen Villa haben sich Michael und Brigitta Quendler einen absolut repräsentativen Ort ausgesucht, um ihre Gäste zu verwöhnen. Eleganter Stil, warme Töne, schöner Holzfußboden, große Sprossenfenster... - wirklich einladend das Ambiente. Dazu kommt noch der aufmerksame und kompetente Service. Und dann ist da noch die Küche von Michael Quendler. Er kocht auf klassischer Basis, aber dennoch modern und angenehm unkompliziert - schön, wie er die verschiedenen Aromen der ausgezeichneten Produkte auf dem Teller zusammenbringt. Es gibt zwei Menüs (eines davon vegetarisch/vegan), deren Gerichte Sie auch mischen können. Dazu die passende Weinbegleitung. Mit wohnlichen Zimmern sind die Quendlers übrigens auch bestens auf Übernachtungsgäste eingestellt.
🐾 ♿ 🅰 🏡 🅿 – Menü 52/139 € - Karte 50/88 €
*Hohler Straße 1 ⊠ 51645 – ℘ 02261 290000 – www.muehlenhelle.de –
Geschlossen: Montag-Mittwoch, mittags: Donnerstag-Samstag*

🍴 MÜHLENHELLE - BISTRO
MARKTKÜCHE • BISTRO Das schöne Restaurant mit der angenehm luftigen Atmosphäre ist eine richtig nette Alternative zum Gourmet. Auch hier isst man gut, in der einsehbaren Küche entstehen schmackhafte saisonale Speisen aus frischen Produkten - da bestellt man z. B. gerne Wild.
🐾 ♿ 🅰 🏡 🅿 – Menü 36/40 € - Karte 37/59 €
Hohler Straße 1 ⊠ 51645 – ℘ 02261 290000 – www.muehlenhelle.de

GUNDELFINGEN
Baden-Württemberg – Regionalatlas **7**-B1

BAHNHÖFLE
FRANZÖSISCH-KLASSISCH • LÄNDLICH In dem kleinen Häuschen am Gundelfinger Bahnhof sitzt man in legerer Atmosphäre (dekorativ die Bilder einer jungen polnischen Künstlerin), sehr schön die Terrasse vor dem Haus! Thierry Falconnier ist einer der großen Klassiker im Raum Freiburg, entsprechend seiner Herkunft kocht er französisch - angenehm reduziert und schmackhaft. Tipp: die Enten- oder Fischgerichte.
🏡 ⇔ – Karte 42/68 €
*Bahnhofstraße 16 ⊠ 79194 – ℘ 0761 5899949 – www.bahnhoeflegundelfingen.
de – Geschlossen: Dienstag und Mittwoch, mittags: Montag,
Donnerstag-Samstag*

SONNE WILDTAL
MARKTKÜCHE • MINIMALISTISCH In dem hübschen Fachwerkhaus werden Sie in freundlich-modernem Ambiente richtig gut bekocht! Ambitioniert und schmackhaft bereitet man z. B. "In Nussbutter gebratene Atlantik-Seezunge, Beurre Blanc, Sommertrüffel, Artischocken" zu. Mi. und Do. gibt es nur die badische Vesperkarte. Schöne Terrasse am Dorfplatz.
🏡 ⇔ – Menü 75/90 € - Karte 45/88 €
*Talstraße 80 ⊠ 79194 – ℘ 0761 61257060 – www.sonnewildtal.com –
Geschlossen: Montag und Dienstag, mittags: Mittwoch-Samstag*

HAAN
Nordrhein-Westfalen – Regionalatlas **3**–J3

ESSENSART
INTERNATIONAL · FREUNDLICH Trotz der etwas versteckten Lage hat man sich hier mit saisonaler Küche einen Namen gemacht. Das Angebot reicht vom vegetarischen Menü bis zu internationalen Gerichten. Die Gastgeber sind herzlich-engagiert, das Ambiente freundlich, draußen die nette überdachte Terrasse.

🍴 🅿 – Menü 53/90 € – Karte 46/66 €

Bachstraße 141 ✉ 42781 – ☎ 0212 9377921 – www.essensart-haan.de – Geschlossen: Montag und Dienstag, mittags: Mittwoch-Samstag

HÄUSERN
Baden-Württemberg – Regionalatlas –**7**–B2

KAMINO
MEDITERRAN · GEMÜTLICH Aus dem einstigen "Chämi-Hüsli" der Familie Zumkeller ist das gemütliche "Kamino" entstanden. Hier gibt es frische mediterrane Küche mit Tapas und Gerichten wie "gebratener Pulpo & Garnelen, Mojosauce, marokkanischer Couscous". Auch Klassischeres findet sich auf der Karte. Zum Übernachten gibt es zwei hübsche, wohnliche Gästezimmer.

🍴 ⟲ 🅿 🛏 – Menü 78 € – Karte 42/70 €

Sankt-Fridolin-Straße 1 ✉ 79837 – ☎ 07672 4819970 – www.restaurant-kamino.de – Geschlossen: Dienstag und Mittwoch

HAIGER
Hessen – Regionalatlas **3**–K3

VILLA BUSCH
INTERNATIONAL · ELEGANT Wirklich schön: In einer ausgesprochen aufwändig sanierten Villa hat man eine angenehme, geradlinige und stilvolle Atmosphäre geschaffen, in der man internationale Küche bietet. Probieren Sie die Fischgerichte - hier liegt der Schwerpunkt der Karte.

🍴 – Karte 43/70 €

Westerwaldstraße 4 ✉ 35708 – ☎ 02773 9189031 – www.villabusch.com – Geschlossen: Montag und Dienstag

HALLE (SAALE)
Sachsen-Anhalt – Regionalatlas **4**–P2

✿ SPEISEBERG Ⓝ
MODERNE KÜCHE · MINIMALISTISCH Man muss schon ein bisschen Zeit mitbringen, doch was Sie in dem Restaurant in Halles bekannter traditionsreicher "Bergschenke" erwartet, ist ein echtes Genusserlebnis! Geboten wird ausschließlich ein Menü, in dem Küchenchef Konstantin Kuntzsch ausgezeichnete Produkte in den Mittelpunkt stellt - modern, reduziert und mit intensivem Geschmack. Da begeistert "Kaisergranat, Melone, Dashi, Gurke" ebenso wie "Hirschkalb, Sellerie, Zwiebel". Das Menü beginnt für die Gäste um 19.15 Uhr. Teilnehmen können pro Abend allerdings leider nur maximal 15 Personen. Diese sitzen in dem schön oberhalb der Saale gelegenen Restaurant in modernem, fast schon puristischem Ambiente und werden geschult und freundlich-leger umsorgt. Sa. und So. kleiner Mittagstisch sowie Kaffee und Kuchen.

🅿 – Menü 100 €

Kröllwitzer Straße 45 ✉ 06120 – ☎ 01525 6029306 – www.bergschenke-halle.com – Geschlossen: Montag, Dienstag, Sonntag, mittags: Mittwoch-Samstag

HALTERN AM SEE

Nordrhein-Westfalen – Regionalatlas **3**–J2

❀ **RATSSTUBEN**

Chef: Daniel Georgiev

MODERNE KÜCHE • FREUNDLICH Das kleine "Ratshotel" mitten in der Altstadt hat nicht nur hübsche wohnliche Zimmer, es ist auch gastronomisch interessant. Patron und Küchenchef Daniel Georgiev kocht modern, mit ausgesuchten Zutaten und internationalen Einflüssen. Neben dem Menü kommen auch "Steaks & Classics" gut an bei den Gästen. Dazu gibt es eine schöne Weinauswahl, die rund 250 Positionen umfasst. Der Service ist freundlich und aufmerksam. In Sachen Ambiente ist das Restaurant zweigeteilt: vorne eher bürgerlich mit Theke, hinten geradlinig-elegant in warmen Tönen. Draußen hat man ein paar Tische auf dem Gehsteig zur Fußgängerzone.

✿ – Menü 79/148 €

Mühlenstraße 3 ✉ 45721 – ℰ 02364 3465 – www.hotel-haltern.de –
Geschlossen: Montag und Sonntag, mittags: Dienstag-Samstag

HAMBURG

Hamburg – Regionalatlas **10**-15

Geradezu ein Muss für Gourmets ist die Hamburger Top-Adresse schlechthin: das einzigartige **The Table Kevin Fehling** in der modernen Speicherstadt. Aber auch das luxuriöse **Haerlin** an der Binnenalster erfreut sich nicht ohne Grund großer Beliebtheit. In Sankt Pauli macht das neu gelistete **Salt & Silver - Lateinamerika** schon mit seinem Namen Lust auf ein spezielles Konzept. Ebenfalls in Sankt Pauli finden Sie die trendig-unkomplizierte **XO Seafoodbar**, ein Ableger des Restaurants **haebel**. Im schönen Winterhude lockt das **Zeik** mit produktorientierter kreativer Küche. Oder zieht es Sie ins relaxt-moderne **Jellyfish** im Szeneviertel Schanze? Ein Tipp in Sachen Sehenswertes: Neben dem „Michel", dem Wahrzeichen Hamburgs schlechthin, sollten Sie auch das ca. 350 m entfernte Brahms-Museum im schmucken Komponistenquartier mit seinen historischen Gebäuden ansteuern.

UNSERE BESTEN RESTAURANTS

STERNE-RESTAURANTS

❀❀❀

Eine einzigartige Küche – eine Reise wert!

The Table Kevin Fehling	194

❀❀

Eine Spitzenküche - einen Umweg wert!

100/200 Kitchen	203
bianc	194
Haerlin	194

❀

Eine Küche voller Finesse - seinen Stopp wert!

Jellyfish	200
Lakeside	194
Landhaus Scherrer	199
Petit Amour	199
Piment	201
Zeik	206

BIB GOURMAND

Brechtmanns Bistro	202
HYGGE Brasserie & Bar	202
Nil	204
Oechsle **N**	203
philipps	204
Salt & Silver - Levante **N**	204
Stocks Restaurant	203
Zipang	201
Zur Flottbeker Schmiede	202

Lara Hata/Getty Images Plus

RESTAURANTS AM SONNTAG GEÖFFNET

CARLS Brasserie an der ElbphilharmonieN	196
East	204
Fischereihafen Restaurant	200
Henriks	197
Jahreszeiten Grill	197
Jellyfish ✿	200
Kinfelts Kitchen & Wine	198
LENZ	200
Momo RamenN	201
Oechsle ⊛N	203
RIVE	200
Stocks Restaurant ⊛	203
STRAUCHS FALCO	198
Stüffel	202

UNSERE RESTAURANTAUSWAHL

ALLE RESTAURANTS VON A BIS Z

100/200 Kitchen ✿✿✿ 203

A
Am Kai 199
Anna Sgroi 196

B
bianc ✿✿ 194
Bootshaus Bar & Grill 196
Brechtmanns Bistro 🍀 202
Brook 196
Butcher's american steakhouse 196

C
CARLS Brasserie
an der Elbphilharmonie N 196
Clouds - Heaven's Bar & Kitchen 204
Coast by east 197
Cornelia Poletto 202
Cox 197

D
Dorfkrug 206

E
East 204

F
Fischereihafen Restaurant 200

H
HACO ✿ 204
haebel ✿ 205
Haerlin ✿✿ 194
Heimatjuwel 201
Heldenplatz 197
Henriks 197
Henssler Henssler N 200
Heritage 197
HYGGE Brasserie & Bar 🍀 202

J
Jacobs Restaurant N 203
Jahreszeiten Grill 197
Jellyfish ✿ 200

K
Kinfelts Kitchen & Wine 198

L
Lakeside ✿ 194
Landhaus Scherrer ✿✿ 199
LENZ 200

ClarkandCompany/Getty Images Plus

AnnaPustynnikova/Getty Images Plus

M

Momo Ramen N 201

N

NIKKEI NINE 198
Nil ☺ 204

O

Oechsle ☺N 203

P

Petit Amour ✽ 199
petit bonheur 198
philipps ☺ 204
Piment ✽ 201
Portomarin 206

R

RIVE 200

S

Salt & Silver - Lateinamerika N 205
Salt & Silver Levante ☺N 204

Stocks Restaurant ☺ 203
STRAUCHS FALCO 198
Stüffel 202

T

The Table Kevin Fehling ✽✽✽ 194
Tschebull 198

W

Witwenball 201
Wolfs Junge ✽ 205

X

XO Seafoodbar ✽ 205

Y

YOSHI im Alsterhaus 198

Z

Zeik ✽ ✽ 206
Zipang ☺ 201
Zur Flottbeker Schmiede ☺ 202

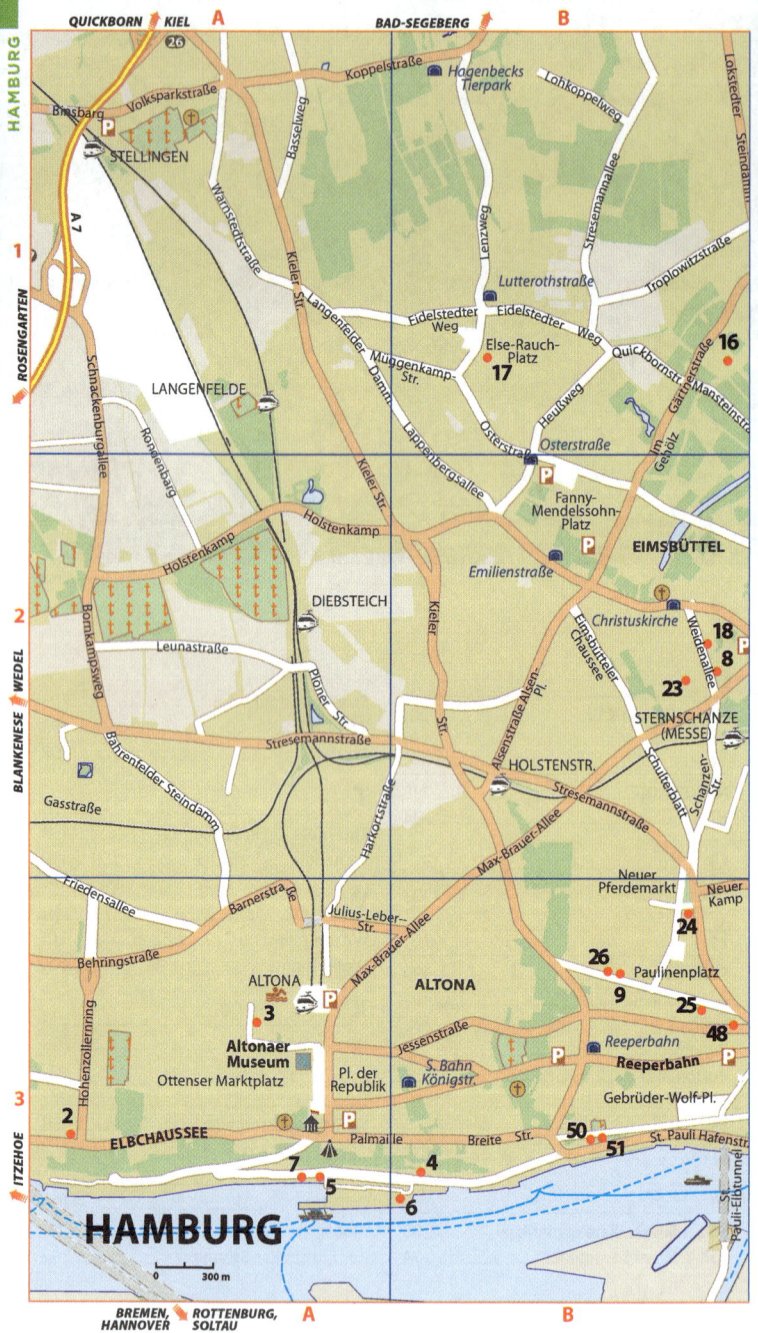

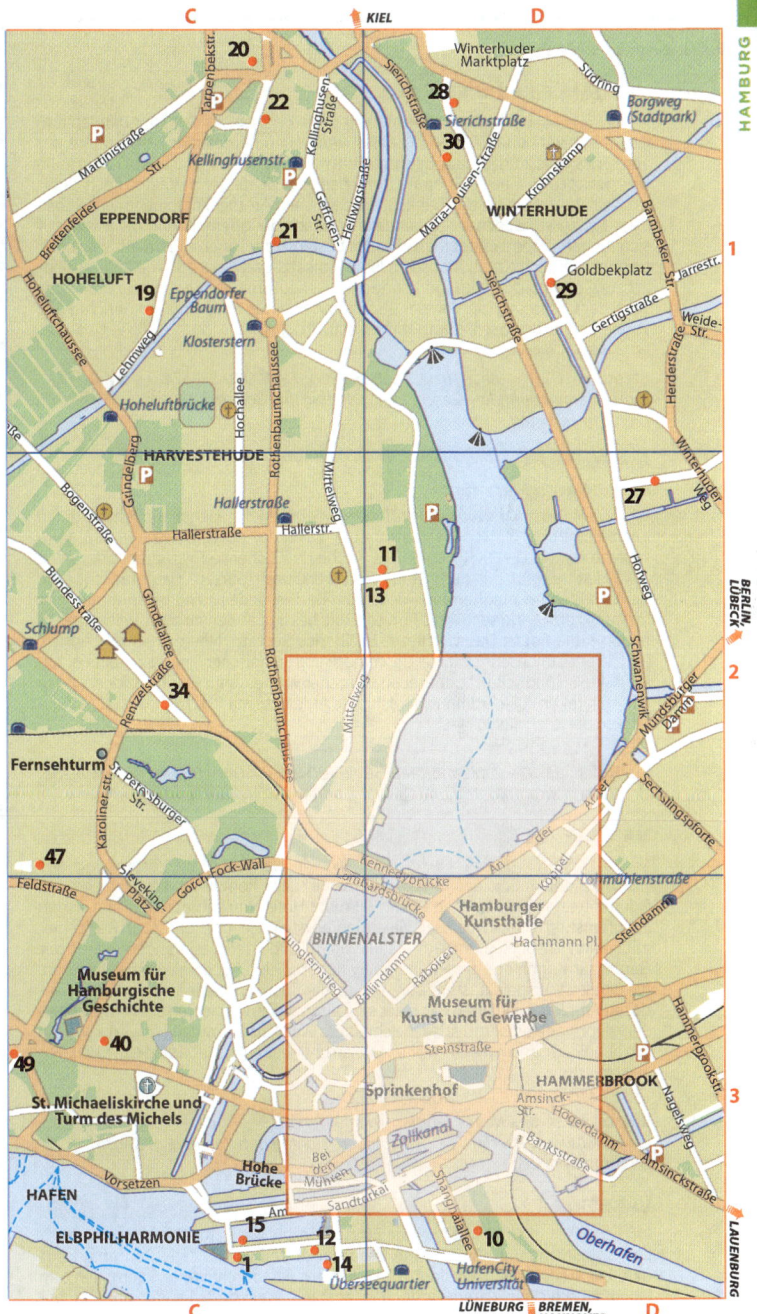

Im Zentrum

 THE TABLE KEVIN FEHLING

KREATIV • DESIGN Waren Sie mal bei Kevin Fehling am namengebenden langen geschwungenen Tresen gesessen und haben bei relaxter Atmosphäre das vom ersten bis zum letzten Gang schlichtweg grandiose Menü erlebt? Man kann hier getrost von einem "Erlebnis" sprechen angesichts der perfekten Technik bis ins kleinste Detail und der keinesfalls alltäglichen Aromenkombinationen. Neben dem wertig-stylischen Interieur zieht natürlich die offene Küche die Blicke auf sich: Gebannt beobachtet man, wie das bestens eingespielte Team mit spürbarer Leidenschaft und Kreativität seine Ideen umsetzt und eindrucksvoll unterschiedlichste Geschmacksrichtungen auf dem Teller zusammenbringt. Und dann ist da noch der klasse Service: Von der Begrüßung über die Erklärung der Gerichte und Weine bis zur Verabschiedung stimmt einfach alles!

❀ – Menü 230 €

Stadtplan: D3-10 – *Shanghaiallee 15* ✉ *20457 –* ✆ *040 22867422 – www.the-table-hamburg.de – Geschlossen: Montag und Sonntag, mittags: Dienstag-Samstag*

 BIANC

Chef: Matteo Ferrantino

MEDITERRAN • DESIGN Hier bringt ein gebürtiger Italiener südliche Aromen nach Hamburg. Matteo Ferrantino, der zuvor im portugiesischen Albufeira zusammen mit Dieter Koschina die Küche des 2-Sterne-Restaurants der "Vila Joya" leitete, gibt mit den Menüs "Emotion" und "Garten" (vegetarisch) eine modern-kreative mediterrane Küche zum Besten. Jedes Menü beginnt mit einer Vielzahl gleichzeitig servierter Amuses Bouches und endet mit einer Reihe ebenso feiner Petits Fours. Dazwischen z. B. "Iberico Secreto, Meeresfrüchte, Chorizo, Perlzwiebel, Dijonsenf". Mit viel Geschmack und technischer Finesse bereitet er top Produkte zu und schafft dabei ausgesprochen interessante Kombinationen. Dazu hat Architektin Julia Erdmann ein schickes Ambiente mit Piazza-Flair geschaffen - Blick in die Küche inklusive.

❀ 🅰 – Menü 190 €

Stadtplan: E3-32 – *Am Sandtorkai 50* ✉ *20457 –* ✆ *040 18119797 – www.bianc.de – Geschlossen: Montag und Sonntag, mittags: Dienstag-Samstag*

 HAERLIN

FRANZÖSISCH-KREATIV • LUXUS Wer in Hamburg die Verbindung aus Historie, noblem Chic und exzellenter Küche sucht, kommt an diesem eleganten Gourmetrestaurant im legendären "Fairmont Hotel Vier Jahreszeiten" am Neuen Jungfernstieg nicht vorbei. Seit vielen Jahren ist Küchenchef Christoph Rüffer hier mit seinen saisonalen und auf erstklassigen Produkten basierenden Menüs der Garant für Kontinuität und ständige Evolution. Seine Küche glänz mit Präzision, die Optik ist ausgefeilt, steht aber nie im Mittelpunkt. Passend zum stilvoll-luxuriösen Ambiente wird man von einer sehr aufmerksamen, hervorragend besetzten Servicebrigade umsorgt, ausgezeichnet die Weinkarte. Empfehlenswert auch die Weinbegleitung zum Menü - hier kann man übrigens auch die "Grand Cru"-Variante wählen.

❀ ⇐ ♿ 🅰 ⇔ 🚬 🛗 – Menü 190/250 €

Stadtplan: E2-31 – *Neuer Jungfernstieg 9* ✉ *20354 –* ✆ *040 34943310 – www.restaurant-haerlin.de – Geschlossen: Montag und Sonntag, mittags: Dienstag-Samstag*

 LAKESIDE

MODERNE KÜCHE • DESIGN Die Einzigartigkeit dieses Restaurants wird deutlich, sobald man in der 7. Etage des imposanten Hotels "The Fontenay" aus dem Lift steigt. Das "Lakeside" ist ein luftiger, lichtdurchfluteter Raum, der zum einen mit schickem klarem Design in elegantem Weiß besticht, zum anderen mit einer schlichtweg grandiosen Aussicht über die Stadt und die Außenalster - je nach Sonnenstand erlebt man immer wieder eine andere Stimmung! Volle

IM ZENTRUM

Aufmerksamkeit verdient aber auch die moderne Küche von Julian Stowasser. Klasse Handwerk, schöne Details und reichlich Aromen finden sich z. B. bei "Étouffée-Taube, Haselnuss, Birne, Boudin Noir" oder auch bei der raffinierten "Hamburger Roten Grütze". Der Service ist sehr gut geschult, freundlich und aufmerksam - toll die Weinempfehlung durch Sommelière Stefanie Hehn.

– Menü 155/175 €

Stadtplan: E1-33 – *Fontenay 10 ⊠ 20354 – ℰ 040 60566050 – www.thefontenay.com/restaurants-bar/lakeside-restaurant – Geschlossen: Montag und Sonntag, mittags: Dienstag-Samstag*

ANNA SGROI

ITALIENISCH • ELEGANT Charmant ist die Atmosphäre in dem aufwändig renovierten Haus von 1897. Ausgesprochen stilvoll und gemütlich ist das Ambiente, richtig schön hat man historische Elemente in das Interieur eingebunden. Hier darf man sich auf klassisch italienische Küche freuen. Nett sitzt man auch auf der Terrasse.

– Karte 52/66 €

Stadtplan: D2-11 – *Milchstraße 7 ⊠ 20148 – ℰ 040 28003930 – www.annasgroi.de – Geschlossen: Montag und Sonntag, mittags: Samstag*

BOOTSHAUS BAR & GRILL

FLEISCH • ZEITGEMÄSSES AMBIENTE Das "Bootshaus" liegt mitten in der HafenCity. Gemütlich sitzt man im "Boot" mit Blick in die offene Küche - oder möchten Sie lieber von luftig-lichten Barbereich auf den Grasbrookhafen schauen? Im Mittelpunkt steht Fleisch vom Josper-Grill: "New York Strip", "Rib Eye"... - genau richtig zubereitet! Dazu eine große Auswahl an Beilagen und gute Saucen.

– Karte 33/84 €

Stadtplan: C3-12 – *Am Kaiserkai 19 ⊠ 20457 – ℰ 040 33473744 – www.bootshaus-hafencity.de – Geschlossen: Montag und Sonntag, mittags: Dienstag-Samstag*

BROOK

INTERNATIONAL • BISTRO Eine beliebte Adresse! Abends ist die hübsch angestrahlte Speicherstadt vis-à-vis ein schöner Anblick, da sitzt man im Sommer natürlich gerne draußen - dafür gibt es vor dem Eckhaus einige Tische an der Straße. Gekocht wird mit internationalen, deutschen und klassischen Einflüssen.

– Menü 20 € (Mittags), 41/47 € - Karte 23/45 €

Stadtplan: E3-44 – *Bei den Mühren 91 ⊠ 20457 – ℰ 040 37503128 – www.restaurant-brook.de – Geschlossen: Montag und Sonntag*

BUTCHER'S AMERICAN STEAKHOUSE

FLEISCH • FAMILIÄR Steak-Liebhaber aufgepasst! Hier setzt man auf exklusives Nebraska-Beef, und das steht auf dem Teller absolut im Mittelpunkt! Wer Seafood vorzieht, bekommt ebenfalls tolle Qualität. Tipp: Besonders gemütlich hat man es im Winter am Kamin.

– Karte 91/156 €

Stadtplan: D2-13 – *Milchstraße 19 ⊠ 20148 – ℰ 040 446082 – www.butchers-steakhouse.de – Geschlossen: Sonntag, mittags: Samstag*

CARLS BRASSERIE AN DER ELBPHILHARMONIE 🆕

DEUTSCH • BRASSERIE Mit Blick auf die Elbphilharmonie genießt man hier in lebendig-legerer und zugleich eleganter Brasserie-Atmosphäre gehobene norddeutsche Küche wie z. B. Fischeintopf oder Seezunge im Ganzen. Die Lage ist einmalig, da ist im Sommer die Terrasse praktisch ein Muss. Im Bistro nebenan serviert man Bowls und Tartines.

– Menü 65 € - Karte 53/75 €

Stadtplan: C3-1 – *Am Kaiserkai 69 ⊠ 20457 – ℰ 040 300322400 – www.carls-brasserie.de*

IM ZENTRUM

COAST BY EAST

FUSION • FREUNDLICH Klasse die Lage an den Marco-Polo-Terrassen in der HafenCity - herrlich sitzt man da auf der Terrasse zur Elbphilharmonie! Auch das Konzept kommt an: Sushi und Sashimi aus der offenen Sushi-Küche. Aber auch einige internationale Gerichte finden sich auf der Karte. Im UG gibt es noch die Enoteca mit italienischem Angebot.

– Karte 46/85 €
Stadtplan: C3-14 – *Großer Grasbrook 14* ✉ *20457* – ✆ *040 30993230* – *www.coast-hamburg.de* – *Geschlossen mittags: Montag, Dienstag, Sonntag*

COX

INTERNATIONAL • BISTRO Mit ihrer sympathisch-legeren Atmosphäre ist diese Adresse ein Bistro im besten Sinne! Das Lokal zieht ein bunt gemischtes Publikum an, das von einem freundlichen und aufmerksamen Serviceteam umsorgt wird. Beliebt ist auch das günstige Mittagsangebot.

Karte 25/31 €
Stadtplan: F2-45 – *Lange Reihe 68* ✉ *20099* – ✆ *040 249422* – *www.restaurant-cox.de* – *Geschlossen: Montag und Sonntag*

HELDENPLATZ

FRANZÖSISCH-MODERN • TRENDY Sie möchten nach dem Musical- oder Konzertbesuch noch essen gehen? Hier serviert man Ihnen bis Mitternacht eine klassisch inspirierte Küche. Dazu eine sehr gute kleine Weinkarte - fast alle Weine gibt es auch glasweise. Ansprechend das geradlinig-moderne Ambiente mit dekorativen Bildern an den Wänden.

– Menü 69/85 € - Karte 55/72 €
Stadtplan: E3-46 – *Brandstwiete 46* ✉ *20457* – ✆ *040 30372250* – *www.heldenplatz-restaurant.de* – *Geschlossen: Montag und Dienstag, mittags: Mittwoch-Sonntag*

HENRIKS

INTERNATIONAL • DESIGN Dieses stylische Restaurant ist beliebt. Drinnen sitzt man in schickem Ambiente, draußen auf der schönen Terrasse unter alten Bäumen. Das Angebot ist ein Mix aus asiatischer, mediterraner und regionaler Küche samt Grillgerichten, Hummer und Kaviar. Dazu eine gute Weinauswahl.

– Menü 29 € (Mittags), 69/109 € - Karte 49/117 €
Stadtplan: E1-38 – *Tesdorpfstraße 8* ✉ *20148* – ✆ *040 288084280* – *www.henriks.cc*

HERITAGE

GRILLGERICHTE • TRENDY Das Restaurant bietet nicht nur einen fantastischen Ausblick auf die Alster, auch die Küche lockt. Es gibt Internationales wie "Nordsee-Steinbutt mit Belugalinsen und Limonen-Hollandaise" oder erstklassige gereifte Steaks mit besonderem Aroma - dem 800°-US-Southbend-Broiler sei Dank!

– Menü 69/119 € - Karte 59/100 €
Stadtplan: F1-39 – *An der Alster 52* ✉ *20099* – ✆ *040 21001070* – *www.heritage-hamburg.com* – *Geschlossen: Montag und Sonntag, mittags: Dienstag-Samstag*

JAHRESZEITEN GRILL

FRANZÖSISCH-KLASSISCH • ELEGANT Seit 1926 ist diese stilvolle Hamburger Institution mit Art-déco-Flair beliebt bei den Gästen. Klassisch ist hier sowohl der Service als auch die Küche. Einige Gerichte wie z. B. Beef Tartare, Seezunge oder Crêpe Suzette werden direkt am Tisch vollendet.

– Menü 33 € (Mittags), 72/115 € - Karte 35/68 €
Stadtplan: E2-36 – *Neuer Jungfernstieg 9* ✉ *20354* – ✆ *040 34940* – *www.hvj.de*

IM ZENTRUM

KINFELTS KITCHEN & WINE

MARKTKÜCHE • CHIC In unmittelbarer Nähe zur Elbphilharmonie betreibt der aus dem "Trüffelschwein" bekannte Kirill Kinfelt sein zweites Restaurant. Chic-modern die Einrichtung, ambitioniert und zugleich bodenständig die regional-saisonale Küche. Die schöne Weinauswahl zeigt fundiertes Sommelierwissen. Preiswerte Mittagskarte.

🍴 🏠 – Menü 49/79 € - Karte 35/69 €

Stadtplan: C3-15 – *Am Kaiserkai 56* ✉ *20457 –* ☎ *040 30068369 – www.kinfelts.de – Geschlossen: Dienstag, mittags: Montag, Mittwoch-Samstag*

NIKKEI NINE

JAPANISCH • CHIC Ein kulinarischer Hotspot in der Elbmetropole! Stylish-elegant ist die Atmosphäre in dem in dunklem Holz, Creme- und Goldtönen gehaltenen Restaurant. Geboten wird ein Mix aus japanischer und peruanischer Küche samt Gerichten vom Robata-Grill. Die Bar ist ein Muss!

Menü 79/115 € - Karte 36/195 €

Stadtplan: E2-37 – *Neuer Jungfernstieg 9* ✉ *20354 –* ☎ *040 34943399 – www.nikkei-nine.de – Geschlossen mittags: Samstag und Sonntag*

PETIT BONHEUR

FRANZÖSISCH-KLASSISCH • BRASSERIE Draußen die geschmackvolle Jugendstilfassade, drinnen eine charmant-elegante Brasserie, die französische Lebensart nach Hamburg bringt: Chansons, stilvolle Ölgemälde aus der Kunstsammlung des Chefs und natürlich klassisch-französische Küche. Lust auf "Beef Tartare" oder "Kalbsbries mit Portweinjus"? Und als Dessert am Tisch zubereitete Crêpes Suzette?

♿ 🏠 ❄ – Menü 48 € - Karte 36/84 €

Stadtplan: C3-40 – *Hütten 85* ✉ *20355 –* ☎ *040 33441526 – www.petitbonheur-restaurant.de – Geschlossen: Sonntag*

STRAUCHS FALCO

INTERNATIONAL • TRENDY Neben dem "Maritimen Museum" finden Sie dieses stylish-schicke Restaurant. Hier in den Elbarkaden mitten in der HafenCity sitzt man natürlich auch gerne auf der Terrasse. Aus der einsehbaren Küche kommt ein breites internationales Angebot von Grillgerichten über Mediterranes bis zu deutschen Klassikern. Dazu "Bar & Deli".

🏠 – Menü 69 € - Karte 38/78 €

Stadtplan: E3-41 – *Koreastraße 2* ✉ *20457 –* ☎ *040 226161511 – www.falco-hamburg.de*

TSCHEBULL

ÖSTERREICHISCH • ZEITGEMÄSSES AMBIENTE In der 1. Etage der exklusiven Einkaufspassage ist der Bezug zu Österreich allgegenwärtig: als Deko in Form von Kuhglocken und Edelweiß-Motiv an der Decke sowie Bergpanorama-Wandbild, auf dem Teller in Form von Klassikern wie Kärntner Kasnudeln, Wiener Schnitzel oder Marillenstrudel. Legerer: "Beisl" mit "Austrian Tapas". Schöne Auswahl an offenen Weinen.

❄ – Menü 19 € (Mittags), 50/60 € - Karte 42/79 €

Stadtplan: F2-42 – *Mönckebergstraße 7* ✉ *20095 –* ☎ *040 32964796 – www.tschebull.de – Geschlossen: Montag und Sonntag*

YOSHI IM ALSTERHAUS

JAPANISCH • FREUNDLICH In der 4. Etage des noblen Einkaufszentrums finden Sie diesen Treffpunkt für Freunde japanischer Esskultur. Japanische Köche bringen hier Tradition und Moderne in Einklang, z. B. mit "Kamo-Nabe", "Blaukrabben-Tempura mit Matcha-Salz" oder Sushi. Gefragte Dachterrasse!

IM ZENTRUM

&. 🅰 🈴 🅳 – Menü 28 € (Mittags), 48/98 € - Karte 36/104 €
Stadtplan: E2-43 – *Jungfernstieg 16* ✉ *20354* – ✆ *040 36099999* – *www.yoshi-hamburg.de* – *Geschlossen: Sonntag*

Außerhalb des Zentrums

In Hamburg-Altona

❀ LANDHAUS SCHERRER

Chef: Heinz Otto Wehmann
KLASSISCHE KÜCHE • ELEGANT Heinz O. Wehmann gehört zum "Landhaus Scherrer" (übrigens mit frischem neuem Äußeren!) wie der "Michel" zu Hamburg! Schon seit 1980 ist er Küchenchef in dem 1976 von Armin und Emmi Scherrer eröffneten Restaurant (bereits seit 1978 mit einem, zeitweise sogar mit zwei MICHELIN Sternen ausgezeichnet!). Seit Jahren eine Selbstverständlichkeit: herausragende regionale, oftmals biozertifizierte Produkte! So klassisch wie das Ambiente - Hingucker ist nach wie vor das große erotische Gemälde! - sind auch die Speisen. Absolut fantastisch z. B. das Holsteiner Reh mit exzellenter Rosmarin-Sauce. Dazu beeindruckt der gewachsene Weinkeller mit über 10.000 Flaschen! Der Service aufmerksam und professionell, aber keineswegs steif. Alternative zur Gourmetküche: gute regionale Gerichte in "Wehmann's Bistro".

❀ ***Engagement des Küchenchefs:*** *Seit 40 Jahren steht für mich Regionalität neben Qualität an oberster Stelle und dass wir bereits seit mehr als 10 Jahren biozertifiziert sind, macht mich stolz! Aber nicht nur meine Sterneküche profitiert davon, sondern auch die Umwelt, viele langjährige Mitarbeiter und natürlich die Ökonomie!*

🍴 🅰 🈴 ⇔ 🅿 – Menü 125 € - Karte 85/135 €
Stadtplan: A3-2 - *Elbchaussee 130* ✉ *22763* – ✆ *040 883070030* – *www.landhausscherrer.de* – *Geschlossen: Sonntag*

❀ PETIT AMOUR

Chef: Boris Kasprik
FRANZÖSISCH-KREATIV • CHIC "Petit Amour" - ein kleines Restaurant, in dem jede Menge Liebe steckt. Und zwar die von Boris Kasprik. Der gebürtige Hamburger kochte u. a. bei Alain Ducasse im "Le Jules Vernes" in Paris, im "Nihonryori RyuGin" in Tokio oder auch im "Louis C. Jacob" hier in der Hansestadt, bevor er in dem hübschen Eckhaus dieses wertig-moderne und gleichermaßen gemütliche Restaurant eröffnete. Die Atmosphäre ist recht intim, der Service freundlich und versiert - da fühlt man sich wohl. Ebenso viel Hingabe zeigt Patron Boris Kasprik am Herd: Mit Gefühl verarbeitet er top Produkte, geschickt bindet er moderne Elemente in seine klassische Küche ein. Ein besonderes Händchen hat er für Saucen und Essenzen - gerne reicht man Ihnen einen Löffel! Geöffnet hat man April - Sept. von Do. - Sa., Okt. - März von Di. - Sa.

🈴 – Menü 169/190 €
Stadtplan: A3-3 - *Spritzenplatz 11* ✉ *22765* – ✆ *040 30746556* – *www.petitamour-hh.com* – *Geschlossen: Montag und Sonntag, mittags: Dienstag-Samstag*

AM KAI

FISCH UND MEERESFRÜCHTE • HIP Trendig, hip und relaxed geht es in dem sympathischen Restaurant direkt am Wasser zu, toll der Blick auf den Containerhafen - vor allem im Sommer von der Terrasse! Aus der Küche kommt modernes Seafood - die Gerichte in Zwischenportions-Größe sind ideal zum Probieren und Teilen.

⇐ 🈴 🅿 – Karte 34/89 €
Stadtplan: A3-7 - *Große Elbstraße 145 b* ✉ *22767* – ✆ *040 38077730* – *www.amkai.hamburg* – *Geschlossen: Montag und Sonntag, mittags: Dienstag-Samstag*

AUSSERHALB DES ZENTRUMS

FISCHEREIHAFEN RESTAURANT

FISCH UND MEERESFRÜCHTE · KLASSISCHES AMBIENTE Es ist und bleibt eine Institution - gewissermaßen das Hamburger "Wohnzimmer" für Fischliebhaber, ob Alt oder Jung! In elegantem hanseatisch-traditionellem Ambiente samt Hafenblick kommen topfrische Qualitätsprodukte vom Fischmarkt auf den Tisch, von "Nordsee-Steinbutt in Senfsauce" bis "Hummerragout mit Cognac".

⇐ 🏠 ✿ 🅿 – Menü 25 € (Mittags), 46/75 € - Karte 42/110 €
Stadtplan: A3-5 – *Große Elbstraße 143* ✉ *22767* – ☏ *040 381816* – *www.fischereihafenrestaurant.de*

HENSSLER HENSSLER Ⓝ

ASIATISCHE EINFLÜSSE · MINIMALISTISCH Zwischen Holzhafen und Altonaer Fischmarkt, umgeben von zahllosen Fisch- und Meeresfrüchtehändlern, hat der bekannte TV-Koch Steffen Henssler sein puristisch gehaltenes Restaurant. Aus der Küche kommen vor allem modern interpretierte Sushi- und Sashimi-Zubereitungen, aber auch leckere warme Fisch- und Fleischgerichte. Reservierung ist hier mittags wie abends ratsam!

🅰🅲 🏠 – Menü 73 € - Karte 45/94 €
Stadtplan: B3-4 – *Große Elbstraße 160* ✉ *22767* – ☏ *040 38699000* – *hensslerhenssler.de* – *Geschlossen: Sonntag*

RIVE

FISCH UND MEERESFRÜCHTE · BRASSERIE Die Betreiber des "Tschebull" leiten auch dieses direkt am Hafen gelegene Restaurant. Es gibt Seafood und Grillgerichte mit Geschmack und Niveau, aber auch Klassiker wie Hamburger Pannfisch und Wiener Schnitzel sind zu haben. Im Sommer ist die wunderbare Terrasse praktisch ein Muss! Durchgehend warme Küche.

⇐ 🏠 – Menü 24 € (Mittags), 38/75 € - Karte 32/88 €
Stadtplan: B3-6 – *Van-der-Smissen-Straße 1* ✉ *22767* – ☏ *040 3805919* – *www.rive.de* – *Geschlossen: Montag*

In Hamburg-Duvenstedt

LENZ

REGIONAL · FREUNDLICH Hier bietet man in freundlicher und moderner Atmosphäre regionale Küche von Labskaus über geschmorte Kalbsbäckchen bis zur roten Grütze. Dazu aufmerksamer Service. Der lichte Wintergarten lässt sich übrigens im Sommer öffnen!

🅰🅲 🏠 🅿 – Menü 16 € (Mittags), 24/69 € - Karte 16/28 €
außerhalb Stadtplan – *Poppenbütteler Chaussee 3* ✉ *22397* – ☏ *040 60558887* – *restaurant-lenz.de* – *Geschlossen: Dienstag und Mittwoch*

In Hamburg-Eimsbüttel

✾ JELLYFISH

Chef: Stefan Fäth

FISCH UND MEERESFRÜCHTE · TRENDY Wer Fisch- und Meeresfrüchte-Küche mag, ist im "Jellyfish" genau richtig. Diese wird in Form eines Menüs angeboten, das es als große und kleine Variante gibt. Hier findet man auch eine hervorragende "Ausnahme" in Form eines Fleisch- oder Geflügelgerichts. Ausgesuchte Produkte werden durchdacht und modern-kreativ zubereitet, toll das Handwerk. Und der Rahmen zum guten Essen? Das im Schanzenviertel gelegene Restaurant ist angenehm puristisch gehalten, die volle Aufmerksamkeit gilt der finessenreichen und interessanten Küche. Ein weiterer Wohlfühlfaktor ist der pfiffige, aufmerksame und fachkundige junge Service, der auch die passenden Weine empfiehlt. Fr. - So. mittags kleine Bistrokarte.

AUSSERHALB DES ZENTRUMS

⊗ – Menü 39 € (Mittags), 105/179 € - Karte 40/47 € abends
Stadtplan: B2-8 - *Weidenallee 12* ✉ *20357* - ✆ *040 4105414* - *www.jellyfish-restaurant.de* – Geschlossen: Montag und Dienstag, mittags: Mittwoch und Donnerstag

ZIPANG

JAPANISCH • MINIMALISTISCH "Zipang" bedeutet "Reich der aufgehenden Sonne", entsprechend fernöstlich ist hier das Konzept vom modern-puristischen Ambiente bis zur Küche. Neben typisch Japanischem wie Sushi, Sashimi und Tempura erwarten Sie aber auch westliche Einflüsse. Gut die Auswahl an hochwertigen Sake! Freundlich der Service. Einfacheres Lunch-Angebot.
Menü 32 € (Mittags), 60/78 € - Karte 30/48 €
Stadtplan: B1-16 - *Eppendorfer Weg 171* ✉ *20253* - ✆ *040 43280032* – *www.zipang.de* – Geschlossen: Montag und Sonntag

HEIMATJUWEL

KREATIV • MINIMALISTISCH Marcel Görke, in Hamburg kein Unbekannter, hat hier ein geradlinig-rustikales und ganz legeres kleines Restaurant. Geboten wir eine kreative regional und saisonal ausgerichtete Küche, die in Menüform serviert wird. Sie können auch auf der kleinen Terrasse auf dem Gehweg sitzen.
☂ – Menü 75/85 €
Stadtplan: B1-17 - *Stellinger Weg 47* ✉ *20255* - ✆ *040 42106989* – *www.heimatjuwel.de* – Geschlossen: Montag und Sonntag, mittags: Dienstag-Samstag

MOMO RAMEN

RAMEN • BÜRGERLICH Lust auf japanische Ramen? Dann sind Sie hier genau richtig! In dem hip-legeren Lokal serviert man frische hausgemachte Nudeln. Bei den aromatischen Gerichten legt man Wert auf regionale Produkte und verzichtet auf Zusatzstoffe. Mittags ist das Angebot reduziert. Witziges Detail: Die Toiletten sind mit japanischen Zeitungen tapeziert.
Karte 24/39 €
Stadtplan: B2-23 - *Margaretenstraße 58* ✉ *20357* - ✆ *040 57226024* – *www.momo-ramen.de*

WITWENBALL

MODERNE KÜCHE • BISTRO Ein chic-modernes "Bistro deluxe" in einem ehemaligen Tanzlokal: hellgrüne Stühle und azurblaue Bänke, glänzende Marmortische, eine markante weiße Marmortheke, dazu dekorative Weinregale... Die themenbezogene Karte wechselt alle paar Wochen. Zu den richtig leckeren Gerichten gibt es über 300 Weine - hier legt man Wert auf ökologischen Anbau. Tipp: die Desserts!
⊗ ☂ – Menü 48 € - Karte 25/33 €
Stadtplan: B2-18 - *Weidenallee 20* ✉ *20357* - ✆ *040 53630085* – *www.witwenball.com* – Geschlossen: Montag und Dienstag, mittags: Mittwoch-Sonntag

In Hamburg-Eppendorf

❀ PIMENT

Chef: Wahabi Nouri

KREATIV • NACHBARSCHAFTLICH Was den Charme dieses Restaurants ausmacht? Neben schönem Ambiente in warmen Tönen und freundlichem, kompetentem Service sei hier in erster Linie die Küche von Wahabi Nouri zu nennen. Man spürt sein volles Engagement und seine ganze Leidenschaft für Kochen! Ausgangspunkt sind immer die Zutaten: Seine beiden Menüs basieren auf den besten saisonalen Produkten, und die bringt er gekonnt mit Gewürzen, Aromen und Säure in Einklang. Er arbeitet technisch überaus geschickt, bisweilen sehr tief ins Detail und zaubert zahlreiche Nuancen auf den Teller. Die persönliche Note verdankt seine Küche dem Respekt vor seinen familiären Wurzeln. Nouri stammt

AUSSERHALB DES ZENTRUMS

aus Casablanca, so lässt er feine nordafrikanische Akzente einfließen, die z. B. seine marokkanische Gemüse-Tarte zu einem echten Geschmackserlebnis machen.
- Menü 99/155 € - Karte 82/99 €

Stadtplan: C1-19 – *Lehmweg 29* ✉ *20251* – ☎ *040 42937788* – *www.restaurant-piment.de* – *Geschlossen: Mittwoch und Sonntag, mittags: Montag, Dienstag, Donnerstag-Samstag*

BRECHTMANNS BISTRO

ASIATISCHE EINFLÜSSE • MINIMALISTISCH Ausgesprochen beliebt ist das sympathische modern-puristische Bistro der Brechtmanns. Gekocht wird asiatisch inspiriert, aber auch Regionales findet sich auf der Karte. Tipp: Probieren Sie mal die Gerichte von der Oldenburger Ente. Im Sommer kann man auch im Freien sitzen.
- Menü 39 € (Mittags), 36/55 € - Karte 39/46 €

Stadtplan: B1-20 – *Erikastraße 43* ✉ *20251* – ☎ *040 41305888* – *www.brechtmann-bistro.de* – *Geschlossen: Montag, Dienstag, Sonntag, mittags: Mittwoch-Samstag*

CORNELIA POLETTO

ITALIENISCH • FREUNDLICH Cornelia Poletto bringt hier ein Stück Italien nach Hamburg, und zwar in Form eines gemütlichen modern-eleganten Restaurants. Geboten wird eine klassisch-italienische Küche mit französischen Einflüssen. Die Qualität der Produkte, die intensiven Aromen und der klare Aufbau der Gerichte ohne Chichi überzeugen gleichermaßen. Geschulter, freundlich-legerer Service.
- Menü 39 € (Mittags), 69/164 €

Stadtplan: C1-22 – *Eppendorfer Landstraße 80* ✉ *20249* – ☎ *040 4802159* – *www.cornelia-poletto.de* – *Geschlossen: Montag und Sonntag*

STÜFFEL

MARKTKÜCHE • CHIC So attraktiv wie die Lage direkt am Isekai ist auch die saisonale Küche mit mediterranem und regionalem Einfluss. Aus guten Produkten entsteht z. B. "Steinbeißerfilet mit Tomaten-Brot-Salat & Basilikum". Dazu eine gut sortierte Weinkarte - der Chef berät Sie auch gerne selbst. Serviert wird in stylish-modernem Bistro-Ambiente oder auf der Terrasse am Kai.
- Menü 19 € (Mittags), 39/59 € - Karte 47/66 €

Stadtplan: C1-21 – *Isekai 1* ✉ *20249* – ☎ *040 60902050* – *www.restaurantstueffel.de* – *Geschlossen: Montag und Dienstag*

In Hamburg-Flottbek

HYGGE BRASSERIE & BAR

REGIONAL • BRASSERIE "Hygge" (dänisch) steht für Geborgenheit, Vertrautheit, Gemeinschaft... Passend dazu geht es in dem hübschen Fachwerkhaus in schickem, stylischem Ambiente angenehm entspannt zu, Herzstück der mittige Kamin. Serviert werden richtig gute saisonal-regionale Gerichte. Auch die trendige Bar-Lounge kommt an.
- Menü 39/70 € - Karte 34/71 €

außerhalb Stadtplan – *Baron-Voght-Straße 179* ✉ *22607* – ☎ *040 82274160* – *www.hygge-hamburg.de* – *Geschlossen mittags: Montag-Sonntag*

ZUR FLOTTBEKER SCHMIEDE

PORTUGIESISCH • BISTRO Lust auf ein bisschen Portugal in Hamburg? In der denkmalgeschützten alten Schmiede trifft traditionell-deutsches Ambiente (samt authentischer Deko und offener Feuerstelle von einst) auf südländisch-familiäre Atmosphäre und portugiesisch-mediterrane Küche in Form von leckeren Tapas.
- Karte 26/37 €

außerhalb Stadtplan – *Baron-Voght-Straße 79* ✉ *20038* – ☎ *040 20918236* – *www.zurflottbekerschmiede.de* – *Geschlossen: Montag, mittags: Dienstag-Sonntag*

AUSSERHALB DES ZENTRUMS

In Hamburg-Lemsahl-Mellingstedt

 STOCKS RESTAURANT

INTERNATIONAL · DESIGN Ein charmantes Fachwerkhaus, unter dessen Reetdach man schön gemütlich sitzt. Freundlich umsorgt lässt man sich leckere Fischgerichte schmecken. Oder haben Sie Lust auf Sushi? Fleischliebhaber werden auf der Karte ebenfalls fündig.

🏡 ⇔ 🅿 – Menü 24/27 € – Karte 34/69 €

außerhalb Stadtplan – An der Alsterschleife 3 ✉ 22399 – ☎ 040 6113620 – www.stocks.de – Geschlossen: Montag

In Hamburg-Nienstedten

JACOBS RESTAURANT

FRANZÖSISCH-KLASSISCH · CHIC Nach seiner Neuausrichtung bietet das Restaurant im Hotel "Louis C. Jacob" eine modern-klassische Küche mit regionalem und saisonalem Bezug. Die Gerichte wählt man à la carte oder als Menü, auch vegetarisch. Dazu eine gut sortierte Weinkarte nebst Empfehlungen durch den Sommelier. Highlight im Sommer: die Lindenterrasse mit Blick auf die Elbe.

🐌 ⇐ 🅰🅲 🏡 ⇔ 🚗 🛗 – Menü 76/108 € – Karte 66/98 €

außerhalb Stadtplan – Elbchaussee 401 ✉ 22609 – ☎ 040 82255406 – www.hotel-jacob.de – Geschlossen: Montag und Sonntag, mittags: Dienstag-Samstag

In Hamburg-Rothenburgsort

 100/200 KITCHEN

Chef: Thomas Imbusch

KREATIV · CHIC Was für ein Erlebnis! Im 3. Stock des unscheinbaren Fabrikgebäudes erwartet Sie ein überaus durchdachtes Konzept. Mittelpunkt des loftähnlichen Raumes im "Industrial Chic" ist die offene Küche - näher am Geschehen geht nicht! Am tollen Molteni-Herd entsteht bei 100 bzw. 200 Grad (daher der Name) ein kreatives Überraschungsmenü, das ganz den Jahreszeiten angepasst ist. Schöne Einstimmung: die Schaubar mit den rohen Zutaten. Man setzt auf Nachhaltigkeit und kleine Produzenten, die man persönlich kennt. Respekt vor den Lebensmitteln wird groß geschrieben. Mit Leidenschaft und eigenem Stil verleiht Thomas Imbusch den Gerichten Ehrlichkeit und Natürlichkeit. Dazu Bio-Weine oder Alkoholfreies. Hinweis: Reservierung über Ticketsystem. Als separaten Bereich gibt es noch die Empore (keine Reservierung).

🍀 **Engagement des Küchenchefs:** *Als Koch, Unternehmer, aber auch als Mensch aus Leidenschaft arbeite ich mit meinem Team mit allem Respekt vor dem Klima, der Natur, den Gezeiten, der Saison und der Heimat. Wir wollen für den Gast und uns selbst Genuss ohne Reue und da ist das „Nose to tail"-Handeln für uns mehr als ein Konzept!*

⇐ ♿ 🅰🅲 🅿 🛗 – Menü 144 €

außerhalb Stadtplan – Brandshofer Deich 68 ✉ 20539 – ☎ 040 30925191 – www.100200.kitchen – Geschlossen: Samstag und Sonntag, mittags: Montag-Freitag

In Hamburg-Rotherbaum

 OECHSLE

DEUTSCH · BISTRO In dem sympathischen zeitgemäßen Eckrestaurant gibt es schmackhafte Küche aus guten, frischen Produkten, die süddeutsche und österreichische Einflüsse zeigt. Dazu eine fair kalkulierte kleine Weinkarte. Im Sommer sitzt man auch gerne vor dem Haus an den Tischen zur Straße.

🏡 – Karte 39/49 €

Stadtplan: C2-34 – Bundesstraße 15 ✉ 20146 – ☎ 040 4107585 – www.oechsle-restaurant.de – Geschlossen: Montag und Dienstag, mittags: Mittwoch-Samstag

AUSSERHALB DES ZENTRUMS

In Hamburg-St.Pauli

NIL

INTERNATIONAL • NACHBARSCHAFTLICH Eine Adresse, die Spaß macht! Das Restaurant im Szeneviertel "Schanze" hat eine charmante Atmosphäre, man wird freundlich-leger umsorgt und gut essen kann man ebenfalls. Gekocht wird richtig schmackhaft, mit internationalen und saisonalen Einflüssen. Tipp: das 5-Gänge-Menü. Toll die fair kalkulierte kleine Weinkarte.

🍴 – Menü 36/45 € - Karte 35/58 €
Stadtplan: B3-24 – *Neuer Pferdemarkt 5* ✉ *20359 -* 📞 *040 4397823 – www.restaurant-nil.de – Geschlossen mittags: Montag-Sonntag*

PHILIPPS

INTERNATIONAL • HIP Eine wirklich nette Adresse, etwas versteckt in einer Seitenstraße. Über ein paar Stufen nach unten gelangt man in ein freundlich-puristisches Lokal mit niedrigen Decken. Locker und engagiert der Service, modern-saisonal die Karte - hier z. B. "Sashimi von der Eismeerforelle, Soja, Ingwer, grüner Spargel, Navetten".

🍴 – Menü 57/79 € - Karte 34/79 €
Stadtplan: C2-47 – *Turnerstraße 9* ✉ *20357 -* 📞 *040 63735108 – www.philipps-restaurant.de – Geschlossen: Montag und Sonntag, mittags: Dienstag-Samstag*

SALT & SILVER LEVANTE Ⓝ

MITTLERER OSTEN Mit diesem sympathischen urbanen Restaurant hat das "Salt & Silver" in St. Pauli neben der lateinamerikanischen auch eine levantinische Variante. Hier speist man nach dem Vorbild der Levante-Küche im Mezze-Style: größere und kleinere orientalisch inspirierte Gerichte kommen zusammen auf den Tisch und sind wie gemacht zum Teilen.

🍴 – Karte 32/56 €
Stadtplan: B3-51 – *Hafenstraße 140* ✉ *20359 -* 📞 *0173 4274366 – saltandsilver.de – Geschlossen mittags: Montag-Sonntag*

CLOUDS - HEAVEN'S BAR & KITCHEN

INTERNATIONAL • DESIGN In gerade mal 50 Sekunden sind Sie mit dem Lift in der 23. Etage, der Blick ist schlichtweg grandios! In urbanem Ambiente speist man modern - fragen Sie auch nach den Fleisch-Cuts. An Vegetarier ist ebenfalls gedacht. Dazu eine gute Bar und im 24. Stock bei gutem Wetter ab 16 Uhr "Haeven's Nest" mit Snackkarte.

≤ ⇔ – Karte 16/129 €
Stadtplan: C3-49 – *Reeperbahn 1* ✉ *20359 -* 📞 *040 30993280 – www.clouds-hamburg.de – Geschlossen mittags: Montag-Sonntag*

EAST

FUSION • DESIGN Ein echter Hingucker ist das Restaurant mit der tollen Industrie-Architektur und dem geradlinig schicken Interieur. Zentrales Element in der einstigen Werkshalle ist der Sushitresen. Auf der Karte moderne Gerichte wie "Red Snapper süß-sauer" sowie feine Steaks vom Southbend-Grill.

& 🍴 🚭 – Karte 32/104 €
Stadtplan: B3-48 – *Simon-von-Utrecht-Straße 31* ✉ *20359 -* 📞 *040 309933 – www.east-hamburg.de*

HACO

Chef: Sebastian Sae-Hor
MODERNE KÜCHE • GEMÜTLICH Trendig und relaxed geht es in dem sympathischen Eck-Restaurant zu. Herzstück der offenen Küche ist ein Buchenholzgrill. Neben dem "wood fire concept" steht der saisonale und regionale Bezug des Menüs im Mittelpunkt - auch an Vegetarier ist gedacht. Alternativ zum Wein bietet man eine alkoholfreie Getränkebegleitung.

✿ *Engagement des Küchenchefs:* In meinem Restaurant ist mir Nachhaltigkeit sehr wichtig. Ich verarbeite Obst und Gemüse von vier Bio-Händlern, Wild aus der Lüneburger Heide, Rind, Schwein und Geflügel aus dem Hamburger Umland, 80%

AUSSERHALB DES ZENTRUMS

der Weine sind biodynamisch. Wir reduzieren Verpackung und Abfall, verwenden Öko-Reinigungsmittel.

⌂ – Menü 119 €

Stadtplan: B3-25 – Clemens-Schultz-Straße 18 ✉ 20359 – ☏ 040 74203939 – www.restaurant-haco.com – Geschlossen: Montag und Sonntag, mittags: Dienstag-Samstag

HAEBEL

Chef: Fabio Haebel

FRANZÖSISCH-KREATIV · ZEITGEMÄSSES AMBIENTE In diesem kleinen Restaurant im charmanten Bistrostil erwartet Sie ein "Carte Blanche"-Konzept, das die Menüs "Fauna" und "Flora" (vegetarisch) zur Wahl stellt. Aus der offenen Küche kommen moderne Gerichte auf klassischer Basis. Toll das kleine Käsebrett.

🍀 ***Engagement des Küchenchefs:*** *Als Südbadener bin ich der Kulinarik verbunden, doch ein Herzensthema ist die Nachhaltigkeit. So verarbeite ich oft eigene Gemüse, Wild aus nachhaltiger Jagd, leinengeangelten Fisch, setze aus Abschnitten Getränke an, mein Motto lautet „das Beste zur Saison" und lasse auch gerne mal Unnötiges weg!*

Menü 99/119 €

Stadtplan: B3-26 – Paul-Roosen-Straße 31 ✉ 22767 – ☏ 01517 2423046 – www.haebel.hamburg – Geschlossen: Montag und Sonntag, mittags: Dienstag-Samstag

SALT & SILVER - LATEINAMERIKA ⓝ

LATEINAMERIKANISCH · HIP Lateinamerikanische Küche in St. Pauli? Mit Blick auf die Elbe genießt man hier ein Menü (mit Fisch und Fleisch oder als Vegi-Variante), das die Reiselust der beiden Betreiber widerspiegelt. Zur angenehm lebendigen Atmosphäre trägt auch das charmante Serviceteam bei, das sich leger und freundlich, sehr souverän und gut geschult um Sie kümmert.

⌂ – Menü 64/74 €

Stadtplan: B3-50 – Hafenstraße 136 ✉ 20359 – ☏ 0173 4274366 – www.saltandsilver.net – Geschlossen mittags: Montag-Sonntag

XO SEAFOODBAR

Chef: Fabio Haebel

FISCH UND MEERESFRÜCHTE · TRENDY Mitten im Kiez hat Fabio Haebel neben seinem "Haebel" - gleich schräg gegenüber - auch dieses trendig-lockere Restaurant. Die unkomplizierte internationale Küche ist auf Seafood und Vegetarisches spezialisiert. Die Karte gibt keine Reihenfolge vor, man wählt nach Lust und Laune! Nett die Terrasse im lebhaften Treiben.

🍀 ***Engagement des Küchenchefs:*** *Transparenz unserer Produkte ist mir wichtig, wir verarbeiten kein Fleisch, allerdings hochwertigen Fisch aus nachhaltiger Zucht oder leinengeangelt, natürlich Gemüse von uns bekannten Produzenten und Manufakturen, bieten Bio-Spirituosen an, beziehen grünen Strom und sorgen für unsere Mitarbeiter.*

⌂ – Menü 59/79 € - Karte 42/110 €

Stadtplan: B3-9 – Paul-Roosen-Straße 22 ✉ 20038 – ☏ 01517 2423046 – www.thisisxo.de – Geschlossen: Montag, mittags: Dienstag-Sonntag

In Hamburg-Uhlenhorst

WOLFS JUNGE

Chef: Sebastian Junge

MARKTKÜCHE · FREUNDLICH Hier setzt man auf Regionalität. Der Chef lebt für Nachhaltigkeit, man verwendet, was die Saison bietet, verarbeitet nur ganze Tiere und baut selbst Gemüse an. Man spürt förmlich die Leidenschaft für das Produkt. Während das Angebot mittags etwas einfacher ist, serviert man am Abend ein ambitioniertes 5-Gänge-Menü.

🍀 ***Engagement des Küchenchefs:*** *Die Begriffe „Regionalität" & „Saisonalität" werden aus meiner Sicht zu inflationär genutzt, bei mir ist das Programm. Eigene Bio-Produkte kommen vom Gut Wulfsdorf, dazu „Urban-Gardening" ums Restaurant. Wir unterstützen und initiieren zudem nachhaltige Weidewirtschaftsprojekte.*

AUSSERHALB DES ZENTRUMS

– Menü 29 € (Mittags), 89 € - Karte 29/42 € abends
Stadtplan: D2-27 – *Zimmerstraße 30* ✉ *22085* – ✆ *040 20965157* – *www.wolfs-junge.de* – *Geschlossen: Montag und Sonntag, mittags: Samstag*

In Hamburg-Volksdorf

DORFKRUG

MARKTKÜCHE • RUSTIKAL Richtig charmant ist das historische Haus am Museumsdorf mit seinen alten Bauernwerkzeugen, Holzbalken und offenem Kamin. Auf der Karte finden sich Klassiker wie "Zwiebelrostbraten mit Spätzle", aber auch Asiatisches wie "Lachs-Sashimi".

– Menü 39/79 € - Karte 46/71 €

außerhalb Stadtplan – *Im alten Dorfe 44* ✉ *22359* – ✆ *040 6039294* – *www.dorfkrug-volksdorf.com* – *Geschlossen: Montag und Dienstag, mittags: Mittwoch-Sonntag*

In Hamburg-Winterhude

ZEIK

Chef: Maurizio Oster

MODERNE KÜCHE • HIP Maurizio Oster heißt der Inhaber und Küchenchef dieses geradlinig-modernen, fast puristisch gehaltenen kleinen Restaurants. Seine norddeutsche Herkunft spiegelt sich auch in seiner Küche wider. Die Region steht im Mittelpunkt. Ausgesuchte saisonale Produkte werden kreativ zubereitet. Gerne spielt der Chef hier mit verschiedenen Techniken und schafft interessante geschmackliche Kontraste. Das Ergebnis ist ein durchdachtes, stimmig aufgebautes Menü, das es auch als vegetarische Variante gibt. Ein echtes Faible hat man übrigens fürs Fermentieren, Einwecken und Herstellen von Essig. Neben Wein gibt es auch eine alkoholfreie Menü-Begleitung - hier bietet man nur selbst produzierte Getränke. Umsorgt wird man sehr freundlich und geschult - auch die Köche servieren mit und erklären die Gerichte.

Engagement des Küchenchefs: Eine gute und moderne Küche sollte auch immer für Nachhaltigkeit stehen. Wir kochen nachhaltig-regional, aber weltoffen und nicht dogmatisch, dennoch auch stark vegetarisch geprägt. Wir fermentieren, pickeln und legen ein - und das alles ohne die sogenannten "Luxusprodukte".

– Menü 89/104 €

Stadtplan: D1-30 – *Sierichstraße 112* ✉ *22299* – ✆ *040 46653531* – *www.zeik.de* – *Geschlossen: Montag und Sonntag, mittags: Dienstag-Samstag*

PORTOMARIN

SPANISCH • GEMÜTLICH Seit Jahren setzt man hier auf ambitionierte spanische Küche. Dafür kommen sehr gute, frische Produkte zum Einsatz, bei "Jakobsmuscheln, Lardo Ibérico de Bellota, Beluga-Linsen-Ragout" ebenso wie bei "Rinderfilet von LAFINA Natural Beef, Portwein-Jus, Sellerie-Orangen-Emulsion". Die Atmosphäre ist gemütlich und charmant, der Service herzlich. Schön die Weinauswahl.

– Menü 52 € - Karte 42/54 €

Stadtplan: D1-28 – *Dorotheenstraße 180* ✉ *22299* – ✆ *040 46961547* – *www.portomarin.de* – *Geschlossen: Montag und Sonntag, mittags: Dienstag-Samstag*

HAMM
Nordrhein-Westfalen – Regionalatlas **3**–K2

WIELAND-STUBEN
FRANZÖSISCH-KLASSISCH • ELEGANT Pure Klassik - dafür stehen die "Wieland-Stuben" seit 1965! In den geschmackvoll-eleganten Räumen sitzt man ebenso schön wie auf der herrlichen Gartenterrasse. In die "cuisine française classique" von Lukas Erfurth und seinem Team kommen nur ausgesuchte Produkte. Dazu sehr guter Service unter der Leitung seiner Frau.
⌂ ⇔ 🅿 – Menü 30 € (Mittags), 45/119 € - Karte 44/84 €
Wielandstraße 84 ✉ 59077 – ☏ 02381 401217 – www.wielandstuben.de – Geschlossen: Montag und Dienstag, mittags: Mittwoch-Samstag

HANN. MÜNDEN
Niedersachsen – Regionalatlas **3**–M2

FLUX - BIORESTAURANT WERRATAL
Chef: Marius Mirchel
REGIONAL • LÄNDLICH Ungekünstelt, natürlich, einfach und ehrlich, so das Motto hier. Die Bio-Küche gibt es z. B. als "Duett vom Lamm mit Kohlrabispaghetti und Zitronenpolenta". Oder lieber vegetarisch/vegan? Gluten- und laktosefrei ist auch kein Problem. Idyllischer Garten. Das dazugehörende "Biohotel Werratal" bietet wohnliche Zimmer.

❁ *Engagement des Küchenchefs: Ich biete vegane Küche mit Fleisch und Fisch als Beilage. Dafür verwende ich nur Zutaten aus biologisch-kontrolliertem Anbau, aus Bioland- und Demeterbetrieben, vorzugsweise aus der Region. Dazu eigene Streuobstwiese und Kräutergarten. Wir sind ein klimaneutrales Haus mit eigenem Blockheizkraftwerk.*
♿ ⌂ ⇔ 🅿 – Menü 33/55 € - Karte 29/41 €
Buschweg 40 ✉ 34346 – ☏ 05541 9980 – www.flux-biohotel.de – Geschlossen: Montag und Sonntag, mittags: Dienstag-Samstag

HANNOVER
Niedersachsen – Regionalatlas **3**–M1

❁❁ JANTE
Chef: Tony Hohlfeld
KREATIV • GEMÜTLICH Effekthascherei? Show? Fehlanzeige! Das Küchenteam um Tony Hohlfeld kocht aufwändig, durchdacht bis ins Detail und äußerst komplex, dennoch haben die Gerichte eine angenehme Leichtigkeit - absolut bemerkenswert und nicht alltäglich! Alle Komponenten auf dem Teller passen perfekt zusammen, wunderbar die geschmackliche Tiefe. Geboten wird ein fixes Menü mit "Upgrade"-Option. So ungezwungen wie die Küche ist auch die Atmosphäre in dem halbrunden Bau mit raumhoher Fensterfront. Dazu trägt das skandinavisch-geradlinige Interieur ebenso bei wie der charmante Service. Hier sind übrigens neben Gastgeberin und Sommelière Mona Schrader auch die Köche mit von der Partie und erklären die Gerichte. Tipp: Wählen Sie statt Wein mal eine alkoholfreie Begleitung!
⌂ – Menü 145/160 €
Marienstraße 116 ✉ 30171 – ☏ 0511 54555606 – www.jante-restaurant.de – Geschlossen: Montag und Sonntag, mittags: Dienstag-Samstag

❁ HANDWERK
MODERNE KÜCHE • CHIC Wertiges, trendig-reduziertes Design, ausgezeichnete modern-kreative Speisen und dazu ein unkomplizierter und gleichermaßen kompetenter Service - so sieht hier "Casual.Fine.Dining" aus. In der einsehbaren Küche spielt das namengebende Handwerk eine große Rolle. Und das wird von Küchenchef Thomas Wohlfeld gelungen mit eigenen Ideen, nordischen Elementen und dezenten fernöstlichen Einflüssen kombiniert. Recht puristische und sehr produktorientierte Gerichte wie z. B. "Vierländer Platte, Melone, Belper Knolle" oder „Kabeljau, Himbeere, Mandel" gibt es als Menü mit fünf oder sechs (auf

HANNOVER

Wunsch auch sieben) Gängen - und das zu einem fairen Preis. Harmonisch die Weinbegleitung. Draußen im Vorgarten hat man eine hübsche Terrasse.
斉 – Menü 85/95 €
Altenbekener Damm 17 ⌧ 30173 – ✆ 0511 26267588 – www.handwerk-hannover.com – Geschlossen: Montag und Dienstag, mittags: Mittwoch-Sonntag

VOTUM

KREATIV • CHIC Weit hatte es Benjamin Gallein (zuletzt Küchenchef im "Ole Deele") nicht von Großburgwedel ins Zentrum von Hannover. Hier bietet er in der neuen Leineschloss-Gastronomie kreative Küche. Untergebracht ist das Restaurant im modernen Anbau des am Platz der Göttinger Sieben und dem Leinewehr gelegenen historischen Leineschlosses samt Niedersächsischem Landtag. Der Name "Votum" steht nicht zuletzt für die Wahl des Menüs: Die Gäste entscheiden über Speisefolge und "Upgrades" sowie über Weinbegleitung oder eine alkoholfreie Alternative. Geschickt mit Vorhängen vom Zweitrestaurant "Schorse" abgetrennt, bietet das verglaste "Votum" einen richtig schicken Rahmen. Umsorgt wird man aufmerksam und geschult, auch die Köche servieren teilweise mit. Mo.-Fr. günstiges Mittagsangebot im legeren "Casino".
♿ 🅟 – Menü 130/194 €
Hannah-Arendt-Platz 1 ⌧ 30159 – ✆ 0511 30302412 – www.vo-tum.de – Geschlossen: Samstag und Sonntag, mittags: Montag-Freitag

SCHORSE IM LEINESCHLOSS

INTERNATIONAL • FREUNDLICH Das angenehm unkomplizierte "Schorse" ist neben dem "Votum" das zweite Restaurant im kubusartigen Anbau des Leineschlosses. Geschickt verbindet man Bodenständigkeit und Moderne, die Küche ist international ausgerichtet, zeigt aber auch regionale Einflüsse. Schön sitzt man auf der Terrasse am Leinewehr oder am Platz der Göttinger Sieben. Nachmittags Kaffee und Kuchen.
♿ 🅟 斉 – Menü 32 €(Mittags) - Karte 36/56 €
Hannah-Ahrendt-Platz 1 ⌧ 30159 – ✆ 0511 30302411 – www.schorse-im-leineschloss.de – Geschlossen: Sonntag

BISTRO SCHWEIZERHOF

KLASSISCHE KÜCHE • BISTRO Ansprechend die helle, freundliche Atmosphäre, interessant der Blick in die offene Küche - hier entstehen Klassiker sowie Modernes. Schmackhaft und frisch sind z. B. "Kabeljau mit Senfsauce und Schnittlauchstampf" oder "Wiener Schnitzel mit Bratkartoffeln und Preiselbeeren". Untergebracht ist das Restaurant im "Crowne Plaza" mit sehr komfortablen modernen Zimmern.
斉 🚗 🛗 – Karte 15/38 €
Hinüberstraße 6 ⌧ 30175 – ✆ 0511 3495253 – www.schweizerhof-hannover.de – Geschlossen: Sonntag, mittags: Montag-Samstag

HARDERT
Rheinland-Pfalz – Regionalatlas **3**–K4

CORONA - HOTEL ZUR POST

MEDITERRAN • GASTHOF Hier isst man richtig gerne! In dem klassisch gehaltenen Restaurant sorgen Sergio und Kerstin Corona als eingespieltes Team für charmanten Service und mediterran inspirierte Küche. Neben den Menüs "Méditerranée" und "Corona", aus denen man auch à la carte wählen kann, gibt es am Mittag zusätzlich ein fair kalkuliertes 3-Gänge-Menü.
♿ 斉 ⇔ 🅿 🈲 – Menü 17 € (Mittags), 39/49 € - Karte 30/57 €
Mittelstraße 13 ⌧ 56579 – ✆ 02634 2727 – www.restaurantcorona.de – Geschlossen: Montag und Dienstag

HARSEWINKEL
Nordrhein-Westfalen – Regionalatlas **3**–K2

POPPENBORG'S STÜBCHEN

TRADITIONELLE KÜCHE • GASTHOF Kennen Sie auch das zweite Restaurant des Poppenborg'schen Traditionsbetriebs? Das Stübchen ist eine sympathische, etwas legerere Alternative, die schmackhafte Küche bietet. Tipp: Speisen Sie bei schönem Wetter auf der hübschen Terrasse im Grünen!

🏡 ⇔ 🅿 🚗 – Karte 33/67 €

Brockhäger Straße 9 ⊠ 33428 – ✆ 05247 2241 – www.hotel-poppenborg.de – Geschlossen: Mittwoch, mittags: Montag, Dienstag, Donnerstag-Samstag

POPPENBORG

FRANZÖSISCH-KLASSISCH • ELEGANT Ein echter Klassiker! Seit Anfang der 1970er Jahre pflegen die Poppenborgs die lange Tradition des Hauses und sind bekannt für klassische Küche. Und die genießt man in eleganter Atmosphäre bei freundlichem und aufmerksamem Service. Im Sommer sitzt man gerne auf der romantischen Gartenterrasse.

🍴 🏡 ⇔ 🅿 🚗 🍽 – Menü 69/99 € - Karte 68/85 €

Brockhäger Straße 9 ⊠ 33428 – ✆ 05247 2241 – www.poppenborg.com – Geschlossen: Mittwoch, mittags: Montag, Dienstag, Donnerstag-Samstag

HASLACH IM KINZIGTAL
Baden-Württemberg – Regionalatlas **5**–T3

IN VINO VERITAS ⓝ

MARKTKÜCHE • FREUNDLICH Inga und Ralf Müller haben sich mit diesem freundlichen Restaurant einen Namen gemacht. Das liegt nicht zuletzt an der international-regionalen Küche, die auf guten, oft heimischen Produkten basiert. Der Service aufmerksam und charmant. Etwas einfacher speist man im Sommer in der reizenden Innenhof-Weinlaube. Zum Übernachten hat man chic-moderne Zimmer und Appartements.

🏡 – Menü 15 €(Mittags) - Karte 32/55 €

Steinacher Straße 9 ⊠ 77716 – ✆ 07832 9944695 – in-vino-haslach.de – Geschlossen: Donnerstag, mittags: Samstag

HATTINGEN
Nordrhein-Westfalen – Regionalatlas **3**–K2

😊 DIERGARDTS KÜHLER GRUND

KLASSISCHE KÜCHE • GEMÜTLICH Seit Philipp Diergardt in dem tollen Familienbetrieb (4. Generation) das Küchenzepter übernahm, hat er - nicht zuletzt dank erstklassiger Ausbildung - das vorher bereits gute Niveau nochmals gesteigert. Mit Leidenschaft kocht man gehoben-bürgerlich - klasse z. B. "gebratene Blutwurst vom Juvenilferkel"! Dazu geschmackvolles Landhausambiente und aufmerksamer Service.

🅰🅲 🏡 ⇔ 🅿 – Menü 19 € (Mittags), 35/79 € - Karte 34/55 €

Am Büchsenschütz 15 ⊠ 45527 – ✆ 02324 96030 – www.diergardt.com – Geschlossen: Montag und Dienstag

HAUSEN OB VERENA
Baden-Württemberg – Regionalatlas **5**–U3

HOFGUT HOHENKARPFEN

INTERNATIONAL • FREUNDLICH Herrlich die Lage, wirklich klasse der Blick - da sollten Sie auf der Terrasse speisen! Wenn das Wetter nicht mitspielt, genießt man die Aussicht vom Panorama-Pavillon. Gekocht wird international und saisonal. In der einstigen Scheune des denkmalgeschützten Anwesens übernachtet man in schönen geradlinig-wohnlichen Zimmern. Tipp: Besuchen Sie das Kunstmuseum.

⇐ 🏡 ⇔ 🅿 – Menü 55/89 € - Karte 40/61 €

Am Hohenkarpfen 1 ⊠ 78595 – ✆ 07424 9450 – www.hohenkarpfen.de

HAUZENBERG
Bayern – Regionalatlas **6**–Z3

ANETSEDER
REGIONAL • MINIMALISTISCH Hier wird Wirtshauskultur gelebt und dabei geht man mit der Zeit. Schön sitzt man unter einer hohen Decke in trendig-modernem Ambiente und wird freundlich umsorgt. Gekocht wird frisch und richtig gut, dabei legt man Wert auf saisonale Produkte, die man vorzugsweise aus der Region bezieht.

& 🛱 ⇔ 🅿 – Menü 30/55 € - Karte 21/45 €

Lindenstraße 15 ⊠ 94051 - ℰ 08586 1314 – www.anetseder-wirtshauskultur. de – Geschlossen: Montag und Dienstag, mittags: Mittwoch-Samstag

LANDGASTHAUS GIDIBAUER-HOF
REGIONAL • RUSTIKAL Richtig gut isst man hier, und die regionale Küche gibt es zudem zu wirklich fairen Preisen. Appetit macht z. B. das Rindfleisch aus eigener Zucht. Freundlich und gemütlich-rustikal das Ambiente. Für Gesellschaften: schöner ehemaliger Ochsenstall. Im gleichnamigen Hotel erwarten Sie mit Naturholzmöbeln wohnlich eingerichtete Zimmer.

🛱 ⇔ 🅿 – Menü 28 € - Karte 22/46 €

Grub 7 ⊠ 94051 - ℰ 08586 96440 – www.gidibauer.de – Geschlossen: Montag, mittags: Dienstag-Freitag

HAYINGEN
Baden-Württemberg – Regionalatlas **5**–U3

ROSE
Chef: Simon Tress, Carsten Volkert

BIO • ZEITGEMÄSSES AMBIENTE Bei Familie Tress dreht sich alles um das Thema Bio sowie die Verwertung von Tieren nach dem "Nose to Tail"-Prinzip. Man kocht regional und saisonal, gerne auch vegetarisch. Dazu gibt es ausschließlich Demeter-Weine. Mit im Haus: Shop mit Kochbüchern, Suppen, Eintöpfen, Pasta... Zum Übernachten: Gästehaus gegenüber.

🍀 *Engagement des Küchenchefs:* Es macht mich stolz, das weiterzuführen, was mein Opa bereits 1950 begann. Ökologischer Landbau passt zu uns, steht im Einklang mit der Natur der Region. Wir garantieren 100% nachhaltigen Genuss und ordnen ökonomische Entscheidungen unseren Prinzipien unter. Vegetarische Küche steht im Fokus.

🅿 – Karte 34/50 €

Aichelauer Straße 6 ⊠ 72534 - ℰ 07383 94980 – www.tress-gastronomie. de/bio-restaurants/rose – Geschlossen: Montag und Dienstag, mittags: Mittwoch-Freitag

RESTAURANT 1950
Chef: Simon Tress

REGIONAL • ZEITGEMÄSSES AMBIENTE Angenehm gesellig ist es in dem hellen modernen Raum mit hoher Decke und offener Küche, nicht zuletzt dank Patron und Küchenchef Simon Tress, der herzlich am Gast ist. Es gibt ein vegetarisches Basis-Menü, das um Fleisch-Komponenten erweiterbar ist - nahezu alles Bio- oder Demeter-Produkte ganz aus der Nähe. Zum Übernachten hat man liebevoll eingerichtete Zimmer.

🍀 *Engagement des Küchenchefs:* Im Gourmet-Restaurant unseres Demeter- & Biolandbetriebs arbeite ich ebenso streng nach ökologisch-biologischen Vorgaben, wie es meine gesamte Familie im komplett durchzertifizierten Unternehmen tut und womit bereits mein Großvater 1950 begann! Nachhaltigkeit gepaart mit Qualität ist meine Passion!

🅿 – Menü 89/137 €

Aichelauer Straße 6 ⊠ 72534 - ℰ 07383 94980 – www.tress-gastronomie.de – Geschlossen: Montag-Donnerstag, mittags: Freitag und Samstag

Baden-Württemberg
Regionalatlas **5**–U1

HEIDELBERG

Wer es klassisch-traditionell mag, ist im **Hotel Europäischer Hof Heidelberg** bestens aufgehoben. Diese Adresse ist eine Institution in der Stadt, deren Historie sich auch im Restaurant **Kurfürstenstube** wiederfindet. Modern wird es im liebevoll eingerichteten Restaurant **oben**, das reizvoll oberhalb von Heidelberg im historischen Kohlhof liegt. Ein Stück Studentengeschichte erlebt man in der **Mensurstube**, angeschlossen das Sternerestaurant **Le Gourmet**. Bei einem Bummel durch die Altstadt lohnt sich auch eine kurze Einkehr in den letzten Studentenkarzer Heidelbergs, einem ehemaligen Studentengefängnis, das mittlerweile als Museum dient. Nicht weit von hier fährt die Bergbahn zum Schloss Heidelberg, was zweifelsfrei einen Ausflug wert ist. Wer nicht ganz so hoch hinaus mag, genießt die umgekehrte Sicht von der Alten Brücke hinauf zum Schloss - besonders bei Beleuchtung ein romantisches Erlebnis.

LE GOURMET

FRANZÖSISCH-KLASSISCH • ROMANTISCH Ein wirklich reizvolles Anwesen mit langer Tradition: Schon 1472 wurden in der Hirschgasse auf der gegenüberliegenden Seite des Schlosses Gäste empfangen. Im "Le Gourmet", dem romantisch-historischen Fine-Dining-Restaurant des Hauses mit seinem alten Kachelofen, stilvollem Parkett und stoffbespannten Wänden, geht es trotz erhaltener Details aus vergangenen Tagen alles andere als verstaubt zu. Dafür sorgt Küchenchef Mario Sauer, der in seine finessenreiche klassisch basierte Küche geschickt moderne Elemente einbindet und so geschmacklich komplexe Gerichte schafft. Das Serviceteam um Sommelier Erik Himpel betreut Sie mit Charme und Kompetenz. Hinweis: Die Gästezimmer in Heidelbergs Hotelklassiker "Die Hirschagasse" werden bis Sommer 2022 saniert.

AC 🌿 P 🍴 – Menü 110/160 € - Karte 106/120 €

Stadtplan: B1-3 – Hirschgasse 3 ✉ 69120 – ✆ 06221 4540 – www.hirschgasse. de – Geschlossen: Montag und Sonntag, mittags: Dienstag-Samstag

OBEN

KREATIV • CHIC Nach einer gut 10-minütigen Fahrt durch den Wald oberhalb von Heidelberg kommt man zum historischen "Kohlhof", idyllisch zwischen Wiesen und Obstbäumen gelegen. Der gepflasterte Innenhof mit ländlichem Flair lädt zum Aperitif ein, danach geht's in den charmanten Gastraum mit liebevollen Details und angenehm intimer Atmosphäre. In der einsehbaren Küche entsteht ein Menü mit 13 durchdachten modernen Gerichten wie z. B. "Schweinewedel, Boskop,

Schnittlauch, Kren". Küchenchef Robert Rädel kocht sehr kreativ und legt Wert auf die gute Qualität der Produkte, darunter viel Gemüse von Bauern aus der Region. Die Köche servieren und erklären die Speisen. Die Weine empfiehlt man mündlich - oder Sie wählen im Weinkeller selbst! Hinweis: weder Karte noch Barzahlung, man überweist bequem von zu Hause.

🌿 P 🍴 – Menü 130 €

außerhalb Stadtplan – *Am Kohlhof 5* ✉ *69117* – ✆ *0172 9171744* – *www.restaurant-oben.de* – *Geschlossen: Montag, Dienstag, Sonntag, mittags: Mittwoch-Samstag*

CHAMBAO

INTERNATIONAL • MEDITERRANES AMBIENTE In dem sympathisch-trendigen Restaurant mit gläserner Küche steht "Sharing" im Mittelpunkt - dabei kann man sich sein Menü selbst zusammenstellen. Der Service ist freundlich und geschult, den Empfehlungen des Sommeliers können Sie getrost folgen. Schräg gegenüber: Bar & Bistro "Chambino". Tipp: schöne lebendige Terrasse mit Blick auf die Alte Brücke!

🌿 ⇔ – Menü 50/70 €

Stadtplan: B1-8 – *Dreikönigstraße 1* ✉ *69117* – ✆ *06221 7258271* – *www.chambao-heidelberg.com* – *Geschlossen: Montag und Sonntag, mittags: Dienstag-Samstag*

DIE KURFÜRSTENSTUBE

FRANZÖSISCH-KLASSISCH • ELEGANT Ein Klassiker der Stadt! Im Restaurant des stilvollen Grandhotels "Der Europäische Hof Heidelberg" bewahren die mächtige Kassettendecke und Wandvertäfelungen mit schönen Intarsienarbeiten ein Stück Geschichte. Geboten wird eine ambitionierte klassische Küche mit modernen Einflüssen, die auf frischen, guten Produkten basiert. In der warmen Jahreszeit hat das Sommerrestaurant geöffnet.

🍽 ♿ 🅰🅺 🚗 ⊡ – Menü 75/110 € - Karte 60/90 €

Stadtplan: A2-1 – *Friedrich-Ebert-Anlage 1* ✉ *69117* – ✆ *06221 5150* – *www.europaeischerhof.com*

GRENZHOF ⓝ

SAISONAL • LÄNDLICH Im "Grenzhof" bietet das Team um Küchenchef Sebastian Andrée eine moderne Küche, die sich stark an der Saison orientiert. Bei gutem Wetter ist der Kastanienhof ein absolut idyllischer Ort, an weniger schönen Tagen und im Winter sitzt man gemütlich in der ländlich dekorierten Gutsstube. Mittags nur Lunchbuffet und kleine Mittagskarte. Zum Übernachten gibt es hübsche wohnliche Landhaus- und Themenzimmer.

🌿 ⇔ P ⊡ – Menü 65/95 € - Karte 60/70 €

außerhalb Stadtplan – *Grenzhof 9* ✉ *69123* – ✆ *06202 9430* – *www.grenzhof.de* – *Geschlossen: Sonntag, mittags: Montag-Samstag*

HERRENMÜHLE

INTERNATIONAL • RUSTIKAL In einer kopfsteingepflasterten Straße in der Altstadt finden Sie dieses Restaurant mit freundlich-rustikalem Ambiente und schmackhafter bodenständiger Küche. Romantisch hat man es draußen auf der Terrasse.

🌿 – Menü 68/98 € - Karte 52/75 €

Stadtplan: B1-4 – *Hauptstraße 239* ✉ *69117* – ✆ *06221 602909* – *www.herrenmuehle.net* – *Geschlossen: Montag und Dienstag, mittags: Mittwoch-Samstag*

MENSURSTUBE

KLASSISCHE KÜCHE • GEMÜTLICH Blanke Holztische mit Schnitzereien einstiger Studenten, freigelegtes Mauerwerk und allerlei Zierrat prägen das Bild der historischen Stube. In gemütlicher Atmosphäre wählen Sie von einer wechselnden Tageskarte saisonale Gerichte - mal klassisch, mal moderner.

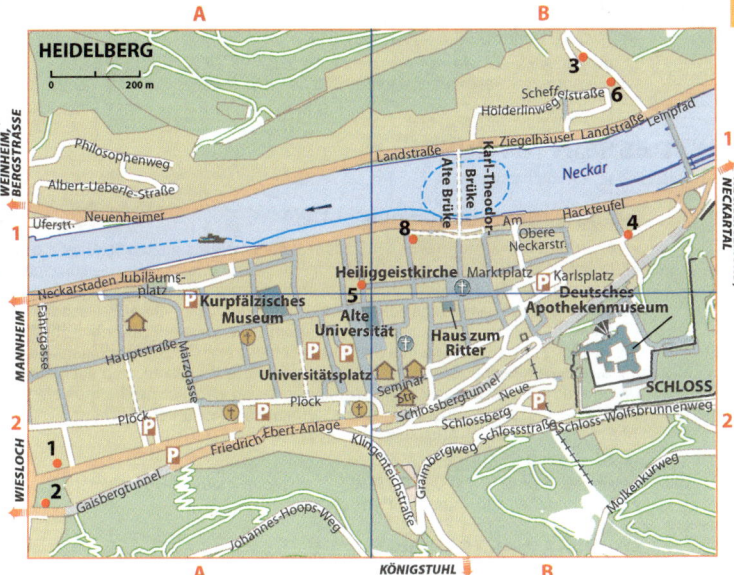

🏠 🅿 ⓘ – Menü 50 € - Karte 44/56 €
Stadtplan: B1-6 – *Hirschgasse 3* ✉ *69120* – ✆ *06221 4540* – *www.hirschgasse. de* – *Geschlossen: Montag und Sonntag, mittags: Dienstag-Samstag*

RESTAURANT 959

MODERN • CHIC Das Revival des Stadtgarten-Pavillons von 1936! Trendig-chic das Ambiente - eine gute Portion Glamour inklusive! Angenehm reduziert und produktorientiert die modern-klassische Küche am Abend. Auf Nachfrage (wenn vorrätig) gibt es auch spezielle Fleisch-Cuts vom "Big Green Egg". Mittags einfachere Karte, Bar-Klassik in "Pino's Bar" samt Außenlounge.
🐾 🏠 ⇆ – Karte 47/87 €
Stadtplan: A2-2 – *Friedrich-Ebert-Anlage 2* ✉ *69117* – ✆ *06221 6742959* – *www.959heidelberg.com* – *Geschlossen: Sonntag, mittags: Montag*

TRAUBE

INTERNATIONAL • GEMÜTLICH Ein engagiert geführtes Restaurant mit einem gemütlichen Ambiente aus traditionellen und modernen Elementen. Die saisonal beeinflusste Küche gibt es als Menü mit drei oder fünf Gängen, das Sie sich selbst zusammenstellen können. Tipp für Autofahrer: öffentlicher Parkplatz bei der Thorax-Klinik drei Gehminuten entfernt.
Karte 49/69 €
außerhalb Stadtplan – *Rathausstraße 75* ✉ *69126* – ✆ *06221 6737222* – *www. traube-heidelberg.de* – *Geschlossen: Dienstag und Mittwoch, mittags: Montag, Donnerstag-Sonntag*

WEISSER BOCK

INTERNATIONAL • GEMÜTLICH Für Gemütlichkeit sorgen in dem traditionsreichen Haus hübsche Details wie Holztäfelung und historische Fotos. Aus der Küche kommen internationale und regionale Gerichte wie "gegrilltes Steinbuttfilet, Kräuterschaum, Schwarzwurzel, Kürbis-Gnocchi". Zum Übernachten bietet das gleichnamige Hotel geschmackvoll-wohnliche Zimmer.

HEIDELBERG

ஃ 🕭 ⇔ 🖵 – Menü 55 € - Karte 51/81 €
Stadtplan: A1-5 – *Große Mantelgasse 24* ✉ *69117* – ☏ *06221 90000* – *www.weisserbock.de* – *Geschlossen: Montag und Sonntag, mittags: Dienstag-Samstag*

HEIDESHEIM AM RHEIN
Rheinland-Pfalz – Regionalatlas **5**–T1

❀ GOURMETRESTAURANT DIRK MAUS

FRANZÖSISCH-KLASSISCH • CHIC Mit dem denkmalgeschützten Sandhof a. d. 12. Jh. hat sich Dirk Maus ein tolles Objekt für sein gastronomisches Doppelkonzept ausgesucht. Neben dem ebenerdig angelegten "Landgasthaus" mit regionaler Küche hat man ein paar Stufen höher den kleinen "Fine Dining"-Bereich. Nachdem er zuvor im Mainzer "Maus im Mollers" und im Essenheimer "Domherrenhof" Sterneküche bot, gibt es die nun hier - natürlich aus exzellenten Produkten und mit saisonalem Bezug. Schön dazu die fair kalkulierte Weinkarte. Und auch das Drumherum stimmt: Historische Bruchsteinwände und klare Formen harmonieren wunderbar und sorgen ebenso wie der charmante Service unter der Leitung von Tina Maus für Wohlfühl-Atmosphäre.

🕭 🅿 – Menü 95/140 €

Sandhof 7 ✉ *55262* – ☏ *06132 4368333* – *www.dirk-maus.de* – *Geschlossen: Montag und Dienstag, mittags: Mittwoch-Sonntag*

LANDGASTHAUS SANDHOF

INTERNATIONAL • GEMÜTLICH Ein kleines bisschen legerer ist es im zweiten Maus'schen Restaurant. Hier wird man aber nicht weniger freundlich umsorgt und die Küche kann sich ebenfalls sehen lassen - wie wär's z. B. mit "Filetscheiben vom spanischen Landschwein, Schwarzwurzel in Rahm und Gnocchi"?

🕭 ⇔ 🅿 – Menü 48/75 € - Karte 44/72 €

Sandhof 7 ✉ *55262* – ☏ *06132 4368333* – *www.dirk-maus.de* – *Geschlossen: Montag und Dienstag, mittags: Mittwoch-Freitag*

HEILBRONN
Baden-Württemberg – Regionalatlas **5**–U2

BACHMAIER

MARKTKÜCHE • TRENDY Seit vielen Jahren betreiben Ulrike und Otto Bachmaier ihr Restaurant. Zu modernem Ambiente in warmen Farben kommen der freundlich-kompetente Service unter der Leitung der Chefin sowie die saisonale Küche des Patrons. Es stehen verschiedene Menüs zur Wahl, nach Absprache auch vegetarisch. Gut die Weinbegleitung.

🕭 – Menü 51/73 €

Untere Neckarstraße 40 ✉ *74072* – ☏ *07131 6420560* – *www.restaurant-bachmaier.de* – *Geschlossen: Montag und Sonntag, mittags: Dienstag-Samstag*

BEICHTSTUHL

MODERN • FARBENFROH Bereits seit 1979 gibt es das Restaurant mit dem ausgefallenen Namen. Angenehm ungezwungen und gemütlich-modern ist es hier. Gekocht wird ambitioniert, durchdacht und kreativ, top das Preis-Leistungs-Verhältnis. Möchten Sie ein Menü essen oder lieber à la carte? Auch "Sharing" (ab 2 Pers.) ist beliebt. Der Chef serviert auch gerne mal mit und erklärt die Gerichte.

🕭 – Menü 27 € (Mittags), 42/54 € - Karte 41/55 €

Fischergasse 9 ✉ *74072* – ☏ *07131 2758985* – *www.beichtstuhl-hn.de* – *Geschlossen: Montag und Sonntag, mittags: Dienstag, Mittwoch, Samstag*

MAGNIFICO DA UMBERTO

ITALIENISCH • FREUNDLICH Umberto Scuccia ist kein Unbekannter in Heilbronn. In dem attraktiven, geradlinig und wertig eingerichteten Restaurant im 12. Stock

COLLECTION

Fifty Fathoms

*BLANCPAIN UND DER GUIDE MICHELIN
DASSELBE STREBEN NACH PERFEKTION*

BLANCPAIN
MANUFACTURE DE HAUTE HORLOGERIE

MAXIMILIANSTRAßE 14 · 80539 MÜNCHEN · +49 (0) 89 2323 96 88 451
BLANCPAIN.MUENCHEN@SWATCHGROUP.COM

RAISE AWARENESS,
TRANSMIT OUR PASSION,
HELP PROTECT THE OCEAN
www.blancpain-ocean-commitment.com

©Photograph: Laurent Ballesta/Gombessa Project

HEILBRONN

des WTZ-Turmes bietet man italienische Küche, die angenehm reduziert ist und das Produkt in den Mittelpunkt stellt. Dazu gibt's einen tollen Blick auf die Stadt!
🐴 ≤ 斎 🅿 ⊕ – Menü 85/120 € - Karte 55/88 €
Im Zukunftspark 10 ✉ 74076 – ℰ 07131 74564140 – www.wtz-magnifico.de – Geschlossen: Montag, Dienstag, Sonntag, mittags: Mittwoch-Samstag

HEILIGENBERG
Baden-Württemberg – Regionalatlas **5**–U4

BAYERISCHER HOF
REGIONAL • **BÜRGERLICH** Wirklich sehr gepflegt ist dieser Gasthof. Hier bekommt man regional-bürgerliche Küche, z. B. in Form von "geschmorter Kalbshaxe mit Waldpilzrahm". Es gibt auch eine rustikale Stube, in der man leger bei einem Bier sitzen kann. Sie möchten übernachten? Man hat praktische, neuzeitliche Zimmer.
斎 ⇔ 🅿 – Menü 19 € (Mittags), 25/35 € - Karte 12/28 €
Röhrenbacherstraße 1 ✉ 88633 – ℰ 07554 217 – www.bayerischerhof-heiligenberg.de – Geschlossen: Dienstag und Mittwoch

HEINSBERG
Nordrhein-Westfalen – Regionalatlas **3**–J3

ALTES BRAUHAUS
KLASSISCHE KÜCHE • **TRADITIONELLES AMBIENTE** Ein schönes Haus von 1779, drinnen sehenswerte elegant-traditionelle Stuben mit Holztäfelung und Schnitzereien. Von mobilen Tafeln wählt man Klassiker wie "Rinderfilet, Selleriepüree, Rosenkohlblätter" oder saisonale, kreative und mediterrane Tagesangebote wie "Steinbutt und Seeteufel, gelbe Paprika, Fenchel, Passionsfrucht". Gefragt: die kleine Innenhofterrasse!
斎 ⇔ – Menü 33 € (Mittags), 49/69 € - Karte 43/74 €
Wurmstraße 4 ✉ 52525 – ℰ 02452 61035 – www.altesbrauhaus-heinsberg.de – Geschlossen: Montag, Dienstag, Sonntag, mittags: Mittwoch-Samstag

HEITERSHEIM
Baden-Württemberg – Regionalatlas **7**–B1

😊 LANDHOTEL KRONE
MARKTKÜCHE • **LÄNDLICH** Hier mischen sich Tradition und Zeitgeist. In gemütlichen Stuben mit einem schönen Mix aus altem Mauerwerk, Holz, Stahl und Glas serviert man regional-saisonale Küche mit internationalen Einflüssen. Täglich 14-17 Uhr Vesperkarte. Mittelalterlicher Gewölbekeller für Veranstaltungen. Der engagiert geführte Familienbetrieb bietet zudem hübsche, individuelle Gästezimmer sowie Wellness.
斎 ⇔ 🅿 🍽 – Menü 46/66 € - Karte 36/70 €
Hauptstraße 12 ✉ 79423 – ℰ 07634 51070 – www.landhotel-krone.de – Geschlossen: Dienstag, mittags: Montag, Mittwoch-Samstag

HENNEF (SIEG)
Nordrhein-Westfalen – Regionalatlas **3**–K3

SÄNGERHEIM - DAS RESTAURANT
MARKTKÜCHE • **FREUNDLICH** Das sympathische Restaurant in netter nachbarschaftlich-dörflicher Umgebung bietet eine aromareiche saisonale Küche zu einem guten Preis-Leistungs-Verhältnis. Gerne verwendet man regionale Produkte. Herzlich der Service. Hinter dem Haus die schöne Terrasse.

HENNEF (SIEG)

🍽 ⇄ 🅿 – Menü 32/55 € · Karte 33/46 €
Teichstraße 9 ⊠ 53773 – ☏ 02242 3480 – www.das-saengerheim.de –
Geschlossen: Dienstag und Mittwoch, mittags: Montag, Donnerstag-Samstag

HERINGSDORF – Mecklenburg-Vorpommern • Siehe Usedom (Insel)

HERLESHAUSEN
Hessen – Regionalatlas **3**–M3

✿ LA VALLÉE VERTE
Chef: Peter Niemann
KREATIV · CHIC Das kulinarische Aushängeschild des Hotels "Schloss Hohenhaus". Wunderbar ist schon das aus einem Rittergut entstandene herrschaftliche Anwesen samt Schloss von 1901, das so malerisch in herrlicher Wald- und Wiesenlandschaft liegt! Hier gibt es ein kleines Restaurant mit Stil und Chic, in dem Sie zwischen zwei Menüs wählen können. Beide setzen auf hervorragende Produkte, das eine ist regional inspiriert, das andere bretonisch. Hier merkt man das Faible von Patron und Küchenchef Peter Niemann für die Bretagne. Interessant auch die glasweise Weinbegleitung aus dem gut sortierten Weinkeller. Im Sommer nimmt man gerne einen Apero im Freien ein, im Winter gemütlich am brennenden Kamin in der Lobby.

⚜ 🅿 – Menü 108/194 € · Karte 42/78 €
Hohenhaus 1 ⊠ 37293 – ☏ 05654 9870 – www.hohenhaus.de – Geschlossen: Montag, Dienstag, Sonntag, mittags: Mittwoch-Samstag

HOHENHAUS GRILL
Chef: Peter Niemann
REGIONAL · RUSTIKAL Das zweite Hohenhaus'sche Restaurant kommt mit klassisch-rustikaler Note und warmer Atmosphäre daher - schön der Kachelofen a. d. 18. Jh. Aus tollen, überwiegend regionalen Produkten entsteht hier z. B. "Terrine vom Hohenhauser Wild, Honig-Kohlrabi, Haselnuss-Selleriecreme". Von der Terrasse schaut man ins Grüne.

✿ **Engagement des Küchenchefs:** *Im „Hessischen Märchenland" habe ich mein persönliches El Dorado gefunden und kann aus dem Vollen schöpfen, Bergschafe, Wild, Kartoffeln, Obst, Honig, Getreide, Schlachthaus, da wird „Farm to table" Wirklichkeit! Mitarbeiter liegen uns am Herzen, wie man an der betriebseigenen Kinderbetreuung sieht!*

🍽 ⇄ 🅿 – Menü 38/45 € · Karte 33/78 €
Hohenhaus 1 ⊠ 37293 – ☏ 05654 9870 – www.hohenhaus.de – Geschlossen: Montag und Sonntag, mittags: Dienstag-Samstag

HERNE
Nordrhein-Westfalen – Regionalatlas **3**–K2

GUTE STUBE IM PARKHOTEL
MODERNE KÜCHE · ELEGANT In einem hübschen Palais-Gebäude beim Stadtgarten findet man das modern-elegante Restaurant nebst Dachterrasse. Gekocht wird modern-international, so z. B. "Seezunge mit Kaperngremolata, Bouillabaisse-Nage, Pfifferlinge, Fenchelcotta, wilder Brokkoli". Einfachere Alternative am Abend: das "Stübchen", dazu der Biergarten. Gepflegt übernachten kann man im "Parkhotel".

♿ 🍽 ⇄ 🅿 – Menü 59/98 € · Karte 68/141 €
Schäferstraße 109 ⊠ 44623 – ☏ 02323 9550 – www.parkhotel-herne.de – Geschlossen: Montag und Dienstag, mittags: Mittwoch-Sonntag

HEROLDSBERG

Bayern – Regionalatlas **6**–X1

😊 **FREIHARDT**

INTERNATIONAL · ZEITGEMÄSSES AMBIENTE Hier macht es Freude, zu essen! Gekocht wird international und saisonal, Highlight sind die Cuts vom bayerischen Rind. Freundlich die Atmosphäre im Restaurant mit Wintergarten, auf der Terrasse an der belebten Straße heißt es "sehen und gesehen werden". Gleich nebenan die eigene Metzgerei.

☂ – Menü 39 € - Karte 40/84 €

Hauptstraße 81 ✉ 90562 - ☎ 0911 5180805 - www.freihardt.com - Geschlossen: Montag und Dienstag, mittags: Mittwoch und Donnerstag

HERRENALB, BAD

Baden-Württemberg – Regionalatlas **5**–U2

😊 **LAMM**

REGIONAL · LÄNDLICH Richtig gemütlich ist es hier und gut essen kann man ebenfalls. Gekocht wird saisonal sowie schwäbisch-badisch. Man legt Wert auf Produkte aus der Region, Fleisch kommt teilweise von den eigenen Hochlandrindern. Dazu schöne Weine, nicht zu vergessen das spezielle Whisky-Angebot. Im Sommer ist die Terrasse gefragt. Gepflegt übernachten kann man übrigens auch.

⚜ ☂ ⇄ 🅿 ☂ ▣ – Menü 35/60 € - Karte 28/47 €

Mönchstraße 31 ✉ 76332 - ☎ 07083 92440 - www.lamm-rotensol.de – Geschlossen: Montag

HERRENBERG

Baden-Württemberg – Regionalatlas **7**–B2

✿ **NOVA**

KREATIV · CHIC Dieses kleine, fast schon intime Restaurant würde man hier im Gewerbegebiet nicht unbedingt vermuten! Im Hotel "Römerhof" möchte man seinen Gästen kulinarisch mehr als das Übliche bieten, und genau das gelingt mit dem "noVa". Unter der Leitung von Küchenchef David Höller wird hier modern-kreativ gekocht. Unter den bis zu sieben Gängen des Menüs beweist z. B. "Taubenbrust, Wassermelone, Tomate, Zitrone", wie kraftvoll man die Aromen ausgezeichneter Produkte auf den Teller bringt, treffend balancierte Kontraste inklusive. Die Gerichte sind stets präzise zubereitet und zudem optisch sehr ansprechend. Auf Nachfrage bekommen Sie das Menü auch als vegetarische Variante. Die Atmosphäre dazu ist chic-modern, der Service freundlich und aufmerksam.

🅿 – Menü 95/132 €

Rigipsstraße 1 ✉ 71083 - ☎ 07032 77344 - www.nova-gourmet.de – Geschlossen: Montag-Mittwoch, Sonntag, mittags: Donnerstag-Samstag

HERRSCHING AM AMMERSEE

Bayern – Regionalatlas **6**–X4

CHALET AM KIENTAL

KREATIV · CHIC Als reizvoller Mix aus Alt und Neu kommt das schöne moderne Restaurant in dem historischen Bauernhaus daher, und hier bietet man Ihnen kreativ inspirierte Menüs. Möchten Sie vielleicht auch über Nacht bleiben? Die Gästezimmer sind mit Geschmack und Liebe zum Detail individuell eingerichtet.

♿ ☂ ⇄ 🅿 – Menü 35/128 € - Karte 37/67 €

Andechsstraße 4 ✉ 82211 - ☎ 08152 982570 - www.chaletamkiental.de – Geschlossen: Mittwoch

HERSFELD, BAD
Hessen – Regionalatlas **3**–M3

❀ L'ÉTABLE
KLASSISCHE KÜCHE • ELEGANT Dass man hier in einem ehemaligen Kuhstall (frz.: "l'étable") speist, lässt nur noch der Name des Restaurants vermuten. Das schmucke historische Haus mitten in der beschaulichen Altstadt war früher eine Postkutschenstation. Wo einst Stallungen untergebracht waren, sitzt man heute freundlich und aufmerksam umsorgt in zurückhaltend elegantem Ambiente. Unter der Leitung von Küchenchef Konstantin Kaiser werden ausgezeichnete Produkte mit Finesse und handwerklichem Geschick zubereitet. Das Ergebnis nennt sich beispielsweise "Steinbutt, La Ratte Kartoffel, Artischocke, Räucheraal-Velouté". Dazu gibt es eine gepflegte Weinauswahl. Sie möchten übernachten? Das Hotel "Zum Stern" bietet dafür unterschiedlich geschnittene, wohnliche Zimmer. Parken können Sie im Hof.

AC 🅿 – Menü 86/126 € - Karte 86/98 €

Linggplatz 11 ✉ 36251 - ✆ 06621 1890 - www.zumsternhersfeld.de - Geschlossen: Montag-Mittwoch, mittags: Donnerstag-Samstag

STERN'S RESTAURANT
REGIONAL • GEMÜTLICH Dies ist die "gute Stube" des historischen Hotels "Zum Stern", ländlich-charmant das Ambiente mit Holztäfelung und schönem weißem Kachelofen. Aus der Küche kommen regionale Gerichte mit internationalem Einfluss - wie wär's z. B. mit "gebratenem Rhönforellenfilet, Spinatpüree, Kartoffelgnocchi"?

♿ 🍽 🅿 ⛱ – Menü 24 € (Mittags), 35/62 € - Karte 29/68 €

Linggplatz 11 ✉ 36251 - ✆ 06621 1890 - www.zumsternhersfeld.de

HERXHEIM
Rheinland-Pfalz – Regionalatlas **7**–B1

PFÄLZER STUBE 🆕
REGIONAL • GEMÜTLICH Die "Pfälzer Stube" gehört zum schönen Hotel "Krone", wie das Hotel zu Herxheim-Hayna. Mitten im Ort liegt dieser traditionelle Familienbetrieb. Die Stube hat Charme, gemütlich sitzt man an gut eingedeckten Tischen, im Sommer auf der begrünten Terrasse. Gekocht wird regional, saisonal und mit internationalen Einflüssen. Samstags 15 - 21 Uhr durchgehend, sonntags 12 - 19 Uhr.

🍽 ⇔ 🅿 🚗 – Karte 43/62 €

Hauptstraße 62 ✉ 76863 - ✆ 07276 5080 - www.hotelkrone.de - Geschlossen mittags: Montag-Samstag

HESSDORF
Bayern – Regionalatlas **6**–X1

🙂 WIRTSCHAFT VON JOHANN GERNER
REGIONAL • GEMÜTLICH Der Weg hier hinaus aufs Land lohnt sich, denn Detlef Gerner und seine Frau Tanja leben in den gemütlichen Stuben Gastlichkeit "par excellence". Die gute regional-saisonale Küche gibt es z. B. als "Kalbsröllchen mit Süßkartoffel und Rosenkohl". Im Sommer sitzt man schön auf der Terrasse vor dem Haus. Übernachten kann man im hübschen "Häusla" (für 2-7 Personen).

🍽 ⇔ 🅿 – Menü 56/64 € - Karte 36/55 €

Dannberg 3 ✉ 91093 - ✆ 09135 8182 - www.wvjg.de - Geschlossen: Montag und Dienstag, mittags: Mittwoch-Freitag

HILDEN
Nordrhein-Westfalen – Regionalatlas **3**–J3

PUNGSHAUS
MARKTKÜCHE • GEMÜTLICH Richtig gemütlich hat man es in dem netten Fachwerkhäuschen und gut essen kann man hier ebenfalls. Gekocht wird mit saisonalen Einflüssen. Auf der Karte liest man z. B. "Lammhüfte unter der Curry-Ingwer-Kruste".

🍴 🅿 🍽 – Menü 45/55 € - Karte 45/56 €

Grünstraße 22 ✉ 40723 - ✆ 02103 61372 – www.pungshaus.de – Geschlossen: Montag und Dienstag, mittags: Mittwoch-Samstag

HINTERZARTEN
Baden-Württemberg – Regionalatlas **7**–B1

ADLER STUBEN
INTERNATIONAL • ELEGANT Richtig schön sitzt man in dem historischen Schwarzwaldhaus in fünf verschiedenen Bereichen, von der charmanten "Stube" mit alter Holztäfelung und niedriger Decke bis zum schicken "Bergkristall". Die Küche bietet Badisches und Internationales, vegetarische Gerichte gibt es ebenfalls. Dazu viele Weine aus der Region. Übernachten kann man in wohnlich-eleganten Zimmern.

🛏 ♿ 🍴 ✅ 🅿 🚗 – Menü 34/59 € - Karte 16/42 €

Adlerplatz 3 ✉ 79856 - ✆ 07652 1270 – www.parkhoteladler.de – Geschlossen mittags: Montag-Sonntag

ALEMANNENHOF
MARKTKÜCHE • RUSTIKAL Möchten Sie in hübschen rustikalen Stuben speisen oder lieber auf der herrlichen See-Terrasse? Die Abendkarte macht z. B. mit "Süppchen von der Petersilienwurzel, Piment d'Espelette" oder "Barbarie-Entenbrust, fermentierter Pfeffer" Appetit. Mittags ist die Karte kleiner. Zum Übernachten: Zimmer mit einem schönen Mix aus Moderne und Tradition.

⛵ 🛏 ♿ 🍴 🅿 🛗 – Menü 45/75 € - Karte 38/65 €

Bruderhalde 21 ✉ 79856 - ✆ 07652 91180 – www.hotel-alemannenhof.de

HIRSCHEGG – Vorarlberg • Siehe Kleinwalsertal

HÖCHST IM ODENWALD
Hessen – Regionalatlas **5**–U1

GASTSTUBE
REGIONAL • BÜRGERLICH Mit der Gaststube hat Familie Wölfelschneider in ihrer "Krone" ein gemütliches, angenehm unkompliziertes Restaurant für alle, die gerne regional-bürgerlich essen. Neben der schmackhaften Küche kommt bei den Gästen auch der freundliche Service gut an, der zur sympathischen Atmosphäre beiträgt.

🐕 🍴 ✅ 🅿 – Menü 35 € - Karte 29/52 €

Rondellstraße 20 ✉ 64739 - ✆ 06163 931000 – www.krone-hetschbach.de – Geschlossen: Montag und Donnerstag, abends: Sonntag

KRONE
KLASSISCHE KÜCHE • ELEGANT Modern, klassisch und saisonal, so kocht man in dem geradlinig-eleganten Restaurant - gerne verwendet man dafür heimische Produkte. Umsorgt wird man freundlich und aufmerksam, gut auch die Weinberatung. Sie möchten übernachten? Gepflegte Gästezimmer bietet man ebenfalls.

HÖCHST IM ODENWALD

🏵 🍴 ⇔ 🅿 – Menü 55/135 € - Karte 56/79 €
Rondellstraße 20 ✉ 64739 - 📞 06163 931000 – www.krone-hetschbach.de –
Geschlossen: Montag und Donnerstag, mittags: Dienstag und Mittwoch, abends: Sonntag

HÖCHSTÄDT AN DER DONAU
Bayern – Regionalatlas **6**-X3

😊 ZUR GLOCKE

MARKTKÜCHE • CHIC Mit Herzblut ist Familie Stoiber in dem trendig-modernen Restaurant bei der Sache. Das merkt man nicht zuletzt an der guten Küche, bei der man auf Produktqualität und saisonalen Bezug achtet. Geboten werden zwei Menüs, eines davon vegetarisch - man kann aber auch à la carte speisen. Zum Übernachten: Classic-Zimmer im Haupthaus sowie Design-Zimmer im schicken Neubau.

🍴 ⇔ 🅿 🛏 – Menü 32 € (Mittags), 39/72 € - Karte 36/60 €
Friedrich-von-Teck-Straße 12 ✉ 89420 - 📞 09074 957885 – www.glocke.one –
Geschlossen: Montag und Sonntag, mittags: Dienstag-Freitag

HÖRNUM – Schleswig-Holstein • Siehe Sylt (Insel)

HÖVELHOF
Nordrhein-Westfalen – Regionalatlas **3**-L2

😊 GASTHOF BRINK

FRANZÖSISCH-KLASSISCH • FAMILIÄR Seit 1880 ist Familie Brink in diesem schönen Haus aktiv. Eine Bastion klassisch-französischer Küche, unkompliziert und sehr schmackhaft. Hausgemachte Pasteten und Terrinen sind ebenso gefragt wie "Kalbsrückensteak mit Sauce Béarnaise" und "Seezunge Müllerin" oder das 5-Gänge-Menü in kleinen Portionen.

⇔ 🅿 🌳 🛏 – Menü 40/69 € - Karte 34/60 €
Allee 38 ✉ 33161 - 📞 05257 3223 – Geschlossen: Montag und Dienstag, mittags: Mittwoch-Sonntag

GASTHAUS SPIEKER

REGIONAL • GASTHOF In geschmackvollen, wirklich liebenswert dekorierten Räumen lässt man sich regionale Küche mit mediterranem Touch schmecken, so z. B. "Spiekers leckere Tapas" oder "Lammragout auf Bulgur, grüner Spargel, Crème fraîche". Und wer dazu ein bisschen mehr Wein trinken möchte, kann auch gepflegt übernachten.

♿ 🍴 ⇔ 🅿 – Menü 25/45 € - Karte 25/51 €
Detmolder Straße 86 ✉ 33161 - 📞 05257 2222 – www.gasthaus-spieker.de –
Geschlossen: Montag und Dienstag, abends: Mittwoch-Samstag

HOFHEIM AM TAUNUS
Hessen – Regionalatlas **3**-L4

DIE SCHEUER

REGIONAL • GEMÜTLICH Richtig charmant, die einstige "Hammelsche Scheune" a. d. 17. Jh., das mögen auch die zahlreichen Stammgäste! In gemütlicher Atmosphäre gibt es Leckeres wie Wild aus eigener Jagd oder auch "Zwiebelrostbraten mit Maultasche, Sauerkraut und Spätzle". Im Sommer lockt die Terrasse.

🍴 🛏 – Karte 45/75 €
Burgstraße 12 ✉ 65719 - 📞 06192 27774 – www.die-scheuer.de – Geschlossen: Montag und Dienstag, abends: Sonntag

HOHEN DEMZIN

Mecklenburg-Vorpommern – Regionalatlas **2**–F3

WAPPEN-SAAL

KLASSISCHE KÜCHE • ELEGANT Sie wollten schon immer mal in herrschaftlichem Rahmen speisen? Hier im Schlosshotel auf Burg Schlitz dinieren Sie in einem eindrucksvollen hohen historischen Saal und genießen charmanten, versierten Service. Aus der Küche kommen klassisch-französisch basierte Speisen mit Bezug zur Saison.

88 P 🚗 – Menü 85/115 € – Karte 73/168 €

Burg Schlitz 2 ✉ 17166 – ☎ 03996 12700 – www.burg-schlitz.de – Geschlossen: Montag und Sonntag, mittags: Dienstag-Samstag

HOHENKAMMER

Bayern – Regionalatlas **6**–X3

❀ CAMERS SCHLOSSRESTAURANT

MEDITERRAN • ELEGANT Ganz schön herrschaftlich! Wie es dem eleganten Schloss gebührt, muss man zuerst den Wassergraben überqueren, bevor man durch den Innenhof (hier die wahrscheinlich schönste Terrasse im Freistaat!) in einen angenehm geradlinig gehaltenen Raum mit schmuckem weißem Gewölbe kommt. Florian Vogel (zuvor u. a. im "Kastell" in Wernberg-Köblitz und im "Dallmayr" in München) gibt hier eine moderne Küche zum Besten, in der sich klassische, mediterrane und asiatische Einflüsse finden. Das Konzept könnte man als "Weltreise mit bayerischen Wurzeln" bezeichnen. Die Produkte sind top, viele kommen vom nahen Gut Eichethof. Umsorgt wird man fachlich gut geschult, mit Charme und Niveau, interessante Weinempfehlungen inklusive. Übrigens: Im angeschlossenen Hotel finden Sie attraktive Zimmer in klarem Design.

🌳 P – Menü 130/150 €

Schlossstraße 25 ✉ 85411 – ☎ 08137 934443 – www.camers.de – Geschlossen: Montag und Sonntag, mittags: Dienstag-Samstag

HOMBURG VOR DER HÖHE, BAD

Hessen – Regionalatlas **3**–L4

LINDENALLEE

INTERNATIONAL • CHIC Der Weg in diesen Stadtteil lohnt sich, denn hier werden Sie in geschmackvollem geradlinig-elegantem Ambiente freundlich umsorgt. Serviert wird z. B. "Fjord-Forellenfilet mit Blattspinat und Senfsoße" oder "Schulter vom Spanferkel mit Selleriepüree".

🌳 P 🍴 – Menü 38/48 € – Karte 37/65 €

Lindenallee 2 ✉ 61350 – ☎ 06172 8506601 – www.restaurant-lindenallee.de – Geschlossen: Montag und Sonntag, mittags: Dienstag-Samstag

SÄNGER'S RESTAURANT

FRANZÖSISCH-KLASSISCH • KLASSISCHES AMBIENTE Seit Jahrzehnten ist das Restaurant von Klaus Sänger eine konstante kulinarische Größe in Sachen klassische Küche. Hinter wilhelminischer Fassade gibt es in elegantem Ambiente am Mittag ein fair kalkuliertes 3-Gänge-Menü, abends das große Menü und ein A-la-carte-Angebot. Und dazu vielleicht einen schönen Bordeaux oder Burgunder?

88 🌳 ⇔ – Menü 90/125 € – Karte 97/114 €

Kaiser-Friedrich-Promenade 85 ✉ 61348 – ☎ 06172 928839 – www.saengers-restaurant.de – Geschlossen: Montag und Sonntag, mittags: Samstag

HORB AM NECKAR
Baden-Württemberg – Regionalatlas **5**–U3

QUARTIER 77
MARKTKÜCHE • FREUNDLICH In einer ehemaligen Kaserne finden Sie dieses geradlinig gehaltene Lokal. Gekocht wird schmackhaft, frisch und saisonal. Neben Gerichten wie "gebratenes Zanderfilet, Spinatcreme, Thymian-Tomaten-Gnocchi" macht auch das "Regionale Menü" Appetit. Passende Räume für Events gibt es ebenfalls.

🍴 ✤ 🅿 – Menü 45 € - Karte 26/45 €

Am Garnisonsplatz 4 ✉ 72160 - ✆ 07451 6230977 – www.quartier77.de – Geschlossen: Samstag und Sonntag

HORBEN
Baden-Württemberg – Regionalatlas **7**–B1

✾ GASTHAUS ZUM RABEN
Chef: Steffen Disch

FRANZÖSISCH-KLASSISCH • GEMÜTLICH Viele Gäste, die zum ersten Mal in dem reizenden Bauerngehöft von 1728 einkehren, denken bei der Kulisse an eine alte Postkarte aus einer längst vergangenen Zeit – so idyllisch wirkt dieser Ort. Im Inneren schaffen bemalte Holzdecken, rustikale Holztische und -bänke sowie ein alter Kachelofen heimelige Gemütlichkeit. Dazu sorgen Patron Steffen Disch und sein Team um Küchenchef Christoph Kaiser für hervorragende Küche. Bei den klassisch-französischen Gerichten legt man Wert auf Produkte aus der Region und bindet geschickt internationale Einflüsse mit ein. Zudem kommt man in den Genuss von Horbener Quellwasser. Wer angesichts der wunderbaren Schwarzwaldlandschaft gerne etwas länger verweilen möchte, kann in dem charmanten Gasthaus in hübschen, wohnlichen Zimmern übernachten.

🛏 🍴 ✤ 🅿 – Menü 55 € (Mittags), 76/122 €

Dorfstraße 8 ✉ 79289 - ✆ 0761 556520 – www.raben-horben.de – Geschlossen: Montag und Dienstag, mittags: Mittwoch-Samstag

HORN-BAD MEINBERG
Nordrhein-Westfalen – Regionalatlas **3**–L2

😊 DIE WINDMÜHLE
REGIONAL • LÄNDLICH In der einstigen Getreidemühle sitzt man heute bei Familie Lemke gemütlich in der Mühlenstube, im Kaminzimmer oder auf der Terrasse und lässt sich Leckeres wie "Seeteufelmedaillon auf Morchelrisotto" oder "geschmortes Ochsenbäckchen mit Spitzkohl" schmecken. Mit Hingabe empfiehlt man Ihnen ausgesuchte deutsche Weine.

🛏 🍴 🅿 – Menü 37/55 € - Karte 32/49 €

Windmühlenweg 10 ✉ 32805 - ✆ 05234 919602 – www.diewindmuehle.de – Geschlossen: Montag und Dienstag, mittags: Mittwoch und Donnerstag

HOYERSWERDA
Sachsen – Regionalatlas **4**–R2

😊 WESTPHALENHOF
INTERNATIONAL • FREUNDLICH Etwas versteckt liegt das stilvoll-gediegene Restaurant in einem Wohngebiet. Hier sorgen die Brüder Westphal (der eine Küchenchef, der andere Sommelier) für saisonal-internationale Küche (z. B. "Roastbeef, grüner Pfeffer, Kräuterseitling") und gute Weinberatung - im begehbaren Weindepot hat man rund 150 Positionen. Mittags etwas reduziertes Speiseangebot.

HOYERSWERDA

🍴 🏠 – Menü 42/79 € - Karte 40/66 €
Dorfaue 43 ✉ 02977 - ☏ 03571 913944 - www.westphalenhof.de - Geschlossen: Montag und Dienstag, mittags: Mittwoch-Freitag

HÜFINGEN
Baden-Württemberg – Regionalatlas **5**-U4

LANDGASTHOF HIRSCHEN
REGIONAL • FAMILIÄR Das Engagement von Chefin Verena Martin und ihrer Brigade spürt und schmeckt man. Die Gäste sitzen in charmanter Atmosphäre, werden herzlich umsorgt und genießen gute Küche, für die man gerne Produkte aus der Region verwendet und sich von der Jahreszeit inspirieren lässt.
🏠 ⇔ 🅿 🍴 – Menü 38/72 € - Karte 35/66 €
Wutachstraße 19 ✉ 78183 - ☏ 07707 99050 - www.hirschen-mundelfingen.de - Geschlossen: Mittwoch und Donnerstag

IDSTEIN
Hessen – Regionalatlas **3**-K4

HENRICH HÖER'S SPEISEZIMMER
KLASSISCHE KÜCHE • ROMANTISCH Der "Höerhof" hat einfach Charme, das gilt für die hübschen Gästezimmer ebenso wie für die historischen Restauranträume mit rustikalem Touch und den lauschigen Lindenhof! Und dann ist da noch die gute Küche - es gibt z. B. "Rücken vom Kalb mit Apfel, Wasabi und Zwiebel". Tipp: Kommen Sie auch mal zum Business Lunch, das Preis-Leistungs-Verhältnis ist wirklich fair!
🏠 ⇔ 🅿 – Menü 35/82 € - Karte 25/32 €
Obergasse 26 ✉ 65510 - ☏ 06126 50026 - www.hoerhof.de - Geschlossen: Sonntag

ILBESHEIM BEI LANDAU IN DER PFALZ
Rheinland-Pfalz – Regionalatlas **7**-B1

HUBERTUSHOF
MODERNE KÜCHE • GEMÜTLICH Die sympathischen Gastgeber Sandra Bernhard und Jochen Sitter haben hier ein charmantes Restaurant. Sandstein, Fachwerk und Kamin machen es drinnen richtig gemütlich, draußen lockt ein traumhafter Innenhof. Gekocht wird modern und mit regional-saisonalen Einflüssen, z. B. "Saiblingsfilet mit Rote-Beete-Risotto, Walnüssen und Meerrettich".
🏠 🍴 – Menü 55/75 € - Karte 58/69 €
Arzheimer Straße 5 ✉ 76831 - ☏ 06341 930239 - www.restaurant-hubertushof-ilbesheim.de - Geschlossen: Montag, Dienstag, Sonntag, mittags: Mittwoch-Samstag

ILLERTISSEN
Bayern – Regionalatlas **5**-V3

VIER JAHRESZEITEN RESTAURANT IMHOF
MARKTKÜCHE • GASTHOF Bei Andreas Imhof isst man richtig gut. Die Küche ist regional geprägt, bei der Wahl der Produkte achtet man auf saisonalen Bezug. Beliebt sind z. B. Gerichte vom Allgäuer Färsenrind. Drinnen ist das Gasthaus hell, freundlich und geradlinig-modern, draußen im Biergarten sitzt man unter einer schönen großen Linde.
♿ 🏠 ⇔ 🅿 – Menü 42/62 € - Karte 25/52 €
Dietenheimer Straße 63 ✉ 89257 - ☏ 07303 9059600 - www.vier-jahreszeiten-illertissen.de - Geschlossen: Mittwoch, mittags: Samstag

ILLSCHWANG

Bayern – Regionalatlas **6**-Y1

❀ CHEVAL BLANC

Chef: Christian Fleischmann
KLASSISCHE KÜCHE • CHIC Ein richtig schöner Familienbetrieb, und das in 7. Generation. Die ausgezeichnete gastronomische Seite des traditionsreichen "Weißen Roßes" zeigt sich in Form dieser modernen kleinen Gourmet-Stube. Chic ist es hier: Das wertige geradlinige Interieur und ein rustikal-eleganter Touch schaffen einen gelungenen Mix aus Alt und Neu. Geboten werden ambitionierte und interessante klassische Gerichte mit moderner Note. Man kocht mit ausgesuchten Produkten und kombiniert sie ohne viel Spielerei, so sind die Gerichte schön auf das Wesentliche konzentriert und nicht überladen. Charmant-aufmerksam der Service, auch die herzliche Chefin ist am Gast. Auf Übernachtungsgäste ist man übrigens auch eingestellt: Man hat hübsche Zimmer in klarem, wohnlichem Design und einen attraktiven Wellnessbereich.
– Menü 138 € - Karte 85/102 €
Am Kirchberg 1 ✉ 92278 – ℰ 09666 188050 – www.weisses-ross.de –
Geschlossen: Montag, Dienstag, Sonntag, mittags: Mittwoch-Samstag

😊 WEISSES ROSS

REGIONAL • GASTHOF Was im zweiten Restaurant der Familie Nägerl auf den Tisch kommt, ist regional und saisonal, frisch und aromatisch - das Fleisch stammt übrigens aus der eigenen Metzgerei! In Sachen Ambiente darf man sich auf Gemütlichkeit und ländlichen Charme freuen.
– Menü 43/81 € - Karte 31/61 €
Am Kirchberg 1 ✉ 92278 – ℰ 09666 188050 – www.weisses-ross.de –
Geschlossen: Montag, mittags: Dienstag-Donnerstag

IMMENSTAAD AM BODENSEE

Baden-Württemberg – Regionalatlas **5**-U4

😊 HEINZLER

REGIONAL • GASTHOF Ob in der Jagdstube, im Panorama-Restaurant oder auf der tollen Terrasse (fast direkt am Wasser!), bei den Brüdern Heinzler ist Ihnen gute saisonal beeinflusste Küche gewiss. Es gibt z. B. "geräuchertes Filet vom Bodenseefelchen auf Rote-Bete-Salat mit Meerrettichmousse und Reibeküchle" oder "Zweierlei vom Kalb in Pfeffersoße mit Rosenkohl und Bratkartoffeln".
– Karte 32/68 €
Strandbadstraße 3 ✉ 88090 – ℰ 07545 93190 – www.heinzleramsee.de

😊 SEEHOF

REGIONAL • GEMÜTLICH Herrlich die Seelage beim Yachthafen. Neben der gefragten Terrasse hat man die "Badische Weinstube" und das Panoramarestaurant "Alois". Gekocht wird schmackhaft und handwerklich klassisch, so z. B. "Salemer Lammleber mit Quitten-Balsamessigjus" oder "Egli mit Pfifferlingen". Schön übernachten kann man ebenfalls - Tipp: Panoramazimmer und "Bootshäuser"!
– Menü 50/62 € - Karte 30/64 €
Bachstraße 15 ✉ 88090 – ℰ 07545 9360 – www.seehof-hotel.de

INZLINGEN

Baden-Württemberg – Regionalatlas **5**-T4

😊 KRONE

MARKTKÜCHE • CHIC In die "Krone" wurde richtig investiert: Von der Fassade bis zu den Hotelzimmern ist alles chic und wertig, das Restaurant modern und geradlinig. Gekocht wird sehr gut, ausgesuchte Produkte werden zu aromareichen Gerichten mit reichlich Geschmack. Mittags zusätzliches interessantes kleines Angebot. Sie bleiben länger? Basel und Elsass liegen ganz in der Nähe.

INZLINGEN

🅰🅺 🍴 ⇆ 🅿 – Menü 44/83 € - Karte 41/62 €
*Riehenstraße 92 ✉ 79594 - ☏ 07621 2226 - www.krone-inzlingen.de -
Geschlossen: Donnerstag, mittags: Freitag*

INZLINGER WASSERSCHLOSS

KLASSISCHE KÜCHE • HISTORISCHES AMBIENTE Das Wasserschloss nahe der Schweizer Grenze mit über 500-jähriger Historie und stilvollem Interieur ist seit Jahren ein Synonym für klassisch-französische Küche. Aus sehr guten Produkten entstehen z. B. "geschmorter Pulpo in Curry und Limonengras" oder "knusprig gebratene Ente, Rotkraut, Kartoffelpüree". Schöne Weine. Tipp: tolle Zimmer im 150 m entfernten Gästehaus.

🍴 ⇆ 🅿 – Menü 29 € (Mittags), 66/98 € - Karte 44/84 €
*Riehenstraße 5 ✉ 79594 - ☏ 07621 47057 - www.inzlinger-wasserschloss.de -
Geschlossen: Montag und Dienstag*

IPHOFEN
Bayern – Regionalatlas **5**–V1

99ER KULINARIUM

MARKTKÜCHE • FREUNDLICH Im Herzen der Stadt, nahe Marktplatz und Kirche heißt es in gemütlichen Stuben regional-saisonale Küche. Lust auf "gratiniertes Lammkarree mit Minz-Cashewkruste" oder "Forellenfilet im Bierteig gebacken"? Etwas kleinere Mittagskarte. Terrassen hat man zwei: charmant und ruhig hinterm Haus, etwas lebhafter vor dem Haus.

🍴 – Menü 15/40 € - Karte 26/29 €
*Pfarrgasse 18 ✉ 97346 - ☏ 09323 804488 - www.99er-kulinarium.de -
Geschlossen: Montag und Donnerstag*

AUGUSTINER AM SEE

REGIONAL • GEMÜTLICH Schön liegt das Haus zwischen der Kirche St. Maria und dem kleinen Dorfsee im ehemaligen Klosterbereich. Ob im Klassenzimmer oder im Klosterstüble, man sitzt gemütlich bei saisonal-regionaler Küche. Tipp: Spezialitäten von der Kalbsleber jeden ersten Montag im Monat. Gekocht wird ganztägig, ab 20 Uhr nur noch kalte Gerichte. Beliebt: die Terrasse zum See!

🍴 ⇆ 🅿 – Menü 30/40 € - Karte 27/45 €
*Klostergasse 6 ✉ 97346 - ☏ 09326 978950 - www.augustiner-am-see.de -
Geschlossen: Mittwoch und Donnerstag*

ZEHNTKELLER

REGIONAL • GEMÜTLICH In dem traditionsreichen Haus mitten im Ort bekommt man gute regionale Küche mit internationalen und saisonalen Einflüssen wie z. B. "Zanderfilet, Grillgemüse, Tomatenrisotto" oder "Fränkischer Zwiebelrostbraten", dazu eigene Bio-Weine. Gemütlich die Stuben, schön die Terrasse unter Glyzinien. Im gleichnamigen Hotel hat man stilvoll-klassische Zimmer.

🛏 🍴 ⇆ 🅿 – Menü 65/75 € - Karte 32/74 €
*Bahnhofstraße 12 ✉ 97346 - ☏ 09323 8440 - www.zehntkeller.de -
Geschlossen: Montag*

ZUR IPHÖFER KAMMER

MARKTKÜCHE • LÄNDLICH Mit persönlicher Note leiten die engagierten Gastgeber das hübsche historische Gasthaus direkt am Marktplatz des netten Weinortes. Gekocht wird ausdrucksstark und ambitioniert, so z. B. "Rotbarsch, Polenta, Mangold" oder "Rehragout, Steinpilzgnocchi, Pfifferlinge". Dazu gibt es sehr schöne Weine vom Weingut Wirsching.

🍴 – Menü 34/49 € - Karte 39/52 €
*Marktplatz 24 ✉ 97346 - ☏ 09323 8772677 - www.kammer-iphofen.com -
Geschlossen: Montag und Dienstag, mittags: Mittwoch-Samstag, abends: Sonntag*

ISNY IM ALLGÄU
Baden-Württemberg – Regionalatlas **5**–V4

ALLGÄUER STUBEN
REGIONAL • **GEMÜTLICH** Das Restaurant des Hotels "Hohe Linde" heißt zwar "Allgäuer Stuben", dennoch merkt man die Passion der Juniorchefin für die mediterrane Küche. Probieren Sie z. B. hausgemachte Pasta, Gnocchi oder Risotti! Aber auch der Bezug zur Region kommt nicht zu kurz. Umsorgt wird man freundlich und zuvorkommend. Herrlich die Terrasse. Tipp: Montag ist Pasta-Tag.

– Menü 40/90 € - Karte 36/57 €
*Lindauer Straße 75 ⌧ 88316 – ℘ 07562 97597 – www.hohe-linde.de –
Geschlossen: Sonntag, mittags: Montag-Samstag*

JENA
Thüringen – Regionalatlas **4**–P3

LANDGRAFEN
REGIONAL • **FREUNDLICH** Einen fantastischen Blick über die Stadt bietet dieses Restaurant, das zu Recht als "Balkon Jenas" bezeichnet wird. Gekocht wird international mit regional-saisonalen Einflüssen. Schön auch der Biergarten vor dem Haus. Drei individuelle Gästezimmer zum Übernachten: Landhaus-, Art-déco- oder Hochzeitszimmer.

– Menü 33/55 € - Karte 30/50 €
*Landgrafenstieg 25 ⌧ 07743 – ℘ 03641 507071 – www.landgrafen.com –
Geschlossen: Montag-Mittwoch, mittags: Donnerstag und Freitag*

SCALA - DAS TURM RESTAURANT
INTERNATIONAL • **CHIC** Traumhaft die Aussicht auf die Stadt und die Umgebung hier oben im markanten "JenTower" in 128 m Höhe! Gekocht wird modern-international, abends als Sharing-Menü (auch vegetarisch), mittags als günstigerer Lunch. Tipp: Parkhaus "Neue Mitte"- über die Fahrstühle geht's hinauf ins Restaurant (ausgeschildert). Hotel in den Stockwerken unterhalb des Restaurants.

– Menü 39 € (Mittags), 66/109 € - Karte 41/45 € abends
Leutragraben 1 ⌧ 07743 – ℘ 03641 356666 – www.scala-jena.de – Geschlossen abends: Sonntag

JOHANNESBERG
Bayern – Regionalatlas **3**–L4

HELBIGS GASTHAUS
MARKTKÜCHE • **FREUNDLICH** "Casual Fine Dining" heißt das Konzept der sehr freundlichen und engagierten Betreiber. Angenehm leger die Atmosphäre, aufmerksam und geschult der Service. Das Angebot reicht von traditionellen Gasthausgerichten bis zum abendlichen "Genussmenü". Man beachte auch die umfangreiche Kunstsammlung im Haus! Eine Kochschule hat man ebenfalls.

– Menü 48 € (Mittags), 91/127 € - Karte 48/93 €
*Hauptstraße 2 ⌧ 63867 – ℘ 06021 4548300 – www.auberge-de-temple.de –
Geschlossen: Montag und Sonntag*

JUGENHEIM IN RHEINHESSEN
Rheinland-Pfalz – Regionalatlas **5**–T1

WEEDENHOF
MEDITERRAN • **WEINBAR** Schön gemütlich hat man es in dem mit Holz und Bruchstein hübsch gestalteten Restaurant. Dazu gibt es schmackhafte mediterran-regionale Küche aus sehr guten Produkten. Macht Ihnen z. B. "Lammhüfte,

JUGENHEIM IN RHEINHESSEN

Mittelmeergemüse, Rosmarin-Polenta" Appetit? Übernachten können Sie übrigens auch richtig nett und gepflegt.

🍴 🅿 – Menü 34/58 € · Karte 35/58 €

Mainzer Straße 6 ✉ 55270 - ✆ 06130 941337 – www.weedenhof.de –
Geschlossen: Montag und Dienstag, mittags: Mittwoch-Samstag

JUIST

Niedersachsen – Regionalatlas **1**–A3

DANZER'S

INTERNATIONAL · FREUNDLICH Schon das zeitgemäße Ambiente in geradlinigem und zugleich wohnlichem Stil ist ansprechend - ganz zu schweigen von der Terrasse mit Deichblick! Dazu gibt es international-regionale Küche wie "Wolfsbarschfilet in Speckbutter mit Wirsinggemüse aus dem Wok und Gnocchi". Kleinere Mittagskarte.

🍴 ⇔ 🈁 – Menü 32 € (Mittags), 42/75 € · Karte 26/51 €

Wilhelmstraße 36 ✉ 26571 - ✆ 04935 8040 – www.hotel-achterdiek.de

KAISHEIM

Bayern – Regionalatlas **6**–X2

WEINGÄRTNERHAUS

INTERNATIONAL · MINIMALISTISCH Im schönen Weingärtnerhaus von 1542 (benannt nach den unterhalb gelegenen Weinbergen) liest man auf der Speisekarte z. B. "Spanferkelrücken mit Soja-Teriyaki-Lack" oder "Wolfsbarschfilet mit Vanille-Zitronen-Schaum". Tipp: Man hat auch diverse südafrikanische Weine.

& 🍴 ⇔ 🅿 – Menü 38/70 € · Karte 37/51 €

Schlossstraße 1 ✉ 86687 - ✆ 09097 485980 – www.schloss-leitheim.de –
Geschlossen mittags: Montag-Sonntag

KALLSTADT

Rheinland-Pfalz – Regionalatlas **7**–B1

VINOTHEK IM WEINGUT AM NIL

INTERNATIONAL · CHIC Wertig und chic der Mix aus rustikal und modern in dem historischen Gemäuer, dazu ein Traum von Innenhof! Auf der Karte z. B. "gebratene Jakobsmuscheln mit Paprikaschaum und Chorizo-Couscous" oder "Tagliata vom Rinderfilet mit Rucola, Büffelmozzarella und bunten Tomaten". Sehr gut die Weinauswahl vom eigenen Weingut. Tipp: die edlen Gästezimmer!

🍴 ⇔ 🅿 – Karte 32/49 €

Neugasse 21 ✉ 67169 - ✆ 06322 9563160 – www.weingutamnil.de –
Geschlossen: Montag und Dienstag, mittags: Mittwoch-Samstag

KANDEL

Rheinland-Pfalz – Regionalatlas **5**–T2

ZUM RIESEN

INTERNATIONAL · FREUNDLICH Mit Engagement leitet Familie Wenz ihren Betrieb, so legt man auch in der Küche Wert auf Qualität. Aus guten Produkten entstehen modern inspirierte Gerichte, auch ein veganes Menü ist zu haben. Und dazu vielleicht ein regionaler Wein? Im Sommer ist die Terrasse im Hof ein lauschiges Plätzchen. Zum Übernachten hat man schöne individuelle Zimmer.

🍴 ⇔ 🅿 🚭 – Menü 45/69 € · Karte 45/69 €

Rheinstraße 54 ✉ 76870 - ✆ 07275 3437 – www.hotelzumriesen.de –
Geschlossen: Montag, Dienstag, Sonntag, mittags: Mittwoch-Samstag

KANDERN

Baden-Württemberg – Regionalatlas **7**–B1

JÄGERHAUS

INTERNATIONAL • **FREUNDLICH** In dem kleinen Haus am Waldrand kocht man schmackhaft, frisch und mit australischem Einfluss. Auf der Karte z. B. "Aussie's prime"-Rinderfilet oder "Surf'n turf", und zum Nachtisch "Pavlova", ein leckeres Schaumkuchendessert! Dazu freundlicher Service. Etwas für Kunstfreunde: eigenes Max-Böhlen-Museum!

⌂ ⇔ 🅿 🍽 – Menü 49 € - Karte 34/72 €
Wollbacher Straße 30 ✉ 79400 – ☏ 07626 8715 – www.restaurant-jaegerhaus.de – Geschlossen: Montag-Donnerstag, mittags: Freitag und Samstag, abends: Sonntag

KAPPELRODECK

Baden-Württemberg – Regionalatlas **5**–T3

ZUM REBSTOCK

REGIONAL • **GASTHOF** Eine Adresse, die Spaß macht! In dem historischen Fachwerkhaus (seit 1750 in Familienhand) sitzt man in reizenden holzgetäfelten Stuben bei charmantem Service und richtig guter badischer Küche. Tipp: Vorspeise und Dessert als kleine "Versucherle"! Schön die Weinauswahl. Für daheim: selbstgebranntes Kirsch- und Zwetschgenwasser. Gepflegt übernachten kann man ebenfalls.

⌂ ⇔ 🅿 – Menü 38/69 € - Karte 37/65 €
Kutzendorf 1 ✉ 77876 – ☏ 07842 9480 – www.rebstock-waldulm.de – Geschlossen: Dienstag, mittags: Montag, Mittwoch-Freitag

KARBEN

Hessen – Regionalatlas **3**–L4

NEIDHARTS KÜCHE

REGIONAL • **FREUNDLICH** Etwas versteckt in einem Gewerbegebiet liegt das Restaurant der Neidharts. Möchten Sie etwas legerer im Bistrobereich sitzen oder lieber eleganter im klassisch eingedeckten Restaurant mit Wintergarten? Schön auch die Terrasse hinterm Haus. Gekocht wird saisonal-regional, charmant der Service durch die Chefin.

⌂ – Menü 29/50 € - Karte 32/52 €
Robert-Bosch-Straße 48 ✉ 61184 – ☏ 06039 934443 – www.neidharts-kueche.de – Geschlossen: Montag und Dienstag, mittags: Mittwoch-Samstag

KARLSRUHE

Baden-Württemberg – Regionalatlas **5**–T2

 ### SEIN

Chef: Thorsten Bender

MODERNE KÜCHE • **INTIM** Das kleine Restaurant liegt in einer recht ruhigen Wohnstraße, im Sommer hat man ein paar kleine Tische draußen auf den Gehsteig. Geschmackvoll die wertige Einrichtung mit modernem Chic. Das kommt ebenso an wie die kreative Küche von Thorsten Bender, die es in Form zweier Menüs gibt: "querbeet" und "grünzeug" (vegetarisch) - beide sind mit sechs oder sieben Gängen zu haben. Was der Patron und Küchenchef auf den Teller bringt, ist durchdacht und interessant kombiniert, immer wieder sorgt asiatisch inspirierte Aromatik für gelungene Kontraste, ausgesucht die Produktqualität. Dazu wird man freundlich und versiert umsorgt - auch Thorsten Bender und sein Küchenteam servieren mit. Mittags bietet man ein Menü mit drei oder vier Gängen.

🅰 🍴 – Menü 40 € (Mittags), 120/130 €
Scheffelstraße 57 ✉ 76135 – ✆ 0721 40244776 – www.restaurant-sein.de –
Geschlossen: Montag und Dienstag, mittags: Samstag und Sonntag

❀ TAWA YAMA FINE

MODERNE KÜCHE • CHIC "FINE" nennt sich das schicke Gourmetrestaurant, in dem man am Abend ein kreatives Menü bietet. Küchenchef Peter Fridén - geboren in Südkorea, aufgewachsen in Schweden und geprägt von der französischen Küche - verbindet hier gekonnt klassische, moderne und asiatische Einflüsse. Eine vegetarische Menü-Variante gibt es ebenfalls. Außerdem können Sie die Gerichte auch à la carte wählen. Das überaus engagierte Serviceteam umsorgt Sie freundlich und angenehm diskret und erklärt das Menü genau, der Sommelier hilft bei der Weinauswahl. Der japanische Name "TAWA YAMA" bedeutet übrigens "Turm Berg" und nimmt Bezug auf den gleichnamigen Karlsruher Berg. Neben dem "FINE" hat man noch das trendige "EASY" mit einfacherer Karte. Praktisch: Das eigene Parkhaus können Sie kostenfrei nutzen.

🅰 🍴 ✧ 🅿 🚗 – Menü 75/119 €
Amalienbadstraße 41b ✉ 76227 – ✆ 0721 9098950 – www.tawayama.de –
Geschlossen: Montag und Sonntag, mittags: Dienstag-Samstag

EIGENART

INTERNATIONAL • FREUNDLICH In dem gepflegten alten Stadthaus nahe dem Marktplatz sitzt man in legerer Bistro-Atmosphäre oder im geradlinig-eleganten Restaurant und speist saisonal, z. B. "FlussZanderFilet, RoteBeteRisotto, SafranSchaum, BabyMangold". Reduzierte, günstigere Mittagskarte.

🍴 – Menü 65/133 € - Karte 64/95 €
Hebelstraße 17 ✉ 76133 – ✆ 0721 5703443 – www.eigenart-karlsruhe.
de – Geschlossen: Mittwoch, Samstag, Sonntag, mittags: Montag, Dienstag, Donnerstag, Freitag

ERASMUS

Chef: Marcello Gallotti

ITALIENISCH • GEMÜTLICH In einem denkmalgeschützten Gebäude von 1928 erwartet Sie eine nicht alltägliche, ambitionierte Küche, die modern, durchdacht und mit klarem italienischem Einfluss daherkommt. Hier wird Nachhaltigkeit gelebt, nahezu alle Produkte sind biozertifiziert. Toll z. B. "Arancino aperto, Salsiccia, Pistazien" oder "Zunge vom Kalb, Marsala, Blumenkohl, rote Bete".

❀ *Engagement des Küchenchefs:* Mein Restaurant ist biozertifiziert, daher verarbeite ich vom Bio-Ei bis zu MSC-zertifiziertem Fisch nur beste Ware, die Prinzipien „Nose to tail" und „Root to leaf" setze ich um, wo immer es geht, so möchte ich meinen Gästen gelebte Genussvielfalt ohne Reue, aber auch ohne Radikalität ermöglichen.

♿ 🍴 – Menü 70/129 € - Karte 47/89 €
Nürnberger Straße 1 ✉ 76133 – ✆ 0721 40242391 – www.erasmus-karlsruhe.de –
Geschlossen: Montag und Sonntag, mittags: Dienstag, Mittwoch, Samstag

IL TEATRO[2]

ITALIENISCH • KLASSISCHES AMBIENTE In dem langjährigen Familienbetrieb unweit des Staatstheaters darf man sich auf eine ambitionierte italienische Küche freuen, deren klassische Basis die guten Stationen des Küchenchefs, Sohn des Inhabers, erkennen lässt. Mittags zusätzliches günstiges Angebot mit Klassikern wie "Spaghetti Carbonara" (mit Guanciale!).

🍴 – Menü 34 € (Mittags), 69 € - Karte 25/70 €
Ettlingerstraße 2c ✉ 76137 – ✆ 0721 356566 – www.ilteatro.de – Geschlossen: Dienstag

KARLSRUHE

IVY N

MODERN • CHIC In dem Restaurant im EG des sehr zentral gelegenen "133 Boutique Hotel Karlsruhe" erwartet Sie stylish-schicker Bistrostil und modern-trendige Küche, die in zwei Services (18 und 20 Uhr) angeboten wird. Spaß machen auch die Sharing-Snacks vorab. Und zum Abschluss noch einen Cocktail an der angeschlossenen Bar?
Menü 92/120 € - Karte 43/71 €
Karlstraße 34 ✉ 76133 - ☏ 0721 47004539 - www.ivy.restaurant - Geschlossen: Montag und Sonntag, mittags: Dienstag-Samstag

KESSELHAUS3

MODERNE KÜCHE • BISTRO In dem schön sanierten Backstein-Kesselhaus mit seiner denkmalgeschützten Industrie-Architektur haben der Küchenchef, seine Frau und sein Bruder die Leitung übernommen. Das Konzept: moderne Küche mit eigener Idee und geschmacklichem Pfiff. Mittags gibt es eine einfachere Bistrokarte. Auf der Empore mit Lounge serviert man Tapas zu Wein.
& ⾐ ⇄ P – Menü 28 € (Mittags), 63/89 € - Karte 29/48 €
Griesbachstraße 10C ✉ 76185 - ☏ 0721 6699269 - www.kesselhaus-ka.de - Geschlossen: Montag und Sonntag, mittags: Samstag

NAGELS KRANZ

REGIONAL • GEMÜTLICH In diesem sympathischen Restaurant legt man Wert auf Produktqualität, und die schmeckt man z. B. bei "Filet vom Loup de Mer mit gebratenem weißen Spargel, Morcheln à la Crème und Gnocchi". Die Atmosphäre stimmt ebenfalls, sowohl drinnen im gemütlichen Lokal als auch draußen auf der lauschigen Terrasse im Hof.
⾐ ⇄ – Karte 50/69 €
Neureuter Hauptstraße 210 ✉ 76149 - ☏ 0721 705742 - www.nagels-kranz.de - Geschlossen: Montag und Sonntag, mittags: Dienstag, Freitag, Samstag

RESTAURANT 1463

KLASSISCHE KÜCHE • GEMÜTLICH Das Fachwerkhaus a. d. J. 1463 war früher eine kleine Weinstube, heute geht es hier in gemütlich-rustikalem Ambiente gehobener zu. Auf der klassisch geprägten Karte liest man z. B. "Wolfsbarsch mit Artischocken-Gemüseragout". Richtig lauschig ist der Innenhof! Zum Übernachten gibt es sechs schöne wohnliche Apartments.
⾐ ⇄ – Menü 52/75 € - Karte 39/58 €
Friedrichstraße 10 ✉ 76229 - ☏ 0721 66050650 - www.1463.de - Geschlossen: Montag und Dienstag, mittags: Mittwoch und Donnerstag, abends: Sonntag

KASSEL

Hessen – Regionalatlas **3**–L3

MONDI N

Chef: Pelle Kossmann, Michael Watson
MODERNE KÜCHE • FREUNDLICH Engagiert setzen Patron Pelle Kossmann und sein junges Team hier ihre eigenen Ideen um. Geboten wird ein Wochenmenü, für das man ausgesuchte saisonale Produkte von regionalen Erzeugern verwendet und das komplette Tier verarbeitet. Dazu schlicht-modernes Ambiente mit teilweise einsehbarer Küche sowie freundlich-legerer Service. Wasser-Flatrate.

❀ *Engagement des Küchenchefs: Mein Motto ist "Gute Küche muss transparent, regional und nachhaltig sein" und genau das versuchen wir hier täglich umzusetzen. Deshalb verarbeiten wir nur Produkte Nose-to-tail und Farm-to-plate von vertrauten Produzenten, servieren ein Menü, auch vegetarisch, um schnell auf die Saison zu reagieren.*

⾐ ⇄ – Menü 49 €
Wilhelmshöher Allee 34 ✉ 34117 - ☏ 0561 83079318 - www.mondi-restaurant. de - Geschlossen: Montag und Sonntag, mittags: Dienstag-Samstag

KASSEL

VOIT
MODERNE KÜCHE • HIP Sie sitzen hier unter einer hohen Decke, schön klar das Design, durch große Fenster schaut man zur Straße. Die Küche ist frisch und modern, das Produkt steht im Mittelpunkt. Aus dem angebotenen Menü können Sie auch à la carte wählen. Gut die kleine Weinkarte.
Menü 110/140 € - Karte 80/160 €
Friedrich-Ebert-Straße 86 ✉ 34119 - ✆ 0561 50376612 - www.voit-restaurant. de - Geschlossen: Montag und Sonntag, mittags: Dienstag-Samstag

KEHL
Baden-Württemberg - Regionalatlas **5**-T3

REBSTOCK-ESSZIMMER
FRANZÖSISCH-MODERN • FREUNDLICH Die Gastronomie des Hotels "Grieshaber's Rebstock" mit hübschen individuellen Zimmern umfasst das geschmackvoll gestaltete Restaurant "EssZimmer", die "AperoBar" und "Die Plauderei" mit Concept Store, nicht zu vergessen die tolle Terrasse hinterm Haus. Geboten wird eine modern inspirierte Küche mit saisonalem Bezug.
AC 🍽 **P** 🛗 - Karte 46/75 €
Hauptstraße 183 ✉ 77694 - ✆ 07851 91040 - www.rebstock-kehl.de - Geschlossen: Montag und Sonntag, mittags: Dienstag-Samstag

KEITUM - Schleswig-Holstein • Siehe Sylt (Insel)

KELSTERBACH
Hessen - Regionalatlas **3**-L4

AMBIENTE ITALIANO IN DER ALTEN OBERFÖRSTEREI
ITALIENISCH • ELEGANT In der schmucken Villa von 1902 sitzt man in einem eleganten Wintergarten mit Blick auf Kirche und Main, gefragt ist auch die wettergeschützte Terrasse. Geboten wird italienische Küche aus guten Produkten, dazu eine Weinkarte mit Schwerpunkt Italien. Tipp: Business Lunch mit schöner Auswahl. Parken kann man direkt vor dem Haus.
♿ 🍽 **P** - Menü 29 € (Mittags), 35/105 € - Karte 49/73 €
Staufenstraße 16 ✉ 65451 - ✆ 06107 9896840 - www.ambienteitaliano.de - Geschlossen: Sonntag, mittags: Samstag

TRATTORIA ALTE OBERFÖRSTEREI
ITALIENISCH • FREUNDLICH Sie essen gern traditionell-italienisch? In der gemütlich-modernen Trattoria bietet man neben "Vitello Tonnato", "Lasagnetta Tradizionale" oder "Saltimbocca alla Romana" auch "Pizze Classiche". Glutenfreie Gerichte bekommt man übrigens ebenfalls.
♿ 🍽 **P** - Menü 29 € (Mittags), 35 € - Karte 28/49 €
Staufenstraße 16 ✉ 65451 - ✆ 06107 9896840 - www.ambienteitaliano.de - Geschlossen: Sonntag, mittags: Samstag

KENZINGEN
Baden-Württemberg - Regionalatlas **5**-T3

😊 SCHEIDELS RESTAURANT ZUM KRANZ
KLASSISCHE KÜCHE • TRADITIONELLES AMBIENTE Die lange Familientradition (7. Generation) verpflichtet und so geht es hier engagiert und zugleich traditionell-bodenständig zu. Historisch-charmant die Gaststube, herzlich der Service. Auf den Tisch kommen schmackhafte schnörkellose Gerichte mit regionalem und saisonalem Bezug. Es gibt auch ein vegetarisches Menü.

KENZINGEN

🕸 🍴 🅿 – Menü 36/62 € - Karte 36/62 €
*Offenburger Straße 18 ⊠ 79341 - ℰ 07644 6855 – www.scheidels-kranz.de –
Geschlossen: Montag und Dienstag*

KERNEN IM REMSTAL
Baden-Württemberg – Regionalatlas **7**–B2

❀ MALATHOUNIS

MEDITERRAN • STUBE Griechische Küche mit Stern? "Modern greek cuisine" liest man an der Haustür, und die findet man in dem geschmackvoll-charmanten Restaurant der Eheleute Malathounis dann auch vor. Filigran und mit mediterraner Leichtigkeit kommen die Gerichte daher. Wohldosiert bringt Patron Joannis Malathounis Aromen aus seiner griechischen Heimat mit ein, und das wirkt nie überladen oder forciert. Nicht fehlen darf da das hochwertige Olivenöl! Spannend, wie man hier die Küche Griechenlands interpretiert. Aus den Menüs können Sie übrigens frei wählen - vegetarische Optionen gibt es ebenfalls. Umsorgt wird man in den gemütlichen Gasträumen überaus herzlich, und zwar von Chefin Anna Malathounis persönlich. Sie empfiehlt Ihnen auch gerne einen der schönen Weine aus Griechenland.

🕸 🍴 ⇔ 🅿 🍽 – Menü 49/98 € - Karte 49/90 €
Gartenstraße 5 ⊠ 71394 - ℰ 07151 45252 – www.malathounis.de – Geschlossen: Montag und Sonntag

ZUM OCHSEN

INTERNATIONAL • GASTHOF Viele Stammgäste mögen dieses über 300 Jahre alte Gasthaus, das die Tradition wahrt und dennoch mit der Zeit geht. Gekocht wird schwäbisch, saisonal und mit internationalen Einflüssen. Man legt Wert auf regionale Produkte, darunter Fleisch- und Wurstwaren aus der eigenen Metzgerei.

🍴 ⇔ – Menü 40/120 € - Karte 32/63 €
*Kirchstraße 15 ⊠ 71394 - ℰ 07151 94360 – www.ochsen-kernen.de –
Geschlossen: Montag und Dienstag*

KERPEN
Nordrhein-Westfalen – Regionalatlas **3**–J3

❀ SCHLOSS LOERSFELD

FRANZÖSISCH-KLASSISCH • ELEGANT Das jahrhundertealte Schloss mit seiner weitläufigen Parkanlage ist schon ein herrliches Anwesen. Hinter dicken alten Mauern erwarten Sie stilvolle Räume und Salons mit antiken Details. Möchten Sie in diesem herrschaftlichen Rahmen nicht auch mal speisen? Geboten wird eine moderne klassisch basierte Küche. Die Gerichte überzeugen mit Produktqualität, geschmacklichem Ausdruck und Finesse und sind zudem auch noch ein Augenschmaus. Tipp: Graf-Berghe-von-Trips-Ausstellung im "Grünen Salon". Übernachten kann man übrigens auch, und zwar in drei hübschen Appartements in einem Nebenhaus.

🕸 ♿ 🍴 ⇔ 🅿 – Menü 54 € (Mittags), 75/145 € - Karte 97/103 €
*Schloss Loersfeld 1 ⊠ 50171 - ℰ 02273 57755 – www.schlossloersfeld.de –
Geschlossen: Montag und Sonntag*

KIEDRICH
Hessen – Regionalatlas **3**–K4

❀ WEINSCHÄNKE SCHLOSS GROENESTEYN

Chef: Dirk Schröer
MODERNE KÜCHE • GEMÜTLICH Etwas versteckt liegt das historische Fachwerkhaus im beschaulichen Kiedrich. In der ehemaligen Gutsschänke hat man es schön gemütlich, dafür sorgt viel warmes Holz. An blanken alten Holztischen wird man bei wertiger Tischkultur freundlich und aufmerksam

umsorgt. Patron und Küchenchef Dirk Schröer (zuvor im "Carousell" in Dresden und im Gourmetrestaurant der "Burg Schwarzenstein" in Geisenheim) bietet eine aromareiche Küche, die klassische Elemente mit Regionalem verbindet. Zu seinen angenehm klar strukturierten Gerichten empfiehlt das Team um Gastgeberin Amila Begic so manch guten Wein aus der Region. Auf der Terrasse genießt man die Aussicht auf die Weinberge und Burg Scharfenstein.

⌂ ⇔ 🅿 – Menü 75/185 € · Karte 66/103 €

Oberstraße 36 ✉ 65399 – ✆ 06123 1533 – www.groenesteyn.net – Geschlossen: Dienstag und Mittwoch, mittags: Montag, Donnerstag-Samstag

KIEL

Schleswig-Holstein – Regionalatlas **1**-D2

❀ **AHLMANNS**

KREATIV · CHIC Das hat Stil: Eine schmucke ehemalige Bankiersvilla von 1911, die das historische Flair bewahrt und gelungen mit moderner Geradlinigkeit und warmen Tönen kombiniert. Die Rede ist vom "Ahlmanns", Gourmetrestaurant des geschmackvollen Hotels "Kieler Kaufmann". Für das hohe Niveau der Küche ist Arne Linke verantwortlich, der mit sehr fein und präzise gearbeiteten Speisen aus hochwertigen Produkten überzeugt. Erwähnenswert ist auch das überaus motivierte Serviceteam unter der Leitung von Björn Urbach, das mit Freude bei der Arbeit ist. Die Köche kommen ebenfalls an den Tisch und erklären die Gerichte. Tipp: An warmen Sommerabenden sollten Sie auf der wirklich schönen Terrasse zum Park speisen. Als legere Alternative gibt es noch den "Kaufmannsladen" mit Steak- und Burger-Angebot.

♿ ⌂ 🅿 – Menü 99/139 €

Niemannsweg 102 ✉ 24105 – ✆ 0431 88110 – www.kieler-kaufmann.de – Geschlossen: Montag, Dienstag, Sonntag, mittags: Mittwoch-Samstag

FLYGGE N

REGIONAL · FREUNDLICH Nach erfolgreichen Jahren im Kieler "Ahlmanns" haben sich Mathias Apelt und Partnerin Britta Künzl mit diesem cool-urbanen Restaurant samt offener Küche und Chef's Table selbstständig gemacht. Gekocht wird modern, dabei legt man Wert auf regionale Produkte von ausgesuchten Erzeugern. Schön der Blick auf die Kieler Förde, vor allem von der Terrasse.

⌂ – Menü 55/85 € · Karte 47/60 €

Düsternbrooker Weg 46 ✉ 24103 – ✆ 0431 566002 – www.flygge-kiel.de – Geschlossen: Montag und Sonntag, mittags: Dienstag-Samstag

KIRCHDORF (KREIS MÜHLDORF AM INN)

Bayern – Regionalatlas **6**-Y3

❀ **CHRISTIAN'S RESTAURANT - GASTHOF GRAINER**

KLASSISCHE KÜCHE · GEMÜTLICH Seit dem 16. Jh. betreibt Familie Grainer den stattlichen historischen Gasthof, inzwischen ist mit Christian F. Grainer und seiner Frau Christiane ein echtes "Dreamteam" am Ruder! Er ist verantwortlich für die exquisite klassisch-französische Küche, die sich aber auch Ausflüge in die Moderne erlaubt, sie ist Gastgeberin mit Leib und Seele! Serviert wird ein Überraschungsmenü, das schön aufs Wesentliche reduziert ist, im Fokus top Produkte. Die persönliche Atmosphäre in dem gemütlich-eleganten Restaurant ist der herzlichen Chefin zu verdanken, ihrem vollen Charme und ihrer fachlichen Kompetenz. Als Sommelière hat sie auch treffliche Weinempfehlungen parat - über 1000 Positionen (darunter Raritäten und Großflaschen) lagern im alten Gewölbe-Weinkeller.

🌿 ⌂ ⇔ 🅿 – Menü 65/125 €

Dorfstraße 1 ✉ 83527 – ✆ 08072 8510 – www.christians-restaurant.de – Geschlossen: Montag-Mittwoch, mittags: Donnerstag und Freitag, abends: Sonntag

KIRCHDORF AN DER AMPER

Bayern – Regionalatlas **6**-Y3

😊 ZUM CAFÉWIRT

MARKTKÜCHE · FREUNDLICH In dem traditionellen Gasthaus mit der hübschen Fassadenmalerei sitzt man in schlichtem, freundlichem Ambiente bei regional-saisonaler Küche, und die reicht vom "Backhendl Caféwirt" über "Hirschmedaillons unter der Nusskruste mit Schwarzbrotknödel" bis zum sonntäglichen Schweinebraten. Preiswertes Tagesmenü.

AK 🍴 ⇔ P 🍽 – Menü 25/37 € - Karte 25/44 €

Hirschbachstraße 9 ✉ 85414 - ☎ 08166 9987222 - www.cafewirt.de - Geschlossen: Montag und Mittwoch, mittags: Dienstag, Donnerstag-Samstag, abends: Sonntag

KIRCHDORF AN DER ILLER

Baden-Württemberg – Regionalatlas **5**-V3

😊 LANDGASTHOF LÖWEN

KLASSISCHE KÜCHE · LÄNDLICH Alexander Ruhland leitet das Haus mittlerweile in 4. Generation und sorgt in dem traditionsreichen Landgasthof für richtig gute Küche. Er verbindet klassische und moderne Einflüsse, wobei regionaler und saisonaler Bezug eine große Rolle spielen. Tipp: Man bietet auch zeitgemäß-wohnliche Gästezimmer.

♿ 🍴 ⇔ P – Menü 39/95 € - Karte 32/59 €

Kirchdorfer Straße 8 ✉ 88457 - ☎ 08395 667 - www.loewen-oberopfingen. de - Geschlossen: Montag-Mittwoch, mittags: Donnerstag-Samstag

KIRCHHEIM AN DER WEINSTRASSE

Rheinland-Pfalz – Regionalatlas **7**-B1

❀ SCHWARZ GOURMET

FRANZÖSISCH · INTIM Wo die Deutsche Weinstraße beginnt, hat Manfred Schwarz im März 2017 in einem charmanten roten Sandsteinhaus dieses geradlinig-schicke kleine Restaurant eröffnet. Dass der gebürtige Waiblinger sein Metier versteht, stellte er schon Jahre zuvor u. a. mit den ebenfalls besternten Häusern "schwarz Das Restaurant" in Heidelberg und "Schwarzberg - Lammershof by Schwarz" in Löhrbach bei Birkenau unter Beweis. Nach wie vor hat Altmeister Manfred Schwarz ein Händchen dafür, einzelne Komponenten zu ehrlichen und geschmacklich klar strukturierten Gerichten zu verbinden, die einen nicht mit Kreativität erschlagen. Hervorragende Produkte sind selbstverständlich, was nicht nur Prime Beef oder bretonische Jakobsmuscheln beweisen.

🍴 ⇔ P – Menü 129/159 €

Weinstraße Süd 1 ✉ 67281 - ☎ 06359 9241702 - www.schwarz-restaurant.de - Geschlossen: Montag-Mittwoch, mittags: Donnerstag-Sonntag

SCHWARZ RESTAURANT

INTERNATIONAL · CHIC Ein bisschen Wohnzimmerflair vermittelt die im schicken Bistrostil gehaltene Restaurant-Alternative im Hause Schwarz. Die Küche bietet internationale Einflüsse, aber auch regionale Klassiker wie der berühmte Saumagen werden hier kreativ interpretiert.

🍴 ⇔ P – Menü 89/130 € - Karte 44/79 €

Weinstrasse Süd 1 ✉ 67281 - ☎ 06359 9241702 - www.schwarz-restaurant.de - Geschlossen: Montag-Mittwoch

KIRCHLAUTER
Bayern – Regionalatlas **4**–N4

GUTSHOF ANDRES
REGIONAL • FAMILIÄR Ein denkmalgeschützter Gutshof mit Familientradition seit 1839, eingerahmt von altem Baumbestand und mit kleinem Weiher vor der Tür - hier der schöne Biergarten. Gekocht wird frisch, regional und modern. Dazu können Sie hausgemachte Aufstriche und Brände kaufen. Zwei Appartements im einstigen Brauhaus, geradlinig-schicke Doppelzimmer in der ehemaligen Remise.
– Menü 30/65 € - Karte 23/55 €
Pettstadt 1 ⊠ 96166 – ℘ 09536 221 – www.gutshof-andres.de – Geschlossen: Montag und Dienstag, mittags: Mittwoch-Freitag

KIRCHZARTEN
Baden-Württemberg – Regionalatlas **7**–B1

SCHLEGELHOF
KLASSISCHE KÜCHE • LÄNDLICH Das volle Engagement der Schlegels merkt man hier am schönen ländlich-modernen Ambiente, am herzlichen, präsenten Service und an der guten Küche mit regionalen und internationalen Einflüssen. Zum Wohlfühlen auch die tolle Terrasse und der duftende Obst- und Kräutergarten, ebenso die Gästezimmer mit ihrem geschmackvollen Mix aus klaren Formen und warmem Holz.
– Menü 48/89 € - Karte 46/95 €
Höfener Straße 92 ⊠ 79199 – ℘ 07661 5051 – www.schlegelhof.de – Geschlossen: Mittwoch, mittags: Montag, Dienstag, Donnerstag-Samstag

KIRKEL
Saarland – Regionalatlas **5**–T2

RESSMANN'S RESIDENCE
MODERNE KÜCHE • FREUNDLICH Das moderne Ambiente mit klaren Formen und hellen warmen Tönen kommt bei den Gästen gut an, ebenso die ambitionierte international-saisonal beeinflusste Küche sowie die schöne kleine Weinkarte. Einer der Räume ist klimatisiert. Oder sitzen Sie lieber draußen? Der nette Biergarten liegt ruhig hinterm Haus. Gepflegt übernachten kann man ebenfalls.
– Menü 33 € (Mittags), 45/85 € - Karte 45/64 €
Kaiserstraße 87 ⊠ 66459 – ℘ 06849 90000 – www.ressmanns-residence.de – Geschlossen: Dienstag und Mittwoch, abends: Sonntag

KISSINGEN, BAD
Bayern – Regionalatlas **3**–M4

LAUDENSACKS GOURMET RESTAURANT
KLASSISCHE KÜCHE • ELEGANT Schön elegant wie der Rest des Laudensack'schen Parkhotels kommt auch das Gourmetrestaurant daher. Bereits 1994 wurde die Küche erstmals mit Stern gewürdigt, seit 2009 wird er von Küchenchef Frederik Desch (zuvor bei Dieter Müller in Bergisch Gladbach, in der „Zirbelstube" in Freiburg sowie im „Louis C. Jakob" in Hamburg tätig) Jahr für Jahr bestätigt. Sein Kochstil: ein gelungener Mix aus Klassik und Moderne. Dafür verwendet er sehr gute Produkte wie Rhöner Lachsforelle, heimisches Reh oder Bresse-Poularde, deren Eigengeschmack er schön in den Vordergrund stellt. Tipp: Kommen Sie mal im Sommer - feines Essen und herzlichen Service samt guter Weinberatung gibt's dann auf der herrlichen Terrasse! Interessant: Man kann auch eine Genuss-Stadtführung buchen.

KISSINGEN, BAD

– Menü 98/138 € - Karte 76/94 €
Kurhausstraße 28 ⊠ 97688 - ℰ 0971 72240 – www.laudensacks-parkhotel.de –
Geschlossen: Montag und Sonntag, mittags: Dienstag-Samstag

SCHUBERTS WEIN & WIRTSCHAFT
REGIONAL • WEINBAR Richtig schön und angenehm leger sitzt man hier in fünf charmanten Stuben und im hübschen Innenhof. Eine Besonderheit ist die original Weinstube a. d. 19. Jh. mit Wand- und Deckenmalerei. Sehr nett auch die Nische im Weinfass! Aus der Küche kommt Schmackhaftes wie "Kalbstafelspitz mit Schnittlauchsauce und Nudeln". Und dazu vielleicht einen Frankenwein?
– Menü 35/65 € - Karte 33/59 €
Kirchgasse 2 ⊠ 97688 – ℰ 0971 2624 – www.weinstube-schubert.de –
Geschlossen: Montag-Mittwoch, mittags: Donnerstag und Freitag

KLEIN KUBBELKOW – Mecklenburg-Vorpommern • Siehe Rügen (Insel)

KLEINES WIESENTAL
Baden-Württemberg – Regionalatlas **7**–B1

SENNHÜTTE
REGIONAL • FREUNDLICH Mit echtem Engagement und Herzblut führt Familie Grether ihr Haus! Aus der Küche kommt ein Mix aus schmackhaften bürgerlichen und leicht gehobenen Gerichten, für die man gerne regionale Produkte verwendet. Serviert wird in verschiedenen gemütlichen Stuben oder auf der netten begrünten Terrasse. Zum Übernachten hat der traditionsreiche Gasthof hübsche wohnliche Zimmer.
– Menü 30/62 € - Karte 25/65 €
Schwand 14 ⊠ 79692 – ℰ 07629 91020 – www.sennhuette.com – Geschlossen: Montag und Dienstag

KLEINWALLSTADT
Bayern – Regionalatlas **5**–U1

LANDGASTHOF ZUM HASEN
MARKTKÜCHE • GASTHOF Gemütlich ist es in dem Gasthof von 1554: rustikale Einrichtung mit hübscher Deko, draußen der schöne Innenhof! Sie werden herzlich umsorgt und bekommen regional geprägte Küche mit internationalen Einflüssen serviert. Sie möchten übernachten? So liebenswert wie der Gastraum sind auch die Zimmer.
– Menü 29/69 € - Karte 32/58 €
Marktstraße 3 ⊠ 63839 – ℰ 06022 7106590 – www.kleinwallstadt-zumhasen. de – Geschlossen: Montag und Dienstag

KLEINWALSERTAL
Vorarlberg – Regionalatlas **5**–U4

In Hirschegg

KILIAN STUBA
KREATIV • ELEGANT Service auf top Niveau begleitet Sie hier im absolut schick designten Gourmetrestaurant des tollen "Travel Charme Ifen Hotel" vom ersten Moment an! Dazu kommen aus der Küche international angehauchte Kreationen. Bei der Produktwahl bezieht man die Region mit ein, schaut aber auch über die Grenzen des Kleinwalsertals hinaus. Sascha Kemmerer (einst Schüler von Ortwin Adam, der 1978 bereits im ursprünglichen "Ifen Hotel" einen Stern erkochte) bietet Ihnen ein Menü mit vier bis sechs Gängen, angenehm aufs Wesentliche reduziert und technisch ausgezeichnet - toll die Saucen! Gerne kommt der Küchenchef auch

KLEINWALSERTAL

selbst an den Tisch serviert den ein oder anderen Gang. Alternativ zum Menü gibt's den Ifen-Klassiker: am Tisch tranchiertes Rinderkotelett für zwei Personen.
🚗 ⇐ 🏠 ♿ 🅰🅲 🍴 🅿 ☕ – Menü 110/140 €
Oberseitestraße 6 ✉ 6992 – 📞 5517 608540 – www.travelcharme.com –
Geschlossen: Montag, Dienstag, Sonntag, mittags: Mittwoch-Samstag

CARNOZET
REGIONAL • FREUNDLICH In dem geschmackvollen modern-alpinen Restaurant wird man nicht nur herzlich umsorgt, man isst auch noch richtig gut. Auf der Karte eine schöne Auswahl an Gerichten, für die man größtenteils Produkte von regionalen Erzeugern verwendet. Wenn Sie Glück haben, gibt es Tagesempfehlungen wie das spitzenmäßige "Beuscherl mit Serviettenknödel"!
⇐ 🏠 🅿 ☕ – Menü 39/59 € - Karte 34/55 €
Oberseitestraße 6 ✉ 6992 – 📞 5517 6080 – www.travelcharme.com –
Geschlossen mittags: Montag-Sonntag

SONNENSTÜBLE
REGIONAL • LÄNDLICH Hier im Restaurant des ruhig gelegenen Ferienhotels "Birkenhöhe" sorgen warmes Holz und Kachelofen für Gemütlichkeit, während man Sie z. B. mit "Tatar vom Walser Rind" oder "Heimertinger Saibling mit Rieslinggemüse" verwöhnt. Dazu eine sehr gute Weinauswahl samt Raritäten aus Italien und Frankreich.
🚗 ⇐ 🍴 🅿 ☕ – Menü 35/95 € - Karte 30/55 €
Oberseitestraße 34 ✉ 87568 – 📞 00435517 5587 – www.birkenhoehe.com –
Geschlossen: Montag und Dienstag

In Mittelberg

WIRTSHAUS HOHENECK
TRADITIONELLE KÜCHE • GEMÜTLICH Ein charmant-rustikales Gasthaus, unten und oben ist es gleichermaßen gemütlich, hier wie dort mit herrlicher Bergblick-Terrasse. Gekocht wird regional-saisonal, so z. B. "Golasch vom Hirschegger Rend mit Serviettenknödel", dazu schöne Weine aus Österreich. Tipp: nachmittags Kaffee und hausgebackener Kuchen.
🍴 🅿 – Menü 37/95 € - Karte 29/55 €
Walserstraße 365 ✉ 87569 – 📞 0043 5517 55225 – www.hoheneck.at –
Geschlossen: Dienstag

KLETTGAU
Baden-Württemberg – Regionalatlas **5**–U4

LANDGASTHOF MANGE
MARKTKÜCHE • FREUNDLICH Eine der besten Adressen der Region! Hier isst man nicht nur richtig gut, die Preise sind auch noch ausgesprochen fair. Gekocht wird überwiegend regional und mit Bezug zur Saison, dabei legt man Wert auf ausgesuchte Produkte. Tipp: Probieren Sie auch mal Schnaps, Torten oder Brot aus der eigenen Produktion der Familie.
🍴 ✥ 🅿 – Karte 31/54 €
Kirchstraße 2 ✉ 79771 – 📞 07742 5417 – www.mange-griessen.de –
Geschlossen: Montag und Sonntag, mittags: Dienstag-Freitag

KOBERN-GONDORF
Rheinland-Pfalz – Regionalatlas **3**–K4

ALTE MÜHLE THOMAS HÖRETH
REGIONAL • ROMANTISCH Ein echtes Bijou: Die Stuben sind liebevoll dekoriert, dazu ein Innenhof, der idyllischer kaum sein könnte, und ein eigenes Weingut! Möchten Sie da nicht etwas länger bleiben? Man hat individuelle und sehr

KOBERN-GONDORF

wohnliche Gästezimmer, die schön ruhig liegen! Am Wochenende kann man hier auch standesamtlich heiraten.

斧 ⇔ 🅿 – Karte 35/62 €

Mühlental 17 ⊠ 56330 – 𝒞 02607 6474 – www.altemuehlehoereth.de – Geschlossen mittags: Montag-Samstag

KOBLENZ

Rheinland-Pfalz – Regionalatlas **3**-K4

❀ DA VINCI

FRANZÖSISCH · DESIGN Modern ist das Konzept dieses Restaurants im Stammhaus der Familie Deinhard von 1794, zu finden in bester Innenstadtlage neben dem Theater und gegenüber dem Kurfürstlichen Schloss. Puristisch-elegant das Ambiente, klassisch-kreativ die Küche. Letzteres gibt es in Form eines finessenreichen Menüs, für das Küchenchef Daniel Pape verantwortlich zeichnet. Seine bisherige Laufbahn führte ihn von einem Spitzenkoch zum nächsten, von Dirk Luther über Thomas Bühner und Christian Jürgens zu Joachim Wissler. Welch hohen Stellenwert Produktqualität bei ihm hat, zeigt beispielsweise "Steinbutt, Spargel, Velouté". Neben dem Genuss kommt auch der Service nicht zu kurz - das Team ist aufmerksam und geschult, sehr gut die Weinempfehlungen.

ॐ & 🎟 🅵 – Menü 129/158 €

Deinhardplatz 3 ⊠ 56068 – 𝒞 0261 9215444 – www.davinci-koblenz.de – Geschlossen: Montag-Mittwoch, Sonntag, mittags: Donnerstag-Samstag

❀ GOTTHARDT'S 🆕

MODERNE KÜCHE · CHIC Richtig stylish kommt das Winter-Restaurant im Hotel "Fährhaus" daher. Klare Formen und ruhige warme Brauntöne bestimmen das Ambiente, dazu kann man durch bodentiefe Fenster zur Mosel schauen. Die Atmosphäre ist angenehm unkompliziert, der Service freundlich, aufmerksam und geschult. Und dann ist da noch die Küche von Frank Seyfried. Der frühere Küchenchef des Andernacher "Ristorante Ai Pero" bietet hier moderne klassisch und mediterran geprägte Gerichte, die Sie à la carte wählen oder sich selbst zu einem Menü zusammenstellen können. Als Vegetarier werden Sie auf der Karte ebenfalls fündig. Alternativ gibt es im Hotel noch das Restaurant "Landgang" mit schöner Terrasse.

⇐ & 🎟 🅿 – Menü 75 € (Mittags), 102/149 € - Karte 63/69 €

An der Fähre 3 ⊠ 56068 – 𝒞 0261 201710 – www.faehr.haus – Geschlossen: Montag, Dienstag, Sonntag, mittags: Mittwoch-Samstag

❀ SCHILLER'S MANUFAKTUR

KLASSISCHE KÜCHE · ELEGANT Hohes kulinarisches Niveau ist Ihnen im Hotel "Stein" nach wie vor gewiss, dafür sorgt Patron und Küchenchef Mike Schiller mit seinen mediterran beeinflussten klassischen Gerichten. Wählen können Sie diese aus einem ansprechenden A-la-carte-Angebot nebst "Meisterwerken" wie der Bouillabaisse und Tagesempfehlungen wie dem Bürgermeisterstück von Wagyu-Rind oder auch als vegetarisches "Gartenmenü". Auf Vorbestellung gibt es das "Klassische Menü" oder das saisonale "Spezial". Im Restaurant leitet die freundliche Chefin Melanie Stein-Schiller den Service. Schön sitzt man im gemütlichen Restaurant, im lichten Wintergarten oder auf der charmanten Terrasse im Garten. Tipp: Hausgemachtes für daheim.

斧 ⇔ 🅿 – Menü 99/185 € - Karte 75/149 €

Mayenerstraße 126 ⊠ 56070 – 𝒞 0261 963530 – www.schillers-restaurant.de – Geschlossen: Sonntag, mittags: Montag-Samstag

😊 GERHARDS GENUSSGESELLSCHAFT

KLASSISCHE KÜCHE · FREUNDLICH "Blumenhof" nennt sich diese tolle Adresse nicht weit vom Deutschen Eck, wo Rhein und Mosel zusammenfließen. Zu Klosterzeiten wurde hier Proviant gelagert, heute gibt es in dem schönen historischen Gewölbe mit modernem Interieur richtig gute Küche. Die Speisen sind klassisch-saisonal und mediterran-international beeinflusst. Herrlich die Terrasse.

Weit über seltene Jahrgänge hinaus

DIE KREATION DES IDEALEN JAHRGANGS

99/100	98/100	19/20
JAMESSUCKLING.COM	falstaff	Jancis Robinson

Grand Siècle N°23 in der Magnum-Flasche.
Limitierte Edition - nur auf Anfrage.
www.laurent-perrier.com - 📷 #grandsiecle

& ⇔ – Menü 47/60 € - Karte 37/57 €
Danziger Freiheit 3 ✉ 56068 – ☏ 0261 91499133 – www.gerhards-genussgesellschaft.de – Geschlossen: Montag und Dienstag, mittags: Mittwoch und Donnerstag

LANDGANG

FRANZÖSISCH • CHIC Das moderne Restaurant in der 1. Etage des Hotels "Fährhaus" zieht schon allein durch seine herrliche Lage Gäste an - besonders gerne sitzt man auf der Terrasse mit Blick auf die Mosel, während man sich die französisch-mediterran geprägte Küche mit saisonal-regionalen Einflüssen schmecken lässt. Dazu eine sehr gut sortierte Weinkarte.

⇐ & 🅰🅲 ⇔ 🅿 – Menü 102/149 € - Karte 81/109 €
An der Fähre 3 ✉ 56072 – ☏ 0261 20171920 – www.faehr.haus

VERBENE

MODERNE KÜCHE • TRENDY Eine wirklich interessante kulinarische Adresse ist dieses schmucke kleine Restaurant im Herzen der Altstadt mit seiner modern-saisonalen Küche. Die Produkte bezieht man gerne aus der Region. Geboten wird ein Menü mit vier bis sieben Gängen, erweiterbar um Apéro- und Käsegang. Sehr schön: Im charmanten "Brunnenhof" sitzt man ruhig abseits des städtischen Trubels.

– Menü 74/148 €
Brunnenhof Königspfalz ✉ 56068 – ☏ 0261 10046221 – www.restaurant-verbene.de – Geschlossen: Montag, Dienstag, Sonntag, mittags: Mittwoch-Samstag

Nordrhein-Westfalen
Regionalatlas **3**–J3

KÖLN

Keinesfalls entgehen lassen sollten Sie sich das neue "Experience Taste"-Konzept des **Ox & Klee** im Kranhaus. Und auch im **La Société** weht ein frischer Wind in Sachen Küche und Atmosphäre. Wer japanische Kochkunst schätzt, wird das **Appare** mit seiner Washoku-Küche ebenso lieben wie das neu empfohlene **ITO**, das die traditonelle Küche Japans mit modern-eurpäischen Einflüssen mischt - toll auch das Sushi! Oder essen Sie lieber österreichisch? Dann auf in **Gruber's Restaurant** oder ins **Gasthaus Scherz**! Nicht minder interessant ist das **maximilian lorenz**, in dem es kulinarisch deutsch zugeht. Spannend macht es das **Pottkind** mit seiner "Carte Blanche". Planen Sie auch einen Besuch in einer der vielen Kölsch-Kneipen in der Altstadt ein. Tipp für Übernachtungsgäste: das ganz speziell designte **25hours Hotel the Circle** samt Monkey Bar über der Stadt.

✿✿ LE MOISSONNIER

FRANZÖSISCH-KREATIV • BISTRO Ohne Frage ein Klassiker der Stadt! Seit 1987 heißt es in dem angenehm legeren Restaurant "Savoir-vivre". Man fühlt sich direkt in das quirlige Paris mit seinen entzückenden Bistros versetzt. Charmante Jugendstilelemente und hübsches Interieur mit aparter Patina tragen ihr Übriges dazu bei. Äußerst zuvorkommend und schlichtweg perfekt im Umgang mit den Gästen zeigen sich die herzlichen Gastgeber Liliane und Vincent Moissonnier. Landsmann Monsieur Eric Menchon ist seit Beginn als Küchenchef mit von der Partie und begeistert mit einer aromenintensiven Küche, die auf seiner französischen Heimat basiert. Raffiniert bringt er seine unverkennbare Handschrift ein, ohne dabei das Produkt an sich aus den Augen zu verlieren.

AC – Menü 110/165 € - Karte 90/135 €
Stadtplan: F1-13 – *Krefelder Straße 25* ✉ *50670* – ☏ *0221 729479* – *www.lemoissonnier.de* – *Geschlossen: Montag und Sonntag*

✿✿ OX & KLEE

Chef: Daniel Gottschlich
MODERNE KÜCHE • CHIC Hier gibt es ein neues Konzept: Unter dem Namen "Experience Taste" setzt Küchenchef Daniel Gottschlich in einem 14-Gänge-Menü vom Appetizer bis zu den Chocolates die sechs Geschmacksrichtungen "süß", "sauer", "bitter", "salzig", "fett" und "umami" kreativ um, und zwar in Form zweier Menüs: von August bis März als Menü "Ox" mit Meeresfrüchten, Fisch und Fleisch, aber auch vegetarischen Gerichten, von März bis August als rein vegetarisches Menü "Klee". Die Qualität der Produkte steht dabei immer im Mittelpunkt.

KÖLN

Geblieben ist die coole Location: Das Restaurant befindet sich im mittleren Kranhaus 1, Industrie-Architektur und Hafenblick inklusive. Dazu kommt ausgesuchtes Design, das die besondere Genuss-"Experience" unterstreicht. Wer es noch etwas spezieller mag, reserviert den Chef's Table.

AC – Menü 145 € (Mittags), 230 €

Stadtplan: G3-12 – *Im Zollhafen 18* – 50678 – ✆ 0221 16956603 – www.oxundklee.de – *Geschlossen: Montag, Dienstag, Sonntag, mittags: Mittwoch-Freitag*

ALFREDO

Chef: Roberto Carturan

ITALIENISCH • FREUNDLICH Wer in Köln tolle italienische Küche ohne große Schnörkel sucht, kommt an Roberto Carturan nicht vorbei. Sein Vater Alfredo hat 1973 den Grundstein für gehobene italienische Kulinarik gelegt, und die pflegt man hier in zweiter Generation mit einem geradlinigen und reduzierten Kochstil. Für eine freundliche, ungezwungene und zugleich elegante Atmosphäre sorgt nicht zuletzt der Chef selbst: Gerne ist er am Gast und erklärt seine Gerichte. Neben dem Kochen hat Roberto Carturan übrigens ein weiteres Talent: Er ist ausgebildeter Sänger – freitagabends gibt's die „musikalisch-kulinarische Soirée": 5-Gänge-Menü mit Gesang als Finale! Praktisch: Parken können Sie in den "Opern-Passagen" hinter dem Restaurant. Hier liegt übrigens auch das sehenswerte "4711"-Stammhaus samt Glockenspiel.

AC – Karte 65/83 €

Stadtplan: F2-25 – *Tunisstraße 3* – 50667 – ✆ 0221 2577380 – www.ristorante-alfredo.com – *Geschlossen: Samstag und Sonntag*

ASTREIN

Chef: Eric Werner

KLASSISCHE KÜCHE • CHIC Nach Stationen im Kölner "Himmel und Äd" und der "Résidence" in Essen bereichert Eric Werner seit August 2019 mit seinem eigenen kleinen Restaurant die Gastro-Szene der Domstadt. In der halboffenen Küche wird modern-kreativ gekocht. Kräftige Aromen und schöne Würze kommen bei vegetarischen Gerichten wie "Trüffelrisotto mit getrockneten Pflaumen und Schalotten-Chutney" ebenso harmonisch auf den Teller wie beispielsweise bei "Trilogie vom Tiroler Milchkalb mit Erbsen und Krause Glucke". Sie können in Menüform speisen oder à la carte wählen. Auch die Atmosphäre stimmt: Locker und entspannt ist es hier, der Service kompetent, freundlich, unprätentiös. Mit Engagement berät man Sie in Sachen Wein, passend die glasweise Begleitung zu den Gerichten - man hat eine sehr gut sortierte Weinkarte.

AC – Menü 99/129 € - Karte 92/112 €

Stadtplan: B2-1 – *Krefelder Straße 37* – 50670 – ✆ 0221 95623990 – www.astrein-restaurant.de – *Geschlossen: Montag und Sonntag, mittags: Dienstag-Samstag*

LA CUISINE RADEMACHER

Chef: Marlon Rademacher

FRANZÖSISCH-MODERN • TRENDY Die Gegend hier ist zwar nicht die attraktivste und das Zentrum von Köln ist auch nicht gerade um die Ecke, dennoch ist ein Besuch absolut lohnenswert. In einem eher unauffälligen Eckhaus leitet ein junges engagiertes Team dieses sympathische Restaurant in trendig-schickem Bistrostil. Nach Stationen in Top-Adressen (u. a. "Waldhotel Sonnora" in Dreis-Wittlich und "Wein am Rhein" in Köln) beweist Küchenchef Marlon Rademacher nun im eigenen Restaurant, dass er sein Handwerk versteht. Sein Stil: klassische Basis gepaart mit wohldosierten modernen Akzenten. Dabei steht das Produkt im Mittelpunkt. Am Mittag können Sie günstiger essen, da gibt es ein einfacheres Lunchmenü. Wer beim Reservieren nachfragt, bekommt aber auch einzelne Gerichte von der Abendkarte.

Menü 75/115 € - Karte 57/84 €

Stadtplan: D1-5 – *Dellbrücker Hauptstraße 176* – 51069 – ✆ 0221 96898898 – www.la-cuisine-koeln.de – *Geschlossen: Montag und Dienstag, mittags: Mittwoch-Sonntag*

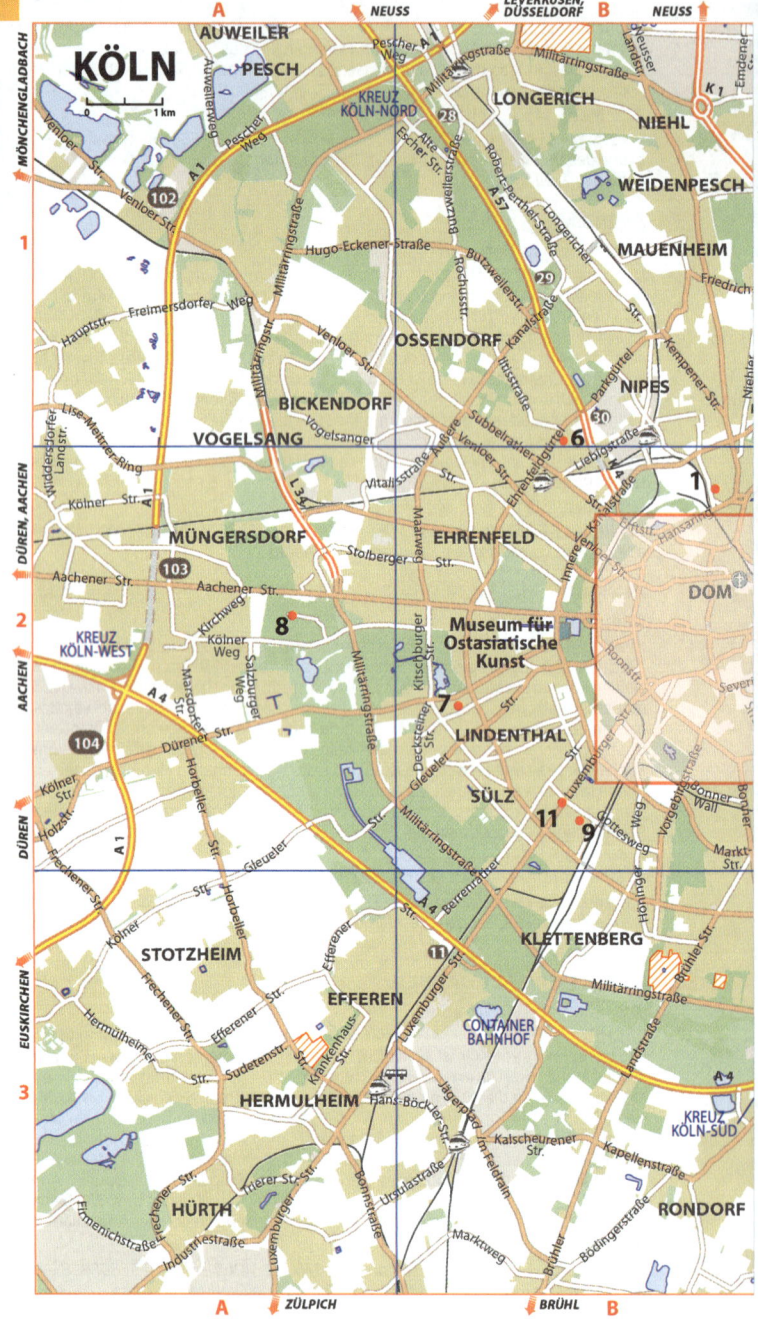

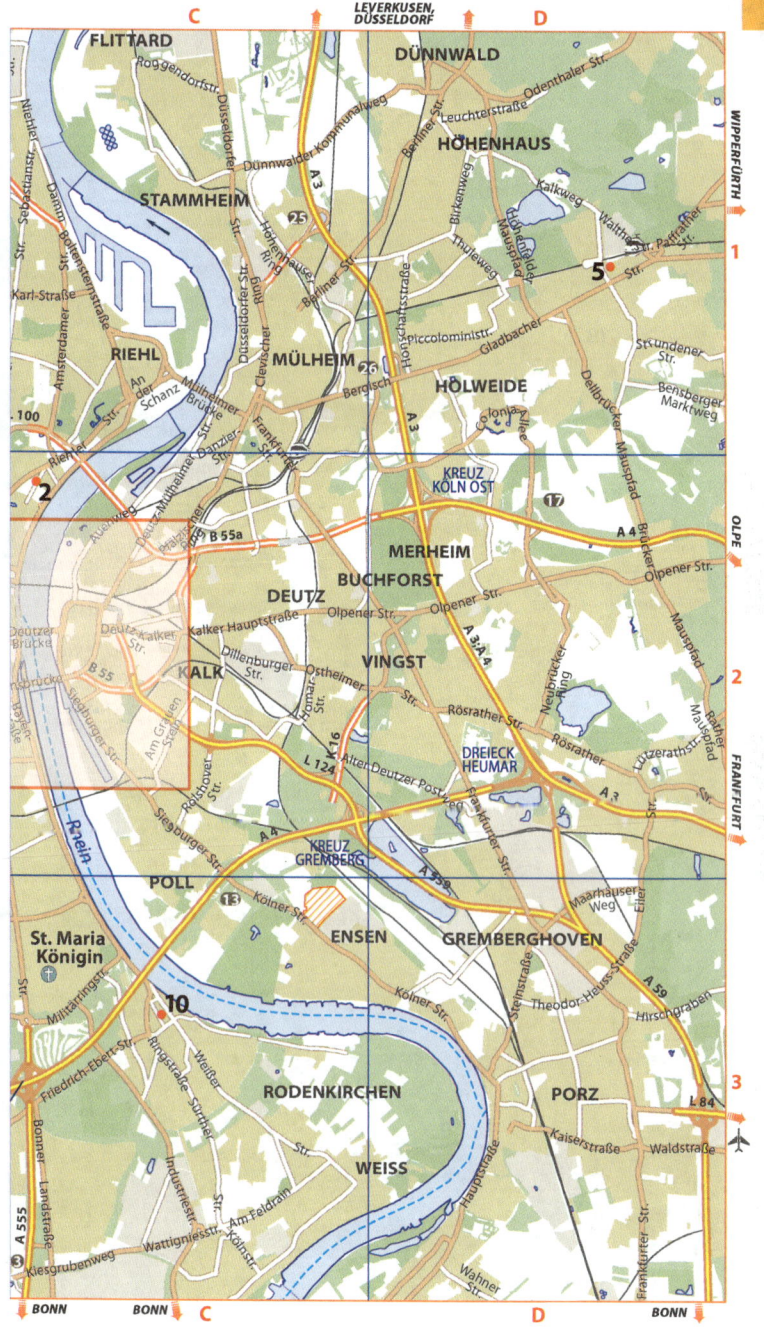

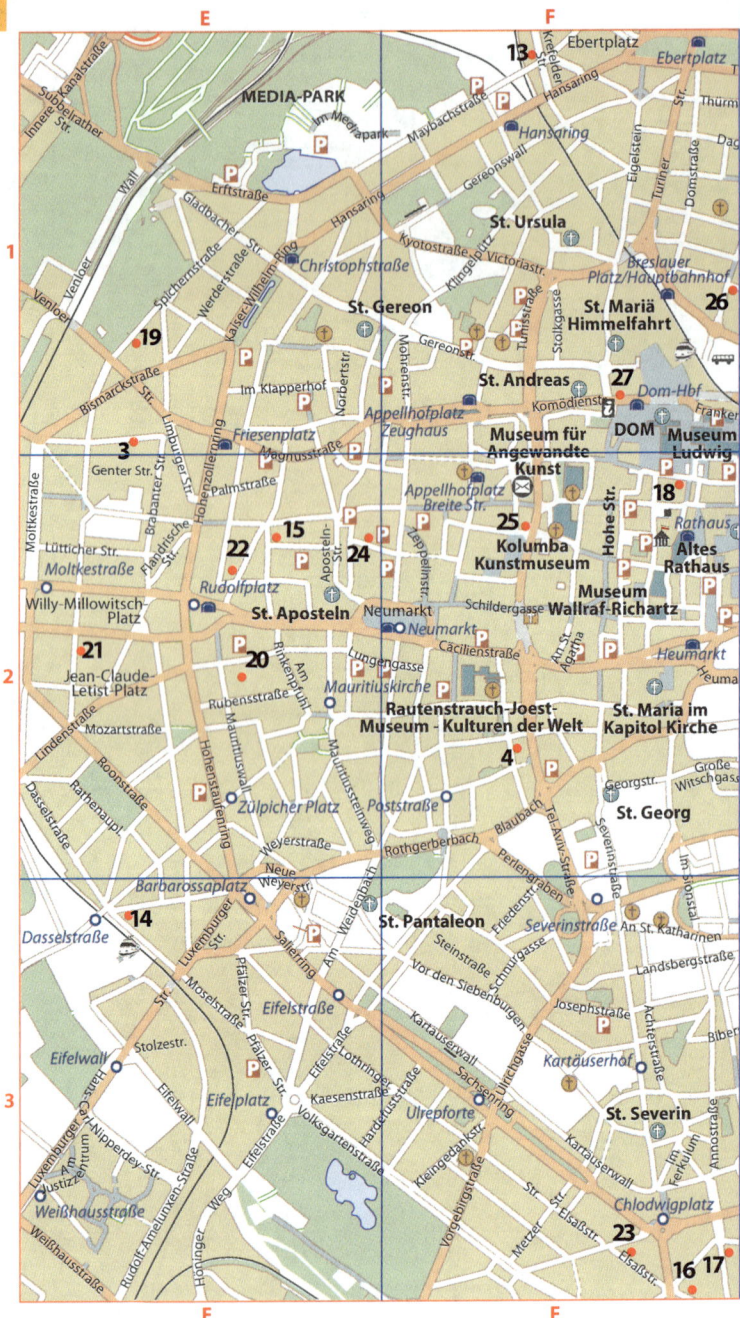

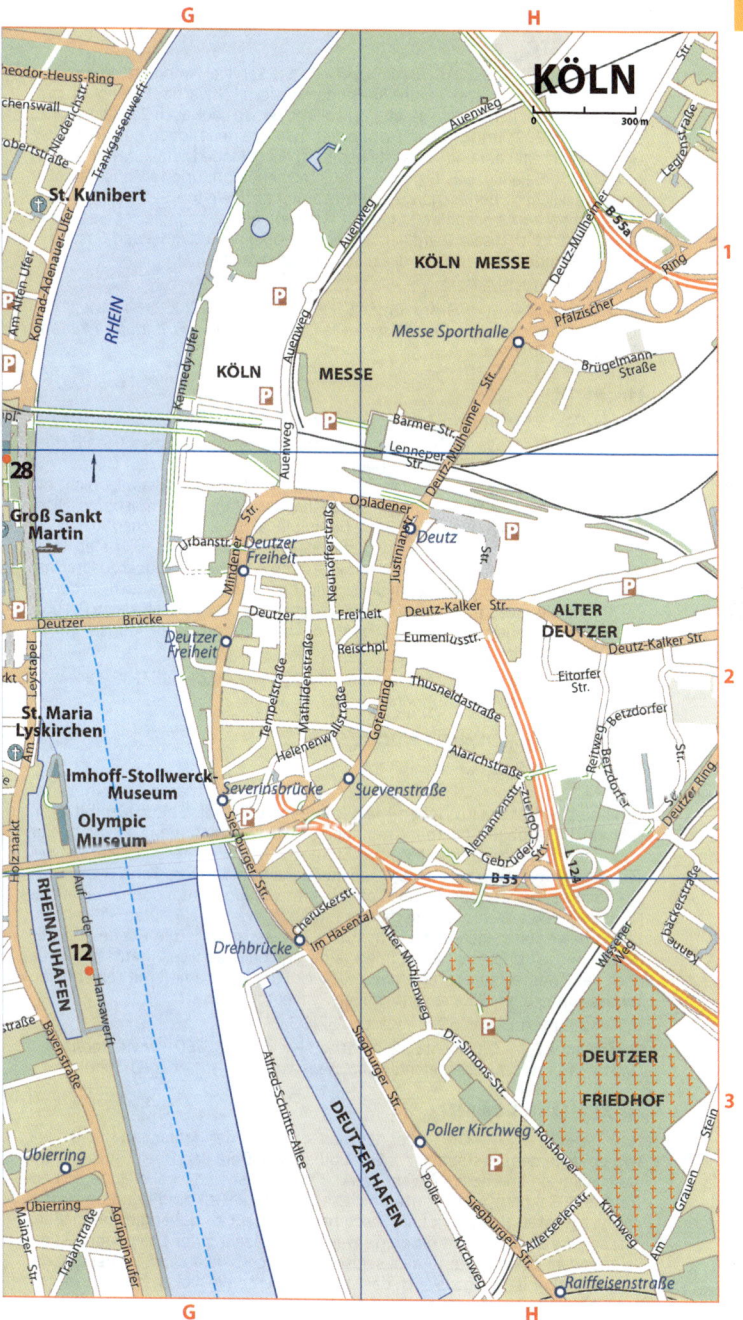

KÖLN

LA SOCIÉTÉ

MODERNE KÜCHE • NACHBARSCHAFTLICH Service, Ambiente, Küche..., in dem kleinen Gourmetrestaurant im Studentenviertel "Kwartier Latäng" stimmt alles! Neu ist hier neben dem geschmackvoll-modernen Look auch der Küchenchef. Seit August 2021 bringt Leon Hofmockel frische eigene Ideen auf den Teller. Geschickt arbeitet er feine Kontraste heraus, spielt gelungen mit Säure und schafft eine schöne Balance. Das Ergebnis sind intelligent strukturierte Gerichte voller geschmacklicher Überraschungen. Dazu kommt noch ein top Service: In sympathisch lebhafter Atmosphäre kümmern sich der äußerst engagierte Gastgeber Stefan Helfrich und sein Team herzlich und zuvorkommend um jeden Gast - alle sind mit Freude bei der Sache, das macht einfach gute Laune!

 – Menü 109/179 €

Stadtplan: E3-14 – *Kyffhäuser Straße 53* ✉ *50674* – ✆ *0221 232464* – *www.restaurant-lasociete.de* – *Geschlossen: Dienstag und Mittwoch, mittags: Montag, Donnerstag-Sonntag*

MAIBECK

Chef: Jan C. Maier und Tobias Becker

MODERNE KÜCHE • TRENDY Mit ihrer fair kalkulierten Gourmetküche treffen Jan Cornelius Maier und Tobias Becker (kurz "maiBeck") bei den Gästen voll ins Schwarze. Und auch die Altstadtlage zwischen Dom und Rhein ist nicht die schlechteste. Dazu gesellt sich eine angenehm unprätentiöse Atmosphäre. Nicht minder gut kommen die beiden Betreiber mit ihrer superfreundlichen Art an. Da passt die unkomplizierte Küche wunderbar ins sympathisch-legere Bild. Man kocht geradlinig und ohne Chichi, dafür mit Kraft und Ausdruck, Produktqualität hat oberste Priorität. Immer wieder findet sich auf der modernen Karte auch ein deutlicher regionaler Bezug. Die meisten Gerichte gibt's übrigens auch als kleine Portion. "Sehen und gesehen werden" heißt es auf der netten Terrasse zur Touristenmeile.

 – Menü 55 € - Karte 35/59 €

Stadtplan: G2-28 – *Am Frankenturm 5* ✉ *50667* – ✆ *0221 96267300* – *www.maibeck.de* – *Geschlossen: Montag*

MAÎTRE IM LANDHAUS KUCKUCK

Chef: Erhard Schäfer

FRANZÖSISCH-KLASSISCH • ELEGANT Erhard Schäfer ist einer der Großmeister der kulinarischen Klassik in der Domstadt. Seit 2009 hat er in schöner Lage beim Sportpark sein kleines Gourmetrestaurant, zuvor bot er im Kölner "Börsenrestaurant Maître" Sterneküche. Ein echter Klassiker ist sein "Tournedo 'Rossini' à la Escoffier" - da merkt man, dass Erhard Schäfer ein Koch alter Schule ist, der aber dennoch offen ist für wohldosierte moderne Einflüsse. Nicht zuletzt die Wahl ausgezeichneter Produkte und die sehr guten Saucen und Fonds beweisen seinen hohen Anspruch. So klassisch wie die Küche und das Restaurant selbst ist auch der aufmerksame, geschulte Service. Alternativ gibt es noch das Zweitrestaurant "Landhaus Kuckuck", und das trumpft mit seiner tollen Terrasse unter alten Bäumen und großen Sonnenschirmen.

 – Menü 139/159 € - Karte 75/105 €

Stadtplan: A2-8 – *Olympiaweg 2* ✉ *50933* – ✆ *0221 485360* – *www.landhaus-kuckuck.de* – *Geschlossen: Montag und Dienstag, mittags: Mittwoch-Sonntag*

MAXIMILIAN LORENZ

MODERNE KÜCHE • CHIC Hier hat man sich ganz der deutschen Küche verschrieben. In dem Restaurant nahe Hauptbahnhof, Dom und Rhein ist das Team um Maximilian Lorenz kreativ am Werk. Das Menü ist ein Mix aus Moderne und Tradition. Gekonnt und facettenreich setzt man diese Kombination um. Top Produktqualität, Handwerk und Geschmack überzeugen dabei gleichermaßen. Eine schöne Begleitung ist die große Weinkarte mit sehr guter Champagner- und Sektauswahl. Und das Restaurant selbst? Wertig, chic, geradlinig. Interessant für Weinliebhaber ist übrigens auch das locker-moderne Weinlokal "heinzhermann" nebenan mit 1400 internationalen Weinen.

KÖLN

⊛ – Menü 123/152 €
Stadtplan: F1-26 – *Johannisstraße 64* ✉ *50668* – ☏ *0221 37999192* – *www.restaurant-maximilianlorenz.de* – *Geschlossen: Montag und Sonntag, mittags: Dienstag-Samstag*

NEOBIOTA

Chef: Sonja Baumann, Erik Scheffler

MODERNE KÜCHE • HIP Frühstück oder lieber Gourmetküche? Hier finden Sie beides unter einem Dach. Von ihrer gemeinsamen Station im "Gut Lärchenhof" in Pulheim hat es das Gastgeber- und Küchenchef-Duo Sonja Baumann und Erik Scheffler in die Kölner Innenstadt verschlagen, wo die beiden seit Mai 2018 dieses Kombi-Konzept umsetzen. Es ist ein modernes und gänzlich unprätentiöses Restaurant mit offener Küche, dessen unkomplizierte Atmosphäre richtig gut ankommt. Von 10 - 14.30 Uhr gibt es im "Neo" ein gutes Frühstück, leckeres hausgemachtes Brot inklusive, am Abend bekommt man im "Biota" ein ausgezeichnetes saisonales Menü mit vier, sechs oder acht Gängen, das als konventionelles oder als vegetarisches Menü zu haben ist - oder lieber komplett vegan? Abendservice: 19 - 23 Uhr.

AC ⛱ – Menü 95/155 €
Stadtplan: E2-15 – *Ehrenstraße 43c* ✉ *50672* – ☏ *0221 27088908* – *www.restaurant-neobiota.de* – *Geschlossen: Montag und Sonntag, mittags: Dienstag-Samstag*

POTTKIND

Chef: Enrico Sablotny

KREATIV • MINIMALISTISCH Das kleine Restaurant, benannt nach den aus dem Ruhrgebiet stammenden Betreibern Enrico Sablotny und Lukas Winkelmann, steht für ambitionierte, locker-unprätentiöse Gastronomie. Besonders beliebt sind die Theken-Plätze an der offenen Küche. Hier wird modern-kreativ gearbeitet, die Gerichte zeigen interessante Kontraste, sind durchdacht und nicht überladen. Bei den ausgezeichneten Zutaten richtet man sich nach der Jahreszeit, aber auch fermentierte und selbst eingemachte Produkte aus der vorherigen Saison werden gekonnt eingebunden. Da lässt man sich gerne vom "Carte Blanche"-Menü überraschen. Dazu gibt's gute glasweise Weinempfehlungen. Gefragt ist auch die Terrasse inmitten des lebendigen Treibens der Kölner Südstadt.

⛱ – Menü 90/140 €
Stadtplan: F3-16 – *Darmstädter Straße 9* ✉ *50678* – ☏ *0221 42318030* – *www.pottkind-restaurant.de* – *Geschlossen: Montag und Sonntag, mittags: Dienstag-Samstag*

TAKU

ASIATISCH • MINIMALISTISCH Würden Sie in einem klassischen Grandhotel wie dem "Excelsior Ernst" von 1863 ein Restaurant in puristisch-asiatischer Geradlinigkeit vermuten? Bei aller Klassik hat das Traditionshaus direkt beim Dom auch eine stilvoll-moderne Seite, und da passt das "taku" perfekt ins Bild! Zum klaren eleganten Design gesellen sich die durchdachten modernen Gerichte von Mirko Gaul. Mit einer gelungenen Balance aus Schärfe, Säure und Süße schafft er eine aromareiche Fusion von ostasiatischer Küche und westlich-internationalen Einflüssen. Hier und da findet sich unter den ausgesuchten Produkten auch Regionales. Geboten werden die Menüs "Degustation" und "Veggie", aus denen man auch à la carte wählen kann. Dazu eine sehr gut sortierte Weinkarte - schön die glasweise Empfehlung.

⊛ AC 🚗 – Menü 85/130 € - Karte 21/35 €
Stadtplan: F1-27 – *Trankgasse 1* ✉ *50667* – ☏ *0221 2701* – *www.taku.de* – *Geschlossen: Montag und Sonntag, mittags: Dienstag-Samstag*

ZUR TANT

Chef: Thomas Lösche

KLASSISCHE KÜCHE • FREUNDLICH Das gepflegte Fachwerkhaus in idyllischer Lage am Rhein ist schon lange als Feinschmecker-Adresse bekannt. 2014 übergaben Franz und Petra Hütter die Leitung des viele Jahre mit einem MICHELIN Stern ausgezeichneten Restaurants an ihren Küchenchef Thomas Lösche. So klassisch wie das Interieur ist auch die Küche des gebürtigen Dresdners. Präzise werden ausgesuchte Zutaten verarbeitet, wobei man angenehm schnörkellos kocht. So beweist z. B. "Gefüllte Wachtel mit Sellerie, Birne und Grammelknödel", dass hier das Handwerk und der Geschmack im Mittelpunkt stehen. Dazu bietet man gute Weine - darf es vielleicht einer der vielen österreichischen sein? Schön der Blick auf den Rhein - besonders von den Fensterplätzen und natürlich von der Balkon-Terrasse!

⬅ 🍴 🅿 – Menü 78/98 € - Karte 71/76 €

außerhalb Stadtplan – *Rheinbergstraße 49* ✉ *51143* – ✆ *02203 81883* – *www.zurtant.de* – *Geschlossen: Mittwoch und Donnerstag*

CAPRICORN [I] ARIES BRASSERIE

FRANZÖSISCH-KLASSISCH • BISTRO Eine Brasserie, wie man sie sich wünscht: sympathisch-ungezwungen, gemütlich, lebendig! Und genauso unkompliziert ist auch die schmackhafte Küche, z. B. in Form von "Poularde, Gemüse, Kartoffelpüree". Charmant der Service.

🍴 ⟺ 🚭 – Menü 35/49 € - Karte 33/58 €

Stadtplan: F3-17 – *Alteburgerstraße 31* ✉ *50678* – ✆ *0221 3975710* – *www.capricorniaries.com* – *Geschlossen: Montag und Dienstag, mittags: Mittwoch-Sonntag*

GASTHAUS SCHERZ

ÖSTERREICHISCH • NACHBARSCHAFTLICH Als gebürtiger Vorarlberger setzt Michael Scherz - kein Unbekannter in der Kölner Gastro-Szene - auf österreichische Küche samt Klassikern wie Tafelspitz, Wiener Schnitzel oder Kaiserschmarrn. Dazu gibt's schöne Weine aus Österreich. Der Service flott, freundlich-leger und geschult. Sehr nett die Terrasse hinterm Haus.

🅰🅒 🍴 ⟺ 🚭 – Menü 35/74 € - Karte 36/56 €

Stadtplan: B2-11 – *Luxemburger Straße 256* ✉ *50937* – ✆ *0221 16929440* – *www.scherzrestaurant.de* – *Geschlossen: Montag, mittags: Dienstag-Donnerstag*

PICCOLO

KLASSISCHE KÜCHE • FREUNDLICH Den Dom sieht man hier in Porz-Langel zwar nicht, dafür sitzt man praktisch in erster Reihe am Rhein! Geboten wird klassische Küche mit saisonalen und mediterranen Einflüssen, zubereitet aus guten Produkten. Sie können à la carte wählen oder sich ein 3-Gänge-Menü zu einem festen Preis zusammenstellen. Schön die Weinkarte mit Schwerpunkt Österreich und Deutschland.

⬅ 🍴 🅿 – Menü 39/44 € - Karte 37/50 €

außerhalb Stadtplan – *Rheinbergstraße 49* ✉ *51143* – ✆ *02203 81883* – *www.zurtant.de* – *Geschlossen: Mittwoch und Donnerstag*

ACHT

INTERNATIONAL • TRENDY Eine trendig-urbane Adresse in den Spichernhöfen am Rande des Belgischen Viertels. Man sitzt an blanken Holztischen, schaut in die Küche und speist Saisonal-Internationales wie "Tatar vom U.S. Beef" oder "Fischsuppe ACHT". Schöner Innenhof.

🍴 – Menü 47/57 € - Karte 41/67 €

Stadtplan: E1-19 – *Spichernstraße 10* ✉ *50672* – ✆ *0221 16818408* – *www.restaurant-acht.de* – *Geschlossen: Sonntag, mittags: Montag-Samstag*

APPARE

JAPANISCH • MINIMALISTISCH Gekonnt verbindet man hier traditionelle japanische Washoku-Küche mit modernen Einflüssen und kombiniert fernöstliche Gewürze und Kochmethoden mit europäischen Lebensmitteln. Mittags gibt es eine kleine Lunch-Karte, abends ist das Angebot aufwändiger. "Appare" ist im Japanischen übrigens ein Ausruf der Begeisterung.

KÖLN

Menü 17 € (Mittags), 45 € - Karte 17/27 €
Stadtplan: E2-20 – *Balduinstraße 10* ✉ *50676* – ✆ *0221 27069058* – *www.appare.de* – *Geschlossen: Mittwoch und Sonntag*

CARLS

INTERNATIONAL • NACHBARSCHAFTLICH Sie mögen's sympathisch-nachbarschaftlich? Dann wird Ihnen diese charmante bürgerlich-rustikale Adresse gefallen, und die Küche kommt auch an: international-regional, von "Thunfischsteak mit Chicorée-Zitronen-Risotto" bis "Himmel un Äd".

⌂ – Karte 30/55 €

Stadtplan: B1-6 – *Eichendorffstraße 25* ✉ *50823* – ✆ *0221 58986656* – *www.carlsrestaurant.de* – *Geschlossen: Montag und Dienstag, mittags: Mittwoch-Sonntag*

CHRISTOPH PAULS RESTAURANT

INTERNATIONAL • MINIMALISTISCH Christoph Paul, kein Unbekannter in der rheinischen Gastro-Szene, leitet hier zusammen mit Ehefrau Juliane dieses modern-trendige Restaurant - markant das sakrale Motiv an der Wand, das an die ehemalige Kapelle erinnert. Gekocht wird international-saisonal. Schön die Terrasse unter alten Bäumen.

⌂ – Menü 48/59 € - Karte 48/59 €

Stadtplan: E2-21 – *Brüsseler Straße 26* ✉ *50674* – ✆ *0221 34663545* – *www.christoph-paul.koeln* – *Geschlossen: Montag, Dienstag, Sonntag, mittags: Mittwoch-Samstag*

GRUBER'S RESTAURANT

ÖSTERREICHISCH • FREUNDLICH Das charmante Restaurant im Agnesviertel ist seit Jahren eine österreichische Gastro-Institution in Köln! Am Abend gibt es verschiedene Menüs von traditionell über vegetarisch bis modern, mittags zudem ein A-la-carte-Angebot. Fast schon ein Muss: das Wiener Schnitzel - am Mittag auch als "Schnitzel-Menü". Dazu Weine aus Österreich.

❀ ⌂ ⇔ – Menü 35 € (Mittags), 49/109 € - Karte 40/59 € abends

Stadtplan: C2-2 – *Clever Straße 32* ✉ *50668* – ✆ *0221 7202670* – *www.grubersrestaurant.de* – *Geschlossen: Sonntag, mittags: Samstag*

HENNE.WEINBAR

INTERNATIONAL • BRASSERIE Im Herzen der lebendigen Altstadt hat Hendrik ("Henne") Olfen sein sympathisches Lokal mit Bistro-Atmosphäre - und das ist richtig gefragt! Mittags gibt es eine einfache Karte, am Abend laden modern-saisonale Gerichte im Tapas-Stil zum Teilen ein. Nett die mittige kleine Terrasse.

⌂ – Menü 26 € (Mittags), 39 € - Karte 24/32 €

Stadtplan: E2-22 – *Pfeilstraße 31* ✉ *50672* – ✆ *0221 34662647* – *www.henne-weinbar.de* – *Geschlossen: Sonntag*

ITO Ⓝ

JAPANISCH • HIP Ein trendiges japanisches Restaurant im Belgischen Viertel, in dem Kengo Nishimi mit top Produkten und klarer Struktur die traditionelle Küche Japans mit modern-europäischen Einflüssen verbindet. Im vorderen Restaurantbereich kann man dem Chef an der Sushi-Theke bei der Arbeit zusehen. Am Abend A-la-carte-Angebot und Omakase-Menü, mittags günstigerer Lunch.

⌂ – Menü 18/29 € (Mittags), 89/129 € - Karte 49/69 €

Stadtplan: E1-3 – *Antwerpener Straße 15* ✉ *50672* – ✆ *0221 3557327* – *www.ito-restaurant.de* – *Geschlossen: Montag und Sonntag, mittags: Dienstag und Samstag*

LUIS DIAS

MEDITERRAN • ELEGANT Seit März 2020 ist Luis Dias zurück in Rodenkirchen. Er kocht unverändert mediterran, ambitioniert und schmackhaft, sehr gute Produkte sind für ihn dabei selbstverständlich. In netter, recht eleganter Atmosphäre serviert man z. B. "36h-Duroc-Bauch, Erbsenpüree, Trüffel" oder auch "Steinbutt und Artischockensalat". Tipp für Autofahrer: Parkhaus am Maternusplatz.

🌿 – Menü 24 € (Mittags), 62 € – Karte 53/69 €

Stadtplan: C3-10 – Wilhelmstr. 35a ✉ 50996 – ☎ 0221 9352323 – www.luisdias.com – Geschlossen: Montag, mittags: Samstag

PHAEDRA

MEDITERRAN • TRENDY Lust auf mediterrane Küche mit griechischen Einflüssen? Es gibt z. B. "weißen Heilbutt vom Lavasteingrill mit Balsamico-Beurre-Blanc und Tomatenrisotto" oder auch hausgemachte "Mezze". Man verwendet gute Produkte wie Fleisch von Franz Keller oder Wildfang-Garnelen. Schön der trendige Bistro-Look, angenehm locker die Atmosphäre. Tipp: öffentliches Parkhaus gegenüber.

Menü 58 € - Karte 45/70 €

Stadtplan: F3-23 – Elsaßstraße 30 ✉ 50677 – ☎ 0221 16826625 – www.phaedra-restaurant.de – Geschlossen: Montag und Sonntag, mittags: Dienstag-Freitag

POISSON

FISCH UND MEERESFRÜCHTE • BISTRO Der Name sagt es bereits, hier stehen Fisch und Meeresfrüchte im Mittelpunkt: Austern, gebratene Calamaretti, bretonischer Seeteufel oder geangelter Wolfsbarsch... Lassen Sie die erstklassigen Produkte vor Ihren Augen in der offenen Küche zubereiten! Tipp: das preiswerte Lunch-Menü. Praktisch: Parkhaus gleich nebenan.

AC 🌿 – Menü 35 € (Mittags), 68/85 € – Karte 62/137 €

Stadtplan: E2-24 – Wolfsstraße 6 ✉ 50667 – ☎ 0221 27736883 – www.poisson-restaurant.de – Geschlossen: Montag und Sonntag

PRUNIER COLOGNE (N)

FRANZÖSISCH • CHIC Der Name "Prunier Cologne" nimmt Bezug auf das Pariser Original von 1927. Das stilvolle Interieur verbindet zurückhaltende Eleganz mit moderner Geradlinigkeit. Besondere Spezialitäten sind hier Balik-Lachs und Kaviar aus dem Hause Prunier. Mit Enrico Hirschfeld, zuletzt Küchenchef im Kölner "maximilian lorenz", steht hier übrigens kein Unbekannter am Herd.

AC – Menü 35€ (Mittags), 99-159 € – Karte 52/132 €

Stadtplan: F2-18 – Am Hof 48 ✉ 50667 – ☎ 0221 71595520 – www.prunier-cologne.de – Geschlossen: Montag und Sonntag

RAYS. (N)

MODERNE KÜCHE • HIP Am Puls der Zeit liegt hier sowohl das trendig-legere Ambiente als auch die Küche. Geboten wird ein modern-saisonales Menü, das Sie als "Flora"- oder "Fauna"-Variante wählen können. Neben den Küchenchefs Erik Schmitz und Maksim Kusnezow waren übrigens auch Barmeister Michael Elter und Gastgeber Robby Jung zuvor im Kölner "Ox & Klee".

Menü 82/99 €

Stadtplan: B2-9 – Gottesweg 135 ✉ 50939 – ☎ 0221 446975 – www.raysrestaurant.de – Geschlossen: Montag und Sonntag, mittags: Dienstag-Samstag

SAHILA - THE RESTAURANT (N)

INTERNATIONAL • GEMÜTLICH Julia Komp, bekannt auch vom "Schloss Loersfeld", dem sie vor einigen Jahren Sterneküche bescherte, hat sich nun hier mit dem "Sahila" selbstständig gemacht. Inspiriert von ihren Reisen rund um den Globus, möchte die engagierte Köchin aus dem Bergischen Land die Gäste mit internationalen Gerichten in Menüform an ihren kulinarischen Erfahrungen teilhaben lassen.

Menü 130/160 €

Stadtplan: F2-4 – Kämmergasse 18 ✉ 50676 – ☎ 0221 247238 – www.sahila-restaurant.de – Geschlossen: Montag und Sonntag, mittags: Dienstag-Freitag

ZEN JAPANESE RESTAURANT

JAPANISCH • MINIMALISTISCH Das puristisch-legere Restaurant mitten in einem Wohngebiet kommt an. Es gibt eine modern inspirierte japanische Küche zu fairem Preis: Sushi, Sashimi und Ura-Maki (Inside-Out-Rolls) oder auch Gyoza (gebratene Teigtasche mit gemischtem Hackfleisch). Bei gutem Wetter hat man ein paar Tische auf dem Bürgersteig.

Karte 23/55 €

Stadtplan: B2-7 – Bachemer Straße 236 – 50931 – ℰ 0221 28285755 – www.restaurant-zen.de – Geschlossen: Montag, mittags: Dienstag-Sonntag

---

KÖNGEN

Baden-Württemberg – Regionalatlas **7**-B2

SCHWANEN

REGIONAL • ZEITGEMÄSSES AMBIENTE Chic-modern ist hier das Ambiente, frisch und schmackhaft die Küche. Aus guten Produkten entstehen regionale und internationale Gerichte. Alternativ gibt es noch das "Bistro K.B." mit schwäbisch-traditioneller Karte. Zum Übernachten bietet der langjährige Familienbetrieb zeitgemäß-funktionale Gästezimmer.

& 🍴 ⇄ 🅿 ⊡ – Menü 21 € (Mittags), 30/55 € - Karte 32/55 €

Schwanenstraße 1 – 73257 – ℰ 07024 97250 – www.schwanen-koengen.de – Geschlossen: Montag und Sonntag

TAFELHAUS

REGIONAL • FREUNDLICH Geschmackvoll-modern zeigt sich das engagiert geführte Restaurant des Businesshotels "Neckartal". Auf der Karte finden sich neben Klassikern wie "Rahmschnitzel mit Spätzle" auch mediterrane oder asiatische Einflüsse, so z. B. beim "Thai-Curry-Süppchen mit Thunfisch und Algensalat".

& 🍴 ⇄ 🅿 ⊡ – Menü 32 € (Mittags), 61/81 € - Karte 32/73 €

Bahnhofstraße 19 – 73257 – ℰ 07024 97220 – www.hotel-neckartal.com – Geschlossen: Montag und Sonntag, mittags: Dienstag und Samstag

KÖNIGSBRONN

Baden-Württemberg – Regionalatlas **5**-V2

URSPRUNG

Chef: Andreas Widmann

KREATIV • CHIC Gastronomisch fahren Andreas und Anna Widmann (übrigens schon die 8. Generation) zweigleisig - und dies ist die Gourmet-Variante. Im ältesten Teil des "Widmann's Löwen", hier befand sich einst die Dorfmetzgerei, hat man ein kleines Restaurant mit fast schon intimer Atmosphäre eingerichtet. Wertig-chic der Mix aus modernen Formen und warmem Holz, das Bezug zur Region schafft. Passend dazu trifft in der Küche schwäbische Heimat auf gehobene Kulinarik. Die ausgezeichneten Zutaten bezieht man von Produzenten aus der Umgebung und bereitet sie kreativ, aromareich und mit eigener Idee zu. Im Service sorgt die sympathische Gastgeberin als ausgebildete Sommelière für die richtige Weinbegleitung. Übernachten können Sie ebenfalls, zudem gibt es einen Shop mit Gerichten und Feinkost zum Mitnehmen.

🍀 *Engagement des Küchenchefs: Ich bin auf der Schwäbischen Alb verwurzelt, lebe, handle und arbeite „landbewusst"! Im Gourmetrestaurant spielt Nachhaltigkeit eine große Rolle, auch hier verarbeite ich regionale Produkte, oft Demeter-Ware ausgesuchter Erzeuger, auch Eigenanbau und die Schulung meiner Mitarbeiter sind mir wichtig!*

& ⇄ 🅿 – Menü 110/145 €

Struthstraße 17 – 89551 – ℰ 07328 96270 – www.widmanns-albleben.de – Geschlossen: Montag-Mittwoch, mittags: Donnerstag-Sonntag

KÖNIGSBRONN

GASTHAUS WIDMANN'S LÖWEN
Chef: Andreas Widmann
TRADITIONELLE KÜCHE • LÄNDLICH Hier serviert man in gemütlicher Atmosphäre schmackhafte regionale und traditionelle Gerichte aus guten, frischen Produkten. Probieren Sie z. B. Spezialitäten vom Ostalb-Lamm oder Klassiker wie Maultaschen oder Rostbraten - lecker die Soßen, und davon gibt's zum Glück reichlich! Lassen Sie sich nicht den herrlichen Biergarten entgehen! Schöner Spielplatz.

Engagement des Küchenchefs: In unserem Gasthof steht die Genussregion Schwäbische Alb im Vordergrund! Traditionelle Küche aus Eigenanbau-Produkten, Demeter-Ware und Fleisch aus einer Kooperation zur Aufzucht von Rindern und Geflügel, dazu achte ich auf unser internes Ressourcenmanagement und den ökologischen Fingerabdruck.

– Menü 37/54 € - Karte 27/64 €
Struthstraße 17 ⌧ 89551 - ✆ 07328 96270 - www.widmanns-albleben.de - Geschlossen: Dienstag, mittags: Montag und Mittwoch

KÖNIGSFELD IM SCHWARZWALD
Baden-Württemberg - Regionalatlas **5**-U3

CAFÉ RAPP
KLASSISCHE KÜCHE • FREUNDLICH Ursprünglich als Bäckerei und Café geführt, ist der Familienbetrieb heute auch ein Restaurant, in dem Qualität, Geschmack und Preis stimmen. Man legt Wert auf regionale und saisonale Produkte - Gemüse und Fleisch bezieht man aus dem Ort, Kräuter hat man im eigenen Garten. Nachmittags ein Muss: die leckeren frischen Kuchen! Hübsche Gästezimmer.

– Menü 35/64 € - Karte 38/62 €
Dörfle 22 ⌧ 78126 - ✆ 07725 91510 - www.cafe-rapp.de - Geschlossen: Montag und Dienstag

KÖTZING, BAD
Bayern - Regionalatlas **6**-Z2

LEOS BY STEPHAN BRANDL
KREATIV • GEMÜTLICH Rustikales Holz in Kombination mit wertig-geradlinigem Design und origineller Deko... Das "Leos" ist eine modern interpretierte kleine „Stube" mit gerademal fünf Tischen. Zum schicken Look und der angenehm ungezwungenen Atmosphäre gesellen sich ein lockerer und dennoch fachlich sehr kompetenter Service und die durchdachten, klar strukturierten Gerichte von Küchenchef Stephan Brandl. Dass der gebürtige Oberpfälzer kochen kann, beweist er mit einem Menü, dessen wahlweise 5 oder 8 Gänge allesamt aus herausragenden Produkten bestehen - da ist die Bresse-Taubenbrust mit Purple Curry, Portwein und Mango keine Ausnahme! Stimmig auch die Auswahl an offenen Weinen dazu. Übrigens: Wer als Hausgast hier speist, bekommt das Menü deutlich günstiger!

– Menü 105/135 € - Karte 66/98 €
Liebenstein 25 ⌧ 93444 - ✆ 09941 94800 - www.bayerwaldhof.de - Geschlossen: Montag, Dienstag, Sonntag, mittags: Mittwoch-Samstag

KONSTANZ
Baden-Württemberg - Regionalatlas **5**-U4

OPHELIA
FRANZÖSISCH-KREATIV • ELEGANT Hinsetzen und wohlfühlen - das trifft es ganz genau, nicht nur wenn Sie auf der wunderbaren Terrasse sitzen und den Blick auf den Bodensee genießen. Das Hotel "Riva" - und somit auch dieses Gourmetrestaurant - besticht nicht nur durch seine Lage direkt an der Uferpromenade, sondern vor allem durch die präzise und aromareiche Küche von Dirk Hoberg. In der schönen Jugendstilvilla von 1909 hat man mit dem "Ophelia"

KONSTANZ

einen stilvollen modern-eleganten Rahmen dafür geschaffen. An wertig eingedeckten Tischen serviert man z. B. ein wunderbares Bisonfilet mit Artischocke, Paprika und fantastischer Jus - das vergisst man nicht so schnell! Sehr gut die glasweise Weinbegleitung zum Menü. Der Chef ist immer am Gast und serviert hin und wieder mit.

⇐ 🕅 🏠 ⇔ 🅿 🍴 – Menü 190/240 €

Seestraße 25 ✉ 78464 – ☏ 07531 363090 – www.restaurant-ophelia.de – Geschlossen: Dienstag und Mittwoch, mittags: Montag, Donnerstag-Sonntag

SAN MARTINO - GOURMET

Chef: Jochen Fecht

FRANZÖSISCH-KREATIV • FREUNDLICH Der Weg zum kreativen Menü von Patron und Küchenchef Jochen Fecht führt Sie ins Souterrain eines im Herzen von Konstanz gelegenen Stadthauses. Hier sitzen Sie umgeben von aparten Natursteinwänden in einem geradlinig-eleganten kleinen Gourmetrestaurant und werden überaus freundlich und ebenso kompetent umsorgt. Erstklassige Produkte sowie jede Menge Kraft und Geschmack stecken in der modern umgesetzten klassischen Küche. Bekommen Sie nicht auch Lust, wenn Sie auf der Karte Wohlklingendes wie z. B. "Steinbuttfilet & Kingsalmon, Orangen-Buchen-Rauch, Quinoa, Grapefruit, Koriander, Kapern" lesen?

🏠 – Menü 146/182 €

Bruderturmgasse 3 ✉ 78462 – ☏ 07531 2845678 – www.san-martino.net – Geschlossen: Montag, Dienstag, Sonntag, mittags: Mittwoch-Samstag

BRASSERIE COLETTE TIM RAUE

FRANZÖSISCH • BRASSERIE Ganz im Stil einer französischen Brasserie kommt sowohl die Atmosphäre als auch die Küche daher, typische Klassiker sind z. B. Austern oder "Steak Frites". Highlight ist hier im 1. Stock die Terrasse zur Fußgängerzone - die Plätze sind allerdings begrenzt! Drinnen sitzt man gerne an den versenkbaren Fenstern über dem geschäftigen Treiben der Stadt.

🏠 – Karte 39/69 €

Brotlaube 2A ✉ 78462 – ☏ 07531 1285100 – www.brasseriecolette.de – Geschlossen: Montag und Dienstag

PAPAGENO ZUR SCHWEIZER GRENZE

KLASSISCHE KÜCHE • GASTHOF Einen Steinwurf vom kleinen Grenzübergang Tägerwilen entfernt bietet Patrick Stier (zuvor schon im "Papageno" am alten Standort) klassische Küche mit mediterranem Einfluss. Gemütlich die Gaststube mit Holztäfelung und modernen Details. Nett: weinbekranzte Terrasse mit Lauben-Charme. Tipp: fair kalkuliertes Mittagsmenü.

🏠 🅿 – Menü 50/125 € - Karte 38/68 €

Gottlieber Straße 64 ✉ 78462 – ☏ 07531 368660 – www.restaurant-papageno.net – Geschlossen: Montag und Dienstag

RIVA

INTERNATIONAL • FREUNDLICH Besonders toll ist hier die Terrasse mit Seeblick! Aber auch in dem hellen, eleganten Restaurant sitzt man richtig schön - die bodentiefen Fenster zum See lassen sich öffnen. Gekocht wird international-klassisch, von "Tom Kha Gai" über "Spaghetti Vongole" bis "Züricher Geschnetzeltes" oder "Filet von Bodenseefelchen". Schicke Bar und chillige Außen-Lounge.

⇐ & 🕅 🏠 ⇔ 🅿 🍴 – Karte 40/97 €

Seestraße 25 ✉ 78464 – ☏ 07531 363090 – www.hotel-riva.de

SAN MARTINO - BISTRO

INTERNATIONAL • FREUNDLICH Auch in der Bistro-Variante der "San Martino"-Gastronomie isst man durchaus mit Niveau, ob "Coq au Vin", "Bouillabaisse", "Skrei vom Teppanyaki-Grill" oder "Kaiserschmarrn mit Rum-Rosinen" - geschulter Service und lockere Atmosphäre inklusive.

KONSTANZ

🏠 – Menü 18 € (Mittags), 56/78 € - Karte 42/84 €
*Bruderturmgasse 3 ⊠ 78462 - ✆ 07531 2845678 – www.san-martino.net –
Geschlossen: Montag und Sonntag*

KORSCHENBROICH
Nordrhein-Westfalen – Regionalatlas **3**–J3

GASTHAUS STAPPEN

REGIONAL • GASTHOF Das gemütlich-moderne Restaurant in dem hübschen Backsteinhaus wird seit Generationen engagiert geführt. Die Küche ist regional-international und bietet z. B. "Thunfischsteak mit Süßkartoffel-Kürbis-Curry" oder auch "Wiener Schnitzel". Schöner Innenhof. Nach Vereinbarung kann man die Vinothek buchen. Tipp: Es gibt auch chic-moderne Gästezimmer!
🏠 ⇌ 🅿 – Menü 43/54 € - Karte 37/66 €
*Steinhausen 39 ⊠ 41352 - ✆ 02166 88226 – www.gasthaus-stappen.de –
Geschlossen: Montag und Dienstag, mittags: Mittwoch-Samstag*

KRAIBURG AM INN
Bayern – Regionalatlas **6**–Y3

HARDTHAUS

INTERNATIONAL • ROMANTISCH In dem denkmalgeschützten Haus umgibt Sie das charmante Ambiente eines ehemaligen Kolonialwarenladens. Ebenso einladend der gemütliche Gewölbe-Weinkeller und die schöne Terrasse am Marktplatz. Gekocht wird international und kreativ. Im Haus gegenüber hat man moderne, hochwertige Zimmer.
🏠 – Menü 38 € (Mittags), 58/110 € - Karte 18/98 €
*Marktplatz 31 ⊠ 84559 - ✆ 08638 73067 – www.hardthaus.de – Geschlossen:
Montag-Mittwoch, mittags: Donnerstag-Samstag*

KRAKOW AM SEE
Mecklenburg-Vorpommern – Regionalatlas **2**–F3

ICH WEISS EIN HAUS AM SEE

FRANZÖSISCH-KLASSISCH • FAMILIÄR Irgendwo im Nirgendwo zwischen Berlin und Rostock... An diesem idyllischen Fleckchen Erde finden Sie ein kleines Hotel an einem einsamen See. Doch nicht nur gemütlich übernachten kann man hier, kulinarisch kommt man ebenfalls auf seine Kosten. Während die Gastgeber Petra und Adi König in dem eleganten Restaurant mit Landhausflair charmant und zuvorkommend für den Wohlfühlfaktor sorgen, widmet sich am Herd Raik Zeigner der klassischen Küche, die in diesem Haus seit jeher fest etabliert ist. In seinem all-abendlich wechselnden 4-Gänge-Menü kommen z. B. bei "Rehrücken 'Müritzwald', Gartengemüse mit Pfifferlingen, Petersilienpüree und Wacholdersauce" beste Produkte zum Einsatz. Patron Adi König - gewissermaßen als wandelndes Weinlexikon - empfiehlt zielsicher die passenden Weine zum Menü.
⇔ 🅿 – Menü 110 €
*Paradiesweg 3 ⊠ 18292 - ✆ 038457 23273 – www.hausamsee.de –
Geschlossen: Montag und Sonntag, mittags: Dienstag-Samstag*

KREUTH
Bayern – Regionalatlas **6**–Y4

MIZU SUSHI-BAR

JAPANISCH • DESIGN In diesem fernöstlich-reduziert designten Restaurant des "Bachmair Weissach" gibt es einen Mix aus klassischer und moderner japanischer Küche. Traditionelles Sashimi und neue Sushi-Variationen sind da ebenso vertreten wie z. B. "Steinbutt, Yuzu, Austern-Ponzu-Sauce" oder auch "US Ribeye-Steak Mizu Style".

& 斎 🅿 – Menü 50/150 € - Karte 38/83 € abends
Wiesseer Straße 1 ✉ 83700 - ✆ 08022 278523 – www.bachmair-weissach.com – Geschlossen: Montag und Dienstag, mittags: Mittwoch-Sonntag

KREUZNACH, BAD
Rheinland-Pfalz – Regionalatlas **5**–T1

 IM KITTCHEN

MEDITERRAN • WEINBAR Das kleine Restaurant liegt mitten in der Altstadt, in einer kleinen Gasse nahe dem Eiermarkt. Sowohl die charmante Atmosphäre als auch die ansprechende Auswahl an abwechslungsreichen Gerichten kommen an, ebenso die freundliche Chefin im Service. Tipp für Übernachtungen: das Hotel "Michel Mort" gleich nebenan.

Menü 38/85 € - Karte 39/64 €
Alte Poststraße 2 ✉ 55545 - ✆ 0671 9200811 – imkittchen.de – Geschlossen: Montag und Sonntag, mittags: Dienstag-Samstag

IM GÜTCHEN

MEDITERRAN • TRENDY Kaum zu glauben, dass dieser modern-elegante, luftig-hohe Raum mal ein Schweinestall war! Die freundlichen Gastgeber bieten in dem schön sanierten Gebäude a. d. 18. Jh. charmanten Service und aromatische saisonal und mediterran geprägte Küche aus guten Zutaten.

斎 🅿 🚫 – Menü 80/92 € - Karte 62/87 €
Hüffelsheimer Straße 1 ✉ 55545 - ✆ 0671 42626 – www.jan-treutle.de – Geschlossen: Dienstag und Mittwoch, mittags: Montag, Donnerstag-Samstag

KRONBERG IM TAUNUS
Hessen – Regionalatlas **3**–L4

GRÜNE GANS

FRANZÖSISCH • FREUNDLICH Seit 2007 ist die ehemalige Schlosserei a. d. 17. Jh. eine kulinarische Konstante inmitten der Altstadt. In gemütlich-modernem Ambiente serviert man französisch-internationale Küche z. B. als "Filet vom Skrei mit Ingwer-Karottenpüree". Oder lieber Flammkuchen?

斎 – Karte 42/60 €
Pferdstraße 20 ✉ 61476 - ✆ 06173 783666 – www.gruene-gans.com – Geschlossen mittags: Montag-Sonntag

KROZINGEN, BAD
Baden-Württemberg – Regionalatlas **7**–B1

 STORCHEN

Chef: Fritz und Jochen Helfesrieder
KLASSISCHE KÜCHE • GASTHOF Klassische Gourmetküche oder lieber etwas Regionales? Mit "Der große Storch" und "Einfach Storchen" sorgt man im Hause Helfesrieder dafür, dass jeder Gast das Passende findet. Zwei Generationen sind hier mit Engagement im Einsatz. Bei der Wahl der Zutaten legen Jochen Helfesrieder und sein Vater Fritz Wert auf Saisonalität - Gemüse, Kräuter, Blüten oder Obst kommen aus dem eigenen Bauerngarten. Ausgesuchte Produkte aus der Umgebung stehen im Fokus, aber auch internationale Einflüsse finden sich auf der Karte. Ort des Genusses ist ein schmucker badischer Gasthof von 1764 mit geschmackvollen Stuben - mal ländlich-elegant mit altem Kachelofen und Holztäfelung, mal etwas moderner. Dazu eine hübsche Gartenterrasse mit Teich. Zum Übernachten hat man schöne wohnliche Gästezimmer.

KROZINGEN, BAD

〒 ✧ 🅿 – Menü 42 € (Mittags), 72/128 € - Karte 45/102 €
Felix und Nabor Straße 2 ✉ 79189 - ☏ 07633 5329 – www.storchen-schmidhofen.de – Geschlossen: Montag und Sonntag, mittags: Freitag

KRÜN

Bayern – Regionalatlas **6**-X4

LUCE D'ORO

MODERNE KÜCHE · CHIC Was das einzigartige Hideaway "Schloss Elmau" im Hotel- und Spa-Bereich an Luxus bietet, findet in "Luce d'Oro" sein kulinarisches Pendant. Es wird kreativ gekocht, die Produkte sind top. Christoph Rainer - er machte bereits mit 2-Sterne-Küche im Frankfurter "Tiger-Gourmetrestaurant" von sich reden - lässt sich bei seinen wechselnden Menüs von den Küchen Frankreichs und Japans inspirieren. Interessante Kombinationen und feine Kontraste stehen dabei außer Frage. So niveauvoll die aromareichen Speisen, so wertig das Interieur: edles naturbelassenes Holz, geradliniges Design, warme Farben und das namengebende golden schimmernde Licht. Kurzum: ein Ort, der Klasse und Wohlfühl-Atmosphäre vereint!

🎾 🅿 🍸 – Menü 189/229 €
Elmau 2 ✉ 82493 - ☏ 08823 180 – www.schloss-elmau.de – Geschlossen: Montag, Dienstag, Sonntag, mittags: Mittwoch-Samstag

😊 DAS ALPENGLÜHN RESTAURANT

MODERNE KÜCHE · RUSTIKAL Gelungen hat die 4. Generation der Familie Kriner hier Moderne und Tradition vereint - das gilt sowohl für das freundliche Ambiente mit rustikaler Note als auch für die Küche. Letztere reicht von kreativ inspirierten Gerichten wie "Regenbogenforelle, Sellerie, Apfel, Holunder" bis zu bayerischen Schmankerln wie "Rindersaftgulasch, Sauerrahm, Semmelknödel".

〒 🅿 – Menü 61/85 € - Karte 36/68 €
Kranzbachstraße 10 ✉ 82494 - ☏ 08825 2374 – www.das-alpengluehn.de – Geschlossen: Montag und Dienstag, mittags: Mittwoch-Freitag

KÜNZELSAU

Baden-Württemberg – Regionalatlas **5**-V2

😊 ANNE-SOPHIE

INTERNATIONAL · FREUNDLICH Ein Tipp vorweg: Nehmen Sie am besten im luftig-lichten Wintergarten Platz, hier hat man einen schönen Blick in den Garten! Gekocht wird schmackhaft und saisonal, beliebt auch Klassiker wie geschmorte Kalbsbäckchen. Mittags reduzierte Karte und preiswerte Tagesessen. Zu finden ist das Restaurant übrigens am Schlossplatz, ca. 150 m vom Haupthaus des Hotels.

♿ 🅰🅲 〒 🅿 🚗 🍸 – Menü 36/60 € - Karte 36/52 €
Am Schlossplatz 9 ✉ 74653 - ☏ 07940 93426041 – www.hotel-anne-sophie.de

HANDICAP.

MODERNE KÜCHE · ELEGANT Hier ist der Name Programm: In dem geschmackvollen Restaurant werden Menschen mit Handicap integriert, und das mit Erfolg, wie das gute Team beweist! Stilvoll der Rahmen aus Geradlinigkeit und Kunst, an der Decke ein Himmelsgemälde von Markus Schmidgall. Einfachere Lunchkarte. An schönen Sommertagen sitzt man sehr angenehm auf der Terrasse.

♿ 🅰🅲 〒 🅿 – Menü 34 € (Mittags), 75/105 € - Karte 60/74 €
Hauptstraße 22 ✉ 74653 - ☏ 07940 93460 – www.hotel-anne-sophie.de – Geschlossen: Montag und Dienstag, abends: Sonntag

KÜPS

Bayern – Regionalatlas **4**–N4

WERNERS RESTAURANT
MEDITERRAN • FREUNDLICH Bereits seit 1983 sorgen Werner Hühnlein und seine Frau, gebürtige Sizilianerin, für kulinarisches Niveau. Gekocht wird stark mediterran geprägt, so z. B. "Kürbis-Minestrone mit Ricotta-Ravioli" oder "Porchetta" ("mediterranes Spanferkel-Schäufele").
🞷 ✧🞷 – Menü 50/62 € - Karte 38/60 €
Griesring 16 ✉ 96328 – ☎ 09264 6446 – www.werners-restaurant.de – Geschlossen: Montag, Dienstag, Sonntag, mittags: Mittwoch-Samstag

KÜRTEN

Nordrhein-Westfalen – Regionalatlas **3**–K3

ZUR MÜHLE
INTERNATIONAL • GEMÜTLICH Hermann und Kerstin Berger sorgen in dem traditionsreichen Haus (Familienbetrieb seit 1895) für gute international inspirierte Küche, und die gibt es z. B. als "Lammhüfte unter der Nusskruste, Urkarotte, Pastinake, Blumenkohl-Currypüree". Tipp: Überraschungsmenü montagabends. Das Ambiente: gemütlich mit moderner Note.
🞷 🅿 🞷 – Menü 44/55 € - Karte 39/56 €
Wipperfürther Straße 391 ✉ 51515 – ☎ 02268 6629 – www.restaurant-zur-muehle.com – Geschlossen: Dienstag und Mittwoch, mittags: Montag, Donnerstag-Samstag

LAASPHE, BAD

Nordrhein-Westfalen – Regionalatlas **3**–L3

RÔTISSERIE JAGDHOF STUBEN
GRILLGERICHTE • GEMÜTLICH Schon allein der große Rôtisseriegrill neben der offenen Küche verbreitet in dem liebevoll dekorierten Restaurant Gemütlichkeit. Es gibt Leckeres vom Holzkohlegrill sowie traditionell-klassische und internationale Küche - auch das ein oder andere Lieblingsgericht von Patron Edmund Dornhöfer ist vertreten!
🞷 🞷 🅿 🞷 – Menü 38 € (Mittags), 49/69 € - Karte 44/73 €
Glashütter Straße 20 ✉ 57334 – ☎ 02754 3990 – www.jagdhof-glashuette.de – Geschlossen: Montag und Dienstag, mittags: Mittwoch-Freitag

LADENBURG

Baden-Württemberg – Regionalatlas **5**–U1

BACKMULDE
FRANZÖSISCH-MODERN • GEMÜTLICH So ein Lokal wünscht man sich in der Nachbarschaft: tolles Essen, ausgesuchte Weine nebst versierter Beratung und dazu die gemütliche Atmosphäre eines charmanten jahrhundertealten Fachwerkhauses! Tipp: Weinladen gegenüber.
🞷 🞷 – Menü 62/105 € - Karte 47/84 €
Hauptstraße 61 ✉ 68526 – ☎ 06203 404080 – www.back-mul.de – Geschlossen: Montag-Mittwoch, mittags: Donnerstag-Samstag

LAHR

Baden-Württemberg – Regionalatlas **5**–T3

✿ ADLER

Chef: Daniel Fehrenbacher

FRANZÖSISCH-MODERN • CHIC Familie Fehrenbacher führt ihr Gasthaus seit vier Generationen mit viel Charme und sicherer Hand und schreibt damit eine Erfolgsgeschichte, denn seit 1990 wird das gemütliche Lokal ununterbrochen mit einem MICHELIN Stern ausgezeichnet! Für die vorzügliche modern-französische Küche ist Sohn Daniel Fehrenbacher verantwortlich, der das Ruder in der Sterneküche von seinem Vater Otto übernommen hat. Man legt Wert auf Bezug zur Region und zur Jahreszeit, was nicht zuletzt die Wildgerichte erkennen lassen. Geschickt bindet man interessante Kontraste in die Speisen ein. Die gelungene Kombination von Moderne und Klassik gilt übrigens auch fürs Ambiente: ein Mix aus geradlinig-schickem Stil und Schwarzwald-Charme. Für Kenner edler Tropfen gibt es im „Adler" schöne Weinempfehlungen durch den Service.

🐕 🅰🅲 ⇔ 🅿 – Menü 84/179 €
Reichenbacher Hauptstraße 18 ✉ *77933 –* 📞 *07821 906390 – www.adler-lahr. de – Geschlossen: Montag und Dienstag, mittags: Mittwoch-Samstag*

㊉ GASTHAUS

REGIONAL • GASTHOF Wie das Gourmetrestaurant vereint auch das "Gasthaus" Moderne und Tradition, von der Einrichtung bis zur Speisekarte. Hier geht es etwas legerer zu, gekocht wird aber ebenfalls richtig gut - das merkt man nicht zuletzt am Geschmack der Saucen! Ihr Menü können Sie sich selbst zusammenstellen - auch vegetarisch. Freundlicher Service.

🌿 ⇔ 🅿 – Menü 38/44 € – Karte 38/44 €
Reichenbacher Hauptstraße 18 ✉ *77933 –* 📞 *07821 906390 – www.adler-lahr. de – Geschlossen: Montag und Dienstag*

GRÜNER BAUM

REGIONAL • GASTHOF Besonders schön sitzt man auf der Terrasse hinter dem über 300 Jahre alten Gasthof unter einer großen Kastanie, aber auch drinnen hat man es bei den engagierten Gastgebern gemütlich. Serviert werden saisonal geprägte Gerichte wie z. B. "Kalbsrücken mit Gemüse und Kartoffelnocken".

🌿 ⇔ 🅿 – Menü 49/59 € – Karte 15/60 €
Burgheimer Straße 105 ✉ *77933 –* 📞 *07821 22282 – www.gruenerbaum-lahr. de – Geschlossen: Montag und Sonntag*

LANDSHUT

Bayern – Regionalatlas **6**–Y3

BELLINI

ITALIENISCH • MEDITERRANES AMBIENTE Der gebürtige Kalabrier Maurizio Ritacco hat das Lokal mit der herrlichen begrünten Hofterrasse schon über 25 Jahre. Er kocht klassisch-italienisch, unkompliziert, schnörkellos und mit sehr guten, frischen Produkten, so z. B. "Linguine mit Jakobsmuscheln". Seine zweite Leidenschaft: Wein, darunter tolle (Rot-) Weine aus seiner Heimat. Schön auch die Grappa-Auswahl.

🌿 – Menü 14 € (Mittags), 39/69 € – Karte 36/58 €
Papiererstraße 12 ✉ *84028 –* 📞 *0871 630303 – www.bellini-landshut.de – Geschlossen mittags: Samstag*

FÜRSTENZIMMER UND HERZOGSTÜBERL

FRANZÖSISCH-KLASSISCH • FREUNDLICH Ob im stilvoll-eleganten Fürstenzimmer, im Herzogstüberl mit bayerischem Flair oder auf der charmanten Terrasse, Sie werden stets mit frischer klassischer Küche umsorgt. Geschult und herzlich der Service durch die Chefin. Dazu eine gut sortierte Weinkarte - schön die glasweise Weinbegleitung zum Menü. Tipp: Man bietet auch Koch- und Grillkurse an.

命 ⇔ P 🚗 – Menü 58/89 € - Karte 62/80 €

Stethaimer Straße 3 ✉ 84034 - ☏ 0871 92550 – www.hotel-fuerstenhof-landshut.de – Geschlossen: Montag und Sonntag, mittags: Dienstag-Samstag

LANGENARGEN

Baden-Württemberg – Regionalatlas **5**–V4

❀ SEO KÜCHENHANDWERK

MODERNE KÜCHE • CHIC Das hat schon eine gewisse Exklusivität: Das kleine Restaurant im "SeeVital Hotel Schiff" kommt mit sehr hochwertigem, schickem Interieur und gerademal vier Tischen daher und liegt zudem nur einen Steinwurf vom Wasser entfernt - richtig klasse ist da natürlich die Terrasse mit wunderbarem See- und Bergblick! Nicht minder erwähnenswert ist die Küche von Roland Pieber. Der junge Österreicher beweist hier als Küchenchef echtes Talent, wenn er moderne Gerichte mit saisonalen und regional-alpenländischen Einflüssen zubereitet. Umsorgt wird man freundlich und kompetent, wobei auch für interessante Weinempfehlungen gesorgt ist.

AC 命 – Menü 144/198 €

Marktplatz 1 ✉ 88085 - ☏ 07543 93380 – www.restaurant-seo.de – Geschlossen: Montag, Dienstag, Sonntag, mittags: Mittwoch-Samstag

MALERECK

INTERNATIONAL • LÄNDLICH Ausgesprochen schön ist es hier: wunderbar der eigene Park, toll die Terrasse zum Yachthafen mit Blick ins Grüne, elegant das Restaurant. Auf der internationalen und regional-saisonal beeinflussten Karte z. B. "gebratener Zander, Orangenquinoa risottata, Gemüse, Parmaschinken". Nicht entgehen lassen sollten Sie sich Desserts wie "Mandelmousse mit Beerensorbet"!

命 ⇔ P – Menü 40/80 € - Karte 34/70 €

Argenweg 60 ✉ 88085 - ☏ 07543 912491 – www.restaurantmalereck.de – Geschlossen: Dienstag und Mittwoch

SCHUPPEN 13

ITALIENISCH • GEMÜTLICH Das stilvoll-maritime Restaurant ist eine feste Gastro-Größe direkt am Yachthafen - herrlich ist da natürlich die Terrasse! Aus richtig guten Produkten entstehen italienisch-saisonale Speisen wie "Acquerello-Risotto, Bisque, halber Hummer" oder "Kaninchen - Keule & Filet 'Cacciatora'".

命 P – Menü 38/62 € - Karte 40/67 €

Argenweg 60 ✉ 88085 - ☏ 07543 1577 – www.schuppen13.de – Geschlossen: Montag

LANGENAU

Baden-Württemberg – Regionalatlas **5**–V3

❀ GASTHOF ZUM BAD

Chef: Hans Häge

KLASSISCHE KÜCHE • ZEITGEMÄSSES AMBIENTE Es war eine gute Entscheidung, den elterlichen Betrieb zu übernehmen! Seit 2007 führt Juniorchef Hans Häge am Herd Regie und bietet eine klassisch-saisonale Küche, in der sich aber auch modern-internationale Einflüsse finden. Im abendlichen Menü liest man beispielsweise "Rücken & Ragout vom Langenauer Rehbock, Blumenkohl, Pfifferlinge, Fregola Sarda" oder auch "Rote Garnele & Perlhuhn, Duftreiscreme, Mango, asiatische Aromen". Obwohl er nur ausgesuchte Zutaten verwendet, sind die Preise fair kalkuliert! Dass sich der Patron auch auf schwäbische Spezialitäten versteht, zeigt die A-la-carte-Auswahl z. B. mit Maultaschensuppe und Zwiebelrostbraten. Übrigens: Der "Gasthof zum Bad" ist auch als zeitgemäße und wohnliche Übernachtungsadresse gefragt.

LANGENZENN

Bayern – Regionalatlas **6**–X1

 KEIDENZELLER HOF

Chef: Martin Grimmer

MODERNE KÜCHE • LÄNDLICH Wirklich schön, wie man dem ehemaligen Bauernhof in dem kleinen Örtchen etwas von seinem ursprünglichen Charakter bewahrt und mit moderner Note kombiniert hat. Geschmackvoll und elegant mischen sich hier Holz und Stein mit wertig-schickem Interieur - das ist schon recht stylish! Der ambitionierte Küchenchef, ehemals Souschef im "Bayrischen Haus" in Potsdam, heißt Martin Grimmer. Er bietet nur ein Menü, und das verbindet klassische Wurzeln mit Kreativität sowie internationalen und regionalen Elementen - sehr aromaintensiv sind da auch die vegetarischen Gänge. Mit etwas zeitlichem Vorlauf ist auch ein komplett vegetarisches Menü möglich. Samstagmittags gibt es den "Gourmet Lunch" und wer es etwas bodenständiger mag, kommt zum Sonntagsbraten. Ideal für Feste: die Scheune.

 – Menü 75/120 €

Fürther Straße 11 ⌧ 90579 – ☏ 09101 901226 – www.keidenzeller-hof.de – Geschlossen: Montag-Mittwoch, Sonntag, mittags: Donnerstag und Freitag

LANGERWEHE

Nordrhein-Westfalen – Regionalatlas **3**–J3

WETTSTEINS RESTAURANT

REGIONAL • LÄNDLICH Das nette Anwesen liegt ruhig etwas abseits - da sitzt es sich an warmen Tagen schön auf der Terrasse. Die freundlichen Gastgeber bieten Klassiker wie Schnitzel oder Rostbraten, aber auch ambitionierte mediterrane und kreative Gerichte wie z. B. "gegrillte Jakobsmuscheln mit Spitzkohl, Aprikose und Cashewkernen".

 – Menü 48/60 € - Karte 20/38 €

Schlossstraße 66 ⌧ 52379 – ☏ 02423 2298 – www.wettsteins-restaurant.de – Geschlossen: Montag und Dienstag

LAUCHHEIM

Baden-Württemberg – Regionalatlas **5**–V2

ROTER OCHSEN

SAISONAL • RUSTIKAL Lust auf gute Küche, herzlichen Service und nette ländlich-rustikale Atmosphäre? Bei Familie Groll legt man Wert auf frische Produkte, und die stammen teilweise sogar aus eigener Produktion - lecker z. B. "Züricher Kalbsgeschnetzeltes in Rahmsoße". Tipp: günstiger Mittagstisch. Gepflegt übernachten kann man ebenfalls.

 – Karte 28/49 €

Hauptstraße 24 ⌧ 73466 – ☏ 07363 5329 – www.roter-ochsen-lauchheim.de – Geschlossen: Montag

LAUF AN DER PEGNITZ
Bayern – Regionalatlas **6**–X1

WALDGASTHOF AM LETTEN
REGIONAL • **LÄNDLICH** Hier sitzen Sie in gemütlichen Nischen (charmant die rustikalen Holzbalken) und lassen sich bei freundlichem Service frische Regionalküche mit internationalen Einflüssen schmecken - von "Wildbratwurst mit Blaukraut" bis zum "Fischteller in Hummersauce". Auch zum Übernachten ist der am Waldrand und dennoch verkehrsgünstig gelegene Familienbetrieb ideal.

– Menü 30 € (Mittags), 35/50 € - Karte 27/60 €
Letten 13 ⊠ 91207 – ℰ 09123 9530 – www.waldgasthof-am-letten.de –
Geschlossen abends: Sonntag

LAUFFEN AM NECKAR
Baden-Württemberg – Regionalatlas **5**–U2

ELEFANTEN
REGIONAL • **BÜRGERLICH** Im Herzen der netten Stadt hat Familie Glässing ihr freundliches Gasthaus, und das schon in 4. Generation. Gekocht wird frisch, saisonal und schmackhaft, z. B. regionale Klassiker wie "Rostbraten mit Spätzle und Maultasche". Und vorneweg vielleicht ein "Hummersüppchen mit Gemüsestreifen"?

– Menü 35/69 € - Karte 30/60 €
Bahnhofstraße 12 ⊠ 74348 – ℰ 07133 95080 – www.hotel-elefanten.de –
Geschlossen: Freitag, mittags: Montag-Donnerstag, Samstag

LAUINGEN
Bayern – Regionalatlas **5**–V3

GENUSSWERKSTATT LODNER
FRANZÖSISCH-ZEITGEMÄSS • **ENTSPANNT** Sie finden dieses schicke Restaurant im Hotel "Lodner", einem gut 500 Jahre alten Gebäude. Unter einem schönen Kreuzgewölbe bietet man am Abend ambitionierte Küche in Menüform oder à la carte. Mittags ist das Angebot einfacher. Produkte aus der eigenen Gewürzmanufaktur werden gut eingebunden. Tipp: Spezialitäten zum Mitnehmen im angeschlossenen Feinkostladen.

– Menü 69/109 € - Karte 64/78 €
Imhofstraße 7 ⊠ 89415 – ℰ 09072 95890 – www.hotel-lodner.de –
Geschlossen: Montag und Dienstag, abends: Sonntag

LAUMERSHEIM
Rheinland-Pfalz – Regionalatlas **7**–B1

ZUM WEISSEN LAMM
REGIONAL • **GASTHOF** Seit vielen Jahren führen Sigrid und Kai Hofheinz mit Engagement dieses stattliche Anwesen in der Ortsmitte. Ob im ländlich-eleganten Restaurant oder im reizvollen Innenhof, freuen Sie sich auf regional-saisonale Küche mit internationalen Einflüssen, z. B. in Form von "Rumpsteak mit Zwiebel-Pfeffersauce" oder "Kabeljaufilet mit Kürbis-Kokoscurry".

– Menü 65/78 € - Karte 41/57 €
Hauptstraße 38 ⊠ 67229 – ℰ 06238 929143 – www.lamm-laumersheim.de –
Geschlossen: Dienstag und Mittwoch, mittags: Montag, Donnerstag-Samstag

LAUTENBACH (ORTENAUKREIS)
Baden-Württemberg – Regionalatlas **5**-T3

SONNE
INTERNATIONAL · LÄNDLICH Wirklich gemütlich sitzt man in dem holzgetäfelten Restaurant des Hotels "Sonnenhof". Die gute regionale Küche gibt es z. B. als "hausgebeizten Lachs mit Rösti und Honig-Dill-Senfsauce" oder "Ragout vom Wild aus eigener Jagd". Haben Sie auch das Bodenfenster gesehen? Unter Ihnen lagern schöne Weine! Im "Sonnenstüble" Di.-Sa. tagsüber Klassiker und Vesper.

🍴 ⇔ **P** – Menü 43/52 € - Karte 29/64 €

Hauptstraße 51 ✉ *77794 -* ☏ *07802 704090 – www.sonnenhof-lautenbach.de*

LAUTERBACH
Hessen – Regionalatlas **3**-L4

SCHUBERTS
REGIONAL · BRASSERIE Das Restaurant in der Innenstadt direkt an der Lauter kommt gut an mit seiner legeren Brasserie-Atmosphäre und der schmackhaften regional-saisonalen Küche mit mediterranen Einflüssen. Beliebt ist auch die gemütliche Weinstube "Entennest" - die Karte ist hier dieselbe. Sie möchten übernachten? Man hat auch schöne individuelle Gästezimmer.

🍴 ⇔ **P** 🛏 – Menü 26/70 € - Karte 34/63 €

Kanalstraße 12 ✉ *36341 -* ☏ *06641 96070 – www.hotel-schubert.de –*
Geschlossen: Sonntag

LEBACH
Saarland – Regionalatlas **5**-S1

LOCANDA GRAPPOLO D'ORO
MEDITERRAN · FREUNDLICH Hell und freundlich das Restaurant, sympathisch die Gastgeber, frisch und schmackhaft die mediterran inspirierte Küche. Pasta, Gnocchi, Brot..., alles ist hausgemacht. Und zum Abschluss gibt es einen richtig guten Espresso!

🍴 **P** – Menü 52 € (Mittags), 69/96 € - Karte 52/82 €

Mottener Straße 94 ✉ *66822 -* ☏ *06881 3339 – Geschlossen: Montag, mittags: Samstag, abends: Sonntag*

Sachsen
Regionalatlas **4**–P3

LEIPZIG

Wer ein rundum gelungenes gastronomisches Gesamtpaket erleben möchte, genießt im **Falco** Essen, Service und Aussicht – Sie speisen hier in der 27. Etage! Mit dem Restaurant **Stadtpfeiffer** können Sie im Neuen Gewandhaus auch mal die Gourmet-Seite des Konzerthauses kennen lernen. Sie mögen es urban? Dann auf ins **Restaurant 7010** im 7. Stock des „Lebendigen Hauses" – hier hat man einen klasse Blick auf den Augustusplatz! Freunde der französischen Kulinarik und Lebensart kommen im **C'est la vie** auf ihre Kosten. Und versäumen Sie auch nicht die anspruchsvoll-moderne Gastronomie des sympathischen Restaurants **Frieda** in Gohlis. Auf dem Weg dorthin liegt übrigens der Zoo - dieser ist bei Ihrer Stadterkundung ebenso einen Besuch wert wie das Völkerschlachtdenkmal und die Mädlerpassage.

❀❀ FALCO

KREATIV • DESIGN Ein Schwarzwälder in Sachsen... Peter Maria Schnurr, geboren in Forbach im Murgtal, hat sein Handwerk in den besten Sternerestaurants der Republik gelernt. Nach seiner Ausbildung im Restaurant „Fallert" in Sasbachwalden folgten u. a. Stationen im „Hirschen" in Sulzburg, im „Waldhotel Sonnora" in Dreis, im „First Floor" in Berlin und bei Jean-Claude Bourgueil im Düsseldorfer „Schiffchen". Im Gourmetrestaurant des Hotels "The Westin" präsentiert er Ihnen ideenreiche, kreative und technisch höchst aufwändige Gerichte, in denen die vielfältigsten Aromen kombiniert werden – wählbar als Menü oder à la carte. Da wird sogar der klasse Stadtblick von der 27. Etage zur Nebensache! Der herzliche und ausgezeichnete Service sowie die umfangreiche Weinauswahl mit sehr guter Jahrgangstiefe tun ein Übriges.

❀ ≤ 🅺 ⇔ 🅿 🖬 – Menü 99/262 € - Karte 95/250 €

Stadtplan: A1-5 – Gerberstraße 15 ✉ 04105 – ✆ 0341 9882727 – www.falco-leipzig.de – Geschlossen: Montag und Sonntag, mittags: Dienstag-Samstag

❀ FRIEDA

Chef: Lisa Angermann, Andreas Reinke
KREATIV • CHIC Sympathisch, erfrischend, unprätentiös - da macht es richtig Spaß, zu essen. Neben angenehm unkomplizierter Bistro-Atmosphäre und schickem Design kommt vor allem die Küche der beiden Betreiber an. Lisa Angermann und Andreas Reinke bieten hier produktorientierte moderne Gerichte in Form des monatlich wechselnden Menüs "Frieda En Vogue" - alternativ gibt's die vegetarische Variante "Frieda Naturell". Passend zur ökologischen Ausrichtung des Restaurants steht bei der Wahl der sehr guten Zutaten der regional-saisonale

Aspekt klar im Fokus. Freundlich und geschult der Service samt charmanter Chefin. Eine nette Terrasse nebst Orangerie hat man ebenfalls. Übrigens: Nebenbei betreibt man noch einen Genussbauernhof in Baldenhain: ein Mix aus Eventlocation, Landwirtschaft und Manufaktur.

❀ *Engagement des Küchenchefs:* Wir verarbeiten regionale und saisonale Produkte. Gemüse kommt auch vom eigenen "Genussbauernhof Baldenhain", Fisch vorrangig aus Süßgewässern oder aus nachhaltiger Zucht. Wir vermeiden Lebensmittelverschwendung und unsere Mitarbeiter werden regelmäßig zum Thema Nachhaltigkeit geschult.

⌂ – Menü 81/113 €

außerhalb Stadtplan – Menckestraße 48 – 04155 – ✆ 0341 56108648 – www.frieda-restaurant.de – Geschlossen: Montag und Sonntag, mittags: Dienstag-Samstag

STADTPFEIFFER

Chef: Detlev Schlegel

FRANZÖSISCH-MODERN • ELEGANT Nicht nur Konzerte ziehen Besucher ins Neue Gewandhaus, auch die Küche des "Stadtpfeiffer" ist gefragt. Detlef Schlegel hat das Restaurant im Oktober 2001 zusammen mit Partnerin (und späterer Ehefrau) Petra Jürgens übernommen. Man investiert stetig in den Betrieb und bleibt auch kulinarisch am Ball. So interpretiert man hier klassisch-französische Küche auf moderne Art. Gekocht wird angenehm klar und ohne große Spielereien, dafür mit erstklassigen Produkten. Es stehen zwei marktfrische Menüs zur Wahl. Auch das Drumherum stimmt: diskret, freundlich und geschult das Serviceteam um Gastgeberin Petra Schlegel, zeitlos-elegant das Ambiente. Der Name des Restaurants geht übrigens auf die "Leipziger Stadtpfeifer" a. d. 18. Jh. zurück, den Vorläufern des Gewandhausorchesters.

AC – Menü 120/150 €

Stadtplan: B2-6 – Augustusplatz 8 – 04109 – ✆ 0341 2178920 – www.stadtpfeiffer.de – Geschlossen: Montag und Sonntag, mittags: Dienstag-Samstag

MICHAELIS

INTERNATIONAL • KLASSISCHES AMBIENTE Schmackhaft und frisch isst man in dem puristischen Restaurant in einem restaurierten Gebäude aus der Gründerzeit, das auch das gleichnamige komfortable Hotel beherbergt. Die Karte ist klassisch - es gibt verschiedene Menüs (eines davon vegetarisch) und eine gepflegte A-la-carte-Auswahl. Dazu freundlicher, aufmerksamer Service. Im Sommer lockt die Terrasse hinter dem Haus.

♿ ⌂ 🚗 ▭ – Menü 40/49 € – Karte 41/58 €

Stadtplan: A3-1 – Paul-Gruner-Straße 44 – 04107 – ✆ 0341 26780 – www.michaelis-leipzig.de – Geschlossen: Sonntag, mittags: Montag-Samstag

C'EST LA VIE

FRANZÖSISCH • ELEGANT Hier hat man sich ganz der französischen Lebensart verschrieben. Während Sie gemütlich in stilvoll-modernem Ambiente sitzen und durch raumhohe Fenster nach draußen schauen, sorgt Küchenchef David Mahn für interessante und sehr ambitionierte Gerichte. Dazu gibt es ausschließlich französische Weine, von denen viele auch glasweise zu haben sind.

⌂ ✿ – Menü 70/115 €

Stadtplan: A2-7 – Zentralstraße 7 – 04109 – ✆ 0341 97501210 – www.cest-la-vie.restaurant – Geschlossen: Montag und Sonntag, mittags: Dienstag-Samstag

MÜNSTERS

MARKTKÜCHE • GEMÜTLICH Eine sehr gefragte Adresse! Für gemütliche Bistro-Atmosphäre mit rustikalem Touch sorgen hier blanke Tische, Dielenboden und teilweise freiliegende Backsteinwände sowie nette Deko zum Thema Wein, dazu legerer, freundlicher und aufmerksamer Service. Geboten wird eine schmackhafte, frische Saisonküche. Toll der Biergarten!

⌂ 🅿 – Karte 45/62 €

außerhalb Stadtplan – Platnerstraße 13 – 04159 – ✆ 0341 5906309 – münsters.com – Geschlossen: Sonntag, mittags: Montag-Samstag

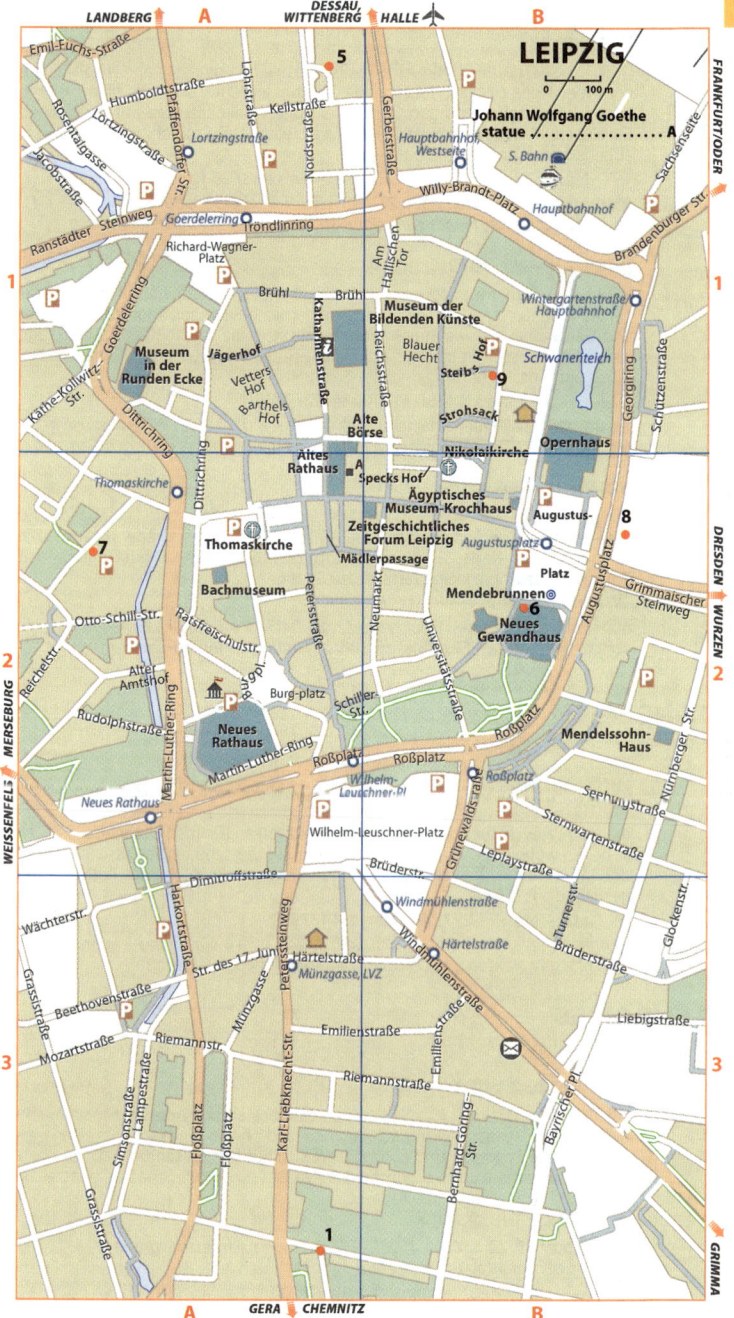

LEIPZIG

PLANERTS

INTERNATIONAL • MINIMALISTISCH "Casual fine dining" nahe Nikolaikirche und Oper. Hohe Decken, frei liegende Lüftungsschächte, urbaner Stil und offene Küche vermitteln trendigen "Industrial Style". Gekocht wird mit asiatischen Einflüssen. Mittags bietet man einen Tagesteller oder Empfehlungen am Tisch, abends ist das Angebot ambitionierter.

– Menü 27 € (Mittags), 56/76 € - Karte 13/28 €

Stadtplan: B1-9 – *Ritterstraße 23* – 04109 – 0341 99999975 – www.planerts. com – Geschlossen: Montag und Sonntag, mittags: Dienstag und Mittwoch

RESTAURANT 7010

KREATIV • CHIC Im 7. Stock des "Lebendigen Hauses" bietet man in cooler, urbaner Atmosphäre kreative Gerichte. Dazu herrliche Sicht auf Augustaplatz, Oper und Gewandhaus sowie interessante Einblicke in die offene Küche. Eine Etage tiefer die Terrasse. Mit im Haus Apartment-Hotel, Event-Location, Fitnessstudio, Büros und Geschäfte.

– Menü 44/66 € - Karte 52/113 €

Stadtplan: B2-8 – *Augustusplatz 1* – 04109 – 0341 21829910 – www.dein-felix.de – Geschlossen: Montag, Dienstag, Sonntag, mittags: Mittwoch-Samstag

SCHAARSCHMIDT'S

BÜRGERLICHE KÜCHE • GEMÜTLICH Das Restaurant ist wirklich hübsch und wird engagiert geführt. Hier isst man Tatar, Hirschrücken, Crêpe Suzette... Die Renner auf der Karte: Gohliser Filettopf oder Sächsische Rinderroulade! Mit Bäumchen begrünte kleine Terrasse zur Straße.

– Menü 36/55 € - Karte 22/55 €

außerhalb Stadtplan – *Coppistraße 32* – 04157 – 0341 9120517 – www. schaarschmidts.de – Geschlossen: Sonntag, mittags: Montag-Samstag

---

LENGERICH

Nordrhein-Westfalen – Regionalatlas **3**–K1

HINTERDING

FRANZÖSISCH-KLASSISCH • ELEGANT Schon viele Jahre ist die stattliche ehemalige Ärztevilla für gute Gastronomie in stilvollem Rahmen bekannt. Sie sitzen in hohen wohnlich-eleganten Räumen oder auf der schönen Terrasse, charmant der Service unter der Leitung der Chefin. Klassisch die Küche des Patrons, ausgesucht die Produkte.

– Menü 62/72 € - Karte 44/79 €

Bahnhofstraße 72 – 49525 – 05481 94240 – www.hinterding-lengerich.de – Geschlossen: Montag und Dienstag, mittags: Mittwoch-Samstag

LENGGRIES

Bayern – Regionalatlas **6**–X4

 ### SCHWEIZER WIRT

REGIONAL • GEMÜTLICH Seit Jahren eine beständige Adresse für schmackhafte Küche. Gekocht wird frisch, regional und ohne Schnickschnack. Man verwendet gute Produkte und konzentriert sich auf das Wesentliche. Dazu charmante Atmosphäre und freundlicher Service. Das schön gelegene traditionsreiche Gasthaus hat auch eine tolle Terrasse.

– Karte 25/56 €

Schlegldorf 83 – 83661 – 08042 8902 – www.schweizer-wirt.de – Geschlossen: Montag und Dienstag

LICHTENBERG
Bayern – Regionalatlas **4**-P4

HARMONIE
Chef: Iris Steiner
REGIONAL • FREUNDLICH Das charmante Haus von 1823 hat seinen traditionellen Charakter bewahrt - schönes altes Holz macht es richtig gemütlich! Freundlich umsorgt speist man hier regional-saisonale Gerichte wie z. B. "geschmorte Rehkeule". Beim Eingang kann man übrigens einen Blick in die Küche erhaschen.

Engagement der Küchenchefin: Ich züchte Ziegen und Hühner selbst, in meiner Küche verarbeiten wir ganze regionale Bio-Weiderinder und Strohschweine, das Biogemüse wird nur 3 km weiter angebaut und ich betreibe teils auch Eigenanbau. Ständiger persönlicher Kontakt zu den Erzeugern. Energie wird wo auch immer möglich eingespart.

– Menü 25 € (Mittags), 30/75 € - Karte 17/42 €
Schloßberg 2 ⊠ 95192 - ℰ 09288 246 – www.harmonie-lichtenberg.com – Geschlossen: Montag und Dienstag, mittags: Mittwoch-Samstag, abends: Sonntag

LIEBENZELL, BAD
Baden-Württemberg – Regionalatlas **7**-B2

HIRSCH GENUSSHANDWERK
MARKTKÜCHE • GASTHOF In diesem netten Gasthaus in dem kleinen Dörfchen kocht man klassisch und modern inspiriert, orientiert sich sehr an der Saison und verwendet ausgesuchte Produkte, gerne aus der Region oder auch aus Eigenanbau. Zur sympathischen Atmosphäre trägt auch der freundliche und engagierte Service bei. Schön die Terrasse.

– Menü 46 € (Mittags), 67/95 € - Karte 42/61 €
Monbachstraße 47 ⊠ 75378 - ℰ 07052 2367 – www.hirsch-genusshandwerk.de – Geschlossen: Dienstag-Donnerstag, mittags: Montag und Freitag

LIMBACH-OBERFROHNA
Sachsen – Regionalatlas **4**-Q3

RATSSTUBE ⓝ
MODERNE KÜCHE • FREUNDLICH Mitten im Ort, im Seitenflügel des Rathauses haben Antje und Ronny Pester ihr schönes Restaurant. In geschmackvoll-wohnlicher Atmosphäre wird hier eine ambitionierte modern-saisonale Küche geboten. Umsorgt wird man aufmerksam und freundlich - gerne empfiehlt Ihnen die Chefin den passenden Wein. Auf der Rückseite des Hauses hat man eine hübsche Terrasse.

– Menü 48/58 € - Karte 43/72 €
Rathausplatz 1 ⊠ 09212 - ℰ 03722 92480 – ratsstube-restaurant.de – Geschlossen: Montag, Dienstag, Sonntag, mittags: Mittwoch-Samstag

LIMBURG AN DER LAHN
Hessen – Regionalatlas **3**-K4

360°
Chef: Alexander Hohlwein
MODERNE KÜCHE • MINIMALISTISCH "360°"... Wer denkt da nicht an eine tolle Aussicht? Highlight in dem geradlinig-modernen Restaurant in der 3. Etage ist die Dachterrasse! Aber auch drinnen genießt man dank großer Fenster den Stadtblick. Etwas fürs Auge bietet auch die einsehbare Küche, in der Alexander Hohlwein und sein Team das kreative Menü "Weltreise" zubereiten. Seine Partnerin Rebekka Weickert leitet als herzliche Gastgeberin den Service und berät Sie kompetent in Sachen Wein - eine alkoholfreie Getränkebegleitung bekommt man ebenfalls. Das

LIMBURG AN DER LAHN

Menü gibt es Fr. und Sa. auch mittags. Mi. bis Sa. zusätzliche einfachere Lunchkarte. Man hat übrigens ein Bienenvolk auf der Terrasse, das für eigenen Honig sorgt. Tipp: Parken Sie in der Tiefgarage des Einkaufszentrums "WERKStadt".

– Menü 36 € (Mittags), 95/160 €

Bahnhofsplatz 1a – 65549 – ℰ 06431 2113360 – www.restaurant360grad.de – Geschlossen: Montag, Dienstag, Sonntag

LINDAU IM BODENSEE
Bayern – Regionalatlas **5**–V4

VILLINO

MODERNE KÜCHE • FREUNDLICH Inmitten von Obstplantagen ist dieses schmucke Anwesen zu finden. Fast schon ein bisschen mediterran wirkt hier alles, vom stilvollen, luftig-hohen und hellen Raum mit Orangerie-Flair bis zum reizenden Innenhof mit Brunnen. In dieser geschmackvollen Atmosphäre ist die Familie mit vollem Elan bei der Sache: Gastgeberin Sonja Fischer, Tochter Alisa sowie Bruder Rainer Hörmann, seines Zeichens Sommelier. Da darf man sich auf herzlichen und professionellen Service samt trefflichen Weinempfehlungen freuen - die Chefin ist auch immer selbst am Gast. Und die Küche? Hier ist Toni Neumann der Verantwortliche. Er arbeitet handwerklich äußerst sauber und bringt deutliche Einflüsse der italienischen sowie verschiedener asiatischer Küchen in seine modernen Gerichte mit ein.

– Menü 106/158 €

Mittenbuch 6 – 88131 – ℰ 08382 93450 – www.villino.de – Geschlossen mittags: Montag-Sonntag

SCHACHENER HOF

KLASSISCHE KÜCHE • FAMILIÄR Nicht ohne Grund ist man gerne Gast in dem engagiert geführten Haus. Thomas W. Kraus bietet feine Gerichte mit regionalem und saisonalem Bezug - à la carte oder als Menü. Dazu wird man herzlich umsorgt. Schön sitzt man im Sommer auf der Terrasse unter alten Kastanienbäumen. Gepflegt übernachten können Sie hier ebenfalls.

– Karte 34/62 €

Schachener Straße 76 – 88131 – ℰ 08382 3116 – www.schachenerhof-lindau.de – Geschlossen: Dienstag und Mittwoch, mittags: Montag, Donnerstag-Samstag

KARRISMA

KREATIV • FREUNDLICH Richtig chic ist das kleine Restaurant mit seinem charmant-modernen Interieur - ein Hingucker sind die zahlreichen Spiegel an der Wand. Umsorgt wird man sehr freundlich - der Chef kocht nicht nur, er ist auch mit im Service. Tipp: der eigene Wein zum wechselnden Menü. Schön ist auch die Terrasse hier in der Altstadt.

– Menü 85/95 €

Alter Schulplatz 1 – 88131 – ℰ 08382 9435041 – www.karrisma.de – Geschlossen: Montag und Sonntag, mittags: Dienstag-Samstag

VALENTIN

MODERN • CHIC In einer kleinen Seitengasse der Insel-Altstadt finden Sie dieses Restaurant in einem schönen Kellergewölbe. In geschmackvollem Ambiente gibt es ambitionierte moderne Küche z. B. in Form von "Nordsee-Seezunge mit Nordseekrabben-Cremolata, Algen und Kartoffelvariation". Tipp: Desserts wie das "Milchreis-Soufflé"!

– Menü 33 € (Mittags), 99/250 € - Karte 59/74 €

In der Grub 28A – 88131 – ℰ 08382 5043740 – www.valentin-lindau.de – Geschlossen: Montag und Sonntag, mittags: Dienstag-Samstag

LINSENGERICHT
Hessen – Regionalatlas 3-L4

DER LÖWE
INTERNATIONAL · GASTHOF Seit Jahren wird das Haus der Sauters für seine schmackhafte regional-internationale Küche geschätzt. In gediegener Atmosphäre kommen z. B. "Skrei-Rückenstück mit geräucherter Petersiliensauce und Balsamicolinsen" oder "Ragout und Rücken vom Spessart-Rehbock mit Wildrahm und Pilzen" auf den Tisch.
🍴 ⇔ 🅿 – Menü 38/63 € - Karte 36/61 €
Dorfstraße 20 ⌧ 63589 - ☏ 06051 71343 - www.derloewe.com – Geschlossen: Montag und Dienstag

LIST – Schleswig-Holstein • Siehe Sylt (Insel)

LÖRRACH
Baden-Württemberg – Regionalatlas 7-B1

🏮 WIRTSHAUS MÄTTLE
MARKTKÜCHE · DESIGN Ein altes Wirtshaus in neuem Design! In schickem, geradlinig-modernem Ambiente genießt man Bodenständiges aus guten Produkten: eine frische Marktküche mit mediterranen und regionalen Akzenten. Schön die Terrasse. Im UG gibt es noch das "THEODOR": ein Mix aus Restaurant und Bar, auch für Veranstaltungen ideal.
🍴 ⇔ – Karte 32/65 €
Freiburger Straße 314 ⌧ 79539 - ☏ 07624 91720 - www.maettle.de – Geschlossen: Montag und Sonntag, mittags: Samstag

VILLA FEER
KREATIV · ELEGANT In der von Inhaberin Kathrin Bucher geführten schmucken alten Villa nahe der Lörracher Messe sitzt man in wohnlichen, lichtdurchfluteten Galerieräumen oder im Sommer auf der herrlichen Terrasse. Die Chefin kocht auch selbst, und zwar geschmackvolle, aromatische Gerichte wie z. B. "gebratenes Filet vom Steinbutt mit Chicorée, Gerstenrisotto und Orangen-Safran-Schaum".
🛏 🍴 ⇔ 🅿 – Menü 21 € (Mittags), 62/83 € - Karte 52/76 €
Beim Haagensteg 1 ⌧ 79541 - ☏ 07621 5791077 - www.villa-feer.com – Geschlossen: Montag-Mittwoch, abends: Sonntag

LOHMAR
Nordrhein-Westfalen – Regionalatlas 3-K3

GASTHAUS SCHEIDERHÖHE
MODERNE KÜCHE · BISTRO Ein schönes Beispiel für "Bistronomie"! Während Patron und Küchenchef Daniel Lengsfeld aus tollen regionalen Zutaten feine moderne Bistrogerichte zubereitet, leitet seine Frau herzlich den Service. Zur Wahl stehen zwei Räume: lebhaft und gemütlich oder lichtdurchflutet im Anbau des Fachwerkhauses.
♿ 🍴 ⇔ 🅿 – Menü 44 € (Mittags), 59/69 € - Karte 49/58 €
Scheiderhöher Straße 49 ⌧ 53797 - ☏ 02246 18892 - www.gasthaus-scheiderhoehe.de – Geschlossen: Montag-Mittwoch, mittags: Donnerstag-Samstag

LOHR AM MAIN
Bayern – Regionalatlas **5**-V1

SPESSARTTOR
TRADITIONELLE KÜCHE • GASTHOF Der alteingesessene Familienbetrieb ist ein seriös geführtes Haus, in dem man in gemütlichen Stuben sitzt und regional isst. Auf der Karte macht Leckeres wie der "Hirschbraten mit Blaukraut und Knödel" Appetit. Im Gasthof sowie im 300 m entfernten Gästehaus kann man auch sehr gut übernachten.

🍽 ⇆ 🅿 🚗 – Menü 20/78 € - Karte 20/45 €

Wombacher Straße 140 ✉ 97816 - 📞 09352 87330 – www.hotel-spessarttor. de – Geschlossen: Montag und Dienstag

LOTTSTETTEN
Baden-Württemberg – Regionalatlas **5**-U4

GASTHOF ZUM KRANZ
REGIONAL • GASTHOF Bereits in der 7. Generation ist der Gasthof von 1769 in Familienhand, schön die modern-elegante Einrichtung in klaren Linien. Aus der Küche kommen schmackhafte klassisch-internationale Speisen - im Herbst sollten Sie Wild probieren! Zum Übernachten hat man vier einfache, aber gepflegte Zimmer (ohne TV).

♿ 🍽 ⇆ 🅿 – Menü 25 € (Mittags), 65/95 € - Karte 38/60 €

Dorfstraße 23 ✉ 79807 - 📞 07745 7302 – www.gasthof-zum-kranz.de – Geschlossen: Dienstag und Mittwoch

LUDWIGSBURG
Baden-Württemberg – Regionalatlas **7**-B2

GUTSSCHENKE
INTERNATIONAL • FREUNDLICH Wirklich schön, wie man das geschmackvoll-moderne Interieur der "Gutsschenke" in den historischen Rahmen der Domäne Monrepos eingebunden hat. Das ist ebenso einladend wie die Küche - hier stehen Nachhaltigkeit und der Bezug zur Region im Vordergrund.

🍴 ⇆ 🅿 – Menü 65/80 € - Karte 49/62 €

Monrepos 22 ✉ 71634 - 📞 07141 3020 – www.schlosshotel-monrepos.de – Geschlossen: Montag, mittags: Sonntag

LÜBECK
Schleswig-Holstein – Regionalatlas **1**-D2

❀ WULLENWEVER
Chef: Roy Petermann

KLASSISCHE KÜCHE • ELEGANT Bereits seit 1990 führt Roy Petermann sein "Wullenwever" in dem wunderschönen Patrizierhaus von 1585 und bietet hier eine mediterran beeinflusste klassische Küche ohne Effekthascherei. Dabei stehen erstklassige Produkte im Fokus, aus denen stimmige Gerichte wie z. B. "Tatar vom Kalbsfilet 'Vitello Tonnato Style'" entstehen. Es gibt ein 14-tägig wechselndes Menü sowie - tischweise vorbestellt - ein Überraschungsmenü. An Vegetarier ist ebenfalls gedacht. Gut die Weinauswahl mit Schwerpunkt Deutschland und Europa, aber auch Weinen aus der Neuen Welt. Der gebürtige Hamburger leitet das geschmackvolle elegante Restaurant mitten in der Altstadt gemeinsam mit seiner sympathischen Frau Manuela, die sich aufmerksam und charmant um die Gäste kümmert. Herrlich der Innenhof mit hübsch begrünter Terrasse!

🌿 🍽 ⇆ – Menü 85/125 €

Beckergrube 71 ✉ 23552 - 📞 0451 704333 – www.wullenwever.de – Geschlossen: Montag und Sonntag, mittags: Dienstag-Samstag

LÜBECK

JOHANNA BERGER

INTERNATIONAL • ELEGANT Etwas versteckt liegt das Haus aus der Gründerzeit mitten im Zentrum. Charmant das Interieur mit Dielenboden, Lüstern und elegantem Touch, draußen die hübsche Terrasse. Geboten wird eine mediterran beeinflusste Frischeküche, die es als Überraschungsmenü oder à la carte gibt. Schöne Auswahl an deutschen und internationalen Weinen, auch im offenen Ausschank.

㟃 – Menü 55/65 € - Karte 29/73 €

Doktor-Julius-Leber-Straße 69 ⊠ 23552 – ✆ 0451 58696890 – www.restaurant-johanna-berger.de – Geschlossen: Montag und Dienstag, mittags: Mittwoch-Sonntag

LÜNEBURG

Niedersachsen – Regionalatlas **1**–D3

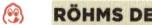 RÖHMS DELI

MARKTKÜCHE • BISTRO Ein angenehm unkompliziertes Konzept. In freundlich-moderner Atmosphäre serviert man regional und international beeinflusste Gerichte, abends gibt es zusätzlich ein ambitioniertes 3-Gänge-Menü. Appetit macht auch die Feinkostheke mit hausgemachten Kuchen, Torten und Gebäck. Aufmerksam der Service. Nett sitzt man auf der Terrasse.

AK 㟃 – Menü 25 € (Mittags), 58/72 - Karte 28/50 €

Heiligengeiststraße 30 ⊠ 21335 – ✆ 04131 24160 – www.roehmsdeli.de – Geschlossen: Montag und Sonntag

LÜTJENBURG

Schleswig-Holstein – Regionalatlas **1**–D2

PUR

MARKTKÜCHE • BISTRO In dem netten geradlinig gehaltenen kleinen Bistro kocht man saisonal und gerne mit Produkten aus der Region, von Flammkuchen über Burger und Salate bis "Lammbraten vom Coburger Fuchsschaf, Ginsauce, Bärlauch-Ravioli, Gemüse". Tipp: Im Feinkostladen gibt's u. a. Wein und selbstgemachte Saucen und Marmeladen!

㟃 – Karte 29/56 €

Neuwerkstraße 9 ⊠ 24321 – ✆ 04381 404147 – www.einfachpurgeniessen.de – Geschlossen: Montag, Dienstag, Sonntag, mittags: Mittwoch und Donnerstag

LUNDEN

Schleswig-Holstein – Regionalatlas **1**–C2

LINDENHOF 1887

REGIONAL • FAMILIÄR An einem begrünten Platz mit Lindenbäumen steht der erweiterte Gasthof von 1887. In schönem modernem Ambiente (klare Formen und warme Farben) speist man regional-saisonal, z. B. "Nordseescholle mit Speck" oder "geschmorte Lammkeule, weiße Bohnen, grüner Spargel". Attraktiv auch die geradlinig-zeitgemäßen Gästezimmer.

& 㟃 ⇔ 🅿 – Menü 40/90 € - Karte 20/40 €

Friedrichstraße 39 ⊠ 25774 – ✆ 04882 407 – www.lindenhof1887.de – Geschlossen: Dienstag, mittags: Montag und Mittwoch

MAGDEBURG

Sachsen-Anhalt – Regionalatlas **4**–P1

LANDHAUS HADRYS

REGIONAL • FREUNDLICH Seit 2003 steht Sebastian Hadrys für anspruchsvolle Küche! Sein Restaurant ist geschmackvoll-elegant, aber keineswegs steif, dazu

MAGDEBURG

kommt ein aufmerksamer Service. Gekocht wird saisonal und mit viel Geschmack, begleitet wird das gute Essen von einer schönen Weinkarte. Hübsch die Terrasse. Tipp: Kochkurse kann man hier ebenfalls machen.

斦 ✥ 🅿 – Menü 44/72 €

An der Halberstädter Chaussee 1 ✉ 39116 – ☏ 0391 6626680 – www.landhaus-hadrys.de – Geschlossen: Montag-Mittwoch, Sonntag

MAIKAMMER

Rheinland-Pfalz – Regionalatlas **7**-B1

DORF-CHRONIK

MARKTKÜCHE • GEMÜTLICH Mitten im Ort steht das schöne Winzerhaus von 1747. Sandstein und Fachwerk sorgen für gemütliches Ambiente, dekorative Bilder setzen moderne Akzente. Charmant die Terrasse im Hof. Geboten wird schmackhafte regional-saisonale Küche, dazu freundlicher Service durch Gastgeberin Marion Schwaab und ihr Team. Man hat auch eine Vinothek und Weine vom eigenen Weingut.

斦 – Menü 30/40 € - Karte 37/52 €

Marktstraße 7 ✉ 67487 – ☏ 06321 58240 – www.restaurant-dorfchronik.de – Geschlossen: Mittwoch und Donnerstag, mittags: Montag, Dienstag, Freitag, Samstag

MAINTAL

Hessen – Regionalatlas **3**-L4

FLEUR DE SEL

FRANZÖSISCH-KLASSISCH • LÄNDLICH Französisch-mediterranes Flair erwartet man nicht unbedingt in diesem Wohngebiet in Maintal-Dörnigheim. Doch genau das bieten sowohl das Ambiente als auch die saisonal beeinflusste Küche von Patrick Theumer. Besonders attraktiv sind die drei Menüs, eines davon vegetarisch. Dazu freundlicher Service. Nett die schön begrünte Terrasse.

斦 🅿 – Menü 40/58 € - Karte 39/62 €

Florscheidstraße 19 ✉ 63477 – ☏ 06181 9683385 – www.restaurant-fleurdesel.de – Geschlossen: Dienstag, mittags: Montag, Mittwoch-Samstag

MAINZ

Rheinland-Pfalz – Regionalatlas **5**-T1

FAVORITE RESTAURANT

FRANZÖSISCH-MODERN • ELEGANT Nicht nur wohnen lässt es sich im "Favorite Parkhotel" niveauvoll, auch gastronomisch ist das im Mainzer Stadtpark gelegene Haus der engagierten Familie Barth eine gerne besuchte Adresse. Beim Küchenchef für das Gourmetrestaurant haben die Betreiber eine gute Wahl getroffen: Tobias Schmitt, ehemals Souschef im Frankfurter "Lafleur". Er kocht modern und mit tollen Produkten. Die Kombinationen sind nicht überladen und ergeben immer Sinn. Geboten werden die Menüs "Roots" und "Blossom" sowie eine vegetarische Alternative. Und das Restaurant selbst? Wertig-elegant ist das Ambiente hier. Fragen Sie am besten nach einem Platz am Fenster - oder speisen Sie auf der schönen Terrasse mit Blick auf Rhein und Taunus. Es gibt auch noch einen Biergarten, der ebenfalls sehr gefragt ist.

⇐ ♿ 🆔 斦 🅿 🚗 🛗 – Menü 55 € (Mittags), 95/145 €

Karl-Weiser-Straße 1 ✉ 55131 – ☏ 06131 8015133 – www.favorite-mainz.de – Geschlossen: Montag, Dienstag, Sonntag

STEIN'S TRAUBE

Chef: Philipp Stein

MARKTKÜCHE • FREUNDLICH Was Anfang des 20. Jh. mit einer Dorfschänke begann, hat sich dank des Engagements der Familie Stein im Laufe der Jahrzehnte

MAINZ

zu einem modernen Restaurant mit anspruchsvoller Küche gemausert. Mit Philipp Stein ist inzwischen die 6. Generation als Patron und Küchenchef am Ruder. Dass er kochen kann, steht völlig außer Frage. So finden sich auf dem Teller weder Show noch Spielerei. Was auf den ersten Blick einfach erscheinen mag, ist in Geschmack und Harmonie sehr komplex, aber stets zugänglich. Man kocht mit zurückhaltender Eleganz und der nötigen Portion Mut an den richtigen Stellen. Bei der Platzwahl fällt die Entscheidung nicht ganz leicht, denn das freundliche, geradlinig-schicke Ambiente drinnen ist ebenso einladend wie der schöne Innenhof. Angenehm: die herzliche Juniorchefin Alina Stein im Service.

🍴 ⇔ 🅿 – Menü 54/120 € - Karte 58/82 €

Poststraße 4 ⊠ 55126 - ℰ 06131 40249 - www.steins-traube.de - Geschlossen: Montag, mittags: Dienstag

GEBERTS WEINSTUBEN

KLASSISCHE KÜCHE • WEINBAR Frische, Geschmack, Aroma - dafür steht die Küche von Frank Gebert. Für seine klassischen Gerichte verwendet er gerne auch Produkte aus der Region. Das in einer Seitenstraße unweit des Rheins gelegene Restaurant ist mit elegantem Touch eingerichtet, draußen sitzt man schön im Hof auf der weinberankten Terrasse.

🍴 – Karte 34/56 €

Frauenlobstraße 94 ⊠ 55118 - ℰ 06131 611619 - www.geberts-weinstuben.de - Geschlossen: Montag und Dienstag

HEINRICH'S DIE WIRTSCHAFT

TRADITIONELLE KÜCHE • BÜRGERLICH Lebendig-gemütliche Kneipen-Atmosphäre zu frischer, unkomplizierter Küche? Man bietet hier z. B. Leberwurststrudel oder Ochsenbacke, dazu Weine aus Rheinhessen. Der Chef ist übrigens auch passionierter Maler und hat eine eigene Galerie.

🍴 📵 – Menü 25 €(Mittags) - Karte 36/61 €

Martinsstraße 10 ⊠ 55116 - ℰ 06131 9300661 - www.heinrichs-die-wirtschaft.com - Geschlossen: Montag und Sonntag

MAISACH
Bayern – Regionalatlas **6**-X3

GASTHOF WIDMANN

INTERNATIONAL • GEMÜTLICH Man schmeckt, dass hier mit Freude gekocht wird. Es gibt Saisonales und Internationales mit Bezug zur Region - probieren Sie z. B. "Medaillon vom Kalbsfilet, geröstete Artischocken, Estragonsauce"! Serviert wird in zwei gemütlichen Stuben.

🅿 📵 – Menü 75/85 € - Karte 30/35 €

Bergstraße 4 ⊠ 82216 - ℰ 08135 485 – Geschlossen: Montag, Dienstag, Sonntag, mittags: Mittwoch-Samstag

MALENTE-GREMSMÜHLEN, BAD
Schleswig-Holstein – Regionalatlas **1**–D2

MELKHUS 🆕

REGIONAL • REGIONALES AMBIENTE Im ehemaligen Kuhstall des toll sanierten historischen Guts "Immenhof" finden Sie diese charmante Alternative zum Restaurant "Rodesand". Gekocht wird frisch, saisonal und mit regionalen Produkten. 15-18 Uhr reduzierte Klassiker-Karte sowie Kaffee und Kuchen. Von der Terrasse schaut man auf den Kellersee. Tipp: Im Hofladen gibt's hausgemachte Marmelade, Souvenirs etc.

⇐ ♿ 🍴 🅿 🍷 – Karte 37/50 €

Rothensande 1 ⊠ 23714 - ℰ 04523 8828441 - www.gut-immenhof.de

MALENTE-GREMSMÜHLEN, BAD

RODESAND N

FRANZÖSISCH-MODERN • ELEGANT Wer kennt nicht die "Immenhof"-Filme? Sie machten das herrlich am Kellersee gelegen Gut bekannt. Im schmucken weißen Herrenhaus serviert man heute in stilvoll-elegantem Ambiente eine ambitionierte modern-klassische Küche. Das Menü "Genussempfehlung" gibt es auch vegetarisch. Schön die Terrasse mit Blick ins Grüne. Ebenfalls auf dem Gut: Hotel, Reitanlage, Hofladen.

– Menü 109 €

Rothensande 1 – 23714 – 04523 8828151 – www.gut-immenhof.de – Geschlossen: Montag, Dienstag, Sonntag, mittags: Mittwoch-Samstag

MANDELBACHTAL
Saarland – Regionalatlas **5**–S2

GRÄFINTHALER HOF

REGIONAL • LÄNDLICH Ein sehr gepflegtes Anwesen ist die schön gelegene einstige Klosteranlage a. d. 13. Jh. Drinnen hat man recht elegante Räume, draußen eine charmante Terrasse unter Bäumen. Man kocht mit guten regionalen Produkten wie Saibling aus Ballweiler, Ziegenkäse aus Erfweiler, Bliesgaulamm... Es gibt auch ein vegetarisches Menü.

– Menü 35/39 € - Karte 34/59 €

Gräfinthal – 66399 – 06804 91100 – www.graefinthaler-hof.de – Geschlossen: Montag und Dienstag, abends: Sonntag

MANNHEIM
Baden-Württemberg – Regionalatlas **5**–U1

✿✿ OPUS V

MODERNE KÜCHE • CHIC Shopping und kulinarischer Genuss unter einem Dach? Das gibt's hoch oben im Modehaus „engelhorn Mode im Quadrat". Unter der Leitung von Dominik Paul wird modern-kreativ gekocht. Man hat eine ganz klare Linie und konzentriert sich auf die ausgezeichneten Produkte, auf überflüssiges Beiwerk verzichtet man bewusst. Die Aromen sind subtil, stets sehr elegant und stimmig. Hier überzeugen tadelloses Handwerk und Geschmack, Showeffekte braucht es da nicht! Am Abend bietet man ein Menü mit sechs Gängen, mittags eine etwas verkürzte Variante davon. Attraktiv auch das Interieur: geradlinig-modern und mit nordischer Note, dazu die einsehbare Küche und der tolle Blick über die Dächer der Stadt. Da ist auch die Terrasse gefragt!

– Menü 109/185 €

O5, 9-12 – 68161 – 0621 1671199 – www.restaurant-opus-v.de – Geschlossen: Montag, Dienstag, Sonntag, mittags: Mittwoch und Donnerstag

✿ DOBLERS

KLASSISCHE KÜCHE • ELEGANT Wahrhaftig eine Institution in der Quadratestadt und immer gut gebucht! Seit über 30 Jahren erfreuen Gabriele und Norbert Dobler ihre Gäste mit ausgezeichneten Speisen, die klassisch zubereitet werden, dabei aber keineswegs altbacken sind. Handwerk und Produktqualität überzeugen bei Norbert Dobler gleichermaßen, Effekthascherei braucht es da nicht. In hellem, geradlinig-elegantem Ambiente leitet Gabriele Dobler charmant den Service. Sicher ist dies mit ein Grund, weshalb so viele Stammgäste den sympathischen Gastgebern seit vielen Jahren die Treue halten. Toll: Sie können das große Menü auch am Mittag wählen - dazu bietet man noch ein kleines Mittagsmenü und A-la-carte-Gerichte. Mögen Sie Wein? Man hat eine attraktive Auswahl aus der Region.

– Menü 49 € (Mittags), 74/108 € - Karte 72/98 €

Seckenheimer Straße 20 – 68159 – 0621 14397 – www.doblers.de – Geschlossen: Montag und Sonntag

MANNHEIM

❀ LE CORANGE
FRANZÖSISCH-MODERN • MINIMALISTISCH Dieses Restaurant ist definitiv einen Besuch wert! Sie sitzen hier in der 6. Etage hoch über den Dächern von Mannheim und genießen neben schickem Ambiente und einem wunderbaren Blick über die Stadt auch noch eine ausgesprochen niveauvolle Küche. Was der gebürtige Ukrainer Igor Yakushchenko und sein Team hier auf den Teller bringen, ist eine modern inspirierte französische Küche, für die man ausgesuchte Produkte verwendet - im Fokus stehen Fisch und Meeresfrüchte. Mittags und abends bietet man zusätzlich zum Menü frische Austern und Kaviar. Übrigens: Das "le Corange" ist neben dem „Opus V" das zweite Gourmetrestaurant im Modehaus Engelhorn.

– Menü 69 € (Mittags), 89/149 € - Karte 95/125 €

O5, 9-12 ✉ 68161 – ✆ 0621 1671199 – www.corange-restaurant.de – Geschlossen: Montag und Sonntag, mittags: Dienstag-Donnerstag

❀ MARLY
Chef: Gregor Ruppenthal

KLASSISCHE KÜCHE • ELEGANT Monumental und spektakulär prägt der „Speicher 7" das Mannheimer Hafenbild. Hier finden Sie das "Marly", das geschmackvoll-elegante Restaurant des gebürtigen Pfälzers Gregor Ruppenthal. Seine Küche ist sehr frankophil geprägt, wobei er bei den Zutaten aus dem eigenen Kräuter- und Gemüsegarten schöpft, ergänzt durch viel Bio- und Demeterware, aber auch durch Produkte aus dem Mittelmeerraum und der Bretagne. Betreut werden Sie von einem sympathischen und kompetenten Serviceteam, dem Steifheit absolut fremd ist. Tipp: Lassen Sie sich im Sommer nicht die herrliche zum Rhein hin gelegene Terrasse entgehen!

– Menü 49 € (Mittags), 89/129 €

Rheinvorlandstraße 7 ✉ 68159 – ✆ 0621 86242121 – www.restaurant-marly.com – Geschlossen: Montag und Sonntag, mittags: Samstag

LE COMPTOIR 17
FRANZÖSISCH • BISTRO Französisch-mediterrane Lebensart prägt hier nicht nur die Speisekarte, sondern auch die quirlige Atmosphäre dieses äußerst netten Bistros. Als "Marly-Ableger" steht man für sehr gute Qualität - da überzeugen "gebratene Blutwurst von Christian Parra, pommes purée maison und Schalotten-Apfel agoût" oder klassische "Tarte au chocolat" ebenso wie die frischen Austern.

– Karte 40/52 €

Lameystraße 17 ✉ 68165 – ✆ 0621 73617000 – www.comptoir17.com – Geschlossen: Montag und Sonntag

MARKTBERGEL
Bayern – Regionalatlas **5**–V1

ⓘ ROTES ROSS
REGIONAL • GASTHOF Wer frische regional-saisonale Küche mit mediterranem Einfluss mag, ist bei Familie Bogner genau richtig. In ihrem Restaurant sitzt man in freundlich-gemütlichem Ambiente und wird aufmerksam umsorgt. Im Sommer zieht es die Gäste auf die begrünte Terrasse im Hof. Übernachten kann man hier auch, dafür stehen gepflegte, wohnliche Zimmer zur Verfügung.

– Menü 25/45 € - Karte 26/48 €

Würzburger Straße 3 ✉ 91613 – ✆ 09843 936600 – www.rotes-ross-marktbergel.de – Geschlossen: Montag und Sonntag, mittags: Dienstag-Samstag

MARKTBREIT
Bayern – Regionalatlas **5**–V1

ⓘ ALTER ESEL
MARKTKÜCHE • FAMILIÄR Das herzliche und engagierte Betreiberpaar bietet hier saisonale Küche mit regionalen und mediterranen Einflüssen. Serviert wird

MARKTBREIT

in der gemütlichen, liebevoll dekorierten Gaststube oder an einem der wenigen Tische im Freien mit Blick auf die historischen Häuser des charmanten kleinen Städtchens.

– Menü 45/71 € - Karte 37/45 €

Marktstraße 10 ⌧ 97340 - ℘ 09332 5949477 - www.alteresel-marktbreit. de - Geschlossen: Montag und Dienstag, mittags: Mittwoch-Samstag, abends: Sonntag

MICHELS STERN

REGIONAL · TRADITIONELLES AMBIENTE Seit jeher steckt Familie Michel jede Menge Engagement in ihr Gasthaus, inzwischen die 4. Generation. Wolfgang Michel kocht von bürgerlich bis fein, von "geschmorter Kalbshaxe" bis zu "gebratenem Wolfsbarschfilet mit Safranfenchel", sein Bruder Stefan empfiehlt mit Leidenschaft den passenden Frankenwein.

– Menü 35/45 € - Karte 27/47 €

Bahnhofstraße 9 ⌧ 97340 - ℘ 09332 1316 - www.michelsstern.de - Geschlossen: Mittwoch und Donnerstag, mittags: Montag und Dienstag

MARKTHEIDENFELD

Bayern – Regionalatlas **5**-V1

WEINHAUS ANKER

FRANZÖSISCH · GEMÜTLICH Ein Haus mit Tradition, das engagiert geführt wird. In schönen Stuben mit historischem Charme wählt man von einer umfangreichen Karte, die regional ausgerichtet ist, aber auch französisch geprägte Gerichte bietet. Dazu wird man freundlich umsorgt. Im Winter Do. - Sa. abends kleine fränkische Karte im rustikalen Gewölbe "Schöpple". Gepflegt übernachten kann man ebenfalls.

– Menü 39/105 € - Karte 29/65 €

Obertorstraße 13 ⌧ 97828 - ℘ 09391 6004801 - www.weinhaus-anker.de - Geschlossen mittags: Montag und Freitag

MASELHEIM

Baden-Württemberg – Regionalatlas **5**-V3

LAMM

REGIONAL · LÄNDLICH Einladend ist hier schon die sehr gepflegte Fassade. Drinnen wird man überaus freundlich empfangen, nimmt in charmantem Ambiente Platz und isst auch noch ausgesprochen gut! Der Chef kocht klassisch, reduziert und mit ausgesuchten Produkten. Probieren Sie z. B. "Zander auf getrüffeltem Erdfrüchteragout". Und als Dessert vielleicht "Schokoladentarte mit Bratapfeleis"?

– Menü 48/69 € - Karte 39/59 €

Baltringer Straße 14 ⌧ 88437 - ℘ 07356 937078 - www.sulminger-lamm.de - Geschlossen: Montag und Dienstag, mittags: Mittwoch-Samstag

MASSWEILER

Rheinland-Pfalz – Regionalatlas **5**-T2

BORST

FRANZÖSISCH-KLASSISCH · FAMILIÄR Mit seiner ambitionierten klassischen Küche ist das moderne Restaurant gewissermaßen der kulinarische Leuchtturm der Region. Seit 1988 sind die Gastgeber freundlich und engagiert bei der Sache und bieten z. B. "Hirschrücken in Sommertrüffeljus auf Wirsinggemüse". Zum Übernachten: einfache, gepflegte Zimmer im Gästehaus gegenüber.

– Menü 48/85 € - Karte 53/77 €

Luitpoldstraße 4 ⌧ 66506 - ℘ 06334 1431 - www.restaurant-borst.de - Geschlossen: Montag und Dienstag

MAXHÜTTE-HAIDHOF
Bayern – Regionalatlas **6**–Y2

KANDLBINDER KÜCHE
REGIONAL • FREUNDLICH In der alten Post von 1766 macht es Spaß, zu essen! Ausgesprochen schön hat man hier den stilvollen Rahmen mit einer dezent modernen Note kombiniert. Chef Martin Kandlbinder bietet eine regional-saisonale Küche mit internationalen Einflüssen, gut die Produktqualität.
㎡ ⇔ 🅿 – Menü 37/75 € - Karte 28/85 €
Postplatz 1 ✉ 93142 - 𝒞 09471 6050646 - www.kandlbinderkueche.de – Geschlossen: Dienstag und Mittwoch, mittags: Montag, Donnerstag-Samstag, abends: Sonntag

MEERBUSCH
Nordrhein-Westfalen – Regionalatlas **3**–J3

ANTHONY'S KITCHEN
Chef: Anthony Sarpong
INNOVATIV • TRENDY Einen tollen Mix aus Restaurant und Kochschule hat Gastgeber Anthony Sarpong hier. Der gebürtige Ghanaer kann sich auf ein engagiertes Team verlassen, und das sorgt für innovative internationale Küche mit saisonalen Einflüssen. Geboten werden die beiden Menüs "The Expedition" und "Green Journey" (vegetarisch) - durchdachte Kreationen mit interessant kombinierten Aromen ausgesuchter Produkte. Die Gerichte treffen ebenso den Zeitgeist wie das wertig-schicke Design und die legere Atmosphäre. Die Küchenbrigade ist hier selbst am Gast, Patron Anthony Sarpong inklusive. Das Restaurant lebt geradezu von seiner Persönlichkeit, die in einer spürbaren Freude am Kontakt zu den Gästen zum Ausdruck kommt und einem das Gefühl vermittelt, ein willkommener Freund zu sein.

Engagement des Küchenchefs: Als Mitglied des wissenschaftlichen Beirats und kulinarischer Botschafter der Gesellschaft für Prävention sorge ich mich ebenso um die Gesundheit meiner Gäste wie auch um ihren Genuss! Natürliche Ressourcen, Saisonalität und die Wahrung des natürlichen Gleichgewichts stehen dabei im Vordergrund.
AC ㎡ – Menü 95/185 €
Moerser Straße 81 ✉ 40667 - 𝒞 02132 9851425 - www.anthonys.kitchen – Geschlossen: Montag-Mittwoch, mittags: Donnerstag-Sonntag

LANDHAUS MÖNCHENWERTH
KLASSISCHE KÜCHE • ELEGANT In dem einladenden Landhaus direkt am Rhein (toll die Terrasse!) bietet man mediterran und modern beeinflusste Küche - da macht z. B. "Maibock mit karamellisiertem Rhabarber und Marsala-Jus" Appetit. Sehr charmant der Service.
≤ ㎡ ⇔ 🅿 – Menü 65/110 € - Karte 61/86 €
Niederlöricker Straße 56 ✉ 40667 - 𝒞 02132 757650 - www.moenchenwerth.de – Geschlossen: Montag, mittags: Dienstag-Samstag

MEERFELD
Rheinland-Pfalz – Regionalatlas **3**–J4

POSTSTUBEN
INTERNATIONAL • GEMÜTLICH Neben den guten Produkten erkennt man hier noch etwas ganz klar auf dem Teller: Talent und Handwerk. Beides beweist die regional beeinflusste Küche von Sven Molitor. Sie ist bodenständig, zeigt aber hier und da auch eine gewisse Finesse. Dazu aufmerksamer und charmanter Service. Zum Übernachten hat der traditionsreiche Familienbetrieb "Zur Post" gepflegte Gästezimmer.

MEERFELD

🍴 🅿 – Menü 35/60 € - Karte 32/55 €
Meerbachstraße 24 ✉ *54531* – 📞 *06572 931900* – *www.die-post-meerfeld.de –*
Geschlossen: Montag und Dienstag, mittags: Mittwoch-Samstag

MEERSBURG

Baden-Württemberg – Regionalatlas **5**–U4

❀ CASALA

MODERNE KÜCHE • ELEGANT Ist es nicht herrlich, hier bei schönem Wetter auf der Terrasse zu sitzen und auf den Bodensee zu schauen? Und wenn man dann auch noch Sterneküche genießen darf... Dass es die bei den engagierten Inhabern Manfred und Susanne Lang gibt, ist der Verdienst von Küchenchef Markus Philippi. Er kocht modern und saisonal. Sehr gut ausbalanciert und aromareich ist nicht nur der Hohentwieler Wasserbüffel mit toller Röstzwiebeljus, Kartoffelsoufflé und Gartengemüse. Dem niveauvollen Essen wird auch das hochwertige und wirklich geschmackvolle Interieur gerecht, zu dem sich auch noch ein ausgesprochen zuvorkommender, freundlicher und kompetenter Service gesellt. Hier trägt auch der versierte Sommelier mit seinen sehr guten Weinempfehlungen zum runden Bild bei.

🍷 ≤ 🛋 🍴 🅿 🚗 ⊞ – Menü 109/145 €
Uferpromenade 11 ✉ *88709* – 📞 *07532 80040* – *www.hotel-residenz-meersburg.com* – *Geschlossen: Montag-Mittwoch, mittags: Donnerstag-Sonntag*

RESIDENZ AM SEE

MODERN • ELEGANT Auch im Zweitrestaurant der "Residenz am See" erwartet Sie hochwertige Gastronomie! In elegantem Ambiente wird man aufmerksam umsorgt, z. B. mit "Hechtklößchen, Krustentierschaum, Pulpo, Blattspinat" oder "Allgäuer Reh, Kräuterpilze, Brokkoli, Topfenspätzle". Mittags etwas einfachere Karte. Schön die Plätze am Fenster oder auf der Terrasse mit Seeblick!

≤ 🍴 ✿ 🅿 🚗 ⊞ – Menü 32 € (Mittags), 41/85 €
Uferpromenade 11 ✉ *88709* – 📞 *07532 80040* – *www.hotel-residenz-meersburg.com* – *Geschlossen: Dienstag und Mittwoch, mittags: Montag, Donnerstag-Samstag*

MEISENHEIM

Rheinland-Pfalz – Regionalatlas **5**–T1

MEISENHEIMER HOF

MARKTKÜCHE • GEMÜTLICH In drei hübschen kleinen Stuben genießt man ambitionierte klassische und regionale Küche. Dazu eine schöne Weinkarte mit vielen deutschen Weinen und Jahrgängen. Das Gebäudeensemble des "Meisenheimer Hofs" ist ein attraktiver Mix aus Historie und Moderne - im Restaurant wie auch in den Themenzimmern des Hotels. Im Sommer sitzt man nett auf der Terrasse zwischen den Häusern.

🍷 ♿ 🍴 ✿ 🅿 – Menü 37/139 € - Karte 39/139 €
Obergasse 33 ✉ *55590* – 📞 *06753 1237780* – *www.meisenheimer-hof.de –*
Geschlossen: Montag und Sonntag, mittags: Dienstag-Samstag

MEPPEN

Niedersachsen – Regionalatlas **1**–A4

❀ VON EUCH

INTERNATIONAL • FREUNDLICH Wirklich einladend: Hier sitzt man nicht nur schön in hellem, elegantem Ambiente oder auf der begrünten Terrasse hinterm Haus, man isst auch noch richtig gut. Alles, was auch der Küche kommt, ist frisch und reich an Aromen. Im gleichnamigen Hotel finden Sie tipptopp gepflegte, neuzeitlich eingerichtete Zimmer.

♿ Ⓜ 🍴 ⇦ 🍽 ▫ – Menü 29/49 € - Karte 31/44 €
Kuhstraße 21 ✉ 49716 - ℰ 05931 4950100 – www.voneuch.de – Geschlossen: Montag und Sonntag, mittags: Dienstag-Samstag

MERGENTHEIM, BAD
Baden-Württemberg – Regionalatlas **5**–V1

BUNDSCHU
MARKTKÜCHE • **BÜRGERLICH** Hier wird regional, saisonal und mit mediterranen Einflüssen gekocht. Nach wie vor ein Klassiker: die Bouillabaisse. Oder mögen Sie lieber "Schwäbischen Rostbraten, Röstzwiebelchen, Kalbsjus, Dinkelspätzle, Maultasche"? Schön die Terrasse zum Garten. Familie Bundschu bietet in ihrem Haus auch sehr gepflegte Gästezimmer.
♿ 🍴 🅿 🍽 – Menü 30/46 € - Karte 24/51 €
Milchlingstraße 24 ✉ 97980 - ℰ 07931 9330 - www.hotel-bundschu.de – Geschlossen: Montag

MESCHEDE
Nordrhein-Westfalen – Regionalatlas **3**–K2

LANDHOTEL DONNER
REGIONAL • **LÄNDLICH** Im Restaurant des schön gelegenen "Landhotel Donner" sitzt man in gemütlichen Stuben, in denen warmes Holz und hübsche Stoffe eine charmant-traditionelle Atmosphäre schaffen. Gekocht wird klassisch-regional und mit saisonalen Einflüssen. Dazu freundlicher Service. Die Gästezimmer in dem gut geführten Familienbetrieb sind sehr gepflegt und wohnlich.
♿ 🍴 ⇦ 🅿 ▫ – Menü 36/52 € - Karte 26/62 €
Zur Alten Schmiede 4 ✉ 59872 - ℰ 0291 952700 - www.landhotel-donner.de – Geschlossen: Mittwoch, mittags: Montag, Dienstag, Donnerstag, Freitag

VON KORFF
INTERNATIONAL • **MINIMALISTISCH** Ein Patrizierhaus von 1902 nebst architektonisch gelungener Erweiterung beherbergt das Restaurant samt Weinhandel sowie das gleichnamige Hotel. Ansprechend das geradlinige Ambiente. Interessant auch der Weinkeller, in dem auf Reservierung auch Verkostungen möglich sind. Tipp: "von Korff's Vorratsschrank" bietet Gerichte und Feinkost für daheim.
🚴 ♿ 🍴 ⇦ 🅿 – Menü 25/69 € - Karte 28/65 €
Le-Puy-Straße 19 ✉ 59872 - ℰ 0291 99140 - www.hotelvonkorff.de – Geschlossen: Sonntag

METTLACH
Saarland – Regionalatlas **5**–S1

LANDHOTEL SAARSCHLEIFE - LANDKÜCHE IM KAMINZIMMER
Chef: Christian Münch-Buchna
KLASSISCHE KÜCHE • **GEMÜTLICH** Das Restaurantkonzept im schmucken "Landhotel Saarschleife" teilt sich in die "Dorfküche" - hier nennt sich das Angebot "bodenständig & lecker" - sowie die "Landküche", die in gemütlichem Ambiente "feines Essen" bietet. Dazu eine gepflegte Weinkarte und aufmerksamer, freundlicher Service. Tipp: Abends kann man auch an "Christians Küchentisch" speisen.
❀ *Engagement des Küchenchefs: Mein kulinarisch-nachhaltiges Versprechen lautet „Kreative, frische Küche mit ökologischer Nachhaltigkeit, fairen Preisen und Zutaten von lokalen Erzeugern", aber nicht nur dafür stehe ich, sondern auch für die Nachhaltigkeitsstrategie unseres Landhotels, vom Mitarbeiter bis zur Stromgewinnung!*

METTLACH

🛏 🍴 ✿ 🅿 🚗 🛗 – Menü 31/90 € - Karte 45/74 €
*Cloefstraße 44 ✉ 66693 – ✆ 06865 1790 – www.hotel-saarschleife.de –
Geschlossen: Montag*

METZINGEN
Baden-Württemberg – Regionalatlas **7**–B2

ZUR SCHWANE
MARKTKÜCHE • LANDHAUS Hier wird das Thema Alb groß geschrieben. Beim saisonal wechselnden Speiseangebot legt man Wert auf gute Produkte aus der Region. Beliebt auch die "Mittags-Specials" von "Low Carb" bis "Vegi". Hingucker im Restaurant ist ein großes Panoramabild der Schwäbischen Alb. Tipp: Im Haus hat man auch schicke Gästezimmer, zudem ist die Lage in der "Outlet-City" interessant.
♿ 🍴 ✿ 🅿 🚗 – Karte 23/66 €
*Bei der Martinskirche 10 ✉ 72555 – ✆ 07123 9460 – www.schwanen-metzingen.
de – Geschlossen: Sonntag*

MIESBACH
Bayern – Regionalatlas **6**–Y4

MANUELIS
MARKTKÜCHE • NACHBARSCHAFTLICH Richtig charmant ist das kleine Restaurant mit seiner legeren, lockeren Atmosphäre. Aus regionalen Produkten entsteht z. B. "Filet von der Lachsforelle geplankt, Zuckerschote, Gnocchi, Holundersauerrahm". Dazu ausschließlich deutsche Weine. Tipp: Fragen Sie nach den Themenmenüs am Wochenende. Man hat übrigens auch eine sehr geschmackvolle Ferienwohnung.
🍴 📋 – Menü 89/129 € - Karte 22/45 €
*Kolpingstraße 2 ✉ 83714 – ✆ 08025 9229693 – www.manuelis.de –
Geschlossen: Montag und Dienstag, mittags: Mittwoch-Sonntag*

MITTELBERG – Vorarlberg • Siehe Kleinwalsertal

MITTENWALD
Bayern – Regionalatlas **6**–X4

❀ DAS MARKTRESTAURANT
Chef: Andreas Hillejan

REGIONAL • MINIMALISTISCH Sehr zur Freude seiner Gäste hat es den ursprünglich von Niederrhein stammenden Andreas Hillejan vor Jahren nach Oberbayern verschlagen. Hier bietet es in dem wunderschönen, von Alpengipfeln umgebenen Örtchen Mittenwald mit seinen bunt bemalten Häusern und seiner Geigenbaugeschichte seine eigene verfeinerte Wirtshausküche, und die kommt richtig gut an. In legerer, unkomplizierter Atmosphäre gibt es das Menü "Wirtshaus mal anders" (auf Wunsch mit passender Weinreise) sowie Klassiker der Region. Tipp: Machen Sie vor oder nach dem Essen einen Spaziergang durch den schmucken Ort.
🍴 ✿ – Menü 86/110 € - Karte 42/76 €
*Dekan-Karl-Platz 21 ✉ 82481 – ✆ 08823 9269595 – www.das-marktrestaurant.
de – Geschlossen: Montag und Sonntag, mittags: Dienstag-Donnerstag*

MITTERSKIRCHEN
Bayern – Regionalatlas **6**–Z3

FREILINGER WIRT
MARKTKÜCHE • FREUNDLICH Seit 1870 gibt es das traditionelle bayerische Wirtshaus, das heute mit einem schönen Mix aus geradlinig-modernem Stil und warmem Holz daherkommt. Der Patron und Küchenchef ist Metzgermeister und

war schon in renommierten Restaurants tätig, das merkt man seinen guten saisonalen Gerichten an. Beliebt die große Terrasse.

㱍 ⇔ 🅿 ⛱ – Menü 24/65 € - Karte 4/30 €
*Hofmarkstraße 5 ⊠ 84335 - ℰ 08725 200 – www.freilinger-wirt.de –
Geschlossen: Montag und Dienstag, mittags: Mittwoch, Donnerstag, Samstag*

MÖNCHENGLADBACH
Nordrhein-Westfalen – Regionalatlas **3**–J3

LINDENHOF-KASTEEL
MODERNE KÜCHE • GASTHOF Eine gefragte Adresse ist das familiengeführte Restaurant in dem gleichnamigen Hotel. In schönem Ambiente (die Deckenbalken sind ein Relikt aus dem ursprünglichen Haus von 1682) serviert man moderne, ambitionierte und produktorientierte Küche - alles ist hausgemacht!

🅿 ⛱ – Menü 67/115 € - Karte 53/85 €
*Vorster Straße 535 ⊠ 41169 - ℰ 02161 551122 – www.lindenhof-mg.de –
Geschlossen: Montag und Sonntag, mittags: Dienstag-Samstag*

MOERS
Nordrhein-Westfalen – Regionalatlas **3**–J2

KURLBAUM
KLASSISCHE KÜCHE • ELEGANT Über zwei Etagen verteilt sich das zeitlos-elegante Restaurant in einer guten Lage - im Sommer gibt es zudem einige Plätze draußen in der Fußgängerzone. Man hat hier zahlreiche Stammgäste, und die mögen die klassisch geprägte Küche. Gerne kommt man auch zur Mittagszeit - da gibt es ein 2-Gänge-Menü zu einem attraktiven Preis!

⛱ – Menü 25 € (Mittags), 55/75 € - Karte 49/67 €
*Burgstraße 7 ⊠ 47441 - ℰ 02841 27200 – www.restaurant-kurlbaum.de –
Geschlossen: Montag und Dienstag, mittags: Samstag und Sonntag*

MOLFSEE
Schleswig-Holstein – Regionalatlas **1**–D2

😊 BÄRENKRUG
REGIONAL • LÄNDLICH Von der "Friesenstube" bis zum lauschigen Hofgarten, hier darf man sich auf einen Mix aus Holsteiner und gehoben-internationaler Küche freuen. Lust auf "Sauerfleisch mit Bratkartoffeln" oder "geschmorte Markeruper Entenbrust, Jus, Cashewnüsse, grüner Spargel"? Im gleichnamigen Hotel des langjährigen Familienbetriebs gibt es auch hübsche, wohnliche Zimmer.

♿ 㱍 ⇔ 🅿 – Menü 62/68 € - Karte 36/62 €
*Hamburger Chaussee 10 ⊠ 24113 - ℰ 04347 71200 – www.baerenkrug.de –
Geschlossen: Montag und Dienstag, mittags: Mittwoch-Sonntag*

MOOS BEI DEGGENDORF
Bayern – Regionalatlas **6**–Z2

✹ [KOOK] 36
Chef: Daniel Klein

KREATIV • FREUNDLICH In dem freundlich-modernen Restaurant in einer ruhigen Wohngegend ist man mit Engagement bei der Sache. In der Küche orientiert sich Patron Daniel Klein an der Saison und bezieht die Produkte gerne aus der direkten Umgebung. Und was er auf den Teller bringt, ist nicht nur sehr schön angerichtet, vor allem kommt der Geschmack richtig toll zur Geltung - den ausgesuchten Zutaten sei Dank! Zum Menü können Sie ein "Upgrade" in Form einer guten Weinbegleitung wählen. Die Partnerin des Chefs managt den Service und berät Sie herzlich und kompetent. Wem der Sinn nach einem Aperitif oder Digestif steht, kann dazu in der Lounge auf bequemen Chesterfield-Sesseln Platz nehmen. Hübsch ist auch die Terrasse.

🍴 P – Menü 65/114 €

Thundorfer Straße 36 ✉ 94554 – ☎ 09938 9196636 – www.kook36.de –
Geschlossen: Montag und Dienstag, mittags: Mittwoch-Sonntag

MÜLLHEIM

Baden-Württemberg – Regionalatlas **7**–B1

OCHSEN

REGIONAL • GASTHOF Der Gasthof ist seit seiner Gründung 1763 in Familienbesitz. Drinnen reizende Stuben, draußen eine hübsche Terrasse und ein Innenhof (zur Weihnachtszeit mit kleinem Markt). Es wird frisch gekocht, z. B. "Kutteln in Weißweinsoße" oder "gebratene Dorade auf mediterranem Gemüse". Schön übernachten kann man auch.

🍴 ⇔ P – Menü 30/59 € - Karte 26/65 €

Bürgelnstraße 32 ✉ 79379 – ☎ 07631 3503 – www.ochsen-feldberg.de –
Geschlossen: Donnerstag

TABERNA

MARKTKÜCHE • HIP Im Herzen von Müllheim leiten die sympathischen Birks' (sie gebürtige Südafrikanerin, er Engländer) dieses charmante Restaurant. Modern inspirierte Gerichte wie "Kalbsragout, grüner Spargel, Morcheln, Karotten & geröstete Kartoffeln" können frei zum Menü kombiniert werden. Tipp: die Terrasse am bzw. über dem Klemmbach!

🍴 – Menü 19 € (Mittags), 43/50 €

Marktplatz 7 ✉ 79379 – ☎ 07631 174884 – www.taberna-restaurant.de –
Geschlossen: Montag, Dienstag, Sonntag

MÜNCHEN

Bayern – Regionalatlas **65**-L20

Keinesfalls sollten Sie bei Ihrem München-Besuch die **Ménage Bar** im Szeneviertel Glockenbach auslassen. Tipp: die Cocktail-Kreationen! Bayerische Klassiker oder tolle Steak-Cuts? Beides gibt es etwas außerhalb des Zentrums bei Shane McMahon im **Asam Schlössl**. Im Sommer ist der Biergarten ein Muss! Absolut zu empfehlen ist das neue „alte" **Tantris**! Im **DNA** gibt Küchenchefin Virginie Protat der Klassik des Hauses einen modernen Touch, im **Tantris** lockt das Menü des Kanadiers Benjamin Chumra. Apropos Tantris: Sigi Schelling, jahrelang im Tantris bei Hans Haas, bietet nun im **Werneckhof Sigi Schelling** ehrliche, filigrane Küche auf Top-Niveau. Lust auf „people watching"? Dazu lädt im Sommer die Torrasse des **Blauen Bocks** ein. Im etwas versteckt liegenden **Sparkling Bistro** in der Maxvorstadt serviert ein junges Team exzellente Küche. Münchner Tradition erlebt man im charmanten **Weinhaus Neuner**.

UNSERE BESTEN RESTAURANTS

STERNE-RESTAURANTS

❁❁

Eine Spitzenküche - einen Umweg wert!

Alois - Dallmayr Fine Dining	296
Atelier	300
EssZimmer	305
TANTRIS **N**	306
Tohru in der Schreiberei **N**	296

❁

Eine Küche voller Finesse - seinen Stopp wert!

Acquarello	303
Gabelspiel	304
Les Deux	296
Mountain Hub Gourmet	304
mural	297
Schwarzreiter	297
Showroom	302
Sparkling Bistro	297
Tantris DNA **N**	307
TIAN	297
Werneckhof Sigi Schelling **N**	307

BIB GOURMAND 🙂

Asam Schlössl **N**	308
Bar Mural	298
Brasserie Colette Tim Raue	298
Freisinger Hof	306
Ménage Bar	298

CLFortin/Getty Images Plus

RESTAURANTS AM SONNTAG GEÖFFNET

Acetaia	306
Asam Schlössl ⊛N	308
La Bohème	307
Freisinger Hof ⊛	306
Galleria	299
Hippocampus	303
Jin	299
Johannas	305
Museum	300
Tantris DNA ⊛N	307
Vinaiolo	303
Weinhaus Neuner	302

UNSERE RESTAURANTAUSWAHL

ALLE RESTAURANTS VON A BIS Z

1804 Hirschau**N** 307

A

Acetaia 306
Acquarello ✽ 303
Alois - Dallmayr Fine Dining ✽✽ 296
Asam Schlössl ⚘**N** 308
Atelier Gourmet 302
Atelier ✽✽ 296
Atlantik**N** 298

B

Bar Mural ⚘ 298
Bavarie 305
Blauer Bock 298
Brasserie Colette Tim Raue ⚘ 298
Brasserie Les Deux 299
Broeding 306

D

Der Dantler 305

E

Ebert 303
Essence 306
EssZimmer ✽✽ 305

F

Freisinger Hof ⚘ 306

G

Gabelspiel ✽ 304
Galleria 299
Garden-Restaurant 299
Green Beetle ✽ **N** 308

H

Hippocampus 303
Huber 304

I

Il Borgo 308

Kaplanec/Getty Images Plus

AngiePhotos/Getty Images Plus

J

Jin 299
Johannas 305

K

Käfer-Schänke 304
KOI 299

L

La Bohème 307
Les Deux ❀ 296
Le Stollberg 299
Little London 300

M

Martinelli 304
Matsuhisa Munich 300
Ménage Bar ❀ 298
MONA Gourmet 303
Mountain Hub Gourmet ❀ 303
mural ❀ 297
Museum 300

N-P

Nymphenburger Hof 300
Pageou 300

Pfistermühle 301
Pure Wine & Food 308

R

Rocca Riviera 301
Rüen Thai 301

S

Schuhbecks
in den Südtiroler Stuben 301
Schwarzreiter ❀ 297
Showroom ❀ 302
Sparkling Bistro ❀ 297

T

Tantris DNA ❀ N 307
Tantris ❀❀ N 306
TIAN ❀ ❀ 297
Tohru in der Schreiberei ❀❀ N 296
TOSHI 301
Trichards 301

V

Vecchia Lanterna 302
Vinaiolo 303
VINOTHEK by Geisel 302

W

Weinhaus Neuner 302
Werneckhof Sigi Schelling ❀ N 307

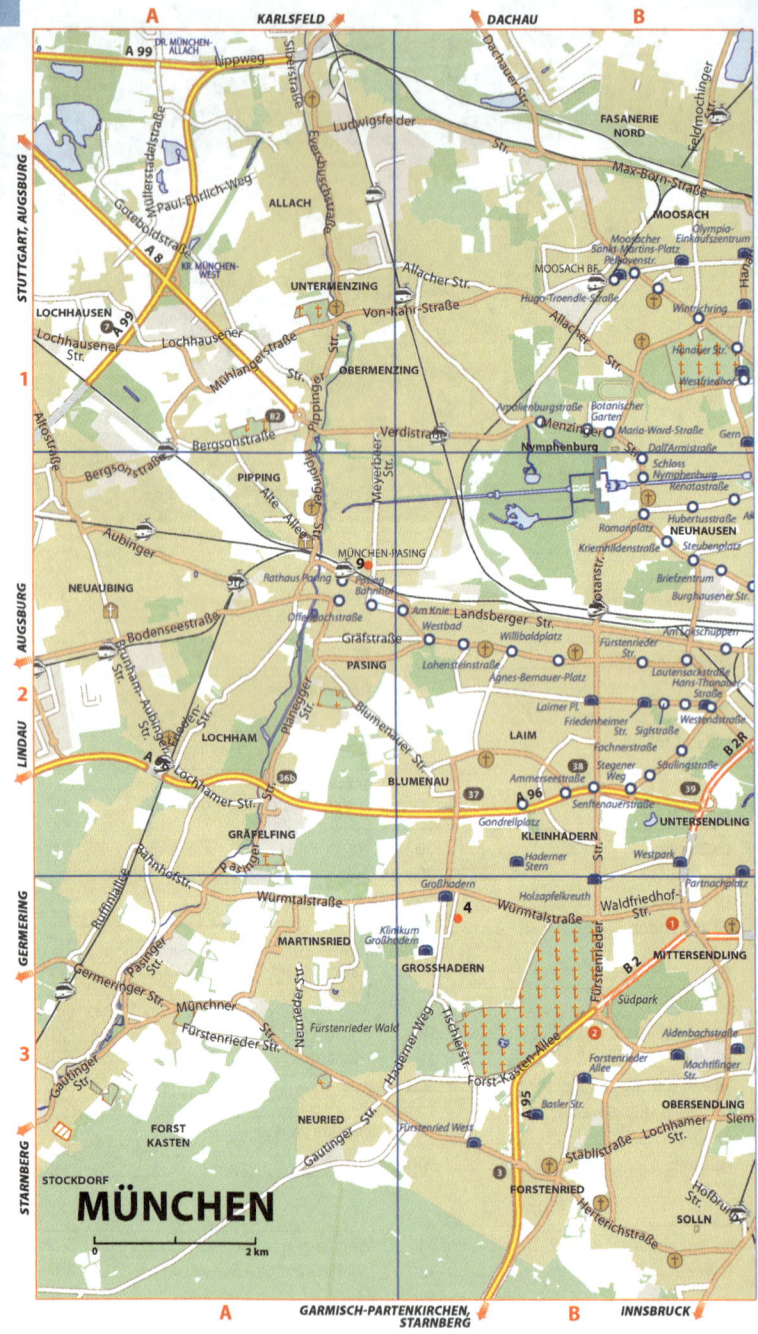

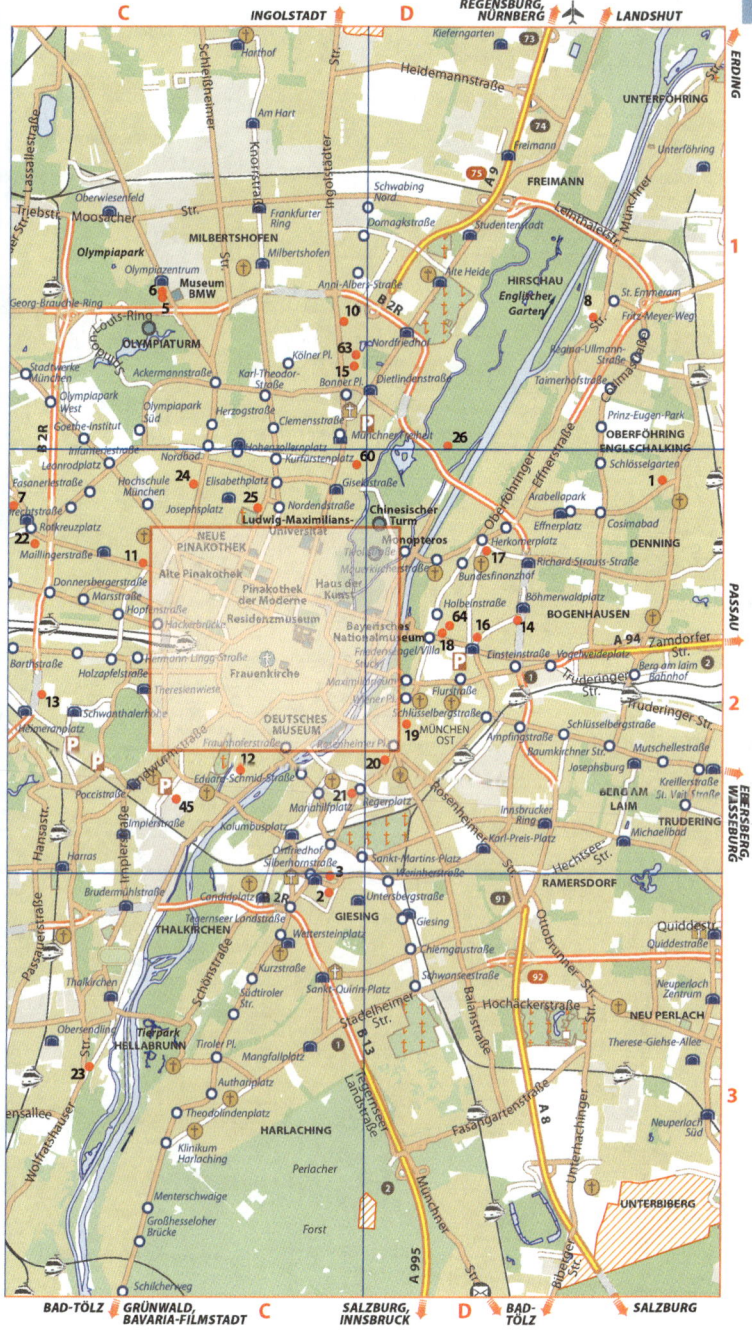

MÜNCHEN

294

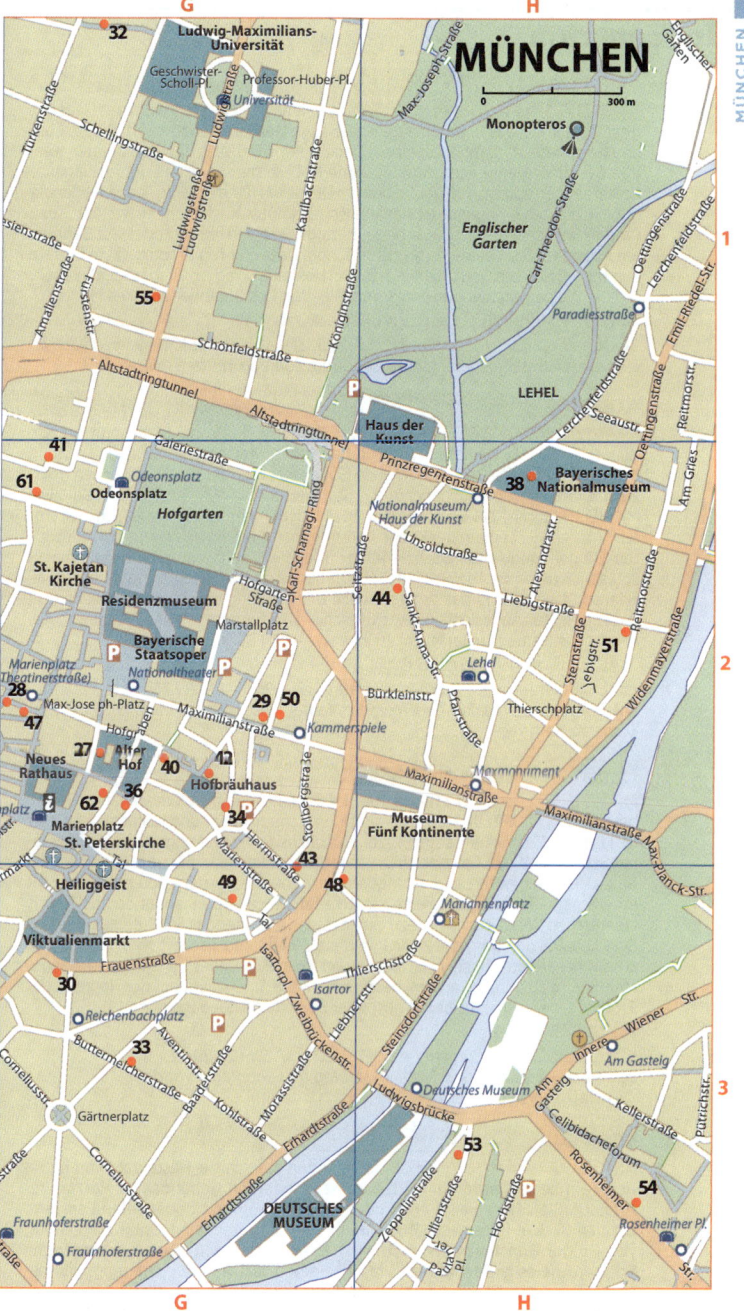

Im Zentrum

✿✿ ALOIS - DALLMAYR FINE DINING

FRANZÖSISCH-MODERN • ELEGANT „Dallmayr" - ein altehrwürdiges Haus mit großem Namen, das in schöner zentraler Lage Delikatessengeschäft, Bistro, Café und Gourmetrestaurant unter einem Dach vereint. Bei aller Tradition bringen wertige Designelemente auch eine moderne Note in die stilvollen Räume: Elegante Sessel zeugen ebenso von der Liebe zum Detail wie der markante Teppich oder die originelle Tapete mit eindrucksvollem Kranichmotiv. Küchenchef Christoph Kunz (vorher Souschef hier im Haus) bietet mittags ein Menü mit drei oder vier Gängen, am Abend umfasst es sechs bis zehn Gänge. Dass hier top Produkte zum Einsatz kommen, beweisen Gerichte wie z. B. "A5 Hokkaido Wagyu, Rhabarber, Olivenöl". Toll die Weinempfehlungen von Sommelier und Restaurantleiter Julien Morlat!

🕯 🅰🅲 ⊡ – Menü 78 € (Mittags), 175/220 €

Stadtplan: G2-27 – Dienerstraße 14 ✉ 80331 – ✆ 089 2135100 – www.dallmayr.com/alois – Geschlossen: Montag, Dienstag, Sonntag, mittags: Mittwoch

✿✿ ATELIER

FRANZÖSISCH-KREATIV • ELEGANT Erstklassige Produkte, absolut präzise Zubereitung, tolle Balance... Wirklich beachtlich, welch hervorragende Leistung das Team um Anton Gschwendtner im Gourmetrestaurant des "Bayerischen Hofs" zeigt. Der ehemalige Küchenchef des Stuttgarter "OLIVO" - hier erkochte er zwei MICHELIN Sterne - hat im November 2021 in dem mehrere Jahre dreifach besternten "Atelier" die Leitung der Küche übernommen. Mit seinem angenehm reduzierten Stil gelingen Anton Gschwendtner intelligent aufgebaute und geschmacklich sehr finessenreiche Gerichte, schön herausgearbeitete Kontraste inklusive. Ebenso überzeugend das professionelle und top eingespielte Serviceteam. Und das Ambiente? Angesichts des wertig-schicken Interieurs von Axel Vervoordt verspricht der Name "Atelier" nicht zu viel.

🕯 🅰🅲 🚗 – Menü 205/235 €

außerhalb Stadtplan – Promenadeplatz 2 ✉ 80331 – ✆ 089 21200 – www.bayerischerhof.de – Geschlossen: Montag und Sonntag, mittags: Dienstag-Samstag

✿✿ TOHRU IN DER SCHREIBEREI 🆕

MODERNE KÜCHE • ELEGANT Tohru Nakamura, der im "Werneckhof by Geisel" bereits zwei MICHELIN Sterne erkochte, ist Namensgeber und Küchenchef dieser neuen Fine-Dining-Adresse im Herzen Münchens. Seine Wirkungsstätte: die ehemalige Stadtschreiberei. Gelungen hat man in dem denkmalgeschützten Bürgerhaus ein Stück Historie bewahrt und mit Modernem verbunden. In dem Gourmetrestaurant im OG genießen die Gäste eine kreative Küche, die ihre Inspiration aus Tohrus japanischen Wurzeln zieht - dazu eine passende Wein- oder Sake-Begleitung. Das Serviceteam, das ebenso wie die komplette Küchenmannschaft schon seit Jahren zusammenarbeitet, ist sehr kompetent und freundlich. Jedes Gericht des 10-Gänge-Menüs wird ausführlich erklärt, besonderes Augenmerk liegt auf der Herkunft der Produkte, die ausnahmslos mit absoluter Spitzenqualität begeistern!

Menü 245 €

Stadtplan: G2-62 – Burgstraße 5 ✉ 80331 – ✆ 089 21529172 – www.schreiberei-muc.de – Geschlossen: Montag und Sonntag, mittags: Dienstag-Samstag

✿ LES DEUX

FRANZÖSISCH-MODERN • CHIC Sie finden das schicke Restaurant von Katrin und Fabrice Kieffer in der 1. Etage eines modernen Gebäudes im Herzen der Altstadt. Sie sitzen hier in einem dreieckigen Raum mit bodentiefen Fenstern, die den Blick auf das geschäftige Treiben der City freigeben. Unter der Leitung von Gregor Goncharov und Nathalie Leblond entstehen modern-französische Speisen, die es als Menü oder à la carte gibt. Präzise die Zubereitung, interessant die Kombinationen, geschickt das Spiel mit Texturen und Temperaturen. Das Serviceteam um Patron Fabrice Kieffer - Gastgeber mit Leib und Seele und

zugleich Sommelier - umsorgt Sie sehr freundlich und engagiert, fachkundige Weinempfehlungen von einer über 500 Positionen umfassenden Karte inklusive.
₿ 🄰🄲 ⓖ – Menü 185 €

Stadtplan: G2-28 - *Maffeistraße 3a* ✉ *80333* - ℰ *089 710407373* - *www. lesdeux-muc.de* – *Geschlossen: Samstag und Sonntag, mittags: Montag-Freitag*

MURAL

KREATIV • MINIMALISTISCH Was die Küche hier so besonders macht? Junger Esprit und echtes Talent! Untergebracht ist das Restaurant im MUCA, dem "Museum of Urban and Contemporary Art", daran angelehnt das Design des "mural". Das engagierte Küchenteam gibt hier ein kreatives Menü zum Besten, kreativ und voller intensiver Aromen. Auf Vorbestellung bekommen Sie auch eine vegetarische Variante. Oder lieber nur Fisch? Die Produkte stammen fast ausschließlich aus Bayern - ein Hochgenuss z. B. die Forelle in absoluter Spitzenqualität! Dazu sympathischer und freundschaftlicher Service, auch die Köche sind mit von der Partie. Angenehm unkompliziert die Weinberatung - interessant sind u. a. die Empfehlungen aus dem schönen Angebot an Naturweinen.

₿ 🍽 – Menü 155 €

Stadtplan: F2-31 - *Hotterstraße 12* ✉ *80331* - ℰ *089 23023186* - *www.mural. restaurant* – *Geschlossen: Montag und Sonntag, mittags: Dienstag-Samstag*

SCHWARZREITER

MODERNE KÜCHE • ELEGANT Es lohnt sich, das legendäre Restaurant des Münchner Luxus-Hotels „Vier Jahreszeiten" an der berühmten Maximilianstraße zu besuchen! Hier bietet ein engagiertes Küchenteam „Young Bavarian Cuisine". Dahinter verbergen sich leichte, modern-reduzierte Gerichte, die sehr akkurat und stimmig zubereitet sind. Zum Einsatz kommen nur Produkte von ausgesuchter Qualität, und die bezieht man vorzugsweise aus der Region - so gibt es z. B. Lamm vom Gutshof Polting mit Emmer, Sellerie, Hollerbeeren und Steinpilzen. Das Interieur ist chic in zarten Cremetönen gehalten, wertig-elegant und ebenso stylish-modern. Dabei ist die Atmosphäre keineswegs steif, sondern schön urban, der Service angenehm locker und geschult.

🄰🄲 🚗 ⓖ – Menü 85/185 €

Stadtplan: G2-29 - *Maximilianstraße 17* ✉ *80539* - ℰ *089 21252125* - *www. schwarzreiter-muenchen.de* – *Geschlossen: Montag-Mittwoch, Sonntag, mittags: Donnerstag-Samstag*

SPARKLING BISTRO

Chef: Jürgen Wolfsgruber

MODERNE KÜCHE • BISTRO Das hübsche kleine Bistro liegt ein bisschen versteckt in der Amalienpassage, doch die Suche lohnt sich! Dafür sorgen ausgezeichnete Küche und angenehme Atmosphäre. Steife Etikette brauchen Sie nicht zu fürchten, vielmehr ist es hier schön entspannt und unkompliziert. Der Service ist zuvorkommend, natürlich und sehr freundlich, und auch in Sachen Wein wird man trefflich beraten. In der Küche beweist das engagierte Team um Inhaber Jürgen Wolfsgruber und Johannes Maria Kneip (zuvor Küchenchef im Münchner "mural") ein Gefühl für subtile Aromen und eine durchdachte Struktur auf dem Teller, die den Fokus ganz auf die exzellenten Produkte legt, wie z. B. bei "Wagyu, N25 Kaviar, Artischocke, Jus Gras". Geboten wird ein abendliches "Bistro Menü" mit sieben Gängen.

🍽 – Menü 125/155 €

Stadtplan: G1-32 - *Amalienstraße 79* ✉ *80799* - ℰ *089 46138267* - *www.bistro-muenchen.de* – *Geschlossen: Montag und Sonntag, mittags: Dienstag-Samstag*

TIAN

Chef: Viktor Gerhardinger

VEGETARISCH • TRENDY Eine wahre Freude für alle, die mal auf Fleisch und Fisch verzichten möchten, ist das schicke "Tian" direkt am Viktualienmarkt! Im Februar 2020 hat Viktor Gerhardinger, ehemals Souschef hier im Haus, die

Küchenleitung übernommen. Auch wenn seine Gerichte komplett vegetarisch sind, lassen sie weder Geschmack noch Tiefgang oder Finesse vermissen. Sie sind durchdacht, unkompliziert und keinesfalls verkünstelt, sondern angenehm klar aufgebaut, so z. B. "Kürbis, Basilikum, Vogelbeere". Es gibt ein Menü, das Sie mit vier bis sechs Gängen wählen können. Geschäftsführer Paul Ivic leitet neben diesem Münchner Restaurant übrigens auch das "Tian" in Wien.

🍀 *Engagement des Küchenchefs:* Vegetarische Sterneküche zu bieten, ist nicht mein einziges Anliegen. Wir verarbeiten nur Bio-Produkte, was für Lebensmittel wie auch für Weine gilt! Von der „NO WASTE"-Kultur über Öko-Reinigungsmittel bis zur "Fair Trade"-Kleidung ist unser Betrieb stark auf Nachhaltigkeit ausgerichtet.

– Menü 101/125 €

Stadtplan: G3-30 – Frauenstraße 4 ✉ 80331 – ✆ 089 885656712 – www.tian-restaurant.com – Geschlossen: Montag, Dienstag, Sonntag, mittags: Mittwoch und Donnerstag

BAR MURAL

MODERN • HIP In dieser Bar ist es laut, lebendig und trendig-leger, dazu 80er-Jahre-Disco-Musik - das hat schon Charme! Auf der kleinen Speisekarte finden sich verschiedene Aufschnitt-Teller sowie sehr schmackhafte und durchdachte Gerichte, die man auch als Menü anbietet. Tipp: Zur Saison gibt es frische Austern.

– Menü 38/75 € - Karte 39/43 €

Stadtplan: G1-55 – Theresienstraße 1 ✉ 80333 – ✆ 089 27373380 – www.barmural.com – Geschlossen: Montag und Sonntag, mittags: Dienstag-Samstag

BRASSERIE COLETTE TIM RAUE

FRANZÖSISCH • BRASSERIE Mit diesem Konzept trifft Tim Raue den Nerv der Zeit: Man fühlt sich wie in einer französischen Brasserie, die Atmosphäre gemütlich und angenehm ungezwungen, die Küche richtig gut und schmackhaft. Wie wär's z. B. mit "Huhn im Blätterteig, Trüffeljus, Topinambur"? Hochwertige Produkte sind selbstverständlich.

– Karte 39/69 €

Stadtplan: C2-12 – Klenzestraße 72 ✉ 80469 – ✆ 089 23002555 – www.brasseriecolette.de – Geschlossen mittags: Montag-Sonntag

MÉNAGE BAR

KREATIV • HIP Ein Hauch Berlin in der Bayernmetropole? Da ist die angesagte kleine Bar im Glockenbachviertel schon nah dran mit ihrem urbanen Flair - ein echtes Szenelokal. Man bestellt ein Menü mit vier Gängen oder Barfood (probieren Sie unbedingt das "Fried Chicken" von Küchenchef Luke!). Auch die nicht alltägliche Cocktail-Begleitung sollten Sie sich nicht entgehen lassen.

– Menü 39/65 € - Karte 28/42 €

Stadtplan: G3-33 – Buttermelcherstraße 9 ✉ 80469 – ✆ 089 23232680 – www.menage-bar.com – Geschlossen: Montag, mittags: Dienstag-Sonntag

ATLANTIK 🆕

FISCH UND MEERESFRÜCHTE • KLASSISCHES AMBIENTE In dem hübschen Backsteinhaus im Dreimühlenviertel spielen Fisch und Meeresfrüchte die Hauptrolle. Geboten werden moderne internationale Kreationen aus sehr guten Produkten. Im Sommer hat man eine schöne Terrasse vor dem Haus, drinnen Hochtische im Barbereich. Für private Events: diverse Séparées und die Kunstgalerie im 1. Stock.

– Karte 26/89 €

Stadtplan: C2-45 – Zenettistraße 12 ✉ 80337 – ✆ 089 74790610 – www.atlantik-muenchen.de – Geschlossen: Montag und Sonntag, mittags: Dienstag-Donnerstag, Samstag

BLAUER BOCK

INTERNATIONAL • CHIC Der "Blaue Bock" steht schon seit Jahren für hohe Kontinuität! Man sitzt hier in geschmackvollem, geradlinig-zeitgemäßem

Ambiente - dekorativ die markanten Bilder an den Wänden. Gekocht wird klassisch mit modernen Einflüssen. Draußen sind die Plätzen zur Fußgängerzone gefragt. Gepflegt übernachten können Sie ebenfalls.

🍴 ☕ – Karte 45/135 €

Stadtplan: F3-35 – *Sebastiansplatz 9* ✉ *80331* – ✆ *089 45222333* – *www.restaurant-blauerbock.de* – *Geschlossen: Montag und Sonntag*

BRASSERIE LES DEUX

INTERNATIONAL • BISTRO Sie mögen lebendige und moderne Bistro-Atmosphäre? Dann können Sie sich im EG des "Les Deux" international-saisonale Gerichte wie "Gnocchi mit Spargel und Black Tiger Garnelen" schmecken lassen. Oder lieber "alte" und "neue" Klassiker wie "Mini-Burger" und "Beef Tatar mit Imperial Caviar"?

🍴 – Karte 16/89 €

Stadtplan: G2-47 – *Maffeistraße 3a* ✉ *80333* – ✆ *089 710407373* – *www.lesdeux-muc.de* – *Geschlossen: Sonntag*

GALLERIA

ITALIENISCH • GEMÜTLICH Eine sehr sympathische Adresse! In dem liebevoll dekorierten kleinen Restaurant (ein Hingucker sind die farbenfrohen Bilder) gibt es richtig gute italienische Küche. Auf der Karte macht z. B. "Tortelli mit Kartoffel-Bärlauch gefüllt und Spargel" Appetit.

AC – Menü 16 € (Mittags), 59/89 € - Karte 45/59 €

Stadtplan: G2-36 – *Sparkassenstraße 11* ✉ *80331* – ✆ *089 297995* – *ristorante-galleria.de*

GARDEN-RESTAURANT

MODERN • FREUNDLICH Ausgesprochen chic ist das Restaurant des luxuriösen Grandhotels "Bayerischer Hof". Die hohe Wintergartenkonstruktion mit ihrem Industrial-Style und der lichten Atmosphäre hat ein bisschen was von einem Künstleratelier. Aus der Küche kommen neben Klassikern auch moderne, leichte Gerichte.

AC 🍴 ☕ 🅿 – Menü 42 € (Mittags), 82 € - Karte 68/108 €

Stadtplan: F2-37 – *Promenadeplatz 2* ✉ *80333* – ✆ *089 21200* – *www.bayerischerhof.de* – *Geschlossen: Samstag und Sonntag*

JIN

ASIATISCH • MINIMALISTISCH Besonders ist hier sowohl das wertige geradlinig-fernöstliche Interieur als auch der aromenreiche panasiatische Küche, die chinesisch geprägt ist, aber auch japanische und europäische Einflüsse zeigt. Tipp: Mit dem Menü bekommen Sie den besten Eindruck vom Können des Chefs.

🍴 ✧ – Menü 66/96 € - Karte 32/65 €

Stadtplan: G3-48 – *Kanalstraße 14* ✉ *80538* – ✆ *089 21949970* – *www.restaurant-jin.de* – *Geschlossen: Montag*

KOI

JAPANISCH-ZEITGEMÄSS • FREUNDLICH Sie mögen es modern-japanisch? Auf zwei Etagen sitzt man hier in trendiger, lebhafter Atmosphäre und wählt aus einem umfangreichen Angebot an Sushi, aber auch Fleischgerichten sowie Snacks. Auch ein offener Holzkohlegrill kommt zum Einsatz.

♿ AC 🍴 – Karte 55/151 €

Stadtplan: G2-61 – *Wittelsbacherplatz 1* ✉ *80333* – ✆ *089 89081926* – *www.koi-restaurant.de* – *Geschlossen: Sonntag, mittags: Samstag*

LE STOLLBERG

KLASSISCHE KÜCHE • FREUNDLICH Das sympathisch-lebendige kleine Restaurant wird nicht nur sehr persönlich geführt, man bekommt auch gute, frische Küche zu einem fairen Preis. Die Patronne kocht französisch inspiriert - schmackhaft z. B. "Onglet vom US-Beef, grüner Spargel, Oliven-Kartoffel-Frühlingsrolle".

Kompetent die Weinempfehlung. Gegenüber: Kleinigkeiten im Tagesbistro "Le Petit Stollberg".

AC 斧 – Menü 62/80 € - Karte 30/73 €
Stadtplan: G3-43 – *Stollbergstraße 2* ✉ *80539* – ✆ *089 24243450* – *www.lestollberg.de* – *Geschlossen: Montag und Sonntag, mittags: Samstag*

LITTLE LONDON

GRILLGERICHTE • FREUNDLICH Lebendig geht es in dem Steakhouse am Isartor zu, vorne die große klassische Bar mit toller Whiskey- und Gin-Auswahl. Freuen Sie sich auf hochwertiges Fleisch - gefragt ist z. B. Black Angus Prime Beef vom Grill, aber auch Maispoulardenbrust oder Lammkarree.

斧 – Menü 89/160 € - Karte 39/159 €
Stadtplan: G3-49 – *Tal 31* ✉ *80331* – ✆ *089 122239470* – *www.little-london.de* – *Geschlossen mittags: Montag-Sonntag*

MATSUHISA MUNICH

JAPANISCH-ZEITGEMÄSS • TRENDY Hochwertig wie alles im luxuriösen "Mandarin Oriental" ist auch das geradlinig-elegante Restaurant von Nobuyuki Matsuhisa, der weltweit Restaurants betreibt. Die Küche ist modern-japanisch und interessant mit peruanischen Aromen und Techniken verfeinert - ein spannender Mix. Fast schon ein Muss: Sushi und Sashimi, aber auch der Klassiker schlechthin, "Black Cod"!

AC ⇔ ▣ – Menü 95/125 € - Karte 41/178 €
Stadtplan: G2-34 – *Neuturmstraße 1* ✉ *80331* – ✆ *089 290981875* – *www.mandarinoriental.de/munich/altstadt/fine-dining* – *Geschlossen: Montag und Sonntag, mittags: Dienstag-Samstag*

MUSEUM

SAISONAL • CHIC Eine angesagte Adresse im Bayerischen Nationalmuseum. Am liebsten sitzt man im Freien auf der gemütlichen Terrasse, ansonsten unter Kreuzgewölbe und hohen Decken in chic-modernem Brasserie-Ambiente. Mittags kleinere, einfachere Karte, am Abend etwas ambitioniertere saisonal-mediterrane Küche. Weinkarte mit Spezialitäten, aber auch Weinen für zwischendurch.

ஃ & 斧 ▣ – Menü 10 € (Mittags), 65/89 € - Karte 38/51 €
Stadtplan: H2-38 – *Prinzregentenstraße 3* ✉ *80538* – ✆ *089 45224430* – *www.museum-muenchen.de* – *Geschlossen: Montag*

NYMPHENBURGER HOF

INTERNATIONAL • FREUNDLICH Wirklich schön diese Traditionsadresse. Der Chef ist gebürtiger Steirer und so finden sich auf der Karte auch Gerichte aus seiner Heimat, dazu ausgewählte österreichische Weine. Nett sitzt man auf der lauschigen Terrasse.

斧 – Menü 36 € (Mittags), 78/105 € - Karte 29/45 €
Stadtplan: C2-11 – *Nymphenburger Straße 24* ✉ *80335* – ✆ *089 1233830* – *www.nymphenburgerhof.de* – *Geschlossen: Montag und Sonntag, mittags: Samstag*

PAGEOU

MEDITERRAN • GEMÜTLICH Im schönen historischen Gebäude des CityQuartiers "Fünf Höfe" bietet Ali Güngörmüs eine moderne Küche, die orientalische und mediterrane Einflüsse verbindet. Auch an Vegetarier ist gedacht. Tipp: Probieren Sie mal einen der türkischen Weine. Dazu geschmackvolles Interieur und entspannte Atmosphäre. Herrlich die Terrasse im Innenhof.

斧 – Menü 89 € - Karte 63/72 €
Stadtplan: F2-39 – *Kardinal-Faulhaber-Straße 10* ✉ *80333* – ✆ *089 24231310* – *www.pageou.de* – *Geschlossen: Montag und Sonntag, mittags: Dienstag-Donnerstag*

IM ZENTRUM

PFISTERMÜHLE

REGIONAL · REGIONALES AMBIENTE In der einstigen herzoglichen Mühle von 1573 speist man in stilvoll-bayerischem Ambiente - schön das Kreuzgewölbe. Tipp für den eiligen Mittagsgast: Mo. - Fr. günstiges "Pfistermühlen Brettl"- Menü mit vier kleinen Gängen - auch vegetarisch. Toll auch die Lage nur einen Steinwurf vom berühmten Platzl.

🏠 🚗 🍴 – Menü 19 € (Mittags), 59/90 € - Karte 50/70 €

Stadtplan: G2-40 – *Pfisterstraße 4* ✉ *80331* – ✆ *089 23703865* – *www.pfistermuehle.de – Geschlossen: Montag und Sonntag*

ROCCA RIVIERA

MEDITERRAN · TRENDY Stylish-elegant kommt das Restaurant unweit des Odeonsplatzes daher, Blickfang die Bar im Retro-Style. Man bietet mediterrane Küche, die ideal ist zum Teilen. Tolles Fleisch und Fisch vom Holzkohlegrill, dazu typische italienische Gerichte, aber auch nordafrikanische und französische Einflüsse. Im Sommer serviert man vor dem Haus auf dem Wittelsbacherplatz.

♿ 🅰 🏠 🍴 – Karte 33/87 €

Stadtplan: G2-41 – *Wittelsbacherplatz 2* ✉ *80333* – ✆ *089 28724421* – *www.roccariviera.com – Geschlossen: Sonntag, mittags: Samstag*

RÜEN THAI

THAILÄNDISCH · FAMILIÄR Zahlreiche Stammgäste schätzen die südthailändische Küche, die man hier bereits seit 1990 bietet. Es gibt verschiedene Currys, Riesengarnelen, Ente, Rinderfilet... Wie wär's mit einem Menü mit Weinbegleitung? Auf Vorbestellung auch Fingerfood-Menü. Auf der großen Weinkarte finden sich auch Raritäten.

🍴 🅰 – Menü 56/84 € - Karte 31/57 €

Stadtplan: C2-13 – *Kazmairstraße 58* ✉ *80339* – ✆ *089 503239* – *www.rueen-thai.de – Geschlossen mittags: Freitag-Sonntag*

SCHUHBECKS IN DEN SÜDTIROLER STUBEN

REGIONAL · RUSTIKAL Alfons Schuhbecks kleines Imperium am Platzl hat hier seine Keimzelle. In gewohnt elegantem Ambiente hat man sich der weltoffenen bayerischen Küche verschrieben - dazu gehört z. B. "Kabeljau auf lauwarmem Spargel-Linsensalat". Ebenfalls am Platzl zu finden: Eis, Schokolade, Gewürze...

🍴 🅰 🏠 🍴 – Menü 48 € (Mittags), 33/99 € - Karte 48/120 €

Stadtplan: G2-42 – *Platzl 6* ✉ *80331* – ✆ *089 2166900* – *www.schuhbeck.de – Geschlossen: Sonntag*

TOSHI

JAPANISCH · MINIMALISTISCH Steht Ihnen der Sinn nach authentisch japanischer Küche? So typisch wie die puristische Einrichtung ist auch die Speisekarte: Hier findet man Schmackhaftes aus Fernost, Sushi, Teppanyaki und auch Pan-Pacific-Cuisine.

🅰 – Menü 22 € (Mittags), 80/140 € - Karte 28/110 €

Stadtplan: G2-50 – *Wurzerstraße 18* ✉ *80539* – ✆ *089 25546942* – *www.restaurant-toshi.de – Geschlossen: Montag und Sonntag, mittags: Samstag*

TRICHARDS

FRANZÖSISCH-KLASSISCH · CHIC Im Quartier Lehel liegt das chic-moderne Restaurant, das gleichzeitig eine Weinbar ist! Der Patron stammt aus Frankreich, entsprechend ist auch seine Küche geprägt. Probieren Sie z. B. "Galantine von Ente mit Schalottenmarmelade und Salat" oder "Gambas, Rotbarbe, Loup de Mer auf 'Bouillabaisse Art' mit Rouille".

🏠 – Karte 32/44 €

Stadtplan: H2-51 – *Reitmorstraße 21* ✉ *80538* – ✆ *089 54843526* – *www.trichards.de – Geschlossen: Montag und Sonntag, mittags: Dienstag-Samstag*

IM ZENTRUM

VECCHIA LANTERNA

MEDITERRAN · FAMILIÄR Das schicke kleine Restaurant liegt im komfortablen Stadthotel "domus" im Lehel. Aus der Küche kommen mediterrane Speisen mit italienischem Schwerpunkt - der Chef stammt aus Kalabrien. Probieren Sie z. B. "Tagliatelle mit Jakobsmuscheln" oder "Glattbutt mit frischen Morcheln"! Auch in Sachen Wein wird man hier fündig. Sehr nett die geschützt liegende Terrasse.

⌂ – Menü 51/99 € - Karte 58/80 €

Stadtplan: H2-44 – Sankt-Anna-Straße 31 ✉ 80538 – ✆ 089 81892096 – www.vecchia-lanterna.de – Geschlossen: Montag und Sonntag, mittags: Dienstag-Samstag

VINOTHEK BY GEISEL

INTERNATIONAL · RUSTIKAL Gemütlich-rustikal hat man es in der Vinothek des komfortablen Hotels "EXCELSIOR by Geisel", schön die Gewölbedecke. Zum tollen Weinangebot gibt es mediterran inspirierte Gerichte wie "Kabeljaufilet im Bouillabaissefond mit Artischocken, Fenchel und Rouilletortellini", dazu Pasta und Klassiker wie "Roastbeef mit Bratkartoffeln".

⌂ – Menü 20 € (Mittags), 55/60 € - Karte 55/75 €

Stadtplan: E2-52 – Schützenstraße 11 ✉ 80335 – ✆ 089 551377140 – www.excelsior-hotel.de/vinothek – Geschlossen: Montag und Sonntag, mittags: Dienstag-Samstag

WEINHAUS NEUNER

TRADITIONELLE KÜCHE · TRADITIONELLES AMBIENTE Ein hübsches Bild, wie Kreuzgewölbe, Fischgrätparkett und Holztäfelung den traditionellen Charme des historischen Hauses bewahren. Dazu Speisen, die zu einem gehobenen Münchner Wirtshaus passen - unangefochtener Klassiker ist "Hühnerfrikassee unter der Blätterteighaube". Schöne Weinkarte samt guter Champagnerauswahl.

⌂ – Menü 54/89 € - Karte 37/62 €

Stadtplan: F2-46 – Herzogspitalstraße 8 ✉ 80331 – ✆ 089 2603954 – www.weinhaus-neuner.de

Außerhalb des Zentrums

In München-Au-Haidhausen

 SHOWROOM

KREATIV · FREUNDLICH Der Name "Showroom" trifft es genau, denn hier präsentiert Küchenchef Dominik Käppeler den Gästen die ganze Bandbreite seiner Kreativität. Geboten wird ein Menü mit fünf bis acht Gängen, und zwar ein Überraschungsmenü. Sie wählen nur die Anzahl der Gänge und geben an, welche Zutaten Sie nicht mögen, der Rest ist Sache des Küchenteams. Hochwertige Produkte (stolz ist man z. B. auf das bayerische Wagyu) werden modern und mit eigener Idee zubereitet, bisweilen auch mit einer verspielten Note oder ungewöhnlichen Kombinationen. Dazu urbanes Ambiente und freundlicher, aufmerksamer Service, interessante Weinempfehlungen inklusive. Der Chef kommt ebenfalls an den Tisch und erklärt das Menü-Konzept.

⌂ – Menü 130/160 €

Stadtplan: H3-53 – Lilienstraße 6 ✉ 81169 – ✆ 089 44429082 – www.showroom-restaurant.de – Geschlossen: Samstag und Sonntag, mittags: Montag-Freitag

ATELIER GOURMET

FRANZÖSISCH-KLASSISCH · BISTRO Klein, eng, lebhaft, gut besucht - eben einfach nett! Das kulinarische Pendant zur sympathischen Atmosphäre: leckere und frische Gerichte wie "Rinderfilet, Artischocken, Graupen, Gremolata, Sardellen-Sabayon" - wählen Sie Ihr Menü von der Tafel. Dazu flotter Service und gute Weinberatung.

AUSSERHALB DES ZENTRUMS

⛩ – Menü 55/75 €
Stadtplan: D2-20 – *Rablstraße 37* ✉ *81667* – ✆ *089 487220* – *www. ateliergourmet.de* – *Geschlossen: Mittwoch und Sonntag, mittags: Montag, Dienstag, Donnerstag-Samstag*

EBERT

KLASSISCHE KÜCHE · NACHBARSCHAFTLICH Wirklich nett ist die Atmosphäre in dem kleinen Restaurant in Haidhausen. Hier wird man vom Chef selbst umsorgt, auch in Sachen Wein berät er Sie gerne. Gekocht wird klassisch und mit guten, frischen Produkten. Jede Woche gibt es ein neues Menü, z. B. mit "Crépinette vom Perlhuhn mit Gewürzpolenta".
⛩ – Menü 45/90 € – Karte 30 €
Stadtplan: C2-21 – *Regerplatz 3* ✉ *81541* – ✆ *089 44449940* – *www. restaurantebert-muenchen.de* – *Geschlossen: Samstag und Sonntag, mittags: Montag-Freitag*

MONA GOURMET

MEDITERRAN · TRENDY Im Gourmetrestaurant des "Hilton München City" steckt die Ausrichtung der Speisekarte bereits im Namen: von MOnaco bis NApoli. In der offenen Küche verarbeitet ein ambitioniertes Team ausgesuchte Produkte. Die ansprechende Speisenauswahl wird ergänzt durch eine Grillkarte. Der Service ist sehr freundlich und präsent.
AK ⛩ – Menü 69/89 €
Stadtplan: H3-54 – *Rosenheimer Straße 15* ✉ *81667* – ✆ *089 44249500* – *www.mona-restaurant.de* – *Geschlossen: Montag-Mittwoch, Sonntag, mittags: Donnerstag-Samstag*

VINAIOLO

ITALIENISCH · GEMÜTLICH Ein Stück Dolce Vita in der Altstadt von Haidhausen: Service mit südländischem Charme, die Küche typisch italienisch - lecker z. B. Pastagerichte wie "Pappardelle mit Lammragout". Komplett wird das gemütlich-authentische Bild durch Einrichtungsstücke eines alten Krämerladens aus Triest!
Menü 40 € (Mittags), 65 € - Karte 45/71 €
Stadtplan: D2-19 – *Steinstraße 42* ✉ *81667* – ✆ *089 48950356* – *www.vinaiolo. de* – *Geschlossen mittags: Samstag*

In München-Bogenhausen

ACQUARELLO

Chef: Mario Gamba
ITALIENISCH · FREUNDLICH Was könnte besser zum südländischen Flair dieses freundlich-eleganten Restaurants passen als italienisch-mediterrane und französische Küche? Patron und Küchenchef Mario Gamba, ursprünglich gelernter Übersetzer, ist Autodidakt in Sachen Kochen, doch als Gastronomen-Sohn liegt ihm die Leidenschaft für diesen Beruf gewissermaßen im Blut. Im Mittelpunkt seiner "Cucina del Sole" steht die Produktqualität, da konzentriert sich der gebürtige Italiener bei seinen Gerichten ganz auf das Wesentliche. Dazu natürlich schöne Weine aus Italien. Während Sie auf stilvollen Polsterstühlen an wertig eingedeckten Tischen sitzen, werden Sie aufmerksam und geschult umsorgt. Mit von der Partie ist hier übrigens auch Massimo Gamba, der Sohn des Patrons.
AK ⛩ – Menü 55 € (Mittags), 115/185 € - Karte 82/102 €
Stadtplan: D2-14 – *Mühlbaurstraße 36* ✉ *81677* – ✆ *089 4704848* – *www. acquarello.com* – *Geschlossen: Montag, mittags: Samstag und Sonntag*

HIPPOCAMPUS

ITALIENISCH · ELEGANT Das "Hippocampus" ist nicht irgendein Italiener im noblen Bogenhausen, sondern ein nettes, lebendiges Ristorante mit klassisch-italienischer Cucina, in dem man die außergewöhnlich guten Pastagerichte ebenso empfehlen kann wie Seeteufel oder paniertes Milchkalbskotelett! Übrigens: Auch auf die Weinempfehlungen können Sie sich verlassen!

🍴 – Menü 29/62 € - Karte 54/65 €

Stadtplan: D2-16 – *Mühlbaurstraße 5* ✉ *81677* – ☏ *089 475855 – www.hippocampus-restaurant.de – Geschlossen: Montag, mittags: Samstag*

HUBER

INTERNATIONAL · TRENDY In dem modernen Restaurant (das schicke geradlinige Interieur stammt von einem Münchner Designer) bekommt man ambitionierte international-saisonale Gerichte. Es gibt z. B. "Maibockrücken, Artischocke, Puntarelle". Und als Dessert vielleicht "Erdbeere - gefüllt, weiße Schokolade, Eis"? Dazu schöne österreichische Weine.

🍴 ⇔ – Menü 79/95 € - Karte 63/111 €

Stadtplan: D2-17 – *Newtonstraße 13* ✉ *81679* – ☏ *089 985152 – www.huber-restaurant.de – Geschlossen: Montag und Sonntag, mittags: Dienstag-Samstag*

KÄFER-SCHÄNKE

SAISONAL · GEMÜTLICH Der Name "Käfer" gehört einfach zur Münchner Gastroszene! Der Feinkostladen unter einem Dach mit dem gemütlichen Restaurant garantiert sehr gute Zutaten, aus denen man u. a. beliebte Klassiker zubereitet. Für besondere Anlässe: zahlreiche ganz individuelle Stuben.

🐝 🍴 ⇔ – Menü 75/129 € - Karte 54/114 €

Stadtplan: D2-18 – *Prinzregentenstraße 73* ✉ *81675* – ☏ *089 4168247 – www.feinkost-kaefer.de/schaenke – Geschlossen: Sonntag*

MARTINELLI

ITALIENISCH · FREUNDLICH Sie mögen italienische Gastlichkeit und ebensolche Küche? In dem kleinen Restaurant kocht man mit modernen und saisonalen Einflüssen - da heißt es z. B. "Pecorino-Ravioli mit Walnuss und Balsamico" oder "Hirsch-Rücken mit Quitten". Als Auftakt gibt es immer luftgetrockneten Schinken und leckeres Brot!

🍴 – Menü 30 € (Mittags), 70/100 € - Karte 61/86 €

Stadtplan: D2-1 – *Wilhelm-Dieß-Weg 2* ✉ *81927* – ☏ *089 931416 – www.ristorantemartinelli.de – Geschlossen: Sonntag, mittags: Dienstag, Donnerstag, Samstag*

In München-Flughafen-Oberding

❀ **MOUNTAIN HUB GOURMET**

MODERNE KÜCHE · CHIC Die "Mountain Hub"-Gastronomie des direkt am Flughafen gelegenen Hotels "Hilton Munich Airport" kann sich sehen lassen! Neben dem "Social Dining" lockt vor allem das "Gourmet" mit der wirklich speziellen Küche von Stefan Barnhusen, der bereits im Hamburger "Jellyfish" mit Sterneküche von sich reden machte. Mit herausragenden Produkten, Raffinesse und eigener Idee sorgt er für beachtliche geschmackliche Intensität und kreative Aromen-Kombinationen. Dazu werden Sie vom aufmerksamen und freundlichen Serviceteam um Maître Johannes J. Gahberger umsorgt. Nicht zu vergessen das Restaurant selbst: halbrund angelegt, schön großzügig und chic-modern im Design.

 – Menü 63 € (Mittags), 125/165 €

außerhalb Stadtplan – *Terminalstraße Mitte 20* ✉ *85356* – ☏ *089 97824500 – mountainhub.de – Geschlossen: Montag, Samstag, Sonntag, mittags: Dienstag*

In München-Giesing

❀ **GABELSPIEL**

Chef: Florian Berger

MODERNE KÜCHE · MINIMALISTISCH Sabrina und Florian Berger kommen mit ihrem kleinen Restaurant mitten in Giesing richtig gut an! Das liegt zum einen an

AUSSERHALB DES ZENTRUMS

der gänzlich unprätentiösen und angenehm familiären Atmosphäre - da spürt man das Herzblut der Gastgeber! Die sympathische Chefin ist mit im Service - unheimlich freundlich und fachlich geschult sorgt sie für einen reibungslosen Ablauf. Aber auch die moderne Küche aus regionalen Zutaten zieht Gäste an. Was man hier in Form eines Menüs bekommt, sind erstklassige Produkte wie z. B. der im Noriblatt servierte Saibling. Florian Berger zeigt wirklich tolles Handwerk und setzt seine Erfahrungen in der Sternegastronomie (u. a. "Hangar 7", "Tantris", "Restaurant N° 15") geschickt um.

– Menü 135/145 €

Stadtplan: C3-2 - *Zehentbauernstraße 20* ⊠ *81539* - ✆ *089 12253940* - *www.restaurant-gabelspiel.de* – *Geschlossen: Montag und Sonntag, mittags: Dienstag-Samstag*

DER DANTLER

MODERNE KÜCHE • HIP Man nennt sich selbst "Bayrisch' Deli". In ungezwungener, alpenländisch-charmanter Atmosphäre bekommt man mittags Snacks wie Pastrami-Sandwiches oder Ramen-Suppe, am Abend gibt es eine ambitioniertere modern-kreative Küche. Freitagabends ab 19 Uhr mehrgängiges Menü auf Reservierung per Ticket. Tipp: Feinkost-Verkauf.

– Menü 28 € (Mittags), 70/90 €

Stadtplan: C3-3 - *Werinherstraße 15* ⊠ *81541* - ✆ *089 39292689* - *www.derdantler.de* – *Geschlossen: Montag, Samstag, Sonntag*

In München-Großhadern

JOHANNAS

SAISONAL • FREUNDLICH Einladend die freundlich-moderne Gasthaus-Atmosphäre, schön die Innenhof-Terrasse. Gekocht wird klassisch-französisch und mediterran, aber auch regional-saisonale Klassiker wie Wildgerichte. Für zwei Personen gibt es z. B. ganzen bretonischen Steinbutt. Dazu über 1000 Positionen Wein. Das Restaurant befindet sich übrigens im familiengeführten Hotel "Neumayr".

– Menü 25 € (Mittags), 50/125 € - Karte 28/80 €

Stadtplan: B3-4 - *Heiglhofstraße 18* ⊠ *81377* - ✆ *089 7411440* – *www.restaurant-johannas.de*

In München-Milbertshofen

ESSZIMMER

FRANZÖSISCH-MODERN • DESIGN Fast wirkt es so, als schwebe das verglaste Restaurant über der Fahrzeug-Ausstellung der BMW Welt am Fuße des Olympiaturms. Wenn Sie in der 3. Etage den Aufzug verlassen, gelangen Sie in eine gemütliche Lounge, bevor Sie im chic-urbanen Restaurant Patz nehmen. Wer einen Tisch an den bodentiefen Fenstern ergattert, genießt den beeindruckenden Blick auf exklusive Autos. Ihre volle Aufmerksamkeit verdient aber auch die ebenso bemerkenswerte modern-kreative Küche, die das Team um Bobby Bräuer bietet. Die durchdachten Gerichte überzeugen mit Tiefe in Geschmack und Textur, hier und da ein spielerisches Element. Sie können sich Ihr eigenes Menü mit fünf bis acht Gängen zusammenzustellen. Dazu eine schöne Weinkarte mit toller Auswahl aus Deutschland und Österreich. Elegant und professionell der Service.

– Menü 180/275 €

Stadtplan: C1-5 - *Am Olympiapark 1* ⊠ *80807* - ✆ *089 358991814* – *www.feinkost-kaefer.de/esszimmer-muenchen* – *Geschlossen: Montag und Sonntag, mittags: Dienstag-Samstag*

BAVARIE

MARKTKÜCHE • TRENDY Regionalität und Nachhaltigkeit sind zwei Grundgedanken der "Bavarie" hier in der BMW Welt. So setzt man beim Kombinieren bayerischer und französischer Elemente auf hochwertige Produkte. Angenehm die Atmosphäre in dem großzügigen luftig-hohen Raum. Schön auch die Terrasse mit Blick auf Olympiapark und -turm.

AUSSERHALB DES ZENTRUMS

  – Menü 36/48 € - Karte 38/50 €
Stadtplan: C1-6 – *Am Olympiapark 1* ✉ *80331* – ✆ *089 358991818* – *www. feinkost-kaefer.de* – *Geschlossen: Sonntag*

In München-Nymphenburg

ACETAIA

ITALIENISCH • GEMÜTLICH Eine wirklich sympathische Adresse ist das bereits seit 1999 bestehende Restaurant am Nymphenburger Kanal. Gemütliche Atmosphäre mit tollem Jugendstil-Flair und charmanter Service versprühen italienische Lebensfreude, nicht zu vergessen die italienische Küche - probieren Sie die Schafskäse-Ravioli! Den namengebenden alten Aceto Balsamico kann man hier übrigens auch kaufen.

  – Menü 32 € (Mittags), 70/110 € - Karte 50/70 €
Stadtplan: C2-7 – *Nymphenburger Straße 215* ✉ *80639* – ✆ *089 13929077* – *www.acetaia.de* – *Geschlossen mittags: Samstag*

BROEDING

KLASSISCHE KÜCHE • GEMÜTLICH Das gemütlich-lebendige Lokal gehört zu den Institutionen von Neuhausen, und was das Konzept und die bemerkenswerte, praktisch rein österreichische Weinauswahl angeht, sogar von ganz München. Jeden Abend gibt es ein neues Menü mit Gerichten wie "gegrilltem Schwertfisch mit Artischocken und Tomaten". Dazu charmanter Service und eine lauschige Innenhofterrasse.

  – Menü 53/98 €
Stadtplan: C2-22 – *Schulstraße 9* ✉ *80636* – ✆ *089 164238* – *www.broeding. de* – *Geschlossen: Sonntag, mittags: Montag-Samstag*

In München-Oberföhring

FREISINGER HOF

REGIONAL • GASTHOF Der charmante Gasthof von 1875 ist immer gut besucht, denn die Atmosphäre ist gemütlich und das Essen schmeckt! Es gibt Klassiker aus Bayern und Österreich - im Mittelpunkt steht Gekochtes vom Rind! Oder lieber Backhendl? Gut übernachten kann man in tipptopp gepflegten Zimmern.

  – Karte 38/70 €
Stadtplan: D1-8 – *Oberföhringer Straße 189* ✉ *81925* – ✆ *089 189082400* – *www.freisinger-hof.de*

In München-Pasing

ESSENCE

KLASSISCHE KÜCHE • CHIC In dem geschmackvoll-modernen Restaurant samt Lounge und wunderbarer Innenhofterrasse kocht man französisch und mit mediterranen und asiatischen Einflüssen. Sie können die Gerichte der verschiedenen Menüs (darunter ein vegetarisches) frei kombinieren. Mittags wählt man von der Bistro-Karte.

  – Menü 33 € (Mittags), 75/98 €
Stadtplan: A2-9 – *Gottfried-Keller-Straße 35* ✉ *81245* – ✆ *089 80040025* – *www.essence-restaurant.de* – *Geschlossen: Montag und Dienstag, mittags: Samstag und Sonntag*

In München-Schwabing

✿✿   **TANTRIS** Ⓝ

FRANZÖSISCH-KLASSISCH • VINTAGE Mehrere Monate wurde diese Münchner Institution renoviert, nun beginnt für das "Tantris" eine neue Ära. Äußerlich unverändert, hat das Restaurant im Inneren ein paar moderne Akzente bekommen - markant der begehbare gläserne Weinschrank. Fans des legendären "Tantris"-Stils

AUSSERHALB DES ZENTRUMS

dürfen sich dennoch freuen: Das Interieur erinnert nach wie vor an die 70er Jahre und hat nichts von seinem Charme und seiner Originalität verloren! Komplett neu ist hingegen das Küchenteam, das stark französisch beeinflusst kocht. Mittags gibt es ein Menü mit vier oder sechs Gängen, am Abend eines mit sechs oder acht Gängen. Dazu bietet man die passende Weinbegleitung - dennoch sollten Sie es nicht versäumen, auf die beeindruckende Weinkarte zu schauen!

🕯 🅰🅲 🍽 ✿ 🥂 🅿 – Menü 150 € (Mittags), 230/295 €

Stadtplan: C1-63 – Johann-Fichte-Straße 7 ✉ 80805 – ☏ 089 3619590 – www.tantris.de – Geschlossen: Montag, Dienstag, Sonntag

✿ TANTRIS DNA ⓝ

FRANZÖSISCH-KLASSISCH • ELEGANT Unter dem Namen "Tantris Maison Culinaire" findet man neben dem Menürestaurant "Tantris" auch das "DNA". Hier zelebriert man die klassische Küche und würdigt die namhaften Vorgänger am Herd, Eckart Witzigmann, Heinz Winkler und Hans Haas. Gekonnt präsentiert man die Klassiker der Großmeister in leicht abgewandelter Form und mit der eigenen Note der überaus talentierten französischen Küchenchefin Virginie Protat. Umsorgt werden Sie vom charmanten Maître und Sommelier Mathieu Mermelstein, der Ihnen zu Gerichten wie "Steinpilze, geräucherter Speck" oder "Hechtklößchen, Flusskrebse" erlesene Tropfen aus einer der wohl interessantesten Weinkarten des Landes serviert - Tipp: Burgunder!

🕯 🅰🅲 🅿 – Karte 142/178 €

Stadtplan: C1-15 – Johann-Fichte-Straße 7 ✉ 80805 – ☏ 089 3619590 – www.tantris.de – Geschlossen: Mittwoch und Donnerstag

✿ WERNECKHOF SIGI SCHELLING ⓝ

FRANZÖSISCH-ZEITGEMÄSS • ELEGANT Nach 14 Jahren im kultigen "Tantris" startet Sigi Schelling nun hier im traditionsreichen "Werneckhof" nahe dem Englischen Garten durch. Hinter der schmucken gelben Fassade hat man bewusst den stilvollen Charakter von einst bewahrt und gelungen mit schicken Sesseln im Retro-Look und moderner Kunst kombiniert. Inhaberin und Küchenchefin Sigi Schelling kocht raffiniert, leicht und delikat. Mit nur wenigen Komponenten gelingen ihr Gerichte voller stimmiger Aromen und Texturen. Ausgefallene modische Trends braucht es da nicht, vielmehr setzt man auf ehrliche Küche, die bisweilen eine persönliche feminine Note hat. Gut die Weinkarte mit Schwerpunkt Deutschland und Österreich. Der Service samt engagiertem Sommelier ist angenehm locker und zugleich professionell und aufmerksam.

🅰🅲 – Menü 75 € (Mittags), 160 €

Stadtplan: C2-60 – Werneckstraße 11 ✉ 80802 – ☏ 089 244189190 – werneckhof-schelling.de – Geschlossen: Montag und Sonntag, mittags: Dienstag

1804 HIRSCHAU ⓝ

MODERN • HISTORISCHES AMBIENTE In dem historischen Gebäude in idyllischer Lage direkt am Englischen Garten hat man ein stylisches Interieur mit alpinem Touch geschaffen - ein geschmackvoller Mix aus klaren Formen, Holz, Glas und hübschen Accessoires. Gekocht wird modern und mit saisonalem Bezug, die sehr guten Produkte bezieht man überwiegend von regionalen Erzeugern

🍽 🅿 – Menü 80/95 € - Karte 48/71 €

Stadtplan: D1-26 – Gyßlingstraße 15 ✉ 80805 – ☏ 089 36090490 – www.1804muc.de – Geschlossen: Montag, Dienstag, Sonntag, mittags: Mittwoch-Samstag

LA BOHÈME

FLEISCH • TRENDY Schön gesellig und locker ist es hier! Wer hochwertige Steak-Cuts schätzt, ist in dem trendig-urbanen Restaurant genau richtig. Es gibt sogar 1000-g-Steaks als "Sharing"-Variante. Ebenfalls zum Teilen sind die gemischten Platten. Sonntags kommt man gerne zum Brunch.

🍽 🚗 – Menü 59/119 € - Karte 43/85 €

Stadtplan: C1-10 – Leopoldstraße 180 ✉ 80804 – ☏ 089 23762323 – www.boheme-schwabing.de – Geschlossen: Montag, mittags: Dienstag-Samstag

AUSSERHALB DES ZENTRUMS

GREEN BEETLE ⓝ

Chef: Felix Adebahr

VEGETARISCH • FREUNDLICH Der Name lässt es bereits erahnen: Hier wird vegetarisch und vegan gekocht. In dem freundlich-modernen Restaurant ca. 200 m vom Stammhaus der Familie Käfer heißt es "Käfer Goes Green": Von den Produkten bis zur Einrichtung ist man ganz umweltbewusst ausgerichtet. Der Service angenehm locker und geschult. Schön die überdachte Terrasse.

🍀 *Engagement des Küchenchefs: Es ist mir ein Anliegen, im Herzensprojekt von Patron Michael Käfer vegetarische/vegane und nachhaltige Küche neu zu kochen! Unser Restaurant geht sehr in die Tiefe, Bioprodukte, Mitarbeiterkleidung aus Altplastik, Schuhe aus Tresterresten, eine Barwand aus Nussschalen, es gibt viel zu entdecken...!*

🍴 – Menü 59/99 € - Karte 29/65 €

Stadtplan: D2-64 – Schumannstraße 9 ✉ 80538 – ☏ 0176 14168023 – www.feinkost-kaefer.de/greenbeetle – Geschlossen: Sonntag

IL BORGO

ITALIENISCH • ELEGANT Seit 1989 ist dieses italienische Restaurant eine schöne Konstante in Schwabing. Das Ambiente ist modern-elegant und gemütlich zugleich, gelungen hat man alte Wandfliesen und die ursprüngliche Theke integriert. Auf der Karte liest man z. B. "Steinbutt mit Basilikum-Scampi-Farce auf Schwarzwurzeln".

🍴 – Menü 24 € (Mittags), 64 € - Karte 46/66 €

Stadtplan: C2-24 – Georgenstraße 144 ✉ 80797 – ☏ 089 1292119 – www.il-borgo.de – Geschlossen: Montag und Sonntag, mittags: Samstag

PURE WINE & FOOD

MEDITERRAN • TRENDY Angenehm locker ist es hier, trendig der Bistrostil. Aus der Küche kommen saisonal-mediterrane Gerichte - aus frischen Produkten klar und modern zubereitet, teils auch mit internationalen Einflüssen. Appetit macht da z. B. "Flanksteak vom Weiderind, Auberginencreme, Süßkartoffel, Johannisbeeren, Cumin-Jus". Toll: über 250 (Bio-) Weine - auch zum Mitnehmen.

🍷 – Menü 55/67 € - Karte 34/60 €

Stadtplan: C2-25 – Neureutherstraße 15 ✉ 80799 – ☏ 089 399936 – www.pure-wine-food.de – Geschlossen: Montag und Sonntag, mittags: Dienstag-Samstag

In München-Thalkirchen

😊 ASAM SCHLÖSSL ⓝ

BAYRISCH • FREUNDLICH Shane McMahon ist kein Unbekannter in der Münchner Gastronomie. In seinem charmanten neuen Restaurant etwas außerhalb des Zentrums bietet der gebürtige Ire schmackhafte bayerische Küche, in die er geschickt seine eigene Note einbringt. Hier finden sich Wirtshaus-Klassiker, aber auch Modernes sowie Steaks vom "Big Green Egg".

🍴 – Karte 33/85 €

Stadtplan: C3-23 – Maria-Einsiedel-Straße 45 ✉ 81379 – ☏ 089 780167790 – www.asamschloessl.de

MÜNSTER (WESTFALEN)
Nordrhein-Westfalen – Regionalatlas 3–K2

 COEUR D'ARTICHAUT

FRANZÖSISCH-MODERN • CHIC Ein bisschen versteckt in einem Innenhof und doch nur einen Steinwurf entfernt von Rathaus und Dom findet man dieses attraktive "Casual Fine Dining"-Konzept: In wohnlicher Atmosphäre können die Gäste in die offene Küche schauen, wo der gebürtige Franzose Frédéric Morel (zuvor Küchenchef im Hamburger "Se7en Oceans") die Leidenschaft für seine bretonische Heimat zum Ausdruck bringt. Auf moderne Art verbindet er die Küche der Bretagne mit westfälischen Produkten und kreolischen Gewürzen - das Ergebnis sind sehr ausgewogene Gerichte mit Tiefe und Geschmack, und die gibt es als monatlich wechselndes Menü mit vier, sechs oder acht Gängen.
Menü 80/150 €
Alter Fischmarkt 11A ⊠ 48143 – ℰ 0251 39582823 – www.coeur-dartichaut.de – Geschlossen: Montag und Dienstag, mittags: Mittwoch-Samstag, abends: Sonntag

 FERMENT

KREATIV • FREUNDLICH Dass man hier häufig ausgebucht ist, hat seinen Grund. Familie Ackermann betreibt ihr Haus mit Herzblut, entsprechend hat man sich einen richtig guten Mann an den Herd geholt: Laurin Kux. Er bietet ein modernes und sehr durchdachtes Menü, für das er ausgesuchte Produkte verarbeitet. Auch die Weinkeller verdient Beachtung: Die schöne Auswahl ist eine Leidenschaft des Patrons. Eine freundliche und versierte Beratung ist Ihnen ebenso gewiss. Die Speisen serviert und erklärt Küchenchef Laurin Kux übrigens meist selbst. Dank der Lage etwas außerhalb der Innenstadt in eher ländlicher Umgebung hat das hübsche Gourmetrestaurant im "Wiesenzimmer" auch eine reizvolle Terrasse mit Gartenblick. Alternativ gibt es noch das "Restaurant Ackermann" - auch hier sprechen die zahlreichen Stammgäste für sich!
⅋ 🌿 🅿 – Menü 104/139 €
Roxeler Straße 522 ⊠ 48161 – ℰ 02534 1076 – www.restaurant-ackermann.de – Geschlossen: Montag und Dienstag, mittags: Mittwoch-Sonntag

BOK RESTAURANT BRUST ODER KEULE

MARKTKÜCHE • FREUNDLICH Es sind nur wenige Stufen hinab ins Parterre des gepflegten hellen Eckhauses. Hier befindet sich eine gastronomische Konstante der Stadt: ein hübsches modernes Restaurant mit saisonal-klassischer Küche und freundlichem Service samt guter Weinberatung. Nett die kleine Terrasse vor dem Haus.
⅋ 🌿 – Menü 70/130 € - Karte 20/45 €
Melchersstraße 32 ⊠ 48149 – ℰ 0251 9179656 – www.brustoderkeule.de – Geschlossen: Montag und Sonntag, mittags: Dienstag-Samstag

LANDHAUS EGGERT

FRANZÖSISCH-MODERN • LANDHAUS Mögen Sie es westfälisch oder lieber moderner? Zur Wahl stehen "Heimat-" und "Genießer-Menü" sowie die vegetarische Alternative. Schön der elegante Landhausstil des Restaurants. Im Winter sitzt man gerne vor dem alten Kamin im "Westfälischen Raum", im Sommer auf der Terrasse mit Blick aufs Wersetal. Auf dem idyllischen historischen Anwesen kann man auch übernachten.
🛏 🌿 ⇔ 🅿 – Menü 39/69 € - Karte 15/35 €
Zur Haskenau 81 ⊠ 48157 – ℰ 0251 328040 – www.landhaus-eggert.de

LINNENBOOM

REGIONAL • TRADITIONELLES AMBIENTE Typisch westfälisch kommt das Restaurant "Lindenbaum" daher. Richtig urig-charmant der "Herdfeuerraum" a. d. J. 1648 mit offenem Kamin und allerlei rustikaler Deko. Gekocht wird regional-saisonal und mit international-mediterranem Einfluss. Mittags kleineres Angebot. Im Sommer lockt die Richtung Werse gelegene Terrasse. Schöne Salons und tolles "Torhaus" für Feiern.
🛏 ♿ 🌿 ⇔ 🅿 – Menü 33 € (Mittags), 40/93 € - Karte 47/65 €
Handorfer Werseufer 1 ⊠ 48157 – ℰ 0251 32750 – www.hof-zur-linde.de

MÜNSTER (WESTFALEN)

SPITZNER 🆕

INTERNATIONAL · HISTORISCHES AMBIENTE Das Restaurant in der Innenstadt hat sich über die Jahre zu einem Klassiker entwickelt. Hier im historischen Oerschen Hof ist man nicht nur kulinarisch bestens aufgehoben, auch die unterschiedlichen geschmackvoll eingerichteten Stuben und die schöne Terrasse hinter dem Restaurant laden zum Verweilen ein. Mittags zusätzlich preiswerte Gerichte.

🍴 ⇔ – Menü 55/95 € - Karte 26/79 €
Königsstr. 42 ✉ 48143 - 📞 0251 41441550 - spitzner-restaurant.de –
Geschlossen: Montag und Sonntag

VILLA MEDICI

MEDITERRAN · CHIC Schön liegt die schmucke Villa in einem ruhigen Wohngebiet am Rande der Innenstadt. In schickem Ambiente wird man freundlich mit mediterraner Küche und italienischem Wein umsorgt. Sehr nett ist auch die seitlich gelegene Terrasse. Sie möchten übernachten? Man hat auch fünf hübsche Gästezimmer.

🍴 ⇔ 🅿 – Menü 39 € (Mittags), 57/64 € - Karte 50/79 €
Prozessionsweg 402 ✉ 48155 - 📞 0251 34218 – www.villa-medici-muenster.de –
Geschlossen: Montag und Dienstag, mittags: Samstag

VON RHEMEN

FRANZÖSISCH-KLASSISCH · FREUNDLICH Im Restaurant des stilvollen Hotels "Schloss Wilkinghege" sitzt man in einem eleganten hohen Raum mit historischem Flair unter einer schönen Stuckdecke. Gekocht wird klassisch und mit saisonalem Bezug - zur Wahl stehen Gerichte à la carte, das Schlossmenü oder ein vegetarisches Menü.

🛏 🍴 ⇔ 🅿 – Menü 44/90 € - Karte 52/71 €
Steinfurter Straße 374 ✉ 48159 - 📞 0251 144270 – www.schloss-wilkinghege.
de – Geschlossen: Montag und Sonntag, mittags: Dienstag-Samstag

MÜNSTERTAL

Baden-Württemberg – Regionalatlas **7**-B1

SPIELWEG

Chef: Viktoria Fuchs

FRANZÖSISCH-KLASSISCH · GEMÜTLICH Richtig gemütlich hat man es bei Familie Fuchs in dem 1705 erstmals urkundlich erwähnten "Spielweg"-Stammhaus. In charmanten Stuben im Schwarzwälder Stil wird man sehr freundlich und aufmerksam umsorgt. Gekocht wird regional, klassisch, aber auch mit asiatischem Einfluss, immer ambitioniert und mit Geschmack. Zum Übernachten hat man individuell eingerichtete Zimmer.

🍀 *Engagement der Küchenchefin:* Ich fühle mich der Tradition meines Vaters verpflichtet und lege größten Wert auf Regionalität! Als „Naturparkwirtin" verarbeite ich eigene saisonale Kräuter, Essblumen, Pflücksalate und Gemüse, habe eigene Obstbäume und eine eigene Käserei mit Naturreifekeller. Wichtig ist uns die eigene Jagd!

🍴 🅿 🚗 – Menü 54/95 € - Karte 25/42 €
Spielweg 61 ✉ 79244 - 📞 07636 7090 – www.spielweg.com

MUGGENSTURM

Baden-Württemberg – Regionalatlas **5**-T2

🏅 LAMM

INTERNATIONAL · GASTHOF Modernes Ambiente, angenehm legere Atmosphäre und traditionelle Gasthof-Herzlichkeit gehen hier Hand in Hand. Die Karte macht mit einem interessanten Mix aus badisch-regionalen und internationalen Gerichten Appetit. Schön auch die Menüs, darunter ein veganes. Eine sehr gefragte Adresse - für die Wochenenden sollten Sie frühzeitig reservieren!

🍴 – Menü 43/64 € - Karte 34/71 €
Hauptstraße 24 ✉ 76461 - 📞 07222 52005 – www.lamm-muggensturm.de –
Geschlossen: Dienstag und Mittwoch, mittags: Samstag

MULFINGEN
Baden-Württemberg – Regionalatlas **5**–V2

JAGSTMÜHLE
REGIONAL • **LÄNDLICH** Mit seinem gemütlich-eleganten Interieur passt das Restaurant wunderbar ins charmante Jagstmühlen-Bild. Die helle, warme Holztäfelung, ein Kachelofen, hübsche Stoffe - all das sorgt für Behagen. Gekocht wird mit regionalem und saisonalem Bezug. Sie möchten übernachten? Schöne Gästezimmer hat man ebenfalls.

🛏 🌳 ♿ 🅿 – Karte 40/70 €
Jagstmühlenweg 10 ✉ 74673 - ☏ 07938 90300 – www.jagstmuehle.de –
Geschlossen: Montag und Sonntag, mittags: Dienstag

MUNKMARSCH – Schleswig-Holstein • Siehe Sylt (Insel)

MURNAU AM STAFFELSEE
Bayern – Regionalatlas **6**–X4

MURNAUER REITER
REGIONAL • **CHIC** Auch gastronomisch bleibt der "Alpenhof" nicht stehen - darf es vielleicht das chic-moderne "Panorama-Restaurant" sein? Schön sind auch die anderen Räume, und die ambitionierte Küche gibt es überall. Aus sehr guten Produkten entsteht z. B. "gebratener Zander mit Sauerkraut und Blutwurst-Kartoffelstrudel".

🍃 ♿ 🌳 🚗 🍴 – Karte 35/62 €
Ramsachstraße 8 ✉ 82418 - ☏ 08841 4910 – www.alpenhof-murnau.com

NAGOLD
Baden-Württemberg – Regionalatlas **7**–B2

OSTARIA DA GINO
ITALIENISCH • **FAMILIÄR** Eine richtig sympathische familiäre Adresse! Typisch italienisch die Speisen, ungezwungen und charmant die Atmosphäre! Man berät Sie gerne bei der Auswahl von der Tafel, ebenso in Sachen Wein. Tipp: der günstige Mittagstisch. Und darf es vielleicht noch etwas Leckeres für zuhause aus dem Feinkostladen sein?

🌳 ♿ – Menü 55/85 € - Karte 36/65 €
Querstraße 3 ✉ 72202 - ☏ 07452 66610 – www.dagino-nagold.de –
Geschlossen: Sonntag

NAURATH/WALD
Rheinland-Pfalz – Regionalatlas **5**–S1

✿ RÜSSEL'S LANDHAUS
KREATIV • **CHIC** Schon bei der Anfahrt über die kleine Brücke spürt man das Landhausflair - gelungen hat man den Charakter der idyllischen alten Mühle bewahrt! Hier zeigt sich das Herzblut, das Ruth und Harald Rüssel in ihr Haus stecken, ebenso wie in der Küche. Das starke Team um den Patron und Küchenchef Enrico Back bietet ein Menü mit fünf bis sieben Gängen, das nicht zuletzt durch die Qualität der Produkte besticht - und die bezieht man am liebsten von lokalen Produzenten, Wild sogar aus eigener Jagd! Die klassische Basis der Küche scheint immer durch, wird aber elegant durch kreative Elemente ergänzt, ohne verspielt oder gekünstelt zu wirken. Lassen Sie sich bei der Weinbegleitung überraschen - gerne empfiehlt man schöne Moselweine. Auf der Terrasse sitzt man herrlich an einem kleinen See!

🍃 🛏 ♿ 🌳 🅿 – Menü 135/175 € - Karte 75/110 €
Büdlicherbrück 1 ✉ 54426 - ☏ 06509 91400 – www.ruessels-landhaus.de –
Geschlossen: Dienstag und Mittwoch, mittags: Montag und Donnerstag

LAFONT

LAFONT KLEIDET IHRE LEIDENSCHAFT

www.a-lafont.com

NAURATH/WALD

RÜSSEL'S HASENPFEFFER

REGIONAL • LÄNDLICH Eine wirklich hübsche Alternative zum Rüssel'schen Gourmetrestaurant und beliebt bei den Gästen, denn hier kocht man schmackhaft und mit guten Produkten. Gerne bestellt man z. B. Wild und Geschmortes - ein Hasengericht findet sich übrigens auch immer auf der regional-saisonalen Karte.
& 斎 – Menü 65/75 € - Karte 58/75 €
Büdlicherbrück 1 ✉ 54426 - ✆ 06509 91400 - www.ruessels-landhaus.de – Geschlossen: Dienstag und Mittwoch, mittags: Montag und Donnerstag

NECKARGEMÜND
Baden-Württemberg – Regionalatlas **5**–U2

CHRISTIANS RESTAURANT

FRANZÖSISCH-KLASSISCH • ZEITGEMÄSSES AMBIENTE Schöne Rundbogenfenster geben in dem hellen, geradlinigen Restaurant den Blick auf den Neckar frei - auch für Feierlichkeiten ein hübscher Rahmen. Aus der Küche kommt Klassisches mit mediterranem Einfluss, so z. B. "Iberico-Schweinekotelett, Gorgonzola, Rosmarinsoße, Wild-Brokkoli, Kürbisravioli". Mittags ist das Angebot etwas einfacher und reduzierter.
斎 ⇔ – Menü 75/95 € - Karte 34/70 €
Neckarstraße 40 ✉ 69151 - ✆ 06223 9737323 - www.restaurant-christian.de – Geschlossen: Montag-Mittwoch, mittags: Donnerstag und Freitag

ZUM RÖSSL

REGIONAL • LÄNDLICH Ein langjähriger Familienbetrieb in einer ehemaligen Poststation von 1642. In dem hübschen traditionell gehaltenen Restaurant wählt man zwischen regionalen Klassikern sowie mediterran und saisonal beeinflussten Tagesempfehlungen. Auf Vorbestellung gibt es auch ein Überraschungsmenü. Tipp: die idyllische Terrasse!
斎 ⇔ 🅿 – Menü 35/89 € - Karte 32/59 €
Heidelberger Straße 15 ✉ 69151 - ✆ 06223 2665 - www.roessel-waldhilsbach. de – Geschlossen: Montag-Mittwoch

NENNDORF, BAD
Niedersachsen – Regionalatlas **3**–L1

AUGUST

INTERNATIONAL • GEMÜTLICH Lange Familientradition und richtig gute Küche - dafür stehen die Gehrkes. Gekocht wird frisch, saisonal und mit internationalem Einfluss: "Hirschkeulenbraten mit Waldpilzsauce", "Entenbrust und Spitzkohl mit Chorizo und Rosinen", "Seehechtfilet auf Bandnudel-Wokgemüse"... Weinschrank mit toller Auswahl! Zum Übernachten hat das "Schmiedegasthaus Gehrke" schöne Zimmer.
綤 斎 ⇔ 🅿 🛋 – Menü 28/36 € - Karte 30/54 €
Riepener Straße 21 ✉ 31542 - ✆ 05725 94410 - www.schmiedegasthaus.de – Geschlossen mittags: Montag-Freitag

NEUBEUERN
Bayern – Regionalatlas **6**–Y4

AUERS SCHLOSSWIRTSCHAFT

Chef: Astrid Hilse
REGIONAL • GASTHOF Seit über 30 Jahren ist man hier mit Engagement im Einsatz. In dem netten ländlich-schlichten Gasthaus führt Chefin Astrid Hilse am Herd Regie, sie kocht schmackhaft, tagesfrisch und konzentriert sich ganz auf die sehr guten Zutaten, darunter viele Bio-Produkte. Schön sitzt man auf der Terrasse mit Bäumen.

🍀 *Engagement der Küchenchefin: Ich nenne meine Küche „Heimische Gourmetküche"! Will heißen, beste Produkte aus direkter Umgebung geschmackvoll*

NEUBEUERN

und mit Pfiff verarbeitet, Fische aus hiesiger Zucht, Biogemüse, Wild kommt vom Heuberg und aus dem Chiemgau, Biogetreide und Mehl aus einer nahen Mühle, eben gelebte Nachhaltigkeit!

🏡 ⇔ 🅿 🍴 – Karte 35/58 €
Rosenheimer Straße 8 ✉ 83115 – ☎ 08035 2669 – www.auers-schlosswirtschaft. de – Geschlossen: Montag und Sonntag, mittags: Dienstag-Samstag

NEUBURG AM INN
Bayern – Regionalatlas **6**-Z3

HOFTAFERNE NEUBURG

REGIONAL • **GEMÜTLICH** In der Hoftaferne von 1440 - direkt neben der restaurierten Burg Neuburg - wird richtig gut gekocht, und zwar bayerisch-österreichisch. Auf der Karte Klassiker und gehobenere Gerichte - Lust auf Tafelspitzsülze, Wiener Schnitzel, Kaiserschmarrn & Co.? Drinnen charmant-historisches Flair, draußen ein toller Biergarten! Im gleichnamigen Hotel gibt es hübsche Zimmer.

≼ 🏡 ⇔ 🅿 – Menü 25 € (Mittags), 39/69 € - Karte 32/59 €
Am Burgberg 5 ✉ 94127 – ☎ 08507 923120 – www.hoftaferne-neuburg.de – Geschlossen: Montag und Dienstag, mittags: Mittwoch

NEUBURG AN DER DONAU
Bayern – Regionalatlas **6**-X2

GASTSTUBE ZUM KLOSTERBRÄU

BAYRISCH • **LÄNDLICH** So stellt man sich eine historische bayerische Gaststube vor: Holzbalken an der Decke, Dielenboden, Kachelofen - rustikal, wohnlich und herrlich gemütlich, oder wie man heut sagt: "zünftig"! Und draußen lockt eine wunderbare Terrasse. Gekocht wird regional, aber auch klassisch-international, dazu gibt es schöne Weine.

🦽 🏡 🅿 – Menü 36/65 € - Karte 41/75 €
Kirchplatz 1 ✉ 86633 – ☎ 08431 67750 – www.zum-klosterbraeu.de – Geschlossen mittags: Montag

NEUENAHR-AHRWEILER, BAD
Rheinland-Pfalz – Regionalatlas **3**-J4

STEINHEUERS RESTAURANT ZUR ALTEN POST

FRANZÖSISCH-KLASSISCH • **ELEGANT** Klares Anliegen von Familie Steinheuer: Alle sollen sich wohlfühlen! Kein Wunder, dass sich bei den engagierten Gastgebern seit vielen Jahren die (Stamm-) Gäste die Klinke in die Hand geben. Da ist zum einen das schöne hochwertig-elegante Interieur, zum anderen die Küche von Christian Binder (übrigens Schwiegersohn von Patron Hans Stefan Steinheuer). Sie ist klassisch und hat Bezug zur Region, zeigt aber auch dezente internationale Einflüsse. Finesse, Harmonie und geschmackliche Tiefe gibt es in Form zweier Menüs: "Blüten" und "Wurzeln". Mit Gabriele Steinheuer und Tochter Désirée - ihres Zeichens Sommelière - leiten die Damen der Familie charmant und kompetent den Service. Gut zu wissen: Die junge Generation setzt die lange Tradition des Hauses auf professionelle und persönliche Art und Weise fort!

🍴 🆎 🅿 – Menü 155/195 €
Landskroner Straße 110 ✉ 53474 – ☎ 02641 94860 – www.steinheuers.de – Geschlossen: Dienstag und Mittwoch, mittags: Montag, Donnerstag-Samstag

STEINHEUERS LANDGASTHOF POSTSTUBEN

REGIONAL • **ZEITGEMÄSSES AMBIENTE** Dies ist nicht "Steinheuer light", sondern ein ganz eigenständiges Restaurant, in dem ambitioniert gekocht wird. Die Küche ist regional-klassisch und hat saisonale Einflüsse. Dazu reicht man dieselbe sehr gut sortierte Weinkarte wie im Gourmet. Schön auch die begrünte Terrasse. Wer übernachten möchte, wählt die Doppelzimmer im Haupthaus oder das komfortable Gästehaus.

NEUENAHR-AHRWEILER, BAD

🐾 🏧 ☂ 🅿 – Menü 65/75 € - Karte 48/72 €
Landskroner Straße 110 ✉ 53474 - ✆ 02641 94860 - www.steinheuers.de -
Geschlossen: Dienstag und Mittwoch

NEUENDORF BEI WILSTER
Schleswig-Holstein – Regionalatlas **1**-C2

😊 ZUM DÜCKERSTIEG

REGIONAL • LÄNDLICH Ein hübsches, gemütliches Restaurant mit ländlichem Flair, in dem saisonal und regional gekocht wird. Klassiker wie "gebratene Scholle in Speckbutter" schmecken ebenso gut wie "krosser Spanferkelrücken mit Estragonsoße, Rahmsteckrüben und Pilzen". Der traditionsreiche Familienbetrieb hat auch schöne wohnliche Gästezimmer für Sie.

☂ ⇔ 🅿 – Menü 46/52 € - Karte 34/55 €
Dückerstieg 7 ✉ 25554 - ✆ 04823 92929 - www.dueckerstieg.de -
Geschlossen: Montag und Dienstag, mittags: Mittwoch und Donnerstag

NEUHAUSEN (ENZKREIS)
Baden-Württemberg – Regionalatlas **7**-B2

✦ ALTE BAIZ

MODERNE KÜCHE • CHIC Sie kennen bereits die gute Küche des Restaurants "Grüner Wald"? Dann dürfte Sie auch die gastronomische Gourmet-Variante hier im Haus interessieren. In dem gemütlich-schicken Restaurant gibt der in der Region wohlbekannte Küchenchef Claudio Urru modern-kreative Speisen zum Besten. Nachdem er schon in den Stuttgarter Restaurants "top air" und "5" Sterneküche bot, knüpft er nun in der "Alten Baiz" an dieses Niveau an und bringt neben handwerklichem Können auch noch seinen Ideenreichtum auf den Teller. Dazu empfiehlt man vorzugsweise deutsche Weine, gerne auch als passende Weinbegleitung.

🅿 – Menü 112/152 €
Hauptstraße 2 ✉ 75242 - ✆ 07234 9473899 - www.gruenerwald.de -
Geschlossen: Montag-Donnerstag, Sonntag, mittags: Freitag und Samstag

😊 GRÜNER WALD

REGIONAL • RUSTIKAL Gelungen hat man hier hochwertiges geradliniges Interieur mit ländlichem Charme verbunden. Auf schöne massive Holztische kommen schmackhafte regionale Klassiker wie z. B. "Rostbraten von der Färse mit handgeschabten Spätzle". Als etwas rustikalere Alternative gibt es das "Braustüble". Biere aus der eigenen Brauerei.

☂ ⇔ – Karte 42/60 €
Hauptstraße 2 ✉ 75242 - ✆ 07234 9473899 - www.gruenerwald.de -
Geschlossen: Montag-Mittwoch, mittags: Donnerstag-Samstag

NEUHÜTTEN
Rheinland-Pfalz – Regionalatlas **5**-S1

✦ LE TEMPLE

Chef: Oliver Schäfer, Christiane Detemple-Schäfer
FRANZÖSISCH-MODERN • CHIC Sie sind ein absolut eingespieltes Team: Christiane Detemple-Schäfer und Oliver Schäfer. Seit 1992 sind die freundlichen Gastgeber hier mit beachtlichem Engagement im Einsatz und haben ihren "Tempel" zu einer festen gastronomischen Größe gemacht - nicht nur im kleinen Neuhütten, auch unter den rheinland-pfälzischen Sterne-Restaurants. Filigran, aufwändig und ausgesprochen präzise - so ist die modern-kreative klassische Küche, die es als saisonal geprägte Menüs gibt. Viel Geschmack zeigt auch das Interieur, im geradlinig-eleganten Restaurant ebenso wie in der kleinen Cigar-Lounge nebenan. Auf Nachfrage öffnet man übrigens auch dienstags. Und wer umgeben der schönen Landschaft des Hunsrücks übernachten möchte, kann dies in wohnlichen Gästezimmern - ein leckeres Frühstück gibt's ebenfalls!

NEUHÜTTEN

🏡 🅿 – Menü 130/165 €
Saarstraße 2 ✉ 54422 – ☏ 06503 7669 – www.le-temple.de – Geschlossen: Montag-Mittwoch, mittags: Donnerstag-Samstag

BISTRO

REGIONAL • BISTRO Kennen Sie auch das zweite Restaurant im Hause Detemple-Schäfer? Als richtig nette Alternative zum Gourmetrestaurant hat man noch das Bistro, das mit seiner schmackhaften regional ausgerichteten Küche und sympathischer, angenehm unkomplizierter Atmosphäre sehr gut ankommt.
🏡 🅿 – Menü 35/45 € - Karte 27/45 €
Saarstraße 2 ✉ 54422 – ☏ 06503 7669 – www.le-temple.de – Geschlossen: Mittwoch, mittags: Montag, Dienstag, Donnerstag-Samstag

NEUKIRCHEN-VLUYN

Nordrhein-Westfalen – Regionalatlas **3**–J2

LITTLE JOHN'S

MARKTKÜCHE • GEMÜTLICH Ein hübsches Wohnhaus von 1905 beherbergt dieses sympathische Restaurant mit skandinavischem Charme und freundlichem Service. Im Eingangsbereich kann man in die Küche schauen - das macht Appetit! Gekocht wird bodenständig und zugleich modern, gerne mit regionalen und saisonalen Produkten. Mittags ist auch das günstige Lunch-Menü beliebt. Hinweis: nur Barzahlung!
🏡 🍽 – Menü 20 € (Mittags), 37/46 € - Karte 39/53 €
Niederrheinallee 310 ✉ 47506 – ☏ 02845 7908210 – www.little-johns.de – Geschlossen: Montag, Dienstag, Sonntag, mittags: Mittwoch und Samstag

NEULEININGEN

Rheinland-Pfalz – Regionalatlas **7**–B1

❁ ALTE PFARREY

Chef: Silvio Lange
FRANZÖSISCH-MODERN • ELEGANT Wirklich reizend, wie sich das hübsche Anwesen des jahrhundertealten Pfarrhauses in das malerische Ortsbild einfügt. Hierher hat es Sternekoch Silvio Lange und seine Frau Bettina 2015 zurück verschlagen - Jahre zuvor leitete er schon einmal die "Pfarrey"-Küche. Was man bei den sympathischen Gastgebern geboten bekommt, ist kreativ, saisonal und besteht aus top Produkten. Zwei Menüs stehen zur Wahl. Möchten Sie in schönem klassisch-historischem Ambiente speisen oder lieber im lichten modern-eleganten Wintergarten an tollen schweren Holztischen mit Blick auf das alte Gemäuer? Freundlicher und geschulter Service samt passender Weinberatung ist Ihnen überall gewiss! Draußen lockt zudem der herrliche Innenhof - und zum Übernachten laden so geschmackvolle wie individuelle Zimmer ein.
🏡 ⇔ – Menü 85/137 €
Untergasse 54 ✉ 67271 – ☏ 06359 86066 – www.altepfarrey.de – Geschlossen: Montag und Sonntag, mittags: Dienstag-Donnerstag

H'MANNS

KLASSISCHE KÜCHE • LÄNDLICH Dieses wirklich charmante Haus der Hegmanns wird Sie begeistern! Aus der Küche kommen nur beste Produkte, und die werden mit Geschmack und Sorgfalt zubereitet. Probieren Sie z. B. "bretonischen Seeteufel mit Risotto und Kräuterseitlingen" oder "Lammravioli mit Schafskäse und Tomaten". An bestimmten Tagen gibt es auch spezielle Angebote wie Tapas oder Bratwurst.
🌿 🏡 🅿 – Menü 59/89 € - Karte 48/68 €
Am Goldberg 2 ✉ 67271 – ☏ 06359 5341 – www.hmanns.de – Geschlossen: Montag und Dienstag, mittags: Mittwoch-Sonntag

NEUMÜNSTER

Schleswig-Holstein – Regionalatlas **1**-D2

AM KAMIN

KLASSISCHE KÜCHE • ELEGANT Hier wird eine klassisch und saisonal ausgerichtete Küche geboten, z. B. als "Medaillon vom Kalbsfilet, Pfifferlinge, Gartengemüse". Zudem hat man es richtig gemütlich, vor allem, wenn man an kalten Winterabenden am namengebenden Kamin sitzt!

✿ – Menü 48/75 € - Karte 68/74 €

Propstenstraße 13 ⊠ 24534 – ℰ 04321 42853 – www.am-kamin.info – Geschlossen: Montag und Sonntag, mittags: Dienstag-Samstag

NEUNBURG VORM WALD

Bayern – Regionalatlas **6**–Y2

 OBENDORFERS EISVOGEL

Chef: Hubert und Sebastian Obendorfer

KREATIV • CHIC Mit Sebastian Obendorfer zeigt inzwischen auch der Junior des Hauses sein Können am Herd. Tolle Produkte werden perfekt in Szene gesetzt, eine schöne klassische Basis wird modern-kreativ umgesetzt, wobei man auch internationale Einflüsse findet. Die Gerichte beweisen exaktes Handwerk und ein elegantes, finessenreiches Geschmacksbild mit stimmigen Kontrasten. Der Service ist charmant, geschult und überaus aufmerksam - auch Patron Hubert Obendorfer, Gastgeber mit Leib und Seele, hilft mit! Ein Hingucker in dem schicken Abendrestaurant ist der ellipsenförmige Weinschrank mitten im Raum. Dank der freien Lage auf einer Kuppe genießt man durch die großen Fenster den Blick auf die Oberpfälzer Hügellandschaft - grandiose Sonnenuntergänge inklusive! Tipp: Das Hotel "Der Birkenhof" ist ideal für Wellness-Fans.

– Menü 145/211 €

Hofenstetten 43 ⊠ 92431 – ℰ 09439 9500 – www.der-birkenhof.de – Geschlossen: Montag und Sonntag, mittags: Dienstag-Samstag

TURMSTUBE

REGIONAL • ELEGANT Freundlich und elegant hat man es hier, während man sich regionale und internationale Küche aus guten Produkten servieren lässt. Da machen "Rahmpfifferlinge mit Serviettenknödeln" ebenso Appetit wie "gebratener Adlerfisch mit Zucchini-Shrimpsragout und Parmesanrisotto". Tipp: Genießen Sie die Aussicht von der Terrasse.

– Menü 34 € (Mittags), 39/44 € - Karte 47/66 €

Hofenstetten 55 ⊠ 92431 – ℰ 09439 9500 – www.der-birkenhof.de

NEUPOTZ

Rheinland-Pfalz – Regionalatlas **5**–T2

 ZUR KRONE

Chef: Faycal Bettioui

MARKTKÜCHE • FREUNDLICH Von Miami nach Neupotz. Im Oktober 2015 haben Kerstin und Faycal Bettioui nach vielen Jahren Gastronomie-Erfahrung in den USA hier im beschaulichen pfälzischen Neupotz (übrigens die Heimat der Gastgeberin) die traditionelle "Krone" übernommen und sie zu einer gemütlich-zeitgemäßen Adresse gemacht. Und dass die so gut ankommt, verwundert nicht, denn neben dem stets präsenten, freundlichen und geschulten Service überzeugt vor allem die geradlinige Küche von Faycal Bettioui. In seinem Tasting Menü setzt der gebürtige Marokkaner ausgesuchte saisonale Produkte modern und aromenreich um. Tipp: Parken können Sie neben dem Haus oder auf der Hauptstraße.

– Menü 120/132 €

Hauptstraße 25 ⊠ 76777 – ℰ 07272 9337845 – www.zurkroneneupotz.de – Geschlossen: Montag und Dienstag, mittags: Mittwoch-Sonntag

NEUPOTZ

GEHRLEIN'S HARDTWALD
REGIONAL · LÄNDLICH Es liegt etwas versteckt, das Restaurant der Familie Gehrlein. Drinnen ist es schön gemütlich, im Garten die hübsche Terrasse. Probieren Sie mal den Klassiker des Hauses: "Gebackenes paniertes Zanderfilet, Kartoffelsalat und Sauce Remoulade". Fisch kommt übrigens aus der eigenen Fischerei am Rhein. Tipp: richtig wohnliche Zimmer im Gästehaus vis-à-vis.
– Menü 29 € (Mittags), 39/78 € - Karte 34/55 €
Sandhohl 14 – 76777 – 07272 2440 – www.gehrlein-hardtwald.de –
Geschlossen: Mittwoch und Donnerstag

ZUM LAMM
KLASSISCHE KÜCHE · LÄNDLICH Ein Gasthof im besten Sinne! Ulrike und Manfred Kreger sind herzliche Gastgeber und führen ihr stets gut besuchtes Lokal mit großem Engagement. Aus der Küche des Patrons kommen regionale Gerichte, eine Spezialität ist Zander aus dem Rhein - und der liegt quasi vor der Tür! Im Sommer speisen die Gäste gerne im Garten hinterm Haus. Zum Übernachten hat man gepflegte Zimmer.
– Karte 35/62 €
Hauptstraße 7 – 76777 – 07272 2809 – www.gasthof-lamm-neupotz.de –
Geschlossen: Montag, mittags: Dienstag-Samstag, abends: Sonntag

NEUSS
Nordrhein-Westfalen – Regionalatlas **3**–J3

HERZOG VON BURGUND
MARKTKÜCHE · ELEGANT Außen schöne Villa, innen gemütliches klassisch-elegantes Ambiente. Der Service freundlich-versiert, die Küche saisonal - ein Klassiker ist das Wiener Schnitzel. Zusätzliches Mittagsmenü. Die Terrasse ist eine grüne Oase inmitten der Stadt!
– Menü 25 € (Mittags), 49/59 € - Karte 42/58 €
Erftstraße 88 – 41460 – 02131 23552 – www.herzogvonburgund.de –
Geschlossen: Montag und Sonntag, mittags: Samstag

SPITZWEG
MARKTKÜCHE · BISTRO Chic der geradlinig-moderne Look samt markantem Rot und dekorativen Bildern an den Wänden. Draußen an der Straße die lebendige Terrasse. Auf der Karte finden sich saisonale, regionale und internationale Gerichte.
– Menü 35/55 € - Karte 35/55 €
Glockhammer 43a – 41460 – 02131 6639660 – www.restaurant-spitzweg.
de – Geschlossen: Sonntag, mittags: Montag-Samstag

NEUSTADT AN DER WALDNAAB
Bayern – Regionalatlas **6**–Y1

KUHLEMANN
KREATIV · RUSTIKAL Man merkt der Küche an, dass der Chef in guten Adressen gearbeitet hat. Hier im Restaurant des familiengeführten Hotels "Grader" setzt er seinen interessanten Kochstil in Form eines kreativen Menüs um. Dazu eine ansprechende kleine Weinkarte. Das Ambiente: ein sympathischer Mix aus rustikal und modern.
– Menü 65/85 €
92660 – 09602 941872 – www.restaurant-kuhlemann.de – Geschlossen:
Montag, Dienstag, Sonntag, mittags: Mittwoch-Samstag

NEUSTADT AN DER WEINSTRASSE
Rheinland-Pfalz – Regionalatlas **7**–B1

RESTAURANT URGESTEIN
Chef: Hedi Rink
MODERNE KÜCHE • ROMANTISCH Wo Altstadt und Fußgängerzone beginnen, zeugt das charmante Ensemble historischer Fachwerkhäuser samt tollem Innenhof von einer langen Geschichte. Es ist der älteste pfälzische Bürgerhof mit Ursprung im 13. Jh. Hier im ehemaligen Marstall mit wunderschöner Kreuzgewölbedecke aus Backstein und modernem Interieur (reizvoll der Kontrast!) bieten Patron Hanno und Küchenchefin Hedi Rink kreative Sterneküche in Menüform. Neben eigenen Ideen überzeugen sehr gute Produkte, die man auch gerne aus der Region bezieht. Vorab gibt es frisch gebackenes "Urgesteinbrot" - einfach fantastisch! Die Weinempfehlungen durch den Sommelier sind absolut stimmig und preislich fair. Und wenn Sie übernachten möchten: Man hat auch hübsche Gästezimmer.
🍴 ⇔ – Menü 120/140 €
Rathausstraße 6a ✉ 67433 – ☎ 06321 489060 – www.restaurant-urgestein.de – Geschlossen: Montag und Sonntag, mittags: Dienstag-Samstag

DAS ESSZIMMER
MEDITERRAN • INTIM Richtig nett hat man es in dem Gasthaus in der Altstadt: hübsch das freundliche, geradlinig-moderne Ambiente, angenehm intim die Atmosphäre. Aus der offenen Küche kommen italienisch-mediterrane Gerichte wie "knuspriger Oktopus mit Kartoffelcreme und Bottarga". Schön sitzt man auch auf der Terrasse!
🍴 – Menü 36 € (Mittags), 49/74 €
Hintergasse 38 ✉ 67433 – ☎ 06321 354996 – www.esszimmer-neustadt.de – Geschlossen: Montag und Sonntag, mittags: Dienstag-Donnerstag

SPINNE
REGIONAL • FREUNDLICH In dem geradlinig gehaltenen Restaurant am Waldrand wird mit regional-saisonalem Bezug gekocht, dabei setzt man auf gute Produkte. Darf es vielleicht das Überraschungsmenü sein? Schön sitzt man auch auf der Terrasse. Sie möchten übernachten? Man hat freundliche, moderne Gästezimmer.
🍴 🅿 – Menü 50/68 € - Karte 41/70 €
Eichkehle 58 ✉ 67433 – ☎ 06321 9597799 – www.restaurant-spinne.com – Geschlossen: Montag und Dienstag, mittags: Mittwoch-Samstag

NEU-ULM
Bayern – Regionalatlas **5**–V3

STEPHANS-STUBEN
KLASSISCHE KÜCHE • CHIC Gastfreundschaft und schmackhafte Küche, dafür stehen Franziska und Siegfried Pfnür seit 1995 und das schätzen auch die vielen Stammgäste. Bei den saisonal geprägten Gerichten geht man in Puncto Produktqualität keine Kompromisse ein. Dazu freundliches Ambiente mit modern-mediterraner Note sowie charmanter Service.
Menü 32 € (Mittags), 54/115 € - Karte 25/73 €
Bahnhofstraße 65 ✉ 89231 – ☎ 0731 723872 – www.stephans-stuben.de – Geschlossen: Montag und Dienstag, mittags: Samstag, abends: Sonntag

NEUWIED
Rheinland-Pfalz – Regionalatlas **3**–K4

BRASSERIE NODHAUSEN
MARKTKÜCHE • ELEGANT In der Brasserie des schmucken historischen Anwesens gibt es international, regional und saisonal geprägte Küche - auf der Karte z. B. "Kabeljau mit Blattspinat und Orangengnocchi". Oder darf es vielleicht ein Steak sein? Ansprechend auch das Wintergartenflair.

NEUWIED

🏠 ✧ 🅿 – Menü 42/65 € - Karte 34/82 €
Nodhausen 1 ⊠ 56567 – ✆ 02631 344880 – www.parkrestaurant-nodhausen. de – Geschlossen: Montag und Sonntag, mittags: Dienstag-Samstag

NIDEGGEN
Nordrhein-Westfalen – Regionalatlas **3**–J3

✿ BURG NIDEGGEN - BROCKEL SCHLIMBACH
Chef: Tobias Schlimbach, Herbert Brockel
MODERNE KÜCHE • LÄNDLICH Das Besondere hier? Da wäre zum einen die Lage in einer Burg a. d. 12. Jh. oberhalb von Nideggen - fantastische Aussicht inklusive! Zum anderen das äußerst attraktive Ambiente: eine komplett in Holz gehaltene historische kleine Stube, in der schickes Design und warme Atmosphäre Hand in Hand gehen. Und "last but not least" die Küche. Viele Ideen, viel Kraft, viel Leidenschaft - das steckt in dem modernen Menü der namengebenden Patrons Herbert Brockel (zuvor viele Jahre im Erftstadter "Husarenquartier" mit Stern) und Tobias Schlimbach (ebenfalls mit langjähriger Sterne-Erfahrung). Nicht zu vergessen die ausgesuchten Produkte, aus denen z. B. "Eifeler Forelle, Tomate, Erbse, Radieschen, Walnuss" entsteht. Während die Chefs ihre Gerichte selbst servieren, empfehlen ihre Ehefrauen interessante Weine.
≼ 🏠 ✧ 🅿 – Menü 125/140 €
Kirchgasse 10 a ⊠ 52385 – ✆ 02427 9091066 – www.burgrestaurant-nideggen. de – Geschlossen: Montag-Donnerstag, mittags: Freitag und Samstag, abends: Sonntag

KAISERBLICK
MARKTKÜCHE • TRENDY Das Hauptrestaurant des tollen Anwesens a. d. 12. Jh. kommt ebenfalls modern daher. Auf der regional und international geprägten Karte liest man z. B. "Bärlauchsuppe mit pochiertem Landei" oder "Eifeler Kaninchenkeule, Blumenkohl, Perlzwiebeln, confierte Kartoffeln". Schöne Terrasse im Burghof.
🏠 🅿 – Menü 46 € - Karte 40/60 €
Kirchgasse 10 a ⊠ 52385 – ✆ 02427 9091066 – www.burgrestaurant-nideggen. de – Geschlossen: Montag-Mittwoch, mittags: Donnerstag

NIEDERHAUSEN
Rheinland-Pfalz – Regionalatlas **5**–T1

HERMANNSHÖHLE
KLASSISCHE KÜCHE • GEMÜTLICH Das ehemalige Fährhaus von 1517 hat so manchen Stammgast. Was Patron Wigbert Weck auf den Teller bringt, wird aus frischen Produkten zubereitet und schmeckt! Tipp: Überraschungsmenü (nur tischweise). Drinnen modernes Vinothek-Ambiente samt verglastem Weinkühlschrank (Schwerpunkt regionale Weine), draußen die nette Terrasse - nur durch die Straße von der Nahe getrennt.
🏠 ✧ 🅿 🍴 – Menü 39/69 € - Karte 34/59 €
Hermannshöhle 1 ⊠ 55585 – ✆ 06758 6486 – www.hermannshoehle-weck.de – Geschlossen: Montag und Sonntag

NIEDERKASSEL
Nordrhein-Westfalen – Regionalatlas **3**–J3

✿ CLOSTERMANNS LE GOURMET
KREATIV • ELEGANT Über den tollen Innenhof des zum Hotel erweiterten denkmalgeschützten Vierseithofs gelangt man zum "Le Gourmet". Sie können direkt auf der herrlichen Terrasse Platz nehmen oder drinnen in etwas privaterer Atmosphäre speisen. Auf dem Weg in das geschmackvolle modern-elegante kleine Restaurant kommen Sie an der verglasten Küche vorbei, wo ein monatlich wechselndes Menü mit fünf bis sieben Gängen entsteht. Verantwortlich dafür ist Thomas Gilles, der hier seinen eigenen Stil umsetzt, feine Details und so manch ungewöhnliche

Kombination inklusive. Er kocht mit regionalen Einflüssen und verwendet exzellente Produkte. Sehr angenehm der Service: auffallend freundlich und natürlich, trefflich die Weinempfehlungen dazu. Tipp: Übernachten Sie in den komfortablen Zimmern des Hotels "Clostermanns Hof".

&. 斎 🅿 – Menü 89/149 €

Heerstraße 2a ✉ 53859 – ✆ 02208 94800 – www.clostermannshof.de –
Geschlossen: Montag, Dienstag, Sonntag, mittags: Mittwoch-Samstag

NIEDERWEIS

Rheinland-Pfalz – Regionalatlas **5**-S1

SCHLOSS NIEDERWEIS

KLASSISCHE KÜCHE · LÄNDLICH In der ehemaligen Kornscheune des Schlosses a. d. 18. Jh. wird klassisch-saisonal gekocht. Dazu umsorgt man Sie freundlich in einem attraktiven modernen Ambiente - Hingucker der hohe historische Dachstuhl. Reizvoll der Garten. Einen schönen Festsaal und ein Standesamt gibt es auch. Praktisch: problemloses Parken.

&. 斎 ⇔ 🅿 – Menü 39/60 € - Karte 38/60 €

Hauptstraße 9 ✉ 54668 – ✆ 06568 9696450 – www.schloss-niederweis.de –
Geschlossen: Montag und Dienstag

NIEDERWINKLING

Bayern – Regionalatlas **6**-Z2

BUCHNER WELCHENBERG 1658

Chef: Mathias Achatz

MODERNE KÜCHE · RUSTIKAL Seit 1882 ist der Gutshof a. d. 16. Jh. bereits in Familienbesitz, mit Mathias Achatz führt inzwischen die 5. Generation Regie am Herd. Sein Koch-Talent wurde ihm schon in die Wiege gelegt, denn seine Mutter hat hier zuvor auch schon niveauvoll gekocht! Mit welch großem Engagement der Patron und Küchenchef bei der Sache ist, kommt in seinen modern inspirierten klassischen Gerichten zum Ausdruck. Regionale Einflüsse finden sich auf der Karte ebenso wie der ein oder andere asiatische Akzent. Dazu darf man sich auf eine angenehme Atmosphäre freuen, die nicht zuletzt dem aufmerksamen und versierten Service zu verdanken ist. Für die Zusammenstellung der erstklassigen Weinauswahl ist Mathias' Bruder Andreas zuständig - er kümmert sich vor allem um das eigene Hotel 2 km weiter.

⅋ 斎 ⇔ 🅿 – Menü 72/149 € - Karte 56/72 €

Freymannstraße 15 ✉ 94559 – ✆ 09962 730 – www.buchner-welchenberg.de –
Geschlossen: Montag und Dienstag, mittags: Mittwoch-Freitag

NIENSTÄDT

Niedersachsen – Regionalatlas **3**-L1

SÜLBECKER KRUG

FLEISCH · FREUNDLICH Lust auf Prime Beef aus dem 800°-Ofen? Das Haus ist bekannt für richtig gutes Fleisch. Auf der Karte finden sich Klassiker wie Ribeye, Rumpsteak oder Flanksteak, dazu gibt es tolle Saucen - und alles wird auf dem Holzbrett serviert! Eine Weinbar hat man ebenfalls. Übers Jahr werden auch verschiedene Aktionen angeboten - fragen Sie ruhig nach!

斎 ⇔ 🅿 – Karte 38/99 €

Mindener Straße 6 ✉ 31688 – ✆ 05724 3992550 – www.suelbeckerkrug.de –
Geschlossen: Montag und Dienstag, mittags: Mittwoch-Sonntag

NITTEL
Rheinland-Pfalz – Regionalatlas **5**–S1

CULINARIUM
MARKTKÜCHE • ELEGANT Modern-elegant: klare Linien, warmer Holzfußboden, schicker Kaminofen, Deko zum Thema Kulinarik und Wein. Dazu regional-saisonale Küche von "Wiener Schnitzel mit Petersilienkartoffeln" bis "Lachsforelle, Chicorée, Schwarzwurzel". Neben dem Restaurant hat man auf dem familiengeführten Weingut auch wohnliche Gästezimmer.

🍴 🅿 – Menü 38/52 € - Karte 32/72 €
Weinstraße 5 ✉ 54453 – ☎ 06584 91450 – www.culinarium-nittel.de – Geschlossen: Montag und Dienstag, mittags: Mittwoch-Samstag, abends: Sonntag

NÖRDLINGEN
Bayern – Regionalatlas **5**–V2

✤ WIRTSHAUS MEYERS KELLER
MARKTKÜCHE • LÄNDLICH Großes Gourmetmenü oder einfach ein Schnitzel? Es ist schon etwas Besonderes, das sympathische rustikal-trendige Restaurant, das Joachim (genannt Jockl) Kaiser zusammen mit seiner Frau Evelin bereits in 3. Generation betreibt. Kreativ und zugleich bodenständig ist das interessante Küchenkonzept. Neben dem feinen modernen Menü (konventionell oder vegetarisch) gibt es auch Wirtshaus-Klassiker à la Blutwurst-Gröstl! Das volle Kaiser'sche Engagement merkt man auch am sehr freundlichen, angenehm natürlich-unkomplizierten und gleichermaßen geschulten Service. Und wussten Sie, dass im ehemaligen Bierkeller unter Ihnen Culatello-Schinken reift? Den sollten Sie probieren! Seinen Lieblingsplatz hat man hier übrigens auch schnell gefunden: Im Sommer unter alten Linden und Kastanien!

🍴 ⇄ 🅿 – Menü 75/168 € - Karte 53/92 €
Marienhöhe 8 ✉ 86720 – ☎ 09081 4493 – www.jockl-kaiser.de – Geschlossen: Montag und Dienstag, mittags: Mittwoch

NÖRTEN-HARDENBERG
Niedersachsen – Regionalatlas **3**–M2

NOVALIS
FRANZÖSISCH-KLASSISCH • ELEGANT Drinnen sitzt man in schönem stilvoll-elegantem Ambiente, draußen mit Blick auf den Reitplatz und die historische Burganlage. Die Küche ist saisonal beeinflusst und basiert auf sehr guten Produkten, der Service ist aufmerksam und herzlich. Neben dem Restaurant hat das "Hardenberg BurgHotel" auch geschmackvolle Zimmer.

🍴 ⇄ 🅿 🚗 ▦ – Menü 59/98 € - Karte 57/70 €
Hinterhaus 11a ✉ 37176 – ☎ 05503 9810 – www.hardenberg-burghotel.de – Geschlossen mittags: Montag-Sonntag

NONNENHORN
Bayern – Regionalatlas **5**–V4

TORKEL
MARKTKÜCHE • GASTHOF Bei Familie Stoppel kocht man mit regionalem und saisonalem Bezug - da schmecken z. B. "Zwiebelrostbraten vom Bioland-Rind mit Bratkartoffeln" und "Bodensee-Felchenfilet in Dijonsenf". Serviert wird in freundlichen Räumen oder auf der hübschen Terrasse.

🛏 🍴 ⇄ 🅿 🚗 – Menü 39 € (Mittags), 69/129 € - Karte 36/65 €
Seehalde 14 ✉ 88149 – ☎ 08382 98620 – www.hotel-torkel.de – Geschlossen: Mittwoch

NORDERNEY (INSEL)

Niedersachsen – Regionalatlas **1**–A3

In Norderney

 SEESTEG

MODERNE KÜCHE · CHIC Was für ein Glück, dass sich der gebürtige Baden-Württemberger Markus Kebschull an der Nordsee so wohlfühlt, dass er diesem schönen Fleckchen auch nach seiner Zeit im Cuxhavener "Sterneck" als Küchenchef erhalten bleibt. Untergebracht im gleichnamigen kleinen Boutique-Hotel direkt am Meer hätte er angesichts der allgegenwärtigen Exklusivität kaum einen passenderen Ort für seine niveauvolle Küche finden können. Sie ist modern-klassisch, hat saisonal-internationale Einflüsse und setzt auf ausgesuchte Produkte. Es gibt zwei Menüs (eines davon vegetarisch), aus denen man auch à la carte wählen kann. Oder lieber einen "Seesteg"-Klassiker? Dazu wertig-geschmackvolles Ambiente samt verglaster Showküche sowie ein reizvoller Blick Richtung Nordsee - Tipp: die Seeterrasse!

🛋 – Menü 54/98 € - Karte 62/79 €

Damenpfad 36a ✉ 26548 – ✆ 04932 893600 – www.seesteg-norderney.de –
Geschlossen mittags: Montag-Sonntag

NORDHAUSEN

Thüringen – Regionalatlas **4**–N2

 FEINE SPEISESCHENKE

MARKTKÜCHE · FREUNDLICH Sie finden dieses freundliche Restaurant in einem von Wald und Wiesen umgebenen kleinen Ort in einem ruhigen Seitental. Serviert wird saisonale Küche mit regionalen und internationalen Einflüssen. Etwas Besonderes: Man züchtet schottische Hochlandrinder. Sie wählen aus verschiedenen Menüs (darunter ein vegetarisches) oder von der Klassiker-Karte.

🚗 🛋 ⇔ 🅿 – Menü 30/92 € - Karte 30/54 €

Winkelberg 13 ✉ 99734 – ✆ 03631 4736490 – www.speiseschenke.de –
Geschlossen: Montag und Dienstag, mittags: Mittwoch-Samstag, abends: Sonntag

NORDHEIM AM MAIN

Bayern – Regionalatlas **5** V1

REISERS ZEHNTHOF 🅝

REGIONAL · HISTORISCHES AMBIENTE Mitten in dem malerischen Weindorf liegt der denkmalgeschützte 400 Jahre alte Zehnthof. Drinnen sitzt man in gemütlich-rustikalen Gasträumen mit historischem Charme, draußen locken angenehme Terrassenplätze in wunderbaren Innenhof mit zwei schattenspendenden Platanen. Küche und Weinkarte sind regional ausgerichtet.

♿ 🛋 – Menü 39 € - Karte 29/48 €

Hauptstraße 2 ✉ 97334 – ✆ 09381 1702 – der-reiser.de/restaurants/3-zehnthof-nordheim-reloaded – Geschlossen: Montag und Dienstag, mittags: Mittwoch

NORDKIRCHEN

Nordrhein-Westfalen – Regionalatlas **3**–K2

SCHLOSS RESTAURANT VENUS

INTERNATIONAL · KLASSISCHES AMBIENTE Im "Westfälischen Versailles" finden Sie dieses klassisch-gediegene Gewölberestaurant - die zahlreichen Gemälde stammen übrigens von Patron Franz L. Lauter, einem passionierten Maler! Geboten werden Klassiker sowie ein ambitioniertes ("12-Stationen"-) Menü mit westfälischen Tapas. Eine nette legere Alternative ist das Bistro mit großer Terrasse.

⇔ 🅿 🛋 – Menü 69/125 € - Karte 34 €

Schloss 1 ✉ 59394 – ✆ 02596 972472 – www.lauter-nordkirchen.de –
Geschlossen: Montag-Mittwoch, mittags: Donnerstag-Samstag

✉ Bayern
Regionalatlas **6**–X1

NÜRNBERG

Wem der Sinn nach Spitzenküche steht, ist definitiv im **Essigbrätlein** richtig! Gefragt ist auch das **ZweiSinn Meiers** mit gleich zwei Optionen: modern-kreativ im **Fine Dining** oder französisch-mediterran im **Bistro**. Neu in der Selektion und ganz klar einen Besuch wert: **etz** und **Veles**. Das **Würzhaus** kommt mit seinem Doppelkonzept aus Wirtshausküche am Mittag und ambitioniertem Menü am Abend gut an. Freuen darf man sich auch über einen wiedereröffneten Klassiker: Der **Schwarze Adler** im Stadtteil Kraftshof. Und vergessen Sie nicht, eines der typischen Bratwurst-Lokale zu besuchen! Ein Spaziergang durch die historische Altstadt lohnt sich ebenfalls - Sehenswürdigkeiten sind z. B. der pyramidenförmige Schöne Brunnen am Hauptmarkt, die gotische Frauenkirche oder die Kaiserburg. Tipp für den Wochenend-Bummel: die kleine Eismanufaktur in der charmanten Weißgerbergasse!

❀❀ **ESSIGBRÄTLEIN**

Chef: Andree Köthe, Yves Ollech

INNOVATIV · GEMÜTLICH Man muss an der Glocke läuten, um in das kleine "Essigbrätlein" mitten in der Nürnberger Altstadt zu kommen. Ein schönes intimes Restaurant. Die Atmosphäre ist gemütlich und heimelig, alle sind ausgesprochen charmant und aufmerksam - einfach zum Wohlfühlen! In der Küche geht es äußerst innovativ zu, alles orientiert sich an der Saison und an ausgesuchten Produzenten. Man verfolgt einen ganz eigenen nachhaltigen Ansatz, der die "leaf to root"-Philosophie absolut konsequent umsetzt. Patron Andree Köthe und Küchenchef Yves Ollech - seit Jahren ein eingespieltes Team am Herd - haben ein Faible für Kräuter, Gewürze und Gemüse. Man fermentiert und weckt ein. Zur kreativen Naturküche kommen bei den Gästen auch die wirklich gut abgestimmten Weinbegleitungen sehr gut an.

❀ *Engagement des Küchenchefs:* Wir sehen uns als Impulsgeber und als Schnittstelle zwischen Haute Cuisine und Nachhaltigkeit in der Küche. Wir beziehen unsere Ware von Bauern aus der Region, sehen diese Reduzierung als kreative Herausforderung, sind oft selbst auf dem Feld, tierische Produkte spielen eine immer geringere Rolle.

🍽 – Menü 100 € (Mittags), 150/180 €

Stadtplan: B2-8 – *Weinmarkt 3* ✉ *90403* – ✆ *0911 225131* – *www.essigbraetlein.de* – *Geschlossen: Montag und Sonntag*

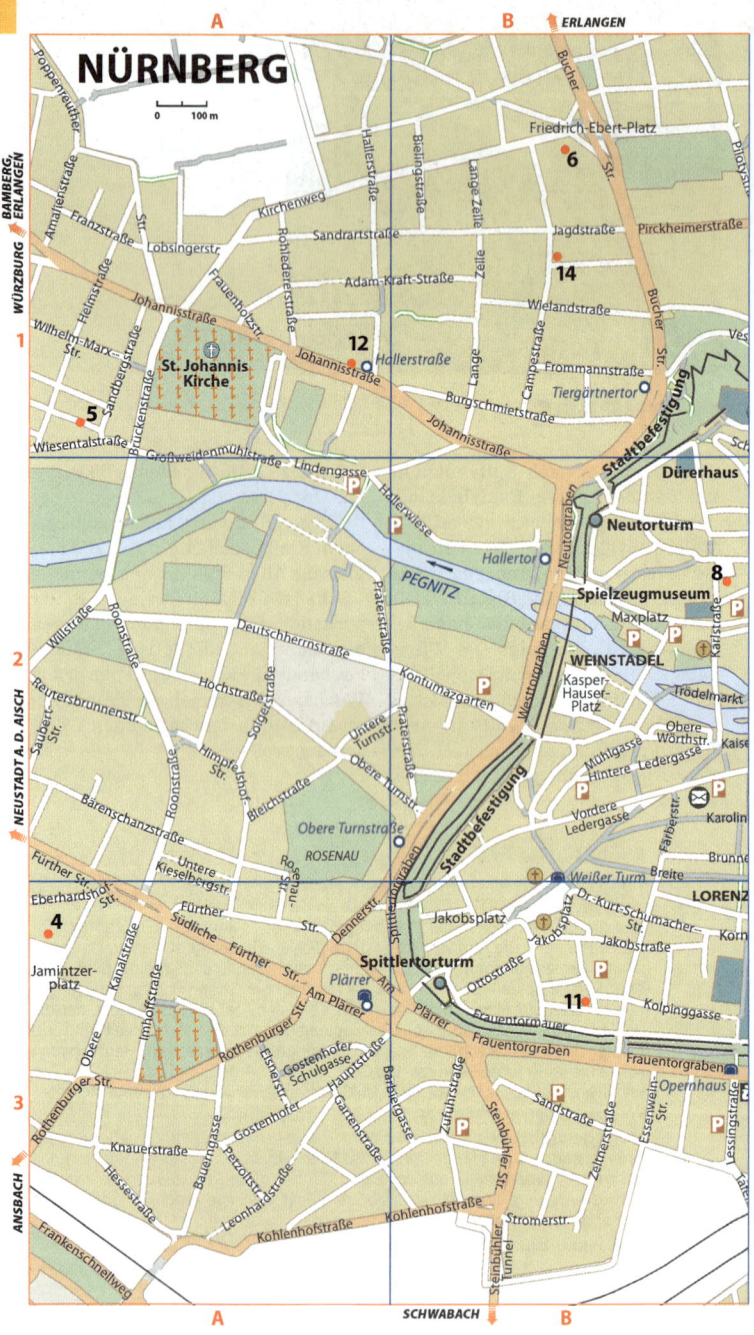

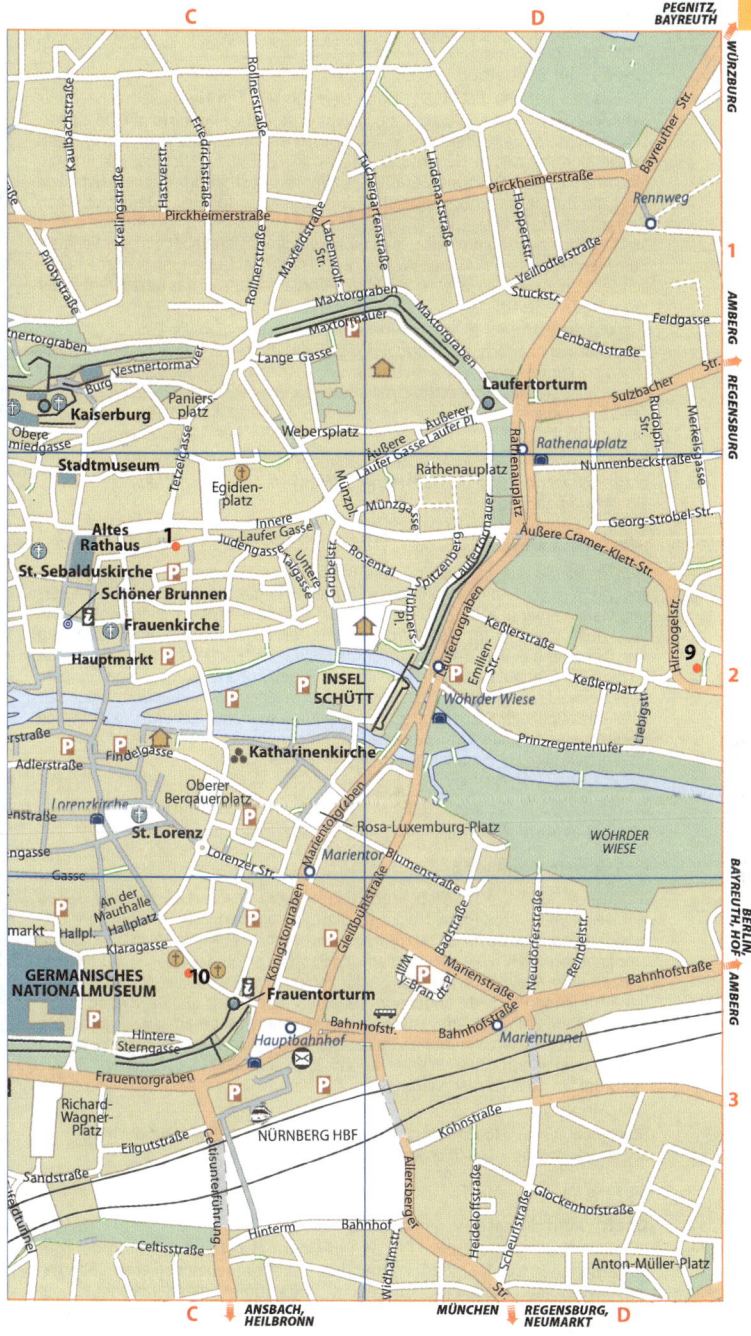

NÜRNBERG

❀❀ ETZ

Chef: Felix Schneider

KREATIV • MINIMALISTISCH Nach dem "Sosein." in Heroldsberg hat Felix Schneider hier in Nürnberg seine neue Wirkungsstätte. Man verfolgt eine eigene, schon recht spezielle Philosophie. In der offenen Küche entstehen kreative, bis ins Detail durchdachte Gerichte, bei denen man ganz auf Nachhaltigkeit setzt. Man pflanzt selbst Obst und Gemüse an, alles ist selbst produziert, vom Schinken über die Butter bis hin zu Miso und Essig. Die Atmosphäre in dem modernen Restaurant ist lebendig und leger, die Speisen werden von den Köchen selbst serviert und erklärt. Die Weinkarte ist nicht sehr groß, bietet aber ein paar Schätze. Zum Menü kann man zwischen Wein- oder alkoholfreier Begleitung wählen - natürlich selbst hergestellt. Hinweis: Seit Mitte Februar finden Sie das Restaurant in der Wiesentalstraße 40.

❀ *Engagement des Küchenchefs:* Ich achte auf regionalen Einkauf (95% der Produkte aus der nächsten Umgebung) und verarbeite nur ganze Tiere. Zukünftig möchten wir uns noch stärker vegetarisch ausrichten. Wir reduzieren CO_2 und setzen auf mitarbeiterfreundliche Arbeitszeiten. Wir denken ganzheitlich, über den Tellerrand hinaus.

Menü 210 €

Stadtplan: C2-1 - *Bindergasse 22* ✉ *90402* - ☎ *0911 47712809* - *www.etzrestaurant.de* - Geschlossen: Montag-Mittwoch, Sonntag, mittags: Donnerstag-Samstag

❀ ENTENSTUBEN

MODERNE KÜCHE • ELEGANT Sein Traum war ein eigenes Restaurant, und dieser Traum ist für Fabian Denninger in Erfüllung gegangen. Nachdem der gebürtige Mannheimer u. a. im 2-Sterne-Restaurant "Edsbacka krog" in Sollentuna bei Stockholm, in der "Burg Wernberg" und im "Waldhotel Sonnora" in Wittlich tätig war, leitete er hier in Nürnberg zuerst die Küche des "Koch und Kellner", bevor er im Juni 2014 Inhaber und Küchenchef der "Entenstuben" wurde. Seine Gerichte haben eine klassische Basis, leben von guten, frischen Produkten und zeigen das Faible des Chefs für Säurekontraste. Neben dem sehr ansprechend präsentierten Menü (auch als vegetarische Variante) kann sich auch das Restaurant selbst sehen lassen: geradlinig und zugleich wohnlich ist es hier.

❀ ✿ - Menü 79/135 €

Stadtplan: D2-9 - *Schranke 9* ✉ *90403* - ☎ *0911 5209128* - *www.entenstuben.de* - Geschlossen: Montag und Sonntag, mittags: Dienstag-Samstag

❀ KOCH UND KELLNER

MODERNE KÜCHE • BISTRO "Koch und Kellner", das sind Küchenchef Gerald Hoffmann und Patron Frank Mackert. Letzterer kümmert sich nicht nur sehr aufmerksam um seine Gäste, als Weinfreund (ein besonderes Faible hat er für Riesling) empfiehlt er mit fundiertem Wissen das Passende von der über 500 Etiketten umfassenden Weinkarte. Aus der Küche kommt "verjüngte Klassik", für die man hervorragende Produkte angenehm reduziert, aber nicht ohne Aufwand zubereitet. In dem auf einer Tafel angeschriebenen Menü liest man z. B. "Fränkischer Bachsaibling, Erbsen, Vin Jaune". Dazu schaffen klare Formen, freundliche, warme Farben und Parkettboden ein schönes Ambiente. Hinweis: Mo. - Sa. mittags (11.30 - 14.30 Uhr) nur auf Vorreservierung.

❀ - Menü 90/170 €

Stadtplan: A3-4 - *Obere Seitenstraße 4* ✉ *90429* - ☎ *0911 266166* - *www.kochundkellner.de* - Geschlossen: Sonntag

❀ VELES

Chef: Vadim Karasev

MODERNE KÜCHE • GEMÜTLICH Ein Gourmetrestaurant im Nürnberger Szeneviertel Gostenhof? Warum eigentlich nicht? Umgeben von einem alternativ angehauchten Umfeld legt Küchenchef und Patron Vadim Karasev in seinem Restaurant viel Wert auf Regionalität und Saisonalität. Viele der Zutaten kommen von Kleinerzeugern direkt aus dem Knoblauchsland, das quasi um die Ecke liegt.

NÜRNBERG

Das schmeckt man z. B. bei "Paprika, Kirsche, Zuckererbse". Neben ausgezeichneter Produktqualität ist Ihnen in den fünf bis sieben Gängen des durchdachten Menüs geschmackliche Tiefe ebenso sicher wie Finesse. Dazu erwartet Sie ein unkompliziertes und lockeres, durchaus trendiges Ambiente sowie ein freundliches motiviertes Team, das Sie mit Enthusiasmus betreut und kulinarisch überrascht.

Engagement des Küchenchefs: Ich bin sehr auf das Produkt fokussiert, gehe respektvoll damit um und lasse mich zu ständigen Veränderungen inspirieren. Die Produkte kommen aus der unmittelbaren Umgebung, z. B. Fisch aus Erlangen, Gemüse aus dem Knoblauchsland. Alles wird komplett verarbeitet, teils fermentiert oder gepickelt.

– Menü 79/105 €

außerhalb Stadtplan – *Kernstraße 29* – 90429 – 0911 5985385 – www.velesrestaurant.de – Geschlossen: Montag und Sonntag, mittags: Dienstag-Samstag

WAIDWERK

Chef: Valentin Rottner

MODERNE KÜCHE • CHIC Dies ist das kulinarische Aushängeschild im Hause Rottner. Junior Valentin Rottner und sein Team bieten im kleinen Gourmetrestaurant des traditionsreichen Familienbetriebs ein modernes Menü mit persönlicher Note. Dazu wird man unter der Leitung von Sommelier Thomas Wachter umsorgt, der professionell und freundlich mit Witz und Charme den Service leitet. Ebenso anspruchsvoll das Interieur: Richtig chic ist der geradlinige Stil in Kombination mit einem ländlichen Touch und Bezug zur Jagd - Letzteres kommt nicht von ungefähr: Der Küchenchef ist Jäger. Valentin Rottner hat so manch renommierte Adresse hinter sich, so kochte er u. a. im 2-Sterne-Restaurant "Söl'ring Hof" auf Sylt oder im "Gourmetrestaurant Lerbach" in Bergisch Gladbach.

– Menü 140/190 €

außerhalb Stadtplan – *Winterstraße 15* – 90431 – 0911 612032 – www.rottner-hotel.de – Geschlossen: Montag und Sonntag, mittags: Dienstag-Samstag

ZWEISINN MEIERS | FINE DINING

Chef: Stefan Meier

KREATIV • ZEITGEMÄSSES AMBIENTE Eine echte kulinarische Bereicherung für die Frankenmetropole ist dieses stylish-moderne Restaurant etwas außerhalb des Nürnberger Stadtzentrums, mit dem sich Stefan Meier nach erstklassigen Stationen im "Louis C. Jacob" in Hamburg, im "Amador" in Langen oder bei Johanna Maier im österreichischen Filzmoos vor einigen Jahren selbstständig gemacht hat. Gemeinsam mit seinem motivierten Team kombiniert er beste handverlesene Produkte zu kreativen und geschmacklich ausbalancierten Gerichten mit eigener Idee. An Vegetarier ist ebenfalls gedacht. Zur Wohlfühlatmosphäre in dem geradlinig-schicken Restaurant trägt nicht zuletzt auch der professionelle, sehr freundliche und aufmerksame Service bei.

– Menü 120/150 €

außerhalb Stadtplan – *Äußere Sulzbacher Straße 118* – 90491 – 0911 92300823 – www.meierszweisinn.de – Geschlossen: Montag und Sonntag, mittags: Dienstag-Samstag

DER SCHWARZE ADLER

MODERNE KÜCHE • ROMANTISCH Schon von außen ist das wunderschön restaurierte jahrhundertealte Haus ein Hingucker, drinnen erwartet Sie ein gemütliches, komfortables Ambiente mit romantischem Touch. Qualität spielt bei Patron und Küchenchef Christian Brieske eine große Rolle. Er bietet ambitionierte moderne Gerichte auf klassischer Basis. Der Service sehr aufmerksam und freundlich.

– Menü 95 € - Karte 44/73 €

außerhalb Stadtplan – *Kraftshofer Hauptstraße 166* – 90427 – 0911 305858 – schwarzeradler.de – Geschlossen: Montag und Dienstag, mittags: Mittwoch-Sonntag

NÜRNBERG

IMPERIAL BY ALEXANDER HERRMANN

INTERNATIONAL • TRENDY Modern, chic und trendy kommt das Restaurant daher. Freundlich der Service, locker die Atmosphäre, mittig die offene Küche. Hier entstehen internationale Speisen mit fränkischem Einfluss, man kocht ausdrucksstark und ambitioniert. Im EG das "Fränk'ness" - "The Urban Fränkisch Taste".

AK – Menü 105/159 €

Stadtplan: **C3-10** – *Königstraße 70* ✉ *90402* – ✆ *0911 24029955* – *www.ah-imperial.de* – *Geschlossen: Montag, Dienstag, Sonntag, mittags: Mittwoch-Samstag*

IU & ON

THAILÄNDISCH • TRENDY Ältestes thailändisches Restaurant Deutschlands und ein echter Familienbetrieb! Lecker z. B. "Yam Plamük" (fein-scharfer Oktopussalat nach Hausrezept) oder "Gai Ta Krai" (gebratenes Hähnchenbrustfilet mit Zitronengrassauce und Klebreis).

– Menü 30/60 €

Stadtplan: **B1-14** – *Roritzerstraße 10* ✉ *90419* – ✆ *0911 336767* – *www.iu-on.de* – *Geschlossen: Montag und Dienstag, mittags: Mittwoch-Freitag*

LE VIRAGE

FRANZÖSISCH • FAMILIÄR In dem charmanten kleinen Bistro erfährt man ein Stückchen französische Lebensart in Nürnberg! Es gibt traditionelle Gerichte, die in Menüform angeboten werden. Gekocht wird eher schlicht, aber mit Geschmack - und alles ist frisch!

Menü 43 € - Karte 43 €

Stadtplan: **A1-5** – *Helmstraße 19* ✉ *90419* – ✆ *0911 9928957* – *www.nefkom.net/le.virage* – *Geschlossen: Montag und Dienstag, mittags: Mittwoch-Sonntag*

MINNECI LEONARDO

ITALIENISCH • MEDITERRANES AMBIENTE Richtig schön verbindet sich der historische Charakter des alten Stadthauses von 1560 mit der Atmosphäre eines italienischen Ristorante. Auf der Karte z. B. "Lammcarré rosa gebraten, Caponata, römische Gnocchi", der Service freundlich und charmant.

– Menü 69/90 € - Karte 19/40 €

Stadtplan: **B3-11** – *Zirkelschmiedsgasse 28* ✉ *90402* – ✆ *0911 209655* – *www.minneci-ristorante.de* – *Geschlossen: Montag und Sonntag*

WONKA

MODERNE KÜCHE • HIP Seit über 20 Jahren betreibt Christian Wonka dieses sympathische Restaurant. Gekocht wird ambitioniert und mit sehr guten, oft regionalen Produkten. Abends gibt es ein kreatives Menü, auch vegetarisch. Mittags ist das Menü kleiner. Neben verschiedenen geschmackvollen Räumen hat man noch eine wirklich nette Terrasse.

– Menü 42 € (Mittags), 94/104 € - Karte 42/48 € abends

Stadtplan: **A1-12** – *Johannisstraße 38* ✉ *90419* – ✆ *0911 396215* – *www.restaurant-wonka.de* – *Geschlossen: Montag und Sonntag, mittags: Samstag*

WÜRZHAUS

MODERNE KÜCHE • MINIMALISTISCH Ein pfiffiges und interessantes Gasthaus! Mit hochwertigsten Produkten kocht man hier moderne internationale Gerichte, und die werden ausgesprochen charmant serviert! Am Abend gibt es gehobene, ambitionierte Speisen wie z. B. "Hirschrücken, Mais, Basilikum", mittags ein einfacheres Angebot mit günstigem Menü.

– Menü 25 € (Mittags), 69/97 € - Karte 15/29 € abends

Stadtplan: **B1-6** – *Kirchenweg 3a* ✉ *90419* – ✆ *0911 9373455* – *www.wuerzhaus.info* – *Geschlossen: Montag und Sonntag, mittags: Samstag*

NÜRNBERG

ZIRBELSTUBE

REGIONAL • RUSTIKAL Ein schmuckes Sandsteingebäude von 1860 mit ebenso schönem Interieur - charmant die Zirbelstube und das Gewölbe. Die Gerichte der verschiedenen Menüs können Sie auch variieren. Macht Ihnen z. B. "gebackener Kalbskopf, Kartoffel-Risotto, süßer Senf" Appetit? Reizend die Terrasse. Der freundlich geführte Familienbetrieb hat auch hübsche Gästezimmer.

☆ ⇔ 🅿 – Menü 58/120 €

außerhalb Stadtplan – *Friedrich-Overbeck-Straße 1* ✉ *90455* – ✆ *0911 998820* – *www.zirbelstube.com* – *Geschlossen: Montag und Sonntag, mittags: Dienstag-Samstag*

ZWEISINN MEIERS | BISTRO

MODERNE KÜCHE • BISTRO Wer in Nürnberg ein richtig nettes Bistro sucht, ist hier genau richtig! Angenehme gepflegte Atmosphäre, freundlicher Service und gutes Essen erwarten Sie. Mittags ist der günstige Tagesteller gefragt. Das Gourmetrestaurant des Hauses befindet sich im hinteren Bereich und ist nicht minder beliebt.

⅋ & ☆ – Karte 45/72 €

außerhalb Stadtplan – *Äußere Sulzbacher Straße 118* ✉ *90491* – ✆ *0911 92300823* – *www.meierszweisinn.de* – *Geschlossen: Montag und Sonntag, mittags: Samstag*

NUTHETAL

Brandenburg – Regionalatlas **4**–Q1

PHILIPPSTHAL

SAISONAL • RUSTIKAL Der Weg zu diesem denkmalgeschützten Anwesen lohnt sich: schön das Ambiente mit seinem Mix aus Rustikalem und Modernem, reizend der Hofgarten und gekocht wird richtig gut. Aus der einsehbaren Küche kommen französisch-mediterrane und deutsch-regionale Speisen, darunter Klassiker, aber auch tagesaktuelle Spezialitäten.

☆ 🅿 🚭 – Menü 37/48 € - Karte 35/57 €

Philippsthaler Dorfstraße 35 ✉ *14558* – ✆ *033200 524432* – *www.restaurant-philippsthal.de* – *Geschlossen: Montag und Dienstag*

OBERAUDORF

Bayern – Regionalatlas **6**–Y4

BERNHARD'S

MARKTKÜCHE • FREUNDLICH Das Restaurant der Familie Bernhard liegt sehr zentral, ist gemütlich und lockt viele Stammgäste an. Tipp: Gerichte mit Schweizer Akzent - der Senior ist gebürtiger Graubündner! Lecker auch Regionales wie "geschmortes Audorfer Lamm, Bärlauch-Knödel-Terrine, Frühlingsgemüse, gebratene Pilze". Übernachten können Sie hier oder im "Seebacher Haus" unter gleicher Leitung.

☆ ⇔ 🅿 🌫 – Menü 49 € - Karte 30/59 €

Marienplatz 2 ✉ *83080* – ✆ *08033 30570* – *www.bernhards.biz* – *Geschlossen: Dienstag und Mittwoch, mittags: Donnerstag*

OBERBOIHINGEN

Baden-Württemberg – Regionalatlas **7**–B2

😊 ZUR LINDE

REGIONAL • BÜRGERLICH Seit Jahrzehnten ein bewährter Klassiker in der Region - hier bekommen Sie noch richtig traditionelle Küche. Die aus sehr guten Produkten zubereiteten Gerichte sind schmackhaft und zudem preislich sehr fair

OBERBOIHINGEN

kalkuliert. Tipp: Vieles gibt es auch für zuhause: Maultaschen, Rouladen, Spätzle... Für Langzeitgäste hat man im Nebenhaus topmoderne Apartments.

✧ 🅿 🛏 – Menü 33/68 € - Karte 28/50 €
Nürtinger Straße 24 ✉ 72644 - ☏ 07022 61168 - www.linde-oberboihingen.de – Geschlossen: Montag und Dienstag

OBERHAUSEN

Nordrhein-Westfalen – Regionalatlas **3**-J2

HACKBARTH'S RESTAURANT

MODERNE KÜCHE • MEDITERRANES AMBIENTE Hinter der roten Eingangstür erwartet Sie ein trendig-schickes Ambiente, in dem Sie das herzliche Hackbarth-Team aufmerksam umsorgt. Man kocht modern-saisonal mit traditionellen und internationalen Einflüssen - wie wär's z. B. mit "Tapas Cross Over" oder "Maishuhn-Brust, Macadamia-Nüsse, Wacholderjus"? Gut sortierte Weinkarte. Schön die mediterran begrünte Terrasse.

🌿 ✧ 🅿 – Menü 25 € (Mittags), 38/57 € - Karte 25/42 €
Im Lipperfeld 44 ✉ 46047 - ☏ 0208 22188 - www.hackbarths.de – Geschlossen: Montag und Sonntag, mittags: Samstag

OBERRIED

Baden-Württemberg – Regionalatlas **7**-B1

😊 DIE HALDE

REGIONAL • RUSTIKAL Hier oben in 1147 m Höhe ist mit diesem stilvollen Restaurant der Spagat zwischen Historie und Moderne geglückt! Sie sitzen in gemütlichen Stuben und lassen sich freundlich und geschult umsorgen. In der Küche arbeitet man gerne mit heimischen Produkten, Wasser kommt aus der Haus-Bergquelle. Zum Übernachten gibt es schöne Zimmer in modern-regionalem Stil.

♿ 🌿 🅿 🛌 🍽 – Menü 41 € (Mittags), 57/59 € - Karte 33/59 €
Halde 2 ✉ 79254 - ☏ 07602 94470 - www.halde.com

😊 GASTHAUS STERNEN POST

REGIONAL • LÄNDLICH Bereits seit 2006 sind Bernd Lutz und seine Frau Rosemarie in dem sympathischen Gasthaus von 1875 für ihre Gäste da. Der Patron und sein Team sorgen hier für schmackhafte klassisch-saisonale Gerichte, für die sie viele Produkte aus der Region verwenden. Charmant die Stuben, hübsch die Terrasse. Zum Übernachten hat man freundliche Zimmer und eine schöne Ferienwohnung.

🌿 ✧ 🅿 – Menü 45/78 € - Karte 40/72 €
Hauptstraße 30 ✉ 79254 - ☏ 07661 989849 - www.gasthaus-sternen-post.de – Geschlossen: Dienstag und Mittwoch, abends: Montag

OBERSTAUFEN

Bayern – Regionalatlas **5**-V4

DIE.SPEISEKAMMER

MODERNE KÜCHE • TRENDY "Casual Fine Dining" trifft es sehr gut: Zum trendig-wertigen Design aus klaren Linien und warmem Holz bietet das Restaurant des Hotels "DAS.HOCHGRAT" modern-kreative Gerichte mit gewisser eigener Note. Sie können à la carte wählen, sich selbst ein Menü zusammenstellen oder sich vom Chef überraschen lassen. Dazu eine gut aufgestellte Weinkarte.

🍷 ♿ 🌿 – Menü 45 € (Mittags), 79/109 € - Karte 45/97 €
Rothenfelsstraße 6 ✉ 87534 - ☏ 08386 9914620 - www.die-speisekammer.de – Geschlossen: Dienstag und Mittwoch, mittags: Montag, Donnerstag-Samstag

OBERSTAUFEN

ESSLUST

FRANZÖSISCH-ZEITGEMÄSS · REGIONALES AMBIENTE Richtig gemütlich hat man es in den charmanten Stuben und gut essen kann man ebenfalls. Geboten werden frische regionale und französisch-mediterrane Gerichte und dazu eine ansprechende Weinauswahl. Das Restaurant befindet sich übrigens im schönen Hotel "Alpenkönig" mit wohnlichen Zimmern und modernem Wellnessbereich.

🛏 🅿 🚗 💴 – Menü 42/69 € - Karte 20/43 €

Kalzhofer Straße 25 ⊠ 87534 - ✆ 08386 93450 - www.hotel-alpenkoenig.de – Geschlossen: Montag, Dienstag, Sonntag, mittags: Mittwoch-Samstag

OBERSTDORF
Bayern – Regionalatlas **5**–V4

✪ DAS MAXIMILIANS

FRANZÖSISCH-MODERN · GEMÜTLICH "Das Maximilians" ist das Aushängeschild der Fetz'schen Gastronomie! In dem kleinen Gourmetrestaurant des familiengeführten Hotels "Das Freiberg" verarbeitet das engagierte Team um Küchenchef Henrik Weiser ausgezeichnete Produkte zu modern inspirierten Speisen, die durchdacht sind und von tollem Handwerk zeugen. Wer auf das überaus empfehlenswerte Menü verzichten möchte, findet alternativ eine kleine A-la-carte-Auswahl. Zur angenehmen Atmosphäre trägt neben dem wertigen Interieur auch der aufmerksame und kompetente Service bei, was nicht zuletzt der herzlichen Gastgeberin Margret Bolkart-Fetz zu verdanken ist. In Sachen Wein werden Sie ebenfalls trefflich beraten.

🛏 🎋 🅿 💴 – Menü 109/147 €

Freibergstraße 21 ⊠ 87561 - ✆ 08322 96780 - www.das-maximilians.de – Geschlossen: Montag, Dienstag, Sonntag, mittags: Mittwoch-Samstag

✪ ESS ATELIER STRAUSS

KLASSISCHE KÜCHE · GEMÜTLICH Hochwertige Möbel aus Altholz, bequeme, mit schönen Karo-Stoffen bezogene Designerstühle, in die Decke eingelassene Edelweißleuchten und geradlinige, edle Tischkultur – so frisch und modern präsentiert sich das Restaurant. Aber nicht nur der chic-alpine Look gefällt den Gästen, alles, was Hausherr Peter A. Strauss hier auf den Teller bringt, begeistert ebenso. Man verwöhnt Sie mit klassischen Gerichten, die modern-kreativ beeinflusst sind und angenehm reduziert zubereitet werden. Die Produkte sind von ausgezeichneter Qualität. Blickfang ist der 18 qm große verglaste Weinklimaschrank! Rund 300 verschiedene Weine aus Deutschland, Frankreich, Österreich und Italien sind zu haben.

♿ 🆎 – Menü 79/180 €

Kirchstraße 1 ⊠ 87561 - ✆ 08322 800080 - www.loewen-strauss.de – Geschlossen: Montag-Mittwoch, mittags: Donnerstag-Sonntag

😊 DAS FETZWERK

INTERNATIONAL · TRENDY Modern und angenehm unkompliziert kommt "Das Fetzwerk" daher - das gilt sowohl für das trendige Ambiente als auch für die Küche. Geboten werden schmackhafte, frische Gerichte mit einem gewissen Pfiff. Dazu wird man freundlich und aufmerksam umsorgt. Das Restaurant befindet sich übrigens im komfortablen Hotel "Das Freiberg".

🎋 🅿 – Karte 27/42 €

Freibergstraße 21 ⊠ 87561 - ✆ 08322 96780 - www.das-fetzwerk.de

😊 DAS JAGDHAUS

REGIONAL · GASTHOF Das charmante Holzhaus von 1856 mit seinen drei Stuben ist ein netter Ableger des Sternerestaurants "Das Maximilians". Auf den Tisch kommen nur Produkte aus der Region - Tipp: die Wildgerichte! Im schönen Biergarten gibt's typische Speisen unter Kastanien.

OBERSTDORF

🍴 ⇔ 🅿 – Menü 40/53 € - Karte 33/60 €
*Ludwigstraße 13 ✉ 87561 - ✆ 08322 987380 – www.das-jagdhaus.de –
Geschlossen: Mittwoch und Donnerstag*

😀 LÖWEN-WIRTSCHAFT

REGIONAL • GASTHOF Der modern-rustikale Stil (schön die liebevollen Details wie alte Skier, Kuhglocken etc.) kommt ebenso gut an wie der freundliche Service und die schmackhafte regional-saisonale Küche. Letztere gibt's z. B. als "Wiener Schnitzel vom Allgäuer Milchkalb" oder "rosa Barbarie-Flugentenbrust mit Cassis-Blaukraut". Aktionsabende.

♿ 🍴 🅿 – Menü 33/37 € - Karte 35/54 €
*Kirchstraße 1 ✉ 87561 - ✆ 08322 800088 – www.loewen-strauss.de –
Geschlossen: Montag und Dienstag*

ONDERSCH GENUSSWIRTSCHAFT

MODERNE KÜCHE • FREUNDLICH Unter dem Motto "Ondersch" (Dialekt für "Anders") bietet man hier im "LOFT" einen Mix aus Kino, Streetfood-Bar und Genusswirtschaft. In der oberen Etage gibt es in lebendig-urbaner Atmosphäre richtig schmackhafte moderne Küche mit regionalem und saisonalem Bezug.

♿ 🍴 – Menü 39/65 € - Karte 36/71 €
*Ludwigstraße 7 ✉ 87561 - ✆ 08322 3004885 – www.ondersch.de –
Geschlossen: Montag und Sonntag, mittags: Dienstag-Samstag*

OBERTHAL

Saarland – Regionalatlas **5**-S1

ZUM BLAUEN FUCHS

FRANZÖSISCH-KLASSISCH • LÄNDLICH In gemütlich-elegantem Ambiente lassen Sie sich mit guter klassischer Küche umsorgen, die in Form zweier Menüs angeboten wird - hier z. B. "Flankensteak mit getrüffeltem Kartoffelstampf". Dazu berät Sie die Chefin freundlich in Sachen Wein.

🍴 🅿 – Menü 60/98 € - Karte 20/40 €
Walhausener Straße 1 ✉ 66649 - ✆ 06852 6740 – www.zumblauenfuchs.de – Geschlossen: Montag-Donnerstag, mittags: Freitag und Samstag, abends: Sonntag

OBERURSEL (TAUNUS)

Hessen – Regionalatlas **3**-L4

KRAFTWERK

MODERN • TRENDY Das einstige Kraftwerk ist nicht nur eine schicke Location, man isst hier auch richtig gut! In zwei trendig-modernen Restaurants gibt es interessante Menüs, von österreichisch (inspiriert von der Heimat der Patrons) bis zum Tasting-Menü - ein schöner Mix von "Wiener Schnitzel" bis "Jakobsmuscheln & Garnelen, Kürbis, Romanesco, Kokosschaum". Sehr gute Weinempfehlungen.

🍴 🅿 – Menü 50/109 € - Karte 36/90 €
Zimmersmühlenweg 2 ✉ 61440 - ✆ 06171 929982 – www.kraftwerkrestaurant.de – Geschlossen: Montag und Dienstag, mittags: Mittwoch-Sonntag

ODENTHAL

Nordrhein-Westfalen – Regionalatlas **3**-J3

ZUR POST

Chef: Alejandro Wilbrand, Christopher Wilbrand

MODERNE KÜCHE • ELEGANT Das hat schon was: Von außen zeigt das historische Gasthaus seinen traditionellen Charakter, drinnen hat man ein elegantes Ambiente mit moderner Note geschaffen. Hier zeigen die Brüder Alejandro und

ODENTHAL

Christopher Wilbrand mit produktorientierter kreativer Küche ihr Händchen für interessante Details und clevere, ausgesprochen originelle Kombinationen in Geschmack und Textur. Der Bezug zur Region findet sich auf der Karte ebenso wie andere europäische Einflüsse. Trefflich die Empfehlungen aus dem schönen Weinangebot. Sie möchten über Nacht bleiben? Kein Problem, denn neben dem Sterne-Restaurant und der legereren „Postschänke" hat man auch ein kleines Hotel mit komfortablen Zimmern. Zudem gibt es noch einen tollen Festsaal, der über eine topmoderne Küche verfügt.

AC ⇔ P – Menü 65 € (Mittags), 105/145 € - Karte 73/95 €
Altenberger-Dom-Straße 23 ⊠ 51519 - ℰ 02202 977780 – www.zurpost. eu – Geschlossen: Montag und Dienstag, mittags: Mittwoch-Samstag, abends: Sonntag

POSTSCHÄNKE

MARKTKÜCHE • BISTRO Gemütlich und sympathisch-lebhaft ist es hier. Das kommt ebenso an wie die schmackhafte saisonale Küche samt Tagesmenü. Auf der Karte macht z. B. "Filet vom bergischen Lax auf frischem Blattspinat mit Bandnudeln und Riesling-Buttersauce" Appetit.

⌂ P – Menü 37/42 € - Karte 35/59 €
Altenberger-Dom-Straße 23 ⊠ 51519 - ℰ 02202 977780 – www.zurpost.eu – Geschlossen: Montag und Dienstag, mittags: Mittwoch-Samstag

OFFENBACH AM MAIN

Hessen – Regionalatlas **3**–L4

SCHAUMAHL

KREATIV • GEMÜTLICH In dem Jugendstilhaus nicht weit von der Stadtmitte erwartet Sie kreative Küche, in die klassisch beeinflusst ist und auch dezent asiatische Aromen einbindet. Die Atmosphäre dazu ist richtig nett, leger und alles andere als steif. Kompetent und angenehm locker der Service, ambitioniert die Weinberatung - gut sortiert die europäisch geprägte Karte.

⌂ – Menü 58 € - Karte 69/75 €
Bismarckstraße 177 ⊠ 63067 - ℰ 069 82994300 – www.schaumahl.de – Geschlossen: Sonntag, mittags: Montag-Samstag

OFFENBURG

Baden-Württemberg – Regionalatlas **5**–T3

BLUME

REGIONAL • LÄNDLICH Seit Jahren ein beständiges Gasthaus in der Ortenau. Hinter der hübschen Fachwerkfassade hat man es richtig gemütlich bei schmackhafter klassisch-regionaler Küche mit Bezug zur Saison. Beliebt ist z. B. der "Blume"-Klassiker "Krammer's Fischsuppe Bouillabaisse". Gut auch die Weinauswahl. Zum Übernachten gibt es gepflegte, individuelle Zimmer.

⌂ ⇔ P – Menü 44/69 € - Karte 38/72 €
Weinstraße 160 ⊠ 77654 - ℰ 0781 33666 – www.gasthof-blume.de – Geschlossen: Montag und Sonntag, mittags: Dienstag-Freitag

OFTERSCHWANG

Bayern – Regionalatlas **5**–V4

SILBERDISTEL

KLASSISCHE KÜCHE • ELEGANT Definitiv einen Besuch wert ist das seit 1919 von Familie Fäßler geführte "Sonnenalp Resort" auch von gastronomischer Seite. Die Chefs der "Silberdistel"-Küche Kai Schneller und Carsten Müller verarbeiten ausgesuchte saisonale Zutaten, wobei Produkte aus der Region im Fokus stehen. "Alpine Cuisine" nennen sie ihr Menü, aus dem man auch à la carte wählen kann. Daneben bietet man auch Klassiker wie z. B. den am Tisch tranchierten Maine-Hummer. Hier

OFTERSCHWANG

in der 4. Etage hat man übrigens eine wunderbare Aussicht, wählen Sie also am besten einen Fensterplatz! Doch auch das Restaurant selbst mit seinem Mix aus elegantem Stil und alpenländischem Charme kann sich sehen lassen. Dazu kommt das Bemühen um den Gast, das in diesem traditionsreichen Haus allgegenwärtig ist.

⪕ & 🅼 🅿 🚬 – Menü 99/138 € - Karte 103/298 €
Sonnenalp 1 ✉ 87527 - ℰ 08321 2720 - www.sonnenalp.de - Geschlossen: Montag, Dienstag, Sonntag, mittags: Mittwoch-Samstag

FREISTIL

Chef: Constantin Kiehne
MODERNE KÜCHE • FREUNDLICH Neben einem schönen modernen Ambiente aus klaren Formen und warmem Holz erwartet Sie hier eine regional und saisonal ausgerichtete Küche - an Vegetarier ist ebenfalls gedacht. Sie möchten übernachten? Man hat hübsche wohnlich gestaltete Gästezimmer für Sie.

❀ *Engagement des Küchenchefs: Saisonalität und handverlesene Produktqualität stehen für mich an erster Stelle, das Allgäu hat hier viel zu bieten! Wir verarbeiten Tiere von A - Z, Wild aus der Umgebung, Fische aus regionaler Zucht, ich stehe für faire und gute Arbeitsbedingungen, Strom beziehen wir aus dem Blockheizkraftwerk.*

🍴 🅿 – Menü 36/68 € - Karte 36/61 €
Schweineberg 20 ✉ 87527 - ℰ 08321 7071 - www.kiehnes-freistil.de - Geschlossen mittags: Montag-Freitag

ÖHNINGEN

Baden-Württemberg – Regionalatlas **5**–U4

❀ ### FALCONERA

Chef: Johannes Wuhrer
FRANZÖSISCH-KLASSISCH • FAMILIÄR Eine schöne Adresse ist die ehemalige Mühle im Grünen unweit des Bodensees. Mit Falken- und Mühlenstube hat man in dem jahrhundertealten Fachwerkhaus einen geschmackvollen Mix aus elegant und rustikal geschaffen. Nicht zu vergessen der tolle Garten! Dass man hier viele Stammgäste hat, ist nicht nur dem hübschen Rahmen zu verdanken, auch die herzliche Art der Gastgeber kommt an. Und dann ist da noch die hervorragende Küche. Patron Johannes Wuhrer kocht klassisch-saisonal. Sie können das "Menü Falconera" oder das "Gemüsemenü" wählen - oder lieber Gerichte à la carte? Verarbeitet werden regionale Produkte, darunter auch Kräuter und essbare Blüten aus eigenem Anbau. Marmeladen, Sirups etc. aus eigenen Gartenerzeugnissen sind ebenfalls zu haben.

❀ 🍴 ⇔ 🅿 – Menü 57 € (Mittags), 92/120 € - Karte 82/108 €
Zum Mühlental 1 ✉ 78337 - ℰ 07735 2340 - www.falconera.de - Geschlossen: Montag, Dienstag, Sonntag

ÖHRINGEN

Baden-Württemberg – Regionalatlas **5**–U2

KLEINOD

KREATIV • TRENDY In der schicken Orangerie im Hoftheater heißt das Motto "Orient trifft Okzident", das in Form eines ambitionierten kreativen Menüs umgesetzt wird. Schön, wie man hier beispielsweise würzig-orientalische Köfte und klassische Crépinette verbindet. Im Sommer wird die herrliche Terrasse für so manchen Gast zum Lieblingsplatz.

& 🍴 ⇔ – Menü 75/150 €
Uhlandstraße 27 ✉ 74613 - ℰ 07941 9894727 - www.restaurant-kleinod.de - Geschlossen: Montag und Sonntag, mittags: Mittwoch-Samstag

OSNABRÜCK

Niedersachsen – Regionalatlas **3**–K1

FRIEDRICH N

FRANZÖSISCH-MODERN • CHIC Nach der Schließung ihres Restaurants in Bad Bentheim starten Lars Keiling und Gina Duesmann nun in dem gepflegten Stadthaus am kleinen Hans-Callmeyer-Platz durch. Lars Keiling bietet eine moderne französische Küche mit kreativen Momenten sowie internationalen und mediterranen Aromen. Zu den drei bis sieben Gängen des Menüs können Sie die passende glasweise Weinbegleitung wählen oder sich überaus kompetent beraten lassen. Für die charmant-professionelle Gästebetreuung ist Restaurantleiterin und Sommelière Gina Duesmann zuständig, die sehr aufmerksam auf jeden Gast eingeht. Zum tollen Essen und dem angenehmen Service gesellt sich noch ein geschmackvolles chic-elegantes Ambiente. Alternativ hat man das Bistro "Kleiner Friedrich" mit schöner Terrasse unter schattenspendenden Kastanien.

– Menü 99/139 €

Lotter Straße 99 – 49078 – ℰ 0541 96380899 – www.friedrich-osnabrueck. de – Geschlossen: Montag, Dienstag, Sonntag, mittags: Mittwoch-Samstag

KESSELHAUS

KREATIV • TRENDY Einst Event- und Party-Location, ist diese aparte Adresse im Gewerbegebiet heute ein cooler Rahmen für Sterneküche. Attraktive Industrie-Architektur prägt das Bild: vor dem Gebäude die nette Terrasse am markanten Ziegelschornstein, drinnen tolles Loft-Ambiente: Sie sitzen unter einer hohen Decke, um Sie herum freiliegende Backsteinmauern, hohe Sprossenfenster und schicke Design-Elemente wie der mittige "Center Table" aus massivem Holz oder Comic-Kunst an der Wand. Während unter der Leitung von Randy de Jong moderne und kreative Gerichte wie z. B. "Pekingente, Aprikose, Süßkartoffel, Szechuan" entstehen, sorgt Restaurantleiterin und Inhaberin Thayarni Garthoff in relaxter Atmosphäre für professionellen Service. Es gibt auch zwei schöne Salons, einer davon mit Blick in die verglaste Küche.

– Menü 88 € (Mittags), 128 €

Neulandstraße 12 – 49084 – ℰ 0541 97000072 – www.kesselhaus-os.de – Geschlossen: Montag und Sonntag, mittags: Dienstag-Freitag

IKO

MODERNE KÜCHE • MINIMALISTISCH Eine spezielle Adresse: Hier hat man Restaurant, Töpferei und ein Geschäft für Blumendeko kombiniert. In trendig-geradlinigem Ambiente serviert man ein naturnahes modern-kreatives Menü mit regionalem Bezug (auch vegetarisch), zubereitet in der offenen Küche samt Holzofen, in dem tolles Sauerteigbrot entsteht. Serviert wird auf handgemachter Töpferware.

– Menü 95/125 €

Stadtweg 38a – 49086 – ℰ 0541 44018030 – www.iko-restaurant.de – Geschlossen: Montag, Dienstag, Sonntag, mittags: Mittwoch-Samstag

WILDE TRIEBE

REGIONAL • TRENDY Trendig-puristisch und ideenreich vereint das über 150 Jahre alte ehemalige Bahnhofsgebäude Kunst und Kulinarik. Wertiges Ambiente aus Backstein, Beton, Stahl und Holz, überaus charmanter Service und sehr produktbezogene Küche auf eigens gebranntem Ton-Geschirr. Besuchen Sie auch das "stille Örtchen": Durch eine Glasabdeckung schaut man hier in einen Brunnenschacht!

– Menü 49/76 € - Karte 46/61 €

Am Sutthauser Bahnhof 5 – 49082 – ℰ 0541 60079033 – www.wilde-triebe. de – Geschlossen: Montag, Dienstag, Sonntag, mittags: Mittwoch-Samstag

OSTRACH
Baden-Württemberg – Regionalatlas **5**–U4

LANDHOTEL ZUM HIRSCH
BÜRGERLICHE KÜCHE • **FREUNDLICH** In dem über 300 Jahre alten Gasthaus gibt es gute schnörkellose bürgerliche Küche. Wie wär's mit einem Klassiker? Vielleicht "Ochsenfleisch vom Bürgermeisterstück mit Meerrettichsößle"? Ebenfalls lecker die "Maultaschen im Eimantel gebraten mit Kartoffelsalat". Auch asiatische Einflüsse machen die Küche interessant. Zum Übernachten hat man wohnliche Zimmer.

& 🍽 ⇔ 🅿 🛏 – Menü 28/39 € - Karte 29/55 €
Hauptstraße 27 ✉ 88356 – ☎ 07585 92490 – www.landhotel-hirsch.de – Geschlossen mittags: Samstag

ÖTISHEIM
Baden-Württemberg – Regionalatlas **7**–B2

STERNENSCHANZ
BÜRGERLICHE KÜCHE • **GASTHOF** Bei Familie Linck kann man richtig gut und preislich fair essen! Kein Wunder, dass man zahlreiche Stammgäste hat, und die mögen frische schwäbische Gerichte wie Kutteln, Maultäschle & Co. Im Sommer ist der schöne Garten beliebt.

🍽 ⇔ 🅿 – Karte 27/57 €
Gottlob-Linck-Straße 2 ✉ 75443 – ☎ 07041 6667 – www.sternenschanz.de – Geschlossen: Montag und Dienstag

PADERBORN
Nordrhein-Westfalen – Regionalatlas **3**–L2

BALTHASAR
Chef: Elmar Simon

FRANZÖSISCH-MODERN • **ELEGANT** Nicht ohne Grund finden Elmar und Laura Simon schon lange regen Zuspruch bei den Gästen: Seit 1999 ist das "Balthasar" mit einem Stern ausgezeichnet! Inhaber und Küchenchef Elmar Simon machte sich hier 1996 selbstständig, tatkräftig unterstützt wird er von seiner charmanten Frau Laura, ihres Zeichens Sommelière, die mit ihrem Team für einen angenehm lockeren und gleichermaßen professionellen Service sorgt. Schon auf dem Weg in das wertig-elegante Restaurant gewährt das Bullauge im Eingangsbereich einen Blick ins Herzstück des "Balthasar" - das steigert die Vorfreude auf die klassisch-moderne Küche. Für Vegetarier gibt es das Menü "Grüner Garten".

& 🍽 ⇔ 🅿 🎁 – Menü 85/155 € - Karte 70/94 €
Warburger Straße 28 ✉ 33098 – ☎ 05251 24448 – www.restaurant-balthasar.de – Geschlossen: Montag und Sonntag, mittags: Dienstag-Samstag

PANKER
Schleswig-Holstein – Regionalatlas **1**–D2

RESTAURANT 1797
FRANZÖSISCH-KREATIV • **LÄNDLICH** Wie gemalt liegt das jahrhundertealte Gut Panker in einer reizvollen Wald- und Wiesenlandschaft. Bekannt ist das herrliche Anwesen mit dem dörflichen Charme als Trakehner-Gestüt. Während um Sie herum der Gutsbetrieb läuft, werden Sie von Küchenchef Volker M. Fuhrwerk mit einem kreativen saisonalen Menü verwöhnt. Dabei stellt er ausgesuchte Produkte aus Norddeutschland in den Mittelpunkt - Gemüse, Obst und Kräuter kommen sogar aus dem eigenen Garten. Umsorgt wird man sehr aufmerksam und geschult, schöne glasweise Weinempfehlungen inklusive. Mit dem Blick auf grüne Weiden und mit ihrer schattenspendenden alten Rotbuche ist die Terrasse

prädestiniert, um die Seele baumeln zu lassen! Nicht minder einladend ist das ehemalige Jagdzimmer mit seinem äußerst stilvollen ländlich-eleganten Interieur.

🛏 🌳 🅿 – Menü 119 €

Gut Panker ✉ 24321 – 📞 04381 90690 – www.ole-liese.de – Geschlossen: Montag, Dienstag, Sonntag, mittags: Mittwoch-Samstag

FORSTHAUS HESSENSTEIN

MARKTKÜCHE • GEMÜTLICH Dass das ehemalige Forsthaus unterhalb des Aussichtsturms eine gefragte Adresse ist, liegt an den heimelig-charmanten Stuben, am freundlichen Service und nicht zuletzt an der guten Küche, die es z. B. in Form von Klassikern wie Wiener Schnitzel, Zwiebelrostbraten oder Crème brûlée gibt.

🌳 ⇔ 🅿 🚫 – Menü 41/53 € - Karte 36/55 €

Hessenstein 1 ✉ 24321 – 📞 04381 9416 – www.forsthaus-hessenstein.com – Geschlossen: Montag und Dienstag, mittags: Mittwoch-Samstag

OLE LIESE WIRTSCHAFT

REGIONAL • GEMÜTLICH Eine sympathische Alternative zum Gourmetrestaurant "1797" ist die ländlich-gemütliche "Wirtschaft". Gekocht wird auf traditioneller Basis, großen Wert legt man auf regionalen und saisonalen Bezug. Mittags wie abends kann man à la carte oder in Menüform speisen. Wunderschön die Terrasse mit Blick auf das tolle Anwesen von Gut Panker!

🛏 🌳 ⇔ 🅿 – Menü 49 € (Mittags), 52/69 € - Karte 44/55 €

Gut Panker ✉ 24321 – 📞 04381 90690 – www.ole-liese.de – Geschlossen: Montag

PAPPENHEIM

Bayern – Regionalatlas **6**–X2

ZUR SONNE

REGIONAL • GASTHOF Bei Familie Glück kann man richtig gut essen! Darf es etwas Saisonales sein oder lieber ein regionaler Klassiker? Wildgerichte machen hier ebenso Appetit wie "Zwiebelrostbraten Hohenloher Art". Mittags speist man im lichten Wintergarten im Neubau, im Sommer lockt die Terrasse. Die "Sonne" hat auch schöne Gästezimmer, darunter Themenzimmer.

🌳 ⇔ – Menü 33 € - Karte 23/47 €

Deisinger Straße 20 ✉ 91788 – 📞 09143 837837 – www.sonne-pappenheim. de – Geschlossen: Dienstag

PASSAU

Bayern – Regionalatlas **6**–Z3

WEINGUT

INTERNATIONAL • TRENDY Sie möchten nach einem Stadtbummel in schicker trendig-moderner Atmosphäre speisen? Gerne wählt man ein Tagesgericht von der Tafel, Sie können aber auch einfach Tapas oder ein Glas Wein bestellen - Letzteren kann man hier auch kaufen. Der Service ist sehr freundlich und aufmerksam. Dekorative Weinregale und Hochtische tragen zur schönen Vinothek-Atmosphäre bei.

🌳 – Menü 33/37 € - Karte 39/75 €

Theresienstraße 28 ✉ 94032 – 📞 0851 37930500 – www.weingut-passau.de – Geschlossen: Montag und Sonntag, mittags: Dienstag-Samstag

PERASDORF
Bayern – Regionalatlas **6**–Z2

GASTHAUS JAKOB
Chef: Michael Klaus Ammon

KLASSISCHE KÜCHE • GEMÜTLICH Man muss schon wissen, wo dieses kleine 250 Jahre alte Landgasthaus zu finden ist. Aber die Suche lohnt sich, denn hier sitzen Sie richtig gemütlich (im Sommer auch auf der Terrasse vor dem Haus) und werden wirklich charmant umsorgt. Geboten wird eine feine Küche, die man hier ab vom Schuss mitten im Bayerischen Wald nicht unbedingt erwarten würde! Küchenchef und Inhaber Michael Klaus Ammon kocht auf klassischer Basis, aber mit modernen Ideen - so entstehen z. B. eine ausdrucksstarke geröstete Hummersuppe mit gebackenem Hummer oder auch eine angenehm leichte Joghurt-Crème-brûlée. Zum Team des gebürtigen Oberfranken gehören übrigens auch seine Lebensgefährtin Mona Haka und sein Bruder Andreas, die zusammen den Service leiten - schön auch die offenen Weinempfehlungen.

🌿 🍽 🅿 – Menü 59/89 € – Karte 60/67 €

Haigrub 19 ✉ 94366 – ✆ 09965 80014 – www.genuss-jakob.de – Geschlossen: Montag und Dienstag, mittags: Mittwoch-Samstag, abends: Sonntag

PERL
Saarland – Regionalatlas **5**–S1

VICTOR'S FINE DINING BY CHRISTIAN BAU

KREATIV • ELEGANT Fast fehlen einem die Worte angesichts der Einzigartigkeit der Bau'schen Küche! Wie kaum ein anderer Koch schafft es Christian Bau, auf dem Teller zwei Welten zu verbinden. Ungezwungen, geradezu mit Leichtigkeit kombiniert er französische und japanische Küche. Seit Jahren begeistert er mit unglaublicher Präzision und Finesse und verliert dabei nie den Spaß am Essen aus den Augen. Rein gar nichts wirkt forciert oder gekünstelt. Brillant das Zusammenspiel der Aromen, jeder Gang ist ein kleines Kunstwerk. Kurzum: Ein Essen hier ist ein Erlebnis, das man so schnell nicht vergisst! Dazu wird man in stilvoll-modernem Ambiente professionell und charmant umsorgt. Das toll eingespielte Team um Sommelière Nina Mann und Restaurantleiter Felix Kress ist stets präsent und dennoch angenehm zurückhaltend.

🌿 🆊 🅿 ⭐ – Menü 205/295 €

Schlossstraße 27 ✉ 66706 – ✆ 06866 79118 – www.victors-fine-dining.de – Geschlossen: Montag-Mittwoch, mittags: Donnerstag und Freitag

PETERSTAL-GRIESBACH, BAD
Baden-Württemberg – Regionalatlas **5**–T3

LE PAVILLON

FRANZÖSISCH-KLASSISCH • KLASSISCHES AMBIENTE Nicht nur Naturliebhaber zieht es in die idyllische Schwarzwaldlandschaft, dafür sorgt der reizvoll gelegene Familienbetrieb "Dollenberg". Hier findet man neben dem wunderschönen Hotel-Resort ein fantastisches Gourmetrestaurant. Küchenchef Martin Herrmann zelebriert Klassik, ohne sich der Moderne zu verschließen. Geboten wird ein 8-Gänge-Menü, das Sie aber auch kürzen können. Angenehm klar und durchdacht wird z. B. Taube mit Senfcreme, Pfifferlingen und Essenz von roten Aromen zubereitet. Dazu gesellen sich ein gemütlich-elegantes Ambiente nebst herrlichem Blick durch die bodentiefen Fenster sowie ein ungezwungener und zugleich stilvoller Service samt sehr guter Weinberatung. Sommelier Christophe Meyer hat die ein oder andere Überraschung parat - darf es vielleicht mal ein hochwertiger Sake sein?

🌿 ⬅ ♿ 🅿 🚗 – Menü 143/189 €

Dollenberg 3 ✉ 77740 – ✆ 07806 780 – www.dollenberg.de – Geschlossen: Dienstag und Mittwoch, mittags: Montag, Donnerstag-Sonntag

KAMIN - UND BAUERNSTUBE

REGIONAL • LÄNDLICH Der aufmerksame Service ist Ihnen sowohl in der ländlich-rustikalen Bauernstube als auch in der eleganten Kaminstube und auf der tollen großen Terrasse gewiss, ebenso die gute regional-internationale Küche. Die ausgesuchte Weinkarte des Gourmetrestaurants bekommen Sie übrigens auch hier! Tipp: das Menü der Woche!

🚲 ♿ 🌳 🅿 🚗 📶 – Menü 29/65 € - Karte 39/75 €
Dollenberg 3 ✉ 77740 - ☎ 07806 780 – www.dollenberg.de

PFINZTAL
Baden-Württemberg – Regionalatlas **5**–U2

VILLA HAMMERSCHMIEDE

KLASSISCHE KÜCHE • GEMÜTLICH Ob in behaglichen Stuben oder im lichten Pavillon, man serviert Ihnen klassisch-regionale Küche, vom interessanten "Villa Lunch" bis zum Feinschmecker-Menü am Abend. Auf der Karte liest man z. B. „Kleiner Sauerbraten von der Rehschulter an einem Kartoffel-Birnenpüree mit sautierten Rosenkohlblättern, Walnuss und einer Dattel-Auberginencreme". Reizvolle Terrasse.

🚲 🐕 ♿ 🅰🅲 🌳 ✦ 🅿 🚗 – Menü 35 € (Mittags), 72/110 € - Karte 46/68 €
*Hauptstraße 162 ✉ 76327 - ☎ 07240 6010 - www.villa-hammerschmiede.de –
Geschlossen mittags: Samstag, abends: Montag*

PFORZHEIM
Baden-Württemberg – Regionalatlas **5**–U2

HOPPE'S

FRANZÖSISCH • FREUNDLICH Man kommt immer wieder gerne hierher, denn das Restaurant ist gemütlich, charmant-lebendig und richtig sympathisch! Wer's elsässisch-badisch mag, darf sich z. B. auf "Coq au vin à la chef" oder "Flusszander mit Rieslingsauce" freuen. Sie können übrigens auch nach kleinen Portionen fragen.

🅰🅲 🌳 – Menü 35/58 € - Karte 35/58 €
*Weiherstraße 15 ✉ 75173 - ☎ 07231 105776 – www.hoppes-pforzheim.de –
Geschlossen: Montag und Sonntag, mittags: Dienstag-Samstag*

PFRONTEN
Bayern – Regionalatlas **5**–V4

PAVO IM BURGHOTEL FALKENSTEIN

Chef: Simon Schlachter

MODERNE KÜCHE • INTIM "Sharing Experience" in wunderbarer Lage in 1250 m Höhe - grandiose Aussicht inklusive! Simon Schlachter überzeugt in dem kleinen Restaurant mit moderner Küche. Er hat seinen eigenen Stil, und der ist kreativ und aufwändig. Ziel ist es, den Gästen ein gemeinsames Erlebnis zu bescheren. Daher gibt es ein Menü, dessen Gänge jeweils aus mehreren kleinen Gerichten bestehen und perfekt zum Teilen sind! Geschult und auf herzlich-natürliche Art kümmert man sich um Sie und erklärt die einzelnen Gänge. Dazu edles Interieur aus wertigen Materialien, königlichem Blau, einem kunstvollen Gemälde an der Decke und Pfauenfedern als Deko ("Pavo" ist das thailändische Wort für "Pfau"). Alternativ gibt es noch das "Restaurant zu Pfronten" mit regionaler Küche. Und zum Übernachten hat man geschmackvolle Zimmer.

✦ 🅿 – Menü 135/140 €
Auf dem Falkenstein 1 ✉ 87459 - ☎ 08363 914540 – www.burghotel-falkenstein.de – Geschlossen: Montag-Mittwoch, mittags: Donnerstag-Sonntag

BERGHOTEL SCHLOSSANGER ALP

REGIONAL • GEMÜTLICH Im Restaurant des charmanten gleichnamigen Hotels vor schöner Bergkulisse wird mit regionalem und saisonalem Bezug gekocht. Die

PFRONTEN

Gäste sitzen in gemütlichen Stuben oder im Wintergarten und werden freundlich umsorgt. Im Sommer lockt natürlich die Terrasse.
⛄ 🍴 ⇔ 🅿 – Karte 39/72 €
Am Schlossanger 1 ⌧ *87459 –* 📞 *08363 914550 – www.schlossanger.de*

PIDING
Bayern – Regionalatlas **6**-Z4

🏠 LOHMAYR STUB'N
REGIONAL • LÄNDLICH Chef Sebastian Oberholzner ist Koch mit Leib und Seele, entsprechend gefragt sind seine leckeren Gerichte, bei denen er auf saisonale und regionale Zutaten setzt - man kennt seine Lieferanten und die Herkunft der Produkte. Dazu gibt es eine gute Weinauswahl. Charmant umsorgt wird man in dem schönen historischen Haus ebenfalls.
🍴 🅿 – Menü 38/55 € – Karte 35/54 €
Salzburger Straße 13 ⌧ *83451 –* 📞 *08651 714478 – www.lohmayr.com –*
Geschlossen: Dienstag und Mittwoch, mittags: Montag, Donnerstag-Samstag

PIESPORT
Rheinland-Pfalz – Regionalatlas **5**-S1

✾✾✾ SCHANZ. RESTAURANT.
Chef: Thomas Schanz
FRANZÖSISCH-MODERN • CHIC Seit Thomas Schanz sein Restaurant betreibt, hat sich die für Spitzenweine bekannte Gemeinde Piesport auch noch zu einem wahren kulinarischen Magneten entwickelt! Der einstige Souschef von Helmut Thieltges zählt zu den deutschen Top-Köchen. Mit eigener Handschrift setzt er klassische Küche modern um. Mutig kombinierte Aromen fügt er auf dem Teller harmonisch zusammen. Bei der Produktqualität geht er keine Kompromisse ein. Ein Signature Dish ist das Trüffel-Ei. Engagiert empfiehlt man den passenden Wein - auch das eigene Weingut ist vertreten. Dazu der freundliche und professionelle Service. Der Patron, nicht nur gelernter Koch, sondern auch Hotelfachmann, bietet im einst elterlichen Betrieb auch schöne Gästezimmer.
♿ 🅰 🍴 🅿 🚗 – Menü 115/178 €
Bahnhofstraße 8a ⌧ *54498 –* 📞 *06507 92520 – www.schanz-restaurant.de –*
Geschlossen: Montag und Dienstag, mittags: Mittwoch, Donnerstag, Samstag

PILSACH
Bayern – Regionalatlas **6**-X2

🏠 LANDGASTHOF MEIER
Chef: Michael Meier
REGIONAL • LÄNDLICH Herrlich die Lage im Grünen, toll der Garten und die Terrasse, gelungen der Mix aus Tradition und Moderne. Familie Meier bietet in ihrem schönen Haus richtig schmackhafte Küche aus Bio-Produkten, die aus der Region kommen oder sogar vom eigenen Gemüsefeld bzw. aus dem Kräutergarten. Sehr charmant der Service. Chic übernachten können Sie übrigens auch.

✾ *Engagement des Küchenchefs:* In meiner Küche sind mir nicht nur Traditionen wichtig, sondern das natürliche Bewusstsein, dass man mit eigenem Bio-Gemüse, frischen Kräutern aus dem Garten, Fleisch vom Nachbarn aus artgerechter Haltung oder erstklassigen Bio-Kartoffeln aus einem nahen Kloster einfach geschmackvoll kochen kann.

♿ 🍴 ⇔ 🅿 – Menü 25/75 € – Karte 31/90 €
Hilzhofen 18 ⌧ *92367 –* 📞 *09186 237 – www.landgasthof-meier.de –*
Geschlossen: Montag und Dienstag

PINNEBERG

Schleswig-Holstein – Regionalatlas 1-C3

ROLIN

INTERNATIONAL · KLASSISCHES AMBIENTE Elegant das Ambiente, freundlich der Service, schmackhaft und ambitioniert die internationale, klassische und saisonale Küche - auf der Karte z. B. "Filet vom Nordsee-Kabeljau mit Kruste von Meerrettich, Honig und Rosmarin". Übrigens: "Rolin" ist der Name eines Schiffskapitäns. Zum Übernachten hat das Hotel "Cap Polonio" gepflegte Zimmer.

🍴 ⇄ 🅿 ⓘ – Menü 39/80 € - Karte 37/67 €

Fahltskamp 48 ✉ 25421 - ✆ 04101 5330 - www.cap-polonio.de – Geschlossen: Mittwoch und Donnerstag

PIRK

Bayern – Regionalatlas 6-Y1

GENUSSSCHMIEDE 🆕

REGIONAL · HIP In der 1682 erbauten Schmiede widmet man sich heute einer modernen, saisonal beeinflussten Küche aus frischen Produkten. Man sitzt hier in ansprechendem geradlinig-trendigem Ambiente unter einer hohen Stahldecke und wählt zwischen einem Menü und Gerichten à la carte. Auch Vegetarier werden auf der Karte fündig.

🍴 – Menü 52/82 € - Karte 35/56 €

Rathausplatz 6 ✉ 92712 - ✆ 0961 48026600 - www.genussschmiede-pirk.de – Geschlossen: Montag und Dienstag, mittags: Mittwoch und Donnerstag

PIRMASENS

Rheinland-Pfalz – Regionalatlas 5-T2

✿ DIE BRASSERIE

Chef: Vjekoslav Pavic

KLASSISCHE KÜCHE · BRASSERIE Hier trifft die unkomplizierte Atmosphäre einer Brasserie auf das Niveau eines Sternerestaurants! Hinter der auffallenden roten Fassade speisen Sie in schönem mediterranem Ambiente. Im vorderen Bistrobereich nimmt man an Hochtischen Platz, hinten im Restaurant unter einem dekorativen Deckengemälde auf bequemen Korbstühlen. Bei Patron und Küchenchef Vjekoslav Pavic steht das Produkt im Fokus, entsprechend ausgesucht die Qualität. Seine Gerichte sind durchdacht, haben die richtige Balance und intensiven Geschmack - so wünscht man sich ein Essen! Dass man sich hier wohlfühlt, liegt auch mit am Service samt charmanter Chefin, der geschult, sehr freundlich und angenehm locker bei der Sache ist. Da verwundern die zahlreichen Stammgäste nicht! Tipp: die hübsche Terrasse!

♿ 🅰🅲 🍴 ⇄ 🅿 🔒 – Menü 36 € (Mittags), 89/109 € - Karte 75/95 €

Landauer Straße 105 ✉ 66953 - ✆ 06331 7255544 - www.diebrasserie-ps.de – Geschlossen: Montag, Dienstag, Sonntag, mittags: Mittwoch

PIRNA

Sachsen – Regionalatlas 4-R3

😊 FELSENBIRNE 🆕

MARKTKÜCHE · CHIC Chic-modern und wohnlich ist es in dem Restaurant mitten in der schönen Altstadt, nicht weit von der Elbe. Patron und Küchenchef Felix Mikulla kocht mit saisonalem Bezug - die Gerichte sind schmackhaft, frisch und zudem noch preislich attraktiv! Nett sitzt man im Sommer auch auf der Terrasse im Innenhof.

⇗ – Karte 35/55 €
Lange Straße 34 ⊠ 01796 – ✆ 03501 7599791 – www.felsenbirne-restaurant.de – Geschlossen: Dienstag und Sonntag, mittags: Mittwoch-Freitag

PLEISKIRCHEN
Bayern – Regionalatlas **6**–Y3

HUBERWIRT
Chef: Alexander Huber
MODERNE KÜCHE • GASTHOF Seit 1612 ist der gestandene Gasthof nun in Familienhand und was Alexander Huber in den letzten Jahren aus dem Betrieb gemacht hat, ist aller Ehren wert! Er hat seinen Stil gefunden, und der bezieht bayerische Bodenständigkeit ebenso mit ein wie raffinierte Moderne. Dabei werden ausgezeichnete Produkte verarbeitet, die Gerichte haben Intensität und Kraft, aber eben auch Finesse. Die Gäste speisen in gemütlichen Stuben oder auf der wunderbaren, teilweise überdachten Terrasse. Der Service ist charmant, aufmerksam und angenehm unkompliziert, und er empfiehlt schöne offene Weine zum Essen. Oder darf es eine Flasche sein? Die Weinkarte zeigt sich hier weniger wirtshaustypisch, sondern durchaus niveauvoll. Erwähnenswert ist auch das richtig gute Preis-Leistungs-Verhältnis!
⇗ ✥ 🅿 – Menü 30 € (Mittags), 67/125 € – Karte 46/78 €
Hofmark 3 ⊠ 84568 – ✆ 08635 201 – www.huber-wirt.de – Geschlossen: Montag und Dienstag, mittags: Mittwoch und Donnerstag

PLIEZHAUSEN
Baden-Württemberg – Regionalatlas **7**–B2

SCHÖNBUCH
MODERN • ELEGANT Im Restaurant des gleichnamigen Tagungshotels wird ambitioniert gekocht. Es gibt Modernes wie "Thunfisch, Salat Nicoise, Sojagel, Wasabi-Mayonnaise, Sesam", aber auch Klassiker wie Rostbraten. A-la-carte-Angebot von Mi. - Fr. abends sowie Sa. mittags und abends. So., Mo. und Di. sind Thementage. Schön die Weinkarte. Für Whisky-Liebhaber: rund 200 Positionen.
🐾 ≼ 🚪 ♿ ✥ 🅿 – Menü 39/69 € – Karte 28/56 €
Lichtensteinstraße 45 ⊠ 72124 – ✆ 07127 56070 – www.hotel-schoenbuch.de – Geschlossen abends: Sonntag

PLOCHINGEN
Baden-Württemberg – Regionalatlas **7**–B2

CERVUS
TRADITIONELLE KÜCHE • FREUNDLICH Zentral unweit des Bahnhofs liegt das nette Gasthaus, das auch bei Einheimischen beliebt ist. Die Atmosphäre ist unkompliziert, in der offenen Küche wird richtig schmackhaft und frisch gekocht. Neben ambitionierten Gerichten bestellen die Gäste hier auch gerne Klassiker wie Schnitzel oder Rostbraten. Mittags kleinere, einfachere Karte. Charmanter Innenhof.
⇗ – Menü 68 € – Karte 36/53 €
Bergstraße 1 ⊠ 73207 – ✆ 07153 558869 – www.gasthaus-cervus.de – Geschlossen: Montag und Sonntag, mittags: Freitag und Samstag

STUMPENHOF
REGIONAL • RUSTIKAL Wo man so herzlich umsorgt wird, kann man sich nur wohlfühlen! Der Service ist superfreundlich, auch die Chefin selbst hat immer ein offenes Ohr für die Wünsche der Gäste und versprüht gute Laune. Ob Business-Menü, Klassiker der regionalen Küche oder auch Vespergerichte, hier finden Sie ganz bestimmt das Passende!

PLOCHINGEN

🗞 🏡 ⇔ 🅿 🍽 – Menü 25 € (Mittags), 71/78 € - Karte 34/68 €
Am Stumpenhof 1 ✉ 73207 - ☎ 07153 22425 - www.stumpenhof.de –
Geschlossen: Montag und Dienstag, mittags: Mittwoch

POLLE
Niedersachsen – Regionalatlas **3**–L2

😊 GRAF EVERSTEIN
REGIONAL • FREUNDLICH Hier lockt nicht nur die wunderschöne Aussicht auf die Weser, bei Familie Multhoff wird auch noch richtig gut gekocht. Freundlich und aufmerksam umsorgt, lässt man sich frische Küche schmecken, bei der man auf saisonalen Bezug ebenso Wert legt wie auf ausgesuchte Produkte.
🗞 🏡 ⇔ 🅿 – Karte 34/56 €
Amtstraße ✉ 37647 - ☎ 05535 999780 - www.graf-everstein.de – Geschlossen: Montag und Dienstag, mittags: Mittwoch und Donnerstag

POTSDAM
Brandenburg – Regionalatlas **4**–Q1

✲ KOCHZIMMER IN DER GASTSTÄTTE ZUR RATSWAAGE
MODERNE KÜCHE • DESIGN Richtig stylish ist die Ratswaage a. d. 18. Jh.! Außen die historische Fassade, innen puristisches Interieur mit schicken Details wie silbergrauen Wänden, Leuchtern im 50er-Jahre-Stil und orange-roten Designer-Stühlen. Familie Frankenhäuser und ihr Team setzen hier auf "neue preußische Küche". Unter der Leitung von David Schubert werden top Produkte verarbeitet, gerne von Brandenburger Erzeugern. Sie können zwischen zwei Menüs wählen, eines davon ist vegetarisch. Dazu sollten Sie auf die Weinempfehlungen von Patron Jörg Frankenhäuser vertrauen! Tipp für den Sommer: Versuchen Sie einen Tisch im traumhaften Innenhof zu bekommen - leider sind die Plätze hier begrenzt!
🍴 🏡 ⇔ – Menü 115/175 €
Am Neuen Markt 10 ✉ 14467 - ☎ 0331 20090666 - www.restaurant-kochzimmer.de – Geschlossen: Montag, Dienstag, Sonntag, mittags: Mittwoch-Samstag

JULIETTE
FRANZÖSISCH-KLASSISCH • GEMÜTLICH Sie suchen ein Stück französische Lebensart mitten in Potsdam? In dem wirklich liebenswerten Restaurant im Holländischen Viertel bietet man auf drei Ebenen bei dezenter Chansons-Begleitung ambitionierte klassische Küche. Wie wär's z. B. mit "Elsässer Saibling, Frühlingsgemüse, Pumpernickel"? Dazu die passenden Weine.
Menü 52/99 € - Karte 48/62 €
Jägerstraße 39 ✉ 14467 - ☎ 0331 2701791 - www.restaurant-juliette.de – Geschlossen: Montag und Dienstag, mittags: Mittwoch-Freitag

VILLA KELLERMANN - TIM RAUE
DEUTSCH • CHIC Sehr geschmackvoll ist die 1914 erbaute Villa am Heiligen See. "Salon Alter Fritz", "Elefantensalon", "Grüner Salon" - jeder Raum hat seinen eigenen Charme! Geboten wird deutsche Küche mit traditioneller Basis und modernem Twist. Auf der gut sortierten Weinkarte ist auch das Weingut "Von Othegraven" vertreten, das Villa-Inhaber Günther Jauch und seine Frau übernommen haben. Kulinarischer Berater: Tim Raue.
♿ 🏡 ⇔ – Menü 65 € - Karte 51/68 €
Mangerstraße 34 ✉ 14467 - ☎ 0331 20046540 - www.villakellermann.de – Geschlossen: Montag und Dienstag, mittags: Mittwoch-Freitag

PRESSECK

Bayern – Regionalatlas **4**–N4

GASTHOF BERGHOF - URSPRUNG

REGIONAL • GASTHOF "Tradition trifft Moderne" gilt sowohl fürs Ambiente als auch für die Küche. Da schmeckt die "Brodsuppn nach Oma Lottes Rezept" ebenso gut wie "rosa gebratener Hirschrücken, gegrillte Shiitake, Moosbeeren". Es gibt auch pfiffige Menüs und Brotzeiten. Den Wein wählt man per iPad. Gepflegt übernachten können Sie auch.

☆ ⇔ 🅿 – Menü 39/73 € - Karte 30/80 €

Wartenfels 85 ⌧ 95355 – ℘ 09223 229 – www.berghof-wartenfels.de – Geschlossen: Montag und Dienstag

PRIEN AM CHIEMSEE

Bayern – Regionalatlas **6**–Y4

REINHART

MODERN • GEMÜTLICH Was im Restaurant des "Garden Hotel Reinhart" serviert wird, sind schmackhafte ambitionierte Gerichte, für die man sehr gute Produkte verwendet. Darf es vielleicht "sauer eingelegte Chiemsee-Renke mit Rösti und Crème fraîche" sein? Oder lieber "Bavette vom Rind Café de Paris mit Süßkartoffel"? Im Sommer hat man eine schöne Terrasse.

☆ ⇔ 🅿 – Menü 34/58 € - Karte 35/58 €

Erlenweg 16 ⌧ 83209 – ℘ 08051 6940 – www.restaurant-reinhart.de – Geschlossen mittags: Montag-Sonntag

PULHEIM

Nordrhein-Westfalen – Regionalatlas **3**–J3

GUT LÄRCHENHOF

FRANZÖSISCH-MODERN • ELEGANT Als Peter Hesseler hier im Jahre 1997 begann, hätte er sich wohl nicht träumen lassen, dass diese Adresse einmal mit wahrer Sternetradition von sich reden macht. Seit 2017 ist Torben Schuster auf dem wunderbaren Anwesen des hochrangigen Golfplatzes für die Küche verantwortlich. Er kocht modern, mutig und kreativ und verliert dennoch nicht die klassische Basis aus den Augen. Aus dieser gelungenen Mischung entstehen nicht alltägliche Speisen wie "Mieral-Taube, Trüffel und Spitzkohl" oder "Japanische Pflaume, schwarzer Tee, Shizo und Kinome-Pfeffer" - da hat so manches Gericht das Zeug zum Signature Dish! Dazu werden Sie von Gastgeber Peter Hesseler und seinem Team sehr freundlich und kompetent betreut, fundierte Weinberatung inklusive. Tipp: Auf der herrlichen Terrasse kommt Urlaubsfeeling auf!

❀ ☆ ⇔ 🅿 – Menü 125/199 € - Karte 110/140 €

Hahnenstraße ⌧ 50259 – ℘ 02238 9231016 – www.restaurant-gutlaerchenhof. de – Geschlossen: Montag und Dienstag, mittags: Mittwoch-Freitag

BISTRO

MARKTKÜCHE • BISTRO Wer es gerne mal ein bisschen einfacher hat, für den ist das Bistro ideal. Hier gibt es in neuzeitlichem Ambiente Klassiker und Aktuelles. Nicht nur für Golfer eine interessante Adresse.

☆ ⇔ 🅿 – Menü 49 € - Karte 32/65 €

Hahnenstraße ⌧ 50259 – ℘ 02238 9231016 – www.restaurant-gutlaerchenhof. de

QUEDLINBURG

Sachsen-Anhalt – Regionalatlas **4**-N2

 WEINSTUBE

INTERNATIONAL • KLASSISCHES AMBIENTE Die ehemalige Stallung ist heute ein reizendes Restaurant, in dem Terrakottafliesen, warme Töne und eine alte Backsteindecke für ein schönes Ambiente mit ländlichem Touch sorgen. Geboten wird eine internationale Küche mit Bezug zur Saison. Dazu wird man freundlich und geschult umsorgt. Zum Übernachten hat das "Hotel Am Brühl" charmant-elegante Zimmer.

⌂ ✧ **P** 🛏 – Menü 52 € - Karte 37/56 €

Billungstraße 11 ✉ 06484 - ☏ 03946 96180 – www.hotelambruehl.de – Geschlossen mittags: Montag-Sonntag

RADEBEUL

Sachsen – Regionalatlas **4**-Q3

 ATELIER SANSSOUCI

KLASSISCHE KÜCHE • ELEGANT "Atelier Sanssouci" - schon der Name klingt stilvoll, und genau so ist das wundervolle Anwesen a. d. 18. Jh. auch! Nicht nur von außen ist die "Villa Sorgenfrei" samt herrlichem Garten eine Augenweide, absolut sehenswert auch das Interieur: ein mediterran-eleganter Saal mit markanten Lüstern, Wandmalerei und hoher Stuckdecke. Diesem Niveau ebenbürtig ist die Küche. Aus sehr guten Produkten entsteht ein gelungener Mix aus Klassik und Moderne, feine Kontraste und Harmonie inklusive. Zu den ausgezeichneten Gerichten bietet man Weinliebhabern eine schöne Begleitung - trefflich die Beratung durch den versierten Sommelier. Nachmittags bekommen Sie übrigens auch Kuchen und Snacks.

🚲 ⌂ ⌂ **P** – Menü 89/139 €

Augustusweg 48 ✉ 01445 - ☏ 0351 7956660 – www.atelier-sanssouci.de – Geschlossen: Dienstag und Mittwoch, mittags: Montag, Donnerstag-Sonntag

RAMMINGEN

Baden-Württemberg – Regionalatlas **5**-V3

LANDGASTHOF ADLER

KLASSISCHE KÜCHE • ELEGANT In diesem charmanten Haus genießt man sehr guten Service, eine wohnliche und elegante Atmosphäre mit ländlichem Touch und richtig schön übernachten kann man hier ebenfalls. Aus der Küche kommt Klassisches - probieren Sie z. B. gebeizten Saibling, geschmorte Rinderroulade oder gratinierten Lammrücken! Der Chef selbst empfiehlt dazu gern die passenden Weine.

🚲 ⌂ ✧ **P** 🛋 – Menü 39 € (Mittags), 59/108 € - Karte 40/80 €

Riegestraße 15 ✉ 89192 - ☏ 07345 96410 – www.adlerlandgasthof.de – Geschlossen: Montag, mittags: Dienstag-Donnerstag

RANTUM – Schleswig-Holstein • Siehe Sylt (Insel)

RATHENOW

Brandenburg – Regionalatlas **2**-F4

HASENPFEFFER

MODERN • ELEGANT "Fine Dining | Down to Earth" nennt sich das Konzept des Gourmetrestaurants im idyllisch gelegenen "Golf Resort Semlin". Zur Wahl stehen die ambitionierten Menüs "légère" und "passion", in denen sich regionale und internationale Einflüsse finden. Dank bodentiefer Fenster hat man einen schönen Blick auf den Golfplatz.

RATHENOW

◄ 🏠 **P** – Menü 80/129 € - Karte 63/86 €
*Ferchesarer Straße 8B ✉ 14712 - ☏ 03385 5540 – www.golfresort-semlin.
de/restaurant-hasenpfeffer – Geschlossen: Montag und Sonntag, mittags:
Dienstag-Samstag*

RATSHAUSEN
Baden-Württemberg - Regionalatlas **5**-U3

ADLER

MARKTKÜCHE • RUSTIKAL Gemütlich-rustikal ist es in dem historischen Gasthaus, herzlich der Service unter der Leitung der Chefin - die charmante Steirerin ist eine tolle Gastgeberin! In der Küche bereiten Vater und Sohn z. B. "Kutteln in Lemberger mit Bratkartoffeln", "Rehpfeffer" oder auch "Tarte Tatin" zu. Ob gehoben oder bürgerlich, man kocht richtig schmackhaft! Tipp: eigene Brände.
🏠 ⇔ **P** – Karte 37/85 €
*Hohnerstraße 3 ✉ 72365 - ☏ 07427 2260 – www.adler-ratshausen.de –
Geschlossen: Montag-Mittwoch, mittags: Donnerstag-Samstag*

RAUHENEBRACH
Bayern - Regionalatlas **5**-V1

GASTHAUS HOFMANN

REGIONAL • GASTHOF Nicht ohne Grund zieht es viele Stammgäste hier hinaus zu Bettina Hofmann, denn man hat es in den netten rustikalen Stuben nicht nur gemütlich, man isst auch gut. Gekocht wird regional-saisonal und mit modernen Einflüssen, dazu schöne Weine. Wohnliche Gästezimmer hat man auch. Die Eier fürs Frühstück stammen übrigens aus eigener Hühnerhaltung!
🏠 **P** 🍽 – Menü 40/80 € - Karte 30/75 €
*Schindelsee 1 ✉ 96181 - ☏ 09549 98760 – www.schindelsee.de – Geschlossen:
Montag, Dienstag, Donnerstag, mittags: Mittwoch, Freitag, Samstag*

RAVENSBURG
Baden-Württemberg - Regionalatlas **5**-V4

BRASSERIE COCOTTE

FRANZÖSISCH • BRASSERIE Hier erwartet Sie nicht nur eine wirklich schöne Brasserie-Atmosphäre (dekorativ die Bilder von Kochlegenden wie Paul Bocuse oder Marco Pierre White), richtig gut essen können Sie ebenfalls. Geboten wird eine ambitionierte französische Küche. Einladend ist auch die Terrasse unter schattenspendenden Bäumen.
🏠 – Menü 49/98 € - Karte 29/45 €
*Grüner-Turm-Straße 16 ✉ 88212 - ☏ 0751 88879001 – www.brasserie-cocotte.
de – Geschlossen: Montag und Sonntag, mittags: Dienstag-Samstag*

LUMPERHOF

REGIONAL • LÄNDLICH Idyllisch liegt der familiengeführte Landgasthof im Grünen - reizvoll die Terrasse mit mächtiger alter Linde! Die schmackhaften regional-saisonalen Gerichte nennen sich z. B. "Rehragout mit Spätzle und Pilzen" oder "Ravensburger Spargel mit gebackenem Maischollenfilet und Sauce Hollandaise". Nur Barzahlung.
🏠 ⇔ **P** 🍽 – Menü 43/69 € - Karte 32/65 €
*Lumper 1 ✉ 88212 - ☏ 0751 3525001 – www.lumperhof.de – Geschlossen:
Montag und Dienstag, mittags: Mittwoch-Freitag*

REES AM RHEIN

Nordrhein-Westfalen – Regionalatlas **3**-J2

LANDHAUS DREI RABEN

REGIONAL • GEMÜTLICH Seit 1995 steht Familie Koep für beständig gute Gastronomie, und die gibt es auf dem historischen Anwesen mit Landgut-Charakter in gemütlichen Räumen (im Winter mit wärmendem Kamin) oder auf der tollen Terrasse mit Blick zum Mahnensee. Man kocht international, regional und saisonal, z. B. "Entenbrust mit Portwein-Aprikosen". Tagsüber beliebt: Flammkuchen und Kuchen.

🍽 ⇄ **P** 🌿 – Menü 19/28 € - Karte 39/57 €
Reeserward 5 ✉ 46459 – ☏ 02851 1852 – www.landhaus-drei-raben.de –
Geschlossen: Montag-Mittwoch

REGENSBURG

Bayern – Regionalatlas **6**-Y2

✤ ASKA

JAPANISCH • INTIM Zwei Restaurants mit schwedischem Namen unter einem Dach. Im Gegensatz zum Mutterbetrieb "Storstad" ist das "Aska" aber ein kleines Sushi-Restaurant, und zwar eines mit persönlicher Note. Übersetzt bedeutet der Name "Asche", entsprechend dunkel ist das klare Interieur gehalten. Man sitzt an der Theke oder an einem der wenigen Tische in Nischen und genießt authentische Sushi-Küche auf hohem Niveau. Meister Atsushi Sugimoto lernte sein Handwerk in seiner Heimatstadt Osaka und verarbeitet hier nun top Produkte zu den besten klassischen Sushi weit und breit! Der aufmerksame und charmante Service empfiehlt die passende Sake-Begleitung zum Menü, dazu eine Wasser- und Grüntee-"Flat" - nicht gerade alltäglich in Deutschland!

♿ 🈂 – Menü 95/120 €
Watmarkt 5 ✉ 93047 – ☏ 0941 59993000 – www.aska.restaurant –
Geschlossen: Montag und Sonntag, mittags: Dienstag-Freitag

✤ ROTER HAHN

Chef: Maximilian Schmidt

MODERNE KÜCHE • ENTSPANNT Eine richtig lange Geschichte hat dieses historische Stadthaus im Herzen von Regensburg hinter sich! Im 13. Jh. erstmals urkundlich erwähnt und seit Jahrhunderten als Gasthof bekannt, ist im Haus der Familie Schmidt bereits die 3. Generation am Ruder. Mit Sohn Maximilian bringt ein talentierter Küchenchef seine Erfahrungen ein, die er in erstklassigen internationalen Adressen gesammelt hat. In angenehm ungezwungener Atmosphäre serviert man eine moderne und geschmacksintensive Küche mit skandinavischen und asiatischen Einflüssen. Im Mittelpunkt steht das Gourmet-Menü mit vier, sechs oder acht Gängen, daneben gibt es eine kleine A-la-carte-Auswahl. Mittags bietet man eine etwas einfachere Lunchkarte. Und wenn Sie übernachten möchten: Im Hotelbereich erwarten Sie Zimmer mit individueller Note.

🍽 ⇄ – Menü 45 € (Mittags), 120/160 € - Karte 36/60 €
Rote-Hahnen-Gasse 10 ✉ 93047 – ☏ 0941 595090 – www.roter-hahn.com –
Geschlossen: Montag und Sonntag, mittags: Dienstag-Donnerstag

✤ STORSTAD

Chef: Anton Schmaus

KREATIV • TRENDY Schwedisch ist hier nicht nur der Name ("storstad" bedeutet "Großstadt" und nimmt Bezug auf die Zeit des Chefs in Stockholm), nordische Akzente finden sich auch im Design und in der Küche des chic-urbanen Restaurants im 5. Stock des Turmtheaters. Man hat hier oben im historischen Goliathhaus übrigens eine klasse Sicht auf den Dom - herrlich die Terrasse! In der Küche kann sich Patron Anton Schmaus auf ein engagiertes Team verlassen. Unter der Leitung von Küchenchef Josef Weig entstehen hier kreative Gerichte, die man in Form eines "konventionellen" Menüs oder einer vegetarischen Variante

REGENSBURG

genießen kann. Begleitet wird das ausgezeichnete Essen von schön abgestimmten Weinen und einem versierten Serviceteam, das die Gäste angenehm zuvorkommend und freundlich umsorgt.

🕮 🏠 ⇔ – Menü 49 € (Mittags), 70/150 €
Watmarkt 5 ✉ 93047 – ☎ 0941 59993000 – www.storstad.de – Geschlossen: Montag und Sonntag

AVIA RESTAURANT

DEUTSCH • ZEITGEMÄSSES AMBIENTE Schon viele Jahre schätzen die Regensburger das Restaurant des gleichnamigen Businesshotels. Die Lage nahe der BAB-Ausfahrt ist zwar nicht die schönste, in die Altstadt sind es aber nur ca. 15 Gehminuten. Man bietet eine gehobene bürgerliche Küche mit Geschmack, die auf frischen, guten Produkten basiert. Tipp für Hotelgäste: die besonders schicken Zimmer im Haupthaus.

♿ 🏠 ⇔ 🅿 – Menü 32/59 € - Karte 34/64 €
Frankenstraße 1 ✉ 93059 – ☎ 0941 40980 – www.avia-restaurant.de

KREUTZER'S

INTERNATIONAL • TRENDY Die Lage beim Westhafen ist zwar etwas ab vom Schuss, doch der Besuch lohnt sich, denn hier gibt es richtig gutes Fleisch und Fisch vom Grill! Und auch die klassisch-internationalen Vorspeisen und Desserts können sich sehen lassen, ebenso der Business Lunch. Im Sommer locken Terrasse und "Garden Lounge".

♿ 🏠 🅿 – Menü 24 € (Mittags), 49/95 € - Karte 24/38 €
Prinz-Ludwig-Straße 15a ✉ 93055 – ☎ 0941 569565020 – www.kreutzers-restaurant.de – Geschlossen: Sonntag, mittags: Samstag

STICKY FINGERS

KREATIV • HIP Anton Schmaus hat seinem Restaurant samt Bar einen neuen Look verpasst. Auch kulinarisch setzt man neue Akzente: Hier heißt es Fusionsküche mit stark orientalischer Note, französischer Basis und vielen regionalen Produkten, die aus dem Szenelokal auch einen Treffpunkt für "Foodies" macht.

Menü 80 € - Karte 74/90 €
Unteren Bachgasse 9 ✉ 93047 – ☎ 0941 58658808 – www.stickyfingers. restaurant – Geschlossen: Montag und Sonntag, mittags: Dienstag-Samstag

REHLINGEN-SIERSBURG

Saarland – Regionalatlas **5**–S2

NIEDMÜHLE

FRANZÖSISCH-ZEITGEMÄSS • LANDHAUS Wertig-elegant das Interieur, schön die Tischkultur, aufmerksam und geschult der Service. Dazu ambitionierte klassische Küche aus guten Produkten und, werfen Sie auch mal einen Blick in die fair kalkulierte Weinkarte. Gerne sitzt man im romantischen, zur Nied gelegenen Garten mit altem Baumbestand. Zum Übernachten: hell und wohnlich-modern eingerichtete Zimmer.

🛏 🏠 🅿 – Menü 29 € (Mittags), 59/90 € - Karte 28/75 €
Niedtalstraße 23 ✉ 66780 – ☎ 06835 67450 – www.restaurant-niedmuehle. de – Geschlossen: Montag und Sonntag, mittags: Samstag

REICHENAU INSEL

Baden-Württemberg – Regionalatlas **5**–U4

GANTER RESTAURANT MOHREN

INTERNATIONAL • GEMÜTLICH Ob in gemütlich-rustikalem oder chic-modernem Ambiente, im Restaurant des "Ganter Hotel Mohren" gibt es eine saisonal

REICHENAU INSEL

geprägte Küche sowie Klassiker - auf der Karte z. B. "gebratenes Saiblingsfilet mit Balsamico-Albinsen" oder auch "Original Wiener Schnitzel". Schön übernachten kann man im historischen Stammhaus oder im Neubau.
🏠 ⇔ 🅿 🔼 – Karte 36/48 €
Pirminstraße 141 ✉ 78479 – 📞 07534 9944607 – www.mohren-bodensee.de – Geschlossen mittags: Montag-Samstag

REICHERTSHAUSEN
Bayern – Regionalatlas **6**–X3

GASTHOF ZUM MAURERWIRT
KLASSISCHE KÜCHE • LÄNDLICH Gemütlich sitzt man in geschmackvollen Stuben, der ländliche Charme passt schön zur langen Tradition des Gasthauses. Gekocht wird ambitioniert und mit internationalem Einfluss. Der freundliche Service empfiehlt dazu den passenden Wein.
🅰 🏠 🅿 – Menü 44/72 € - Karte 38/58 €
Scheyerer Straße 3 ✉ 85293 – 📞 08137 809066 – www.maurerwirt.de – Geschlossen: Montag und Dienstag, mittags: Mittwoch-Samstag

REICHSHOF
Nordrhein-Westfalen – Regionalatlas **3**–K3

BALLEBÄUSCHEN
FRANZÖSISCH-KLASSISCH • GEMÜTLICH Seit über 25 Jahren betreibt Familie Allmann dieses nette Restaurant - man lebt die Tradition und bleibt dennoch nicht stehen. Die Küche ist schmackhaft, frisch und ehrlich, sie reicht von regional bis klassisch und bietet auch Wild aus eigener Jagd. Mittags kleine Tageskarte. Schöne Terrasse hinterm Haus.
🏠 ⇔ 🅿 – Menü 17 € (Mittags), 45/69 € - Karte 22/39 €
Hasseler Straße 10 ✉ 51580 – 📞 02265 9394 – www.ballebaeuschen.de – Geschlossen: Montag-Donnerstag, mittags: Freitag

REIL
Rheinland-Pfalz – Regionalatlas **5**–S1

😊 HEIM'S RESTAURANT
TRADITIONELLE KÜCHE • FAMILIÄR In dem rund 300 Jahre alten Haus genießt man in geschmackvollem Ambiente frische saisonale Küche. Zu den regional und mediterran beeinflussten Speisen gibt es auch den passenden Mosel-Wein. Herrlich die Terrasse mit Blick auf Weinberge und Mosel. Küchen-Öffnungszeiten: 12 - 21 Uhr. Zum Übernachten hat der "Reiler Hof" schöne Zimmer.
⇐ 🏠 ⇔ 🅿 🕿 – Menü 37/85 € - Karte 39/70 €
Moselstraße 27 ✉ 56861 – 📞 06542 2629 – www.reiler-hof.de

REIT IM WINKL
Bayern – Regionalatlas **6**–Y4

GUT STEINBACH
Chef: Achim Hack
REGIONAL • LANDHAUS "Heimat", "Auerhahn Stuben", "Bayern Stuben" oder "Tiroler Stuben" - unterschiedliche Räume bietet das Restaurant des schmucken gleichnamigen Hotels mit Spa, allesamt geschmackvoll und gemütlich. Die Speisekarte ist überall die gleiche. Man kocht saisonal und mit Produkten aus der Region.

Engagement des Küchenchefs: *Das Prinzip „Farm to table" geht mir über alles, daher auch meine Philosophie und das Credo des Hauses „80 Prozent aller Produkte aus maximal 80 km Entfernung". Dabei helfen sowohl Eigenanbau als auch handverlesene Produzenten, die zum ökologischen Fingerabdruck unseres Hauses passen.*
– Menü 42 € - Karte 31/82 €
Steinbachweg 10 ⌧ 83242 – ☏ 08640 8070 – www.gutsteinbach.de

REMAGEN
Rheinland-Pfalz – Regionalatlas **3**-K4

ALTE REBE
INTERNATIONAL • **MINIMALISTISCH** Eine hübsche Adresse direkt am Marktplatz etwas oberhalb des Rheins. Hier erwarten Sie ein geradlinig-modernes Ambiente (markant die Farbakzente in Lila) sowie ein charmanter Service. Geboten wird eine international ausgerichtete Küche mit saisonalen Einflüssen. Mittags bietet man eine kleinere Karte.
– Karte 34/65 €
Kirchstraße 4 ⌧ 53424 – ☏ 02642 9029269 – www.alte-rebe-remagen.de – Geschlossen: Montag und Dienstag

REMCHINGEN
Baden-Württemberg – Regionalatlas **5**-U2

ZUM HIRSCH
REGIONAL • **GEMÜTLICH** Schon lange sind Markus und Britta Nagy in der Region als ambitionierte Gastronomen bekannt. Hier bieten sie in dem charmanten Fachwerk-Gasthof von 1688 regional und mediterran inspirierte Küche. Im Winter sitzt man gerne in der hübschen Ofenstube, im Sommer auf der schönen Terrasse. Mittags: preiswertes 3-Gänge-Menü "Eat & Talk". Gepflegt übernachten kann man ebenfalls.
– Menü 35 € (Mittags), 85/102 € - Karte 49/85 €
Hauptstraße 23 ⌧ 75196 – ☏ 07232 79636 – www.hirsch-remchingen.de – Geschlossen: Montag und Sonntag

REMSCHEID
Nordrhein-Westfalen – Regionalatlas **3**-K3

HELDMANN & HERZHAFT
KLASSISCHE KÜCHE • **GEMÜTLICH** Das Konzept der Heldmanns kommt an: Man unterscheidet nicht mehr zwischen "Gourmet" und "Bistro", sondern bietet nur noch eine Karte. Hier liest man z. B. "Bergisches Kalbsfilet, Zuckerschoten, Pilzravioli, Pfeffersauce". Unverändert der attraktive Rahmen der schmucken Industriellenvilla a. d. 19. Jh.
– Menü 39/69 € - Karte 40/75 €
Brüderstraße 56 ⌧ 42853 – ☏ 02191 291941 – www.heldmann-herzhaft.de – Geschlossen: Montag, Dienstag, Sonntag, mittags: Mittwoch und Samstag

RHEDA-WIEDENBRÜCK
Nordrhein-Westfalen – Regionalatlas **3**-K2

REUTER
Chef: Iris Bettinger
FRANZÖSISCH-MODERN • **ELEGANT** Familientradition seit 1894 - da ist Ihnen echtes Engagement gewiss. In dem schönen wertig-eleganten Restaurant des gleichnamigen Hotels macht Iris Bettinger mit ihrem

RHEDA-WIEDENBRÜCK

"interregiomediterraneurasischen" Menü von sich reden. Nach Stationen wie dem "Colombi" in Freiburg, der "Käfer-Schänke" und dem "Mandarin Oriental" in München war sie hier im Jahre 2007 in 4. Generation die Küchenleitung übernommen. Mit kreativer Note kombiniert sie regional-saisonale Produkte, die sie am liebsten von Bauernhöfen aus der Umgebung bezieht. Dazu werden die Gäste angenehm professionell umsorgt. Auch der Sommelier berät Sie mit Herzblut - mit rund 250 Positionen hat man seine gut ausgebaute Weinauswahl. Tipp: Mi. und Do. auf Reservierung "TWENÜ" für Gäste unter 30.

🍴 🅿 – Menü 97/169 €

Bleichstraße 3 ✉ 33378 – 📞 05242 94520 – www.hotelreuter.de – Geschlossen: Montag, Dienstag, Sonntag, mittags: Mittwoch-Samstag

GASTWIRTSCHAFT FERDINAND REUTER

MARKTKÜCHE • BISTRO In dem traditionsreichen Familienbetrieb dürfen Sie sich auf richtig gute Küche aus frischen Produkten freuen, bei der man Wert legt auf saisonalen und regionalen Bezug. Das Ambiente dazu ist freundlich und modern, gerne macht man es sich in den kleinen Sitznischen bequem. Dekorativ: Alte Fotos erinnern an die Geschichte des "Reuters".

🍴 🅿 – Menü 42 € - Karte 36/63 €

Bleichstraße 3 ✉ 33378 – 📞 05242 94520 – www.hotelreuter.de – Geschlossen: Montag und Sonntag, mittags: Freitag und Samstag

EMSHAUS

MARKTKÜCHE • FREUNDLICH Schön liegt das schmucke Backsteinhaus von 1936 zwischen Rosengarten und Schlosspark. In dem geschmackvollen Restaurant erwarten Sie sympathische Gastgeber sowie regionale, mediterrane und saisonale Gerichte. Hübsch ist auch die Terrasse - hier kann man dank Heizstrahlern auch an etwas kühleren Tagen sitzen.

🍴 ✿ 🅿 – Menü 38/51 € - Karte 40/53 €

Gütersloher Straße 22 ✉ 33378 – 📞 05242 4060400 – www.emshaus-rheda. de – Geschlossen: Montag und Dienstag

RHEINE

Nordrhein-Westfalen – Regionalatlas **3**–K1

BEESTEN

KLASSISCHE KÜCHE • FREUNDLICH Mit Engagement und Herz betreibt Familie Beesten seit 1906, in 4. Generation, das Traditionsgasthaus mitten in Rheine. Der Chef steht selbst am Herd und bereitet klassisch-französische und deutsche Küche mit saisonalen Einflüssen zu. Das Ambiente ist gediegen-elegant, der Service charmant. Schön sitzt man auf der Terrasse unter alten Kastanien.

🍴 ✿ 🅿 – Menü 37/69 € - Karte 32/56 €

Eichenstraße 3 ✉ 48431 – 📞 05971 3253 – www.restaurant-beesten.de – Geschlossen: Mittwoch und Donnerstag

RIEDENBURG

Bayern – Regionalatlas **6**–Y2

FORST'S LANDHAUS

INTERNATIONAL • FREUNDLICH An einem kleinen Bach liegt dieses engagiert geführte Haus - da sind die Terrassenplätze zum Wasser hin natürlich gefragt. Gekocht wird saisonal und mit internationalen Einflüssen. Dazu sorgt die freundliche Chefin für guten Service mit persönlicher Note. Zum Übernachten stehen einfache, aber gepflegte Zimmer bereit.

🍴 ✿ – Menü 28 € (Mittags), 37/85 € - Karte 40/60 €

Mühlstraße 37b ✉ 93339 – 📞 09442 9919399 – www.forsts-landhaus.de – Geschlossen: Montag und Dienstag, mittags: Mittwoch-Freitag

RIETBERG

Nordrhein-Westfalen – Regionalatlas **3**–L2

DOMSCHENKE
REGIONAL · KLASSISCHES AMBIENTE Hier ist schon die 3. Generation im Einsatz. Ob Gaststube, Wintergarten oder draußen unter alten Bäumen, man umsorgt Sie herzlich mit regional-internationaler Küche von der "westfälischen Hochzeitssuppe" bis zum "mediterranen Wildschweinragout". Dazu Tagesangebot von der Tafel.

& 🍴 ⇔ 🅿 🛏 – Karte 32/66 €

Lippstädter Straße 1 ✉ 33397 – ✆ 02944 318 – www.domschenke-mastholte.de – Geschlossen: Dienstag und Mittwoch, mittags: Montag, Donnerstag-Samstag

RIPPOLDSAU-SCHAPBACH, BAD

Baden-Württemberg – Regionalatlas **5**–T3

KLÖSTERLE HOF
REGIONAL · FAMILIÄR Küchenchef Markus Klein und seine Frau führen das Haus mit Engagement und Herz. Man sitzt hier in nettem ländlichem Ambiente und lässt sich freundlich umsorgen. Serviert werden schmackhafte regional-saisonal ausgerichtete Speisen aus guten Produkten. Tipp für Übernachtungsgäste: die "Wohlfühl-" und "Komfortzimmer".

🍴 🅿 🛌 – Karte 27/60 €

Klösterleweg 2 ✉ 77776 – ✆ 07440 215 – www.kloesterle-hof.de – Geschlossen: Montag, abends: Sonntag

RÖDENTAL

Bayern – Regionalatlas **4**–N4

ALTE MÜHLE
MEDITERRAN · GEMÜTLICH Freundlich und geradlinig kommt das Restaurant daher - angebaut an das historische Gebäude einer einstigen Kornmühle, in der man heute gepflegt übernachten kann. Gekocht wird mediterran, regional und saisonal, auf der Karte z. B. "Filet vom Steinbutt mit Safranschaum, gebratenem Gemüse und Kartoffelpüree".

🍴 🅿 🛗 – Karte 31/65 €

Mühlgarten 5 ✉ 96472 – ✆ 09563 72380 – www.alte-muehle-hotel.com – Geschlossen: Montag und Sonntag, mittags: Dienstag-Samstag

RÖTZ

Bayern – Regionalatlas **6**–Y2

GREGOR'S FINE DINING
Chef: Gregor Hauer

KLASSISCHE KÜCHE · ELEGANT Seit über 125 Jahren ist das Resort-Hotel "Die Wutzschleife" in Familienbesitz und es wird neben Wellness-Fans, Tagungsgästen und Golfern auch Feinschmeckern gerecht! Dafür sorgen Junior Gregor Hauer und seine Küchenchefin Angela Deml mit international-klassischen Gerichten, für die das kleine Gourmetrestaurant seit 2012 mit einem Stern ausgezeichnet wird. Keine Frage, dass nur ausgesuchte Produkte zum Einsatz kommen. Und die finden sich in einem schönen Überraschungsmenü. Stimmig der Rahmen: wertig-elegantes Interieur in warmen Tönen sowie stilvoller Service samt versierter Weinberatung.

🅿 – Menü 119/148 €

Hillstett 40 ✉ 92444 – ✆ 09976 180 – www.wutzschleife.com – Geschlossen: Montag, Dienstag, Sonntag, mittags: Mittwoch-Samstag

ROSTOCK

Mecklenburg-Vorpommern – Regionalatlas **2**-F2

GOURMET-RESTAURANT DER BUTT

MODERNE KÜCHE • KLASSISCHES AMBIENTE Was die beeindruckende "Yachthafenresidenz Hohe Düne" Hotelgästen an Wohnkomfort und Wellness bietet, findet sich im "Butt" als gastronomisches Pendant. Modern und angenehm klar ist hier die Küche. Verantwortlich dafür ist André Münch. Er kocht überaus durchdacht und mit handwerklicher Präzision. Das Ergebnis sind reduzierte, intensive und geschmacklich sehr fein ausbalancierte Gerichte, in denen er exzellente Produkte toll zur Geltung bringt. Ein klasse Beispiel: "Wilder Atlantik Steinbutt, Solena Sweet Yellow Tomaten, Holunderblüte". Zum kulinarischen Genuss kommt noch ein optischer: Hier im obersten Stock eines Pavillons hat man eine fantastische Sicht über den Yachthafen - nicht zuletzt bei Sonnenuntergang ein echtes Highlight!

& 🕭 🅿 🗪 🖂 – Menü 149/189 €

Am Yachthafen 1 ⊠ 18119 - ☏ 0381 50400 – www.hohe-duene.de –
Geschlossen: Montag und Sonntag, mittags: Dienstag-Samstag

ROT AM SEE

Baden-Württemberg – Regionalatlas **5**-V2

LANDHAUS HOHENLOHE

MEDITERRAN • ELEGANT Warum der langjährige Familienbetrieb so beliebt ist? Bei Matthias Mack erwartet Sie neben freundlicher Atmosphäre auch eine gute, frische Küche. Hier reicht die Auswahl vom Tapas-Menü über regionale und mediterrane Gerichte bis zu Klassikern wie Schnitzel, Rostbraten und Krautwickel. Oder lieber etwas Leckeres vom Grill? Gepflegt übernachten kann man ebenfalls.

🏠 ⇔ 🅿 – Menü 65/85 € - Karte 36/90 €

Erlenweg 24 ⊠ 74585 - ☏ 07955 93100 – www.landhaus-hohenlohe.de –
Geschlossen: Montag, mittags: Dienstag-Samstag, abends: Sonntag

ROTHENBURG OB DER TAUBER

Bayern – Regionalatlas **5**-V2

MITTERMEIER

MODERNE KÜCHE • HIP "Casual Dining" heißt es hier: trendig-legeres und zugleich elegantes Ambiente, dazu moderne Küche mit regionalem und saisonalem Bezug. Es gibt eine "Gastronomische Grundversorgung", die Sie mit frei von der Karte wählbaren Gerichten zu "Trip", "Experience" oder "Adventure" erweitern. Alternativ: "Ted Special" als Überraschungsmenü. Der Service locker und geschult.

🏠 ⇔ 🅿 – Menü 99/129 €

Vorm Würzburger Tor 7 ⊠ 91541 - ☏ 0986194540 – www.villamittermeier.de –
Geschlossen: Montag und Sonntag, mittags: Dienstag-Samstag

ROTTACH-EGERN

Bayern – Regionalatlas **6**-Y4

RESTAURANT ÜBERFAHRT CHRISTIAN JÜRGENS

KREATIV • ELEGANT Wie kaum ein anderer versteht es Christian Jürgens, seine Passion so ungezwungen und mit beeindruckender Leichtigkeit auf den Teller zu bringen und das Kochen regelrecht zur Kunst zu erheben! Das Spiel mit Texturen und Säure zählt zu seinen absoluten Stärken, seine Kreationen ergeben immer Sinn, nichts wirkt forciert oder schwer. In seinen Menüs verwendet er nur die besten saisonalen Produkte und vereint sie zu angenehm klaren Kombinationen. Dem ebenbürtig: Ambiente und Service, beides gleichermaßen stilvoll. Stets präsent, charmant-leger und versiert begleitet Sie das Team um Restaurantleiter

ROTTACH-EGERN

Peter Nasser und Sommelière Marie-Christin Baunach durch das Menü - toll die Weinempfehlungen.

&& & 🛱 🚗 – Menü 259/319 €

Überfahrtstraße 10 ✉ 83700 - ✆ 08022 6690 – www.althoffcollection. com – Geschlossen: Montag und Dienstag, mittags: Mittwoch-Samstag, abends: Sonntag

GOURMETRESTAURANT DICHTER

FRANZÖSISCH-ZEITGEMÄSS · ELEGANT Über die Lobby des luxuriösen "Park-Hotels Egerner Höfe", vorbei an der schicken Bar und an dekorativen verglasten Weinschränken, gelangt man in das Gourmetrestaurant des Hauses. Das Ambiente wertig und geradlinig-modern - Blickfang sind zwei markante Glaskästen mit japanischen Stechpalmen. Durch bodentiefe Fenster schaut man zum Park. Geboten wird ein Menü mit fünf bis neun Gängen. Internationale Akzente finden sich hier ebenso wie der Bezug zur Region. Die Speisen sind exakt zubereitet und nicht überladen, interessant und stimmig die Aromenkombinationen. Aufmerksam und freundlich der Service, hervorragend die Weinberatung durch den Sommelier - da lässt man sich gerne auf die Weinbegleitung zum Menü ein.

& 🅿 🍽 – Menü 138/218 €

Aribostraße 19 ✉ 83700 - ✆ 08022 666566 – www.gourmetrestaurant-dichter. de – Geschlossen: Montag, Dienstag, Sonntag, mittags: Mittwoch-Samstag

HAUBENTAUCHER

Chef: Alois Neuschmid

INTERNATIONAL · BISTRO Die tolle Lage direkt am See nebst wunderbarer Terrasse ist zweifelsfrei ein echtes Highlight, aber längst nicht alles, was den Gästen hier Freude macht. Dafür sorgt Inhaber und Küchenchef Alois Neuschmid, der übrigens Jahre zuvor mit seinem "Lois" hier im Ort bereits einen Stern hatte. Er kocht modern und konzentriert sich ganz auf die ausgezeichneten Produkte. Während man am Mittag Gerichte von der Tafel wählt, gibt es abends ein Überraschungsmenü, zu dem man eine sehr passende Weinreise empfiehlt. Zum hervorragenden Essen gesellt sich die angenehm unprätentiöse Atmosphäre samt ausgesprochen freundlichem Service - auch der Patron selbst ist in dem sympathischen, gemütlich-maritimen Restaurant präsent.

≤ 🛱 – Menü 70/100 €

Seestraße 30 ✉ 83700 - ✆ 08022 6615704 – www.haubentaucher-tegernsee. de – Geschlossen: Montag und Sonntag, mittags: Dienstag-Samstag

FÄHRHÜTTE 14

INTERNATIONAL · RUSTIKAL Natur pur! Idyllisch liegt das Restaurant der "Überfahrt" am Seeufer. Das Ambiente modern mit maritim-rustikalem Touch, herzlich-leger und versiert der Service. Die Küche ist international-saisonal ausgerichtet. Tipp: Mieten Sie einen Liegestuhl am Strand! Hinweis: Nicht mit dem Auto erreichbar, 300 m Fußweg.

≤ 🛱 – Karte 37/68 €

Weißachdamm 50 ✉ 83700 - ✆ 08022 188220 – www.faehrhuette14.de – Geschlossen: Montag-Mittwoch, mittags: Donnerstag-Sonntag

KIRSCHNER STUBEN

INTERNATIONAL · RUSTIKAL Heimelig-gemütlich und sympathisch-lebendig ist es hier, toll die Terrasse mit Seeblick. Dazu ein schöner Mix an guten, frischen Gerichten, von "Seeteufelmedaillons, junger Blattspinat, Gnocchi" bis "Lammcarré rosa gebraten, Ratatouillegemüse, Kartoffelgratin". Mittags Schmankerlkarte. Im Hotel "Maier zum Kirschner" hat man hübsche Zimmer mit alpenländischem Charme.

🛱 ✤ 🅿 🍽 – Menü 30/150 € - Karte 37/40 €

Seestraße 23 ✉ 83700 - ✆ 08022 273939 – www.kirschner-stuben.de – Geschlossen: Dienstag und Mittwoch

RÜTHEN

Nordrhein-Westfalen – Regionalatlas **3**–L2

KNIPPSCHILD

REGIONAL • FREUNDLICH Dorfstube, Bauernstube, Romantikstube - richtig gemütlich ist es hier, die Einrichtung steckt voller Charme und Liebe zum Detail! Man kocht saisonal und gerne mit regionalen Produkten, lecker z. B. der "Sauerbraten vom heimischen Überläufer (1-jähriges Wildschwein)". Der Service freundlich-leger. Tipp: Absacker im "Wirtshaus". Schöne Gästezimmer hat man ebenfalls.

🍴 ⇔ 🅿 🚗 – Karte 30/54 €
Theodor-Ernst-Straße 3 ✉ 59602 – ☏ 02902 80330 – www.hotel-knippschild.de – Geschlossen: Donnerstag

RÜGEN (INSEL)

Mecklenburg-Vorpommern – Regionalatlas **7**–B1

In Binz

FREUSTIL

KREATIV • TRENDY Ein echter Glücksfall für das schöne Ostseebad Binz, dass es den gebürtigen Schwarzwälder Ralf Haug in den hohen Norden verschlagen hat. Von der besternten Rügener "niXe" kam er 2013 in das Hotel "Vier Jahreszeiten", wo er seither im Gourmetrestaurant mit bemerkenswerter Kreativität und ebensolcher Finesse begeistert. Erwähnt werden muss auch das tolle Preis-Leistungs-Verhältnis bei exzellenter Produktqualität! Gerichte wie "mixed pickles, quinoa, malz" oder "bavette, bbq flavour, cole slaw" lassen schon beim Lesen der Karte vermuten, dass hier ideenreich und modern gekocht wird. So unkompliziert wie die Küche ist auch die Atmosphäre. Das liegt nicht zuletzt am sehr sympathischen und aufmerksamen Service. Tipp: Mittags zusätzlicher günstiger Lunch.

🍴 – Menü 66/99 €
Zeppelinstraße 8 ✉ 18609 – ☏ 038393 50444 – www.freustil.de – Geschlossen: Montag und Dienstag

NIXE

MODERNE KÜCHE • CHIC Zu finden ist das geschmackvolle, gemütlich-moderne Restaurant in dem schön am Strand gelegenen Boutique-Hotel "Villa nixe". Das Konzept nennt sich "Fine Dining Food Sharing": Man serviert Ihnen mehrere kleine Gerichte auf einmal - ideal zum Teilen. Alternativ können Sie auch das Gourmetmenü wählen. Freundlich der Service.

🅿 – Menü 85/95 €
Strandpromenade 10 ✉ 18609 – ☏ 038393 6662042 – www.nixe-hotel.de – Geschlossen: Montag und Sonntag, mittags: Dienstag-Samstag

In Klein Kubbelkow

GUTSHAUS KUBBELKOW

INTERNATIONAL • ELEGANT Schön liegt das schmucke denkmalgeschützte Gutshaus in einem Park. In den stilvollen Räumen spürt man die über 100-jährige Geschichte des Anwesens. Für Gerichte wie z. B. "gebratener Boddenzander mit Kubbelkower Gemüse- und Kräuter-Gazpacho" verwendet man gerne regionale und saisonale Produkte. Tipp: Dieses Idyll bietet auch geschmackvolle, individuelle Gästezimmer.

🛏🍴⇔🅿 – Menü 56/96 € - Karte 65/75 €
Im Dorfe 8 ✉ 18528 – ☏ 03838 8227777 – www.kubbelkow.de – Geschlossen: Montag und Sonntag, mittags: Dienstag-Samstag

RÜGEN (INSEL)

In Sellin

AMBIANCE

INTERNATIONAL • KLASSISCHES AMBIENTE Hier erwarten Sie ein ansprechender klassischer Rahmen, herzlicher und versierter Service sowie eine ambitionierte international-saisonal ausgerichtete Küche. Alternativ können Sie auch von der Karte des Restaurants "Clou" nebenan wählen. Schön sitzt man auch auf der Terrasse.

– Menü 39 € (Mittags), 49/81 € - Karte 46/58 €
Wilhelmstraße 34 ⊠ 18586 – ✆ 038303 1220 – www.roewers.de.

RUPPERTSBERG
Rheinland-Pfalz – Regionalatlas **7**–B1

HOFGUT RUPPERTSBERG

Chef: David Münch
REGIONAL • RUSTIKAL Das historische Anwesen am Ortsrand ist eine der Keimzellen des Weinguts Bürklin-Wolf und heute ein charmantes Restaurant samt herrlichem Innenhof. Gekocht wird französisch, regional und saisonal, dabei setzt man auf Bio-Produkte. Für exklusive Feiern kann man das Teehaus buchen. Tipp: Im Hofladen gibt's Leckeres für daheim.

Engagement des Küchenchefs: In meiner Küche verwenden wir nur regionale und saisonale Bioprodukte und ich kenne alle Lieferanten, das Thema Nachhaltigkeit geht bei uns über die Küche hinaus, das Haus ist seit 2010 biozertifiziert, Müllvermeidung, Personalmanagement, eigener Bio-Hofladen, alles hat unsere volle Aufmerksamkeit!

 – Menü 70/115 €
Obergasse 2 ⊠ 67152 – ✆ 06326 982097 – www.dashofgut.com – Geschlossen: Montag, Dienstag, Sonntag, mittags: Mittwoch-Samstag

RUST
Baden-Württemberg – Regionalatlas **5**–T3

✤✤ AMMOLITE - THE LIGHTHOUSE RESTAURANT

MODERNE KÜCHE • DESIGN Sie müssen nur dem markanten Leuchtturm folgen, um das exklusive Restaurant im „Europa Park" zu finden. Zeitlos-chic und elegant ist das Ambiente hier, leicht transparente Vorhänge in einem warmen Goldton geben dem runden Raum eine intime Note und vermitteln Ruhe. Während Sie auf edlen Samtsesseln an hochwertig eingedeckten Tischen sitzen und von einem gut eingespielten Serviceteam aufmerksam und kompetent umsorgt werden, gibt Küchenchef Peter Hagen-Wiest zwei tolle Menüs mit sieben Gängen zum Besten: "Around the World" sowie die vegetarische Variante "Green Forest". Er kocht eine klassisch basierte Küche mit modernen Einflüssen, die er angenehm ausgewogen umsetzt. Dazu empfiehlt man hervorragend abgestimmte Weine und präsentiert sie fachlich sehr fundiert.

 – Menü 119/169 €
Peter-Thumb-Straße 6 ⊠ 77977 – ✆ 07822 776699 – www.ammolite-restaurant.de – Geschlossen: Montag und Dienstag, mittags: Mittwoch-Samstag

SAARBRÜCKEN
Saarland – Regionalatlas **5**–S2

✤✤ ESPLANADE

KLASSISCHE KÜCHE • FREUNDLICH Ein durch und durch geschmackvolles Haus ist die ehemalige Schule mitten im Zentrum von Saarbrücken, die auch ein kleines Boutique-Hotel mit 16 schmucken Zimmern der besonderen Art beherbergt. Im Mittelpunkt steht aber das Restaurant: chic-modernes, schön abgestimmtes Interieur und ein ausgezeichneter Service unter der Leitung von Maître Jérôme

SAARBRÜCKEN

Pourchère, einem Gastgeber und Sommelier aus Leidenschaft! Nicht zu vergessen die Küche von Silio Del Fabro, den man getrost als echtes Talent bezeichnen kann. Er verbindet Klassisches mit modernen und mediterranen Einflüssen. Seine Speisen sind klar strukturiert, finessenreich und wunderbar ausbalanciert. Zur Wahl stehen die Menüs "Signature" und "Découverte" sowie Gerichte à la carte. Mittags gibt es einen interessanten "Plat du Jour".

– Menü 48 € (Mittags), 82/149 € - Karte 100/135 €
Nauwieserstraße 5 ⊠ 66111 - ℰ 0681 8596566 - www.esplanade-sb.de –
Geschlossen: Montag und Dienstag, abends: Sonntag

GÄSTEHAUS KLAUS ERFORT

Chef: Klaus Erfort

FRANZÖSISCH-KLASSISCH • ELEGANT Was die stilvolle weiße Villa in der Innenstadt von Saarbrücken schon von außen an Klasse und Eleganz verspricht, hält auch das Interieur mit seiner gelungenen Liaison aus klassisch-historischem Rahmen und moderner Geradlinigkeit. Das richtige Maß an Moderne findet sich auch in der Küche von Klaus Erfort. Bei Gerichten wie "Tarte von confierten Tomaten mit Aubergine, Anchovis und Basilikumöl" zeigt er eine Leichtigkeit auf dem Teller, die im Sommer auf der schönen Terrasse erst recht Spaß macht! Dazu eine gut sortierte Weinkarte und Service mit Niveau. Freundlich, ungezwungen und gleichermaßen professionell kümmert man sich um die Gäste. Das Team ist stets präsent und aufmerksam, aber dennoch angenehm diskret.

– Menü 147/225 € - Karte 105/170 €
Mainzer Straße 95 ⊠ 66121 - ℰ 0681 9582682 - www.gaestehaus-erfort.de –
Geschlossen: Samstag und Sonntag

JOULIARD

KLASSISCHE KÜCHE • BISTRO In einem gepflegten Stadthaus etwas außerhalb des Zentrums finden Sie dieses französische Bistro. Die Küche überzeugt mit gutem Handwerk und vor allem mit Geschmack. Auf der ansprechenden Karte liest man Klassiker, aber auch Kreationen, die man nicht überall findet. Nett sitzt man auch auf der Terrasse vor dem Haus.

– Menü 45/55 € - Karte 34/56 €
Scheidter Straße 66 ⊠ 66123 - ℰ 0681 68615322 - www.jouliard.de –
Geschlossen: Sonntag, mittags: Montag-Samstag

SCHLACHTHOF BRASSERIE

FLEISCH • BRASSERIE Mitten im Schlachthofviertel gelegen, steht in der charmanten Brasserie natürlich Fleisch im Mittelpunkt - an der "Schwamm sélection" mit ihrem Rind aus Trockenreifung kommt kein Steak-Liebhaber vorbei. Wer lieber Fisch und Meeresfrüchte mag, wird auf der ansprechenden Speisekarte aber ebenfalls fündig.

– Menü 24 € (Mittags), 39/59 € - Karte 36/65 €
Straße des 13. Januar 35 ⊠ 66121 - ℰ 0681 6853332 - www.schlachthof-brasserie.de – Geschlossen: Samstag und Sonntag

ALBRECHTS CASINO AM STADEN

FRANZÖSISCH • KLASSISCHES AMBIENTE Ein "place to be" ist die schöne Jugendstilvilla etwas außerhalb des Zentrums an einer Grünanlage - ein Restaurant mit Charakter, im Stil einer luxuriösen Brasserie. Serviert werden interessante Gerichte wie "Duett Jakobsmuschel & saarländische Blutwurst, pochierte Birne, junger Lauch, Bergpfeffer, Süßkartoffelcreme".

– Menü 27 € (Mittags), 40/102 € - Karte 40/86 €
Bismarckstraße 47 ⊠ 66121 - ℰ 0681 62364 - www.albrechts-casino.de –
Geschlossen: Montag und Dienstag

LE COMPTOIR

FRANZÖSISCH-ZEITGEMÄSS • BISTRO In dem historischen Sandstein-Klinkerhaus im Nauwieser Viertel (Geburtshaus des Regisseurs Max Ophüls) erwartet Sie ein sympathisch-unkompliziertes Konzept mit Bistro-Lunch am Mittag und einem modern-französisch ausgerichteten Menü am Abend. Die Köche selbst servieren die Gerichte.

Menü 28 € (Mittags), 69/79 € - Karte 32/34 € abends

Försterstraße 15 ⌨ 66111 - ☎ 0681 94727799 – www.lecomptoir-restaurant.de – Geschlossen: Montag und Sonntag

SAARLOUIS
Saarland – Regionalatlas **5**–S2

 LOUIS RESTAURANT

KREATIV • ELEGANT Das geschmackvolle Boutique-Hotel "LA MAISON" beherbergt eines der Top-Restaurants des Saarlands! Der chic-modern gestaltete kleine Raum mit hoher Decke ist durchaus luxuriös und wird vom stilvollen und angenehm frischen, legeren Serviceteam unter der Leitung von Sommelier Robert Jankowski belebt. In der Küche führt Martin Stopp Regie. Mit ganz eigener Handschrift verbindet er gekonnt Einflüsse aus anderen Ländern oder Regionen zu überraschenden Kreationen. Da trifft französisches Handwerk schon mal auf japanische Stilistik oder einen Hauch von Münchner Oktoberfest. Das Ergebnis sind leichte, in sich stimmige Gerichte, die nicht überladen sind oder forciert wirken. Für warme Tage hat man eine tolle Terrasse. Tipp: ein Drink an der Bar - auch bei Einheimischen beliebt!

🕸 🍴 **P** – Menü 89 € (Mittags), 94/169 €

Prälat-Subtil-Ring 22 ⌨ 66740 – ☎ 06831 89440440 – www.lamaison-hotel.de – Geschlossen: Montag-Mittwoch, mittags: Donnerstag-Samstag, abends: Sonntag

SAAROW, BAD
Brandenburg – Regionalatlas **4**–R1

AS AM SEE

MODERNE KÜCHE • CHIC "AS" steht hier u. a. für "Am See" und "Andreas Staack" (Inhaber und Küchenchef). Der sympathische Patron empfiehlt in diesem einladenden, freundlichen Mix aus Vinothek und Bistro moderne Küche in Form eines Menüs mit frei wählbaren Gängen (z. B. "Kabeljaurücken mit Rote-Beete-Senf-Creme") sowie einige Snack-Klassiker.

🍴 **P** – Menü 50/86 €

Seestraße 9 ⌨ 15526 – ☎ 033631 599244 – www.asamsee.de – Geschlossen: Montag und Dienstag, mittags: Mittwoch-Samstag, abends: Sonntag

SÄCKINGEN, BAD
Baden-Württemberg – Regionalatlas **5**–T4

 GENUSS-APOTHEKE

Chef: Raimar Pilz

KREATIV • TRENDY Von der einstigen Apotheke ist nur der Namenszusatz geblieben. Hinter den großen Fenstern erwartet Sie heute ein frisches, modernes Restaurantkonzept. Sie sitzen in einem hellen, geradlinig gehaltenen Raum an wertig eingedeckten Tischen, Blickfang ist die markante offene Küche. Hier kocht Patron Raimar Pilz kreativ und angenehm reduziert - top die Produkte, vom zarten Eifellamm bis zum aromatischen Taschenkrebs. Gelungen bindet man immer wieder würzige Kräuter in die saisonalen Gerichte ein. Jeden Abend serviert man ein Gourmetmenü mit fünf bis acht Gängen. Dass man sich hier wohlfühlt, liegt auch mit am Service, der Sie herzlich und aufmerksam umsorgt und gut in Sachen Wein berät.

🕸 Menü 121/181 €

Schönaugasse 11 ⌨ 79713 – ☎ 07761 9333767 – www.genuss-apotheke.de – Geschlossen: Montag und Sonntag, mittags: Dienstag-Samstag

SALACH

Baden-Württemberg – Regionalatlas **5**–V3

❁ GOURMETRESTAURANT "FINE DINING RS"
Chef: Rolf Straubinger
FRANZÖSISCH-ZEITGEMÄSS • ELEGANT Wunderbar die einsame, ruhige Lage hier oben auf Burg Staufeneck, herrlich der Blick über das Filstal! Den genießt man im Gourmetrestaurant des Burghotels dank großer Panoramafenster - bei schönem Wetter kann man sogar den Stuttgarter Flughafen und den Fernsehturm sehen! Sie sitzen in geschmackvollem puristisch-elegantem Ambiente, professionell wie bisweilen charmant "schwäbelnde" Service - hier lebt man die Region! Geboten werden zwei moderne Menüs, eines davon vegetarisch. Das Team um Rolf Straubinger und seinen langjährigen Küchenchef Markus Waibel begeistert mit sehr aufwändigen Gerichten, die fein und angenehm leicht sind und interessante Kontraste zeigen. Alternativ gibt es noch das Burgrestaurant "oifach andersch" - hier kocht man schwäbisch, aber auch mit internationalen Einflüssen.
﨣 ⇐ 🅿 ▦ – Menü 108/172 €
Burg Staufeneck 1 ✉ *73084 -* ✆ *07162 9334473 – www.burg-staufeneck.de – Geschlossen: Montag-Mittwoch, mittags: Donnerstag-Sonntag*

SALEM

Baden-Württemberg – Regionalatlas **5**–U4

☺ RECK'S
REGIONAL • GASTHOF Drei Schwestern leiten das Landhotel mit teils klassischen, teils stilvoll-modernen Zimmern sowie das Restaurant. Drinnen hat man drei behagliche Stuben, draußen sitzt man herrlich auf der Terrasse unter Platanen und schaut auf Streuobstwiesen! Probieren Sie die hausgemachte Fischterrine oder auch Klassiker wie Kalbsrahmgulasch! Schön: Kunst überall im Haus.
🌿 ✿ 🅿 🚗 – Menü 38 € (Mittags), 42/52 € - Karte 30/54 €
Bahnhofstraße 111 ✉ *88682 -* ✆ *07553 201 – www.recks-hotel.de – Geschlossen: Mittwoch und Donnerstag*

SAMERBERG

Bayern – Regionalatlas **6**–Y4

☺ GASTHOF ALPENROSE
REGIONAL • GASTHOF Immer gut gebucht und auch bei den vielen Stammgästen beliebt ist der schöne alteingesessene Gasthof bei der Kirche - Familienbetrieb seit 1868. Drinnen gemütliche Stuben, draußen lauschiger Biergarten und Terrasse. Gekocht wird bayerisch-saisonal, gerne verarbeitet man Produkte aus der nächsten Umgebung. Hübsche Gästezimmer hat man ebenfalls.
🌿 ✿ 🅿 – Menü 37/59 € - Karte 24/48 €
Kirchplatz 2 ✉ *83122 -* ✆ *08032 8263 – www.alpenrose-samerberg.de – Geschlossen: Montag und Dienstag*

SANKT INGBERT

Saarland – Regionalatlas **5**–S2

☺ DIE ALTE BRAUEREI
FRANZÖSISCH • KLASSISCHES AMBIENTE Die sympathischen Gastgeber Eric und Isabelle Dauphin sorgen in ihrem gemütlichen Restaurant für eine französische Note, auch auf dem Teller. Aus guten Produkten entstehen schmackhafte Gerichte, die auch noch preislich fair sind. Sehr beliebt ist das günstige Mittagsmenü. Das Restaurant samt individuellen Gästezimmern erreichen Sie über den Innenhof.

SANKT INGBERT

🏠 🅿 – Menü 20/89 € - Karte 33/73 €
Kaiserstraße 101 ✉ 66386 - ☏ 06894 92860 – www.diealtebrauerei.com –
Geschlossen: Dienstag, mittags: Samstag

SANKT MÄRGEN
Baden-Württemberg – Regionalatlas **7**–B1

😊 ZUM KREUZ

REGIONAL · GEMÜTLICH Vater und Sohn kümmern sich hier um das leibliche Wohl der Gäste, da findet sich neben Bürgerlichem wie Kalbsrahmschnitzel oder Käsespätzle auch Moderneres. Wie wär's mit dem "Genussmenü"? Oder à la carte z. B. "Schwarzwald-Ochse: Rücken & Backe, Schwarzwurzel, Lauch, Kohlspätzle mit Ziegenkäse"? Der Familienbetrieb bietet auch wohnliche Zimmer und Appartements.

🅿 🍽 – Menü 30/85 € - Karte 25/70 €
Hohlengraben 1 ✉ 79274 - ☏ 07669 91010 – www.gasthaus-zum-kreuz.de –
Geschlossen: Mittwoch und Donnerstag, mittags: Freitag

SANKT MARTIN
Rheinland-Pfalz – Regionalatlas **7**–B1

ST. MARTINER WEINHÄUSEL

REGIONAL · WEINBAR Ein gemütliches Restaurant, das sympathische Pfälzer Bodenständigkeit mit einem modernen Touch verbindet - das gilt fürs Ambiente ebenso wie für die saisonale Karte mit viel Regionalem, aber auch internationalen Einflüssen. Die Weine dazu kommen vom Bio-Weingut im Ort. Witziges Detail: Auf der charmanten Terrasse steht eine alte, noch funktionstüchtige Telefonsäule.

🏠 ✧ – Menü 15/35 € - Karte 33/53 €
Hornbrücke 2 ✉ 67487 - ☏ 06323 981387 – www.weinhaeusel.com –
Geschlossen: Dienstag und Mittwoch, mittags: Montag, Donnerstag, Freitag

SANKT PETER
Baden-Württemberg – Regionalatlas **7**–B1

ZUR SONNE

Chef: Hanspeter Rombach
REGIONAL · GASTHOF Hanspeter Rombach legt in seinem einladenden freundlichen Restaurant Wert auf regionale und saisonale Produkte. Die "Heimat"- und die "Sonne"-Gerichte können Sie als Menü oder à la carte wählen. Tipp: Im "Heimatladen" gibt's Leckeres vom Bio-Gemüse über Brot bis zum Mittagstisch. Für Übernachtungsgäste hat man wohnliche Zimmer und einen hübschen Saunabereich.

🍀 ***Engagement des Küchenchefs:*** *Nachhaltig arbeiten war für mich schon immer ein wichtiges Thema, daher ist mein Haus bereits seit 2006 bio-zertifiziert, ich verarbeite am liebsten Fleisch von Rindern, die auf Schwarzwaldwiesen grasen, backe unser Bio-Brot selbst und angeschlossen an das Fernwärmenetz ist mein Haus klimaneutral.*

🏠 🅿 🍽 – Menü 48/69 € - Karte 34/73 €
Zähringerstraße 2 ✉ 79271 - ☏ 07660 94010 – www.sonneschwarzwald.de –
Geschlossen: Montag

SANKT PETER-ORDING
Schleswig-Holstein – Regionalatlas **1**–B2

STRANDHÜTTE AXELS RESTAURANT

INTERNATIONAL · FREUNDLICH Was den sieben Meter hohen Pfahlbau am Südstrand so beliebt macht? Es ist das interessante Doppelkonzept: tagsüber

SANKT PETER-ORDING

"Strandhütte" als trendige Ausflugsadresse mit einfachem Angebot, am Abend "Axels Restaurant" mit wertig-modernem Ambiente und kreativen Gerichten wie "Tatar vom Holsteiner Galloway-Rind, geräucherter Heringskaviar, Knäckebrot, Trüffelmayonnaise".

🍴 ⇔ 🌤 – Karte 30/45 € abends
Zum Südstrand ✉ 25826 – ☎ 04863 4747011 – www.die-strandhuette.de – Geschlossen: Montag und Dienstag

SANKT WENDEL
Saarland – Regionalatlas **5**–S1

KUNZ

FRANZÖSISCH-KLASSISCH · FAMILIÄR Anke und Alexander Kunz sind ein eingespieltes Team, in 2. Generation leiten sie den Familienbetrieb. Während sie als Gastgeberin aus Leidenschaft den Service leitet, sorgt das Team um den Patron und seinen Küchenchef Patrick Jenal für geradlinige Gerichte ohne Schnörkel. Dabei stehen ganz klar der Geschmack und die hervorragenden Produkte im Fokus. Toll ist auch der Blick auf den beachtlichen "Bliestaldom" St. Remigius, den die Glasfront des schicken modern-eleganten Wintergartens freigibt. Sie können neben dem Menü des Gourmetrestaurants auch von der Karte des "Kaminzimmers" wählen - fragen Sie ruhig nach! Alexander Kunz ist übrigens auch für sein Event-Catering und die Dinnershow "Alexander Kunz Theatre" in Saarbrücken bekannt.

AC 🅿 – Menü 78/125 €
Kirchstraße 22 ✉ 66606 – ☎ 06854 8145 – www.restaurant-kunz.de – Geschlossen: Montag-Mittwoch, mittags: Donnerstag-Samstag, abends: Sonntag

KAMINZIMMER

FLEISCH · FREUNDLICH Event-Catering, zwei tolle Restaurants, "Alexander Kunz Theatre" in Saarbrücken..., der Kunz'sche Unternehmergeist ist vielfältig! Hier wird schmackhaft, frisch und mit ausgesuchten Produkten gekocht, auf der Karte finden sich klassische, mediterrane und regionale Einflüsse. Dazu freundlicher Service und ein geschmackvolles gemütlich-modernes Ambiente.

🍴 🅿 – Menü 37 € - Karte 32/85 €
Kirchstraße 22 ✉ 66606 – ☎ 06854 8145 – www.restaurant-kunz.de – Geschlossen: Montag-Mittwoch, mittags: Samstag, abends: Sonntag

SASBACHWALDEN
Baden-Württemberg – Regionalatlas **5**–T3

DER ENGEL

REGIONAL · LÄNDLICH Hier passt einfach alles zusammen: Familientradition seit 1764, charmante Stuben hinter historischen Fachwerkmauern, herzliche Atmosphäre und schmackhafte regionale Küche. Zur Wahl stehen Klassiker, Tagesgerichte oder auch Menüs. Schön übernachten können Sie übrigens ebenfalls.

🍴 ⇔ 🅿 – Menü 32/50 € - Karte 35/66 €
Talstraße 14 ✉ 77887 – ☎ 07841 3000 – www.engel-sasbachwalden.de – Geschlossen: Montag

SAULGAU, BAD
Baden-Württemberg – Regionalatlas **5**–U4

KLEBERS

INTERNATIONAL · CHIC Das geradlinig-elegante Interieur kann sich wirklich sehen lassen, ebenso die Terrasse samt Lounge. Gekocht wird international, saisonal und mit regionalen Einflüssen, von "Avocado mit Jakobsmuschel und Zitronencreme" bis "schwäbischer Rostbraten mit Zwiebelkruste". Das Restaurant befindet sich übrigens im stilvoll-modernen Hotel "Kleber Post".

SAULGAU, BAD

& 🅰🅲 🈴 ✳ 🚗 – Menü 17 € (Mittags), 49/79 € - Karte 17/79 €
Poststraße 1 ✉ 88348 – ☏ 07581 5010 – www.kleberpost.de – Geschlossen: Dienstag, mittags: Samstag

SAULHEIM
Rheinland-Pfalz – Regionalatlas **5**-T1

MUNDART RESTAURANT
KLASSISCHE KÜCHE • LÄNDLICH Eine charmante Adresse ist das alte Dorfhaus mitten in dem kleinen Weinort. Es gibt frische klassisch geprägte Küche, die man sich drinnen in hübschem ländlich-modernem Ambiente oder draußen auf der Terrasse im reizenden Innenhof schmecken lässt. Ideal für Feierlichkeiten ist die umgebaute Scheune.

🈴 ✳ 🅿 – Karte 39/61 €
Weedengasse 8 ✉ 55291 – ☏ 06732 9322966 – www.mundart-restaurant. de – Geschlossen: Mittwoch und Donnerstag, mittags: Montag, Dienstag, Freitag, Samstag

SCHALKHAM
Bayern – Regionalatlas **6**-Y3

SEBASTIANIHOF
INTERNATIONAL • RUSTIKAL Ein wunderschönes Anwesen samt reizvollem Innenhof, das gelungen rustikal und modern verbindet. Geschmackvoll das Restaurant mit seiner luftigen Architektur, aufmerksam der Service, gut die Küche. Zu feinen Gerichten wie "Wildfang-Zander mit Speck, Wirsing und Sahnepüree" bietet man eine passende Weinbegleitung.

🈴 ✳ 🅿 – Menü 36 € (Mittags), 50/78 € - Karte 42/53 €
Brunnenstraße 9 ✉ 84175 – ☏ 08744 919445 – www.sebastianihof.de – Geschlossen: Montag-Mittwoch

SCHARBEUTZ
Schleswig-Holstein – Regionalatlas **1**-D2

DIVA
FRANZÖSISCH-MODERN • ELEGANT Die mediterrane Note des direkt am Ostseestrand gelegenen Hotels "BelVeder" findet sich auch im kleinen Gourmetrestaurant mit seinem eleganten, in warmen Tönen gehaltenen Interieur wieder. Auf Meerblick müssen Sie hier trotz der schönen Lage an der Lübecker Bucht leider verzichten, es sei denn Sie sitzen draußen auf der Terrasse! Volle Aufmerksamkeit verdient aber ohnehin die klassisch basierte Küche von Gunter Ehinger. Gekonnt kombiniert man z. B. bei "Steinbutt und Rauchlachs mit Sauce von Bouchotmuscheln und Avocadosalsa" regionale und internationale Produkte oder verbindet bei "Kaisergranat und Kohlrabi" moderne Ideen mit feiner Raffinesse. Gut die glasweise Weinbegleitung zum Menü. A-la-carte-Wahl ist ebenfalls möglich. Dazu werden Sie aufmerksam und geschult umsorgt.

& 🅰🅲 🈴 🅿 🚗 – Menü 89/129 € - Karte 96/107 €
Strandallee 146 ✉ 23683 – ☏ 04503 3526600 – www.hotel-belveder.de – Geschlossen: Montag, Dienstag, Sonntag, mittags: Mittwoch-Samstag

SCHEIDEGG
Bayern – Regionalatlas **5**-V4

ZUM HIRSCHEN & GASTHAUS BEIM STÖCKELER
REGIONAL • RUSTIKAL Eine feste Größe im Ort und in der Region ist dieser familiengeführte Gasthof. Gemütlich-rustikal die Räume, schön die Terrasse im Schatten der Kirche, regional-saisonal die Küche. Übernachtungsgäste dürfen sich

SCHEIDEGG

auf schöne modern-alpine Zimmer und ein gutes Frühstück freuen - vielleicht auf der Balkonterrasse?

& 命 ⇆ 🅿 – Menü 33/39 € - Karte 25/43 €

Kirchstraße 1 ⊠ 88175 - ✆ 08381 2119 – www.zumhirschenscheidegg.de – Geschlossen: Dienstag und Mittwoch

SCHERMBECK

Nordrhein-Westfalen – Regionalatlas **3**–J2

LANDHOTEL VOSHÖVEL

MARKTKÜCHE • **GEMÜTLICH** Was in den unterschiedlichen hübschen Räumen und auf der schönen Terrasse serviert wird, ist schmackhaft und mit guten Produkten zubereitet: saisonale Küche mit regionalen und internationalen Einflüssen - auf der Karte z. B. "Kabeljau mit Düsseldorfer Senfsauce und Balsamicolinsen". Mo. - Fr. mittags nur Buffet, ansonsten können Sie das HP-Menü oder à la carte wählen.

命 ⇆ 🅿 🚗 ⊡ – Menü 45/56 € - Karte 25/61 €

Am Voshövel 1 ⊠ 46514 - ✆ 02856 91400 – www.landhotel.de

SCHIFFERSTADT

Rheinland-Pfalz – Regionalatlas **5**–U2

MÖLLERS RESTAURANT

INTERNATIONAL • **CHIC** Das gemütliche Restaurant im Hotel "Salischer Hof" bietet Ihnen frische Marktküche mit regionalen, aber auch internationalen Einflüssen. Tipp: Kommen Sie mal zum fair kalkulierten 10-Gänge-"Amuse-Gueule-Menü" - das gibt es jeden 1. Freitag im Monat. Freundlich der Service. Sehr nett die Terrasse hinterm Haus. Schön übernachten kann man in wohnlichen Gästezimmern.

命 ⇆ 🅿 – Menü 39/65 € - Karte 44/56 €

Burgstraße 12 ⊠ 67105 - ✆ 06235 9310 – www.salischer-hof.de – Geschlossen: Dienstag, Mittwoch, Sonntag, mittags: Montag, Donnerstag-Samstag

SCHIRGISWALDE-KIRSCHAU

Sachsen – Regionalatlas **4**–R3

JUWEL

FRANZÖSISCH-MODERN • **CHIC** Das Gourmetrestaurant im Hause Schumann trägt seinen Namen nicht umsonst, das beginnt schon beim wertigen Interieur in schickem Lila-Schwarz samt ausgesuchten Details wie Amethysten und Swarovski-Kristallen. Dazu kommt eine modern-kreativ inspirierte Küche mit klassischen Einflüssen. Für die ist Robert Hauptvogel verantwortlich, seit Sommer 2020 der Chef am "Juwel"-Herd. Nicht unerwähnt bleiben darf auch die feine Patisserie von Beatrice Tobias! Zum sehr guten Essen gesellt sich noch ein weiterer Wohlfühlfaktor: das überaus freundliche und geschulte Serviceteam um Patrick Grunewald, das Sie auch in Sachen Wein kompetent berät - Tipp: Man hat eine beachtliche Champagner-Auswahl!

❀ 🅿 – Menü 140/194 €

Bautzener Straße 74 ⊠ 02681 - ✆ 03592 5200 – www.bei-schumann.de – Geschlossen: Montag-Mittwoch, Sonntag, mittags: Donnerstag-Samstag

AL FORNO

ITALIENISCH • **FREUNDLICH** Richtig gemütlich hat man es hier bei authentischen italienischen Gerichten. Aus der offenen Küche kommen natürlich u. a. Klassiker wie Antipasti, Pasta und Pizza aus dem Steinofen! Schön sitzt man im Sommer auf der Terrasse mit Blick auf den "SEEWUNDERBAR".

命 🅿 ⊡ – Menü 44/63 € - Karte 33/57 €

Bautzener Straße 74 ⊠ 02681 - ✆ 03592 5200 – www.bei-schumann.de – Geschlossen: Dienstag und Mittwoch, mittags: Montag, Donnerstag-Sonntag

SCHIRGISWALDE-KIRSCHAU

WEBERSTUBE

MARKTKÜCHE • RUSTIKAL Holztäfelung, Kachelofen, hübsche Deko... Die gemütlich-rustikale Stube ist überaus charmant! Gekocht wird saisonal, dabei legt man Wert auf regionale Produkte. Auf der Karte z. B. "In Rotweinsauce geschmortes Schulterscherzel" oder "Tatar vom Oberlausitzer Weiderind". Umsorgt wird man herzlich und geschult.

🛖 🅿 🍽 – Menü 44/63 € - Karte 39/67 €

Bautzener Straße 20 ✉ 02681 - ☎ 03592 5200 - www.bei-schumann.de – Geschlossen: Montag und Sonntag, mittags: Dienstag-Samstag

SCHLECHING

Bayern – Regionalatlas **6**-Y4

😊 RAIT'NER WIRT

REGIONAL • GEMÜTLICH Das schön sanierte gestandene Wirtshaus a. d. 17. Jh. beherbergt heute hübsche, wohnliche Gästezimmer und richtig gemütliche Restauranträume - und draußen lockt im Sommer der herrliche Biergarten! Serviert werden schmackhafte Gerichte mit regionalem und saisonalem Bezug - der Schweinsbraten darf auf der Karte nicht fehlen! Gute Weinauswahl.

♿ 🛖 🅿 – Karte 25/48 €

Achentalstraße 8 ✉ 83259 - ☎ 08641 5911170 - www.raitenerwirt.de – Geschlossen: Montag und Dienstag, mittags: Mittwoch-Samstag

SCHLUCHSEE

Baden-Württemberg – Regionalatlas **7**-B1

✱ MÜHLE

FRANZÖSISCH-MODERN • ENTSPANNT Als neuer Mann am Herd der "Mühle", Gourmetrestaurant des gleichnamigen kleinen Boutique-Hotels, beweist Küchenchef Niclas Nussbaumer hohes Niveau. Sein Stil: moderne französische Küche mit saisonalen und kreativen Einflüssen sowie hier und da auch mal mit japanischen Akzenten. Die tollen Produkte dafür bezieht man gerne aus der Region, aber auch auf Internationales verzichtet man nicht. Es gibt ein Menü, das man mit fünf bis sieben Gängen wählen kann - und als Abschluss vielleicht noch einen Käse-Gang? Sehr stimmig die Weinbegleitung, auch Sake empfiehlt man gerne mal. Sympathisch, charmant und angenehm persönlich der Service samt Köchen. So geschmackvoll und modern-regional wie das Restaurant zeigen sich übrigens auch die Gästezimmer in dem schmucken Haus von 1603, das schön etwas abseits liegt.

🅰🅺 ⇔ 🅿 – Menü 89/115 €

Unterer Mühlenweg 13 ✉ 79859 - ☎ 07656 982192 - www.muehle-schluchsee.de – Geschlossen: Dienstag und Mittwoch, mittags: Montag, Donnerstag-Sonntag

SCHMALLENBERG

Nordrhein-Westfalen – Regionalatlas **3**-K3

HOFSTUBE

MODERNE KÜCHE • CHIC Man bietet hier nur ein Menü und das steckt voller Aromen, Ausdruck und akkuratem Handwerk. Verantwortlicher am Herd ist Felix Weber, der auf moderne saisonale Küche setzt. Nach ausgezeichneten Stationen wie dem "Waldhotel Sonnora" in Wittlich, dem "La Vie" in Osnabrück oder "Rüssel's Landhaus St. Urban" in Naurath (Wald) beweist er in der "Hofstube" sein Gefühl für top Produkte, die er gerne aus der Region bezieht. Geschulter, freundlich-aufmerksamer Service und attraktives wertiges Ambiente machen den Genuss komplett. Untergebracht ist das Gourmetrestaurant übrigens im Ferien- und Wellnesshotel "Deimann" - entstanden aus einem Herrenhaus von 1880 und seit 1917 im Besitz der Familie Deimann.

SCHMALLENBERG

🕸 🅿 🚗 – Menü 114/144 €
Alte Handelsstraße 5 ⊠ 57392 – ℰ 02975 810 – www.deimann.de –
Geschlossen: Montag, Dienstag, Sonntag, mittags: Mittwoch-Samstag

GASTHOF SCHÜTTE

REGIONAL · RUSTIKAL Bewusst hat man mit liebenswerten Dekorationen den rustikalen Charme des alten Stammhauses bewahrt. Gekocht wird regional und klassisch-international, schmackhaft z. B. "Rehragout mit Preiselbeeren, Spätzle und Rotkohl" oder "Seeteufel auf Morchelsauce".
🕌 ⇔ 🅿 🚗 – Menü 28 € (Mittags), 34/75 € - Karte 39/64 €
Eggeweg 2 ⊠ 57392 – ℰ 02975 820 – www.gasthof-schuette.de

SCHNEVERDINGEN

Niedersachsen – Regionalatlas **1**–C4

RAMSTER

Chef: Marcus Ramster
REGIONAL · FAMILIÄR Eine sympathisch-familiäre Adresse, die auf regional-saisonale Küche setzt. Aus frischen, oftmals lokalen Produkten entsteht z. B. "Schneverdinger Heidschnuckenkeule, Wacholdersauce, frische Pilze". Schön die Terrasse zum Garten. Übernachtungsgäste freuen sich über sehr wohnliche Zimmer, teilweise mit Balkon.

🍀 ***Engagement des Küchenchefs:*** *Das Thema Nachhaltigkeit beschäftigt mich schon lange, daher bin ich auch Gründungsmitglied bei „greentable", einer Non-Profit-Initiative für Nachhaltigkeit in der Gastronomie! Entsprechend gehe ich das Thema auch in meinem Haus an, Ökostrom, eigenes Blockheizkraftwerk, Waren aus direkter Umgebung!*

🛏 🕌 🅿 – Menü 26/35 € - Karte 26/48 €
Hebererer Straße 16 ⊠ 29640 – ℰ 05193 6888 – www.hotel-ramster.de –
Geschlossen: Montag, mittags: Dienstag-Donnerstag, abends: Sonntag

SCHÖNWALD IM SCHWARZWALD

Baden-Württemberg – Regionalatlas **7**–B1

ZUM OCHSEN

REGIONAL · FREUNDLICH Schön gemütlich hat man es in den Stuben mit ihren charmanten Dekorationen, die ganz typisch sind für die Region. Aus der Küche kommt Schmackhaftes wie "gebratenes Lachsforellenfilet mit Speckschaum, Rote-Beete-Jus und Zweierlei von Topinambur". Zum Übernachten stehen in dem traditionsreichen Familienbetrieb freundliche, wohnliche Zimmer bereit.
⇐ 🛏 🕌 ⇔ 🅿 🚗 🖫 – Menü 35/70 € - Karte 30/75 €
Ludwig-Uhland-Straße 18 ⊠ 78141 – ℰ 07722 866480 – www.ochsen.com –
Geschlossen: Samstag und Sonntag, abends: Montag-Freitag

SCHOPFHEIM

Baden-Württemberg – Regionalatlas **7**–B1

MÜHLE ZU GERSBACH

MARKTKÜCHE · GASTHOF Bei den Buchleithers darf man sich auf schmackhafte saisonale Küche und herzlich-familiären Service freuen. Es gibt klassische, traditionell-bürgerliche Gerichte sowie international ausgerichtete vegetarische Speisen, die man um Fisch oder Fleisch erweitern kann. In dem Haus in dörflich-ruhiger Lage kann man auch schön übernachten.
🕌 🅿 🖫 – Menü 28/55 € - Karte 29/66 €
Zum Bühl 4 ⊠ 79650 – ℰ 07620 90400 – www.muehle.de – Geschlossen:
Montag und Dienstag, mittags: Mittwoch-Freitag

SCHORNDORF

Baden-Württemberg – Regionalatlas **7**-B2

 GOURMETRESTAURANT NICO BURKHARDT

FRANZÖSISCH-MODERN • CHIC In dem sehenswerten historischen Fachwerkhaus in der Altstadt bekommt man so einiges geboten. Hier befindet sich das Gourmetrestaurant des "Boutiquehotels Pfauen". Mit eigenem Stil und reichlich Details bereitet Inhaber und Küchenchef Nico Burkhardt ausgezeichnete Produkte modern und filigran zu - das gilt für den bretonischen Steinbutt ebenso wie für die Étouffée-Taube. Besonders stechen dabei sein präzises Handwerk und der enorme Aufwand hervor. Serviert wird in einem geschmackvoll und warm eingerichteten Raum mit nur wenigen Tischen. Hier fühlt man sich wirklich wohl, denn die Atmosphäre ist angenehm intim und man wird zudem noch richtig aufmerksam und herzlich umsorgt, was nicht zuletzt der charmanten Gastgeberin Bianca Burkhardt zu verdanken ist.

AC 🞂 – Menü 109/158 €

Höllgasse 9 ✉ 73614 – ☏ 07181 6699010 – www.pfauen-schorndorf.de –
Geschlossen: Montag, Dienstag, Sonntag, mittags: Mittwoch-Samstag

SCHRAMBERG

Baden-Württemberg – Regionalatlas **5**-U3

GASTHOF HIRSCH

KLASSISCHE KÜCHE • KLASSISCHES AMBIENTE Im Zentrum des Schwarzwaldortes liegt der hübsche Gasthof von 1748. Man kocht richtig gut, und zwar klassisch-regional, z. B. "Kalbsfilet mit Steinpilzen an Rahmsoße, junge Gemüse & handgemachte Spätzle". Für eine angenehme Atmosphäre sorgen das geschmackvolle Ambiente und die sehr freundliche, aufmerksame Gastgeberin. Tipp: individuelle, hochwertige Gästezimmer!

🞂 ✧ – Menü 42/75 € - Karte 32/85 €

Hauptstraße 11 ✉ 78144 – ☏ 07422 280120 – www.hotel-gasthof-hirsch.com –
Geschlossen: Dienstag und Mittwoch

SCHROBENHAUSEN

Bayern – Regionalatlas **6**-X3

HEIMAT2

MODERNE KÜCHE • CHIC Im Herzen von Schrobenhausen mitten im oberbayerischen Spargelland finden Sie dieses geradlinig-schicke Lokal mit ambitionierter Küche, die für einen interessanten Mix aus Moderne und Klassik steht, so z. B. "Kikok 'das Huhn' - Brust & Keule, Steinpilze, Pfirsich, Jus". Schön auch die Terrasse auf dem Lenbachplatz.

🞂 – Menü 68/98 € - Karte 64/75 €

Lenbachplatz 7 ✉ 86529 – ☏ 08252 9094141 – www.heimat2.info –
Geschlossen: Montag und Dienstag, mittags: Mittwoch-Samstag, abends: Sonntag

SCHWÄBISCH GMÜND

Baden-Württemberg – Regionalatlas **5**-V2

 FUGGEREI

MARKTKÜCHE • FREUNDLICH Hier sitzt man gemütlich unter einer hohen historischen Gewölbedecke - oder speisen Sie lieber im schönen Garten? Auf der Karte zeigt sich der Bezug zur Region, aber auch mediterrane und asiatische Einflüsse finden sich. Mittags gibt es auch ein Tagesmenü. Übrigens: Direkt hinter dem Restaurant liegt das Münster, da bietet sich ein Besuch an!

SCHWÄBISCH GMÜND

&. 斧 ⇔ 🅿 – Karte 38/65 €
Münstergasse 2 ✉ 73525 – ✆ 07171 30003 – www.restaurant-krietsch.de – Geschlossen: Montag und Sonntag

SCHWÄBISCH HALL
Baden-Württemberg – Regionalatlas **5**–V2

❀ EISENBAHN
Chef: Thomas Wolf, Josef Wolf
FRANZÖSISCH-MODERN • ELEGANT Zwei Generationen gemeinsam am Herd. Im Hause Wolf funktioniert das wunderbar! Wenn Vater und Sohn hier zusammen kochen, bringen beide ihre Erfahrungen und Ideen ein. So ist die Küche sowohl klassisch als auch modern-international inspiriert. Ausgesucht die Produkte, fein die Aromen, intensiv der Geschmack. Während Josef und Thomas Wolf in dem seit 1997 besternten Restaurant kochen, leitet Chefin Christa Wolf herzlich den Service. Einladend auch das geschmackvolle Interieur und die hübsche Terrasse hinterm Haus. Sie mögen Wein? Man hat eine tolle Auswahl an italienischen und französischen Rotweinen, aber auch deutsche Schätze finden sich hier.
&. AC 斧 ⇔ 🅿 ⊡ – Menü 75/148 €
Karl-Kurz-Straße 2 ✉ 74523 – ✆ 0791 930660 – www.landhauswolf.eu – Geschlossen: Montag, Dienstag, Sonntag, mittags: Mittwoch-Samstag

❀ REBERS PFLUG
Chef: Hans-Harald Reber
MARKTKÜCHE • GEMÜTLICH Schon beim Betreten des Restaurants kommt man an der offenen Küche vorbei, das weckt die Vorfreude! Die Karte ist recht breit gefächert, da finden sich regionale Klassiker wie Tafelspitz oder Rostbraten, aber auch Gourmetmenüs, die man mit drei bis sechs Gängen wählen kann. Eine vegetarische Variante gibt es auch. Und dann sind da noch die hochwertigen Steaks! Das hervorragende Fleisch bezieht Patron und Küchenchef Hans-Harald Reber selbstverständlich vom Metzger seines Vertrauens, seinem Groß-Cousin! Schön sitzt man hier in freundlicher und angenehm ungezwungener Atmosphäre, dabei wird man aufmerksam und geschult umsorgt. Alternative für eilige Gäste: Di. - Sa. "Rebers Imbiss STADL" mit Burgern, Salaten, Stadl-Klassikern und Eis "to go" (keine Vorbestellung möglich).
&. AC 斧 ⇔ 🅿 – Menü 70/120 € - Karte 45/100 €
Weckriedener Straße 2 ✉ 74523 – ✆ 0791 931230 – www.rebers-pflug.de – Geschlossen: Montag und Sonntag, mittags: Dienstag-Samstag

🅑 LANDHAUS ZUM RÖSSLE
MARKTKÜCHE • BÜRGERLICH Familientradition seit 1780! Da hat Gastfreundschaft einen ebenso hohen Stellenwert wie die schmackhafte Küche aus regionalen Produkten. Neben Klassikern serviert man auch ein Überraschungsmenü. Im Sommer ist der Garten ein herrliches Plätzchen! Für Feste hat man eine tolle Scheune. Gut übernachten kann man ebenfalls.
&. 斧 ⇔ 🅿 – Menü 35/49 € - Karte 33/53 €
Zeilwiesen 5 ✉ 74523 – ✆ 0791 2593 – www.roessle-veinau.de – Geschlossen: Donnerstag, abends: Sonntag

SCHWARZACH AM MAIN
Bayern – Regionalatlas **5**–V1

🅑 SCHWAB'S LANDGASTHOF
REGIONAL • LÄNDLICH Bereits in 4. Generation leitet Joachim Schwab den hübschen, gemütlich-fränkischen Familienbetrieb. Seine Leidenschaft gilt neben dem Kochen auch der Jagd sowie seinem eigenen Weinberg. Die gute regionale Küche gibt es z. B. als "Ragout von Reh und Hirsch mit frischen Pilzen". Schön übernachten kann man hier ebenfalls.

SCHWARZACH AM MAIN

🞯 ✿ 🅿 – Karte 38/55 €
Bamberger Straße 4 ✉ 97359 – ✆ 09324 1251 – www.landgasthof-schwab.de –
Geschlossen: Montag und Dienstag, mittags: Mittwoch-Freitag, abends: Sonntag

SCHWARZENFELD
Bayern – Regionalatlas **6**-Y2

😊 ESSKUNST

MODERNE KÜCHE • **CHIC** Früher der Schalterraum einer Bank, heute ein geradlinig-schickes Restaurant mit ambitionierter Küche. Schmackhaft verbindet man Altbewährtes mit Modernem. Wählen können Sie die Speisen in Menüform oder à la carte. Tipp: die hausgemachten Pralinen zum Kaffee. Dazu charmanter, aufmerksamer und versierter Service.

🞯 🞯 – Menü 37/44 €
Hauptstraße 24 ✉ 92521 – ✆ 09435 6999610 – www.restaurant-esskunst.de –
Geschlossen: Montag und Dienstag, mittags: Mittwoch-Samstag

SCHWEINFURT
Bayern – Regionalatlas **3**-M4

😊 KUGELMÜHLE

FRANZÖSISCH-KLASSISCH • **TRENDY** Seit 2001 führt Max Matreux nun schon dieses klar designte Restaurant in einem Seitenflügel einer Fabrik. Dabei legt er großen Wert auf Nachhaltigkeit, und das zeigt sich auch in seiner klassisch geprägten Küche, für die er gerne saisonale und regionale Produkte verwendet. Freundlich und geschult der Service.

🅰🅲 ✿ 🅿 – Menü 37/78 € - Karte 49/78 €
Georg-Schäfer-Straße 30 ✉ 97421 – ✆ 09721 914702 – www.restaurant-kugelmuehle.de – Geschlossen: Samstag und Sonntag

KINGS AND QUEENS

INTERNATIONAL • **FREUNDLICH** Das kleine Restaurant hat viele Stammgäste. Das liegt an der modern-eleganten Atmosphäre, am engagierten, aufmerksamen Service und an der international-saisonalen Küche. Die gibt es z. B. als "Calamaretti, Kokos-Curry-Sud, Saubohne, Chili & Bulgur". Dazu schöne Weine - besonders gut sortiert die regionale Auswahl.

Menü 37/90 € - Karte 36/51 €
Bauerngasse 101 ✉ 97421 – ✆ 09721 533242 – www.kingsqueens.eu –
Geschlossen: Montag und Sonntag, mittags: Dienstag-Samstag

SCHWENDI
Baden-Württemberg – Regionalatlas **5**-V3

😊 LAZARUS STUBE IM OBERSCHWÄBISCHEN HOF

MARKTKÜCHE • **FREUNDLICH** Lust auf richtig schmackhafte regional-saisonale Küche samt Klassikern wie Zwiebelrostbraten oder hausgemachte Maultaschen? Dafür kommen in der "Lazarus Stube" gute, frische Produkte zum Einsatz. Wer es ambitionierter mag, darf sich auf die Gourmetkarte des Zweitrestaurants "Esszimmer" freuen. Daneben bietet der "Oberschwäbische Hof" modern-funktionale Gästezimmer.

♿ 🞯 ✿ 🅿 🚗 🗋 – Karte 41/52 €
Hauptstraße 9 ✉ 88477 – ✆ 07353 98490 – www.oberschwaebischer-hof.de –
Geschlossen: Samstag und Sonntag, mittags: Montag-Freitag

ESSZIMMER IM OBERSCHWÄBISCHEN HOF 🆕

MODERNE KÜCHE • **FREUNDLICH** Im Gourmetrestaurant des "Oberschwäbischen Hofs" erwartet Sie ambitioniertes "Fine Dining" in Form

zweier Menüs, eines davon rein vegetarisch. Chef Julius Reisch bietet eine klassisch basierte Küche, die modern interpretiert wird, stimmig und finessenreich. Begleitet wird das schöne Essen von guten Weinen. Übernachten können Sie ebenfalls.
&& ℙ ☁ – Menü 69/129 €
Hauptstrasse 9 ✉ 88477 – ✆ 07353 98490 – www.oberschwaebischer-hof.de – Geschlossen: Montag und Dienstag, mittags: Mittwoch-Freitag, abends: Sonntag

SCHWERIN
Mecklenburg-Vorpommern – Regionalatlas **2**–E3

WEINBISTRO N
MARKTKÜCHE • WEINBAR Das Zweitrestaurant im "Weinhaus Uhle" ist ein Mix aus Weinhandlung und nettem Ganztagesrestaurant. Hier serviert man Ihnen von 12 bis 21 Uhr geschmackvolle, unkomplizierte Gerichte, die auf nachhaltig erzeugten Produkten sowie Bioware basieren. Typisch "Weinhaus Uhle" ist auch die sehr schöne Einrichtung - wertig und mit gewissem Chic. Dazu eine gute Weinauswahl.
🍽 ☁ – Menü 27/59 € - Karte 30/52 €
Schusterstraße 15 ✉ 19053 – ✆ 0385 48939430 – www.weinhaus-uhle.de/weinbistro

GOURMETFABRIK
INTERNATIONAL • BISTRO Keine Frage, dank der Lage am Schweriner See sind hier die Terrassenplätze mit Blick aufs Wasser besonders gefragt! Modern und leger die Atmosphäre, frisch die internationale Küche - wie wär's z. B. mit einem Burger oder einem Tomahawk-Steak?
🍽 – Menü 18 € (Mittags), 36/65 € - Karte 43/62 €
Werderstraße 74B ✉ 19055 – ✆ 0385 76098570 – www.gourmetfabrik.de – Geschlossen: Montag und Sonntag, mittags: Samstag

LA BOUCHE ET EL PATO
INTERNATIONAL • BISTRO Das Bistro mit der sympathisch-gemütlichen Atmosphäre liegt mitten in der Stadt, der Dom ist nur einen Steinwurf entfernt. Im EG sitzt man im "La Bouche", in der 1. Etage im "El Pato" - das international-mediterrane Angebot ist überall gleich. Freundlich der Service. Nett auch die Terrasse in der Fußgängerzone.
🍽 ✧ – Menü 40/60 € - Karte 15/35 €
Buschstraße 9 ✉ 19053 – ✆ 0385 39456092 – www.bistrolabouche.de – Geschlossen: Montag, mittags: Dienstag-Samstag, abends: Sonntag

WEINHAUS UHLE
INTERNATIONAL • HISTORISCHES AMBIENTE Mit seinem tollen historischen Flair zählt das Restaurant in dem über 250 Jahre alten Weinhaus im Herzen der Stadt zu den schönsten der Region. In einem aufwändig restaurierten Tonnengewölbe serviert man ein ambitioniertes Menü aus sehr guten, fast ausschließlich regionalen Produkten. Dazu eine Weinkarte mit so mancher Rarität! Das gleichnamige Hotel bietet geschmackvolle Zimmer.
✧ ☁ – Menü 60/140 €
Schusterstraße 15 ✉ 19055 – ✆ 0385 48939430 – www.weinhaus-uhle.de – Geschlossen: Montag und Sonntag, mittags: Dienstag-Samstag

SCHWERTE
Nordrhein-Westfalen – Regionalatlas **3**–K2

ROHRMEISTEREI - GLASKASTEN
INTERNATIONAL • TRENDY Das sehenswerte Industriedenkmal aus rotem Backstein ist eine ehemalige Pumpstation von 1890. In der imposanten einstigen Werkshalle mit blankem Mauerwerk und Kran sitzt man unter einem

beeindruckenden hohen Tonnendach bei international beeinflussten Speisen. Schön auch die Terrasse. Tolle Eventhallen.

& ⇔ 🅿 – Menü 33/49 € - Karte 32/45 €

Ruhrstraße 20 ⊠ 58239 - ℰ 02304 2013001 – www.rohrmeisterei-schwerte. de – Geschlossen: Montag, mittags: Dienstag-Freitag

SCHWETZINGEN

Baden-Württemberg – Regionalatlas **5**-U2

MÖBIUS

MODERNE KÜCHE • BISTRO Das Haus des gebürtigen Leipziger Tommy R. Möbius, übrigens kein Unbekannter in der Szene der Top-Köche, nennt sich "lebensmittel.punkt". Hier kann man direkt vor Ort genießen - man wählt frische Gerichte von einer kleinen Karte - und auch Feinkost für daheim einkaufen.

🌿 ⇔ – Menü 59/95 € - Karte 26/46 €

Kurfürstenstraße 22 ⊠ 68723 - ℰ 06202 6085020 – www.dermoebius.com – Geschlossen: Sonntag, abends: Montag-Mittwoch, Samstag

SELLIN – Mecklenburg-Vorpommern • Siehe Rügen (Insel)

SELZEN

Rheinland-Pfalz – Regionalatlas **5**-T1

KAUPERS RESTAURANT IM KAPELLENHOF

MODERNE KÜCHE • INTIM Eine Adresse mit Potential zum Lieblingslokal! Dafür sorgen Nora Breyer und Sebastian Kauper (beide ausgebildete Köche) in dem über 300 Jahre alten Kapellenhof. Das sympathische Betreiberpaar hat unter dem offenen Dachgiebel ein ausgesprochen gemütliches Ambiente geschaffen und ist hier als eingespieltes Team bei der Sache. Die Gastgeberin umsorgt Sie herzlich und empfiehlt auch tolle Weine. Nicht zu vergessen die moderne Küche von Sebastian Kauper. Für sein saisonales Menü verwendet der gebürtige Münchner nur ausgesuchte Produkte und bereitet sie durchdacht und mit Gefühl zu. Die ein oder andere alte Gemüsesorte baut man im eigenen Garten selbst an. Tipp: die wunderbare, hübsch begrünte Dachterrasse! Fragen Sie auch nach den "Late Lunch"-Terminen (sonn- und feiertags ab 14 Uhr).

🌿 🅿 ⛔ – Menü 107/125 €

Kapellenstraße 18a ⊠ 55278 - ℰ 06737 8325 – www.kaupers-kapellenhof.de – Geschlossen: Montag-Donnerstag, mittags: Freitag und Samstag

SENDEN

Nordrhein-Westfalen – Regionalatlas **3**-K2

HOF GROTHUES-POTTHOFF - HASENKLEE 🆕

MARKTKÜCHE • FREUNDLICH Eine charmant-moderne Adresse mit saisonaler Küche, für die man gerne Produkte aus eigenem Anbau verwendet. Geboten werden zwei Menüs (eines davon vegetarisch), aus denen Sie auch à la carte wählen können. Freundlich der Service, gut die Weinberatung durch den Chef. Auf dem schönen Hof finden sich auch eine Bäckerei, ein Hofladen und ein Hotel.

& ⇔ 🅿 – Menü 69/90 € - Karte 60/63 €

Hof Grothues-Potthoff 4 ⊠ 48308 - ℰ 02597 696418 – www.hof-grothuespotthoff.de – Geschlossen: Montag und Sonntag, mittags: Dienstag-Samstag

SIMMERATH
Nordrhein-Westfalen – Regionalatlas **3**–J4

GENIESSER WIRTSHAUS
REGIONAL · GEMÜTLICH Gemütlichkeit kommt auf, wenn man bei regionalen Gerichten wie "Döppekooche" in liebenswerten Stuben sitzt oder nach dem Abendessen in charmanten Themenzimmern (Motto "Genuss") in ein kuscheliges Bett sinkt! Und draußen: ein schöner Obstgarten mit eigenen Hühnern, Räucherhaus, Feuerstelle, Scheune mit Verkaufsladen.

– Menü 33/55 € · Karte 20/35 €
Hövel 15 ✉ 52152 – ✆ 02473 3212 – www.geniesserwirtshaus.de – Geschlossen: Montag-Mittwoch, mittags: Donnerstag

SIMONSBERG
Schleswig-Holstein – Regionalatlas **1**–C2

LUNDENBERGSAND
REGIONAL · FREUNDLICH Schön liegt das reetgedeckte Haus nur durch den Deich vom Wattenmeer getrennt. Hier bietet man in geschmackvollem Ambiente eine regional und saisonal geprägte Küche. Etwas Besonderes sind Weine von Simonsberg aus Südafrika. Oder lieber einen deutschen Wein? Zum Übernachten hat das gleichnamige Hotel hübsche Zimmer in geradlinigem Design und frischen Farben.

– Menü 26/65 € · Karte 27/48 €
Lundenbergweg 3 ✉ 25813 – ✆ 04841 83930 – www.hotel-lundenbergsand.de – Geschlossen mittags: Montag-Sonntag

SIMONSWALD
Baden-Württemberg – Regionalatlas **7**–B1

HUGENHOF
INTERNATIONAL · GEMÜTLICH Altes Gebälk, Kamin, charmante Einrichtung - da kommt Gemütlichkeit auf, während Chef Klaus Ditz Ihnen am Tisch sein ambitioniertes und schmackhaftes, täglich wechselndes 4-Gänge-Menü annonciert und Chefin Petra Ringwald freundlich-versiert die passenden Weine empfiehlt. Gegenüber die hübsche Raucherlounge.

– Menü 59 €
Am Neuenberg 14 ✉ 79263 – ✆ 07683 930066 – www.hugenhof.de – Geschlossen: Montag und Dienstag, mittags: Mittwoch-Sonntag

SOBERNHEIM, BAD
Rheinland-Pfalz – Regionalatlas **5**–T1

JUNGBORN
MODERNE KÜCHE · ELEGANT Wertigkeit ist Trumpf in dem imposanten Hotelkomplex des "BollAnts", dem steht auch das "Jungborn" in nichts nach: elegant das Ambiente samt wunderbarem Sandstein-Tonnengewölbe, herzlich der Service, klasse die Küche von Philipp Helzle, der u. a. im "Aqua" in Wolfsburg und im "Ketschauer Hof" in Deidesheim am Herd stand. Sein Kochstil: modern und kreativ. Gerichte wie "Kaninchen, Blumenkohl, Haselnuss, Birne" sind technisch überaus anspruchsvoll gearbeitet, von der ausgezeichneten Qualität der Produkte ganz zu schweigen. Zu den beiden Menüs empfiehlt man gerne Wein aus der Region. Der Name "Jungborn" stammt übrigens aus der Gründerzeit des ehemaligen "Felke-Jungborn Kurhaus Dhonau", dem heutigen "BollAnts", und bezieht sich auf dessen Gesundheitsphilosophie.

SOBERNHEIM, BAD

🍴 🅿 – Menü 121/144 €
*Felkestraße 100 ✉ 55566 – ☏ 06751 93390 – www.bollants.de – Geschlossen:
Montag und Sonntag, mittags: Dienstag-Samstag*

HERMANNSHOF

MEDITERRAN • LÄNDLICH Das hübsche Gewölbe bestimmt auch im zweiten Restaurant des "BollAnts" das Ambiente, ebenso das ausgesprochen geschmackvolle Interieur im attraktiven Vintage-Look! Gekocht wird hier mediterran mit regionalen Einflüssen.

🍴 🅿 – Menü 55 € - Karte 45/55 €
*Felkestraße 100 ✉ 55566 – ☏ 06751 93390 – www.bollants.de – Geschlossen:
Montag und Sonntag, mittags: Dienstag-Samstag*

SOLINGEN

Nordrhein-Westfalen – Regionalatlas **3**-J3

PFAFFENBERG

INTERNATIONAL • MINIMALISTISCH Schön die Lage im Grünen, chic-modern das Interieur, toll die Terrasse mit Blick über die Landschaft. Auf der Karte liest man z. B. "gebratener Heilbutt, Schwarzwurzel, Chorizo, Belper Knolle". Täglich geöffnet: das Bistro - hier Burger, Steaks, internationale Gerichte, Waffeln.

♿ 🆎 🍴 🅿 – Menü 28/54 €
*Pfaffenberger Weg 284 ✉ 42659 – ☏ 0212 42363 – www.pfaffenberg.com –
Geschlossen: Dienstag und Mittwoch*

SOMMERHAUSEN

Bayern – Regionalatlas **5**-V1

✾ PHILIPP

FRANZÖSISCH-MODERN • GEMÜTLICH Seit über 20 Jahren kümmern sich Heike und Michael Philipp mit viel Herzlichkeit um ihre Gäste. Nach ihrer gemeinsamen Ausbildung in den legendären "Schweizer Stuben" in Wertheim-Bettingen hat es die beiden in die fränkische Heimatregion des Patrons verschlagen. Nicht nur Gäste von hier schätzen seine klassisch-moderne Küche, die auch mediterrane und asiatische Einflüsse zeigt. In Punkto Wein können Sie voll und ganz auf die Empfehlungen von Gastgeberin und Sommelière Heike Philipp vertrauen, die Sie fachkundig und äußerst charmant umsorgt. Erwähnenswert ist auch der Rahmen: ein stilvoll-gemütliches Restaurant mit historischem Flair, untergebracht in einem schmucken über 400 Jahre alten Renaissance-Palais mitten in dem malerischen Winzerörtchen.

🍴 ⇔ – Menü 65 € (Mittags), 125/155 €
*Hauptstraße 12 ✉ 97286 – ☏ 09333 1406 – www.restaurant-philipp.de –
Geschlossen: Montag-Donnerstag, mittags: Freitag*

SONNENBÜHL

Baden-Württemberg – Regionalatlas **5**-U3

✾ HIRSCH

Chef: Gerd Windhösel

KLASSISCHE KÜCHE • FAMILIÄR Seit vielen Jahren eine gastronomische Institution auf der Schwäbischen Alb! Gäste aus nah und fern fühlen sich von der Herzlichkeit der sympathischen Gastgeber und dem gemütlichen Haus angezogen. Gerd und Silke Windhösel üben ihren Beruf mit großer Leidenschaft aus. Für den Patron, der selbst am Herd steht, ist es eine Selbstverständlichkeit, in seiner Küche ausschließlich die frischesten Zutaten zu verarbeiten. Und die bezieht er am liebsten aus der Umgebung, vom Älbler Weidelamm über Seckach-Forellen bis Alb-Safran. Gerd Windhösel setzt auf eine angenehm schnörkellose Küche ohne Spielerei - saisonal-klassisch und auch gerne traditionsbewusst, aber immer auf

SONNENBÜHL

hohem Niveau. Zur Wahl stehen verschiedene Menüs, darunter ein vegetarisches, sowie "Hirsch-Klassiker" à la carte.

& 🛱 ⇔ 🅿 – Menü 58/125 € - Karte 59/89 €
Im Dorf 12 ✉ 72820 – ✆ 07128 92910 – www.romantikhotel-hirsch.de – Geschlossen: Montag-Mittwoch, mittags: Donnerstag

DORFSTUBE

REGIONAL · GEMÜTLICH Der "Hirsch" ist wirklich ein Refugium für "Schleckermäulchen"! Alternativ zum Gourmetrestaurant verwöhnt man Sie auch in der "Dorfstube". Hier kommt richtig gute schwäbisch-bürgerliche Küche auf den Tisch, z. B. in Form von "In Sonnenblumenkernbutter gebratenem Waller mit Roter Bete". Und vorab vielleicht die "süß-sauren Lamm-Nierchen mit Apfel und Rosmarin"?

& 🛱 ⇔ 🅿 – Karte 35/56 €
Im Dorf 12 ✉ 72820 – ✆ 07128 92910 – www.romantikhotel-hirsch.de

SPALT

Bayern – Regionalatlas **6**–X2

GASTHOF BLUMENTHAL

Chef: Lukas Strobel, Josef Kocher
REGIONAL · GASTHOF Ein Familienbetrieb in 5. Generation und ein fränkisches Gasthaus im besten Sinne! Gemütlich die Restauranträume, herrlich die Terrasse. In entspannter Atmosphäre wird man angenehm leger und überaus charmant umsorgt. Auf den Tisch kommt eine unkomplizierte, einfache und schmackhafte regionale Küche aus guten Produkten, Traditionsgerichte inklusive!

🍀 ***Engagement des Küchenchefs:*** *Meine Chefs sind wirkliche Vorreiter, denn die eigene Fischzucht, eigene Obstsäfte, der Kräutergarten, das eigene Kraftwerk für Strom und Wärme, das Auge für die Mitarbeiter und die Möglichkeit, das Beste der Region kulinarisch zu verarbeiten, sorgt wirklich für nachhaltigen Spaß an der Arbeit.*

🛱 ⇔ 🅿 🍽 – Menü 25 € (Mittags), 33/35 € - Karte 26/50 €
Stiegelmühle 42 ✉ 91174 – ✆ 09873 332 – www.gasthof-blumenthal.de – Geschlossen: Montag und Dienstag

SPEYER

Rheinland-Pfalz – Regionalatlas **5**–U2

CLYNE - DAS RESTAURANT

REGIONAL · FREUNDLICH Nett und fast schon familiär ist es in dem kleinen Restaurant in Altstadtnähe. Gekocht wird regional, mediterran und klassisch, auf der Karte liest man z. B. "Hirschschnitzel auf Kürbis-Apfelgemüse" oder "Lachs in Zitrusbeize, Meerretticheis, Wacholdermousse". Freundlich und herzlich der Service.

AC 🍽 – Menü 38 € (Mittags), 60/65 € - Karte 38/40 €
Große Greifengasse 5 ✉ 67346 – ✆ 06232 1008285 – www.restaurant-clyne. de – Geschlossen: Montag-Mittwoch, mittags: Donnerstag-Samstag, abends: Sonntag

SPROCKHÖVEL

Nordrhein-Westfalen – Regionalatlas **3**–K2

EGGERS

REGIONAL · GEMÜTLICH Hier lautet das Motto "Auf gut Deutsch, mit internationalen Einflüssen" - westfälisch-regionale Produkte stehen in der Küche dennoch klar im Mittelpunkt. Gemütlich die Räume, schön die Terrasse. Tipp: "Hobbyraum"

SPROCKHÖVEL

für Feste, Kochkurse sowie den sonntäglichen Brunch "Müffet" (Menü-Buffet-Mix). Zum Übernachten hat man wertig-moderne Zimmer.
🛏 ⚙ 🅿 – Menü 35 € - Karte 30/62 €
Hauptstraße 78 ✉ 45549 - ✆ 02324 71780 - www.hotel-restaurant-eggers.de – Geschlossen: Dienstag und Mittwoch

HABBEL'S

INTERNATIONAL • GEMÜTLICH Was es hier Feines zu entdecken gibt? Internationale Gerichte wie "Thunfischcarpaccio mit Wasabi-Sesammantel" oder "Lammrücken in Thymianschaum mit Grillgemüse", dazu eine rund 1000 Positionen umfassende Weinkarte sowie Destillate aus der Habbel-Manufactur - darunter ein 77er Whisky!
🍴 🛏 🅿 – Menü 35/45 € - Karte 32/60 €
Gevelsberger Straße 127 ✉ 45549 - ✆ 02339 914312 - www.habbel-restaurant.de – Geschlossen: Montag, mittags: Dienstag-Samstag

STADE

Niedersachsen – Regionalatlas **1**–C3

KNECHTHAUSEN

MARKTKÜCHE • GEMÜTLICH Das schmucke historische Fachwerkhaus im Stadtkern ist einen Besuch wert, denn hier sitzt man gemütlich, wird freundlich umsorgt und isst gut, und zwar schmackhafte saisonale Speisen wie "Ochsenbacke, Schwarzwurzel, Wirsing, Pancetta".
🛏 ⚙ 🍽 – Menü 47/53 € - Karte 23/56 €
Bungenstraße 20 ✉ 21682 - ✆ 04141 5296360 - www.knechthausen.de – Geschlossen: Montag und Sonntag, mittags: Dienstag-Samstag

STARNBERG

Bayern – Regionalatlas **6**–X4

❀

AUBERGINE

KREATIV • CHIC Gehobene Gastronomie in einem Businesshotel? Im komfortablen "Vier Jahreszeiten Starnberg" kann man diese Erfahrung machen, genauer gesagt im Gourmetrestaurant des Hotels. Die "Aubergine" befindet sich in einem verglasten Anbau im Wintergartenstil. Das wertige modern-elegante Interieur findet hier mit der klaren kreativen Küche von Maximilian Moser sein kulinarisches Pendant. In seine Menüs bringt er internationale Einflüssen ebenso ein wie den Bezug zur Saison. Zu toller Produktqualität, sorgfältigem Handwerk und intensivem Geschmack gesellt sich eine optisch ansprechende Präsentation. Umsorgt wird man zuvorkommend und kompetent, gut auch die Weinberatung.
♿ 🍽 – Menü 99/124 €
Münchner Straße 17 ✉ 82319 - ✆ 08151 4470290 - www.aubergine-starnberg.de – Geschlossen: Montag, Dienstag, Sonntag, mittags: Mittwoch-Samstag

STAUFEN IM BREISGAU

Baden-Württemberg – Regionalatlas **7**–B1

DIE KRONE

REGIONAL • GEMÜTLICH Es hat schon Charme, das mitten im Ort gelegene historische Gasthaus mit seinen gemütlichen Stuben und der netten Terrasse. Familie Lahn ist mit Engagement bei der Sache, das zeigt nicht zuletzt die schmackhafte klassisch-regionale Küche aus frischen, guten Produkten. Man kann hier auch schön übernachten - einige Zimmer mit Schlossblick.
🛏 🅿 – Menü 35/48 € - Karte 33/56 €
Hauptstraße 30 ✉ 79219 - ✆ 07633 5840 - www.die-krone.de – Geschlossen: Samstag, mittags: Montag-Freitag

STAUFEN IM BREISGAU

AMBIENTE

MARKTKÜCHE • FREUNDLICH Man muss schon wissen, dass in dem unscheinbaren Gewerbegebiet solch ein geschmackvolles Restaurant zu finden ist! Die freundliche Chefin umsorgt sehr aufmerksam die Gäste, während der Patron frische klassische Gerichte wie z. B. "Perlhuhnbrust, wilder Brokkoli, Shiitake-Pilzrisotto" zubereitet - à la carte oder im Menüform (auch vegetarisch).

🍴 🅿 – Menü 55/79 € - Karte 60/74 €

Ballrechterstraße 8 ✉ 79219 – ☏ 07633 802442 – www.restaurant-ambiente. com – Geschlossen: Mittwoch und Donnerstag, mittags: Freitag und Samstag

STEINENBRONN

Baden-Württemberg – Regionalatlas **7**–B2

KRONE

MARKTKÜCHE • FREUNDLICH Hier trifft Moderne auf Tradition, das gilt fürs Ambiente ebenso wie für die Küche. Alternativ zum Restaurant gibt es das nette legere "Krönle" - empfehlenswert die preislich sehr fairen Gerichte von der Tafel. Toll sind übrigens die handgeschabten Spätzle hier im Haus! Zum Übernachten hat man funktionelle Gästezimmer.

🍴 🅿 ⊡ – Karte 35/65 €

Stuttgarter Straße 45 ✉ 71144 – ☏ 07157 7330 – www.krone-steinenbronn.de – Geschlossen: Montag und Sonntag

STEPHANSKIRCHEN

Bayern – Regionalatlas **6**–Y4

GOCKLWIRT

BÜRGERLICHE KÜCHE • RUSTIKAL Warum es Stammgäste und Ausflügler gleichermaßen hierher zieht? Die reichlich dekorierten Stuben sind schön urig und die beachtliche Sammlung an Landmaschinen ist schon sehenswert! Gekocht wird regional und klassisch-international, von "Spicy Lachstatar" über "Böfflamott" bis zum 4-Gänge-Menü. Zum Übernachten: Doppelzimmer im Nachbarhaus.

🍴 ⇔ 🅿 🗗 – Menü 44/68 € - Karte 21/69 €

Weinbergstraße 9 ✉ 83071 – ☏ 08036 1215 – www.gocklwirt.de – Geschlossen: Montag-Mittwoch, mittags: Donnerstag

STOLPE

Mecklenburg-Vorpommern – Regionalatlas **2**–G2

✲ GUTSHAUS STOLPE

KREATIV • LANDHAUS Ein geradezu idyllischer Ort. Auf dem wunderschönen Anwesen in dem beschaulichen Dorf führt eine gepflasterte Allee zu dem sorgsam sanierten historischen Gutshaus. Ein wirklich stilvoll-charmanter Rahmen, dem das Restaurant voll und ganz gerecht wird - dafür sorgt die elegante Atmosphäre mit englischem Landhausflair. Ebenso angenehm sitzt man auf der herrlichen Terrasse zum Park! Während man kulinarisch bei modern beeinflusster Küche auf seine Kosten kommt, dürfen sich Übernachtungsgäste auf geschmackvolle Zimmer und einen hübschen Saunabereich freuen.

🛏 🍴 🅿 – Menü 125/170 €

Peenstraße 33 ✉ 17391 – ☏ 039721 5500 – www.gutshaus-stolpe.de – Geschlossen: Montag, Dienstag, Sonntag, mittags: Mittwoch-Samstag

STROMBERG (KREIS KREUZNACH)

Rheinland-Pfalz – Regionalatlas **5**–T1

LE DÉLICE

MARKTKÜCHE • **ELEGANT** Elegante Atmosphäre und aufmerksamer Service kommen in diesem Restaurant ebenso gut an wie die ambitionierte Küche mit international inspirierten Gerichten. Geboten wird ein Menü mit vier bis sieben Gängen, dazu die passende Weinbegleitung.

& P – Menü 90/125 €

Am Buchenring 6 – 55442 – 06724 6000 – www.golfhotel-stromberg.de –
Geschlossen: Montag, Dienstag, Sonntag, mittags: Mittwoch-Samstag

STÜHLINGEN

Baden-Württemberg – Regionalatlas **5**–U4

GASTHAUS SCHWANEN

REGIONAL • **GEMÜTLICH** In dem Gasthaus von 1912 passt alles: sympathisch-engagierte Gastgeber, liebenswerte Atmosphäre und gute Küche aus regional-saisonalen Produkten. Es gibt übrigens auch Schnaps von eigenen Streuobstwiesen. Mittagessen bietet man außer sonntags nur auf Anfrage. Tipp für Übernachtungsgäste: die besonders komfortable "Villa Pfarrhus" wenige Meter entfernt.

P – Menü 39/56 € - Karte 44/54 €

Talstraße 9 – 79780 – 07744 5177 – www.gasthaus-schwanen.de –
Geschlossen: Mittwoch

GENGS LINDE

TRADITIONELLE KÜCHE • **ZEITGEMÄSSES AMBIENTE** Christian und Silvia Geng leiten das Haus in 4. Generation - er in der Küche, sie im Service. Gekocht wird überwiegend traditionell und mit saisonalem Bezug. Nicht fehlen dürfen auch die Vesperkarte und die "Karte für unsere Kids". Schön trendig das Ambiente: klare moderne Formen kombiniert mit warmem Holz. Attraktive Gästezimmer hat man ebenfalls.

AC P – Menü 42/45 € - Karte 27/50 €

St.-Gallus-Straße 37 – 79780 – 07744 1255 – www.gengslinde.de –
Geschlossen: Dienstag, mittags: Montag, Mittwoch-Samstag

Baden-Württemberg
Regionalatlas **7**-B2

STUTTGART

Lust auf Fine Dining? Dann sollten Sie das modern-kreative Angebot des stylischen **Ritzi Gourmet** probieren - gut isst man übrigens auch in der angeschlossenen Brasserie **Ritzi**. Für Feinschmecker lohnt sich auf jeden Fall der Weg in den Süden Stuttgarts - hier bietet das **Hupperts** ein tolles saisonal inspiriertes Menü. Ebenfalls lohnenswert: das "Bib Gourmand"-Restaurant **Vetter**. Tipp für Auto-Liebhaber: Im Christophorus bei gutem Essen durch eine Glaswand die Ausstellungsstücke des Porsche Museums bewundern. Unkomplizierte italienische Küche gibt's im außerhalb gelegenen Nannina. Eine hippe Übernachtungsadresse ist das Design-Hotel **Jaz in the City Stuttgart**. Wer in der Shopping-Pause ein bisschen Grün sucht, sollte einen Spaziergang durch den Schlossgarten machen. Für Familien sit der „Höhenpark Killesberg" interessant.

✿✿ **SPEISEMEISTEREI**

MODERNE KÜCHE • CHIC Im Kavaliersbau des Schlosses Hohenheim ist über viele Jahre ein Ort der anspruchsvollen und feinen Kulinarik gewachsen. Anteil daran hat nicht zuletzt Stefan Gschwendtner. Seit 2008 in der Speisemeisterei tätig und seit 2016 Küchenchef, hat er seinen eigenen Stil entwickelt und verfeinert. Das Produkt ist zweifelsohne der Star seiner Küche, mit reichlich Handwerk, Technik und Ideen entstehen aus den exzellenten Zutaten sehr intelligente und ausdrucksstarke Gerichte wie z. B. "Huchen von Nikolai Birnbaum, Yamswurzel, Speck, Tosazu-Zwiebel". Umsorgt werden Sie von einem äußerst kompetenten, überaus freundlichen und charmanten Serviceteam, das Sie auch bei der Weinfindung bestens berät. Übrigens: Im Sommer bekommt das schicke Restaurant durchaus Konkurrenz von der herrlichen stimmungsvollen Terrasse!

&. 🏠 ✿ – Menü 149/189 €

Stadtplan: B3-2 – Schloss Hohenheim 1B ✉ 70599 – ✆ 0711 34217979 – www.speisemeisterei.de – Geschlossen: Dienstag und Mittwoch, mittags: Montag, Donnerstag-Samstag

✿ **5**

MODERNE KÜCHE • HIP Auch nach vielen Jahren ist das "5" noch "up to date"! Das liegt in erster Linie an der modernen Küche von Alexander Dinter. Seit 2018 ist er der kreative Chef am Herd und bringt z. B. bei "bretonischem Heilbutt, Spargel, Yuzu, Kartoffel, Malz, Buttermilch" gelungen eigene Ideen ein. Auch der Rahmen ist etwas Besonderes: In dem Bankgebäude nahe dem Schlossgarten sorgt ein leger-urbanes und dennoch stilvolles Lounge-Flair für eine spezielle Atmosphäre.

Und die begleitet Sie von der stylischen Bar im EG bis zum "Casual Fine Dining"-Restaurant im 1. OG. Hier sitzen die Gäste auf schicken, individuell designten Stühlen an blanken Tischen und lassen sich sehr freundlich und zuvorkommend umsorgen.

– Menü 88/176 €

Stadtplan: E2-15 – Bolzstraße 8 – 70173 – 0711 65557011 – www.5.fo – Geschlossen: Montag, Dienstag, Sonntag, mittags: Mittwoch-Samstag

DÉLICE

KREATIV • FREUNDLICH Zu schade, dass in dem schönen Tonnengewölbe nur recht wenige Gäste Platz finden! Doch das gehört ebenso zum besonderen Charme des Restaurants wie die überaus zuvorkommende und kompetente Gästebetreuung, und die ist Chefsache! Evangelos Pattas - übrigens gebürtiger Belgier griechischer Abstammung - ist ein bemerkenswerter Gastgeber, der jede Menge Herzblut an den Tag legt. Das gilt auch für die Weinberatung, denn der Patron ist Sommelier und gewissermaßen ein Weinlexikon auf zwei Beinen! In der offenen Küche führt Andreas Hettinger Regie. Aus sehr guten Produkten bereitet er ein Menü zu, das z. B. mit "Skrei, Grapefruit, Kresse, Sellerie, Flusskaviar, Olivenyuzu" klassische, mediterrane und kreative Einflüsse zeigt.

– Menü 125 €

Stadtplan: E2-13 – Hauptstätter Straße 61 – 70178 – 0711 6403222 – www.restaurant-delice.de – Geschlossen: Samstag, Sonntag, Montag, mittags: Dienstag-Freitag

DER ZAUBERLEHRLING

Chef: Fabian Heldmann

KREATIV • CHIC Weinliebhaber dürften sich freuen, wenn ihnen beim Betreten des Restaurants der begehbare verglaste Weinklimaschrank ins Auge sticht - hier bekommt man schon mal einen Vorgeschmack auf das rund 300 Positionen umfassende Angebot. Auch das schicke Interieur mit seinem stilvollen klaren Design und individuellen Details ist ein Eyecatcher. Das sorgt ebenso für eine angenehme Atmosphäre wie der sehr charmante und versierte Service. Dieser anspruchsvolle Rahmen ist die perfekte Untermalung für die sehr moderne und kontrastreiche Küche von Fabian Heldmann, die mit geschmacklicher Tiefe und schöner Balance trumpft. Hinweis: Samstags bietet man nur "Candle Light Dinner". Zum Übernachten hat das gleichnamige kleine Designhotel mitten im Zentrum geschmackvolle, ganz individuelle Gästezimmer.

– Menü 85/140 €

Stadtplan: E2-14 – Rosenstraße 38 – 70182 – 0711 2377770 – www.zauberlehrling.de – Geschlossen: Sonntag, mittags: Montag-Samstag

HUPPERTS

KLASSISCHE KÜCHE • FREUNDLICH Sie finden dieses Restaurant mitten in einem Wohngebiet im Stuttgarter Süden. Lassen Sie sich von dem eher unscheinbaren Äußeren des Hauses nicht täuschen, denn bei den engagierten Hupperts erwartet Sie nicht nur ein geschmackvolles Ambiente sowie charmanter, sehr aufmerksamer und versierter Service, Küchenchef und Inhaber Michael Huppert tischt Ihnen zudem ein anspruchsvolles Menü auf, das mit "modernisierter Klassik" am besten beschrieben ist. Er konzentriert sich auf die ausgezeichneten, vorwiegend regionalen Produkte und sorgt ohne Chichi für Finesse und jede Menge Ausdruck, geschickt eingebundene Kontraste inklusive.

– Menü 94/119 €

Stadtplan: C3-10 – Gebelsbergstraße 97 – 70199 – 0711 6406467 – www.hupperts-restaurant.de – Geschlossen: Montag und Sonntag, mittags: Dienstag-Samstag

RITZI GOURMET

FRANZÖSISCH-KREATIV • CHIC In zentraler Lage, ganz in der Nähe von Hauptbahnhof und Zeppelin-Carré, erwartet Sie ein gastronomisches Doppelkonzept. Neben der schicken Brasserie hat das "Ritzi" auch eine

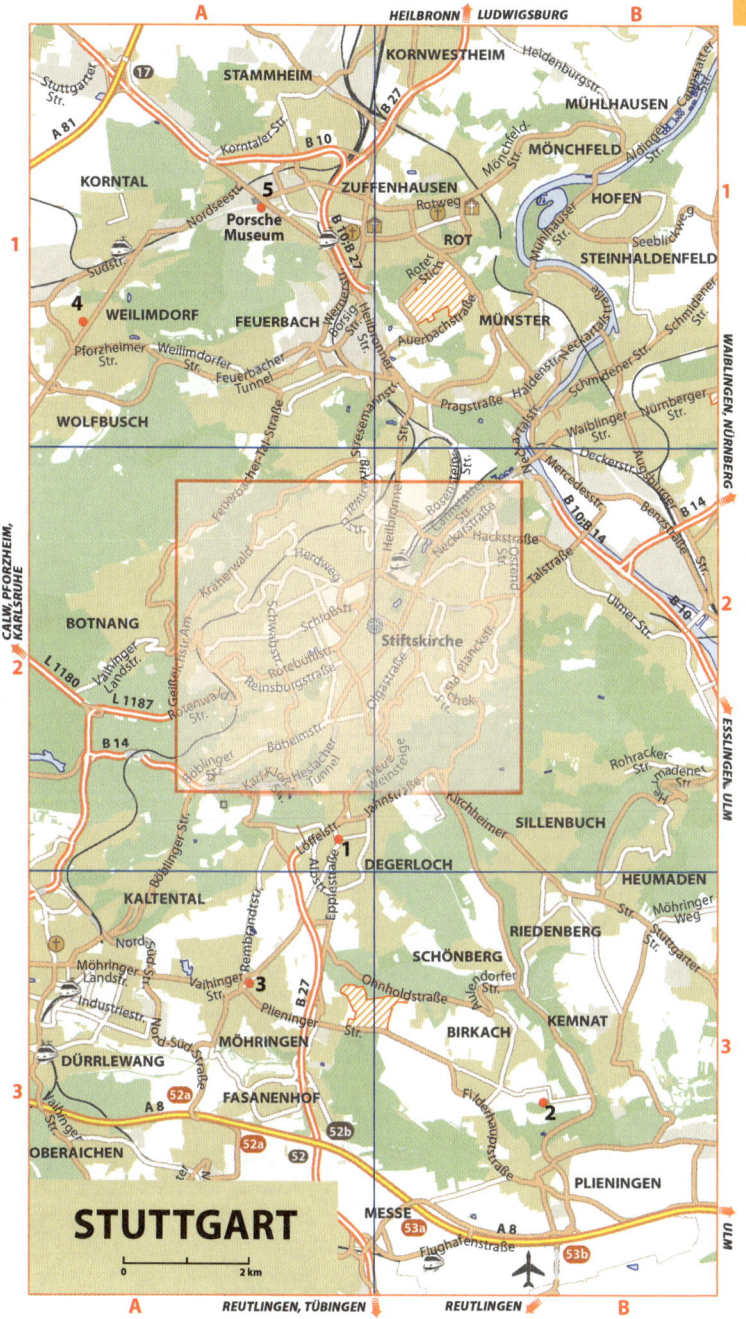

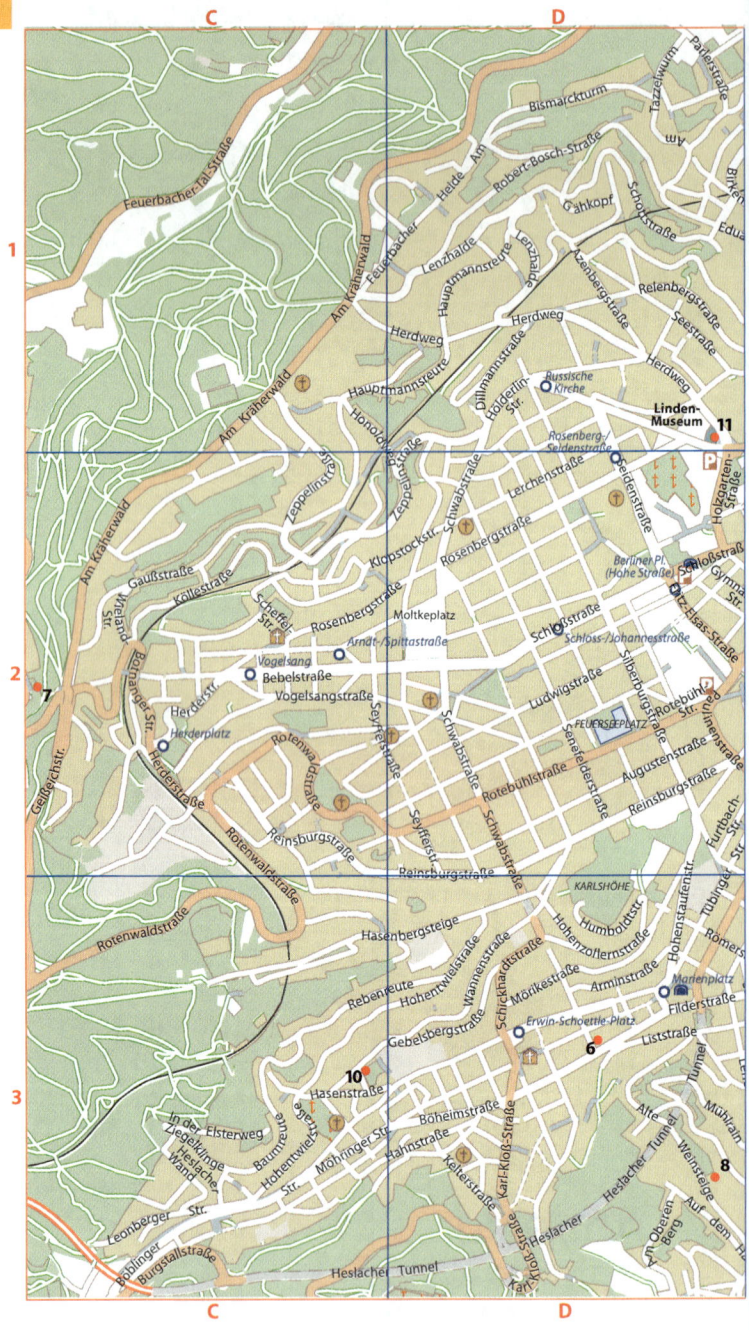

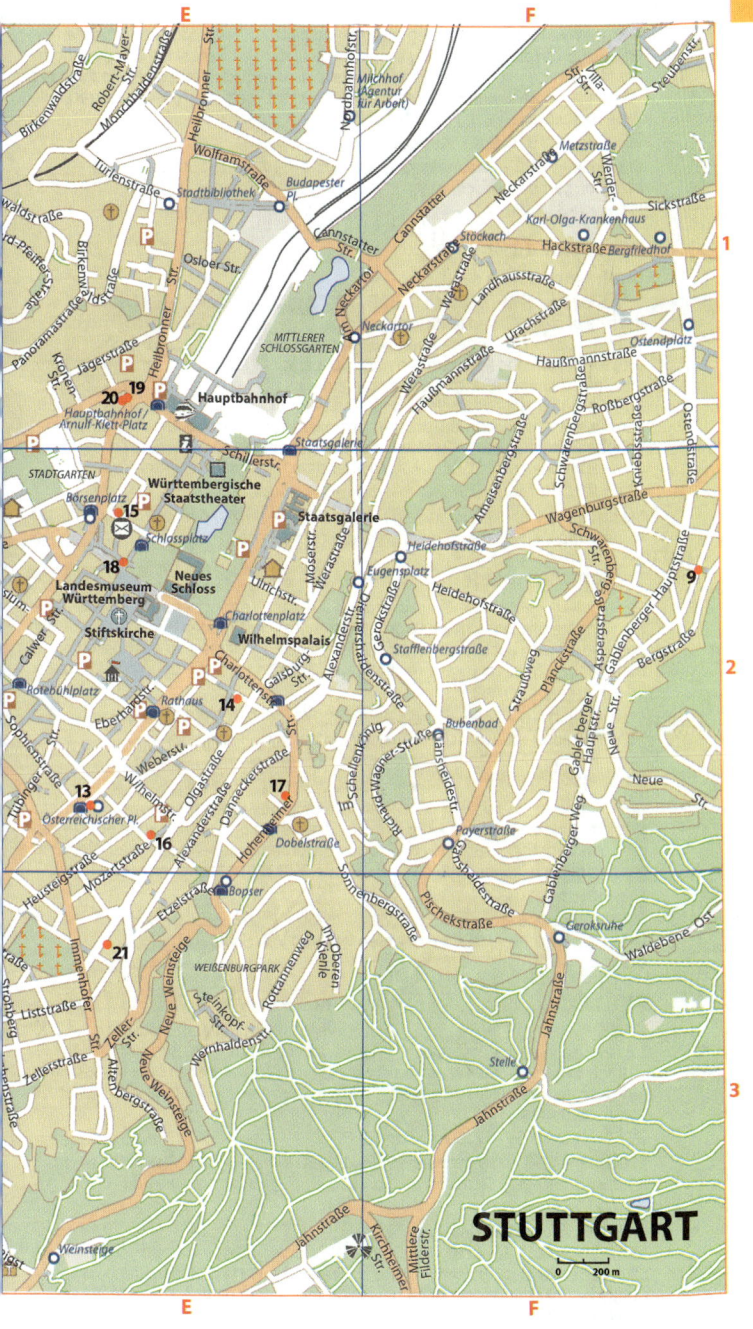

STUTTGART

Gourmet-Variante. In dem eleganten Restaurant - auf einer kleinen Empore teilweise offen an die Brasserie angeschlossen - bietet Ben Benasr ein kreativ-modernes Menü mit drei bis sechs Gängen. Aus tollen Produkten entstehen Speisen mit französischer Basis und Einflüssen aus dem Orient - schöne Finesse und kraftvolle Akzente inklusive. Dazu versierter Service samt guter Weinberatung.

– Menü 78/149 € - Karte 80/112 €

Stadtplan: E1-20 - *Friedrichstraße 6* ✉ *70174* - ✆ *0711 5050050* – *www.ritzi-stuttgart.de* – *Geschlossen: Montag, Dienstag, Sonntag, mittags: Mittwoch-Samstag*

WIELANDSHÖHE

Chef: Vincent Klink

FRANZÖSISCH-KLASSISCH · ELEGANT Stolz thront die „Wielandshöhe" von Koch-Urgestein Vincent Klink in exponierter Lage, umgeben von saftigen Reben, in einer der besten Wohngegenden Stuttgarts. Große Fenster geben in dem schlichtelegant gehaltenen Restaurant den Blick über die Stadt frei. Patron Vincent Klink und sein Küchenchef Jörg Neth setzen auf Klassik und lassen sich auch von ihrer schwäbischen Heimat beeinflussen. Chichi und Effekthascherei werden Sie auf dem Teller nicht finden, stattdessen richtig gutes Handwerk und gelungen hervorgehobene Aromen bester Zutaten. Da ist es nicht verwunderlich, dass seit 1993 fast ununterbrochen ein MICHELIN Stern über dem Restaurant leuchtet.

– Menü 95/130 € - Karte 80/150 €

Stadtplan: D3-8 - *Alte Weinsteige 71* ✉ *70597* - ✆ *0711 6408848* – *www.wielandshoehe.de* – *Geschlossen: Montag und Sonntag*

GOLDENER ADLER

REGIONAL · TRENDY Eine gefragte Adresse, denn gemütlich-lebendige Atmosphäre und gute, frische Küche sorgen hier für Freude beim Essen! Auf der Karte finden sich auch Klassiker wie hausgemachte Maultaschen oder geschmorte Kalbsbacken. Trotz der Lage an einer Straße sitzt man schön auf der großen Terrasse.

– Karte 30/60 €

Stadtplan: D3-6 - *Böheimstraße 38* ✉ *70178* - ✆ *0711 6338802* – *www.goldener-adler-stuttgart.de* – *Geschlossen mittags: Montag-Sonntag*

VETTER.

MARKTKÜCHE · FREUNDLICH In diesem beliebten Restaurant in einer Wohngegend sitzt man in netter Atmosphäre bei regionalen Klassikern oder mediterranen Gerichten. Gute, regionale Produkte werden angenehm unkompliziert und handwerklich gekonnt zubereitet. Im Sommer ist die hübsche Terrasse gefragt.

– Karte 34/68 €

Stadtplan: E2-16 - *Bopserstraße 18* ✉ *70180* - ✆ *0711 241916* – *www.vetter-essen-trinken.de* – *Geschlossen: Montag und Sonntag, mittags: Dienstag-Samstag*

ZUR LINDE

REGIONAL · GASTHOF Engagiert betreiben die Brüder Trautwein die rund 300 Jahre alte ehemalige Poststation - charmant der Mix aus historisch und modern. Es gibt schwäbische Klassiker wie Gaisburger Marsch, Maultaschen oder Kalbskutteln mit geschmortem Ochsenschwanz, zudem Saisonales. Uriger Gewölbekeller für Veranstaltungen.

– Menü 55/62 € - Karte 32/67 €

Stadtplan: A3-3 - *Sigmaringer Straße 49* ✉ *70567* - ✆ *0711 7199590* – *www.linde-stuttgart.de* – *Geschlossen: Sonntag, mittags: Montag-Samstag*

BO'TECA DI VINO

MEDITERRAN · NACHBARSCHAFTLICH Wer in der kleinen "bo'teca" im Stuttgarter Westen speisen möchte, sollte das im Vorfeld planen, denn das sympathische Lokal hat leider nur recht wenige Plätze. Hier genießen Sie schöne Weine und feine Gerichte, die in Form eines Menüs angeboten werden.

**FINDE & RESERVIERE
DIE BESTEN RESTAURANTS
IN DEINER NÄHE**

Reserviere tausende Restaurants
aus dem Guide MICHELIN auf TheFork

Lade die App herunter oder besuche www.thefork.de

Menü 70/95 €
Stadtplan: C2-7 - *Beethovenstraße 30 ✉ 70195 - ✆ 0711 6205163 - www. boteca-stuttgart.de - Geschlossen: Montag, Dienstag, Sonntag, mittags: Mittwoch-Samstag*

CHRISTOPHORUS

MEDITERRAN • DESIGN Sie sind Auto-Enthusiast und Freund guter Küche? Mit Blick ins Porsche Museum oder auf den Porscheplatz können Sie hier mediterran-international speisen. Highlight und fast schon ein Muss für Fleisch-Liebhaber ist das US-Prime-Beef!

⅋ ॐ 🅼 ⇔ 🚗 ⊡ – Menü 42 € (Mittags), 80/110 € - Karte 42/110 €
Stadtplan: A1-5 - *Porscheplatz 5 ✉ 70435 - ✆ 0711 91125980 - www.porsche.com - Geschlossen: Montag und Sonntag*

CUBE

INTERNATIONAL • TRENDY Die absolute Top-Lage ist hier ebenso interessant wie die Glas-Architektur, das Design und natürlich die ambitionierte Küche! Man ist weltoffen, was sich z. B. bei "scharfer Thai-Suppe, Pulled Chicken, Zitronengras, Ingwer" zeigt. Einfachere Mittagskarte.

≼ ॐ 🅼 ⊡ – Menü 39 € (Mittags), 59/89 € - Karte 32/62 €
Stadtplan: E2-18 - *Kleiner Schlossplatz 1 ✉ 70173 - ✆ 0711 2804441 - www.cube-restaurant.de*

FÄSSLE LE RESTAURANT

FRANZÖSISCH-KLASSISCH • NACHBARSCHAFTLICH Patrick Giboin bietet hier in gemütlichem Ambiente seine Version der klassisch-französischen Küche. Appetit macht z. B. "Brust & Keule von der Étouffée-Taube mit sautierten Pfifferlingen, Chorizo, Mais und Polenta". Auch an Vegetarier ist gedacht. Kindermenüs gibt es ebenfalls.

🅼 🎋 ⇔ – Menü 29 € (Mittags), 50/80 € - Karte 17/26 €
Stadtplan: A2-1 - *Löwenstraße 51 ✉ 70597 - ✆ 0711 760100 - www.restaurant-faessle.de - Geschlossen: Montag und Sonntag*

HEGEL EINS 🆕

MODERNE KÜCHE • CHIC Sie finden dieses interessante Restaurant im staatlichen Museum für Völkerkunde, dem Linden-Museum. Hier serviert man abends moderne und kontrastreiche Gerichte in Form eines Überraschungsmenüs mit fünf oder sieben Gängen. Das Interieur ist richtig schick und schafft Atmosphäre, der entspannte Service tut ein Übriges. Mittags einfachere Karte für den Museumsgast.
Menü 116/146 €
Stadtplan: D1-11 - *Hegelplatz 1 ✉ 70174 - ✆ 0711 6744360 - hegeleins.de - Geschlossen: Montag und Sonntag, mittags: Dienstag-Samstag*

MEISTER LAMPE

KLASSISCHE KÜCHE • FAMILIÄR Eine herzlich geführte, gemütlich-familiäre Adresse ist das hier und gut essen kann man auch noch. Man spürt, dass mit Freude gekocht wird und das überträgt sich auf den Gast! Unter den saisonalen Gerichten findet sich z. B. "gebratener Wolfsbarsch, Senf-Sud, Gelbe Rübe, Kartoffelterrine".

⅋ 🎋 – Menü 56/80 € - Karte 39/63 €
Stadtplan: A1-4 - *Solitudestraße 261 ✉ 70499 - ✆ 0711 9898980 - www.restaurant-meisterlampe.de - Geschlossen: Montag, mittags: Dienstag-Samstag, abends: Sonntag*

NANNINA

ITALIENISCH • FREUNDLICH Gastgeberin Giovanna Di Tommaso (genannt Nannina) widmet sich in dem kleinen Restaurant ganz ihrer Leidenschaft, der italienischen Küche. Frisch und ambitioniert z. B. "gebratener Steinbutt, Kerbel, wilder Brokkoli, Marinda-Tomaten". Terrasse hinterm Haus.

STUTTGART

⌂ 🅿 – Karte 59/74 €
Stadtplan: F2-9 – *Gaishämmerstraße 14* ✉ *70186* – ✆ *0711 7775172* – *www.nannina.de* – *Geschlossen: Montag, mittags: Dienstag-Donnerstag, Samstag*

RITZI

MODERN • BRASSERIE Nur einen Steinwurf von Hauptbahnhof und Zeppelin-Carré entfernt liegt diese schicke Brasserie mit recht stylischer und wertiger Einrichtung. Aus der Küche kommen modern-klassische Gerichte mit mediterraner Note, darunter z. B. "gegrillter Oktopus mit geschmorten Steckrüben" oder "Pot au feu von Edelfischen".
Ⓜ ⌂ – Menü 56/175 € - Karte 43/88 €
Stadtplan: E1-19 – *Friedrichstraße 6* ✉ *70174* – ✆ *0711 5050050* – *www.ritzi-stuttgart.de* – *Geschlossen: Montag und Sonntag, mittags: Dienstag und Samstag*

SCHWEIZERS RESTAURANT

KLASSISCHE KÜCHE • ZEITGEMÄSSES AMBIENTE In dem sorgsam restaurierten Haus von 1902 nimmt man in schöner Jugendstil-Atmosphäre Platz und lässt sich vom aufmerksamen Service mit schmackhaften Gerichten wie "geschmortem Pulpo mit Erbsencreme, geräucherter Mayonnaise und confierten Kartoffeln" umsorgen. Sehr nett die ruhige Innenhofterrasse!
⌂ ✧ – Menü 85/99 € - Karte 34/56 €
Stadtplan: E3-21 – *Olgastraße 133 B* ✉ *70180* – ✆ *0711 60197540* – *www.schweizers-restaurant.de* – *Geschlossen: Montag und Sonntag, mittags: Dienstag-Samstag*

ZUR WEINSTEIGE

SAISONAL • FREUNDLICH Hier spürt man das Engagement der Brüder Scherle. Geboten wird ein interessanter Mix aus Regionalem und Klassischem, vom "Schwäbischen Rostbraten" bis zu "pochierte Hummerroulade, Rote-Bete-Risotto, Kohlrabi-Sepiamousse". Sehr gut der Service mit persönlicher Note, toll die Weinkarte mit Schwerpunkt Deutschland. Im Hotel übernachtet man von rustikal bis elegant.
🐾 Ⓜ ⌂ 🅿 🚗 📶 – Menü 48/120 € - Karte 54/93 €
Stadtplan: E2-17 – *Hohenheimer Straße 30* ✉ *70184* – ✆ *0711 2367000* – *www.zur-weinsteige.de* – *Geschlossen: Montag und Sonntag, mittags: Dienstag-Samstag*

SÜDHARZ

Sachsen-Anhalt – Regionalatlas **4**–N2

20ZWANZIG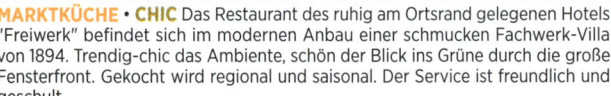

MARKTKÜCHE • CHIC Das Restaurant des ruhig am Ortsrand gelegenen Hotels "Freiwerk" befindet sich im modernen Anbau einer schmucken Fachwerk-Villa von 1894. Trendig-chic das Ambiente, schön der Blick ins Grüne durch die große Fensterfront. Gekocht wird regional und saisonal. Der Service ist freundlich und geschult.
♿ Ⓜ ⌂ ✧ 🅿 – Karte 36/53 €
Thyrahöhe 24 ✉ *06536* – ✆ *034654 85900* – *www.hotel-freiwerk.de* – *Geschlossen: Sonntag, mittags: Montag-Freitag*

SULZBURG

Baden-Württemberg – Regionalatlas **7**–B1

HIRSCHEN

Chef: Douce Steiner

FRANZÖSISCH-KLASSISCH • ELEGANT Warum zahlreiche Gäste von nah und fern in das beschauliche Örtchen im Markgräflerland pilgern? Hier haben Douce Steiner und Udo Weiler ihren „Hirschen". 1995 hat sich das Paar bei Harald Wohlfahrt kennen- und lieben gelernt, 2008 übernahmen die beiden den „Hirschen" vom Vater Hans-Paul Steiner. In dem schmucken über 500 Jahre alten Haus sitzt man in charmant-eleganten Stuben, lebhaft und gemütlich die Atmosphäre, freundlich und flott der Service. Versuchen Sie ruhig mal, durch die Glasscheibe einen Blick in die Küche zu erhaschen - hier wird mit exzellenten Produkten klassisch-französisch, aber keinesfalls altbacken gekocht. Gerne nimmt man im idyllischen Innenhof einen Digestif ein. Tipp: kleine Boutique mit Kochbüchern, Marmelade etc. Zum Übernachten hat man sehr geschmackvolle Zimmer.

&& ⇔ – Menü 203/295 €
Hauptstraße 69 ⊠ 79295 – ℰ 07634 8208 – www.douce-steiner.de – Geschlossen: Montag, Dienstag, Sonntag, mittags: Mittwoch-Samstag

LANDGASTHOF REBSTOCK

REGIONAL • GEMÜTLICH Im Herzen des Weindorfs leitet Familie Keller dieses gemütlich-ländliche jahrhundertealte Haus, in dem die herzlichen Gastgeber frische saisonal inspirierte Küche bieten. Gerne verwendet man Produkte aus der Region, internationale Einflüsse finden sich aber ebenfalls auf der Karte. Geschult und sehr aufmerksam der Service. Gut übernachten kann man hier übrigens auch.

🏠 ⇔ 🅿 – Menü 26 € (Mittags), 42/50 € - Karte 32/66 €
Hauptstraße 77 ⊠ 79295 – ℰ 07634 503140 – www.kellers-rebstock.de – Geschlossen: Mittwoch und Sonntag

LA MAISON ERIC

KLASSISCHE KÜCHE • GEMÜTLICH Ein wahres Schmuckstück ist das alte Fachwerkhaus, das etwas versteckt in einer Seitenstraße liegt. Drinnen erwartet Sie ein geschmackvolles Interieur, draußen eine wunderbare Terrasse zum herrlichen Garten. Geboten wird klassische Küche in Form eines kleinen Mittagsmenüs. Nachmittags gibt es Kaffee und Kuchen sowie Eis.

🚪 🏠 ⇔ 🍴 – Menü 53/65 €
Im Brühl 7 ⊠ 79295 – ℰ 07634 6110 – www.la-maison-eric.de – Geschlossen: Montag und Dienstag, abends: Mittwoch-Samstag

TROIS LIS 🆕

MODERN • FREUNDLICH In dem charmanten historischen Gasthof mitten in dem kleinen Winzerort Laufen wird modern-innovativ gekocht - da lässt der junge Chef Sükrü Türker seine sehr guten Stationen in Deutschland und der Schweiz erkennen. Tipp: Hinter dem Haus hat man eine tolle Terrasse mit schattenspendender Weinreben-Pergola.

🏠 ⇔ 🅿 – Menü 80/120 €
Weinstraße 38 ⊠ 79295 – ℰ 07634 6954242 – www.troislis.com – Geschlossen: Montag und Sonntag, mittags: Dienstag

SYLT (INSEL)

Schleswig-Holstein – Regionalatlas **1**–D3

In Hörnum

KAI3

KREATIV • TRENDY "Nordic Fusion" heißt es im Gourmetrestaurant des luxuriösen "BUDERSAND Hotel - Golf & Spa". Unter diesem Motto bietet Küchenchef Felix Gabel zwei Menüs mit modernen Gerichten, die ausgezeichnete heimische Produkte mit internationalen Einflüssen verbinden. Geschickt setzt er dabei seine kreative Ader ein und schafft interessante und gleichermaßen stimmige Aromenkombinationen. Wohlklingend die Namen der Speisen wie z. B. "Tausend und ein Geschmack". Passend zur Küche kommt auch das Ambiente nordisch-modern daher, dafür sorgen helle warme Töne, klare Formen und eine luftige Atmosphäre. Und dann ist da noch der wunderbare Blick auf die Nordsee, den die raumhohen Fenster freigeben. Die herrliche Lage des Hauses am Südende von Sylt macht natürlich auch die Terrasse zu einem echten Highlight!

In Keitum

BROT & BIER

KREATIV • FREUNDLICH Ein trendig-cooles Konzept, das toll zu Sylt passt! Hier gibt es unter "WATT Belegtes" Stullen der besonderen Art oder auch "WATT anderes" von der Frikadelle bis zur Waffel. Dabei setzt man auf Qualität und Handwerk. Tipp: Im Shop nebenan kann man Sylter Produkte kaufen, von Meersalz bis Bier. Nett auch die Terrasse.

– Karte 29/62 €

Gurtstig 1 ⊠ 25980 – ℰ 04651 9363743 – www.brot-und-bier.de – Geschlossen: Montag und Sonntag

OMA WILMA HEIMATKÜCHE

TRADITIONELLE KÜCHE • REGIONALES AMBIENTE Charmant kommt das historische Reetdachhaus im Herzen von Keitum daher: drinnen friesisch-modernes Ambiente, draußen die schöne Gartenterrasse und dazu sympathisch-legerer, geschulter Service. Die Küche ist ein ambitionierter Mix aus Tradition und Moderne. Mittags kleinere Karte. Okt. - Ostern Mo. und Di. geschlossen, sonst nur Di.

– Menü 52/72 € - Karte 31/50 €

Gurtstig 32 ⊠ 25980 – ℰ 04651 8860066 – www.omawilma.de – Geschlossen: Dienstag

TIPKEN´S

MEDITERRAN • ELEGANT Schön das wertige klare Design, frisch und modern die Küche, freundlich und geschult der Service. Die aus guten Produkten zubereiteten Gerichte gibt es à la carte oder als "Shared Dining"-Menü. Man hat auch eine sehr gut sortierte Weinkarte nebst trefflicher Beratung.

– Menü 79/95 € - Karte 75/99 €

Am Tipkenhoog 18 ⊠ 25980 – ℰ 04651 46066533 – www.severins-sylt.de – Geschlossen: Montag und Sonntag, mittags: Dienstag-Samstag

In List

KÖNIGSHAFEN

TRADITIONELLE KÜCHE • BÜRGERLICH Der Weg hinauf in den Norden der Insel lohnt sich! Die Tradition reicht bis ins Jahr 1881 zurück, bereits die 5. Generation kümmert sich in dem gepflegten weißen Backsteinhaus um das Wohl der Gäste, nicht zuletzt mit guter regional-saisonaler Küche. Nett die Gartenterrasse hinterm Haus. Im Winter Mo. + Di. Ruhetag.

– Karte 37/70 €

Alte Dorfstraße 1 ⊠ 25992 – ℰ 04651 870446 – www.koenigshafen.de – Geschlossen: Dienstag, mittags: Montag, Mittwoch-Samstag

In Munkmarsch

KÄPT'N SELMER STUBE

FRANZÖSISCH-KLASSISCH • LÄNDLICH Überall sieht man die Liebe zum Detail: original blau-weiße Kacheln, Antiquitäten, nordischer Stil, dazu eine traumhafte Terrasse... Das Restaurant des schönen Hotels "Fährhaus" bietet eine ambitionierte klassisch-französische Küche mit regionalen und internationalen Einflüssen. Mittags ist die Karte kleiner, nachmittags locken hausgemachte Kuchenspezialitäten.

– Menü 55 € - Karte 40/54 €

Bi Heef 1 ⊠ 25980 – ℰ 04651 93970 – www.faehrhaus-sylt.de.

In Rantum

SÖL'RING HOF

Chef: Jan-Phillip Berner

KREATIV • ELEGANT Besser könnte die Lage kaum sein! Auf Ihr Klingeln öffnet sich das weiße Tor und über eine gepflasterte Auffahrt erreichen Sie das schöne reetgedeckte Landhaus, das am Rande von Rantum auf einer Düne thront - klasse Blick auf die Nordsee inklusive! Das wertige Interieur in nordischem Stil vereint Eleganz und Gemütlichkeit, der charmante und ebenso professionelle Service tut ein Übriges - hier sei auch die exzellente Weinberatung durch Restaurantleiterin und Sommelière Bärbel Ring erwähnt! Man kann in die Küche schauen, wo das Team um Jan-Philipp Berner ein kreatives Menü zubereitet, für dessen fein ausbalancierte Gänge nur beste - möglichst regionale - Produkte verarbeitet werden.

Engagement des Küchenchefs: Mir ist es wichtig, Regionalität hoch zu halten: kurze Lieferwege, Gemüse aus dem eigenen Garten, tolle Produkte direkt aus dem Meer, inseltypische Salzwiesenkräuter. Dazu Mitarbeiter-Schulungen zum Thema Nachhaltigkeit, um Johannes Kings Weg weiterhin zu gehen. Wir leben den Kreislauf der Natur!

– Menü 214/284 €

Am Sandwall 1 – 25980 – ☎ 04651 836200 – www.soelring-hof.de – Geschlossen: Montag und Sonntag, mittags: Dienstag-Samstag

SANSIBAR

INTERNATIONAL • RUSTIKAL Eine Adresse mit Kultstatus! Das Strandhütten-Flair ist sehr gefragt, da geht man gern fünf Minuten zu Fuß durch die Dünen - oder Sie nutzen den Shuttleservice. Neben der Tages-/Abendkarte gibt es noch Sansibar-Highlights wie Kaviar sowie die Steakkarte. Toll die Weinauswahl. Mittags keine Reservierung möglich.

– Karte 33/162 €

Hörnumer Straße 80 – 25980 – ☎ 04651 964646 – www.sansibar.de.

In Tinnum

BODENDORF'S

FRANZÖSISCH-MODERN • ELEGANT Dass Holger Bodendorf und sein Team mit vollem Engagement bei der Sache sind, spürt man überall im hübschen "Landhaus Stricker"! Die Leitung der Küche teilt sich der Patron inzwischen mit Philip Rümmele, der zuletzt für die Sterneküche der "Schwabenstube" in Asperg verantwortlich war. Wie gut die beiden zusammenarbeiten, beweisen kreative international geprägte Gerichte mit klassischer Basis. Das Produkt und dessen Eigengeschmack stehen hier absolut im Fokus. Das Ergebnis sind durchdachte Kombinationen, die gelungene Kontraste zeigen und zugleich schön harmonisch sind. Darf es vielleicht ein Apero in der coolen "Miles Bar" sein, bevor Sie in dem stilvoll-modernen kleinen Restaurant an einem der hochwertig eingedeckten Tische Platz nehmen?

– Menü 178/218 €

Boy-Nielsen-Straße 10 – 25980 – ☎ 04651 88990 – www.landhaus-stricker.de – Geschlossen: Montag und Sonntag, mittags: Dienstag-Samstag

In Westerland

HARDY'S BAR & RESTAURANT

FRANZÖSISCH-KLASSISCH • ELEGANT Stilvoll verbindet das "Hardy's" (übrigens der Name des Familienhundes) klassisches Ambiente mit modernen Akzenten. In der Küche treffen französische Elemente auf hochwertige regionale Zutaten, so z. B. bei "Seeteufel, Langustinen-Tomatensalsa, Zucchiniblüte" oder "Sylter Lamm, Hummus, Auberginen-Chili-Chutney".

SYLT (INSEL)

🕸 ⇄ 🚗 – Menü 50/154 € - Karte 52/82 €
*Strandstraße 2 ✉ 25980 – ✆ 04651 8580 – www.hotelstadthamburg.com –
Geschlossen: Montag und Sonntag, mittags: Dienstag-Samstag*

TANGSTEDT
Schleswig-Holstein – Regionalatlas **1**-D3

🌿 GUTSKÜCHE
Chef: Matthias Gfrörer
REGIONAL • TRENDY "Gutsküche" trifft es genau, denn in dem ehemaligen Sägewerk kocht man schmackhaft, unkompliziert und nachhaltig-regional, sehr gut die frischen (Bio-) Zutaten. Tipp: süße und herzhafte Snacks im "GutsDeli" nebst Delikatessen-Shop sowie Bioprodukte im Hofladen des Guts Wulksfelde direkt vor Ort. Schön im Sommer der GutsGarten.

🍀 ***Engagement des Küchenchefs:*** *Meine Küche kann ich guten Gewissens als „bedingungslos nachhaltig" bezeichnen. Bei uns geht es um pure Produktliebe und Zubereitung von Genuss mit gutem Gewissen. Eine ehrliche, leidenschaftliche Küche aus fairen Produkten und ökologischem Anbau, schließlich ist "bio" das Normalste auf dieser Welt.*

🌳 🅿 – Karte 38/75 €
*Wulksfelder Damm 15 ✉ 22889 – ✆ 040 64419441 – www.gutskueche.de –
Geschlossen: Montag*

TAUFKIRCHEN (VILS)
Bayern – Regionalatlas **6**-Y3

LANDGASTHOF FORSTER
INTERNATIONAL • LÄNDLICH In dem sympathischen Haus der Familie Forster wird ohne große Schnörkel, aber mit Geschmack und frischen Produkten gekocht. Dabei legt man Wert auf saisonalen Bezug. Gemütlich sitzt man in hübschen Stuben mit ländlichem Charme und lässt sich vom herzlichen Service umsorgen.

🌳 ⇄ 🅿 🍽 – Menü 30/63 €
*Hörgersdorf 23 ✉ 84416 – ✆ 08084 2357 – www.landgasthof-forster.de –
Geschlossen: Montag-Donnerstag, mittags: Freitag und Samstag*

TEINACH-ZAVELSTEIN, BAD
Baden-Württemberg – Regionalatlas **5**-U3

✿ GOURMETRESTAURANT BERLINS KRONE
FRANZÖSISCH-MODERN • GEMÜTLICH In gemütlicher Atmosphäre sitzen, sich überaus freundlich und kompetent umsorgen lassen und dann auch noch ausgezeichnet speisen? Das einstige "Gasthaus Krone" der Familie Berlin hat sich zu einer wahren Gourmetadresse gemausert und ist eine echte Bereicherung der baden-württembergischen Sterne-Gastronomie. In der Küche hat Patron Franz Berlin die Leitung inne und sorgt für eine gelungene Mischung aus Klassischem und Mediterranem. Die Gerichte sind aufwändig und modern, aber dennoch stimmig und klar verständlich. In Sachen Wein kann man getrost den trefflichen Empfehlungen des Sommeliers folgen. Der gute Service trägt ebenso zum schönen Gesamtbild bei wie das geschmackvolle wertige Interieur, das ländlichen Charme mit einer eleganten Note verbindet.

🕸 ⇐ 🛋 🅿 🛗 – Menü 115/155 €
*Marktplatz 2 ✉ 75385 – ✆ 07053 92940 – www.berlins-hotel.de – Geschlossen:
Montag und Dienstag, mittags: Mittwoch-Sonntag*

TEISNACH

Bayern – Regionalatlas **6**–Z2

 OSWALD'S GOURMETSTUBE

FRANZÖSISCH-MODERN • ELEGANT Das kulinarische Herzstück im Hause Oswald! Im Souterrain befindet sich eine edle Gourmetstube, wie man sie in dem rund 550 Einwohner zählenden Kaikenried im Bayerischen Wald kaum vermuten würde: großzügig, sehr chic und elegant, fast schon luxuriös! Hier ist Thomas Gerber Küchenchef - ein in Bayern inzwischen sehr heimisch gewordener gebürtiger Cottbuser, der zuvor viele Jahre bei Heinz Winkler in Aschau und davor bei Christian Bau in Perl als Souschef tätig war. Er bietet ein modern inspiriertes Menü, das ausgesprochen fein ausbalanciert ist und auf erstklassigen Produkten basiert. Begleitet wird das Ganze von einem aufmerksamen, sehr freundlichen und keineswegs steifen Service, der Sie auch in Sachen Wein überaus trefflich berät.

AC P – Menü 79/155 €

Am Platzl 2 ⊠ 94244 – ℰ 09923 84100 – www.hotel-oswald.de – Geschlossen: Montag, Dienstag, Sonntag, mittags: Mittwoch-Samstag

TENGEN

Baden-Württemberg – Regionalatlas **5**–U4

 GASTHOF ZUR SONNE

REGIONAL • GASTHOF Praktisch direkt an der Schweizer Grenze kann man hier in ländlicher Atmosphäre schmackhafte, frische Küche mit regionalen, aber auch mediterranen Einflüssen genießen. Probieren Sie z. B. "Emmer-Risotto, Trollinger, gegrillte Salami Calabrese" oder "Duett von Skrei und Wildlachs in Zitronensauce". Nicht nur für Weintrinker: drei einfache, gepflegte Gästezimmer.

🐾 🏠 ⇔ P – Menü 34/69 € - Karte 37/61 €

Hauptstraße 57 ⊠ 78250 – ℰ 07736 7543 – www.sonne-wiechs.de – Geschlossen: Montag und Dienstag, mittags: Mittwoch-Donnerstag

THUMBY

Schleswig-Holstein – Regionalatlas **1**–D1

SCHLIEHUUS 54 🆕

REGIONAL • FAMILIÄR Im ehemaligen Schlie-Krog a. d. 19. Jh., nur einen Katzensprung von der Schlei entfernt, hat man mit dem "Landhaus-Deli" einen Mix aus klassischer Gastronomie und zeitgemäßer Servicekultur geschaffen: Die Gäste bestellen und bezahlen an der Theke, das Essen wird serviert. Nordisch-modern ist sowohl die Küche als auch das Ambiente. Tipp: Genuss-Shop mit Leckerem „för to Huus".

🏠 ⇔ P 🚭 – Menü 37 € - Karte 36/57 €

Dorfstraße 19 ⊠ 24351 – ℰ 04352 9548176 – www.sh54.de – Geschlossen: Montag und Sonntag, mittags: Dienstag-Samstag

TIEFENBRONN

Baden-Württemberg – Regionalatlas **7**–B2

BAUERNSTUBEN

REGIONAL • LÄNDLICH Urig-heimelig ist es hier, dazu freundlicher Service und gute Küche von Schnitzel über Gazpacho und hausgereifte Steaks bis zu regionalen Klassikern wie saure Kutteln. Viele Gerichte gibt es auch als kleinere Portion. Tipp: Das tolle Brot kann man auch für zuhause kaufen! Ruhig und schattig die Terrasse. Zum Übernachten hat das Hotel "Ochsen-Post" schöne Zimmer.

🏠 ⇔ P – Menü 29 € (Mittags), 38/65 € - Karte 29/76 €

Franz-Josef-Gall-Straße 13 ⊠ 75233 – ℰ 07234 95450 – www.ochsen-post.de – Geschlossen: Sonntag, mittags: Montag

TIMMENDORFER STRAND

Schleswig-Holstein – Regionalatlas **1**–D2

✿ BALTHAZAR

INNOVATIV • ZEITGEMÄSSES AMBIENTE Das kleine "Balthazar" im Hotel "Yachtclub" in Timmendorfer Strand überzeugt auf der ganzen Linie. Das beginnt beim schicken Interieur aus modernen Formen und warmen Naturtönen, setzt sich beim versierten und aufmerksamen Serviceteam um Restaurantleiterin Christin Nowakowski fort und gipfelt in den kreativen Gerichten von Oliver Pfahler und seiner eingespielten Küchenbrigade. Sie bieten ein Menü mit fünf bis zehn Gängen, die meist aus zwei Gerichten bestehen und - wie bereits die diversen Amuse-Bouches vorab - allesamt aufwändig, durchdacht und überaus aromareich sind. Die Produktqualität ist bei Jakobsmuschel, Kaisergranat & Co. ebenso ausgezeichnet wie z. B. bei Étouffée-Taube oder Austria-Reh.

AC – Menü 119/159 €

Strandstraße 94 ✉ 23669 – ✆ 04503 3560081 – www.restaurantbalthazar.de – Geschlossen: Montag und Sonntag, mittags: Dienstag-Samstag

✿ ORANGERIE

FRANZÖSISCH-KLASSISCH • ELEGANT Wer einen echten Klassiker an der Ostsee erleben möchte, ist in diesem eleganten Gourmetrestaurant in einem Seitenflügel des "Maritim Seehotels" genau richtig. Und das liegt nicht zuletzt an Lutz Niemann, der bereits seit 1990 die Geschicke in der Küche leitet. An seiner Seite hat er ein eingespieltes Team samt langjährigem Souschef. Klassische Gerichte wie z. B. "Variation von der Jakobsmuschel mit Ponzu-Gelee und Palmenherzen" zeugen von präzisem Handwerk und ausgezeichneter Produktqualität. Menü oder à la carte? Beides ist möglich. Dazu freundlicher und professioneller Service unter der Leitung von Sommelier Ralf Brönner - da sind Ihnen stimmige Weinempfehlungen gewiss. Terrasse zum kleinen Park und zur Ostsee-Promenade.

ஃ AC 🍴 P – Menü 84/135 € - Karte 92/103 €

Strandallee 73 ✉ 23669 – ✆ 04503 6052424 – www.orangerie-timmendorfer-strand.de – Geschlossen: Montag-Donnerstag, mittags: Freitag-Sonntag

TINNUM - Schleswig-Holstein • Siehe Sylt (Insel)

TODTNAU

Baden-Württemberg – Regionalatlas **7**–B1

🌿 DERWALDFRIEDEN

Chef: Volker Hupfer

REGIONAL • LÄNDLICH Es ist bekannt, dass man bei Familie Hupfer richtig gut isst! Am Herd steht Sohn Volker und setzt auf frische regional-saisonale Küche. So wird in den ländlichen "gastStuben" z. B. "Entrecôte vom Hinterwälder Weiderind, Waldkräuterbutter, glasiertes Gemüse, Kartoffelgratin" serviert. Gerne kommt man auch zum Vesper.

🌿 **Engagement des Küchenchefs:** *Als Gründungsmitglied der Naturparkwirte war mein Bestreben um Regionalität und Nachhaltigkeit schon immer zentral. Mein Haus ist EMAS-zertifiziert, wir führen interne Audits durch, um ständige Entwicklung zu garantieren, und mein Betrieb wird regelmäßig von unabhängigen Umweltgutachtern geprüft!*

🛏 🍴 P 🚗 – Menü 37/59 € - Karte 32/64 €

Dorfstraße 8 ✉ 79674 – ✆ 07674 920930 – www.derwaldfrieden.de – Geschlossen: Montag und Dienstag

TÖLZ, BAD
Bayern – Regionalatlas **6**-Y4

SCHWINGSHACKL ESSKULTUR GOURMET
FRANZÖSISCH-KLASSISCH • CHIC Im ehemaligen Fährhaus direkt am Ufer der Isar setzen die engagierten Gastgeber Erich und Katharina Schwingshackl auf klassische Küche. Geboten wird ein saisonales Menü, aus dem man auch à la carte wählen kann. Die Gerichte sind fein in der Balance der Aromen, zeigen gelungene Kontraste, Finesse und vor allem Geschmack, zudem werden sie noch sehr schön präsentiert. Die Produktqualität ist hervorragend. Zum attraktiven Ambiente mit klarem Design gesellt sich ein freundlicher und geschulter Service unter der Leitung der herzlichen Chefin. Stimmig die Weinberatung zum Menü. Neben dem Gourmetrestaurant gibt es noch "Schwingshackl HEIMATKÜCHE". Hier kann man auch zu Mittag essen - gerne sitzt man auf der herrlichen Terrasse zum Fluss. Übernachten kann man ebenfalls: einfach, aber gepflegt.

- Menü 75/125 €

An der Isarlust 1 – 83646 – 08041 6030 – www.schwingshackl-esskultur.de – Geschlossen: Montag und Dienstag, mittags: Mittwoch-Sonntag

JÄGERWIRT
Chef: Peter Rank
REGIONAL • LÄNDLICH Ein bayerisches Wirtshaus, wie man es sich wünscht: urig-gemütliche Atmosphäre, charmanter Service und eine unkomplizierte, schmackhafte Küche. Auf Vorbestellung: die beliebten Kalbs- und Schweinshaxen vom Grill sowie Gans und Ente! Nett ist auch die ländliche Umgebung.

Engagement des Küchenchefs: Regionalität, kurze Wege und Kontakt zu den nah gelegenen Produzenten unserer Waren ist mir wichtig! Ob Rind, Wild, Lamm, Fisch oder Bauernbrot, alles direkt vom Erzeuger. Im Hausgarten sind Wildkräuter wie Bärlauch, Löwenzahn und Kresse feste Bestandteile, ebenso das regionale Bier im Wirtshaus.

- Karte 27/52 €

Nikolaus-Rank-Straße 1 – 83646 – 08041 9548 – www.jaegerwirt.de – Geschlossen: Dienstag und Mittwoch

SCHWINGSHACKL HEIMATKÜCHE
MARKTKÜCHE • CHIC Auch das Zweitrestaurant im Hause Schwingshackl ist einen Besuch wert. Auch hier kommen für die schmackhaften Gerichte nur ausgesuchte Produkte zum Einsatz, man legt Wert auf regionalen und saisonalen Bezug. Wer Südtiroler Küche mag, darf sich freuen: Der Chef stammt von dort uns setzt das auch kulinarisch um. Ganz wunderbar ist im Sommer die Terrasse zur Isar!

- Karte 30/42 €

An der Isarlust 1 – 83646 – 08041 6030 – www.schwingshackl-esskultur.de – Geschlossen: Montag und Dienstag

TRABEN-TRARBACH
Rheinland-Pfalz – Regionalatlas **5**-S1

BAUER'S RESTAURANT
MARKTKÜCHE • BISTRO Hier wird gut gekocht, und zwar regional-saisonale Gerichte wie "Hunsrücker Hirschgulasch mit Pfifferlingen in Wacholdersauce" oder "geschmorte Lammkeule in Dornfelder Sauce mit Frühlingskräutern". Beliebt: die Terrasse mit Moselblick. Das Restaurant befindet sich im traditionsreichen Hotel "Moseltor" mit wohnlichen und individuellen Zimmern.

- Menü 30/45 € - Karte 29/54 €

Moselstraße 1 – 56841 – 06541 6551 – www.moseltor.de – Geschlossen: Montag und Dienstag, mittags: Mittwoch-Sonntag

TRABEN-TRARBACH

BELLE EPOQUE
KLASSISCHE KÜCHE • TRADITIONELLES AMBIENTE Das Restaurant mit den schönen Jugendstilelementen kommt kulinarisch ambitioniert daher. Wer auf Top-Produkte Wert legt, wird z. B. "gebratene Jakobsmuscheln & Gillardeau-Austern mit Spargelspitzen" lieben! Tolle Weine von der Mosel und aus Frankreich harmonieren bestens. Für spezielle Anlässe: "Art Deco Salon".
🍴 ⇔ 🅿 – Menü 75/100 € - Karte 36/78 €
An der Mosel 11 ✉ 56841 – ☎ 06541 7030 – www.bellevue-hotel.de

TRECHTINGSHAUSEN
Rheinland-Pfalz – Regionalatlas **5**-T1

PURICELLI
SAISONAL • FREUNDLICH Hier genießt man in wunderbarer Lage eine saisonale, regionale und mediterrane Küche. Auf der Karte z. B. „Suprême vom Eifeler Prachthahn, Tagliatelle, Basilikumsauce, sautiertes grünes Gemüse". Drinnen freundliches geradlinig-modernes Ambiente mit rustikaler Note, von der Terrasse blickt man auf den Rhein. Schwerpunkt der Weinkarte ist die umliegende Region.
≤ ⛊ 🍴 ⇔ 🅿 – Menü 37/65 € - Karte 35/63 €
Burgweg 24 ✉ 55413 – ☎ 06721 6117 – www.burg-reichenstein.com –
Geschlossen mittags: Montag-Samstag

TREIS-KARDEN
Rheinland-Pfalz – Regionalatlas **3**-K4

WEIN- UND SCHLOSSSTUBE
REGIONAL • FREUNDLICH Ob in der klassisch-eleganten "Schloßstube" oder in der rustikaleren "Weinstube", serviert werden saisonal-regionale Gerichte wie z. B. "Gebratener Wolfsbarsch mit Rahmpfifferlingen und Mandel-Brokkoli". Das Restaurant befindet sich im "Schloß-Hotel Petry" mit schönen individuellen Zimmern.
🍴 ⇔ 🅿 🚗 – Menü 60 € - Karte 32/67 €
St.-Castor-Straße 80 ✉ 56253 – ☎ 02672 9340 – www.schloss-hotel-petry.de

TRIEFENSTEIN
Bayern – Regionalatlas **5**-V1

WEINHAUS ZUM RITTER
REGIONAL • GEMÜTLICH Das 500 Jahre alte ehemalige Bauernhaus hat schon Charakter. Die vielen Stammgäste mögen die gemütliche Atmosphäre in der reizenden Stube und natürlich die frische regionale Küche von Patron Thomas Hausin - die schmackhaften Gerichte lassen erkennen, dass der Chef in guten Häusern gearbeitet hat! Hinweis: Im Sommer hat man andere Öffnungszeiten.
🍴 🚭 – Karte 28/47 €
Rittergasse 2 ✉ 97855 – ☎ 09395 1506 – www.weinhaus-ritter.de –
Geschlossen: Montag, mittags: Dienstag-Samstag

TRIER
Rheinland-Pfalz – Regionalatlas **5**-S1

✿ BECKER'S
KREATIV • CHIC Aus einem urigen kleinen Weinlokal, das einmal seinen Eltern gehörte, machte Wolfgang Becker ein Gourmetrestaurant in puristisch-schickem Stil. In einem Ambiente aus ledernen Schalensesseln, edlem Parkettboden und grau verkleideten Wänden genießt man ein Menü mit fünf oder acht Gängen. In Sachen Produkte legt man Wert auf Qualität, schöne Aromen zeigt z. B. die Kombination

von Jakobsmuschel, Erbse und Steinpilz. Wolfgang Becker ist übrigens nicht nur Koch, er hat auch ein Faible für gute Tropfen. So hat er auch das Winzer-Handwerk gelernt und bietet u. a. Weine aus eigenem Anbau.

AC P - Menü 105/125 €

Olewiger Straße 206 ⊠ 54295 - ℰ 0651 938080 - www.beckers-trier.de - Geschlossen: Montag-Mittwoch, Sonntag, mittags: Donnerstag-Samstag

BECKER'S WEINHAUS

KLASSISCHE KÜCHE • WEINBAR Ein Kontrast zum modernen Neubau des Hotels ist das Stammhaus - hier befindet sich die Weinstube. Viel helles Holz macht es schön behaglich, während man zwischen Menü, Klassikern und saisonalen A-la-carte-Gerichten wählt. Hübsch auch die Terrasse.

☆ ⇔ P - Menü 30 € (Mittags), 54/65 € - Karte 38/87 €

Olewiger Straße 206 ⊠ 54295 - ℰ 0651 938080 - www.beckers-trier.de - Geschlossen: Montag und Dienstag, abends: Sonntag

GASTRAUM

MODERNE KÜCHE • FREUNDLICH Geradlinig-elegant ist es hier im modernen Anbau der schmucken Villa, durch die raumhohe Fensterfront hat man eine schöne Aussicht auf Trier - die genießt man aber am besten von der tollen Terrasse! Mit guten Produkten wird saisonal inspiriert gekocht.

☆ - Menü 41/87 €

Bernhardstraße 14 ⊠ 54295 - ℰ 0651 937100 - www.hotel-villa-huegel.de - Geschlossen: Sonntag, mittags: Montag-Samstag

SCHLEMMEREULE

INTERNATIONAL • GEMÜTLICH In dem einstigen Amts- und Regierungshaus a. d. 18. Jh. verbindet sich der klassisch-historische Rahmen mit modernem Stil - sehenswert die große Original-Statue der Kaiserin Helena sowie zwei Deckengemälde. Gekocht wird international-saisonal - interessant das Lunch-Angebot. Terrasse im Hof.

☆ - Menü 25 € (Mittags), 65 € - Karte 34/65 €

Domfreihof 1b ⊠ 54290 - ℰ 0651 73616 - www.schlemmereule.de - Geschlossen: Montag und Sonntag

SCHLOSS MONAISE

FRANZÖSISCH-KLASSISCH • HISTORISCHES AMBIENTE "Kabeljau, Blumenkohl, Waldpilze" oder "Rebhuhn, Sauerkraut, Weintraubensauce" sind schöne Beispiele für die klassische Küche aus top Produkten. Serviert wird - wie sollte es in dem 1783 erbauten Schlösschen an der Mosel auch anders sein - in stilvollen hohen Räumen.

⚘ ☆ ⇔ P - Menü 62/98 € - Karte 65/110 €

Schloss Monaise 7 ⊠ 54294 - ℰ 0651 828670 - www.schlossmonaise.de - Geschlossen: Montag und Dienstag, mittags: Mittwoch

TRITTENHEIM

Rheinland-Pfalz - Regionalatlas 5-S1

WEIN- UND TAFELHAUS

Chef: Alexander Oos

MARKTKÜCHE • FREUNDLICH Daniela und Alexander Oos haben in dem kleinen Weinort aus einem ehemaligen Winzerhaus von 1672 eine richtig schöne Gourmetadresse gemacht, in der man sich wirklich wohlfühlt. Während der Chef mediterran inspiriert und saisonal-klassisch kocht, kümmert sich die Chefin sehr herzlich um die Gäste - ihr sympathischer Tiroler Charme kommt an! Zu den durchdachten und angenehm klaren Gerichten aus top Produkten gibt es eine tolle Weinkarte mit regionalem Schwerpunkt. Dazu ein Genuss der anderen Art: Man speist in einem verglasten Kubus mit wunderbarem Blick auf die berühmte Weinlage "Trittenheimer Apotheke" auf der anderen Moselseite. Das Ambiente

TRITTENHEIM

modern-elegant, draußen der hübsche Garten, an den sich ein kleiner Weinberg anschließt. Sie können übrigens auch geschmackvoll übernachten.

🐾 ⇐ 🍽 ⇔ 🅿 – Menü 125/170 €

Moselpromenade 4 ✉ 54349 - ☏ 06507 702803 - www.wein-tafelhaus.de - Geschlossen: Montag und Sonntag, mittags: Dienstag-Samstag

TÜBINGEN

Baden-Württemberg - Regionalatlas **7**-B2

BASILIKUM

ITALIENISCH • GEMÜTLICH Lust auf gute italienische Küche? In dem stilvoll-gemütlichen Restaurant heißt es "Cucina Casalinga", und die macht z. B. mit gegrilltem Wolfsbarsch, hausgemachter Pasta oder Panna Cotta Appetit. Interessant: günstiger Business Lunch.

🍽 – Menü 19/29 € - Karte 40/60 €

Kreuzstraße 24 ✉ 72074 - ☏ 07071 87549 - www.ristorantebasilikum.de - Geschlossen: Sonntag

SCHRANNERS WALDHORN

KLASSISCHE KÜCHE • GEMÜTLICH Gemütlich hat man es in dem traditionsreichen Gasthaus. In geschmackvollem Ambiente wird klassische Küche geboten - aus den verschiedenen Menüs (darunter ein vegetarisches) können Sie auch à la carte wählen. Ein besonderes Highlight ist an warmen Tagen die herrliche Terrasse am Seebach mit wunderschönem Blick Richtung Schloss. Hinweis: Mi. - Sa. mittags nur Lunchmenü.

🍽 ⇔ 🅿 – Menü 34 € (Mittags), 55/89 € - Karte 50/75 €

Schönbuchstraße 49 ✉ 72074 - ☏ 07071 61270 - www.schranners-waldhorn.de - Geschlossen: Montag und Dienstag

TUNAU

Baden-Württemberg - Regionalatlas **7**-B1

ZUR TANNE

REGIONAL • RUSTIKAL Das hat Charme: außen historisches Bauernhaus, drinnen urige Gemütlichkeit! Auf den Tisch kommen regionale Speisen wie "glasierte Entenbrust mit Kartoffelküchlein und Gemüse". Gepflegte Gästezimmer hat man auch - TV gibt es nicht, aber hier genießt man sowieso lieber die Ruhe!

⇐ 🛏 🍽 🅿 – Menü 39/49 € - Karte 29/44 €

Alter Weg 4 ✉ 79677 - ☏ 07673 310 - www.tanne-tunau.de - Geschlossen: Montag-Mittwoch, mittags: Donnerstag-Samstag

TUTTLINGEN

Baden-Württemberg - Regionalatlas **5**-U4

ANIMA

Chef: Heiko Lacher

KREATIV • DESIGN "Anima" ist das lateinische Wort für "Seele" und genau die wird hier angesprochen - durch die Atmosphäre ebenso wie durch die Küche. Beides ist modern und setzt auf Bezug zur Natur. Das Restaurant ist hochwertig in geradlinigem Stil und natürlichen Farben und Materialien gehalten. Ebenso klar und modern sind auch die Gerichte, die vom Team um Heiko Lacher in der offenen Küche zubereitet werden. Mit ausgezeichneten Produkten gelingen schöne Kontraste und Aromenkombinationen. Das spiegelt sich z. B. bei "Kalbsbries, Buttermilchdashi, Pilzgremolata" wider. Begleitet wird das tolle Essen von einem angenehm ruhigen, versierten und aufmerksamen Service.

♿ 🍽 – Menü 105/135 €

In Wöhrden 5 ✉ 78532 - ☏ 07461 7803020 - www.restaurant-anima.de - Geschlossen: Montag und Sonntag, mittags: Dienstag-Samstag

TUTTLINGEN

MEET & EAT BY SANDRO
FLEISCH • ZEITGEMÄSSES AMBIENTE Am Rathaussteg über die Donau liegt das "Hotel Stadt Tuttlingen", in dessen EG Sie dieses geradlinig-moderne Restaurant finden. Im Mittelpunkt der ambitionierten Küche steht Dry Aged Beef. Aber auch Gerichte wie "Gebratener Steinbutt unter der Kartoffelhaube, Kohlrabi, Rotweinbutter" liest man auf der Karte. Vor dem Haus die überdachte Terrasse zur Fußgängerzone.

& 宗 🖸 – Menü 18 €(Mittags) - Karte 46/69 €
Donaustraße 30 ⊠ 78532 - ℰ 07461 930120 - meet-eat-restaurant.de – Geschlossen: Montag und Sonntag, mittags: Samstag

TUTZING
Bayern – Regionalatlas **6**–X4

FORSTHAUS ILKAHÖHE
MARKTKÜCHE • REGIONALES AMBIENTE Mit Liebe hat man das ehemalige Forsthaus frisch, modern und wertig gestaltet - von Stube über Bistro-Stil bis Wintergarten-Flair. Es gibt saisonale Küche mit mediterran-internationalen Einflüssen sowie regionalen Klassikern. Idyllisch die erhöhte Lage mit Seeblick - da lockt natürlich die Terrasse! Dazu SB-Biergarten.

≤ 宗 ⇔ 🅿 – Karte 43/80 €
Oberzeismering 2 ⊠ 82327 - ℰ 08158 8242 - www.restaurant-ilkahoehe.de – Geschlossen: Dienstag

TWIST
Niedersachsen – Regionalatlas **1**–A4

LANDGASTHOF BACKERS
REGIONAL • GASTHOF Dass man bei Familie Backers (übrigens bereits die 5. Generation) gerne isst, liegt am behaglichen Ambiente und natürlich an der frischen regional-saisonal geprägten Küche - beliebt z. B. heimisches Reh oder Diepholzer Gänse. Man ist übrigens seit Jahren "Slow Food"-Mitglied. Tipp: "Backers zum Kennenlernen": 4-Gänge-Regionalmenü mit Getränken und Übernachtung.

🛏 & 宗 ⇔ 🅿 – Menü 49/55 € - Karte 31/53 €
Kirchstraße 25 ⊠ 49767 - ℰ 05936 904770 - www.gasthof-backers.de – Geschlossen: Montag und Dienstag, mittags: Mittwoch-Samstag

ÜBERLINGEN
Baden-Württemberg – Regionalatlas **5**–U4

BÜRGERBRÄU
MARKTKÜCHE • GASTHOF Das hübsche historische Fachwerkhaus in der Altstadt ist ein langjähriger Familienbetrieb, in dem man es bei modern beeinflusster saisonaler Küche schön behaglich hat. Topgepflegt wie das Restaurant sind übrigens auch die wohnlichen, freundlich gestalteten Gästezimmer.

⇔ 🅿 – Karte 37/58 €
Aufkircher Straße 20 ⊠ 88662 - ℰ 07551 92740 - www.bb-ueb.de – Geschlossen: Montag

JOHANNITER-KREUZ
KLASSISCHE KÜCHE • ROMANTISCH Aus dem über 350 Jahre alten ehemaligen Bauernhof ist nicht nur ein schönes Romantikhotel entstanden, im einstigen Stall befindet sich auch ein geschmackvoll-rustikales Restaurant mit altem Gebälk und mittigem Kamin. Gekocht wird klassisch-regional und mit saisonalen Einflüssen, so z. B. "Lammrücken, Bärlauch, junger Lauch, Jus von roter Paprika". Gut die Weinauswahl.

ÜBERLINGEN

🛏 🌿 ✥ 🅿 🐕 🍴 – Menü 38/85 € - Karte 41/63 €
Johanniterweg 11 ✉ 88662 – ✆ 07551 937060 – www.johanniter-kreuz.de –
Geschlossen: Montag, mittags: Dienstag

LANDGASTHOF ZUM ADLER

REGIONAL • GASTHOF Eine charmante Adresse, von den gemütlichen Stuben im schönen alten Fachwerkhaus bis zu den hübschen, wohnlich-ländlichen Übernachtungszimmern (verteilt auf Haupthaus und Gästehaus). Serviert werden überwiegend regional geprägte Gerichte wie z. B. "Kalbszunge mit Rahmsauce, sautierten Pfifferlingen und hausgemachten Spätzle", aber auch ein Feinschmeckermenü.

🌿 ✥ 🅿 🍴 – Menü 26 € (Mittags), 35/49 € - Karte 34/58 €
Hauptstraße 44 ✉ 88662 – ✆ 07553 82550 – www.adler-lippertsreute.de –
Geschlossen: Mittwoch und Donnerstag

UHINGEN

Baden-Württemberg – Regionalatlas **5**-V3

 ### SCHLOSS FILSECK

MEDITERRAN • KLASSISCHES AMBIENTE Schloss Filseck ist nicht nur ein Ort der Begegnung, Kunst und Bildung, sondern auch ein Treffpunkt für Feinschmecker! Das Restaurant mischt klassische Atmosphäre mit modernen Akzenten, dazu schaffen Holzdecke und Bruchsteinwände eine angenehme historisch-rustikale Note. Oder möchten Sie lieber auf der herrlichen Terrasse im Innenhof speisen? Die Küche ist stark mediterran, aber auch italienisch geprägt. Stimmig und handwerklich präzise bereitet Küchenchef Daniele Corona z. B. "Große Bernsteinmakrele, Meeresfrüchte, Bao Bun, Zucchine alla Scapece" zu. Das Menü ist auch vegetarisch zu haben. Dazu eine gut sortierte Weinkarte nebst versierter Beratung. Tipp: Für Mittagsgäste gibt es das günstige Lunchmenü. Praktisch: kostenfreier Shuttle-Service im Radius von ca. 20 km um Schloss Filseck.

⪕ 🛏 🌿 ✥ 🅿 – Menü 26 € (Mittags), 89/160 €
Filseck 1 ✉ 73066 – ✆ 07161 28380 – www.restaurant-auf-schloss-filseck.de –
Geschlossen: Montag und Sonntag, mittags: Samstag

UHLDINGEN-MÜHLHOFEN

Baden-Württemberg – Regionalatlas **5**-U4

SEEHALDE

REGIONAL • FREUNDLICH Das Haus der Brüder Gruler liegt nicht nur klasse, man isst hier auch richtig gut. Die frische, ambitionierte Küche gibt es z. B. als "Bodensee-Hecht mit Birne, Bohne und Speck". Dazu eine schöne Weinkarte. Im Sommer sitzt man am liebsten auf der wirklich herrlichen Terrasse am See! Zum Übernachten hat man gepflegte Zimmer, die meist tollen Seeblick bieten.

⪕ 🛏 🌿 ✥ 🅿 🍴 – Menü 45/78 € - Karte 45/79 €
Birnau-Maurach 1 ✉ 88690 – ✆ 07556 92210 – www.seehalde.de –
Geschlossen: Dienstag und Mittwoch

ULM (DONAU)

Baden-Württemberg – Regionalatlas **5**-V3

 ### SEESTERN

FRANZÖSISCH-MODERN • CHIC Sie lassen den Blick über den See direkt vor Ihnen schweifen und genießen dabei Sterneküche - schöner geht's kaum! Im Gourmetrestaurant des Hotels "Lago" ist neben der Aussicht auch das Interieur ein Hingucker: warmes Holz und maritime Farben - wertig und nordisch-chic. Im Sommer lockt die Terrasse nebst Lounge und kleinem Sandstrand, im Winter sorgt der Kaminofen für Behaglichkeit. Im Mittelpunkt steht die moderne Küche von Klaus Buderath. Er war für die Sterneküche im "Landgasthof Adler" im Rammingen

ULM (DONAU)

verantwortlich und bescherte auch dem Restaurant "Lago" einen Stern. Der gebürtige Böblinger kocht technisch anspruchsvoll, aufwändig und äußerst exakt, überzeugend die klare Linie und die Finesse. Tipp: Probieren Sie mal die alkoholfreie Getränkebegleitung!

⇐ 🆐 🍴 🅿 - Menü 85/169 € - Karte 69/89 €
Friedrichsau 50 ✉ 89073 - ☎ 0731 2064000 - www.lago-ulm.de -
Geschlossen: Montag und Sonntag, mittags: Dienstag-Samstag

SIEDEPUNKT

FRANZÖSISCH-MODERN · CHIC Wer würde ein solches Restaurant in einem Businesshotel erwarten? Im Anbau des "Atrium" darf man sich auf stylish-elegantes Design in schicken Grautönen freuen - ein Hingucker ist die markante Wand aus verglasten Weinkühlschränken. Man sitzt an wertig eingedeckten Tischen und lässt sich freundlich und geschult umsorgen. Dank der erhöhten Lage des Hauses ist natürlich auch die Terrasse mit schöner Aussicht gefragt! Zum anspruchsvollen Rahmen gesellen sich moderne, saisonal geprägte Gerichte aus hochwertigen Produkten. Das Menü "KunstHandwerk" gibt es auch als vegetarische Variante. Übrigens: Externe Gäste parken kostenlos.

🆐 🍴 🅿 🍷 - Menü 59/135 €
Eberhard-Finckh-Straße 17 ✉ 89075 - ☎ 0731 9271666 - www.siedepunkt-restaurant.de - Geschlossen: Montag und Sonntag, mittags: Dienstag-Samstag

TREIBGUT

Chef: Ole Leon Lückstädt

MODERN · CHIC Das "Treibgut" als niveauvolle Alternative zum "Seestern" macht das "Lago" nochmal mehr zum Gourmethotel! In trendiger und recht stylischer Atmosphäre serviert man moderne Küche. Es gibt auch Gerichte zum Teilen, z. B. Steak-Cuts, Fisch im Ganzen oder Vesperplatten. Man bietet eine richtige Auswahl an Produkten aus der eigenen Bäckerei, Metzgerei oder Eismanufaktur.

❀ **Engagement des Küchenchefs:** *Unser als Klimahotel zertifiziertes LAGO ermöglicht mir nicht nur gute Küche zu bieten, sondern auch nachhaltig zu arbeiten. Eigenanbau von Obst, eigene Metzgerei, Bäckerei, Brennerei, Kräutergarten, Honig aus unserer Imkerei usw. Die „Genusswerkstatt" hält ständig Kontakt zu ihren Lieferanten.*

🆐 🍴 🅿 - Karte 33/54 €
Friedrichsau 50 ✉ 89073 - ☎ 0731 2064000 - www.lago-ulm.de - Geschlossen mittags: Montag-Sonntag

BI:BRAUD 🆕

MODERN · GEMÜTLICH Das kleine Restaurant mit der charmanten unkomplizierten Atmosphäre liegt etwas versteckt in der Altstadt, nicht weit vom Ulmer Münster. Hier bietet das engagierte junge Team um Chefin und Namensgeberin Alina Bebrout ein interessantes modernes Menü mit drei bis fünf Gängen - auch als vegetarische Variante.

🍴 - Menü 55/89 €
Büchsengasse 20 ✉ 89073 - ☎ 0731 1537512 - www.bibraud.com -
Geschlossen: Montag und Sonntag, mittags: Dienstag-Samstag

UNTERAMMERGAU

Bayern - Regionalatlas **6**-X4

DORFWIRT

REGIONAL · GEMÜTLICH Bei aller Tradition wird in dem schönen alten Gasthaus mit der gemütlichen Atmosphäre doch recht modern gekocht. Es gibt ein Überraschungsmenü mit sehr schmackhaften Gerichten wie "Forello Tonnato" oder "Muscheln, Blutwurst, Linsen, Vulkanspargel". Man hat übrigens eigene Wollschweine - lecker der Mangalitza-Speck!

UNTERAMMERGAU

🍴 ⇔ 🅿 – Menü 59/149 €
Pürschlingstraße 2 ⊠ 82497 – ☏ 08822 9496949 – www.dorfwirt.bayern –
Geschlossen: Montag-Mittwoch, mittags: Donnerstag-Samstag

URACH, BAD
Baden-Württemberg – Regionalatlas **7**-B2

KESSELHAUS

REGIONAL • BISTRO Das Bistro im Kesselhaus der ehemaligen Brauerei Quenzer verbindet Industrie-Charme mit gemütlicher, trendig-rustikaler Atmosphäre samt allerlei Brauerei-Deko. Serviert wird schwäbisches Soulfood mit internationalen Einflüssen, z. B. "Pulled Beef Burger" oder "Zwiebelrostbraten mit Spätzle". Daneben gibt es noch das Event-Restaurant "Wilder Mann".

🍴 ⇔ – Menü 29/62 € - Karte 29/62 €
Pfählerstraße 7 ⊠ 72574 – ☏ 07125 947330 – www.bischoffs-badurach.de –
Geschlossen: Sonntag

USEDOM (INSEL)
Mecklenburg-Vorpommern – Regionalatlas **3**-L4

In Ahlbeck

KAISERS ECK

INTERNATIONAL • FREUNDLICH Direkt an der Ahlbecker Kirche finden Sie dieses freundlich gestaltete Restaurant. Neben der sympathischen unkomplizierten Atmosphäre kommt auch die Küche gut an. Und das hat seinen Grund, denn man verarbeitet ausgesuchte Produkte und die regional-international ausgerichteten Speisen sind frisch und richtig schmackhaft.

Menü 37/68 € - Karte 40/58 €
Kaiserstraße 1 ⊠ 17419 – ☏ 038378 30058 – www.kaiserseck.de – Geschlossen:
Sonntag, mittags: Montag-Samstag

In Heringsdorf

KULMECK BY TOM WICKBOLDT

MODERNE KÜCHE • ENTSPANNT Tom Wickboldt ist kein Unbekannter auf der Insel, hat er hier doch schon zuvor für Sterneküche gesorgt. Nun hat er mit dem "Kulmeck" eine Adresse mit Tradition wiederbelebt. In seinem ambitionierten Menü versteht er es, ausgesuchte, hochwertige Produkte geschickt zu kombinieren und kreativ zu präsentieren. Man setzt gekonnt Kontraste und schafft eine schöne Balance. Der Service überzeugt ebenfalls: Die Gäste werden charmant, geschult und souverän umsorgt. Das Ambiente dazu ist modern und casual-chic, Küche ist teilweise einsehbar.

Menü 115/150 €
Kulmstraße 17 ⊠ 17424 – ☏ 038378 488040 – www.kulmeck.de – Geschlossen:
Montag, Dienstag, Sonntag, mittags: Mittwoch-Samstag

THE O'ROOM

KREATIV • CHIC Das hat schon einen ganz besonderen Charme und trifft absolut den Zeitgeist: "casual fine dining" unter einem Dach mit dem "Marc O'Polo Strandcasino"-Store. Küchenchef in dem stylishen kleinen Restaurant ist seit April 2019 André Kähler, der hier im Haus zuvor schon als Souschef kochte. Das junge Koch-Talent bietet modern-kreative Küche mit schön balancierten Aromen. Die Produkte dafür kommen größtenteils aus der Region. Man kombiniert gut und traut sich, eigene Ideen umzusetzen. Zum klasse Menü und zum schicken Design gesellt sich ein angenehm lockerer und gleichermaßen professioneller Service. Sie mögen es mal etwas legerer? Dann gibt es alternativ das "O'ne" mit modern-regionalem Angebot.

AC – Menü 150 €
Kulmstraße 33 ⊠ 17424 – ℰ 038378 183912 – www.strandcasino-marc-o-polo.com – Geschlossen: Montag, Dienstag, Sonntag, mittags: Mittwoch-Samstag

BELVEDERE N

MODERNE KÜCHE • CHIC Das kulinarische Aushängeschild des Hotels "Travel Charme Strandidyll". In der 4. Etage sitzt man unter einer Glaskuppel und genießt bei modern-eleganter Atmosphäre die herrliche Sicht - schön auch die Terrasse. Dazu freundlich-kompetenter Service und sehr ambitionierte Küche in Form eines frei wählbaren Menüs. Tipp: die interessanten vegetarischen Gerichte!

AC 🍽 🚭 – Menü 75/110 €
Delbrückstraße 10 ⊠ 17419 – ℰ 038378 476547 – www.travelcharme.comstrandidyll – Geschlossen: Montag und Sonntag, mittags: Dienstag-Samstag

USINGEN IM TAUNUS
Hessen – Regionalatlas **3**–L4

UWE & ULI - ZUHAUSE BEI UNS

INTERNATIONAL • GEMÜTLICH Schon von außen ist das a. d. 17. Jh. stammende denkmalgeschützte Liefrink-Haus direkt am Marktplatz einladend. Auch unter neuem Namen (ehemals „essWebers - Küche am Markt") sitzt man hinter der hübschen Fachwerkfassade in charmant-modernem Ambiente. Gekocht wird international-saisonal. Neben dem "Chefmenü" gibt es auch Gerichte à la carte.

🍽 ⇔ – Menü 30 € (Mittags), 52/109 € - Karte 21/64 €
Marktplatz 21 ⊠ 61250 – ℰ 06081 5763760 – www.uwe-uli.de – Geschlossen mittags: Samstag

VAIHINGEN AN DER ENZ
Baden-Württemberg – Regionalatlas **7**–B2

✽ LAMM ROSSWAG

Chef: Steffen Ruggaber

MODERNE KÜCHE • GASTHOF Auch in einem beschaulichen kleinen Weinort wie diesem muss man nicht auf kreative Sterneküche verzichten! Die modernen Gerichte sind durchdacht, intelligente Kompositionen voller Harmonie, interessanter Details und bester Produkte - und der Chef hat eindeutig ein Händchen für intensive Saucen! Man arbeitet sehr exakt, würzt mit Gefühl und betont den Eigengeschmack der ausgesuchten Zutaten. Dank der sympathischen, herzlichen Gastgeber kommt auch die Atmosphäre im Hause Ruggaber nicht zu kurz. Der Service ist angenehm leger und zugleich professionell, kompetent die Weinberatung - man hat eine schöne deutsche Auswahl. Mittwochs und donnerstags ist das Abendmenü etwas kleiner als am Wochenende. Das Mittagsangebot ist ein bisschen einfacher. Und möchten Sie vielleicht auch übernachten?

✽✽ 🍽 🅿 – Menü 75 € (Mittags), 95/140 €
Rathausstraße 4 ⊠ 71665 – ℰ 07042 21413 – www.lamm-rosswag.de – Geschlossen: Montag, Dienstag, Sonntag, mittags: Mittwoch-Freitag

VALLENDAR
Rheinland-Pfalz – Regionalatlas **3**–K4

DIE TRAUBE

REGIONAL • RUSTIKAL Gemütlich sitzt man in dem reizenden Fachwerkhaus von 1647 auf kleinen Bänken und lässt sich schmackhafte regionale Gerichte servieren. Dazu zählen z. B. "Variation vom Lamm" oder "Birnen-Bohnen-Speck". Auch der günstige Mittagstisch kommt gut an. Sehr nett die Terrasse vor der alten Scheune mit Glockenspiel.

VALLENDAR

– Menü 10 € (Mittags), 39/85 € - Karte 37/75 €
*Rathausplatz 12 ✉ 56179 – ℰ 0261 61162 – www.dietraube-vallendar.de –
Geschlossen: Montag und Sonntag*

VALLEY
Bayern – Regionalatlas **6**-Y4

WALDRESTAURANT MAXLMÜHLE

REGIONAL • GEMÜTLICH Mögen Sie Forellen? Die räuchert man hier selbst - auch Sülze und Pasteten sind aus eigener Herstellung! Ebenso lecker ist z. B. "gekochtes Rindfleisch mit Lauchsauce und böhmischem Knödel". Das Gasthaus liegt schön einsam am Ende der Straße direkt am Wasser - da kommt natürlich auch der Biergarten gut an.

– Karte 25/52 €
Maxlmühle ✉ 83626 – ℰ 08020 1772 – www.maxlmuehle.de – Geschlossen: Dienstag-Donnerstag

VELBERT
Nordrhein-Westfalen – Regionalatlas **3**-J3

✿ HAUS STEMBERG

Chef: Sascha Stemberg

MARKTKÜCHE • GASTHOF "Zwei Küchen von einem Herd" lautet hier das Motto, und das umfasst Modernes ebenso wie Klassisches. Umgesetzt wird das Ganze von Sascha Stemberg, der den Familienbetrieb von 1864 schon in 5. Generation führt. Sein Stil: Die Verbindung von regionalen und modern-internationalen Einflüssen, und das mit tollen Produkten. Für die guten Grillgerichte kommt der "Big Green Egg" zum Einsatz. Ein Klassiker ist die "Kuhlendahler Perlgraupensuppe". Dazu eine sehr gut sortierte Weinkarte mit interessanten Raritäten. Die Tradition, die der Gasthof mit der Schieferfassade schon von außen vermittelt, spürt man auch drinnen: Von der gemütlichen Gaststube über das elegante Kaminzimmer bis zum Wintergarten finden sich ursprüngliche Details wie alte Holzbalken und Vertäfelungen. Auffallend freundlich der Service!

– Menü 42 € (Mittags), 80/105 € - Karte 42/86 €
*Kuhlendahler Straße 295 ✉ 42553 – ℰ 02053 5649 – www.haus-stemberg.de –
Geschlossen: Donnerstag und Freitag, mittags: Montag-Mittwoch*

VELDENZ
Rheinland-Pfalz – Regionalatlas **5**-S1

RITTERSTURZ

KLASSISCHE KÜCHE • GEMÜTLICH Das hat Charme: liebenswerte, gemütliche Räume, freundlicher und aufmerksamer Service und dazu die idyllische Lage im Grünen! Besonders gerne sitzt man da auf der Terrasse und genießt den Blick auf Schlossruine und Rittersturz-Fels. Die klassisch-saisonal geprägte Küche können Sie in Menüform oder à la carte wählen.

– Menü 50/60 € - Karte 42/60 €
Veldenzer Hammer 1a ✉ 54472 – ℰ 06534 18292 – www.rendezvousmitgenuss.de – Geschlossen: Montag und Dienstag, mittags: Mittwoch-Samstag

VERDEN (ALLER)
Niedersachsen – Regionalatlas **1**-C4

ⓐ PADES RESTAURANT

REGIONAL • FREUNDLICH Wolfgang Pade bietet eine ständig wechselnde Karte, die sich an der Verfügbarkeit der Produkte orientiert und auf regionale Erzeuger setzt. Bitte beachten Sie, dass es nur zwei Servicezeiten gibt: 17.45 Uhr und 20.15

VERDEN (ALLER)

Uhr - reservieren Sie also rechtzeitig! Herrlich die Gartenterrasse hinter dem schmucken Patrizierhaus.

఍ 𝄐 ⇨ – Menü 36/66 € - Karte 38/58 €

Grüne Straße 15 ⌧ 27283 - ℰ 04231 3060 – www.pades.de – Geschlossen mittags: Montag-Sonntag

VILBEL, BAD

Hessen – Regionalatlas **3**-L4

OYSTER LODGE N

SUSHI • MINIMALISTISCH Lust auf traditionell japanische Küche? Nur wenige Gäste finden in dem freundlichen, minimalistisch gehaltenen Restaurant an der Theke oder auch an einem normalen Tisch Platz und genießen ein aus herausragenden Produkten frisch zubereitetes Omakase-Menü mit Gerichten wie erstklassigen Sushi und Sashimi, Udon-Suppe oder Tempura. Und dazu ein interessanter Sake? Menü 160/200 €

Frankfurter Straße 4 ⌧ 61118 - ℰ 06101 9898966 – www.oyster-lodge.de – Geschlossen: Montag, mittags: Dienstag-Sonntag

VILLINGEN-SCHWENNINGEN

Baden-Württemberg – Regionalatlas **5**-U3

RINDENMÜHLE

MARKTKÜCHE • FREUNDLICH Man sitzt hier gemütlich in ländlich-elegantem Ambiente - oder im Sommer auf der schönen Gartenterrasse - und wählt von einer saisonal geprägten Karte. Auch an Vegetarier ist gedacht. Für Übernachtungsgäste hat man wohnliche und zeitgemäße Zimmer.

఍ 𝄐 🅿 – Menü 39/84 € - Karte 34/68 €

Am Kneip-Bad 9 ⌧ 78052 - ℰ 07721 88680 – www.rindenmuehle.de – Geschlossen: Montag und Sonntag

VÖHRINGEN

Bayern – Regionalatlas **5**-V3

SPEISEMEISTEREI BURGTHALSCHENKE

KLASSISCHE KÜCHE • FAMILIÄR Familie Großhammer ist seit vielen Jahren für gute Gastronomie bekannt! Die Küche ist der Saison angepasst, die Produkte kommen aus der Region. Menü, Klassiker und Gerichte von der Tageskarte kommen gleichermaßen gut an. Das Restaurant ist in ländlichem Stil gehalten und auf drei Ebenen angelegt, dazu hat man eine nette Terrasse. Praktisch: der große Parkplatz.

𝄐 ⇨ 🅿 – Menü 29/61 € - Karte 29/52 €

Untere Hauptstraße 4 ⌧ 89269 - ℰ 07306 5265 – www.burgthalschenke.de – Geschlossen: Montag und Dienstag

VÖRSTETTEN

Baden-Württemberg – Regionalatlas **7**-B1

SONNE

REGIONAL • GEMÜTLICH In dem historischen Gasthaus mit der schönen Fachwerkfassade bietet der junge Patron in gemütlich-ländlicher Atmosphäre z. B. "geschmorte Haxe vom Weidelamm mit Madeira" oder "Zanderfilt mit Pfifferlingen". Unter einer großen alten Kastanie hat man die Terrasse angelegt. Gepflegt übernachten kann man ebenfalls.

𝄐 🅿 – Menü 37/45 € - Karte 26/51 €

Freiburger Straße 4 ⌧ 79279 - ℰ 07666 2326 – www.sonne-voerstetten.de – Geschlossen: Montag und Dienstag, mittags: Samstag

VOGTSBURG IM KAISERSTUHL
Baden-Württemberg - Regionalatlas **7**–B1

 SCHWARZER ADLER

FRANZÖSISCH-KLASSISCH • KLASSISCHES AMBIENTE Ein Haus mit Tradition! Seit Sommer 2018 ist Christian Baur der verantwortliche Mann am Herd im legendären „Schwarzen Adler" - Patron Fritz Keller (seine Mutter Irma erkochte übrigens bereits 1969 einen MICHELIN Stern) weiß um das Engagement von Christian Baur, den klassisch-französischen Küchenstil des Hauses fortzusetzen. Für Weinliebhaber ist das gemütliche stilvoll-elegante Restaurant geradezu ein Eldorado, denn der Keller ist mit rund 2700 Positionen bestückt, unter anderem aus dem hauseigenen Weingut, das sich bereits in der dritten Generation im Besitz der Familie befindet. Wollen Sie da nicht vielleicht in einem der geschmackvollen Gästezimmer übernachten? Als bodenständigere Restaurantalternative hat man übrigens noch das "Winzerhaus Rebstock".

– Menü 125 € - Karte 87/122 €
Badbergstraße 23 ⊠ 79235 - ℰ 07662 933010 - www.franz-keller.de –
Geschlossen: Mittwoch und Donnerstag, mittags: Montag, Dienstag, Freitag

DIE ACHKARRER KRONE

REGIONAL • RUSTIKAL Bis 1561 reicht die gastronomische Tradition des Gasthofs zurück. Heute erfreut man sich an Wild aus eigener Jagd, badischen Hechtklößchen, Kalbsnierle oder geschmorten Ochsenbäckle. Regionale Küche und Weine gibt's in heimeligen Stuben oder auf der Terrasse. Man hat auch wohnliche Gästezimmer.

– Menü 10 € (Mittags), 25/55 € - Karte 32/62 €
Schlossbergstraße 15 ⊠ 79235 - ℰ 07662 93130 - www.krone-achkarren.de

KÖPFERS STEINBUCK

REGIONAL • LÄNDLICH Schon die tolle exponierte Lage mitten in den Reben lockt einen hierher, aber auch die international-saisonale Küche ist einen Besuch wert. Dazu schöne Weine, gut die regionale Auswahl. Traumhaft die Terrasse mit Loungebereich. Restaurant im Winter nur Fr. und Sa. geöffnet. Mitte Okt. - Mitte Feb. Rustikales in "Köpfers Chalet", Do. - Mo. abends. Gepflegt übernachten kann man ebenfalls.

– Menü 41/67 € - Karte 38/72 €
Steinbuckstraße 20 ⊠ 79235 - ℰ 07662 9494650 - www.koepfers-steinbuck.de – Geschlossen: Dienstag und Mittwoch, mittags: Montag, Donnerstag-Samstag

STEINBUCK STUBE

KLASSISCHE KÜCHE • ELEGANT Mitten im Zentrum liegt das schmucke, aufwändig restaurierte über 400 Jahre alte Haus. Man sitzt im geschmackvoll-gemütlichen Restaurant, im neuzeitlichen Weinstübchen oder auf der dazwischengelegenen Terrasse. Freundlich wird man mit saisonal und mediterran beeinflussten klassischen Gerichten umsorgt, dazu nur regionale Weine. Schön übernachten kann man ebenfalls.

– Menü 52/64 € - Karte 43/72 €
Talstraße 2 ⊠ 79235 - ℰ 07662 911210 - www.steinbuck-stube.de –
Geschlossen: Montag und Dienstag, mittags: Mittwoch-Samstag

VOLKACH
Bayern – Regionalatlas **5**-V1

❀ WEINSTOCK
KREATIV • CHIC Im traditionsreichen Hotel "Zur Schwane" erwartet Gourmets in der 1. Etage ein richtig schickes Ambiente - hier trifft Moderne auf schöne historische Bausubstanz. An lederbespannten Tischen wird man zuvorkommend umsorgt. Bei der Zubereitung der Gerichte beweist das engagierte Küchenteam ein Händchen für Kombinationen, bei denen regionale Produkte im Fokus stehen. Zum guten Essen werden ebenso gute heimische Weine ausgeschenkt, natürlich auch vom angeschlossenen eigenen Weingut - erfreulicherweise gibt es alle "Schwane"-Weine auch glasweise. Zum Übernachten stehen attraktive individuelle Gästezimmer zur Verfügung.
Menü 75/140 €
Hauptstraße 12 ✉ 97332 – ✆ 09381 80660 – www.schwane.de – Geschlossen: Dienstag und Mittwoch, mittags: Montag, Donnerstag-Sonntag

VREDEN
Nordrhein-Westfalen – Regionalatlas **3**-J1

🙂 BÜSCHKER'S STUBEN
TRADITIONELLE KÜCHE • LÄNDLICH Lust auf bürgerlich-regionale Gerichte wie "Münsterländer Zwiebelfleisch"? Serviert wird in der rustikalen Gaststube und im gemütlichen Kaminzimmer. Zudem bietet das Hotel "Am Kring" neuzeitliche Gästezimmer. Schön ist auch die Lage in dem ringförmig um die Kirche angelegten Dorf.
♿ 🎦 🍽 ⇔ 🅿 – Karte 27/55 €
Kring 6 ✉ 48691 – ✆ 02564 93080 – www.amkring.de – Geschlossen: Sonntag, mittags: Montag-Samstag

WACHENHEIM AN DER WEINSTRASSE
Rheinland-Pfalz – Regionalatlas **7**-B1

❀ THE IZAKAYA
Chef: Benjamin Peifer
MODERNE KÜCHE • TRENDY Als "japanisch-pfälzische Kneipe" könnte man diese trendig-legere Adresse bezeichnen. Benjamin Peifer (bekannt auch aus dem "Intense" in Kallstadt) und Yannick Schilli bieten ein "Omakase"-Menü, mit dem ihnen eine ausgezeichnete Fusion aus heimischer und japanischer Küche gelingt. Sehr gute regionale Produkte werden zu kontrastreichen, schön balancierten Gerichten. Gerne bringt man den "Josper" zum Einsatz, der z. B. bei den in Soja glasierten Spareribs mit süßer Zwiebelcreme, Koshihikari und lauwarmem Bohnensalat für angenehme Grill-Aromen sorgt. Kompetent empfiehlt man dazu tolle Weine - auch zum Mitnehmen in der angeschlossenen Weinhandlung "Rohstoff". Übrigens: Wundern Sie sich nicht über die "Otoshi", eine in japanischen Izakaya-Bars typische Platzgebühr, die Wasser und einen Snack beinhaltet.
🍴 ⇔ – Menü 90/115 €
Weinstraße 36 ✉ 67157 – ✆ 06322 9593729 – www.the-izakaya.com – Geschlossen: Montag-Mittwoch, Sonntag, mittags: Donnerstag-Samstag

WACHTBERG
Nordrhein-Westfalen – Regionalatlas **3**-J4

KRÄUTERGARTEN
KLASSISCHE KÜCHE • TRADITIONELLES AMBIENTE Bereits seit 1983 leiten die freundlichen Gastgeber das Restaurant mit dem netten Ambiente, und man

WACHTBERG

hat viele Stammgäste. Geboten wird hier klassisch-saisonale Küche, bei der man auf Produktqualität und Frische setzt.

常 – Menü 52/68 € · Karte 62/69 €

Töpferstraße 30 ⊠ 53343 - 𝒞 02225 7578 – www.gasthaus-kraeutergarten. de – Geschlossen: Montag und Dienstag, mittags: Mittwoch-Samstag, abends: Sonntag

WACKERSBERG

Bayern – Regionalatlas **6**–X4

TÖLZER SCHIESSSTÄTTE - HAGER

REGIONAL · RUSTIKAL Richtig gut isst man in der Schießstätte der Tölzer Schützen, entsprechend gefragt ist das sympathisch-ländliche Restaurant - da sollten Sie auf jeden Fall reservieren! Andreas und Michaela Hager sind ein eingespieltes Team, das merkt man nicht zuletzt an den schmackhaften Gerichten, für die man sehr gute Produkte aus der Region verwendet. Dazu freundlicher Service.

常 P 🚲 – Menü 42 € · Karte 31/47 €

Kiefersau 138 ⊠ 83646 – 𝒞 08041 3545 – www.michaela-hager.de – Geschlossen: Montag und Donnerstag, abends: Sonntag

WAGING AM SEE

Bayern – Regionalatlas **6**–Z4

LANDHAUS TANNER

REGIONAL · GEMÜTLICH Mit Stefanie und Franz Tanner sind Ihnen in dem langjährigen Familienbetrieb herzliche Gastgeber gewiss. Ihr Engagement merkt man an den schicken modern-alpenländischen Zimmern wie auch am geschmackvollen Restaurant und der guten Küche. Gekocht wird saisonal und mit ausgesuchten Produkten - durchgehend von 12:30 - 21:00 Uhr. Man ist übrigens "Slow Food"-Mitglied.

常 ⇔ P 🛏 – Menü 49 € · Karte 33/65 €

Aglassing 1 ⊠ 83329 – 𝒞 08681 69750 – www.landhaustanner.de – Geschlossen: Montag und Sonntag, mittags: Dienstag und Mittwoch

WAIBLINGEN

Baden-Württemberg – Regionalatlas **7**–B2

✥ BACHOFER

KREATIV · FREUNDLICH Wussten Sie, dass das schöne Haus am Marktplatz das zweitälteste in Waiblingen ist? Es stammt von 1647 und war einst eine Apotheke. Der Rahmen ist aber auch alles, was hier historisch ist, der Rest ist modern, von der Einrichtung bis zur Küche. Patron Bernd Bachofer hat seinen ganz eigenen Stil, und der zeigt deutliche - und sehr stimmige - Einflüsse der großen asiatischen Küchen. Klasse die Produktqualität. Seeteufel mit würzigem Som Tam (grüner Papaya-Salat) oder Unagi vom Grill bieten ein nicht alltägliches Geschmackserlebnis! Das wertige Ambiente samt Tresen (von hier hat man den besten Blick in die Küche) passt da ebenso gut ins Bild wie das professionelle, eingespielte und sehr freundliche Serviceteam. Fair kalkulierter Lunch. Tipp: Über dem Restaurant hat man schicke Gästezimmer.

常 ⇔ – Menü 40 € (Mittags), 85/153 €

Marktplatz 6 ⊠ 71332 – 𝒞 07151 976430 – www.bachofer.info – Geschlossen: Montag und Sonntag, mittags: Dienstag, Mittwoch, Freitag, Samstag

BRUNNENSTUBEN

REGIONAL · FREUNDLICH Gastfreundschaft auf solch stilvolle Art würde man hier angesichts der unscheinbaren Fassade auf den ersten Blick eher nicht vermuten. Doch es wird richtig gut gekocht und der Ehemann der Chefin umsorgt Sie kompetent - auch in Sachen Wein hilft er gerne. Auf der Karte machen z. B.

WAIBLINGEN

"Zwiebelrostbraten mit handgeschabten Spätzle" oder "hausgemachte Blutwurst" Appetit.

🏠 ⇔ 🅿 – Menü 39/99 € - Karte 35/69 €

Quellenstraße 14 ⊠ 71332 – ℰ 07151 9441227 – www.brunnenstuben.de – Geschlossen: Montag und Dienstag, mittags: Mittwoch-Samstag

WALDBRONN

Baden-Württemberg – Regionalatlas **5**–U2

❀ SCHWITZER'S AM PARK

Chef: Cédric Schwitzer

KLASSISCHE KÜCHE • ELEGANT Im Gourmetrestaurant in "Schwitzer's Hotel am Park" heißt es klassisch und zugleich modern speisen. Inhaber und Küchenchef Cédric Schwitzer zeigt hier volles Engagement. Er kocht mit sehr hochwertigen Produkten und sorgt für eine Fülle an Aromen. Geboten wird ein Menü, das man in unterschiedlich langen Varianten wählen kann. Alternativ stellt man Ihnen aus den einzelnen Gängen dieses Menüs ein "Menu Surprise" zusammen - wer einen echten Überraschungseffekt möchte, schaut vorher also besser nicht auf die Karte! Eine gute Idee: Zu jedem Gericht bekommt man ein Kärtchen mit Foto und Beschreibung. Umsorgt wird man überaus freundlich, versierte Weinberatung inklusive. Das Ambiente ist elegant, durch die raumhohe Fensterfront genießt man einen schönen Blick in den Park.

🕸 ⚐ 🎬 🏠 ⇔ 🅿 🚗 – Menü 99/189 €

Etzenroterstraße 4 ⊠ 76337 – ℰ 07243 354850 – schwitzers.com – Geschlossen: Montag und Sonntag, mittags: Dienstag-Samstag

SCHWITZER'S BRASSERIE

INTERNATIONAL • BRASSERIE Sie mögen leger-moderne Brasserie-Lounge-Atmosphäre? Im Zweitrestaurant des "Schwitzer's Hotel am Park" gleich nebenan im Kurhaus bietet man frische Küche aus guten Produkten, vom trendigen Burger bis zum "doppelten Entrecôte mit Sauce Béarnaise und Steinpilztagliolini".

⚐ 🏠 – Menü 33/44 € - Karte 26/53 €

Etzenroter Straße 2 ⊠ 76337 – ℰ 07243 354850 – www.schwitzers.com/brasserie

WALDENBUCH

Baden-Württemberg – Regionalatlas **7**–B2

❀ GASTHOF KRONE

Chef: Erik Metzger

KLASSISCHE KÜCHE • LÄNDLICH Wenn Erik Metzger klassisch-traditionelle Küche geschickt mit modern-internationalen Akzenten verbindet, entstehen angenehm reduzierte, harmonische Gerichte, die keine unnötige Spielerei brauchen. Produktqualität steht dabei natürlich völlig außer Frage. Vom Talent des Küchenchefs - der Mittzwanziger wurde 2017 übrigens zum jüngsten Sternekoch Deutschlands ernannt - kann man sich in gemütlich-historischem Ambiente überzeugen. Die Räume „Schiller-Salon" und „Goethe-Salon" tragen ihre Namen nicht umsonst: Auf der alten Tischplatte im Eingangsbereich haben sich im 18. Jh. die beiden Namengeber verewigt! Der Service stimmt ebenfalls. Sie werden kompetent umsorgt, auch in Sachen Wein. Tipp: der Mittagstisch - gute Qualität ist hier nämlich auch etwas preisgünstiger zu haben! Eine wirklich sympathische Adresse, die zu Recht gut besucht ist!

🕸 🏠 ⇔ 🅿 🍽 – Menü 66/108 € - Karte 66/108 €

Nürtinger Straße 14 ⊠ 71111 – ℰ 07157 408849 – www.krone-waldenbuch.de – Geschlossen: Montag und Dienstag, mittags: Samstag

WALDKIRCH
Baden-Württemberg – Regionalatlas **7**–B1

😊 ZUM STORCHEN
MARKTKÜCHE · GEMÜTLICH Richtig gut isst man bei Familie Trienen in dem schön sanierten alten Stadthaus. Man kocht saisonal-regional und mit modern-internationalen Einflüssen. Tipp: Probieren Sie mal die Tagesempfehlung als Menü. Schöne Plätze im Freien bietet die Terrasse auf dem Gehsteig oder im ruhigeren Hinterhof.

🍽 ⇔ 🚗 – Menü 47/70 € - Karte 36/62 €
Lange Straße 24 ✉ 79183 - ✆ 07681 4749590 – www.storchen-waldkirch.de – Geschlossen: Sonntag, mittags: Montag-Samstag

WALDKIRCHEN
Bayern – Regionalatlas **6**–Z2

JOHANNS
MODERNE KÜCHE · TRENDY Wer sein Einkaufserlebnis mit einem kulinarischen Erlebnis verbinden möchte, der ist in Waldkirchen gut aufgehoben, denn hier wird im 2. Stock des bekannten Modehauses „Garhammer" in schickem, fast schon urbanem Ambiente die ausdrucksstarke Küche von Patron Michael Simon Reis aufgetischt. Der gebürtige Passauer war vor seiner Rückkehr in die bayerische Heimat Souschef im „Steirereck" in Wien und arbeitete u. a. im „Tristan" auf Mallorca und im „Arzak" in San Sebastian. Er versteht es, Innovatives mit Traditionellem zu kombinieren, großen Wert legt er dabei auf Produkte aus der Region. Und noch etwas ist absolut erwähnenswert: Das Preis-Leistungs-Verhältnis ist unschlagbar!

⇔ ♿ 🅼 🍽 🅿 🈁 – Menü 29 € (Mittags), 62/82 € - Karte 31/71 €
Marktplatz 24 ✉ 94065 - ✆ 08581 2082000 – www.restaurant-johanns.de – Geschlossen: Sonntag

WALDSEE, BAD
Baden-Württemberg – Regionalatlas **5**–V4

GASTHOF KREUZ
REGIONAL · GASTHOF Ein sympathischer Gasthof bei der Kirche, in dem man in freundlich-rustikaler Atmosphäre regional-saisonal isst. Macht Ihnen z. B. "Zweierlei vom heimischen Reh mit Selleriepüree, Blaukraut und Spätzle" Appetit? Im Sommer sitzt man gerne im Freien vor dem Haus. Gepflegt übernachten kann man ebenfalls.

🍽 ⇔ – Menü 19/39 € - Karte 31/71 €
Gut-Betha-Platz 1 ✉ 88339 - ✆ 07524 3927 – www.kreuz-gasthof.de – Geschlossen: Montag und Dienstag, abends: Sonntag

SCALA
REGIONAL · TRENDY Das moderne Restaurant mit dem schönen Blick zum See - herrlich die Terrasse! - bietet Ihnen eine ambitionierte saisonal geprägte Küche. Hier legt man Wert auf regionale Produkte und verwertet die pflanzlichen und tierischen Zutaten komplett. Dazu freundlicher Service und gepflegte Weine.

⇔ ♿ 🍽 ⇔ – Menü 21 € (Mittags), 48/68 € - Karte 28/55 €
Wurzacher Straße 55 ✉ 88339 - ✆ 07524 9787773 – www.scala-bad-waldsee. de – Geschlossen: Montag und Dienstag, abends: Sonntag

WALLDORF
Baden-Württemberg – Regionalatlas **5**–U2

KAMINRESTAURANT & LOUNGE
INTERNATIONAL • TRENDY Möchten Sie im chic-modernen Restaurant, auf der schönen Terrasse oder lieber in der Lounge speisen? Die frische und ambitionierte Küche gibt es z. B. als "Tafelspitzsalat, Meerrettichschaum, Kartoffel-Erbsenkompott" oder "Atlantik-Lachs, Basilikumkruste, Thai-Bami-Goreng". Das Restaurant befindet sich im Hotel "Vorfelder" mit geradlinig-funktionellen Zimmern.

🍴 P – Menü 40/60 € - Karte 34/64 €
Bahnhofstraße 28 ✉ 69190 – ✆ 06227 6990 – www.hotel-vorfelder.de – Geschlossen: Sonntag, mittags: Montag-Samstag

WALLERFANGEN
Saarland – Regionalatlas **5**–S2

LANDWERK
MODERNE KÜCHE • TRENDY Hier hat man ein Haus mit bewegter Geschichte sorgsam saniert. Entstanden sind richtig schöne wertig-moderne Gästezimmer, eine nette Lounge mit Industrie-Flair und ein trendig-schickes Restaurant in klaren Linien. Letzteres bietet zwei interessante Menüs (einmal regulär, einmal vegetarisch), deren Gänge man frei kombinieren kann. Die Gerichte von Küchenchef Marc Pink sind überaus exakt und filigran gearbeitet, ohne dabei verkünstelt zu sein. Bei aller Komplexität kommen seine Kreationen dennoch leicht und unprätentiös daher. Speisen wie z. B. "Langoustinentatar mit Ingwer-Vinaigrette und rosa Pfeffer" zeigen das Talent des jungen Küchenchefs sehr deutlich. Zu erwähnen sei auch der ausgesprochen freundliche und zuvorkommende Service.

AC 🍴 P – Menü 79/145 €
Estherstraße 1 ✉ 66798 – ✆ 06831 62622 – www.land-werk.de – Geschlossen: Montag und Dienstag, mittags: Mittwoch, abends: Sonntag

WALLUF
Hessen – Regionalatlas **3**–K4

ZUR SCHLUPP
SAISONAL • GEMÜTLICH Sehr engagiert leitet Familie Ehrhardt ihr charmantes kleines Restaurant in dem Haus a. d. J. 1608. Die Atmosphäre ist gemütlich, die Küche frisch und saisonal geprägt - und dazu einen der schönen Weine aus der Region? Vergessen Sie nicht, zu reservieren. Tipp: Romantisch ist im Sommer der Innenhof!

🍴 – Menü 39/55 € - Karte 33/55 €
Hauptstraße 25 ✉ 65396 – ✆ 06123 72638 – www.gasthauszurschlupp.de – Geschlossen: Dienstag-Donnerstag, mittags: Montag, Freitag, Samstag

WALTROP
Nordrhein-Westfalen – Regionalatlas **3**–K2

GASTHAUS STROMBERG
MARKTKÜCHE • TRENDY In dem alteingesessenen Gasthaus in der Fußgängerzone (nett die Terrasse hier) trifft Tradition auf Moderne, das Ambiente ist puristisch und gemütlich zugleich. Man kocht saisonal-regional, so z. B. "Duo vom heimischen Reh, Fichtensprossen, Sellerie, Brombeeren". Oder lieber vegetarisch? Für Gesellschaften: die 1,5 km entfernte "Werkstatt".

🍴 P – Karte 31/54 €
Dortmunder Straße 5 ✉ 45731 – ✆ 02309 4228 – www.gasthaus-stromberg.de – Geschlossen: Montag und Sonntag, mittags: Dienstag-Freitag

WANGELS

Schleswig-Holstein – Regionalatlas **1**-D2

✿✿ COURTIER

KREATIV • ELEGANT Ein wunderbarer Ort ist dieses Schlossgut von 1896 samt romantischer Parkanlage mit altem Baumbestand, Schlossweiher und Blickschneise zur Ostsee. Keine Frage, dass man da im Sommer am liebsten auf der Terrasse mit traumhafter Aussicht sitzt! Küchenchef Christian Scharrer wählt die besten Produkte, die der Markt zu bieten hat, und verbindet sie zu geschmacksintensiven kreativen Gerichten wie "Langoustinos, Herbstkohl, Trüffel" oder "Jakobsmuschel, Fenchel, Bouillabaisse". Und wie sollte es bei diesem herrschaftlichen Anwesen anders sein, speist man in edlen Sälen mit stilvollen Details wie Kronleuchtern, Wandgemälden und Stuck. Dazu sorgt die herzliche Gastgeberin Nathalie Scharrer mit ihrem sehr gut eingespielten Team für einen versierten und aufmerksamen Service.

 – Menü 169/219 €

Parkallee 1 ✉ *23758* – ✆ *04382 92620* – *www.weissenhaus.de* – *Geschlossen: Montag und Sonntag, mittags: Dienstag-Samstag*

WANGEN IM ALLGÄU

Baden-Württemberg – Regionalatlas **5**-V4

✿ ADLER

REGIONAL • GEMÜTLICH Sie mögen regionale Küche und auch asiatische Einflüsse hier und da? Die aus frischen, guten Produkten zubereiteten Gerichte nennen sich z. B. "Perlhuhnbrust mit Currynudeln und Kräutern" oder "Skrei auf Rote-Bete-Risotto mit Meerrettichschaum". Wirklich schön das gemütlich-elegante Ambiente und der Garten!

 – Menü 48/62 € - Karte 34/52 €

Obere Dorfstraße 4 ✉ *88239* – ✆ *07522 707477* – *www.adler-deuchelried.de* – *Geschlossen: Montag-Mittwoch, mittags: Donnerstag und Freitag*

WAREN (MÜRITZ)

Mecklenburg-Vorpommern – Regionalatlas **2**-F3

✿ KLEINES MEER

MARKTKÜCHE • GEMÜTLICH Nett sitzt man in dem freundlichen, auf zwei Ebenen angelegten Restaurant, der offene Dachstuhl macht es schön luftig. Vor dem Haus die Müritz - da ist die Terrasse mit kleinem Lounge-Bereich natürlich gefragt. Gekocht wird mit guten Produkten regionaler Lieferanten, auf Wunsch auch vegetarisch oder vegan.

– Menü 39 € - Karte 38/53 €

Alter Markt 7 ✉ *17192* – ✆ *03991 648200* – *www.restaurant-kleinesmeer.de* – *Geschlossen: Montag und Sonntag, mittags: Dienstag-Samstag*

WASSERBURG AM BODENSEE

Bayern – Regionalatlas **5**-V4

CARALEON

MODERNE KÜCHE • KLASSISCHES AMBIENTE Sehr geschmackvoll und wertig ist das Restaurant in dem toll gelegenen kleinen Boutique-Hotel, dazu die schöne Sicht auf den See! Geboten werden Klassiker wie Rindercarpaccio, Caesar Salad oder Wiener Schnitzel, am Abend zudem noch ein "Fine Dining"-Menü. Freundlich und kompetent der Service. Tipp: "Sunset Lounge" für einen Absacker direkt am See.

WASSERBURG AM BODENSEE

≤ 斧 ⇔ 🅿 – Menü 35 € (Mittags), 49/110 € - Karte 45/110 €
Halbinselstraße 70 ⊠ 88142 – ℰ 08382 9800 – www.caraleon.de – Geschlossen: Montag und Dienstag, mittags: Mittwoch-Freitag

WASSERBURG AM INN
Bayern – Regionalatlas **6**-Y3

WEISSES RÖSSL 🆕

REGIONAL • FAMILIÄR Sie finden das "Weisse Rössl" im Herzen der schönen Altstadt mit ihren historischen Gebäuden. Hinter der bemalten Fassade erwarten Sie eine sympathische, ländlich-moderne Atmosphäre, engagierter Service sowie eine regional und saisonal geprägte Küche. Tagesempfehlungen auf der Tafel ergänzen die Karte. Im Sommer hat man eine nette Terrasse vor dem Haus.
斧 – Menü 19 €(Mittags) - Karte 27/58 €
Herrengasse 1 ⊠ 83512 – ℰ 08071 5263213 – www.weisses-rössl.de – Geschlossen: Montag und Sonntag

WEHR
Baden-Württemberg – Regionalatlas **7**-B1

LANDGASTHOF SONNE

TRADITIONELLE KÜCHE • GASTHOF Warmes Holz, Kachelofen, dekorative Bilder... Richtig heimelig ist es hier! Dazu ambitionierte Küche: bürgerlich, auch gehobener, von "Cordon bleu" bis "flambierte Hummerschaumsuppe". Toll die Terrasse: Hier speist man beim Rauschen des Baches unter schattenspendenden Ahornbäumen! Zum Übernachten hat der familiengeführte Gasthof hübsche, topgepflegte Zimmer.
斧 🅿 – Menü 49/69 € - Karte 25/50 €
Enkendorfstraße 38 ⊠ 79664 – ℰ 07762 8484 – www.hotel-sonne-wehr.de – Geschlossen: Montag, mittags: Dienstag-Freitag

WEIKERSHEIM
Baden-Württemberg – Regionalatlas **5**-V1

✧ LAURENTIUS

Chef: Jürgen Koch

REGIONAL • ELEGANT Das Haus der Familie Koch ist gewissermaßen ein "Rundum sorglos"-Paket, denn man kann hier am Marktplatz sehr schön wohnen, richtig gut essen und wird überaus zuvorkommend betreut. Die Gourmetvariante des gastronomischen Doppelkonzepts ist das "Laurentius". Patron Jürgen Koch und seine Frau Sabine haben sich in dem aparten Natursteintonnengewölbe mit dem modern-eleganten Ambiente regionale Küche auf die Fahnen geschrieben. Man verarbeitet hochwertige saisonale Produkte. Statt Schnörkel und Chichi bieten die Gerichte Finesse, Harmonie und jede Menge Geschmack. Und dazu vielleicht einen schönen Wein aus dem Taubertal, Franken oder Baden-Württemberg? Daneben ist u. a. auch Frankreich vertreten. Tipp: Nehmen Sie sich gute Zutaten für daheim mit, die gibt's im "Hohenloher Märktle".
🆓 🅿 ⊡ – Menü 59 € (Mittags), 75/129 €
Marktplatz 5 ⊠ 97990 – ℰ 07934 91080 – www.hotel-laurentius.de – Geschlossen: Montag und Dienstag, mittags: Mittwoch-Samstag, abends: Sonntag

ⓑ LAURENTIUS - BISTRO

TRADITIONELLE KÜCHE • BISTRO Wenn es mal keine Gourmetküche sein soll, sind Sie im angenehm legeren Bistro bei leckeren regionalen Gerichten bestens aufgehoben. Sehr gute Produkte werden hier handwerklich gekonnt und mit Anspruch zubereitet. Bei schönem Wetter ist natürlich die Terrasse auf dem Marktplatz gefragt.

WEIKERSHEIM

⌂ 🅿 ⬆ – Menü 40/72 € - Karte 32/58 € abends
Marktplatz 5 ✉ 97990 - ☎ 07934 91080 – www.hotel-laurentius.de –
Geschlossen: Montag, abends: Dienstag-Sonntag

WEIL AM RHEIN
Baden-Württemberg – Regionalatlas **5**-T4

GASTHAUS ZUR KRONE RESTAURANT

KLASSISCHE KÜCHE • GEMÜTLICH Das Restaurant der alteingesessenen "Krone" hat ein interessantes Konzept: Im Winter sitzt man in den geschmackvollen und gemütlichen Stuben des historischen Gasthauses, im Sommer im modernen Anbau - und hier idealerweise auf der tollen Terrasse! Gekocht wird klassisch - mit sehr guten Produkten und viel Aroma.

♿ ⌂ ⬆ 🅿 – Menü 45 € (Mittags), 70/105 € - Karte 45/91 €
Hauptstraße 58 ✉ 79576 - ☎ 07621 71164 – www.kroneweil.de – Geschlossen: Montag und Sonntag, mittags: Dienstag-Freitag

WEIMAR
Thüringen – Regionalatlas **4**-N3

ANNA

MODERNE KÜCHE • CHIC In dem dank viel Glas herrlich lichtdurchfluteten Restaurant des komfortablen Hotels "Elephant" sitzt man unter einer hohen Decke in schönem geradlinigem Ambiente - dekorativ die Bilder im Eingangsbereich. Geboten wird eine modern-kreative Regionalküche. Tipp: Machen Sie einen Spaziergang durch die hübsche Altstadt.

🐴 ♿ 🅰🅲 ⌂ ⬆ 🅿 ⬆ – Menü 75/98 € - Karte 52/79 €
Markt 19 ✉ 99423 – ☎ 03643 8020 – www.hotelelephantweimar.de

WEINBAR WEIMAR

MEDITERRAN • WEINBAR Eine richtig charmante Weinbar am Rande der Altstadt! Hier genießt man über 100 offene Weine, die man von handgeschriebenen Tafeln wählen kann. Gerne empfiehlt Ihnen auch der Patron - seines Zeichens passionierter Sommelier - das Passende. Dazu gibt es ambitioniertes Barfood à la carte. Eine nette Terrasse hat man auch.

⌂ – Menü 85/93 € - Karte 34/40 €
Humboldtstraße 2 ✉ 99423 – ☎ 03643 4699533 – www.weinbar-weimar.de –
Geschlossen: Montag und Sonntag, mittags: Dienstag-Samstag

WEINGARTEN
Bayern – Regionalatlas **5**-V4

KOSTBAR 🆕

MODERNE KÜCHE • CHIC Nur durch optische Raumteiler vom angeschlossenen Gourmetrestaurant "MARKOS" getrennt, kommt das "KOSTBAR" mit seinem wertigen Interieur aus warmem Holz und klarem Design ebenso chic und zugleich gemütlich daher. Wer sich angesichts der schönen Auswahl an modernen Gerichten nicht entscheiden kann, lässt sich beim "Probiererle Menü" überraschen.

⬆ – Menü 49/99 € - Karte 41/83 €
Ravensburger Straße 56 ✉ 88250 - ☎ 0751 56163714 – www.syrlin-speisewelt. de/kostbar – Geschlossen: Montag und Sonntag, mittags: Samstag

MARKOS 🆕

KREATIV • CHIC In der "Syrlin Speisewelt" erwartet Sie Marco Akuzuns Doppelkonzept aus dem Gourmetrestaurant "MARKOS" und dem optisch etwas abgetrennten Bistro "KOSTBAR". Geboten wird ein kreatives Menü mit sehr aufwändigen modernen Gerichten. Stylish-elegant und dennoch gemütlich das Interieur aus klaren Formen, hochwertigen Materialien und markanten Holzelementen, die dem Raum eine gewisse Wärme verleihen.

AC 🅿 – Menü 110/180 €

Ravensburger Straße 56 ⌧ 88250 – ✆ 0751 56163714 – www.syrlin-speisewelt. de – Geschlossen: Montag und Sonntag, mittags: Dienstag-Samstag

WEINGARTEN (KREIS KARLSRUHE)

Baden-Württemberg – Regionalatlas **5**–U2

 ZEIT|GEIST

KREATIV · GEMÜTLICH Das jahrhundertealte Walk'sche Haus im Herzen von Weingarten hat wirklich Charme: Außen sticht einem die hübsche Fachwerkfassade ins Auge, drinnen mischt sich elegante Geradlinigkeit mit Gemütlichkeit. Am Herd sorgt Küchenchef Sebastian Syrbe dafür, dass die Moderne nicht zu kurz kommt. Seine kreativen Gerichten präsentieren sich recht leger und schnörkellos, dennoch fehlen weder Kraft noch Aroma. Das Produkt steht absolut im Mittelpunkt. Auf Chichi und Tellerkunst legt man keinen Wert, auf Geschmack dafür umso mehr! Das geschulte und freundlich-aufmerksame Serviceteam sorgt zudem für einen reibungslosen Ablauf. Schön übernachten können Sie hier übrigens ebenfalls.

🌿 ⇔ 🅿 – Menü 49/99 € – Karte 49/69 €

Marktplatz 7 ⌧ 76356 – ✆ 07244 70370 – www.walksches-haus.de – Geschlossen: Montag und Sonntag, mittags: Dienstag-Samstag

WEINHEIM AN DER BERGSTRASSE

Baden-Württemberg – Regionalatlas **5**–U1

 BISTRONAUTEN

MARKTKÜCHE · BISTRO In dem ehemaligen OEG-Bahnhof von 1903 isst man richtig gut. In ungezwungener moderner Atmosphäre mit Industrie-Charme steht auf der Tafel ein saisonales Menü angeschrieben - beim Hauptgang wählt man zwischen Fleisch, Fisch und Vegi. Dazu gibt es deutsche Weine. Wer an der Theke speist, schaut in die offene Küche.

🌿 🅿 – Menü 43/46 € - Karte 32/37 €

Kopernikusstraße 43 ⌧ 69469 – ✆ 06201 8461856 – www.bistronauten.de – Geschlossen: Montag und Sonntag, mittags: Dienstag-Samstag

ESSZIMMER IN DER ALTEN POST

MODERNE KÜCHE · FAMILIÄR Klare Linien, ruhige Töne, schöner alter Dielenboden... Trendig und zugleich wohnlich ist das Ambiente hier. Gekocht wird modern-kreativ. Auf der Karte finden sich klassisch-französische und auch asiatische Einflüsse - Appetit macht z. B. "Sankt Jakobsmuschel, Macadamianuss, Thaicurry, grüner Spargel, Koriander". Gut auch die Steaks vom Holzkohlegrill.

🌿 – Menü 49 € (Mittags), 65/109 €

Alte Postgasse 53 ⌧ 69469 – ✆ 06201 8776787 – www.esszimmer-weinheim. de – Geschlossen: Montag, Dienstag, Sonntag, mittags: Mittwoch-Samstag

WEISENHEIM AM BERG

Rheinland-Pfalz – Regionalatlas **7**–B1

 ADMIRAL

Chef: Holger Stehr

MODERN · FAMILIÄR Tolle Qualität zu einem richtig guten Preis-Leistungs-Verhältnis! Ein wirklich charmantes Restaurant und zudem ein Klassiker in der Region, dem die engagierten Inhaber keine eigene Note verpasst haben. In der Küche sorgt Patron Holger Stehr für einen interessanten Mix aus Moderne und Klassik. Seine Kreationen sind ausdrucksstark, zeigen geschmackliche Tiefe und werden zudem noch sehr schön präsentiert. Gastgeberin Martina Kraemer-Stehr, ihres Zeichens Sommelière, ist für den freundlichen und versierten Service

WEISENHEIM AM BERG

verantwortlich. Weinkarte und -beratung überzeugen ebenfalls. Die offenen Weine gibt es zu den beiden Menüs auch als Weinreise. Tipp: das hübsche Gästezimmer im schmucken Sandstein-Pavillon innerhalb des "Admiral"-Gartens.

🍽 🅿 🍴 – Menü 88/140 €

Leistadter Straße 6 ✉ 67273 – 📞 06353 4175 – www.admiral-weisenheim.de – Geschlossen: Montag und Dienstag, mittags: Mittwoch-Samstag

WEISSENSTADT
Bayern – Regionalatlas **4**-P4

GASTHAUS EGERTAL

REGIONAL · BISTRO Familie Rupprecht hat in ihrem hübschen traditionsreichen Gasthaus zwei Konzepte zu einem vereint: Im eleganten Restaurant und im Bistro bietet man dieselbe Karte. Hier finden sich frische Gerichte mit regionalen und klassischen Einflüssen. Obst und Gemüse kommt zum großen Teil aus eigenem Anbau. Schön ist im Sommer die Terrasse vor dem Haus.

🍽 ❖ 🅿 – Menü 59 € - Karte 30/63 €

Wunsiedler Straße 49 ✉ 95163 – 📞 09253 237 – www.gasthausegertal.de – Geschlossen: Dienstag und Mittwoch, mittags: Montag, Donnerstag-Samstag

WERDER (HAVEL)
Brandenburg – Regionalatlas **4**-Q1

ALTE ÜBERFAHRT

Chef: Thomas Hübner

MODERNE KÜCHE · CHIC Reizvoll ist schon die Lage an der Uferpromenade der kleinen Havel-Insel. Ebenso attraktiv das Restaurant mit seinem wertigen modern-eleganten Interieur und seiner fast schon intimen Atmosphäre. Nicht zu vergessen die kreative Küche, die überwiegend vegetarisch ausgerichtet ist. Die Gerichte zeichnen sich aus durch exaktes Handwerk, klaren Aufbau und schöne Balance - da merkt man die top Adressen in Deutschland und Italien, in denen Küchenchef Thomas Hübner bisher tätig war. Mit Herzblut kümmert sich Patron Patrick Schwatke - übrigens ebenfalls sterneerfahrener Koch - um die Gäste und schafft eine persönliche Note. Wer übernachten möchte, findet im angeschlossenen Hotel "Prinz Heinrich" gepflegte Zimmer.

Engagement des Küchenchefs: Unser Engagement in Sachen Nachhaltigkeit ist sehr groß. Wir verwenden nur Bioprodukte, ernten in den Schlossgärten eigens für uns angebautes Gemüse, setzen auf "Nose to Tail", Ziel ist "Zero Waste" und wir unterstützen Müritzfischer und erstklassige Fleisch- und Geflügelzüchter in direkter Umgebung.

Menü 70/100 €

Fischerstraße 48b ✉ 14542 – 📞 03327 7313336 – www.alte-ueberfahrt.de – Geschlossen: Montag und Dienstag, mittags: Mittwoch-Freitag

WERDOHL
Nordrhein-Westfalen – Regionalatlas **3**-K3

THUNS DORFKRUG

INTERNATIONAL · ZEITGEMÄSSES AMBIENTE Zeitgemäß und mit elegantem Touch kommt das Restaurant daher, schön die modernen Bilder und der Parkettboden. Geboten werden schmackhafte regionale und internationale Gerichte. Gepflegt übernachten kann man ebenfalls: Die Zimmer sind geradlinig und funktionell.

🍽 🅿 – Menü 36/55 € - Karte 35/55 €

Brauck 7 ✉ 58791 – 📞 02392 97980 – www.thuns.de – Geschlossen: Sonntag, mittags: Montag-Samstag

WERNBERG-KÖBLITZ

Bayern – Regionalatlas **6**-Y1

WIRTSSTUBE

REGIONAL • RUSTIKAL Im zweiten Restaurant des "Landgasthofs Burkhard" geht es kulinarisch etwas schlichter zu, was der Qualität keinerlei Abbruch tut. Die Bandbreite reicht von "Cordon bleu" bis "Dorade mit Zitrone". Man speist in hübschen, wohnlichen Räumen - neben der "Wirtsstube" kann man auch im "Esszimmer" sitzen. Sehr nett auch die Innenhofterrasse, die man sich mit der "Kaminstube" teilt.

🍴 ⇔ 🅿 🔳 – Menü 30/36 € - Karte 28/67 €

Marktplatz 10 ✉ 92533 - ☏ 09604 92180 - www.hotel-burkhard.de -
Geschlossen: Freitag, mittags: Samstag, abends: Donnerstag und Sonntag

KAMINSTUBE

FRANZÖSISCH • RUSTIKAL Zirbelholzvertäfelung, Ofen, charmante Deko..., schön heimelig ist es hier! Gekocht wird französisch mit saisonalem und mediterranem Einfluss, z. B. "Lammcarré mit Kräuterkruste". Toll die Terrasse unter Kastanienbäumen! Sept. - April: samstags auf Reservierung nur "Fine Dining Stub'n Menü". Der "Landgasthof Burkhard" hat auch freundliche Gästezimmer.

🍴 ⇔ 🅿 🔳 – Karte 28/59 €

Marktplatz 10 ✉ 92533 - ☏ 09604 92180 - www.hotel-burkhard.de -
Geschlossen: Freitag, mittags: Samstag, abends: Donnerstag und Sonntag

WERNIGERODE

Sachsen-Anhalt – Regionalatlas **4**-N2

PIETSCH

Chef: Robin Pietsch

KREATIV • GASTHOF Ein interessantes modernes Gastro-Konzept, das für ein recht spezielles Erlebnis sorgt. Und das beginnt um 19.30 Uhr mit dem Eintreffen der Gäste. Menüstart ist um 19.45. Es gibt nur ein Menü mit 17 Gängen. Serviert wird an der Theke zur offenen Küche. Man sitzt auf bequemen Barhockern in trendig-urbanem Ambiente und kann den Köchen bei der Arbeit zuschauen. Das schafft eine kommunikative und unterhaltsame Atmosphäre - fast fühlt man sich wie bei einer Theateraufführung. Gekocht wird kreativ: französisch-japanische Crossover-Küche mit regionalen Einflüssen, die angenehm klar und ausgewogen ist. Schön die Weinbegleitung - oder lieber einen tollen selbst kreierten Saft? Tipp: Machen Sie vor dem Essen einen Spaziergang durch den beschaulichen Ort.

Menü 120/140 €

Breite Straße 53a ✉ 38855 - ☏ 03943 5536053 - www.restaurantpietsch.de -
Geschlossen: Montag, Dienstag, Sonntag, mittags: Mittwoch-Samstag

ZEITWERK

Chef: Robin Pietsch

KREATIV • FREUNDLICH Ein Menü - viele kleine Gänge. Und die bleiben in Erinnerung! Genau das ist das Ziel des jungen Teams um Inhaber und Küchenchef Robin Pietsch, der übrigens nicht nur Koch, sondern auch gelernter Konditor ist. Einen festen Küchenstil gibt es hier nicht, nur eines ist Ihnen gewiss: Kreativität. Ausgesuchte Produkte aus der Region werden sehr durchdacht und mit frischen Ideen zu angenehm reduzierten und ausgesprochen aromatischen Speisen zusammengestellt, die einfach Spaß machen! Man nennt sich selbst „Wohnzimmer-Restaurant", und das trifft es recht gut. Die Atmosphäre ist trendig und zugleich angenehm persönlich, der Service charmant und leger – ein wirklich schönes modernes Bild!

🆎 🍴 – Menü 120/140 €

Große Bergstraße 2 ✉ 38855 - ☏ 03943 6947884 - www.dein-zeitwerk.com -
Geschlossen: Montag, Dienstag, Sonntag, mittags: Mittwoch-Samstag

WERTINGEN
Bayern – Regionalatlas **6**–X3

GÄNSWEID
REGIONAL • TRENDY Schön, was aus der einstigen Autowerkstatt geworden ist: ein hübsch dekoriertes, gemütlich-modernes Restaurant mit regional-internationalen Gerichten. Auf der Tafel liest man z. B. "Skreifilet mit Fenchel und Senfsoße" oder "geschmortes Rind mit Gemüse und Spätzle". Mittags ist das Angebot kleiner und einfacher.

& 🏠 – Menü 10 € (Mittags), 30/45 € – Karte 28/49 €
Gänsweid 1 ✉ *86637* – ✆ *08272 642132* – *www.gaensweid.de* – *Geschlossen: Dienstag und Mittwoch, mittags: Samstag*

WESTERLAND – Schleswig-Holstein • Siehe Sylt (Insel)

WETTENBERG
Hessen – Regionalatlas **3**–L4

BURG GLEIBERG
KLASSISCHE KÜCHE • HISTORISCHES AMBIENTE Die Aussicht hier oben auf der Burg ist schon beeindruckend! Im charmanten geschmackvoll-rustikalen Restaurant serviert man klassisch-saisonale Küche mit mediterranen Einflüssen - gerne speist man auch auf der Terrasse. In der urigen "Albertusklause" samt tollem Biergarten ist das Angebot einfacher. Tipp: Besuchen Sie die historische Ruine!

← 🏠 ⇔ 🅿 – Karte 29/58 €
Burgstraße 90 ✉ *35435* – ✆ *0641 81444* – *www.burggleiberg.de* – *Geschlossen: Montag-Mittwoch, mittags: Donnerstag*

WICKEDE (RUHR)
Nordrhein-Westfalen – Regionalatlas **3**–K2

HAUS GERBENS
INTERNATIONAL • ELEGANT Elegant oder lieber rustikal? In der ehemaligen Poststation (1838) wählen Sie zwischen Restaurant und Gaststube, um sich internationale Speisen wie "Lachsfilet, Dillschaum, Tomaten-Blattspinat, Kräuter-Risotto" schmecken zu lassen. Hübsche begrünte Terrasse. Zum Übernachten: schöne individuelle Zimmer.

🏠 🅿 – Karte 34/63 €
Hauptstraße 211 ✉ *58739* – ✆ *02377 1013* – *www.haus-gerbens.de* – *Geschlossen: Montag und Sonntag, mittags: Dienstag-Samstag*

WIEDEN
Baden-Württemberg – Regionalatlas **7**–B1

BERGHOTEL WIEDENER ECK
REGIONAL • GASTHOF Traditionelle Schwarzwaldstube oder lieber helles modernes Ambiente mit Panoramablick? Auch in der regional geprägten Küche bereichern moderne Einflüsse beliebte Klassiker wie "Geschnetzeltes aus der Rehkeule, Waldpilzsoße, Spätzle" - Wild kommt aus eigener Jagd. Übernachten kann man in hübschen wohnlich-warm eingerichteten Zimmern.

← 🏠 ⇔ 🅿 🚗 🛗 – Karte 29/62 €
Oberwieden 15 ✉ *79695* – ✆ *07673 9090* – *www.wiedener-eck.de* – *Geschlossen: Montag und Dienstag*

WIESBADEN

Hessen – Regionalatlas 3-K4

 ENTE

FRANZÖSISCH-KLASSISCH • ELEGANT Klassischer geht es kaum! Der "Nassauer Hof", ein schmuckes Grandhotel von 1813, bildet den stilvollen Rahmen für die elegante "Ente". Auf zwei Ebenen - eine geschwungene Treppe mit schmiedeeisernem Geländer führt hinauf auf die Empore - sitzt man an wertig eingedeckten Tischen und wird aufmerksam und geschult umsorgt. So klassisch wie das Ambiente und die Servicebrigade ist auch die Küche von Michael Kammermeier. Dennoch finden sich auch moderne Elemente, angenehm dezent eingesetzt in Form von interessanten Kontrasten und Texturen. Zur Wahl stehen die Menüs "Die Ente" und "Küchenrunde". Sehr schön sitzt man übrigens auch auf der Terrasse vor dem Haus.

– Menü 65 € (Mittags), 115/180 €
Kaiser-Friedrich-Platz 3 ⊠ 65183 – ✆ 0611 133666 – www.hommage-hotels.com/nassauer-hof-wiesbaden/unser-hotel – Geschlossen: Montag und Sonntag, mittags: Dienstag-Samstag

BENNER´S BISTRONOMIE

INTERNATIONAL • BISTRO In dem prächtigen Kurhaus von 1907 (hier auch die Spielbank) bestaunt man im Parfüm-Saal große Original-Flacons, in der Belétage Werke von Gunter Sachs und im Bistro unzählige Fotos (zählen Sie die Eiffelturm-Bilder!). Die Küche ist international geprägt. Gerne kommt man sonntags zum Brunch oder auch nach dem Theater.

– Karte 38/75 €
Kurhausplatz 1 ⊠ 65189 – ✆ 0611 536200 – www.benner-s.de

DAS GOLDSTEIN BY GOLLNER'S

SAISONAL • CHIC Richtig stylish kommt das schön im Grünen gelegene ehemalige Schützenhaus daher - wertig das geradlinig-schicke Design, viel Holz bewahrt den Bezug zur Natur. Die ambitionierte Küche bietet traditionelle Klassiker sowie Modernes und Internationales. Toll der begehbare Weinkeller sowie die umfangreiche Weinkarte.

– Menü 58 € - Karte 39/134 €
Goldsteintal 50 ⊠ 65207 – ✆ 0611 541187 – www.gollners.de Geschlossen: Montag und Dienstag

ENTE-BISTRO

FRANZÖSISCH-KLASSISCH • BISTRO Der kleine Ableger der berühmten "Ente" ist ebenfalls eine feste Größe in der Stadt. Das Ambiente ist typisch für ein Bistro: eng, gemütlich, viele Fotos an den Wänden zeugen von bekannten Gästen. Bodentiefe Fenster machen es dazu schön hell. Man kocht klassisch-französisch mit saisonalen und mediterranen Einflüssen.

– Menü 43/63 € - Karte 39/55 €
Kaiser-Friedrich-Platz 3 ⊠ 65183 – ✆ 0611 133666 – www.hommage-hotels.com/nassauer-hof-wiesbaden/unser-hotel – Geschlossen: Montag, Dienstag, Sonntag

MARTINO KITCHEN

SAISONAL • BISTRO Ein sympathisches Bistro mit charmantem Service und mediterran beeinflusster Küche von handgemachter Pasta bis Zitronen-Hühnchen. Darf es vielleicht mal das "Carte blanche"-Menü am Chef's Table sein? Das Restaurant befindet sich im Hotel "Citta Trüffel" mit chic designten Zimmern und Feinkostladen.

– Menü 33 € (Mittags), 42/80 € - Karte 30/50 €
Webergasse 6 ⊠ 65183 – ✆ 0611 9905530 – www.martino.kitchen – Geschlossen: Montag und Sonntag

WIESSEE, BAD
Bayern – Regionalatlas **6**-Y4

FREIHAUS BRENNER
REGIONAL · GEMÜTLICH Auf schmackhafte und frische regional-saisonale Küche darf man sich hier in sensationeller Lage oberhalb von Bad Wiessee freuen - nicht nur heimische Forellen oder Wiener Backhendl kommen gut an. Drinnen sitzt man in gemütlichen kleinen Stuben, draußen genießt man von der Terrasse die fantastische Sicht auf den Tegernsee. Tipp: die schöne Ferien-Suite im DG.
⇐ 🍴 ⇔ 🅿 – Karte 35/73 €
Freihaus 4 ⊠ 83707 – ℰ 08022 86560 – www.freihaus-brenner.de

WILDBERG
Baden-Württemberg – Regionalatlas **7**-B2

TALBLICK
REGIONAL · FREUNDLICH Claus Weitbrecht ist ein Könner seines Fachs, der in den besten Betrieben Deutschlands gelernt hat und hier eine aufwändige Küche voller Geschmack bietet, Vegetarisches inklusive. Kein Wunder, dass diese Adresse so gefragt ist! Auf rechtzeitige Vorbestellung bekommt man auch ein Gourmetmenü. Schön gepflegt übernachten kann man ebenfalls.
⇐ 🅰 🍴 ⇔ 🅿 – Menü 34/99 € - Karte 34/57 €
Bahnhofsträßle 6 ⊠ 72218 – ℰ 07054 5247 – www.talblick-wildberg.de – Geschlossen: Dienstag

WILDEMANN
Niedersachsen – Regionalatlas **3**-M2

RATHAUS
MODERNE KÜCHE · HIP Wo einst das Rathaus stand, kann man heute in gemütlich-trendigem Ambiente speisen. Schön hat man Design-Elemente, warmes Holz und Naturtöne kombiniert und nimmt so Bezug zum Harz. Geboten wird eine kreativ-moderne Regionalküche, originell die Namen der Gerichte. Angenehm sitzt man im Sommer draußen unter Linden. Gut übernachten können Sie ebenfalls.
🍴 ⇔ 🅿 – Karte 53/77 €
Bohlweg 37 ⊠ 38709 – ℰ 05323 6261 – www.hotel-rathaus-wildemann.de – Geschlossen: Donnerstag, mittags: Montag und Freitag

WILLINGEN (UPLAND)
Hessen – Regionalatlas **3**-L3

GUTSHOF ITTERBACH
FRANZÖSISCH-KLASSISCH · ELEGANT "Skrei, Balsamico-Linsen, Krustentierjus", "irisches Rinderfilet, Süßkartoffeln, Café-de-Paris-Butter"... Zur klassischen Küche kommen gemütliches Ambiente, eine Terrasse mit Blick ins Grüne und aufmerksamer Service. Sonntags Brunch.
🅰 🍴 ⇔ 🅿 – Menü 42 € - Karte 38/58 €
Mühlenkopfstraße 7 ⊠ 34508 – ℰ 05632 96940 – www.gutshof-itterbach.de – Geschlossen: Montag-Donnerstag, mittags: Freitag und Samstag

WILTHEN
Sachsen – Regionalatlas **4**-R3

ERBGERICHT TAUTEWALDE
INTERNATIONAL · GEMÜTLICH Drinnen hübsche ländlich-moderne Räume, draußen ein herrlicher Innenhof mit Blick in die Küche. Gekocht wird saisonal,

WILTHEN

regional und international - gerne verwendet man dafür heimische Produkte. Zur Wahl stehen das "Landidyll-Menü" und das "A la carte-Menü". Gut übernachten kann man im traditionsreichen "Erbgericht" ebenfalls.

🍽 ⇄ 🅿 – Menü 33/40 € – Karte 34/62 €

Tautewalde 61 ✉ 02681 – ☏ 03592 38300 – www.tautewalde.de – Geschlossen: Sonntag, mittags: Montag-Donnerstag

WIMPFEN, BAD

Baden-Württemberg – Regionalatlas **5**–U2

FRIEDRICH

INTERNATIONAL · TRENDY Verbinden Sie doch einen Bummel durch die beschauliche Altstadt mit einem Essen in dem charmanten Stadthaus a. d. 16. Jh.! Unten die liebenswert-rustikale Weinstube Feyerabend, oben das Restaurant mit saisonaler Küche - wie wär'z. B. mit einem "Weinmenü"? Mittags etwas reduzierte Karte. Tipp: Leckeres aus der eigenen Konditorei!

🍽 ⇄ – Menü 38 € (Mittags), 50/75 € – Karte 34/57 €

Hauptstraße 74 ✉ 74206 – ☏ 07063 245 – www.friedrich-feyerabend.de – Geschlossen: Montag und Dienstag

WINDELSBACH

Bayern – Regionalatlas **5**–V2

😊 LANDHAUS LEBERT

REGIONAL · GASTHOF Über 30 Jahre ist Manfred Lebert nun hier. Wer gern regional isst, wird z. B. "Rinderschmorbraten mit Dinkelspätzle" mögen - schmackhaft und preislich fair. Tipp: Im Schäferwagen verkauft man eigene Gewürze und Produkte aus der Region. Zum Feiern hat man die "Scheune", zum Übernachten nette Zimmer im Landhausstil.

🍽 ⇄ 🅿 🐾 – Menü 40/97 € – Karte 33/74 €

Schloßstraße 8 ✉ 91635 – ☏ 09867 9570 – www.landhaus-rothenburg.de – Geschlossen: Montag, mittags: Dienstag-Freitag

WINDORF

Bayern – Regionalatlas **6**–Z3

😊 FEILMEIERS LANDLEBEN

REGIONAL · GEMÜTLICH Gastlichkeit wird in den gemütlich-modernen Stuben groß geschrieben! Seine "Landleben"-Küche ist für Johann (genannt Hans) Feilmeier Heimatliebe und Verpflichtung zugleich. Man kocht regional, saisonal und überaus geschmacksintensiv. Sie können eines der verschiedenen Menüs oder à la carte wählen. Äußerst charmant und herzlich der Service. Tipp: Feinkost für daheim.

🍽 ⇄ 🅿 🐾 – Menü 35/99 € – Karte 33/63 €

Schwarzhöring 14 ✉ 94575 – ☏ 08541 8293 – www.feilmeiers-landleben.de – Geschlossen: Montag und Dienstag, mittags: Mittwoch-Freitag

WINDSHEIM, BAD

Bayern – Regionalatlas **5**–V1

WEINSTUBE ZU DEN 3 KRONEN

REGIONAL · WEINBAR Das traditionsreiche Gasthaus bietet eine interessante fränkisch-japanische Fusionsküche. Es gibt das Klassik-Menü "Absolutely Free" und das Signature-Menü "The Grand Wazoo" sowie Klassiker und Saisongerichte. Neben Wein und Bier hat man eine große Auswahl an Rum, Whisky, Gin und Cocktails. Dazu sympathisch-herzlicher Service. Charmant: die holzgetäfelte alte Stube.

WINDSHEIM, BAD

☆ – Menü 35/54 € - Karte 29/41 €
Schüsselmarkt 7 ✉ 91438 - ✆ 09841 9199903 – www.weinstubedreikronen.de –
Geschlossen: Dienstag und Mittwoch, mittags: Montag, Donnerstag-Sonntag

WINTERBACH
Baden-Württemberg – Regionalatlas **7**-B2

😊 LANDGASTHAUS HIRSCH
REGIONAL · LÄNDLICH Bei Familie Waldenmaier (bereits die 4. Generation) wird richtig gut gekocht, und zwar regional-saisonal. Wild kommt übrigens aus eigener Jagd, Brot aus dem Backhäuschen nebenan und auch Schnaps brennt man selbst! Hübsch die Terrasse im 1. Stock. Und haben Sie auch den schönen rustikalen Biergarten gesehen?

☆ ⇔ 🅿 – Menü 35 € - Karte 31/62 €
Kaiserstraße 8 ✉ 73650 - ✆ 07181 41515 – www.hirsch-manolzweiler.de –
Geschlossen: Montag-Donnerstag

WIRSBERG
Bayern – Regionalatlas **4**-P4

❀❀ ALEXANDER HERRMANN BY TOBIAS BÄTZ
KREATIV · CHIC Er ist Sterne-Koch, Gastronom, Kochbuchautor und zudem bekannt aus diversen TV-Kochsendungen. Die Rede ist von Alexander Herrmann. Im traditionsreichen Herrmann'schen Familienbetrieb, dem "Posthotel" in Wirsberg, hat er sich mit dem schicken modern-eleganten Gourmetrestaurant einen Namen gemacht. Am Herd bildet er zusammen mit Tobias Bätz ein eingespieltes Küchenchef-Duo. Die kreativen Gerichte sind stimmig, durchdacht und zeugen von einer eigenen Idee. Es gibt ein konventionelles und ein vegetarisches Menü. Dazu fühlt man sich richtig gut umsorgt: Der Service ist freundlich und souverän - die Köche sind hier ebenfalls mit von der Partie. Eine schöne Idee sind die kleinen Kärtchen mit interessanten Informationen zu den Produkten. Bei den Weinempfehlungen liegt der Fokus auf Franken.

AC 🅿 ❄ – Menü 189/219 €
Marktplatz 11 ✉ 95339 - ✆ 09227 2080 – www.herrmanns-posthotel.de/
gourmet-restaurant – Geschlossen: Montag, Dienstag, Sonntag, mittags:
Mittwoch-Samstag

AH - DAS BISTRO
REGIONAL · BISTRO Die Alternative zum Sternerestaurant ist angenehm leger und geschmackvoll-modern. Neben "Fränkischen Tapas" bietet man auch Gerichte wie "Wallerfilet in Nussbutter gegart, Schmorkraut, Safran", nicht zu vergessen den Fränkischen Schiefertrüffel (seit 1978)!

❀ AC ☆ ⇔ 🅿 – Menü 65/125 € - Karte 46/79 €
Marktplatz 11 ✉ 95339 - ✆ 09227 2080 – www.herrmanns-posthotel.de/
bistro – Geschlossen mittags: Montag-Freitag

WISMAR
Mecklenburg-Vorpommern – Regionalatlas **2**-E2

TAFELHUUS
INTERNATIONAL · ELEGANT Ein attraktiver Ort ist das Restaurant im Hotel "WONNEMAR Resort". Man sitzt hier in chic und klar designtem Ambiente und lässt sich eine mediterran-international geprägte Küche mit saisonalem Bezug servieren. Fisch-Liebhaber kommen ebenso auf ihre Kosten wie Steak-Fans.

AC ☆ 🅿 – Menü 37/59 € - Karte 37/59 €
Bürgermeister-Haupt-Straße 36 ✉ 23966 - ✆ 03841 3742 420 – www.
tafelhuus-restaurant.de – Geschlossen mittags: Montag-Sonntag

WÖRISHOFEN, BAD
Bayern – Regionalatlas **5**-V4

CALLA

ASIATISCH • ELEGANT Sie essen gerne euro-asiatisch? Dann werden Sie mögen, was hier in der Showküche zubereitet wird: "Lammkarree mit Ingwer-Chili-Kruste, Tamarindensauce, Flower Sprouts und Quinoa mit Erdnüssen" kommt ebenso gut an wie "Variation vom Yellow Fin Tuna". Reizvoll der Blick in den Garten!

 – Menü 94 € - Karte 69/103 €
Hermann-Aust-Straße 11 ⊠ 86825 - ℰ 08247 9590 – www.spahotel-sonnenhof. de – Geschlossen: Montag und Dienstag, mittags: Mittwoch-Sonntag

FONTENAY

KLASSISCHE KÜCHE • ELEGANT In dem eleganten Restaurant des komfortablen gleichnamigen Hotels bietet man klassische Speisen, darunter das sehr beliebte "am Tisch tranchierte Chateaubriand mit Sauce Béarnaise und Portweinjus" (für 2 Personen)! Dazu genießt man den freundlichen und aufmerksamen Service.

 – Menü 29 € (Mittags), 39/79 - Karte 22/110 €
Eichwaldstraße 10 ⊠ 86825 - ℰ 08247 3060 – www.kurhotel-fontenay.de

WOLFSBURG
Niedersachsen – Regionalatlas **4**-N1

❀❀❀ AQUA

KREATIV • ZEITGEMÄSSES AMBIENTE Mitten in der an sich schon beeindruckenden Autostadt von Volkswagen liegt das "The Ritz-Carlton", und hier - etwas versteckt im Erdgeschoss am Ende eines Korridors - ein wahrhaft lohnendes Ziel für alle Gourmets: Das „Aqua". Das Design edel und klar, der Service unter der Leitung von Gastgeber und Sommelier Marcel Runge professionell und zugleich angenehm natürlich und entspannt, die Küche über jeden Zweifel erhaben. Seit 2000 beweist Sven Elverfeld am "Aqua"-Herd ungebrochenen Ideenreichtum, und den setzt er intelligent und kreativ in einem spannenden Menü um. Bemerkenswert, mit welcher Raffinesse und geschmacklicher Tiefe scheinbar unkomplizierte Gerichte überraschen.

 – Menü 225 €
Parkstraße 1 ⊠ 38440 - ℰ 05361 606056 – www.restaurant-aqua.com – Geschlossen: Montag, Dienstag, Sonntag, mittags: Mittwoch-Samstag

TERRA

MODERNE KÜCHE • ZEITGEMÄSSES AMBIENTE In dem lichten modern-eleganten Restaurant hat man einen spannenden Blick auf die VW-Werke und das Hafenbecken. Geboten wird eine Karte im Brasserie-Stil, auf der sich ein ansprechender Mix aus internationalen und regionalen Einflüssen findet.

 – Menü 49 € - Karte 50/72 €
Parkstraße 1 ⊠ 38440 - ℰ 05361 607091 – www.ritzcarlton.com/de/hotels/ germany/wolfsburg/dining/terra – Geschlossen mittags: Montag-Sonntag

WILDFRISCH GUTSKÜCHE

REGIONAL • ZEITGEMÄSSES AMBIENTE Vor den Toren Wolfsburgs finden Sie das ehemalige Pförtnerhaus des Ritterguts der Familie von der Schulenburg. Hier hat man ein recht schlichtes, aber schickes modernes Restaurant eingerichtet - Mittelpunkt ist die komplett offene Küche. Gekocht wird unkompliziert und saisonal, gerne mit regionalen Produkten.

 – Menü 51/69 € - Karte 27/40 €
Schulenburgstraße,16 ⊠ 38446 - ℰ 05363 8133310 – www.wildfrisch.de – Geschlossen mittags: Montag-Samstag

WREMEN
Niedersachsen – Regionalatlas **1**–B3

GASTHAUS WOLTERS - ZUR BÖRSE
REGIONAL • RUSTIKAL Im Gasthaus der Familie Wolters, einer ehemaligen Viehbörse, sitzt man in netter ländlicher Atmosphäre und lässt sich frische und schmackhafte Küche aus guten Produkten servieren. Auf der Karte findet man z.B. ein Fischmenü oder auch Krabbengerichte sowie Klassiker.
– Menü 32 € (Mittags), 48 € - Karte 33/56 €
In der Langen Straße 22 – 27639 – ✆ 04705 1277 – www.zur-boerse.de – Geschlossen: Dienstag und Mittwoch

WÜRSELEN
Nordrhein-Westfalen – Regionalatlas **3**–J3

ALTE FEUERWACHE
REGIONAL • TRENDY Das Engagement der herzlichen Gastgeber Kurt und Monika Podobnik zeigt sich nicht zuletzt in der ambitionierten Küche des Patrons. Am Abend bietet man verschiedene Menüs (darunter ein vegetarisches), mittags wählt man das etwas reduzierte Lunchmenü oder Gerichte à la carte. Dazu schönes geradliniges Ambiente, legere Atmosphäre und geschulter Service.
– Menü 42 € (Mittags), 52/79 € - Karte 38/63 €
Oppener Straße 115 – 52146 – ✆ 02405 4290112 – www.alte-feuerwache-wuerselen.de – Geschlossen: Montag und Sonntag, mittags: Samstag

WÜRZBURG
Bayern – Regionalatlas **5**–V1

KUNO 1408
KREATIV • CHIC Wirklich schön ist dieses im Zentrum der Barockstadt gelegene Restaurant, dessen Geschichte über 600 Jahre zurückreicht, genauer gesagt bis ins Jahr 1408. Zu dieser Zeit soll Kuno von Rebstock einer der ersten Besitzer des Anwesens „Zum Rebstock" gewesen sein – daher der Name. Heute dürfen sich Gäste hier auf eine produktorientierte Küche freuen. Zu den modern-kreativ inspirierten Gerichten gesellt sich ein versiertes und freundlich-lockeres Serviceteam, das Ihnen auch die passenden Weine empfiehlt. Ein Hingucker ist auch das Restaurant selbst mit seinem modern-eleganten Interieur aus schicken Sesseln, Designerlampen und warmen Erdtönen. Zum Übernachten hat das Hotel "Rebstock" individuelle, wohnliche Zimmer.
– Menü 89/126 €
Neubaustraße 7 – 97070 – ✆ 0931 30931408 – www.restaurant-kuno.de – Geschlossen: Montag, Dienstag, Sonntag, mittags: Mittwoch-Samstag

REISERS AM STEIN
KREATIV • TRENDY Ein echtes Bijou - toll die Lage oberhalb der Stadt, ringsum Weinreben! Sie sitzen in der trendig-lebendigen Weinbar - hier mit Blick auf Würzburg - oder im eleganteren Restaurant. Patron Bernhard Reiser und sein Team bieten klassische Küche mit modernen Elementen. Man kocht recht mutig. Die Kombinationen sind nicht alltäglich, geschmackliche Harmonie ist Ihnen aber immer gewiss. Wer das Menü „Freistil" wählt, stellt sich die Zutaten aus einer vorgegebenen Liste zusammen. Die Gourmetküche gibt es von Do. - Sa., an den ersten drei Tagen der Woche zeigen die Auszubildenden mit unterschiedlich fair kalkulierten 3-Gänge-Menüs ihr Können! Der Hausherr ist übrigens Liebhaber und Kenner des Frankenweins - da hat er natürlich auch Weine aus dem benachbarten "Weingut am Stein" im Sortiment.
– Menü 39/125 € - Karte 65/125 €
Mittlerer Steinbergweg 5 – 97080 – ✆ 0931 286901 – www.der-reiser.de – Geschlossen: Sonntag, mittags: Montag-Samstag

WUPPERTAL

Nordrhein-Westfalen – Regionalatlas **3**–J3

SHIRAZ ⓝ

FRANZÖSISCH-KLASSISCH • ELEGANT Man muss ein bisschen Acht geben, dass man an dem kleinen, mit Schiefer verkleideten Gasthaus nicht vorbeifährt. Es empfängt und umsorgt Sie Serkan Akgün, der sich hier 2017 selbstständig gemacht hat - seit rund 30 Jahren sind Gastgebertum und die Welt der Weine sein Metier. Am Herd ist seit Oktober 2020 Alexander Hoppe für ambitionierte klassische Küche mit modernen Einflüssen verantwortlich. Sein Steckenpferd ist u. a. die Patisserie. Die "Genussreise" können Sie als Menü oder à la carte wählen - eine Menü-Erweiterung, z. B. mit N25 Kaviar, ist ebenfalls möglich. Geschmackvoll hat man dem rustikalen Rahmen des Hauses eine elegante Note verliehen, dazu der schöne Blick über das "Wuppertal" - auch von der Terrasse.

🍽 🅿 – Menü 98/160 € - Karte 86/96 €

Wittener Straße 288 ✉ 42279 – ✆ 0202 26533779 – www.restaurant-shiraz.com – Geschlossen: Montag, Dienstag, Sonntag, mittags: Mittwoch-Samstag

TRATTORIA

ITALIENISCH • KLASSISCHES AMBIENTE Kein Wunder, dass man hier viele Stammgäste hat, denn in der etwas legereren Restaurantvariante der Familie Scarpati bekommt man schmackhafte und frische italienische Gerichte, einschließlich beliebter Klassiker, von "geschmorten Kalbsbäckchen mit Safran-Spinatrisotto" bis "Vitello Tonnato". Mittags günstiger Lunch.

🅰🅲 🍽 ⇔ 🅿 – Menü 45/65 € - Karte 40/55 €

Scheffelstraße 41 ✉ 42327 – ✆ 0202 784074 – www.scarpati.de – Geschlossen: Montag und Dienstag, mittags: Mittwoch-Samstag

79 °

MARKTKÜCHE • FARBENFROH Angenehm unprätentiös und trendig ist hier die Atmosphäre, freundlich-leger der Service, ambitioniert die Küche - das kommt an! Man orientiert sich an der Saison, auch Vegetarisches wird angeboten. Schön der Innenhof.

🍽 – Menü 41/79 € - Karte 41/53 €

Luisenstraße 61 ✉ 42103 – ✆ 0202 27097070 – www.79grad.com – Geschlossen: Montag und Sonntag, mittags: Dienstag-Samstag

SCARPATI

ITALIENISCH • ELEGANT Schon seit 1982 haben die Scarpatis in dieser Jugendstilvilla ihr klassisch-elegantes Restaurant mit italienischer Küche. Richtig schön (und geschützt dank Markise) sitzt man auf der tollen Gartenterrasse. Tipp: An unterschiedlichen Tagen gibt es das "Amuse Bouche Menü" oder das "Menü Jerome" zu fairen Preisen.

🅰🅲 🍽 ⇔ 🅿 – Menü 40/65 € - Karte 52/84 €

Scheffelstraße 41 ✉ 42327 – ✆ 0202 784074 – www.scarpati.de – Geschlossen: Montag, Dienstag, mittags: Mittwoch-Samstag, abends: Sonntag

WUSTROW

Mecklenburg-Vorpommern – Regionalatlas **2**–F2

SCHIMMEL'S

REGIONAL • CHIC Ein echter Blickfang: außen die markante rote Fassade, drinnen wertig-moderner Chic gepaart mit Wohlfühl-Atmosphäre. Aus der offenen Küche kommen frische, aromatische Gerichte mit vielen regionalen Produkten auf die schönen Holztische. Im Service die herzliche und aufmerksame Chefin. Tipp: Man hat auch hübsche Gästezimmer und Ferienwohnungen.

WUSTROW

🍴 🅿 🍽 – Menü 42/68 €
Parkstraße 1 ✉ *18347* – 📞 *038220 66500* – *www.schimmels.de* – *Geschlossen: Donnerstag, mittags: Montag-Mittwoch, Freitag*

WYK – Schleswig-Holstein • Siehe Föhr (Insel)

XANTEN
Nordrhein-Westfalen – Regionalatlas **3**–J2

LANDHAUS KÖPP
FRANZÖSISCH-KLASSISCH • ELEGANT Klassik pur, ohne großes Tamtam, dafür handwerklich top und sehr produktorientiert - Jürgen Köpp bleibt seinem Stil seit der Eröffnung des Restaurants im Jahr 1991 treu. Dass er zu einer festen Größe in der Region geworden ist, liegt an seinem Geschick, Klassisches grundsolide, aber niemals angestaubt auf den Teller zu bringen. Eine Küche, die keine modischen Trends braucht! Gerne fährt man dafür auch aufs Land - denn das Köpp'sche Landhaus liegt zwischen Wiesen und Weiden in der Abgeschiedenheit des direkt am Rheinbogen gelegenen kleinen Obermörmter. Sie essen auch gern mal bürgerlicher? Als Alternative zum Gourmet hat man noch das "Filius". Kochkurse bietet man ebenfalls.

🅿 🍽 – Karte 63/84 €
Husenweg 147 ✉ *46509* – 📞 *02804 1626* – *www.landhauskoepp.de* – *Geschlossen: Montag, mittags: Samstag, abends: Sonntag*

ZELL IM WIESENTAL
Baden-Württemberg – Regionalatlas **7**–B1

BERGGASTHOF SCHLÜSSEL
REGIONAL • GASTHOF Der über 100 Jahre alte Berggasthof liegt im 700 m hoch gelegenen Ortsteil Pfaffenberg. Hier bieten die engagierten Gastgeber in verschiedenen Stuben mit ländlichem Flair eine frische, modern inspirierte und sehr saisonal ausgerichtete Regionalküche. Wer dazu ein Fläschchen Wein genießen möchte, kann in gepflegten Gästezimmern übernachten.

🍴 ✤ 🅿 – Menü 22 € (Mittags), 50/70 € - Karte 25/56 €
Pfaffenberg 2 ✉ *79669* – 📞 *07625 375* – *www.berggasthof-schluessel.de* – *Geschlossen: Montag, mittags: Dienstag*

ZELTINGEN-RACHTIG
Rheinland-Pfalz – Regionalatlas **5**–S1

SAXLERS RESTAURANT
INTERNATIONAL • LÄNDLICH Im Restaurant des Hotels "St. Stephanus" an der Uferpromenade unweit des alten Marktplatzes bieten die freundlich-engagierten Gastgeber gehobene Gerichte wie "Zweierlei vom Salzgraslamm in Rosmarinjus, Wirsing, Erbsen-Minzpüree", aber auch Rustikaleres wie "Rumpsteak mit Kräuterbutter und Rösti". Im UG Braukeller mit Bier vom Kloster Machern. Wohnlich die Gästezimmer.

⬅ 🍴 🅿 🚗 – Menü 78/115 € - Karte 19/48 €
Uferallee 9 ✉ *54492* – 📞 *06532 680* – *www.hotel-stephanus.de* – *Geschlossen mittags: Montag-Samstag*

ZERBST
Sachsen-Anhalt – Regionalatlas **4**–P2

PARK-RESTAURANT VOGELHERD
MARKTKÜCHE • LÄNDLICH Idyllisch liegt das einstige Gutshaus im Grünen. Das seit über 100 Jahren familiär geleitete Restaurant bietet saisonale Küche von

"Rindergulasch" bis "Fasanenbrust mit Champagnerkraut und Püree". Gefragt ist auch die hübsche Terrasse bei einem kleinen Teich.

🍽 ⇆ 🅿 – Menü 35/70 € - Karte 32/60 €

Lindauer Straße 78 ✉ 39264 - ☎ 03923 780444 – Geschlossen: Montag und Dienstag

ZIMMERN OB ROTTWEIL
Baden-Württemberg – Regionalatlas **5**-U3

LINDE POST

REGIONAL • FAMILIÄR Seit Jahren ist Familie Kühn hier in der Gegend eine feste gastronomische Größe. Man kocht saisonal-regional (z. B. "Zwiebelrostbraten, Gemüse, Spätzle"), zudem eine schöne Vesperkarte. Serviert wird im klassischen Restaurant oder im vorgelagerten legeren Bistro samt Bar. Zum Übernachten: wohnliche, zeitgemäße Zimmer.

🍽 🅿 🚗 – Karte 23/59 €

Alte Hausener Straße 8 ✉ 78658 - ☎ 0741 33333 – www.lindepost.de – Geschlossen: Donnerstag, mittags: Samstag

ZINGST
Mecklenburg-Vorpommern – Regionalatlas **2**-F2

MEERLUST

INTERNATIONAL • ELEGANT Was in dem eleganten Restaurant und auf der hübschen Terrasse aufgetischt wird, sind international beeinflusste Gerichte. Für Übernachtungsgäste stehen in dem gleichnamigen Hotel wohnliche, stilvoll-moderne Zimmer bereit. Schön die Lage nahe Strand und Deich.

🍽 🅿 🚗 – Menü 22 € (Mittags), 35/95 € - Karte 33/63 €

Seestraße 72 ✉ 18374 - ☎ 038232 8850 – www.hotelmeerlust.de

ZORNEDING
Bayern – Regionalatlas **6**-Y3

😊 ALTE POSTHALTEREI

MARKTKÜCHE • GEMÜTLICH "Filet vom Bachsaibling auf Spargelragout"? Oder lieber "Wiener Schnitzel"? In den liebenswerten Stuben dieses gestandenen familiengeführten Gasthofs werden regional-saisonale Gerichte sowie Klassiker serviert. Lauschig der Biergarten unter Kastanien. Zum Übernachten stehen schöne großzügige Zimmer bereit.

🍽 ⇆ 🅿 – Menü 34/65 € - Karte 34/65 €

Anton-Grandauer-Straße 9 ✉ 85604 - ☎ 08106 20007 – www.alteposthalterei-zorneding.de – Geschlossen: Montag und Dienstag

ZWEIBRÜCKEN
Rheinland-Pfalz – Regionalatlas **5**-T2

ESSLIBRIS

MEDITERRAN • ELEGANT Schön sitzt man in dem lichten modern-eleganten Restaurant, genießt den tollen Blick zum Garten und wird von einem herzlichen, geschulten Service umsorgt. Gekocht wird mediterran mit regionalem und saisonalem Bezug - auf der Karte liest man z. B. "Kabeljau-Rückenfilet, getrüffelter Rahmspinat, Safran-Kartoffeln".

🍽 🅿 – Menü 48/68 € - Karte 48/80 €

Fasanerie 1 ✉ 66482 - ☎ 06332 9730 – www.landschloss-fasanerie.de

ZWEIFLINGEN

Baden-Württemberg – Regionalatlas **5**–U2

❊❊ LE CERF

FRANZÖSISCH-KLASSISCH • ELEGANT Äußerst elegant und klassisch, geradezu opulent zeigt sich das kulinarische Herzstück des "Wald & Schlosshotel Friedrichsruhe"! Prächtige Seidentaftstoffe, mit hochwertigem Samt bezogene Stühle, luxuriöse Tapeten und glitzernde Kristallleuchter erinnern - passend zum historischen Schloss - durchaus an vergangene Zeiten! Auch die Küche hat eine klassische Basis, wird aber von Boris Rommel und seinem Team modern interpretiert. Dabei überzeugen überaus akkurates Handwerk und herausragende Produktqualität, präzise werden die einzelnen Komponenten bis ins kleinste Detail ausgearbeitet. Souverän die gut besetzte Servicebrigade um Dominique Metzger, einem Maître alter Schule mit Charme, Witz und fachlicher Kompetenz! Auch in Sachen Wein ist man bei ihm in besten Händen.

– Menü 108/174 € - Karte 112/178 €

Kärcherstraße 11 ✉ 74639 - ✆ 07941 60870 - www.schlosshotel-friedrichsruhe.de – Geschlossen: Montag, Dienstag, Samstag, Sonntag, mittags: Mittwoch-Freitag

ZWINGENBERG

Hessen – Regionalatlas – **5**-U1

❊ KALTWASSERS WOHNZIMMER

MODERNE KÜCHE • RUSTIKAL Richtig nett sitzt man hier in gemütlicher Wohnzimmer-Atmosphäre, charmante nostalgische Details setzten hübsche Akzente. Sie speisen gerne draußen? Dann wird Ihnen das "Atrium" mit Innenhof-Flair und Blick in die verglaste Küche gefallen. Auf der Karte machen produktorientierte modern-regionale Gerichte Appetit.

– Menü 39/59 € - Karte 38/58 €

Obergasse 15 ✉ 64673 - ✆ 06251 1058640 - www.kaltwassers-wohnzimmer.de – Geschlossen: Montag und Dienstag, mittags: Mittwoch-Samstag

ZWISCHENAHN, BAD

Niedersachsen – Regionalatlas **1**-B4

❊ APICIUS

FRANZÖSISCH-MODERN • ELEGANT Richtig chic ist das Gourmetrestaurant des seit Generationen von Familie zur Brügge geführten "Jagdhaus Eiden", schön entspannt die Atmosphäre. Dazu trägt nicht zuletzt der kompetente, aufmerksame und angenehm ruhige Service bei. Ein toller Rahmen für die Küche von Tim Extra. Sie verbindet Klassik mit Moderne und setzt auf hochwertige regionale Erzeugnisse, die teilweise aus dem eigenen Garten oder Gewächshaus kommen. Man hält auch Schweine und Hühner und der heimische Aal wird im Ort geräuchert. Geboten wird ein 5- oder 6-Gänge-Menü, bei dessen Präsentation man förmlich spürt, wie stolz das Team auf all die ausgewählten Produkte ist! Erwähnenswert sind auch die diversen Snacks vorab sowie die süßen Leckereien vom toll bestückten "Petit Four"-Wagen!

– Menü 99/165 €

Eiden 9 ✉ 26160 - ✆ 04403 698416 - www.jagdhaus-eiden.de – Geschlossen: Montag, Samstag, Sonntag, mittags: Dienstag-Freitag

JÄGER- UND FISCHERSTUBE

REGIONAL • LÄNDLICH Die Lage des Jagdhauses in einem 10 ha großen Park ist fantastisch - da ist die herrliche Gartenterrasse natürlich besonders gefragt! Auch drinnen sitzt man schön bei regionalen Fisch- und Wildspezialitäten sowie internationalen Klassikern. Verbinden Sie Ihr Essen doch mit einem Besuch der Spielbank direkt im Haus.

– Menü 35/85 € - Karte 43/75 €

Eiden 9 ✉ 26160 - ✆ 04403 698000 - www.jagdhaus-eiden.de

NOTIZEN

NOTIZEN

NOTIZEN

NOTIZEN

NOTIZEN

Auszeichnungen

Thematic index

Sterne-Restaurants...............................440
Starred establishments

Bib Gourmand...448
Bib Gourmand

STERNE-RESTAURANTS

STARRED RESTAURANTS ✸

N *Neu ausgezeichnetes Haus*
N *Newly awarded distinction*

✸✸✸

Baiersbronn	Restaurant Bareiss
Baiersbronn	Schwarzwaldstube
Berlin	Rutz ✿
Dreis	Waldhotel Sonnora
Hamburg	The Table Kevin Fehling
Perl	Victor's Fine Dining by christian bau
Piesport	schanz. restaurant. **N**
Rottach-Egern	Restaurant Überfahrt Christian Jürgens
Wolfsburg	Aqua

✸✸

Andernach	PURS
Aschau im Chiemgau	Restaurant Heinz Winkler
Augsburg	AUGUST
Bergisch Gladbach	Vendôme
Berlin	CODA Dessert Dining
Berlin	FACIL
Berlin	Horváth ✿
Berlin	Lorenz Adlon Esszimmer
Berlin	Tim Raue
Donaueschingen	Ösch Noir
Dorsten	Rosin
Fellbach	Goldberg
Frankfurt am Main	Gustav ✿
Frankfurt am Main	Lafleur
Glücksburg	Meierei Dirk Luther
Grassau	ES:SENZ **N**
Hamburg	100/200 Kitchen ✿ **N**
Hamburg	bianc
Hamburg	Haerlin
Hannover	Jante
Köln	Le Moissonnier
Köln	Ox & Klee
Konstanz	Ophelia

STERNE-RESTAURANTS

Krün	Luce d'Oro
Leipzig	Falco
Mannheim	OPUS V
München	Alois - Dallmayr Fine Dining
München	Atelier **N**
München	EssZimmer
München	Tantris **N**
München	Tohru in der Schreiberei **N**
Neuenahr-Ahrweiler, Bad	Steinheuers Restaurant Zur Alten Post
Neunburg vorm Wald	Obendorfers Eisvogel
Nürnberg	Essigbrätlein 🍀
Nürnberg	etz 🍀 **N**
Peterstal-Griesbach, Bad	Le Pavillon
Rust	ammolite - The Lighthouse Restaurant
Saarbrücken	Esplanade
Saarbrücken	GästeHaus Klaus Erfort
Saarlouis	LOUIS restaurant **N**
Stuttgart	Speisemeisterei **N**
Sulzburg	Hirschen
Sylt/Rantum	Söl'ring Hof 🍀
Wangels	Courtier
Wirsberg	Alexander Herrmann by Tobias Bätz
Zweiflingen	Le Cerf

BADEN-WÜRTTEMBERG

Amtzell	Schattbuch
Asperg	Schwabenstube
Baden-Baden	Le Jardin de France
Baden-Baden	Maltes hidden kitchen **N**
Baiersbronn	Schlossberg
Baiersbronn	Köhlerstube
Bietigheim-Bissingen	Maerz - Das Restaurant
Bodman-Ludwigshafen	s'Äpfle
Efringen-Kirchen	Traube
Ehningen	Landhaus Feckl
Endingen am Kaiserstuhl	Merkles Restaurant
Ettlingen	Erbprinz
Fellbach	Oettinger's Restaurant
Gernsbach	Werners Restaurant
Grenzach-Wyhlen	Eckert
Heidelberg	Le Gourmet
Heidelberg	Oben
Herrenberg	noVa
Horben	Gasthaus zum Raben
Karlsruhe	sein

STERNE-RESTAURANTS

Karlsruhe	TAWA YAMA FINE **N**
Kernen im Remstal	Malathounis
Königsbronn	Ursprung 🍀
Konstanz	San Martino - Gourmet
Krozingen, Bad	Storchen
Lahr	Adler
Langenargen	SEO Küchenhandwerk
Langenau	Gasthof zum Bad
Mannheim	Doblers
Mannheim	le Corange
Mannheim	Marly
Meersburg	Casala
Neuhausen (Enzkreis)	Alte Baiz
Öhningen	Falconera
Säckingen, Bad	Genuss-Apotheke
Salach	Gourmetrestaurant "fine dining RS"
Schluchsee	Mühle **N**
Schorndorf	Gourmetrestaurant Nico Burkhardt
Schwäbisch Hall	Eisenbahn
Schwäbisch Hall	Rebers Pflug
Sonnenbühl	Hirsch
Stuttgart	5
Stuttgart	Délice
Stuttgart	Der Zauberlehrling
Stuttgart	Hupperts
Stuttgart	Ritzi Gourmet **N**
Stuttgart	Wielandshöhe
Teinach-Zavelstein, Bad	Gourmetrestaurant Berlins Krone
Tuttlingen	Anima
Uhingen	Schloss Filseck
Ulm	Seestern
Ulm	SIEDEPUNKT
Vaihingen an der Enz	Lamm Rosswag
Vogtsburg im Kaiserstuhl	Schwarzer Adler
Waiblingen	Bachofer
Waldbronn	Schwitzer's am Park
Waldenbuch	Gasthof Krone
Weikersheim	Laurentius
Weingarten (Kreis Karlsruhe)	zeit|geist

BAYERN

Auerbach in der Oberpfalz	SoulFood
Augsburg	Alte Liebe **N**
Augsburg	Sartory
Berchtesgaden	PUR
Duggendorf	Hummels Gourmetstube
Frasdorf	Michael's Leitenberg **N**
Hohenkammer	Camers Schlossrestaurant
Illschwang	Cheval Blanc

STERNE-RESTAURANTS

Kirchdorf (Kreis Mühldorf am Inn)	Christian's Restaurant - Gasthof Grainer
Kissingen, Bad	Laudensacks Gourmet Restaurant
Kötzing, Bad	Leos by Stephan Brandl
Langenzenn	Keidenzeller Hof
Lindau	VILLINO
Mittenwald	Das Marktrestaurant
Moos bei Deggendorf	[KOOK] 36
München	Acquarello
München	Gabelspiel
München	Les Deux
München	Mountain Hub Gourmet **N**
München	mural
München	Schwarzreiter
München	Showroom
München	Sparkling Bistro
München	TIAN 🍀
München	Tantris DNA **N**
München	Werneckhof Sigi Schelling **N**
Niederwinkling	Buchner Welchenberg 1658
Nördlingen	Wirtshaus Meyers Keller
Nürnberg	Entenstuben
Nürnberg	Koch und Kellner
Nürnberg	Veles 🍀 **N**
Nürnberg	Waidwerk
Nürnberg	ZweiSinn Meiers | Fine Dining
Oberstdorf	Das Maximilians
Oberstdorf	ESS ATELIER STRAUSS
Ofterschwang	Silberdistel
Perasdorf	Gasthaus Jakob
Pfronten	PAVO im Burghotel Falkenstein
Pleiskirchen	Huberwirt
Regensburg	Aska
Regensburg	Roter Hahn
Regensburg	Storstad
Rottach-Egern	Gourmetrestaurant Dichter
Rottach-Egern	Haubentaucher
Rötz	Gregor's Fine Dining
Sommerhausen	Philipp
Starnberg	Aubergine
Teisnach	Oswald's Gourmetstube
Tölz, Bad	Schwingshackl ESSKULTUR Gourmet
Volkach	Weinstock
Waldkirchen	Johanns
Würzburg	KUNO 1408
Würzburg	REISERS am Stein

BERLIN

Berlin	Bandol sur mer
Berlin	Bieberbau
Berlin	Bricole **N**

STERNE-RESTAURANTS

Berlin	Cookies Cream
Berlin	einsunternull
Berlin	Cordo ✤
Berlin	ernst
Berlin	faelt
Berlin	Frühsammers Restaurant
Berlin	GOLVET
Berlin	Hugos
Berlin	Irma la Douce
Berlin	Kin Dee
Berlin	Nobelhart & Schmutzig ✤
Berlin	prism
Berlin	Richard
Berlin	SKYKITCHEN
Berlin	tulus lotrek

BRANDENBURG

Potsdam	kochZIMMER in der Gaststätte zur Ratswaage
Werder (Havel)	Alte Überfahrt ✤ **N**

HAMBURG

Hamburg	Jellyfish **N**
Hamburg	Lakeside
Hamburg	Landhaus Scherrer ✤
Hamburg	Petit Amour
Hamburg	Piment
Hamburg	Zeik ✤ **N**

HESSEN

Darmstadt	OX **N**
Eltville am Rhein	Jean
Frankenberg (Eder)	Philipp Soldan
Frankfurt am Main	Carmelo Greco
Frankfurt am Main	Erno's Bistro
Frankfurt am Main	Français
Frankfurt am Main	MAIN TOWER Restaurant & Lounge **N**
Frankfurt am Main	Masa Japanese Cuisine **N**
Frankfurt am Main	Restaurant Villa Merton
Frankfurt am Main	Seven Swans ✤
Frankfurt am Main	Weinsinn
Fulda	Christian & Friends, Tastekitchen
Herleshausen	La Vallée Verte
Hersfeld, Bad	L' étable
Kiedrich	Weinschänke Schloss Groenesteyn
Limburg an der Lahn	360°
Wiesbaden	Ente

STERNE-RESTAURANTS

MECKLENBURG-VORPOMMERN

Dierhagen	Ostseelounge
Doberan, Bad	Friedrich Franz
Feldberger Seenlandschaft	Alte Schule - Klassenzimmer 🍀
Krakow am See	Ich weiß ein Haus am See
Rostock	Gourmet-Restaurant Der Butt
Rügen / Binz	freustil
Stolpe	Gutshaus Stolpe
Usedom/Heringsdorf	Kulmeck by Tom Wickboldt
Usedom/Heringsdorf	The O'ROOM

NIEDERSACHSEN

Aerzen	Gourmet Restaurant im Schlosshotel Münchhausen
Cuxhaven	Sterneck
Friedland	Genießer Stube
Hannover	Handwerk **N**
Hannover	Votum **N**
Norderney (Insel)	Seesteg
Osnabrück	Friedrich **N**
Osnabrück	Kesselhaus
Zwischenahn, Bad	Apicius

NORDRHEIN-WESTFALEN

Aachen	La Bécasse
Aachen	Sankt Benedikt
Bonn	halbedel's Gasthaus
Bonn	Yunico
Detmold	Jan´s Restaurant
Dorsten	Goldener Anker
Dortmund	der Schneider
Dortmund	Grammons Restaurant
Dortmund	Iuma
Dortmund	The Stage **N**
Duisburg	Mod by Sven Nöthel **N**
Düsseldorf	1876 Daniel Dal-Ben
Düsseldorf	Agata's
Düsseldorf	Berens am Kai
Düsseldorf	DR.KOSCH
Düsseldorf	Im Schiffchen
Düsseldorf	Le Flair
Düsseldorf	Nagaya
Düsseldorf	PHOENIX **N**
Düsseldorf	Setzkasten
Düsseldorf	Yoshi by Nagaya
Erkelenz	Troyka **N**
Essen	Hannappel
Essen	Schote
Euskirchen	Bembergs Häuschen

Gummersbach	Mühlenhelle
Haltern am See	Ratsstuben
Kerpen	Schloss Loersfeld **N**
Köln	Alfredo
Köln	astrein
Köln	La Cuisine Rademacher
Köln	maiBeck
Köln	Maître im Landhaus Kuckuck
Köln	maximilian lorenz
Köln	NeoBiota
Köln	Pottkind
Köln	La Société
Köln	taku
Köln	Zur Tant
Meerbusch	Anthony's Kitchen 🍀
Münster	Coeur D'Artichaut
Münster	ferment
Nideggen	Burg Nideggen - Brockel Schlimbach
Niederkassel	Clostermanns Le Gourmet
Odenthal	Zur Post
Paderborn	Balthasar
Pulheim	Gut Lärchenhof
Rheda-Wiedenbrück	Reuter
Schmallenberg	Hofstube
Velbert	Haus Stemberg
Wuppertal	Shiraz **N**
Xanten	Landhaus Köpp

RHEINLAND-PFALZ

Andernach	YOSO
Darscheid	Kucher's Gourmet
Deidesheim	L.A. Jordan
Deidesheim	Schwarzer Hahn **N**
Heidesheim am Rhein	Gourmetrestaurant Dirk Maus
Kirchheim an der Weinstraße	Schwarz Gourmet
Koblenz	Da Vinci
Koblenz	Gotthardt's **N**
Koblenz	Schiller's Manufaktur
Mainz	FAVORITE restaurant
Mainz	Stein's Traube
Naurath/Wald	Rüssel's Landhaus
Neuhütten	Le temple
Neuleiningen	Alte Pfarrey
Neupotz	Zur Krone
Neustadt an der Weinstraße	Restaurant Urgestein
Pirmasens	Die Brasserie
Selzen	Kaupers Restaurant im Kapellenhof
Sobernheim, Bad	Jungborn
Trier	BECKER'S
Trittenheim	Wein- und Tafelhaus

Wachenheim an der Weinstraße	THE IZAKAYA
Weisenheim am Berg	Admiral

SAARLAND

Blieskastel	Hämmerle's Restaurant - Barrique
Sankt Wendel	Kunz
Wallerfangen	Landwerk

SACHSEN

Dresden	Elements
Dresden	Genuss-Atelier
Leipzig	Frieda 🍀
Leipzig	Stadtpfeiffer
Radebeul	Atelier Sanssouci
Schirgiswalde-Kirchau	JUWEL

SACHSEN-ANHALT

Halle (Saale)	Speiseberg **N**
Wernigerode	Pietsch
Wernigerode	Zeitwerk

SCHLESWIG-HOLSTEIN

Flensburg	Das Grace **N**
Föhr/Wyk	Alt Wyk
Kiel	Ahlmanns
Lübeck	Wullenwever
Panker	Restaurant 1797
Scharbeutz	DiVa
Sylt/Hörnum	KAI3
Sylt/Tinnum	BODENDORF'S
Timmendorfer Strand	Balthazar
Timmendorfer Strand	Orangerie

THÜRINGEN

Dermbach	BjörnsOX

VORARLBERG

Kleinwalsertal / Hirschegg	Kilian Stuba

BIB GOURMAND 😊

N *Neu ausgezeichnetes Haus*
N *Newly awarded distinction*

BADEN-WÜRTTEMBERG

Achern	Chez Georges
Auenwald	Landgasthof Waldhorn
Baiersbronn	Dorfstuben
Bellingen, Bad	Landgasthof Schwanen
Berghaupten	Hirsch
Bonndorf im Schwarzwald	Sommerau 🍀
Brackenheim	Adler
Bühlertal	Bergfriedel 🍀
Bühlertal	Rebstock
Donaueschingen	Baader's Schützen
Donaueschingen	die burg
Durbach	[makiˈdan] im Ritter
Eggenstein-Leopoldshafen	Zum Goldenen Anker
Elzach	Rössle
Elzach	Schäck's Adler
Endingen am Kaiserstuhl	Die Pfarrwirtschaft
Endingen am Kaiserstuhl	Dutters Stube
Fellbach	Aldingers
Freiamt	Zur Krone
Freiburg im Breisgau	Kuro Mori **N**
Freudenstadt	Warteck
Frickingen	Löwen
Friesenheim	Mühlenhof
Gengenbach	Ponyhof
Glottertal	Wirtshaus zur Sonne
Glottertal	Zum Goldenen Engel
Gottenheim	Zur Krone
Grenzach-Wyhlen	Rührberger Hof
Gschwend	Herrengass
Hayingen	ROSE 🍀
Heitersheim	Landhotel Krone
Herrenalb, Bad	LAMM
Hüfingen	Landgasthof Hirschen
Immenstaad am Bodensee	Heinzler
Immenstaad am Bodensee	Seehof
Inzlingen	Krone
Isny im Allgäu	Allgäuer Stuben
Kappelrodeck	Zum Rebstock
Kenzingen	Scheidels Restaurant zum Kranz
Kirchdorf an der Iller	Landgasthof Löwen
Kleines Wiesental	Sennhütte
Klettgau	Landgasthof Mange
Köngen	Schwanen
Köngen	Tafelhaus

BIB GOURMAND

Königsbronn	Gasthaus Widmann's Löwen 🍀
Königsfeld im Schwarzwald	Café Rapp
Konstanz	Brasserie Colette Tim Raue **N**
Künzelsau	Anne-Sophie
Lahr	Gasthaus
Lauffen am Neckar	Elefanten
Lautenbach	Sonne
Lörrach	Wirtshaus Mättle
Maselheim	Lamm
Muggensturm	Lamm
Neuhausen (Enzkreis)	Grüner Wald
Oberboihingen	Zur Linde
Oberried	Die Halde
Oberried	Gasthaus Sternen Post
Offenburg	Blume
Ostrach	Landhotel zum Hirsch
Ötisheim	Sternenschanz
Peterstal-Griesbach, Bad	Kamin- und Bauernstube
Plochingen	Cervus
Plochingen	Stumpenhof
Ratshausen	Adler
Rippoldsau-Schapbach, Bad	Klösterle Hof
Rot am See	Landhaus Hohenlohe
Salem	Reck's
Sankt Märgen	Zum Kreuz
Sasbachwalden	Der Engel
Schopfheim	Mühle zu Gersbach
Schwäbisch Gmünd	Fuggerei
Schwäbisch Hall	Landhaus Zum Rössle
Schwendi	Lazarus Stube im Oberschwäbischen Hof
Schwetzingen	möbius
Sonnenbühl	Dorfstube
Staufen im Breisgau	Die Krone
Steinenbronn	Krone
Stühlingen	Gasthaus Schwanen
Stühlingen	Gengs Linde
Stuttgart	Goldener Adler
Stuttgart	Vetter.
Stuttgart	Zur Linde
Sulzburg	Landgasthof Rebstock
Tengen	Gasthof zur Sonne
Tiefenbronn	Bauernstuben
Todtnau	derWaldfrieden 🍀
Ulm	Treibgut 🍀
Waiblingen	Brunnenstuben
Waldkirch	Zum Storchen
Wangen im Allgäu	Adler
Weikersheim	Laurentius - Bistro
Weinheim an der Bergstrasse	bistronauten
Wildberg	Talblick
Winterbach	Landgasthaus Hirsch
Zell im Wiesental	Berggasthof Schlüssel

BAYERN

Abbach, Bad	Schwögler
Adelshofen	Zum Falken
Aldersbach	das asam
Ansbach	La Corona
Aschaffenburg	Oechsle
Bergkirchen	Gasthaus Weißenbeck
Bindlach	Landhaus Gräfenthal
Blankenbach	Brennhaus Behl
Bürgstadt	Weinhaus Stern
Cham	Gasthaus Ödenturm
Dachau	Schwarzberghof
Dießen am Ammersee	Seehaus
Dietramszell	Moarwirt 🍀
Dinkelsbühl	Altdeutsches Restaurant
Eibelstadt	Gambero Rosso da Domenico
Erlangen	Gasthaus Polster
Feldkirchen-Westerham	Aschbacher Hof
Feuchtwangen	Greifen-Post
Finning	Zum Staudenwirt
Forchheim	Zöllner's Weinstube
Forstinning	Zum Vaas
Frammersbach	Schwarzkopf
Friedberg	Gasthaus Goldener Stern 🍀 N
Fürstenfeldbruck	Fürstenfelder 🍀
Garmisch-Partenkirchen	Joseph Naus Stub'n
Gmund am Tegernsee	Ostiner Stub'n
Großheubach	Zur Krone
Hauzenberg	Anetseder
Hauzenberg	Landgasthaus Gidibauer-Hof
Heroldsberg	Freihardt
Heßdorf	Wirtschaft von Johann Gerner
Höchstädt an der Donau	Zur Glocke
Illertissen	Vier Jahreszeiten Restaurant Imhof
Illschwang	Weißes Roß
Kirchdorf an der Amper	Zum Caféwirt
Kirchlauter	Gutshof Andres
Kissingen, Bad	Schuberts Wein & Wirtschaft
Krün	Das Alpenglühn Restaurant
Küps	Werners Restaurant
Lenggries	Schweizer Wirt
Lichtenberg	Harmonie 🍀
Lindau im Bodensee	Schachener Hof
Marktbergel	Rotes Ross
Marktbreit	Alter Esel
Marktbreit	Michels Stern
Marktheidenfeld	Weinhaus Anker
Maxhütte-Haidhof	Kandlbinder Küche
München	Asam Schlössl N
München	Bar Mural
München	Brasserie Colette Tim Raue N

BIB GOURMAND

München	Freisinger Hof
München	Ménage Bar
Neubeuern	Auers Schlosswirtschaft 🍀
Neuburg am Inn	Hoftaferne Neuburg
Neuburg an der Donau	Gaststube Zum Klosterbräu
Nonnenhorn	Torkel
Oberstdorf	Das Fetzwerk
Oberstdorf	Das Jagdhaus
Oberstdorf	Löwen-Wirtschaft
Pappenheim	Zur Sonne
Passau	Weingut
Piding	Lohmayr Stub'n
Pilsach	Landgasthof Meier 🍀
Presseck	Gasthof Berghof - Ursprung
Rauhenebrach	Gasthaus Hofmann
Samerberg	Gasthof Alpenrose
Schleching	Rait'ner Wirt **N**
Schwarzach am Main	Schwab's Landgasthof
Schwarzenfeld	esskunst
Schweinfurt	Kugelmühle
Spalt	Gasthof Blumenthal 🍀
Tölz, Bad	Jägerwirt 🍀
Tölz, Bad	Schwingshackl HEIMATKÜCHE
Triefenstein	Weinhaus Zum Ritter
Vöhringen	Speisemeisterei Burgthalschenke
Wackersberg	Tölzer Schießstätte - Hager
Waging am See	Landhaus Tanner
Weissenstadt	Gasthaus Egertal
Wernberg-Köblitz	Wirtsstube
Wiessee, Bad	Freihaus Brenner
Windelsbach	Landhaus Lebert
Windorf	Feilmeiers Landleben
Zorneding	Alte Posthalterei

BERLIN

Berlin	Barra
Berlin	Brasserie Colette Tim Raue **N**
Berlin	Chicha
Berlin	Gärtnerei
Berlin	Grundschlag
Berlin	Long March Canteen **N**
Berlin	Lucky Leek
Berlin	Nußbaumerin
Berlin	TISK 🍀

HAMBURG

Hamburg	Brechtmanns Bistro
Hamburg	HYGGE Brasserie & Bar
Hamburg	Nil

Hamburg	Oechsle **N**
Hamburg	philipps
Hamburg	Stocks Restaurant
Hamburg	Salt & Silver - Levante **N**
Hamburg	Zipang
Hamburg	Zur Flottbeker Schmiede

HESSEN

Eltville am Rhein	Gutsausschank im Baiken
Frankenberg (Eder)	SonneStuben
Freiensteinau	Landgasthof Zur Post
Höchst im Odenwald	Gaststube
Lauterbach	schuberts
Maintal	Fleur de Sel
Zwingenberg	Kaltwassers Wohnzimmer

MECKLENBURG-VORPOMMERN

Greifswald	Tischlerei
Schwerin	Weinbistro **N**
Usedom/Ahlbeck	Kaisers Eck
Waren (Müritz)	Kleines Meer
Wustrow	Schimmel's

NIEDERSACHSEN

Dornum	Fährhaus
Einbeck	Genusswerkstatt
Gehrden	Berggasthaus Niedersachsen
Hann. Münden	Flux - Biorestaurant Werratal ✿
Hannover	Schorse im Leineschloss **N**
Lüneburg	RÖHMS DELI
Meppen	von Euch
Nenndorf, Bad	August
Nienstädt	Sülbecker Krug
Polle	Graf Everstein
Schneverdingen	Ramster ✿
Twist	Landgasthof Backers
Verden (Aller)	Pades Restaurant
Wremen	Gasthaus Wolters - Zur Börse

NORDRHEIN-WESTFALEN

Aachen	Bistro
Brilon	Almer Schlossmühle
Dortmund	der Lennhof
Düsseldorf	Bistro Fatal
Düsseldorf	EssBar
Düsseldorf	Münstermanns Kontor
Emsdetten	Lindenhof

BIB GOURMAND

Euskirchen	Eiflers Zeiten
Gummersbach	Mühlenhelle - Bistro
Harsewinkel	Poppenborg's Stübchen
Hattingen	Diergardts Kühler Grund
Hövelhof	Gasthof Brink
Horn-Bad Meinberg	Die Windmühle
Köln	Capricorn [i] Aries Brasserie
Köln	Gasthaus Scherz
Köln	Piccolo
Kürten	Zur Mühle
Neukirchen-Vluyn	Little John's
Rheda-Wiedenbrück	Gastwirtschaft Ferdinand Reuter
Rheine	Beesten
Rietberg	Domschenke
Rüthen	Knippschild
Schmallenberg	Gasthof Schütte
Sprockhövel	Eggers
Sprockhövel	Habbel's
Vreden	Büschker's Stuben
Waltrop	Gasthaus Stromberg
Wuppertal	Trattoria

RHEINLAND-PFALZ

Altenahr	Gasthaus Assenmacher
Darscheid	Kucher's Weinwirtschaft
Deidesheim	St. Urban
Dernbach (Kreis Südliche Weinstraße)	Schneider
Dudeldorf	Torschänke
Frankweiler	Weinstube Brand
Freinsheim	WEINreich
Hardert	Corona - Hotel zur Post
Jugenheim in Rheinhessen	Weedenhof
Koblenz	GERHARDS GENUSSGESELLSCHAFT
Kreuznach, Bad	Im Kittchen
Maikammer	Dorf-Chronik
Mainz	Geberts Weinstuben
Meerfeld	Poststuben
Neuhütten	Bistro
Neupotz	Gehrlein's Hardtwald
Neupotz	Zum Lamm
Niederweis	Schloss Niederweis
Reil	Heim's Restaurant
Saulheim	mundart Restaurant

SAARLAND

Blieskastel	Landgenuss
Saarbrücken	Jouliard **N**
Saarbrücken	Schlachthof Brasserie
Sankt Ingbert	Die Alte Brauerei
Sankt Wendel	Kaminzimmer

SACHSEN

Aue	Tausendgüldenstube
Auerbach (Vogtland)	Renoir
Chemnitz	Villa Esche
Dresden	Daniel
Dresden	DELI
Dresden	Heiderand
Hoyerswerda	Westphalenhof
Leipzig	Michaelis N
Pirna	Felsenbirne N
Wilthen	Erbgericht Tautewalde

SACHSEN-ANHALT

Magdeburg	Landhaus Hadrys
Quedlinburg	Weinstube N

SCHLESWIG-HOLSTEIN

Fehmarn (Insel)/Burg	Margaretenhof
Malente-Gremsmühlen, Bad	Melkhus N
Molfsee	Bärenkrug
Neuendorf bei Wilster	Zum Dückerstieg
Sylt/List	Königshafen
Tangstedt	Gutsküche ✿
Thumby	Schliehuus 54 N

THÜRINGEN

Eisenach	Weinrestaurant Turmschänke
Nordhausen	Feine Speiseschenke

VORARLBERG

Kleinwalsertal / Hirschegg	Carnozet

BIB GOURMAND

MICHELIN Éditions
Société par actions simplifiée au capital de 487 500 €
57 rue Gaston Tessier - 75019 Paris (France)
R.C.S. Paris 882 639 354

© 2022 **Michelin Éditions** – Tous droits réservés
Dépôt légal : janvier 2022
Imprimé en Italie : janvier 2022 - Sur du papier issu de forêts bien gérées

Compograveur : MICHELIN Éditions, Voluntari (Roumanie)
Imprimeur-relieur : LEGO Print, Lavis (Italie)

Plans de villes : © MICHELIN 2021 et © 2006-2019 TomTom. Tous droits réservés
Données cartographiques © les contributeurs d'OpenStreetMap
http://www.openstreetmap.org
sous licence ODbL 1.0 http://opendatacommons.org/licenses/odbl/

Jede Reproduktion, gleich welcher Art, welchen Umfangs und mit welchen Mitteln, ohne Erlaubnis des Herausgebers ist untersagt

Unser Redaktionsteam hat die Informationen für diesen Guide mit größter Sorgfalt zusammengestellt und überprüft. Trotzdem ist jede praktische Information (offizielle Angaben, Preise, Adressen, Telefonnummern, Internetadressen, etc.) Veränderungen unterworfen und kann daher nur als Anhaltspunkt betrachtet werden. Es ist nicht auszuschließen, daß einige Angaben zum Zeitpunkt des Erscheinens des Guide nicht mehr korrekt oder komplett sind. Bitte fragen Sie daher zusätzlich bei der zuständigen offiziellen Stelle nach den genauen Angaben (insbesondere in Bezug auf Verwaltungs- und Zollformalitäten). Eine Haftung können wir in keinem Fall übernehmen.